S. BELLARMINI

OPERA ORATORIA POSTUMA

VOL. IX

THIS BOOK
DONATED
FROM THE
PERSONAL LIBRARY
OF

Rev. Arthur C. Schmit

Born at Delphos, Ohio, June 19, 1907. Ordained in Toledo, Ohio, May 26, 1934. Pastor of St. Jude's Church, Toledo. Died at Toledo, Ohio, May 7, 1960.

PRAY FOR HIM

S. ROBERTI CARD. BELLARMINI, S. I.
POLITIANI
ARCHIEPISCOPI CAPUANI ET ECCL. DOCTORIS

OPERA ORATORIA POSTUMA

ADIUNCTIS

DOCUMENTIS VARIIS AD GUBERNIUM ANIMARUM SPECTANTIBUS

AD FIDEM MANUSCRIPTORUM EDIDIT
INTRODUCTIONE GENERALI, COMMENTARIO MULTIPLICI, NOTIS
ILLUSTRAVIT

SEBASTIANUS TROMP, S. I.
IN PONT. UNIV. GREG. S. THEOL. PROF.

VOL. IX

ROMAE
IN AEDIBUS PONT. UNIVERSITATIS GREGORIANAE
1948

SOCIETATIS IESU
SELECTI SCRIPTORES

I

SOCIETATIS IESU
SELECTI SCRIPTORES

A PATRIBUS SOCIETATIS EIUSDEM EDITI

S. ROBERTUS CARD. BELLARMINUS

DOCTOR ECCLESIAE

OPERA ORATORIA POSTUMA

VOL. IX

ROMAE
IN AEDIBUS PONT. UNIVERSITATIS GREGORIANAE
1948

IMPRIMI POTEST

Romae, 5 Iulii 1948.

P. PAULUS DEZZA S. I.
Rector Universitatis

IMPRIMATUR

Ex Vicariatu Urbis, die 7 Iulii 1948.

† A. TRAGLIA
Archiep. Caesarien., Vic. ger.

OPERA ORATORIA POSTUMA

VOLUMEN NONUM

EXHORTATIONES DOMESTICAE

PRAECEDIT
INTRODUCTIO GENERALIS

ROMAE
IN AEDIBUS PONT. UNIVERSITATIS GREGORIANAE
1948

EDITOR LECTORIBUS

Nonum hoc volumen lucem videt ante octavum, quia documenta quaedam octavo inserenda hucusque desiderantur.

Qua ratione editio nostra differat ab ea, quam anno 1899 iam fecerat Pater Fr. Van Ortroy, eandemque excedat, breviter explicabo in Introductione *mox sequente.*

Quinque Exhortationes, olim latentes in Archivo Provinciae Germaniae inferioris, in lucem edere non potui, quippe quae temporum iniquitate periisse videantur.

Exhortationibus addidi considerationem Quid sim ut creatura et ut homo, *nota illa* Documenta a Deo data sanctissimae cuidam animae, *necnon* Relationes, in quibus de Bellarmino exhortatore domestico agitur. Nec omittendas putavi eas, in quibus res est de Bellarmino moribundo, non solum quia ad aedificationem conferunt, sed etiam quia personam sancti exhortatoris mirum in modum illustrant.*

Ut hoc volumen aliquid boni afferat, imprimis sodalibus Societatis Iesu, quam Sanctus Robertus tantopere dilexit, toto ex corde exopto.

Romae, in Pontificia Universitate Gregoriana, in festo S. Bernardini Realini, die 3 Iulii 1948.

INTRODUCTIO
AD
EXHORTATIONES DOMESTICAS

COMPENDIA ET SIGNA CRITICA

Videas infra pag. 60

INTRODUCTIO

In hoc octavo volumine collegi *Exhortationes domesticas* i. e. instructiones illas familiares, quas S. Robertus habuit in domibus Societatis Iesu pro confratribus suis, partim latino, partim italico sermone [1].

De Bellarmino exhortatore domestico dixi in Introductione generali voluminis I pag. 51-67. Quae ibi exposita sunt, si excipis ea quae ad S. Robertum scholasticum spectant, nunc documentis authenticis dilucide demonstrantur. Inde enim a magisterio Lovaniensi usque ad sanctam mortem nulla est periodus vitae Bellarmini, qua testibus manuscriptis, pro maxima parte autographis, eundem sive professorem, sive rectorem, sive provincialem (cum domo residentem tum provinciam visitantem), sive tandem Cardinalem, non exhortantem videamus confratres et commilitones e Societate Iesu. Quod adhuc manifestius apparebit ex elencho chronologico, quo huic praefationi finem imponemus.

Animo igitur lectoris benevoli ad ea directo, quae iam antea conscripsimus ad rem spectantia, statim accedamus ad ea quae restant, et primum dicamus quaedam de manuscriptis, deinde de materiae distributione, tertium de singulis documentis eo ordine quo in nostra editione lucem videbunt.

De Manuscriptis

De editis et manuscriptis iam antea haud pauca diximus in *Introductione Generali* vol. I pag. 102-109. Tunc temporis autem, ob rationes eheu nimis notas, quaedam manuscripta

---

[1] Quod Bellarminus exhortationes etiam latino sermone fecerit in Collegio Romano et Neapolitano, constat ex *Relatione* cuiusdam Patris provinciae Neap. in arch. Postul. Vide infra pp. 523 et 528.

videre non licuit, vel quia bibliothecae clausae erant, vel quia codices pretiosiores, ut accidit v. g. in bibliotheca Romana Victorii Emanuelis, extra urbem loco securiore erant absconditi. Sequentibus igitur compleo, quae antea volens nolens omittere debui, gratiasque iis ago qui mihi benevolentia sua auxilio erant.

1. — Codex *Vaticanus Lat. Rossianus 735.*

Hic codex, ut ipsum nomen demonstrat, pertinet ad bibliothecam Societatis Iesu, *Rossiana* quae nuncupatur, de qua iam dixi in volumine primo pag. 105-106. Est autem codex eleganter corio fusco colligatus, et quod ad tegimentum spectat, longitudinis 15,5, largitudinis 10,5, amplitudinis 6 cM. Constat autem pluribus fasciculis, aliis maioribus, aliis minoribus, chartae diversae. Quare folia variae magnitudinis sunt; immo quaedam folia in fine codicis complicare necesse erat, ne excederent tegumen totius. Exhortationes et alia documenta, quae in codice continentur, diversis temporibus inter annos 1577 et 1606, calamo conscriptae sunt, nec semper sunt completae. Sic v. g. in media exhortatione tertia *de donis Spiritus Sancti* aliena manu legitur post verba γύμναζε σεαυτόν : « R. P. Bellarmine, post duo illa verba graeca desideratur una vel altera pagina. Rogo, mittere illam ad me velit, si erit ei commodum »; et quod maius est, paulo post desunt exhortatio quarta et quinta, sicut etiam in serie tredecim exhortationum *de Cognitione Dei* septem desiderantur. Si excipis folia 402-425, codex non nisi *autographa* Bellarminiana continet.

Clarum igitur est codicem constituere collectaneum, quod certo ab ipso S. Roberto confectum non est. Negligentia enim in uniendis singulis partibus talis est, ut Bellarmino sit prorsus deneganda. Errores autem a colligatore facti statim ex analysi codicis luculenter apparebunt.

Hisce de codicis indole praelibatis, iam sequamur foliorum ordinem.

4 folia praevia vacua.

f. 1r-35v: *Summa difficultatum tertiae partis.* — Agitur de parte tertia *Summae* Aquinatis. Singula folia sunt 14×10,4 cM. Modus scribendi (paginae divisae sunt in duas columnas, quarum altera vacua est ad notas vel correctiones addendas) idem omnino est ac in manuscriptis autographis *Controversiarum.* Quare libellus conscriptus videtur tempore professoratus Romani.

f. 36r-40v vacua.

f. 41r-46r: *Ad haereticos, qui abiuraturi erant.* — Singula folia 14×10,4 cM. In margine fol. 41r: *Romae 1577.* Pagina ultima vacua. Orationem vide in vol. VIII.

f. 47r-72v: *Exhortationes de Custodia Cordis.* — Sex exhortationes conscriptae in eadem charta 14,2×10,5 cM. In margine primae notatur f. 47r: *anno 1583, 12 Novembris;* in margine quintae f. 65r: *1584 in Ianuario.*

f. 73r-100v: *De donis Spiritus Sancti.* — Quinque exhortationes in eadem charta 14×10,2 cM. Agitur autem in iis tantummodo de tribus donis, vid. timoris, pietatis, consilii. Certe perierunt duae, i. e. quarta et quinta. Nam post exhortationem tertiam quae est de pietate, interiecto folio albo, mox sequitur sexta, quae est prima ex tribus de dono consilii. Forsan etiam in fine desiderantur exhortationes aliae: non tamen est verisimile: folium enim 100v est vacuum. Folio 73r ad primam exhortationem legitur: *11 mai 1585* et f. 89r ad exhortationem sextam: *1586.*

f. 101r-106v: *De renovatione votorum.* — Charta 14×10,4 cM. Post titulum legitur f. 101r: *Neapoli in domo 1595.* — *1577 Romae in iunio et 1593 in ianuario.*

f. 107r-114v: *Exhortatio in conversione Sti Pauli.* — Charta 14×10,4 cM. In margine f. 107r notatur: *1577 Romae et 1592.* Fol. 114v vacuum.

f. 115r-116v: Compendia duo breviora, utrumque sub voce: *Exhortatio:* Vide vol. VIII. Fol. 116v vacuum.

f. 117r-122r: *Super evangelium de decem virginibus.* — Charta 13,7×9,5 cM. Fol. 117r nil legitur nisi: *In monasterio Iesu,* vid. Capuano. Fol. 118r in margine: *Neapoli ad Novitios*

1595; item Lupiis febru. anno 1596; Romae 1598 in collegio in festo Stae Agnetis. In poenitentiaria anno 1599.

f. 123r-154v: *De libertate spiritus*. — Exhibentur sex exhortationes eodem atramento conscriptae in charta eadem 14×10,5 cM. Ad primam notatur in margine: *1593 Romae; Neapoli in domo 1595*. Ad quintam, atramento diverso et manu posteriori: *Baruli 1596;* item ad sextam f. 151r: *Baruli*.

f. 155r-158r sunt vacua.

f. 159r-166v: *Exhortatio* (in *Ioan.* 12,25), — Charta 14×10,2 cM. Fol. 159r in margine: *Pro scholasticis* (vid. Romae) *1581. Neapoli apud Novitios 1595. Lupiis 1596*.

f. 167r-239v: *De charitate*. — Octo exhortationes cum fragmento parvo, i. e. initio nonae, constituentes unum libellum 147(146) paginarum, quae singulae suo numero sunt notatae. Inde autem a folio 231r habetur falsa paginarum enumeratio: nam loco pag. 129 scriptum est 130. Est charta 14,2×10,5 cM. Exhortationem primam praecedit alia f. 167r-170v in initio libelli sub titulo: *de Pentecoste, de laudibus charitatis*, quae tota expuncta est. In margine eius legitur f. 167r: *1582*. Folio 170v ad primam exhortationem *de utilitate charitatis* in margine additur: *Romae, anno 82*. Ultima exhortatio vel non fuit a Bellarmino absoluta, vel ultima folia perierunt.

f. 240r-245v: *fragmentum exhortationis*. — Hoc fragmentum, in quo agitur de fructibus caritatis non pertinet ad exhortationes *de Charitate*, sed ad eas quae sunt *de Perfectione*, et transponendum est post folium 279, ut compleat exhortationem secundam de illa materia. Est igitur fragmentum anni 1596, conscriptum Neapoli.

f. 246r-260r: *De Cognitione Dei*. — Hoc loco exhibentur tres priores ex tredecim exhortationibus *de Cognitione Dei*. Tres aliae inveniuntur postea f. 316r-333r, vid. post exhortationem octavam *de Perfectione*. Sunt autem nona, decima et undecima. Septem aliae in *Rossiano* desiderantur. Non tamen perierunt. Nam quarta usque ad octavam inclusam conservantur in templo S. Ignatii Romae; duodecima et decima tertia inveniuntur in Cod. *Opp. NN. 245,* de quo postea. Charta harum tredecim exhortationum eadem est, vid. 14×10,2 cM. In folio 246r nil aliud legitur nisi: *De Cognitione Dei.* Folio autem 247r in margine ad initium primae exhortationis: *an. 1593 Novembr.* Folium 252v iam ante compositionem exhortationum calamo exaratum erat. Etenim per verba exhortationis secundae quaedam leguntur ad perpendiculum conscripta, quae spectant ad regimen Collegii Romani:

De Scriptura

Ex regulis Provincialis duae primae relinquantur Rectori.
Ex regulis Rectoris tres ultimae relinquantur Praefecto.

De gradibus

Ex regulis Provincialis duae primae relinquantur Praefecto.

De casibus

Regulae omnes Provincialis praeter dimidiam primae relinquantur Rectori.

f. 261 vacuum est.

f. 262r-266v: *De Custodia et Puritate Cordis.* — Sunt duae instructiones tempore, charta, modo scribendi prorsus distantes ab exhortationibus *de Custodia cordis* f. 47r-72v. Ad primam exhortationem notatur f. 261r in margine: *Neapoli in domo probationis 1595.*

f. 266v-267r sunt vacua.

f. 268r-315v: *De Perfectione.* — De hac materia adsunt octo exhortationes, exaratae in eadem charta 13,5×9,5 cM. In margine f. 268r ad primam legitur: *Neapoli in domo 1596.* Exhortatio secunda est lacerata, sed folia extracta inveniuntur post exhortationes *de Charitate,* cf. supra ad f. 240r-245v. In codice exhortatio quinta sequitur sextam.

f. 316r-333v: *De Cognitione Dei* (continuatur). — Sunt exhortationes nona, decima, undecima; charta 10,2×14 cM.

eadem est atque exhortationum f. 246r-260r. Vide ibi exposita. Fol. 333v vacuum est.

f. 334r-343r: *In Renovatione Votorum*. — Est charta huius exhortationis 13,8×10 cM. In margine, expuncta voce *Nolae*, notatur: *1596 in collegio Neapolitano.*

f. 343v-345v vacua sunt.

f. 346r-354r: *In Monasterio St. Mariae 1602 in renovatione votorum*. — Charta 13,4×10 cM., sed quaedam folia sunt minora. In margine verba: *1596 in Collegio Neapol. Barii et Salerni*, lineola traversa, errore ni fallor adducta, quasi expuncta videntur.

f. 354v-355v vacua sunt.

f. 356r-384v: *De Humilitate*. — Sunt duae exhortationes in charta 13,7×9,8 cM. Ad primam in margine notatur f. 356r: *In Collegio Neapolitano 1597.*

f. 385r-393v vacua sunt.

f. 394r-399r: *De Ascensione Domini*. — Exhibetur pars longe maior contionis Lovaniensis in charta 10×14,8 cM. Edidimus fragmentum vol. VI pag. 305-314.

f. 399r-401r vacua sunt (charta Lovaniensis).

f. 401v: *Die secundo Pentecostes*. — Fragmentum parvum sermonis Lovaniensis in eadem charta ac fragm. praecedens. Edidimus fragmentum vol. VI pag. 314-315.

f. 402r-406v: *De S. P. N. Ignatio*. — Contio non est conscripta manu Bellarmini. Autographum periit. In margine sinistra f. 402r legitur: *In ecclesia Patrum, Romae;* in margine dextra: *anno Dni 1605*. Edidimus sermonem in vol. II pag. 272-278.

f. 407r-409v vacua sunt.

f. 410r-415v: *In Anniversario B. Ignatii 1606*. — Etiam haec contio est apographum, cuius autographum invenitur infra f. 434r-437r. Edidimus contionem in vol. II pag. 279-286.

f. 416r-417v vacua sunt.

f. 418r-422r: *De Anniversario B. P. N. Ignatii*. — Apographum contionis anni 1599. Sermonem editum habes in vol.

II pag. 250-256, ubi adhibuimus autographum conservatum in cod. *APUG 385a*.

f. 422v-425r: *De S. Luca ad novitios.* — Apographum sicut documentum praecedens.

f. 426r-429v: *In Oratione Quadraginta Horarum.* — Duae contiones Capuanae in charta 20×13 cM.; charta utpote excedens tegumen codicis complicata fuit. Contiones editas habes in vol. II pag. 39-44.

f. 430r-432v: *Oratio in doctoratu Ant. Paladini 1581.* — Charta 21×14 cM, ideoque complicari debuit. Fol. 432v legitur formula doctorandorum. Vide vol. VIII.

f. 433 vacuum est.

f. 434r-437v: *In Anniversario B. Ignatii, 1606.* — Charta contionis est 20×13,5 cM. et complicata fuit, ne tegumen codicis excederet. Sermonem editum habes in vol. II pag. 279-286. Cf. dicta supra ad fol. 410r.

f. 438r-443v: Fragmentum *Quid sim ego.* — Folia 21(22)×13,5(14) cM., ob rationem praedictam et ipsa complicata.

Sequuntur quinque folia vacua sine numeris.

Ex analysi codicis et gravibus erroribus confectis in componendis fasciculis et foliis, clarum est nos in editione *Exhortationum* ordinem codicis sequi omnino non posse.

2. — Codex *Opp. NN. 245* et *Fragmenta Ignatiana*.

Licet iam antea de hisce manuscriptis dixerim, tamen exposita repeto, quia arctissime cum codice *Rossiano* cohaerent, immo eius vulnera reparant.

Est autem codex *Opp. NN. 245* collectaneum, conservatum in Archivo S. I. Ad nos spectat, quia f. 47r-58v in eo inventae sunt a Patre Le Bachelet exhortationes duodecima et decima tertia *de Cognitione Dei,* quae, ut iam supra monui, in codice *Rossiano* desiderantur. Quinque autem aliae, videlicet quarta usque ad octavam, quae item in *Rossiano* frustra quaeruntur, a Patre I. Corsi repertae fuere inter reliquias templi famosi Romani, Sancto Ignatio dedicati, ac mox post Bellarmini mortem Collegio Romano adiuncti. Quare ex triplici fonte feliciter totam exhortationum seriem *de Cognitione Dei* reconstruere possumus.

I De essentia Dei I	*Cod. Ross.*	f. 247r-250v
II De essentia Dei II	» »	f. 250v-255v
III De potentia Dei	» »	f. 255v-259v
IV De sapientia Dei specul.	*Fragm. Ign.*	f. 1r-5v
V De sap. Dei pract.: creatio	» »	f. 6r-11r
VI De sap. Dei pract.: conservatio	» »	f. 11r-15r
VII De sap. Dei pract.: redemptio	» »	f. 15v-19v
VIII De sap. Dei pract.: providentia	» »	f. 20r-24v
IX De misericordia Dei I	*Cod. Ross.*	f. 316r-321r
X De misericordia Dei II	» »	f. 321v-327r
XI De iustitia Dei punitiva	» »	f. 327v-333r
XII De iustitia Dei praemiativa	*Opp. NN. 245*	f. 47r-52v
XIII De iustitia Dei universali	» »	f. 53r-58v

3. — Cod. Bibl. Vitt. Em. 2718: *Mss. Gesuitici 589.*

Invenitur codex in bibliotheca Romana Victorii Emmanuelis, quae partem occupat antiqui Collegii Romani, ubi degit alumnus, magister, rector, praefectus spiritus, S. Robertus Bellarminus. Est autem codex parvus, charta dura cum pergameno ligatus, constans 221 foliis 13×9,7 cM. En contentum:

f. 1-12: notulae et schemata brevia instructionum spiritualium.

f. 13-16: vacua.

f. 17r-160v: Tractatus de Cognitione Dei. Titulus est: *R. P. Bellarmini Tractatus de Cognitione Dei.* Sequitur alia manu: *Scriptio est P. Francisci Foliani, qui obiit 1609.*

f. 17r: *Utilis rerum divinarum commentatio: Caput I.* In margine: *1a Exhortatio.*

f. 24v: *De altitudine divina: Cap. II.* In margine: *Exhortatio 2a.*

f. 32v: *De attributis essentiae divinae*: Cap. III. In margine: *Exhort. III.*

f. 40r: *De cognitione Dei, et primo de sapientia Dei*: Cap. IV. In margine: *Exhort. 4.*

f. 48r: *De sapientia Dei practica*: cap. V. In margine: *Exhort. 5.*

f. 59r: *Item de sapientia D. practica*: cap. VI. In margine: *Exhort.o 6.*

f. 69r: *De altitudine scientiae Dei practica*: cap. VII. In margine: *Exhort.o 7.*

f. 80r: *De providentia*: cap. VIII. In margine: *Exhort.o VIII.*

f. 91r: *De misericordia Dei*: cap. IX. In margine: *Exhort.o 9.*

f. 104v: *De misericordia Dei*: cap. X. In margine: *Exhortatio 10.*

f. 118r: *De iustitia Dei punitiva*: cap. XI. In margine: *Exhort.o XI.*

f. 133r: *De iustitia Dei remunerativa seu premiativa*: cap. XII. In margine: *Exhort.o 12.*

f. 148r-160v: *De iustitia Dei universali*: cap. XIII. In margine: *Exhort.o XIII.*

f. 161r-177v: *De Nomine Iesu exhortatio in die Circumcisionis habita.*

f. 178r-198r: *De Incarnatione Domini.*

f. 199: vacuum.

f. 200r-209r: notulae et schemata, ut supra f. 1-12.

f. 210-221 vacua.

Ad rem nostram spectant folia 17-198, quae omnia conscripta sunt characteribus sat magnis, diligenti cura exaratis. Continent autem praeter tractatum *de Cognitione Dei* duas Bellarmini exhortationes, probabiliter habitas Lovanii.

De tempore conscriptionis satis constat. Habitae enim sunt exhortationes *de Cognitione Dei* annis 1593-1594. Pater vero Folianus mortuus est anno 1609. Immo possumus terminum ante quem conscriptio confecta est, accuratius determinare. Vocatur enim auctor Tractatus « R. P. Bellarminus » et nondum « Cardinalis ». Quare libellus exaratus videtur inter annos 1594-1599.

Quod ad *Tractatum* attinet, sat fideliter is refert tredecim *Exhortationes*. Sunt quidem in eo quasi singulis paginis parvae discrepantiae, omissiones et additiones; sed rem ipsam non tangunt. Ad stilum potius spectant; nonnumquam tamen lectionum varietas exoritur ex mala textus originalis transscriptione.

Rogaverit quis, idque iure merito, num ipse Bellarminus *Exhortationes* redegerit in formam *Tractatus*. Quod mihi negandum videtur. Etenim redactor capita tria priora ornavit titulis, qui in *Exhortationibus* desunt. Tituli autem tres isti tam deficienter exhibent contentum capitum, ut Bellarmino indigni videantur. Caput primum enim, in quo post brevem epilogum de materiae dignitate, agitur de Essentiae Dei latitudine et longitudine (immensitate et aeternitate) inscribitur: *Utilis rerum divinarum commentatio;* caput secundum, in quo disseritur de eiusdem Essentiae altitudine et profunditate (excellentia et transcendentia) inscribitur: *De altitudine divina;* caput tertium, quod sicut decem sequentia, versatur in explicandis attributis divinis, sed data opera agit de sola divina potentia, inscribitur: *De attributis essentiae divinae*. Accedit quod ultima pericope capitis primi, in qua iam attingitur Dei altitudo, ad initium capitis secundi poni debuisset. Conclusio idcirco mihi videtur sat obvia, S. Robertum redactorem esse non posse. Quod confirmatur forsan autographo Bellarminiano exhortationis quintae, ubi in margine legitur manu aliena: *hucusque*. Exhortatio igitur transcripta fuit a persona a Bellarmino distincta.

Tractatus anno 1861 ab editore anonymo Lovanii typis mandatus fuit typographi C. I. Fonteyn. Est libellus 64 paginarum sub titulo: *De Cognitione Dei, auctore venerabili servo Dei Roberto Bellarmino, S. R. E. Cardinali e Soc. Jesu: opus ineditum*. Anno 1873 denuo in lucem prodiit Parisiis apud

L. Vivès in tomo octavo *Operum Omnium*, pag. 623-656. Cf. deinde *Op. Or. Post.* vol. I, pag. 104-105.

Anno 1942 mihi erat in animo ad calcem editionis nostrae addere lectiones variantes, quae in *Tractatu* inveniuntur, quasque reapse collegi omnes. Sed cum nunc mihi firmiter persuasum sit redactionem *Tractatus* non esse originis Bellarminianae, id prorsus inutile reputo.

Exhortationes duae, quae *Tractatui* in manuscripto additae sunt, iisdem omnino characteribus gaudent atque ipse Tractatus. Nec sine causa locum suum occupant: in utroque enim, maxime verum in secunda, quae inscribitur *de Incarnatione*, res est de quadruplici dimensione divinae Essentiae. Eas esse compositas tempore commorationis Lovaniensis, mox probabili ratione demonstrabo, de singulis exhortationibus breviter disputaturus.

4. — Autographa Archivi Prov. S. I. Germ. Infer.

Notat P. Sommervogel in *Bibliotheca* sua sub voce*Bellarmini* tom. I col. 1253: « *In Circumcisione exhortatio ad fratres*, 8° pp. 5. — A côté du titre on lit: *Lovanii, an. 1575, Neapoli 1594*. A la fin on lit: *Haec est exhortatio scripta et dicta ab Illss. Cardin. Bellarmino, data mihi a R. P. Francisco Roca eius Confessario. Romae 1623 maii 16. Marcus Tempelius*. Trois autres Exhortations également autographes sur la pauvreté religieuse: 17 pp. 4°. Ces MS de Bellarmin se trouvent aux archives de notre province d'Allemagne ». In vol. I anno 1942 scripsi me propter circumstantias bellicas de documentis praedictis sufficientem notitiam acquirere non potuisse; et ideo me postea accuratius ad rem rediturum. Promissis autem stare non possum. Archivum enim belli causa plane perturbatum fuit. Diligentissimis indagationibus nuperrime factis id constare videtur; autographa vel rapta fuisse vel omnino periisse. Quia etiam catalogus Archivi iam non invenitur, nil nobis restat nisi nota Patris Sommervogel.

5. — Ceteri Codices.

De aliis codicibus, in quibus sparsim inveniuntur exhortationes S. Roberti, longius dicendum non est, quia de iis iam sufficienter diximus in *Introductione Generali* vol. I pag. 102-103.

In codice *Opp. NN. 68* ex Arch. Rom. S. I. tres exstant adhortationes habitae in domo novitiatus Romani, annis 1615-1616.

In codice *Opp. NN. 251* ex eodem Archivo invenitur apographum exhortationis paschalis, habita anno 1598 in Collegio Romano super verba: *Stetit Iesus in medio discipulorum et dixit eis: Pax vobis.*

In codice notissimo *APUG 384* conservantur duae exhortationes ad novitios, altera in dom. oct. Corporis Christi; altera de evangelio dom. XIX post Pentec.

In codice non minus noto *APUG 385a* exstat exhortatio ad novitios habita de arbore fici in *Luc.* 13, et alia sat longa ad membra S. I. prolata Sabbato post dom. primam Quadrag. anni 1610 in epist. *Semper Gaudete.*

In codice *APUG 373* exstat fasciculus: *Meditazioni della Essenza divina.*

De materiae distributione

Ut iam supra monui, ordinem servare codicis *Rossiani,* ut ante fecit P. Fr. Van Ortroy, graves ob causas non potuimus. Nec solum quia *Rossianus* non miscenda miscet et non separanda separat, quae ratio iam per se plane sufficeret: sed etiam quia in *Rossiano* quaedam exstant, quae vel prorsus ad rem non spectant, vel etiam melius inter *Contiones* quam inter *Exhortationes* suum locum occupant; et insuper, quia *Rossianus* ex aliis fontibus necessario est complendus.

Quare criterium nobis hoc fuit, ut quantum fieri potuerit — ad impossibilia enim ne caelestes quidem tenentur — et materiae et temporis rationem haberemus.

Hac de causa omnes tredecim exhortationes *de Cognitione Dei* suo ordine edidimus: exhortationem secundam *de Perfectione* debito modo complevimus; multa passim sparsa in unum collegimus, quia vel ad novitios vel ad scholasticos erant directa. Orationem autem in doctoratu Ant. Paladini et allocutionem ad haereticos abiuraturos ad octavum volumen remisimus, quippe quae non spectant membra Soc. Iesu; item compendia duo breviora, quae videntur conscripta ad instruendam familiam cardinalitiam; orationes verum in laudem S. P. Ignatii et fragmenta Lovaniensia de *Ascensione Domini* et *de die secundo Pentecostes* omisimus, quia iam meliorem locum invenerunt, illae in vol. II, fragmenta vero in vol. VI.

Haud aliter ac fecit P. van Ortroy, *Summam difficultatum tertiae Partis*, Summae vid. Aquinatis, ineditam reliquimus, non quia lucem non meretur, sed quia magistrum scholasticum, non vero exhortatorem domesticum respicit. Non tamen P. Van Ortroy secutus sum, transcurantem fragmentum *de natura hominis*. Ut enim suo loco exponam, absque dubio fragmentum est instructionis reapse spiritualis.

In fine addidi *Documentum sanctissimae cuiusdem animae*, quia, quidquid est de eius origine, certo Bellarmini mentem manifestat; ac fragmenta collegi una cum relationibus vel notis, in quibus sermo est de *Exhortationibus* vel deperditis vel, quod spero, hucusque nondum detectis.

Iam de singulis documentis dicamus, quo ordine in hoc volumine sunt disposita.

Ad documenta singula

Exhortationes de nomine Iesu et de incarnatione

De hisce duabus exhortationibus, quibus inchoatur haec nostra editio, valent illa *Matthaei* 20,16: *Sic erunt novissimi primi, et primi novissimi*. Eas enim, ceteris omnibus iam proxime ad prelum apparatis, fortuito casu in bibliotheca Romana Victorii Emanuelis inveni.

Iure autem merito primum locum occupare mihi videntur.

Non solum, quia prima exhortatio convenit primo diei anni, sed idcirco etiam, quod seria ratio adest coniecturandi utrumque documentum esse originis Lovaniensis. Modus enim cum dicendi tum argumentandi adeo curatus et expolitus est, ut statim suggerat eam periodum qua Bellarminus allocutiones suas iisdem prorsus, quibus scripserat, dicebat verbis.

Quod ad primam exhortationem spectat, coniectura roboratur notitia Patris Sommervogel (supra pag. 23), qua edocemur in archivo provinciae Germanicae S. I. conservatam fuisse *exhortationem ad fratres in Circumcisione, Lovanii an. 1575, Neapoli 1594*, eamque scriptam et dictam ab Ill.mo Card. Bellarmino, atque Patri Marco Tempelio datam a P. Francisco Rocca, Cardinalis confessario.

Altera autem exhortatio potius praebet dubitandi rationem. Etenim tota est in applicandis quattuor dimensionibus, longitudinis, latitudinis, profunditatis, altitudinis ad incarnationis mysterium. Quod non convenit Lovanio. Etenim ipse Bellarminus notat in prima exhortatione *de Cognitione Dei*, habita anno 1593: « Applicavi haec (i. e. quattuor dimensiones) nuper gloriae caelesti et poenis inferni; alias passioni Christi »; silet vero applicationem factam ad Verbi incarnationem. Opponi tamen potest Bellarminum Romae solummodo commemorasse exhortationes Romae habitas, ideoque auditoribus quoque notas.

De nomine Iesu S. Robertus saepius egit, cf. vol. I pag. 277-281 et vol V pag. 100-110. Mysterium autem incarnationis Bellarmino erat fons consolationis. Scribit Card. Alexander Orsinus in epistola relata a Patre Fuligatti in appendice Vitae Bellarmini, se quadam die visitasse Novitiatum S. Andreae, ubi Sanctus vacabat exercitiis spiritualibus; quibus dictis pergit: « Mane meditationem fecerat de Annuntiatione ... et subito mecum maximo animi affectu colloqui coepit de hoc mysterio; nec exsatiari potuit eloquiis, ita ut facies eius mirum in modum inflammaretur. Quare existimabam ei mane a Domino communicatas fuisse peculiares consolationes ».

Exhortationes quattuor habitae in Collegio Romano.

Praecipua ratio, cur haec quattuor documenta hoc loco posuerim in eo invenitur, quod illud ratione temporis a me initio collocatum, nobis exhibet, quantum scire licet, primam exhortationem a Bellarmino directam ad patres fratresque Collegii Romani. Quattuor autem documenta hac de causa eo libentius unum cum alio coniunxi, quia, ut ita dicam, vaga sunt, i. e. quae in unam seriem de una materia habitam non intrent. Huc accedit, quod Bellarminum nobis demonstrant in quattuor stadiis suae operositatis: prima enim exhortatio habita fuit, cum magisterium Romanum vix inchoaverat; secunda, cum iam famosus erat magister controversiarum; tertia proxime ante acceptum cardinalatum; quinta cum iam ad septuagesimum accedebat vitae suae annum.

Consuetudo erat in Collegio Romano, ut exceptis feriis aestivis bis (saltem?) in mense exhortatio fieret: plerumque feria hebdomadis sexta, vel rarius in die Sabbati. Non semper exhortationes ab uno solo patre, ad hoc munus destinato, fiebant: sed nonnumquam alii laborem principalis instructoris sublevabant: immo quandoque accidebat, ut alius ob auctoritatem praeclarus, a rectore Universitatis ad sodales exhortandos invitaretur: quod haud raro Bellarmino contigisse documenta hoc volumine edita demonstrant.

Exhortatio *in Conversione S. Pauli*, testante notula ipsius Bellarmini habita fuit in Collegio Romano bis: primum anno 1577, dein anno 1592. Anno 1592 Bellarminus erat praefectus spiritus. Nullam habemus Bellarmini allocutionem tunc temporis *conscriptam*. Videtur annis 1590-1592 adhibuisse exhortationes olim iam prolatas. Erat ut bonus pater familias, qui de thesauro suo non solum proferebat nova, sed et vetera. Redactio autem huius instructionis in conversione S. Pauli sui generis est. Nam auctor, qui Lovanii latina semper lingua praedicaverat, nunc autem de novo italico sermone verba facturus erat, miris saltationibus sese praecipitat ex una lingua in aliam.

Secunda exhortatio in illud *Ioan.* 12: *Qui amat animam suam*, iam tranquille fluit italice. Ter habita est: primum Romae anno 1581 die 12 Aug. i. e. in festo S. Clarae; dein Neapoli anno 1595 in domo novitiatus; tertium Lupiis, italice Lecce, anno 1596. Primum igitur prolata fuit a professore, dein a rectore, tandem a praeposito provinciae Neapolitanae, subditos visitante. In notula post titulum posita legitur: *Pro scholasticis 1581*. Dies festi S. Clarae anno 1581 erat feria hebdomadis ultima, neque haec exhortatio erat directa ad totam communitatem, sed ad solos scholasticos: quod non tantum probat ipsa notula, sed etiam interiectio: *t'inganni fratello*, et insuper modus valde simplex quo tractatur materia.

Tertium documentum anni 1598 in illud *Luc.* 24,36: *Stetit Iesus* desideratur in codice *Rossiano*. Est apographum nobis conservatum in Cod. *Opp. NN. 251*. Inscribitur: *Del P. Roberto Bellarmino in Coll. Rom. 1598*, et post finitam exhortationem additur: *Copia di un'Essortazione fatta dal P. Roberto Bellarmino nel Collegio Rom. 1598*. Locutus igitur est S. Robertus hospes a rectore invitatus. Inde enim ab anno 1597 ob munus theologi papalis et consultoris S. Officii plerumque in aediculis S. Paenitentiariae S. Petri habitabat [2], venia obtenta Pontificis, ne sicut olim Toletus in palatio Vaticano resideret. Est autem exhortatio habita super verba evangelii feriae tertiae post dom. Resurrectionis. Quia Bellarminus hoc evangelium vocat « huius hebdomadae », et commemorata hebdomada, ut patet, erat Octava Paschae, allocutio habita videtur die 27 Martii. Ex sermonis exordio noto haec verba: *Protendo dire con la solita brevità*.

Etiam quarta exhortatio super illud *Semper gaudete* deest in *Rossiano*: adest autem eius autographum in codice *APUG 385a*. In capite documenti legitur ad marginem: *1610, Sabbato post primam Dominicam quadragesimae*. Dubium moveri potest, utrum reapse agatur de exhortatione domestica, an

---

[2] Si Papa adibat palatium S. Marci, Bellarminus erat hospes Collegii Romani vel domus generalitiae, ut Papae vicinior esset.

potius de sermone. Sed licet excludere nolim, Bellarminum etiam iam senescentem praedicasse: certe non praedicavit in Sabbato, sed tantum in festis. Est autem haec allocutio habita in Sabbato post primam Dominicam quadragesimae qua die in Epistola 1 *Thess.* 5, 14-23 verba *Semper gaudete* leguntur; nec mirum Bellarminum a rectore Collegii Romani fuisse invitatum: erat enim anno 1610 quasi vicinus [3]. Ipsa quoque materia modusque eam tractandi exhortationis indoli correspondet, sicut ipse Sabbati dies in prima hebdomada ieiunii maioris, quae anno 1610 erat dies 6us Martii. Excluditur autem hanc allocutionem habitam fuisse ad sodales novitiatus S. Andreae: iis enim S. Robertus hospitalitatem exhortatione remunerabat, quando in colle Quirinali sese tradebat sanctis exercitiis [4].

Exhortationes de Caritate.

Habitae sunt hae exhortationes Romae, in secunda parte anni 1582, et quidem in Collegio Romano, ut luculenter apparet ex variis allusionibus ad studia. Aderant tamen inter auditores etiam fratres coadiutores. Dicit enim Bellarminus initio exhortationis primae se procedere velle via symbolica, i. e. comparando caritatem cum variis rebus creatis, ut fratres simpliciores doctrinam exponendam facilius memoria retinere possint [5].

De tempore quo sint prolatae allocutiones sine molestia constat. In exhortationis enim praeviae nota marginali legimus: *1582,* et eodem modo in prima exhortatione: *Romae anno 1582.* Possumus autem chronologiam singularum instructionum ulterius determinare. In exhortatione enim prae-

---

[3] Inde ab 8 Febr. 1608 usque ad Sept. 1611 Bellarminus habitabat in Piazza Colonna; postea vero in domo vicinissima Collegio Romano, ubi nunc conservatur bibliotheca Casanatensis.

[4] Singulis annis inde a 1607 Bellarminus exercitiorum causa adibat domum S. Andreae.

[5] Cf. *Relat.* cuiusdam Patris Neapolitani, qui dicit Bellarminum in Coll. Rom. et Coll. Neapolit. fecisse exhortationes lingua latina, cf. infra pag. 523.

via (expuncta) dicuntur imminentia esse festa Spiritus Sancti. Quare supponendo exhortationes, ut erat solitum, habitas fuisse feria hebdomadis sexta, (vel etiam Sabbati), praevia instructio facienda erat die 1 Iunii 1582. Item in prima exhortatione dicitur argumentum a Bellarmino electum fuisse ob festum Pentecostes et Corporis Domini: videtur igitur habita instructio die 8 Iunii eiusdem anni. Non enim convenit dies 15 Iunii, qua prima exhortatio nimis accederet ad secundam, quae absque dubio dicta fuit sabbato die 23 Iunii: etenim in ea agitur de evangelio diei, id est vigiliae Nativitatis S. Ioannis Baptistae. Etiam de die octavae exhortationis certo constat idque ex allusione ad evangelium diei, Sabbati scil. Quattuor Temporum Adventus, qui Sabbatus anno 1582 erat dies 18 Dec. Nec sexta exhortatio caret indicio quippe in qua Bellarminus loquatur de proposito faciendo circa ieiunium Adventus. Quare non inconveniens videtur hanc exhortationem adscribere diei 19 vel 26 Nov., quae ultima dies tamen excluditur, utpote non sat spatii relinquens inter exhortationem sextam et octavam. Ex hucusque dictis etiam exhortationibus quae restant suas prolationis dies attribuere licet. Septima enim habita est duas hebdomadas post sextam et ante octavam ideoque die 3 Dec. Et quia pars ultima mensis augusti, pars saltem prior mensis octobris et totus mensis septembris ob ferias aestivas vacant, tertia habita est ante medium mensis iulii, quarta exeunte mense iulio vel ineunte augusto et quinta exeunte mense octobri vel inchoante mense novembri, quod ultimum videtur eligendum, quia anno 1582 mensis octobris habuit 21 dies tantum. En igitur ordo temporis:

I Caritas comparatur cum vita	circa 8 Iunii 1582
II Caritas comparatur cum aqua	certe 23 Iunii 1582
III Caritas comparatur cum igne	6 vel 13 Iulii 1582
IV Quomodo ignis conservandus	Iul. - August. 1582
V Caritas comparatur cum pane et vino	circa 5 Nov. 1582
VI Caritas comparatur cum oleo	circa 19 Nov. 1582

VII Caritas comparatur cum veste et domo circa 3 Dec. 1582
VIII Caritas comparatur cum pecunia I   certo [6] 18 Dec. 1582
IX Idem II (si fuerit exh. ore prolata)   mense ianuar. 1583

Ex materia in elencho supra posito apparet exhortationes constituere aliquid unum organicum; ut verba Bellarmini adhibeam, « considerationem symbolicam » caritatis. Hanc considerationem fuisse nona instructione plane absolutam, ideo constat quod Bellarminus initio octavae dicit: « Absolvi omnes alias similitudines caritatis: restat nisi ultima », videlicet pecuniae. Utrum ultima exhortatio imperfecta manserit, an potius folia ultima perierint, difficile dirimitur. Fieri potuit, ut Bellarminus ista folia adhibuerit ad conficiendam *Explanationem* XXI de fructibus caritatis (cf. vol. VII pag. 271-288), et tunc temporis folia quaedam suo loco restituta non fuerint. Id certum est Bellarminum in componenda illa *Explanatione* prae oculis habuisse *Exhortationes*. Quod autem ad praeviam exhortationem attinet, in Codice *Rossiano* imperfectam relictam et a S. Roberto expunctam, *de laudibus caritatis in die Pentecostes*: ratio operis imperfecti et dein expuncti ex eo facile declaratur, quod exhortatio ante diem Pentecostis dilata sit, et Bellarminus festo iam peracto alio modo aggressus sit materiam. Quod patet: nam pars prima exhortationis praeviae abbreviata exstat in exhortatione prima; pars altera assumpta est in prima, pars tertia in quarta exhortatione.

Consideratio symbolica caritatis, si ipsam ideam spectes, non est originis Romanae sed Lovaniensis. Etenim in *Contione* XLI Lovaniensi, quae est de S. Bartolomaeo, iam elementa omnia adsunt, et non solum in germine sed satis quoque elaborata. In hoc sermone enim longissimo caritas quasi eodem ordine adsimilatur vitae, igni, aquae, domui, cibo, vino, oleo, lacti, vestitui, pecuniae. De oleo quoque ut symbolo donorum

---

[6] In volumine primo dixi pag. 53, octavam exhortationem habitam fuisse in vigilia S. Laurentii, die 9 Augusti. Nondum observaveram pag. 189-192 editionis P. Van Ortroy non pertinere ad exhortationes *de Caritate*. — In computandis diebus notandum est, agi de anno 1582, in quo ob mutatum Kalendarium dies 5-14 Oct. excidunt.

Spiritus Sancti fuse tractatur in *Contione* XXXI, habita in feria II Resurrectionis Domini. Certum igitur est exhortationes nil aliud esse nisi pleniorem et ampliorem explicationem considerationis, cuius vim et efficaciam, non tam ad sapienter de caritate disputandum, quam animos amore inflammandos iam Lovanii plene perspexerat.

Non semel habitae sunt considerationes symbolicae de caritate, sed pluries, saltem pro parte. Et primum quidem constare videtur priores tres exhortationes, additis duabus aliis, vel deperditis vel hucusque latentibus, denuo prolatas fuisse a Bellarmino Cardinale. Dicit enim in processu beatificationis Capuano (1627-1628) Pater Antonius Beatillus S. I.: « Ho sentito molte sue esortationi domestiche fatte a noi altri in Napoli et in Roma; tutte piene di sommo spirito; e particolarmente nell'estate dell'anno 1606 o 1607 fece nel Collegio Romano alcune esortationi della Charitá, che fecero stupir tutti, e mostrava chiaramente, che era pieno di charitá et amor di Dio; e quel che pareva a me in questa materia, lo sentiva ancora ditto da gl'altri nostri Padri; e così credo, che non m'ingannerò ». Hoc autem testimonium manuscriptis corroboratur. Sunt enim in autographo exhortationis secundae et tertiae quaedam mutationes posterioris temporis, quae primo oculo sat mirae videntur. In initio secundae exhortationis Bellarminus anno 1582 scripserat: « Hora seguita che mostriamo come (la charità) è anco *acqua* et *fuoco* ... Ma oggi bastara a provederci di acqua ». Postea autem rem sic mutat: « Hora seguita che mostriamo come sia *terra, acqua, aria* et *fuoco*. Della *terra* già si è parlato nella 2ª essortatione; hora parlaremo del' *acqua* ». Item in initio tertiae anno 1582 scriptum erat: « Habbiamo parlato dell'*acqua* », et tempore posteriore loco *acqua* scribitur *terra, acqua* et *aria*. In quarta exhortatione f. 199v Bellarminus post annum 1582 addidit: « Ne solo noi siamo beneficii di Dio, ma la *terra* che ci sostenta, l'*aria* che respiriamo... sono opere et lavori delle mani di Dio ». In exhortatione autem quinta scribit Bellarminus anno 1582: « Havendo ragionato della charità et mostrato come è *vita, acqua* et *fuoco* », et verba postea intacta manent. Ex hisce mutationibus, ni fallor, sequitur Bellarminum post annum 1582 iterum adhibuisse quattuor exhortationes, sed iis addidisse duas novas vid. unam in qua caritas adsimilatur terrae, alteram in qua adsimilatur aëri. Statim apparet sex exhortationes novae redactionis constituere unum organicum. In initio enim statuerat principium: « caritas est quodammodo omnia ». Atqui omnia constant quattuor elementis, terra vid., aqua. aëre, igne et principio vitali. Ergo explicatis hisce quinque adsimilationibus principium plene demonstratur. Sane dolendum est exhortationes postea (probabiliter anno 1606 vel 1607) adiectas, de terra vid. et aëre, iam non inveniri. Sed existimo ex libello *de Ascensione mentis in Deum* saltem puncta harum exhortationum indicari posse, quod suo loco feci in textus editione.

Etiam in exhortatione septima invenitur additio temporis posterioris, ex qua patet Bellarminum post annum 1582 eandem repetivisse.

Unum addere liceat, quod nos edocet de temporis spatio singulis exhortationibus tunc temporis addicto. Dicit videlicet Bellarminus septimam aggrediens: « Perchè mi resta poco tempo, procurerò di finire et la veste et la casa in poco più di mezza hora ». Satis mirum videtur, oratorem iam in initio exhortationis dicere, sibi non multum temporis restare. Sensus autem videtur esse: quia iam sumus in fine anni, et quia hoc anno exhortationes *de Caritate* concludere debeo: hac de causa materiam sat amplam, qua videlicet caritas assimilatur et vesti et domui, comprimere conabor in una sola exhortatione, et paululum excedam tempus exhortatori concessum, i. e. dimidiam partem horae.

Exhortationes de Custodia Cordis.

Habitae sunt hae exhortationes a Bellarmino, Romani Collegii Professore, post ferias aestivas anni 1583.

Licet Bellarminus post exhortationem tertiam *de Custo-*

dia Cordis titulum mutet, et quartam vocet *de Circumcisione Cordis*, quintam ac sextam *de Duritia Cordis*: tamen in sex hisce allocutionibus evolvitur materia, in prima auditoribus proposita vid. 1° quanti momenti sit custodire cor, 2° contra quaenam pericula, 3° quibusnam remediis. Primum punctum prima exhortatione absolvitur, secundum secunda; immo in fine secundae iam tertium punctum inchoatur. Est autem principale remedium refrenatio passionum, de qua fuse agitur in exhortatione tertia et quarta. Quia vero illa refrenatio etiam circumcisio cordis vocari potest, Bellarminus in quarta exhortatione hanc circumcisionis ideam evolvit: habita enim est allocutio quarta in vigilia Circumcisionis Domini. Tandem in duabus ultimis attingitur aliud remedium principalius: is enim custodit bene cor, qui adhibet omnia media contra cordis duritiam.

De tempore huius seriei facile constat. Prima enim exhortatio, teste nota marginali, prolata est die 12 Nov. anni 1583; quarta, ut indicat ipse Bellarminus in exordio, in vigilia Circumcisionis Domini; quinta autem et sexta, iterum nota marginali teste, habitae sunt *1584 in Ianuario*. Quare sic ordo erat: prima Sabbato, die 12 Nov. 1583, secunda circa diem 25 Nov.; tertia circa diem 9 Dec.; quarta die Veneris 30 Dec.; quinta medio Ianuario 1584; sexta in fine Ianuarii. Nullum autem vestigium apparet in autographis, Bellarminum post annum 1584 iterum iis usum esse.

Utrum hae exhortationes habitae sint lingua latina an italica, non certo dirimitur. Qui autem attente eas legerit, facile videbit Bellarminum solos respexisse professores et scholasticos, nulla ratione habita fratrum coadiutorum.

Exhortationes de Donis Spiritus Sancti.

Etiam hae exhortationes sicut duae praecedentes, fructus sunt zeli et industriae professoris Collegii Romani: nam habitae sunt annis 1585-1586, et in septima inter defectus notantur « discursus per Collegium ».

Ex septem exhortationibus non solum pars ultima tertiae, sed etiam quarta et quinta totae perierunt. Quia vero tertia allocutio de pietatis dono est, sexta autem de dono consilii, absque dubio in quarta Bellarminus locutus est de scientia, in quinta de fortitudine. Scala enim donorum, ascendenti ab infima usque ad supremam, secundum S. Doctorem haec est: timor, pietas, scientia, fortitudo, consilium, intellectus, sapientia. Et hunc ordinem in prima allocutione dixerat se secuturum.

Quod ad chronologiam spectat, certe prima exhortatio habita est die Sabb. 11 mai 1585, sexta verum et septima anno 1586. Quare supponenti Bellarminum singulis mensibus semel fuisse locutum, et semel in mense alium ex patribus, hic erit ordo: Mense maio *de timore I;* mense iunio *de timore II;* mense iulio *de pietate;* Aug. Sept. Oct. feriae aestivae; mense novembri *de scientia;* mense decembri *de fortitudine;* mense ianuario 1586 *de consilio I;* mense februario *de consilio II.*

Antea Lovanii S. Robertus de donis Spiritus Sancti egerat commentando *Summ. Theol.* I-II. q. 68 (cod. *Opp. NN.* 236 f. 34r-37r). In ista autem expositione nil invenitur, quod nobis aliquid lucis afferre possit circa duas exhortationes quae desiderantur.

Non credo Bellarminum has suas considerationes de donis Spiritus Sancti post annum 1586 continuasse et absolvisse. Etenim nullum earum vestigium apparet in opusculis asceticis, quae tamen in multis dependent a contionibus atque instructionibus iam antea vel Romae vel Capuae compositis. Nec occasio defuit. Nam in libro primo *de arte moriendi* cap. 3 agit de virtutibus theologicis; cap. VI de tribus virtutibus moralibus, de quibus Apostolus *Tit.* 2, 12: *ut sobrie, et iuste, et pie vivamus in hoc saeculo.* Nec ullum vestigium in autographo indicat, S. Robertum post annum 1586 iterum de donis dixisse.

Exhortationes de libertate spiritus.

Hae sex exhortationes, licet duae ultimae, in notula post titulum posita, Baruli habitae dicantur, omnes primum prolatae sunt in Collegio Romano anno 1593, in quo Bellarminus tunc temporis officium gerebat rectoris (Dec. 1592-Nov. 1594).

Nam, ut iam antea dixi de codice *Rossiano* disserens, omnes sex exhortationes in eadem charta exaratae sunt eodemque atramento, dum notulae *Baruli 1596* sunt diversi atramenti et manus posterioris. Accedit, quod sex allocutiones arcte inter sese connectuntur. Omnes explicant illud *Ioannis* 8, 32: *Veritas liberabit vos* et indicant, quaenam sint veritates, quibus perspectis homo veram libertatem spiritus acquirere possit. In prima enim exhortatione, quae est introductoria, Bellarminus magis generatim de libertate spiritus disserit et de mediis eiusdem acquirendae. Tractat dein in quinque sequentibus quinque veritates liberatrices: 1° bona temporalia indigna esse quae amentur; 2° mala temporalia indigna quae timeantur; 3° mala non esse timenda, quia Deus gerit omnium rerum providentiam; 4° unum tantum esse verum bonum amandum: acquisitionem finis: 5° unum tantum timendum: finis amissionem.

Sed est alia ratio, qua omne dubium excluditur utrum Bellarminus duas ultimas exhortationes Romae habuerit anno 1593 necne. Etenim in prima exhortatione *de Cognitione Dei*, Romae habita in Collegio Romano mense novembri anni 1593, dicit S. Robertus: *Applicavi haec* (i. e. latitudinem, longitudinem, latitudinem, sublimitatem, profunditatem) *nuper gloriae caelesti et poenis inferni*. Reapse autem duae ultimae exhortationes *de libertate spiritus* non sunt nisi applicationes quattuor harum dimensionum ad gloriam aeternam et poenas gehennae.

Ex praedictis iuvamur ut accuratius determinemus singularum exhortationum chronologiam. Etenim quia instructiones *de Cognitione Dei* inchoantur post ferias aestivas anni 1593, Bellarminum allocutionibus *de libertate spiritus* fi-

nem imposuisse ante easdem ferias inceptas dicendum est.
Restat igitur invenire indicium temporis quo initium fecerit.
Quod nobis praebet exhortatio secunda, quippe quae habita
sit ipso exordio testante, cum octava celebrabatur Baptistae.
Quaestio est num voce *octavae* indicetur dies octava, vel periodus octavae. Quod ultimum videtur asserendum: nam anno
1593 dies octava, quae prima dies est Iulii, erat feria Iovis,
villae ac vacationi destinata. Quare rectius eligitur feria hebdomadis sexta infra octavam, vid. dies 25 Iunii. Quod confirmatur exhortatione tertia. In ea enim versus finem in margine
haec leguntur verba expuncta: *Sed quid de sancto Alexio,
cuius festum cras celebrabimus*? Si haec verba posteriore tempore expuncta sunt, sicut quaedam alia quae in textu leguntur, tertia exhortatio facta est feria sexta, die 16 Iulii. Quare prae oculis habentes, exhortationes plerumque habitas fuisse feria sexta hebdomadae, et inter duas exhortationes saltem
interponi spatium quatuordecim dierum, hunc ordinem construere iuvat: Prima exhortatio 11 Iun.; secunda 25 Iun.; tertia 16 Iul.; quarta 30 Iul.; quinta 13 Aug.; sexta 27 Aug.
Quod ultimum sat mirum videretur, nisi certo constaret etiam
tertiam decimam exhortationem *de Cognitione Dei* habitam esse eodem mense augusto exeunte, ut postea videbimus.

Exhortationes sex *de libertate spiritus* non tantum Romae habitae sunt, sed etiam in secunda parte anni 1595 in domo professa Neapolitana, ubi Sanctus annis 1595 et 1596 residebat ad provinciam Neapolitanam gubernandam; duae ultimae eodem tempore dictae sunt Baruli occasione visitationis domorum provinciae. Res patet ex notulis ipsius Bellarmini.

In duabus istis ultimis exhortationibus egit Bellarminus
de inferno et visione beata. De gehenna postea tractavit in
opusculo *de Gemitu Columbae* III cap. 2 et *de Arte bene moriendi* II cap. 3; de visione beatifica prae aliis in libris *de
Aeterna Felicitate Sanctorum,* et insuper in opusculo *de Arte bene moriendi* II cap. 4. Non tamen ibi applicavit quattuor
dimensiones.

Exhortationes de Cognitione Dei.

De hisce tredecim documentis iam supra disserui, agens de codice *Rossiano*, de codice *Opp. NN. 245*, de codice *Mss. Gesuit. 589* et de fragmentis templi S. Ignatii.

Sunt autem hae Instructiones habitae a Bellarmino rectore Collegii Romani anno scholastico 1593-1594, proxime ante initum munus praepositi provinciae Neapolitanae. Intererant autem non tantum patres et scholastici, sed etiam fratres coadiutores. Dicit enim S. Robertus in initio primae exhortationis se de materia proposita symbolice tractare velle, ut etiam rudiores habeant materiam meditandi.

Iam dicamus de tempore quo singulae allocutiones prolatae fuerint. Prima teste codice habita est mense novembri anni 1593. Quia autem feriae aestivae, ut modo diximus exhortationes *de libertate spiritus* commentantes, anno 1593 tardius inchoatae erant, praesumere licet, eas quoque tardius finem habuisse: ideoque iure existimaveris primam exhortationem prolatam exeunte mense novembri. Secunda exhortatio nullum indicium praebet, sed quia tertia addicenda est parti posteriori mensis decembris, secunda in initio huius mensis habita est. De tertia constat ex epilogo in quo proponitur stabulum Bethlehemis, quod maximopere convenit vigiliae Nativitatis, quae anno 1593 erat sexta dies hebdomadis. Quarta exhortatio, ut ex expuncta nota marginali patet, destinata erat diei 15 Ianuarii 1594, quae erat et ipsa hebdomadis sexta, sed ob rationes nobis ignotas non habita fuit nisi die Veneris 18 Februarii. Quinta continet quidem allusionem ad Quadragesimam, sed in additione posteriore; attamen ut locum debitum habeat inter quartam et sextam, abscribenda est feriae sextae, quae erat dies 4 vel 11 Martii. Sexta in initio commemorat « miraculum panum et piscium hac hebdomada », idest evangelium dominicae quartae Quadragesimae: quare habita est inter diem 20 et diem 26 martii. Eligenda esset dies 25us, quippe quia feria sexta hebdomadis, nisi festum Annuntiationis B. M. V. obstaret. Septima proponit in fine exemplum Christi patientis ideoque videtur habita initio mensis aprilis in maiori hebdomada. Octava et nona indiciis carent; sed quia decima videtur mensis iunii exeuntis, octava secundae partis Aprilis, nona Maio adiudicanda est. In decima alluditur ad renovationem votorum, quae tunc temporis fieri solebat in festo Sanctorum Petri et Pauli: idcirco convenit exeunti mensi iunio. Undecima ad mensem iulium spectat: est enim duodecima habita in Augusto. Dicit enim Bellarminus in ea: *Hodie est festum Sanctae Clarae,* cuius memoria colitur die 12° Augusti, qui anno 1594 erat dies Veneris. Ultima tandem ferias aestivas annuntiat: *Eundum est Tusculum et inchoandae vacationes*: quod factum est anno 1594 exeunte mense augusto [7] nam praecedens exhortatio iam habita erat die duodecimo.

Non est dubium quin Bellarminus etiam post annum 1594 saltem quasdam exhortationes iterum protulerit. In quinta enim et octava additiones inveniuntur temporis posterioris.

Exhortationes *de Cognitione Dei* non solum editae fuerunt in forma *Tractatus,* de quo supra p. 20-21 iam satis locutus sum, sed etiam Bellarmino inservierunt in componendo libello *de Ascensione mentis in Deum,* grad. X usque ad grad. XV, ubi suo ordine de essentia, de potentia, de sapientia speculativa, de sapientia practica, de misericordia, de iustitia Dei « per similitudinem magnitudinis corporalis ».

In initio exhortationis primae commemorat S. Robertus, se iam antea per modum quattuor dimensionum res divinas tractasse. Notat instructiones, « nuper » habitas de inferno et visione beata, quae sunt ultimae Exhortationes *de libertate spiritus.* Notat quoque exhortationem, eheu deperditam, *de Passione Domini,* quae tamen quoad substantiam invenitur *de Gemitu Columbae,* lib. II cap. 3. Sed iam Lovanii in exhortatione *de Incarnatione* eadem methodo usus videtur, cf.

---

[7] In cod. *Vat. Lat. 6613* (Report. Controv. Bellarmini) fol. 254*v* et 437*v* legitur: « 3 Aug. 1577: Finitur tractatus de Conciliis et annus scholaris propter calores ». Ergo finis anni academici plerumque erat tempore magis provecto.

infra p. 67-70; et ad rem redibit Capuae anno 1603, dom. decima sexta post Pentecostem explicaturus *Eph.* 3, 3-21, cf. vol. IV pag. 222-224.

Exhortationem sextam, quae est de sapientia Dei practica, Bellarminus postea adhibuit Capuae anno 1604 in dominica sexta post Pentecosten, vol. V pag. 283-292, et Romae anno 1606 in dominica quarta Quadragesimae, vol. I pag. 222-229. In evangelio utriusque dominicae narratur multiplicatio panum, quae etiam commemoratur in exhortatione sexta.

Meditationi della Essenza divina.

Continentur *Meditationes* in collectaneo quodam conservato in Archivo Universitatis Gregorianae, scil. in codice *APUG 373*: « varia ad Bellarminum spectantia », et quidem fol. 241-252.

Titulus audit: *Meditationi della Essenza divina, composte dal Padre Roberto Bellarmino della Compagnia di Giesù.* Qui legit hunc titulum et deinde observat fasciculum esse manu aliena conscriptum, sed postea ab ipso Bellarmino correctum, imo in fine auctum (nam folium ultimum 252 est totum autographum), subito existimat se prae oculis habere apographum parvuli tractatus Bellarminiani, ab ipso auctore propria manu a mendis purgatum et consummatum.

Attamen conclusio est praematura. Nam titulus non solummodo diversus est a manu, qua exarata sunt folia decem priora, sed certo certius est temporis posterioris. Conscriptus enim est titulus non in pagina prima ipsius opusculi, sed in folio ultimo documenti praecedentis. Accedit quod orthographia decem foliorum, quae praecedunt folium autographum, toto caelo ab orthographia Bellarmini differt: est enim sat barbara ac deficiens nimis.

Quare rectius existimandum est fasciculum continere reportatum quoddam factum ab auditore quodam Bellarmini, conscribente cum Sanctus puncta meditanda proponebat. Quia verum orthographia indicat hominem mediocriter excultum, iure merito is qui scripsit videtur fuisse frater coadiutor, qui vespere Bellarmini puncta explicantis verba excipiebat. Quod eo libentius admittitur, quia ipse Sanctus in prima exhortatione *de Cognitione Dei* dixit, se aggredi materiam, ut *aliqui rudiores haberent materiam meditandi*.

Dixerit quis haec verba ultima sponte sua suggerere suppositionem aliam: videlicet meditationes non esse nisi compendium quoddam brevius tredecim Exhortationum. Obstant autem quaedam quae hanc hypothesim prorsus excludunt. Etenim primum haec materiae contractio nimis difficilis erat, ut attribui posset homini simplici. Deinde *meditationes* in plurimis quidem perfecte correspondent *exhortationibus*, sed in aliis ab iis differunt. Nam non solum omittuntur omnia, quae directe ad divinam essentiam eiusque attributa non spectant; non solum deest materia de misericordia Dei speciali: sed quod maioris momenti est, in meditatione secunda plura habentur quam in loco correspondente exhortationum.

Quare meditationes non exortae sunt, in compendium redactis exhortationibus: sed sunt puncta meditationum data a Bellarmino fratribus coadiutoribus. Ea autem ab auditore simplici diligentissime notata, ipse Bellarminus propria manu, ut gratum faceret illi bonae animae, correxit et ad finem perduxit.

Rogari potest num puncta illa data sint ante vel post exhortationes *de Cognitione Dei* habitas. Primum videtur excludi. Nam in prima exhortatione Bellarminus in memoriam revocat se iam antea de hac re egisse et nominat exhortationes *de libertate spiritus* et aliam, eheu deperditam, *de passione Christi*. De punctis autem meditationum tacet; quod eo mirius videtur, quia exhortationibus *de Cognitione Dei* intererant etiam fratres coadiutores.

Quare meditationes exortae videntur, saltem post primam exhortationem habitam, et quia auctor ignotus, qui scripsit titulum, ea attribuit *Patri* Bellarmino, et iure supponitur, Bellarminum iam Cardinalem non explicasse puncta coadiutoribus: quasi certo praecedunt Cardinalatum. Quare non sine seria ratione adscribi possunt annis 1594-1598.

Quod si autem argumentum « negativum » ex omissa commemoratione meditationum in prima instructione *de Cognitione Dei* non convincat (saepius enim reapse non fiunt, quae nos putamus fieri debuisse): eligendum proposuerim annum 1592, quando Bellarminus munus obibat praefecti spiritus, et revera puncta meditationum explicabat, saltem fratribus scholasticis in exercitiis.

In editione nostra conficienda curam adhibui, ut textus typis edendus, quam maxime etiam in minimis ad orthographiam quae spectant, originali esset conformis. Licet puncta meditationis non sint sensu proprio exhortationes: tamen eas omittere nolui, cum idcirco quod arctissima ratione cum exhortationibus cohaerent, tum praecipue quia nobis tanta luciditate manifestant benignitatem et humanitatem huius socii Iesu et tam eximii Ecclesiae Doctoris.

Exhortationes de Perfectione.

Hae octo allocutiones dictae sunt a Bellarmino, praeposito provinciae Neapolitanae, et quidem in domo professa metropolis. Non excedunt numerum octavum: nova enim, decima et undecima, quae in editione P. Van Ortroy leguntur pag. 248-262, non ad hanc seriem pertinent, sed concludunt materiam *de Cognitione Dei.*

Inscribuntur autem: *De perfectione, cur tam pauci perfecti evadant.* Verba autem illa: *cur tam pauci* cet., respiciunt solummodo duas exhortationes priores, in quibus S. Robertus exponit septem rationes, quibus carentia perfectionis simul gignitur ac manifestatur: et imprimis absentiam caritatis unitivae et affectivae, de qua res est in prima exhortatione; quibus duobus accedunt quinque aliae: absentiam dico desiderii proficiendi, fiduciae filialis, caritatis fraternae, amoris gerendae crucis, ac linguae recte temperatae, de quibus in allocutione altera. Expeditis hisce rationibus, quae uno verbo comprehendere licet, nempe defectus caritatis, S. Robertus in tertia exhortatione disserit de perfectione vitae mixtae qualis ducitur ad mentem Instituti Societatis Iesu. Quo fundamento posito, in quarta, quinta, sexta allocutione suo ordine tractat de instrumentis substantialibus perfectionis religiosae acquirendae, i. e. de paupertate, castitate, obedientia; in octava vero de instrumentis accidentalibus, scil. de oratione, poenitentia, silentio. Tandem cyclum concludit demonstrando perfectionem esse facilem acquisitu et necessario acquirendam.

Exhortationem secundam non solum ex foliis in codice misere dispersis reconcinnavi, sed redactioni definitivae adieci redactionem praeviam: dum enim scribebat, Bellarminus ordinem et numerum causarum, quibus a perfectione deficitur, paululum mutavit.

Quod ad chronologiam spectat: tres priores exhortationes certo habitae sunt in secunda parte anni 1596. Prima, testante notula ipsius Bellarmini, dicta est *Neapoli in domo, 1596;* altera, ut patet ex commemoratione vigiliae S. Laurentii, eodem anno die 9 Aug.; tertia ob simile indicium, die 4 Oct. in festo S. Francisci. Ceterae exhortationes nullam ne coniecturandi quidem ansam praebent: attamen sat probabile est solam ultimam i. e. octavam ineunte anno 1597 conscriptam fuisse. Etenim circa diem vicesimum Bellarminus Neapolim relinquit et Romam redit, ut mox obeat officium rectoris S. Poenitentiariae [8].

Exhibent igitur exhortationes *de Perfectione* quasi testamentum, quod S. Robertus sociis reliquit provinciae Neapolitanae, ubi erat praepositus inde ab exeunte anno 1594 usque ad anni 1597 initium.

Sunt autem eaedem, saltem pro parte, habitae etiam post relictam Neapolim. In prima enim, secunda, tertia, quarta, sexta, inveniuntur additiones temporis posterioris, ex quibus imprimis nota additiones de B. M. V. in fine exhortationis

---

[8] Iam die 25 Ian. Bellarminus Romae est. Cf. Le Bachelet, *Bellarmin avant son Cardinalat.,* pag. 385.

secundae, ex qua clare procedit hanc allocutionem primum prolatam in vigilia S. Laurentii, postea dictam fuisse in festo quodam Matris Unigeniti.

Exhortationes de Humilitate.

Habuit Bellarminus has duas exhortationes in Collegio Neapolitano anno 1597, et quidem occasione visitationis annuae, ut patet ex exordio. Quare prior habita est in initio, altera in fine visitationis. Quia Bellarminus certo Neapolim non relinquit post diem 23 Ianuarii, et ex verbis: « inchoaturus *ultimam* visitationem » apparet initio visitationis iam notum fuisse, Bellarminum mox provincia Neapolitana decessurum, quod ipse audiverat ex epistola P. Generalis data Romae die 11 Ian.: prior exhortatio facta est circa diem 15, altera circa diem 20 Ianuarii. Ex additionibus temporis posterioris apparet exhortationes postea de novo habitas fuisse: de tempore autem determinato non constat.

Constituerent exhortationes parvum quemdam tractatum, si Bellarminus materiam sibi in exordio propositam complevisset. In animo enim habebat dilucidare sex puncta, vid. naturam, signa, necessitatem, utilitatem, adiumenta humilitatis, quibus tamquam corona accederet exemplum Christi Domini: attamen reapse locutus non est nisi de natura, de signis, de necessitate: immo ne pars quidem de necessitate dicta, perfecte absoluta est. Deest enim ultima pericope, in qua breviter agendum erat de conditione fratrum coadiutorum.

De humilitate conferat lector *De aeterna felic. Sanctorum* lib. III cap. 9 et 13 et *Cont. Lov.* III super: *Missus est.* Notandum quoque Bellarminum etiam multis aliis in locis tractasse de humilitate, v. g. de oboedientia disserendo vel de fructibus caritatis.

In exordio primae exhortationis annuntiat Bellarminus, ut modo iam dixi, se in fine locuturum de mediis humilitatis acquirendae: deinde pergit: *Et tunc dicemus de humilitate Christi, quod restabat ad finienda quae proposuimus anno su-*

periori. Respicit Bellarminus exhortationem habitam in aestate anni 1596 in renovatione votorum, qua occasione egit, ut statim videbimus, de abnegatione et mortificatione Christi, sicut iam in mense ianuario eiusdem anni dixerat de Domini nostri paupertate, castitate et obedientia. Restabat igitur ut de humilitate Christi diceret, quod tamen egestate temporis constrictus non fecit. Vide etiam *De gemitu columbae* lib. III cap. 3, ubi de imitandis Christi virtutibus, universim spectatis; *De septem verbis* I cap. 2, ubi de caritate Christi; II cap. 10, ubi de patientia; II cap. 24, ubi de oboedientia Domini. De humilitate autem Salvatoris adeas *Cont. Lov.* XIII quae fuit in festo S. Stephani, partem alteram.

In secunda allocutione f. 380*r* tum alia verba expuncta sunt, tum sequentia: *Vide exhortationem in illa verba: ne magnitudo revelationum extollat me, etc.* Documentum periit. Cf. tamen *Sermon.*, vol. III pag. 88-97, et *Explan.*, vol. VII pag. 268-270.

Ad vota renovaturos

Mos est in Societate Iesu, ut bis in annis ab iis omnibus: fratribus coadiutoribus, scholasticis, sacerdotibus, qui nondum votis ultimis et definitivis sese Deo tradiderunt, (bis in anno) vota post peractum novitiatum emissa, renoventur. Quod Bellarmini tempore generatim fiebat mense ianuario et mense iunio.

Exhortatio prima habita est primum a Bellarmino professore mense iunio 1577 in Collegio Romano; deinde anno 1593 in eodem collegio a Bellarmino rectore; tandem in domo professa Neapolitana a Bellarmino praeposito provinciali anno 1595. Res certissima est, quia ab ipso Sancto benevole notata.

Duae autem exhortationes quae sequuntur prolatae fuere in Collegio Neapolitano, ubi scholastici S. I. simul cum aliis religiosis et externis studiis sacris incumbebant: uti clare patet ex defectibus scholasticorum notatis in fine exhortationis alterius. De tempore autem quo allocutiones prolatae sunt constat cum quoad annum, tum quoad mensem. Annum enim 1596 ipse Bellarminus notavit in capite primae exhortationis. Mensis autem fuit iunius. Nam renovatio fit bis in anno: in Ianuario et in Iunio. In fine autem primae allocutionis praepositus provincialis in memoriam revocat alias instructiones a sese habitas hiemis tempore. Ergo iam in mense ianuario renovandos exhortatus erat. Dicit autem loco laudato, postquam Dominum proposuerat ut exemplar eximium abnegationis et mortificationis: *Ipse fuit idea pauperum, castorum et oboedientium, ut ostendimus hac hieme praeterita in multis exhortationibus.* Perierunt igitur, vel quod sperandum est, latent adhuc *multae* exhortationes de Christo, exemplo religiosorum. Verisimile autem est eas sex numero fuisse. Si enim Sanctus tempore renovationis multas exhortationes fecit, erant sex ad meditationes praeparandas, quibus accedit hortatio finalis.

Ex fine secundae exhortationis Neapolitanae, clare apparet inter auditores etiam adstitisse patres graviores: quippe qui admonentur, ut exemplo sint aliis in omni bono opere nec velint privilegia, quantum fieri potest...

Ad Novitios

Sub hoc titulo collegimus exhortationes omnes quas Bellarminus direxit ad novitios, vel in quibus novitii erant auditores praecipui: exhortationibus enim, quas Sanctus iam senex habuit in novitiatu Romano S. Andreae, non tantum novitii, sed etiam patres ac fratres coadiutores intererant. Posuimus autem has allocutiones ultimo loco, quia pars maior earum ad illam periodum pertinent, qua S. Robertus cum discipulis, qui Emmaus castellum adibant, et ipse dicere potuit: *Advesperascit et inclinata est iam dies.*

1. Prima exhortatio, quae prima est *de custodia et puritate cordis,* habita est in domo probationis Neapolitana anno 1595 in vigilia festi Omnium Sanctorum, ideoque die 31 Octobris. Nobis non restat nisi parvum schema, quod tamen

aliunde potest compleri. Ex sex enim rationibus allatis, cur tantopere referat conservare cor purum: primam, secundam, tertiam, septimam et octavam explicatas habes in Contione VIII *De Sermone montano,* vol. VI pag. 115-118; item secundam, quartam, septimam et octavam in exhortatione prima *de custodia cordis,* de qua diximus supra pag. 33-34.

2. Secunda exhortatio, quae altera est *de custodia et puritate cordis,* habita est eodem anno 1595 in eadem domo initio mensis novembris. Materia enim, vid. de inquinatione et mundatione cordis, iam annuntiatur in exhortatione praecedente. Haec autem exhortatio differt a prima idcirco quod materia est multo fusius explicata. Unum punctum tantum paucis verbis indicatum est. Legitur enim in media exhortatione f. 264r: *Remedium pro primo et secundo gradu est tribulatio etc. Vide ibi.* Nisi fallor Bellarminus in mente habet Cont. Lov. *de tribulatione* IV part. 1.

3. Exhortatio super evangelium *de decem virginibus* varios variis temporibus habuit auditores. Et quidem primum prolata fuit Neapoli anno 1595 ad novitios, die 25 Nov. in festo S. Catharinae, ut ex ipso sermone clare procedit. Deinde Lupiis (Lecce) in mense februarii 1596. Postea in Collegio Romano anno 1598 die 21 Ian. in festo S. Agnetis; et anno mox sequente, 1599, forsan eadem die in poenitentiaria S. Petri, ubi Sanctus degebat inde ab anno 1597 [9], et inde a die 21 Febr. usque ad diem 4 Mart. anni 1599 erat rector. Tandem Capuae circa annum 1603 pro monialibus monasterii Iesu, iterum die 25 Nov. in festo S. Catharinae: nam verba f. 119r manu posteriore de eadem Sancta inter lineas addita, ob diem qua haec virgo colitur, non conveniunt Lupiis nec etiam Romae.

4. Quarta exhortatio *de coena nuptiali* exstat in cod. *APUG 384* et in capite scriptum gerit: *Dominica inter octa-*

---

[9] Degebat Bellarminus in Poenitentiaria, quando Papa residebat in Vaticano; quando adibat S. Marcum, Bellarminus adibat Colleg. Roman. vel generalatum « al Gesù ».

vam Corporis Christi ad novitios. Annus deest. Puto autem annum esse 1606. Charta enim filogramma sat rarum habet, quod non inveni nisi in manuscripto libelli *Risposta a Fra Paolo Servita* anni 1606. Accedit quod iam anno 1607 Bellarminus domum S. Andreae adit tempore autumnali ad exercitia peragenda: quare exhortationes, quas post annum 1606 in novitiatu habuit, omnes sunt vel septembri vel octobri mense conscriptae. Quod si de anno recte constat, dies erat 28 Mai.

5. Quinta exhortatio *de arbore fici* invenitur in codice *APUG 385a*: inscribitur autem: *Sabbato quattuor temporum Septembris ad novitios.* Videtur tamen habita in die Veneris: nam in fine sermonis dicitur f. 349r evangelium diei continere exemplum Magdalenae. De anno non certo constat: potest tamen fieri coniectura. Nam primum sermo habitus ad novitios Romae mense Septembri statim suggerit annum inde a 1607, i. e. inde ab anno quo Bellarminus exercitiorum gratia primum adiit domum S. Andreae. Accedit quod filogramma non inveni nisi in scriptis Bellarmini compositis inde a 1606. Calamus tandem, atramentum, modus scribendi proxime accedunt ad calamum, atramentum, scribendi modum exhortationis in codice mox sequente f. 353r. Imo verba *ad novitios*, quae leguntur in angulo supremo dextro f. 347r et *alle monache*, quae eodem loco habentur f. 353r, videntur eodem momento conscriptae, ut duo documenta clare inter sese distinguantur. Est autem exhortatio illa, quae incipit f. 353r, habita ad sorores S. Marthae, quarum protector Bellarminus factus est a. 1611, mortuo Card. Paravicini; immo videtur quodammodo inauguralis. Quare etiam instructionem ad novitios diei 21 Sept. anno 1611 libenter adscripserim. Certe non videtur temporis anterioris.

6. Exhortatio *de rege faciente nuptias filio suo* in capite nil gerit nisi signum crucis. Videtur habita ad novitios: primum quia in fine distinguuntur ii qui vota emiserunt et qui hoc nondum fecerunt; secundo, quia vocatur S. Theresia *beata*, quod ei non convenit nisi inde a die 24 april. 1614; tandem quia explicat evangelium dominicae undevigesimae post

Pentecosten, quod demonstrat tempus autumnale. Quia vero anni 1615 et 1616 sua exhortatione gaudent, haec sexta vel est anni 1614, vel anno 1616 posterior.

7. Exhortatio *de Nativitate B. M. V.* nobis servata est non nisi in apographo cod. *Opp. NN. 68,* ubi f. 27r legitur: *Adhortatio ab Ill.mo Cardinali Bellarmino habita ad Novitios in domo S.ti Andreae Prob. in die undecima Septembris anno 1615.* Dies autem 11 Sept. anno 1615 erat solitus, id est Veneris. Quod ad materiam documenti spectat, conferas Serm. *de Concept. Immacul.,* vol. II pag. 58-64, ubi de laude B. M. V.

8. Etiam exhortatio in illud *Luc.* 21. 17: *Eritis odio* cet. non exstat nisi in apographo cod. *Opp. NN.* 68. Folio f. 31r inscribitur: *Adhortatio Ill.mi Card.lis Belarmini habita in aula Noviciatus Romani, 16 Septembris 1616.* Dies (anno 1616 feria sexta) etiam ex ipso contextu constat: nam laudantur Sancti, quorum ea die memoria colitur, S. Cornelius, S. Cyprianus, S. Euphemia.

9. Nona adhortatio *de Sancto Luca* in *Rossiano* quidem exstat, sed tantum in apographo. Teste ipso Bellarmino directa est ad novitios; et habita die 18 Oct., quod indicat domum S. Andreae. De anno non constat, nisi quod succedit anno 1606. Si exhortatio, ut solebat, facta est in die Veneris, tantum inter duos annos fit electio, 1613 vid. et 1619.

10. Ultima, nobis conservata in apographo cod. *Opp. NN.* 68, habita est die 22 Sept. super epist. festi S. Matthaei, *Ezech.* 1, 10-14. In capite gerit: *L'ill.mo Card.e Bellarminio 22 di Settembre.* Certe una est ex ultimis, quas Sanctus ad novitios direxit. Verba enim exordii: « Gran contentezza mi da il Signor Iddio *ogni volta* che ho occasione di ritirarmi in questo santo luogo, e star con tant'angeli, e tall'hora far qualche spirituale e religioso discorso con loro: hora per non partir *dal solito mio,* mi son posto per tema del mio familiare ragionamento » cet., evidenter demonstrant Bellarminum iam saepius domum S. Andreae adiisse. Quia vero anno 1617 dies 22 Sept. in diem hebdomadis sextam incidit, in qua exhortationes fieri solebant, exhortatio eodem anno 1617 adscribenda videtur. Conferri pot-

est Sermo *in die S. Matthaei,* vol. II pag. 171-179, in quo idem evolvitur argumentum.

Licet haec exhortatio, ut ex exordio apographi patet, una ex ultimis fuerit quas S. Robertus habuit, tamen iam antea fuit prolata. Etenim videtur Pater Hieron. Napi, ut patet ex eius *Relatione,* hanc allocutionem in novitiatu audivisse, ideoque ante annum 1608. Quia vero anno 1607 dies festi S. Matthaei erat feria sexta, exhortationis compositio huic anno maxime convenit.

Quid sim ut creatura et ut homo

Fragmentum exstat in codice *Rossiano*: non tamen editum est a Patre van Ortroy. Tota consideratio facile reconstrui potest. Viam demonstrat initium fragmenti, ubi dicitur: 7°. *Omnis creatura est in suo loco tantum*: *Deus est totus et solus ubique.* Enumeravit ergo Bellarminus septem rationes, cur Deus creaturas transcendat. Quas si quaeris, invenies in libello *de Asc. mentis ad Deum,* grad. X. En igitur schema totius considerationis:

Quid sim ego

Primo, quid sim ut creatura et relate ad creaturas; secundo, quid sim ut homo.

De primo: quattuor consideranda sunt.

1° Creaturae nihil sunt respectu Dei: Etenim 1. Creatura habet bonitatem determinatam, Deus omne bonum. — 2. Creatura est in gradu determinato nobilitatis, Deus est summe nobilis. — 3. Creatura habet initium et finem, Deus est aeternus et immutabilis. — 4. Creatura causat imperfecta, Deus est prima et altissima causa efficiens, finalis, exemplaris. — 5. Creatura cognosci potest, Deus est incomprehensibilis. — 6. Creatura est in motu et inquieta, Deus est summa quies. — 7. Creatura est in suo loco tantum, Deus totus et solus ubique. Cf. *De asc. mentis,* grad. X.

2° Creaturae omnes constituunt inter se unitatem absque vacuo, quare docent necessitatem caritatis. Cf. *ibidem.*

3° Homo est finis utilitatis omnium creaturarum, sed indiget omnibus creaturis.

4° Homini ab omnibus creaturis noceri potest.

De secundo: quattuor alia consideranda sunt: cf. *ibid.* grad. I.

1° Quoad causam efficientem: sum nobilis ut artificium Dei.

2° Quoad causam materialem: sum miser ob multas rationes.

3° Quoad causam formalem: anima per se est nobilissima, sed miserrima ex peccato.

4° Quoad causam formalem: extrinseca est Deus; intrinseca perfectio hominis consummata.

Haec de consideratione. Epilogus deest: quia consideratio mansit imperfecta. Quando scripta sit ignoro: certo ante annum 1615, quia praecedit opusculum *de Ascensione mentis*.

Documenta a Deo data sanctissimae cuidam animae.

Licet haec *Documenta* non sint fructus considerationum ipsius S. Roberti, tamen ea omittere nolui, cum dubitari nequeat, quin fuerint ipsi Bellarmino normae directivae vitae spiritualis, et saltem serio coniici possit ea aliis quoque suo tempore fuisse proposita in exhortationibus [10].

Ut patet ex nota Alberti de Albertis, cancellarii curiae episcopalis Politianae, data die 6 Iun. 1675 [11], documenta olim inveniebantur in archivo Episcopi Montis Politiani. Dicit cancellarius eadem exstare « in liberculo carta pergamena cooperto ... a Bellarmino toto conscripto ». Docemur autem in actis beatificationis, vid. in *Informatione facti et iuris a. 1675* pag. 38, auctorem huius Compendii Spiritualis, licet inventa inter pugillares Bellarmini, non fuisse ipsum Sanctum, sed patrem Achillem Gagliardi, virum pietate egregium, qui obie-

---

[10] Saltem proposuit modum orandi in documento propositum. Vide infra pag. 519 et 523.
[11] Cf. *Summ. Addit.*, pag. 43.

rit in Societate Iesu cum fama eximiae virtutis et sapientiae non vulgaris; textum autem editum in *Summario additionali* pag. 41-42, constituere exemplar authenticum scripti originalis.

Primus, qui saltem pro parte edidit haec *Documenta*, fuit P. Iacobus Fuligatti in libro suo de vita Bellarmini [12]. Dicit autem se hoc breve exercitium invenisse in libello Bellarmini autographo. Videtur illud ascribere sancto Roberto non tantum ut qui scripserit, sed etiam ut qui composuerit. Licet Fuligatti dicat se velle ipsa verba fideliter referre, tamen plura omittit, et cetera sat libere tractat.

Diligentius, immo optime procedit Pater Daniel Bartoli in libro suo de vita Bellarmini [13]: testatur se vidisse libellum (un libricciuolo) in quo *Documenta* continebantur. *Documenta* autem haud aliter ac alias libelli partes ipsa Bellarmini manu fuisse exarata. Non audet *Documenta* attribuere Bellarmino velut auctori: et ratio quam affert plane convincit. Numquam Bellarminus seipsum nominasset animam sanctissimam. Dein ipsa *Documenta* refert fideliter ad litteram.

Quia recensio data in *Summario additionali* est desumpta ex documento officiali, a Cancellario Politiano agnito tamquam versione fideli originalis: in editione nostra sequimur *Summarium*, additis lectionibus variantibus, quae inveniuntur apud Bartoli, missis tamen multis discrepantiis minoris momenti, utpote mere orthographicis.

Relationes variae.

Non multa dicenda sunt. Collegi *Relationes* tum ex scriptis ipsius Bellarmini, tum notitiis sparsis aliorum. Nobis revelant saltem nonnullas ex numero ignoto exhortationum, quae perierunt vel forsan adhuc latent in angulis pulverosis archi-

---

[12] *Vita del Card. Rob. Bellarmino*, Milano 1624, pag. 63-64; *Vita accresc.*, Roma 1644, pag. 49-51; FULIGATTI-PETRASANCTA, *Vita Rob. Bellarmini*, Antverpiae 1631 pag. 80-82.

[13] BARTOLI, *Della Vita di Rob. Card. Bellarmino*, ed. Rom. 1678, lib. III cap. 3, pag. 285-287.

vorum. Iuvare hae relationes certo possunt, ut quaedam scripta inter anonyma latentia, tamquam genuini fructus Bellarminiani recognoscantur.

Exhortationes moribundi.

Desumpsi haec fragmenta ex relatione magna conscripta a fratre coadiutore Iosepho Finali. Inscribitur *Depositio* et paulo post *Examen,* quia de rebus ibi narratis frater Finali diebus 13 et 14 Iulii anni 1627 sub iuramento *deposuit* in Oratorio Confraternitatis « de Morte », via Iulia, *examinatus* a tribus iudicibus delegatis, quorum duo erant Episcopi. Iuramento confirmatum, documentum illud una cum processibus apostolicis et informativis legitime fuit consignatum.

Constat libellus (in quarto) 128 paginis. In involucro legitur: « Depositione del fr. Giuseppe Finali della Comp., fatta nel Processo Apostolico di Roma, li 14 Giuglio 1627 ». Pro magna parte typis editus fuit in *Positione* anni 1828, pp. 376-418.

Libellus a fratre Finali, eodem testante in fine relationis pag. 174, totus conscriptus fuit durante ipso morbo ultimo Bellarmini (28 Aug. - 17 Sept. 1621) « a pezzi et a bocconi di giorno e di notte », et constituit *Diarium* eorum omnium, quae evenerunt inde ab ingressu Cardinalis in domum tirocinii usque ad beatam mortem.

Intravit fr. Finali novitiatum S. Andreae, 27 annos natus, anno 1616. Antea erat cubicularius Card. Sfondrati, dicti a S. Caecilia. Anno 1621 fungebat munere socii P. Procuratoris novitiatus; et Bellarmini die 25 Aug. domum S. Andreae ingressi peculiari addictus est servitio, utpote hac in re iam satis expertus. Accedit quod iam antea vices gesserat aegrotorum ministri. Erat homo satis excultus, non omnino ignarus linguae latinae.

Quinam fuerit morbus Bellarmini facile diiudicabunt medici lecto diario fratris Finali. Alternis fere diebus febris ita crescebat, ut aegrotus intraret in delirium; nocte autem intestinis laborabat. Tempore autem delirii maxime excelluit Bellarmini sanctitas: quasi in statu hypnotico totus erat in perficiendis rebus sacris, et, quod mirum non est, non semel exhortatus est fratres. Clare apparet ex iis, quae febri correptus protulit, cor asceseos Bellarmino fuisse regulam undecimam *Summarii Constitutionum* S. Ignatii.

CONSPECTUS CHRONOLOGICUS EXHORTATIONUM

Bellarminus Scholasticus.

Ex adhortationibus huius periodi hucusque ne fragmentulum quidem inventum est. Videas quae scripsimus in vol. I pag. 52, ubi fontes indicavi.

Nov. 1563-Nov. 1564: Florentii: primae exhortationes
Nov. 1564-Oct. 1567: Mondovi: exhortationes
Oct. 1567-Apr. 1569: Patavii: exhortationes fer. VI
Maii 1569-Mart. 1570: Lovanii: prob. non exhort.

Bellarminus lector Lovaniensis.
Mart. 1570-Sept. 1576.

Ipse Bellarminus *Autob.* n. 18 de tempore Lovaniensi dicit: « Neque ab exhortationibus domi habendis ... liber erat ». Quando Bellarminus inchoaverit exhortationes ignoramus.

1 Ian. 1575: De circumcisione.

Bellarminus lector Controv. in Coll. Romano.
Nov. 1576-1589.

Inde ab a. 1576 usque ad exeuntem annum 1581 Bellarminus componit *Controversias* easque primo curriculo in scholis absolvit. Non verisimile est eum exhortatorem ordinarium fuisse.

25 Ian. 1577: In conversione S. Pauli.
Iun. 1577: In renovatione votorum.

12 Aug. 1581: In *Ioan.* 12: Qui amat animam.

Post annum 1581 videtur Bellarminus munus exhortatoris exercere, ut patet seriebus sat longis exhortationum.

Maii 1582-Ian. 1583: De caritate exhort. 9.
Nov. 1583-Ian. 1584: De custodia cordis exhort. 6.
Maii 1585-Febr. 1586: De donis Spiritus Sti exhort. 7.

Bellarminus theol. Card. Legati in Gallia.
Oct. 1589-Nov. 1590.

Num Bellarminus habuerit exhortationes Parisiis ignoro. Certe non loquebatur lingua gallica.

Bellarminus praef. spiritus in Coll. Rom.
Nov. 1590-Dec. 1592.

Scimus hoc tempore Bellarminum (semel vel saepius) dedisse puncta pro exercitiis spiritualibus fratrum.

25 Ian. 1592: In conversione S. Pauli.

Bellarminus rector Collegii Rom.
18 Dec. 1592-Nov. 1594.

Ipse sibi Bellarminus, licet rector, pro magna parte munus exhortandi vindicat.

c. 18 Dec. 1592: In *Eccli* 32, 1-4: Rectorem te posuerunt.
Ian. 1593: De renovatione votorum.
Iun. 1593-Aug. 1593: De libertate spiritus: exhort. 6.
Nov. 1593-Aug. 1594: De cognitione Dei: exhort. 13.

Bellarminus praepositus prov. Neapol.
Nov. 1594-Ian. 1597.

Praepositus provincialis singulis annis singulas domos suae provinciae visitat. Est autem consuetudo ut cum in initio tum in fine visitationis praepositus faciat exhortationem domesticam. Quod Bellarminus absque dubio fecit. Visitavit autem bis provinciae domos. Probabile est Bellarminum domos et collegia extra Neapolim visitasse in prima parte anni, vid.

mensibus ianuario et sequentibus, inclusa quoque parte mensis maii. Non autem tantum occasione visitationis Bellarminus exhortabatur.

? ?   1595 : In novit.: In *Ioan.* 12 : Qui amat.
31 Oct. 1595: In novit.: de custod. et purit. cordis I
init. Nov. 1595: In novit.: de custod. et purit. cod. II
25 Nov. 1595 : ad novit.: de decem virginibus
Febr. 1596: Lupiis (Lecce): de decem virginibus
Febr. 1596: Lupiis (Lecce): in *Ioan.* 12: Qui amat.
1596: Barii: de officio religiosi [14].
1596: Salerni: de eodem.
1596: Baruli (Barletta): de libert. spir. V et VI.

Specialem curam habuit Bellarminus Collegii Neapolitani, ubi scholastici S. I. una cum aliis incumbebant studiis sacris, non tantum quod studia attinet [15], sed etiam quod spectat ad spiritum religiosum.

Ian. 1596: De imitatione Christi: exhort. 6 (?)
Iun. 1596: In renovatione votorum: exhort. 2.
Ian. 1597: De humilitate: exhort. 2.

Sicut olim rector in Collegio Romano, sic Neapoli in domo professa praepositus exhortationes pro magna parte ad se trahit, quando non abest visitando alias domus (Ian.-Maii).

30 (31) Dec. 1594: De Circumcisione.
Ian. vel Iun. 1595: De renovat. votorum.
Iul.-Dec. 1595: De libertate spiritus: exhort. 6.
Iul.-Dec. 1596: De perfectione: exhort. 7.
Ian. 1597: De perfectione: exhort. ultima.

Bellarminus theologus papalis
Febr. 1597-Mart. 1599

Residet Bellarminus generatim, i. e. quando Papa in palatio Vaticano degit, in poenitentiaria S. Petri, ubi 21 Febr.- 3 Mart. 1599 est rector.

---

[14] Est exhort in renovat. votorum II n. 2.
[15] Cf. *Bellarm. avant son Card*, pag. 348-350 in notis. Rector Collegii erat P. Mutius Vitelleschi, postea praepositus generalis.

27 Mart. 1598: In colleg. Rom. super illud: Stetit Iesus.
Febr. 1599: In poenitent.: de decem virginibus.

Bellarminus Cardinalis Curiae
Mart. 1599-April. 1602

Residet Bellarminus usque ad initium anni 1600 in palatio S. Marci: postea in palatio Vaticano, nisi alio sequatur Pontificem

30 Iul. 1599: In templo Nom. Iesu: de annivers. S. Ignatii

Bellarminus Archiep. Capuanus
21 Apr. 1602-Maii 1605

Die 18 Mart. 1602 Bellarminus Archiepiscopus nominatur; die 21 Apr. consecratur; die 28 Apr. relinquit Romam, visitat Neapolim et die 4 Mai Capuam intrat. In ipsa urbe Capuae Bellarminus non facit exhortationes, quia non adsunt domus Societatis. Bis tantum reliquit Capuam ut Neapolim adiret et visitaret insulam Procidam, ubi habebat Abbatiam. Forsan etiam hac occasione Neapoli Patres exhortatus est, si tempus non defuit.

26 Apr. 1602: Exhortatio in Collegio Romano
init. Mai 1602: Exhort. in domo Neapolit.

Bellarminus iterum Card. Curiae
Mai 1605-21 Sept. 1621

Iterum Romae residens Bellarminus saepius invitatur, ut confratres exhortetur. Inde a Iun. 1605 usque ad Sept. 1605 habitat in palatio Caffarelli (hodie Vidoni) prope ecclesiam S. Andreae dictam della Valle; dein usque ad 10 Mart. 1606 in palatio Vaticano; exinde usque ad Febr. 1608 in palatio S. Mariae trans Tiberim; postea usque Sept. 1611 in palatio quodam ad plateam Columnae; mox usque ad Mart. 1621 in domo vicina Collegio Romano, ubi nunc servatur bibliotheca Casanatensis. Ineunte Martio 1621 iterum adit palatium Vaticanum, donec tandem die 25 Aug. 1621 cubicula occupat in domo novitiatus S. Andreae, ubi die 27 Sept. 1621 sancte moritur.

    Iul.-Aug. 1606-1607: In Coll. Rom.: de carit. exhort. 5.
    30 Iul.   1606: In templo Nom. Iesu: de anniv. S. Ignat.
    30 Iul.   1606: Ibidem de eodem.
    20 Iun.   1608: In Coll. Rom.: ad sepulcr. S. Aloysii.
    30 Iul.   1608: In templo Nom. Iesu: de anniv. S. Ignat.
    7 Mart. 1610: In coll. Rom.: in illud: Semper gaudete.

Post annum 1605 Bellarminus tempore autumnali adire solet domum S. Andreae, ut sese tradat rebus spiritualibus. Qua occasione facit exhorationem.

    28 Maii   1606 (?): Ad novit.: de coena nuptiali.
    21 Sept. 1611 (?): de arbore fici.
    18 Oct. 1613 vel 1619: de S. Luca.
    24 Apr. 1614 (?): de rege faciente nuptias.
    11 Sept. 1615: de nativitate B. M. V.
    16 Sept. 1616: in *Luc.* 21: Eritis odio.
    22 Sept. 1617: in *Ezech.* 1, 10.

EXHORTATIONES DOMESTICAE

Compendia et signa critica

Asteriscus (*) ante notitiam chronologicam; indicationem codicis; auctorem sacrum; titulum sermonis; textum Scripturae: significat: *additum ab editore.*
Asteriscus (*) in medio textu Scripturae indicat posteriori parti textus in autographo correspondere: *etc.*
add. = addidit editor.
add. N. N. = addidit talis vel talis.
ail = additio inter lineas.
am = additio marginalis.
am vaga = additio marginalis vaga.
apim = additio posterior in margine.
apim vaga = additio posterior in margine vaga.
apil = additio posterior inter lineas.
APUG = archivum pont. univers. gregorianae.
cB ... la = correxit Bellarminus ... lectio antecedens.
cBp ... la = correxit B. posterius .... lectio antecedens.
compil. = compilator anonymus libelli *Meditationi della Essenza divina.*
corr. = correxi.
corr. N. N. = correxit talis vel talis.
cod. = codex, ille scilicet qui in sermonis initio indicatur.
LB = Le Bachelet.
mut. = mutavi.
nB = nota Bellarmini de ordinanda materia.
nmB = nota marginalis Bell. de ordinanda materia.
Opp. N. N. = Opera nostrorum (codices in arch. Rom. S. I.).
Posit. = CARD. ZURLA, *Positio super dubio, an constet de virtutibus,* etc., Romae, 1828.
Ross. = Codex. vatic. lat. Rossianus 735.
sBe = sequentia Bellarminus expunxit.
sBep = item in redactione posteriori facienda.
Vivès = Bell. *Opera Omnia* tom. VIII, cura I. Fèvre, apud L. Vivès, Paris. 1873.
vO = Van Ortroy in *Exhortationibus Domesticis.*

DE NOMINE IESU ET DE INCARNATIONE

DE NOMINE IESU
Exhortatio in die Circumcisionis habita.

*Mss. Gesuit. 589 f. 161r *Prob. Lovanii

Hoc die annus sumit initium: et vere in nomine Domini nostri, cum hodie primum mundo innotuerit id venerabile et amabilissimum nomen, *quod est super omne nomen, Philipp.* 1, 20, cuique suum genu flectit caelum, terra et infer-(f. 161v)nus, et in quo demum repositum est omne bonum nostrum.

Sed cum thesaurus iste tantus tamquam incomparabilis a plerisque suo ipsorum vitio ignoretur, et a plerisque aliis in occasionem suae ipsorum damnationis aeternae convertatur: operae pretium esse existimavi paucis ostendere, quo tantum ac tale nomen honore pro(f. 162r)sequi debeamus; dein quae ex eo commoda et utilitates consequantur.

* * *

Multos hodie videas, qui hoc sacrosanctum IESU nomen venerantur et colunt superstitiosius, rati eius nominis characterum aut numeri litterarum vi et potestate vulnera multa curari, aut mala a corporibus averti ac prohiberi, quo fit (f. 162v) ut passim circumferantur magnique aestimentur aenea quaedam simulacra et figurae nominibus hebraicis quam plurimis insignitae; tamquam magna iis insit vis et potestas adversus morbos malaque id genus non pauca a corporibus pro-

---

[1] Non exstat apud Van Ortroy.
[3] Cur habita Lovanii, vide in Introductione.

pulsanda: quod quidem non nisi perspicua va(f. 163r)nitate
claroque ac manifesto mendatio innititur daemonisque fallaciis. Nam omnis efficacia vel est a natura vel a Deo vel a
diabolo. Haec non est a natura, quia characteres et numeri
non sunt operativi; neque est a Deo, quia nusquam Deus promisit talem effectum se operaturum per ista signa. Itaque si
quan(f. 163v)do habent eiusmodi effectum, is est a diabolo.
Nec possunt dicere effectum provenire ex devotione ad rem
significatam. Nam multa nomina istius medaliae, quam vocant,
aeneique simulacri nihil significant; et praeterea non poneret
auctor mysterium in hebraicis characteribus vel in numero
nominum, si habe(f. 164r)ret rationem significationis. Neque
mirandum est diabolum uti rebus sacris: nam hoc est ordinarium apud ipsum, ut eo modo decipiat incautos.

His ergo omissis honorandum est hoc nomen sive scriptum, sive depictum, sive pronuntiatum: non ob litteras vel
colores vel figuram vel sonum, sed ob signi(f. 164v)ficationem.
Itaque litteras ipsas et figuras et sonum honoramus: sed causa
honoris est relatio ad rem significatam.

Verus igitur usus legitimus atque salutaris huius nominis est, ut cum illud videmus aut audimus, recordemur rei
significatae, et corpore et corde illam honoremus et illi afficiamur. Meruit (f. 165r) autem specialem reverentiam hoc nomen praeter cetera nomina Dei, quia est proprium nomen, et
magis distincte et vivaciter nobis significat Christum et eius
beneficia in nos, et si consideremus nomen hebraicum et graecum et numerum qui ex litteris consurgit et figuram qua pingitur, invenie(f. 165v)mus quattuor maxime beneficia Christi
nobis in hoc nomine commendari.

* * *

Nomen hebraeum proprie significat Salvatorem. Nam deducitur a voce יֵשַׁע, quae significat salutem: inde enim fit
יְהוֹשֻׁעַ, id est Salvator; et hoc est primum beneficium
Christi, qui nos salvavit a morte (f. 166r) aeterna. Nam salvare proprie est impedire ne quis incidat in aliquod malum,

cui videtur vicinus. Sic sale servantur carnes ne putrefiant;
et medicinis salvantur homines a morte etc. Itaque salvare
proprie est liberare a malo impendente.

Unde nos salvavit Christus? (f. 166v) A morte aeterna,
quae nobis debebatur ob culpam. Nam *stipendium peccati
mors, Rom.* 6,23. Quantum sit hoc beneficium, intelligit qui
considerat et certo credit, nos omnes fuisse vere damnatos ad
mortem aeternam, et simul intelligit quid sit mors aeterna.
Si quis liberatur a medico, quan(f. 167r)do iam est desperatus,
vel a suspendio, quando iam est damnatus: quantum afficie-
tur erga liberatorem suum? Et unde hoc? Quia novit mortem
esse summum malum in hoc mundo, et iam videbat sibi illam
imminere. Exemplum de illo, qui cum esset ditissimus, obtu(f.
167v)lit omnia sua bona, et voluit ipse perpetuo cum uxore
servire in xenodochio, modo non plecteretur capite filius eius.
Cum igitur mors aeterna sit in infinitum peior morte temporali, et certi simus nos ad eam damnatos fuisse, unde est
quod tam parum afficimur erga liberatorem (f. 168r), nisi quia
non intelligimus et vix credimus ista esse vera?

Sed esse vera ista, praeter testimonia Scripturae fidem
faciunt multi, qui Deo volente viderunt infernum et redierunt
ad vitam: qui plurimos ibi homines viderunt et tam crudeles
cruciatus, ut numquam (f. 168v) laeti in hoc mundo esse po-
tuerint. Vide exempla apud Gregorium, Bedam et alios.

* * *

Secundum beneficium colligitur ex nomine graeco. Nam
ut Epiphanius et alii dicunt, graece nomen Iesu significat
medicum: nam ab ἰάσομαι dicunt (f. 169r) formari nomen
ΙΗΣΟΥΣ. Porro « medicus » dicitur Christus : quia non solum
salvavit a malo futuro, id est a morte, in quam incursuri
eramus; sed etiam a malo praesenti, id est ab aegritudine spi-

---

[81] GREGOR. M., *Dialog.* IV cap. 52 sqq.: *ML* 77, 413; BEDA *Hist. Eccl.*
V 12-14: *ML* 95, 247.

[83] EPIPHAN., *Adv. Haer.* 29, 4: *MG* 41, 397; CYRILL. HIER., *Catech.* X
4 et 13: *MG* 33, 665 et 677, ubi alia testimonia in nota.

rituali, quae est peccatum, in quo omnes nascimur. Morbus
(f. 169v) peccati gravissimus est. Cum aliquis in lecto ardet
90 gravissima febri, amittit gustum omnium ciborum et aliarum
delectationum et solum aquam desiderat; et si posset, totum
mare ebiberet; et tanta est sitis aquae, ut nihil aliud cogitet,
nihil loquatur, nihil (f. 170v) somniet nisi aquam. Hic certe
secundum mundi sensus et iudicium miserrimus est: nam pri-
95 vatur omnibus consolationibus et delectationibus, et solum
occupatur in re vilissima, quam qui sani sunt vix dignantur
aspicere: et tamen ne ipsam quidem potest ha(f. 170v)bere
ad satietatem. Haec est vera imago hominis peccatoris: nam
amittit gustum rerum caelestium, quae sunt vera, magna et
100 solida bona; et solum cupit aquam, idest res transitorias, quae
semper fluunt instar aquae; et solum de illis cogitat, illas
somniat, de illis lo(f. 171r)quitur: et tamen numquam habere
vel retinere potest, ita ut exstinguant sitim. Unde semper est
anxius, moestus, turbatus. Ac ut videas re vera esse morbum
105 desiderium rerum terrenarum, cogita, quod hi qui sani sunt
eas contemnunt ac solum extrema necessaria sumunt: ut patet
in Christo, (f. 161v) Ioanne Baptista, Apostolis etc. Ab hoc
morbo solus medicus caelestis nos liberare potest. Nisi enim
ipse infundat gratiam suam et reformet gustum nostrum,
110 semper aegroti sumus. Sed cum infundit gratiam, et dat bibere aquam caelestis amoris, continuo homo amittit sitim
re(f. 162r)rum terrenarum.

* * *

Tertium beneficium colligitur ex numero nominis IESU:
nam si quis numerat secundum graecas litteras, faciet 888.
115 Hoc modo:

I.	H.	Σ.	O.	Y.	Σ.
10.	8.	200.	70.	400.	200.

et hunc numerum sacrum esse, et singulari providentia voluisse Deum, ut hoc nomen istum numerum habe(f. 172v)ret,

---

114-123 De numeris 888 et 666 vide *Controv.* de Rom. Pont. III 10.

patet ex eo, quod Sibylla Cumana sexcentis annis ante Christi
nativitatem praedixit Christum habiturum nomen, quod hunc
numerum redderet. Sicut etiam Ioannes in *Apocalypsi* cap. 23
praedixit nomen Antichristi habiturum numerum 666. Denique etiam Beda in *Commentario Lucae* (f. 173r) notat hoc
mysterium numeri.

Sed quid heic mysterii latet? Numerus senarius in Scripturis est numerus laboris et passionis et mortis: septenarius
est quietis; octonarius gloriae et resurrectionis. Unde Christus
Dominus die sexto passus est, septimo quievit in sepulchro
(f. 173v), octavo resurrexit. Antichristus igitur habet numerum
senarium, quia finis et fructus doctrinae eius erit poena et
mors aeterna; Christus habet numerum octonarium, quia fructus fidei ipsius est vita gloriosa. Et triplicantur isti numeri ad
denotandam summam per(f. 174r)fectionem. Erit enim gloria
Beatorum summa longitudine, quia aeterna; latitudine, quia
extendet se ad corpus, animam et omnia membra et potentias;
profunditate, quia erit solidissima, maxima, plenissima, non
superficialis, penetravitque usque (f. 174v) ad intimum cordis.
Idem de inferni poenis et sentiendum est et dicendum. Et certe
tam magna et vera sunt ista, ut hinc maxima appareat phrenesis et aegritudo hominum, qui ista non curare videntur, ut
habeant minimam consolationem terrenorum (f. 175r).

* * *

Ultimum beneficium colligitur ex figurae dispositione huius nominis. Nam, ut pingitur ordinarie, efficit crucis figuram:
proinde demonstrat, quo modo Christus nobis illa tria beneficia contulerit. In quo modo consistit quartum beneficium
omnium maximum? Quod scilicet (f. 175v) tot doloribus, vulneribus, et ipsa totius sanguinis effusione nos redemerit: quod
quidem est mirabilius et maius omnibus aliis donis. Quid enim

---

141 curare *add.*

---

120 Sibylla: cf. GEFFCKEN *Orac. Sibyll.* I 327 sqq., p. 21-23.
124 BEDA, *In Luc.* I: *ML* 92, 338.

mirum est et magnum, si Deus donet multa bona, cum ipse ditissimus sit et nihil perdat donando? At quod (f. 176r) pati voluerit, et pro homine tam vili, tam miserabili, et pro inimico suo: id vero plenum est stupore et admiratione.

Neque vero crucem ille ferre coepit in ultima die vitae suae, sed etiam tulit a primo instanti conceptionis suae. Nec eam deposuit usque ad mortem (f. 176v). Nam in primo instanti conceptionis vidit (habuit enim statim usum rationis) carcerem, in quo tunc erat: et vidit omnia tormenta, quae illum manebant: et conversus ad Patrem obtulit se ad illa omnia patienda pro salute nostra. Deinde natus est cum cruce, id (f. 177r) est in nuditate, frigore, fame etc. Et intelligebat quid pateretur, et offerebat omnia Patri etc. Sic discurre de circumcisione et fuga in Aegyptum et reliquis.

Ista igitur quattuor beneficia nobis ad mentem revocat nomen Iesu: quae quidem quasi quattuor clavi nobis esse deberent, qui nos tenerent perpetuo affixos amori (f. 177v) tanti benefactoris, et non permitterent nos extendere manus aut pedes ad ullam ipsius offensionem. Deberent etiam esse instar calcaris et stimuli ad omnia facienda, quae sunt in obsequium Christi.

DE INCARNATIONE DOMINI

*Mss. Gesuit. 589 f. 178r   *Lovanii (?)

Multis ex rebus quae considerandae occurrunt, elegi excessum amoris Dei, quem ostendit uniendo sibi naturam nostram, quando Verbum Caro factum est: de quo loquitur Paulus *Eph.* 3,18 dicens: *Ut possitis comprehendere cum* (f. 178v) *omnibus sanctis, quae sit longitudo, latitudo, sublimitas et profundum: scire etiam supereminentem scientiae caritatem*

---

[1] Non exstat apud Van Ortroy.
[2] Cur Lovanii vide in Introductione.

Christi. Id est: Cupio vos illuminari a Deo, ut intelligatis quam magnus sit Deus, et quae sint dimensiones huius magnitudinis: quae sit longitudo, (f. 179*r*) latitudo, sublimitas et profundum, ut inde discatis quanta sit caritas Christi, qui tantam rem univit nostro nihilo; quae caritas vincit omnem scientiam: idest, maior est ut intelligi possit.

Est autem haec consideratio utilissima. Nam ex perfecta cognitione huius rei oritur (f. 179*v*) perfecta gratiarum actio, qui est finis institutionis festorum; et quod est amplius, oritur saepe amor Dei et contemptus omnium rerum creatarum: in quibus duobus consistit summa perfectionis christianae. Id quod explicat Apostolus cum dicit: *Ut possitis comprehendere cum omnibus sanctis.* (f. 180*r*) Nam soli et omnes sancti ista comprehendunt: immo ipsa comprehensio facit sanctos. *Comprehendere,* idest non leviter et breviter attingere, sed penetrare et serio cogitare quid haec sibi velint. Multi credunt ista, cogitant, loquuntur, sed pauci comprehendunt. Impossibile (f. 180*v*) enim videtur, ut quis comprehendat, quam magnus sit Deus, quam vilis sit omnis creatura, et quanto amoris excessu Deus creaturae se univerit, quin oriatur contemptus ingens omnium rerum; et inde humilitas et patientia et rursus amor ingens (f. 181*r*) et purus Dei, et inde pax et gaudium, innocentia vitae, etc.

Igitur tria considerabimus. Primo quanta sit magnitudo Dei; secundo quibus gradibus descenderit usque ad nostram vilitatem; tertio quid illum moverit, ut hoc faceret.

* * *

Quod ad primum attinet, Deus tantus est, ut in domo sua, id est in Essentia (f. 181*v*) sua, habeat omnem sufficientiam, plenitudinem, copiam omnium desiderabilium: ita ut magis repugnet Deo aliqua re indigere quam repugnet nihilo bonis omnibus abundare. Sed quia S. Paulus, ut se accommodaret nostrae capacitati, magnitudinem Dei vocavit longitudinem,

---

35-110 Cf. Exhort. *de Cognitione Dei* I et II.

latitudinem, altitudinem et profundi(f. 182r)tatem, consideremus ista in Deo.

Longitudo est aeternitas; latitudo immensitas; sublimilitas abstractio et puritas; profundum ipsa simplicitas.

Primo igitur Deus habet infinitam longitudinem; nimirum semper fuit, semper erit, et hoc sine fluxu et multitudine. *Tu autem*, inquit David *Psalm.* 101,28, *idem ipse es, et anni tui non deficient.* Et hanc durationem securissime Deus possidet. Nam independens est ab omni causa, cum sit ipse rerum (f. 182v) omnium causa; nec magis possint impedire statum Dei omnes creaturae, quam possit corpori nocere sua umbra, aut solem obscurare radius ab illo procedens. O si quis oculos figeret in hanc aeternitatem, et eam compararet cum brevitate et mutabilitate rerum nos(f. 183r)trarum, quam facile contemneret homo umbras honorum, delitiarum, pomparum huius mundi!

Deinde Deus obtinet infinitam latitudinem, idque multis modis. Nam primo Deus amplectitur omnia, quae sunt praesentia sibi, nec solum est ubi sunt omnia, sed etiam in omnibus et extra to(f. 183v)tus. Deinde est in omnibus per dominium absolutissimum, et *omnia*, velint nolint, *illi serviunt*, *Psalm.* 118, 91. Tertio, omnia amplectitur, quia habet in sua essentia divinissima quidquid boni et pulchri est in omnibus rebus, et adhuc infinite plura. Est enim Dei es(f. 184r)sentia quasi fodina totius entis, et totus mundus est quasi gutta roris respectu totius maris. Quarto continet in se omnem potentiam, scientiam, delectationem, gloriam. Quare si homines capiuntur amore, cum vident pulchritudinem unius generis et speciei, quid facient, si (f. 184v) viderint pulchritudinem omnium rerum et specierum?

Tertio: Deus habet altitudinem, quia Dei essentia est abstractissima ab omni materia et potentialitate, et actus purissimus; et magis distat ob nobilitatem Deus a summo Angelo quam summum (f. 185r) caelum a limo, vel etiam summus Angelus a vermiculo terrae. Nam infinita distantia illa est, haec finita. Hinc est, ut non possit videri ab ullo creato oculo, etiam angelico, viribus naturae; sed indigent perspicillis luminis gloriae a Deo factis, ut possint tam (f. 185v) alte suspicere.

Nec solum essentia Dei est altissima, immo infinite alta; sed etiam potentia, sapientia, bonitas, beatitudo, pax, gaudium, gloria etc. est infinitae altitudinis. Potentia Dei sine instrumentis, sine materia, sine fatigatione, solo verbo facit, mutat quod (f. 186r) libet. Sapientia Dei sine discursu, sine errore, sine dubitatione, solo suo lumine omnia videt, iudicat, ordinat, disponit. Bonitas Dei sine mercede omnia perficit, et est centrum et finis omnium desideriorum. Beatitudo Dei est infinita, quia solus comprehendit, amplectitur, gustat infinitam (f. 186v) suam pulchritudinem et mare totius dulcedinis; omnes etiam honores, qui sibi exhibiti sunt aut exhibebuntur ab omnibus creaturis, videt sibi optimo iure deberi; et non solum dum fiunt videt, sed ab aeterno vidit; et simul vidit in manu sua esse ut fierent, quando ipse vellet. Quid, quae (f. 187r) so, simile habent honores, gloria, potentia mundi huius?

Quarto Deus habet profundum, quia Deus simplicissimus est, et quidquid in Deo est, Deus est. Quare summa illa nobilitas divina non est solum in aliqua parte, aut in sola superficie, ut pulchritudo humana: sed in tota (f. 187v) profunditate. Non est similis statuae deauratae, quae intus est lignea vel lapidea; sed statuae quae tota sit aurea. Res creatae semper habent commixtionem rerum nobilium et ignobilium; componuntur enim ex essentia, exsistentia, potentia et operatione, et unum est altero nobilius. At in (f. 188r) Deo essentia, potentia et operatio totum est divinum, immo est ipsa divinitas, et sic tota profunditas.

Haec igitur est divina magnitudo, quam ego male cogitare scio, sed tamen melius cogitare quam declarare. Et ideo hortor etiam alios, ut saepe cogitent, et si possint comprehendere sa(f. 188v)tagant, ut Apostolus monet. Mirabile enim lumen ex ea consideratione nasci solet.

* * *

Veniamus ad secundum, et consideremus gradus, quibus ad nos descendere tanta Maiestas dignata est: ut per haec perveniamus aliquomodo ad cognoscendam aliquatenus caritatem (f. 189r) Christi supereminentem omni scientiae.

Primus gradus descensionis fuit cogitare de mundo creando. Haec enim dignatio fuit. Nam qui affluit summa copia bonorum maximorum, non cogitat de rebus vilissimis, nisi aut ex insania et corrupto palato, quae res in Deo locum non ha(f. 189v)bent, aut ex incredibili dignatione. *Quid est homo, quod memor es eius? Psalm.* 8, 5, et: *Dignum ducis super huiuscemodi aperire oculos tuos?* **Iob.* 14,3.

Secundus gradus est, voluisse mundum creare: nam non poterat hoc ministerium ulli committere, nec ab ipsa creatura vel saltem iuvari, cum (f. 190r) ipsa creatura a nihilo esset, et in infinitum distaret a sphaera Entis. Unde Deus debuit per se solum ac suis manibus totum facere et in vilissimis creaturis: et nisi obstaret inviolabilitas divinae naturae, vilificatus ea re Deus fuisset. Immo fuit haec alius gradus dignationis, cum ipse nulla (f. 190v) re indigeret et mundus nullam haberet potentiam, spem, meritum, ius ut fieret; immo potius haberet repugnantiam ex parte sua: nam ex nihilo nihil fit.

Tertius gradus fuit velle conservare mundum: non enim potuit mundus sic fieri ut (f. 191r) semel creatus per se staret, sed indiguit perpetua omnipotentia Dei eum conservante. Quis autem faceret scamnum aut scabellum, quod non posset stare nisi in manibus aut humeris fabricatoris; praesertim si eo non indigeret. Et quanto maior est haec digna(f. 191v)tio, tanto maior est ingratitudo hominum, qui Deum quotidie offendunt et blasphemant. Exemplum de eo, qui alium fune sustentat, alioqui in altissimum praecipitium ruiturum.

Quartus gradus divinae erga hominem dignationis est, quod voluerit non solum (f. 192r) creaturas fieri et esse, sed

etiam vivere et moveri: nam hic etiam necessaria est perpetua
Dei operatio moventis res omnes. Non enim sic fieri potuerunt,
ut per se moverentur: immo nisi moverentur a Deo, essent
omnes veluti cadavera sine anima, rotae sine aqua, vela sine
vento, citharae sine citharoedo. (f. 192*v*) Quis autem magno
sumptu emeret vile mancipium, quod in nulla re domino ob-
sequeretur, nisi ab ipso domino motum et applicatum?

Quintus gradus est, quod Deus voluerit haec facere, id
est creare, conservare, movere homines, cum provideret eos
ingratissimos futuros, et pug(f. 193*r*)naturos beneficiis Dei adversus ipsum Deum; et ipsa Dei manu, qua sustentantur et
iuvantur in operatione, usuros ad blasphemandum et male-
dicendum Deum.

Mirabilis plane dignatio, qua Deus tot homines inimicos
suos, quibus non indiget, et quos posset in momento annihilare, sustentat, alit, iuvat, (f. 193*v*) saepe etiam magnis honoribus et divitiis implet.

Sed gradus sextus est quod summa illa Maiestas non contenta tot condescensionibus, addidit etiam nuptias celebrare
cum natura nostra, et tam mirabili vinculo unire carnem
Verbo, id est lutum Deo, ut vere dici posset: « Deus homo »,
et: « homo est Deus ». Magna dignatio (f. 194*r*) fuit Deum
cogitare de nobis; maior nos suis manibus creare; maxima
nos sustentare, movere, tolerare: at inexplicabile est quod unus
ex nobis fieri voluerit. Si assumpsisset unum de Seraphim,
adhuc infinita descensio fuisset: at non assumpsit Seraphim,
neque etiam Cherubim, neque ullum ex Angelis: sed omnibus
hierarchiis Angelorum praetermissis (f. 194*v*) et simul etiam
omnibus caelis, descendit etiam usque ad limum, ut sic fieret
e limo caelum et de nihilo Deus. Est igitur caritas Christi
supereminens omnem scientiam.

Septimus gradus fuit, quia cum vellet fieri homo, poterat
repente comparere homo perfectus et immortalis, ditissimus
ac potentissimus, (f. 195*r*) ut modo est, et haec ipsa fuisset

---

160-182 Cf. *In die Ascensionis*, vol. VI pag. 274-275.

etiam magna dignatio. Sed hoc non contentus, voluit concipi in utero unius feminae, sine peccato quidem et absque opera viri, quia nolebat peccata nostra, sed poenas tantum assumere; sed tamen voluit novem mensibus manere in carcere tenebroso, more aliorum infantium, non loqui, non (f. 195*v*) ambulare, denique rebus omnibus indigere.

* * *

Quod ad tertium attinet, causa tantae dignationis non fuit indigentia ex parte Dei, neque meritum ex parte hominum, qui id nec merebantur nec petebant nec desiderabant: sed fuit excessus bonitatis, benignitatis, misericordiae et amoris puri divinae Maiestatis. (f. 196*r*)

Bonitas Dei tanta est, ut se cohibere non posse videatur quin se ostendat, et tunc solum Deus pauper videtur, cum non habet cui beneficiat.

Benignitas Dei tanta est, ut licet affluat bonis maximis, tamen inclinari voluerit ad admittendas laudes et honores creaturarum: non aliter ac si summus aliquis princeps libenter admitte(f. 196*v*)ret munusculum olerum ab uno rustico, vel cantilenas pauperum caecorum etc., cum ipse habeat domi suae optimos musicos et cibos etc.

Misericordia Dei tanta est, ut quo magis homines illam offendunt, eo magis illorum misereatur tamquam phreneticorum. Amor purus denique fuit causa, ut Deus sine proprio commodo nobis (f. 197*r*) maxima bona tribueret et praesertim tria: Primo ut natura nostra a Christo sit posita in throno Dei; secundo ut soror nostra Virgo Maria sit exaltata super omnes angelos; tertio ut nos ipsi facti simus *cives sanctorum et domestici Dei*, *Eph. 2,19.

Quare nostrum est, respondere tantis beneficiis per amorem erga Deum, anteponendo eius voluntatem omnibus (f. 197*v*) nostris commodis. Et praeterea nostrum est, more nobilium assuescere aliis cibis et vestibus et amicis quam antea faciebamus: ne simus dedecori nostro fratri primogenito, nostrae sorori et matri etc.

* * *

Tria signa magnitudinis Dei: Primum quod quicumque illum semel vident, manent omnino contenti neque aliud cupiunt in aeternum. Secun(f. 198r)dum, quod multi sancti in hac vita ob solam spem videndi Deum, contempserint omnia et in solitudinem se abdiderint etc. Tertium, quod homines tanti faciant bona terrena, quae non sunt nisi quisquilia et putamina pomorum et nucum, quae supersunt in mensa Dei. Exemplum de proicientibus ex fenestris domus aurum, vestes sericas, cibos optimos etc.

[215]

[216] nisi *add.*

EXHORTATIONES QUATTUOR
HABITAE IN COLL. ROM.

EXHORTATIO
IN CONVERSIONE S. PAULI

*Ross. 735 f. 107r   1577 Romae et 1592, *25 Ian.

Centuplum accipietis, Matth. 19, 29.

Dovendo questa sera ragionare alquanto a commune utilità delle anime nostre, mi è parso di pigliare quelle due parole dell'evangelio hodierno: *Centuplum accipietis,* perchè in esse si contengono tutte le carezze et favori et beneficii che fa Iddio in questa vita a quelli, che si risolvono di servirlo da dovero. I quali certo son tanti et tanto grandi, che, se bene fussero intesi, basterebbono a rinchiudere nelle religioni un mondo di persone et a tenerle poi quivi legate strettissimamente tutto il tempo della vita.

* * *

Rispondendo adunque nostro Signore a S. Pietro, il quale in nome suo et degl'altri Apostoli havea detto: *Ecce nos reliquimus omnia et secuti sumus te; quid ergo erit nobis?* disse: *Amen dico vobis, quod vos qui secuti estis me, in regeneratione, cum sederit Filius hominis in sede maiestatis suae, sedebitis et vos super sedes duodecim, iudicantes duodecim tribus Israel*. In verità vi dico, che voi, etc. Et poi ricordandosi Christo di noi altri, o per dir meglio, antivedendo che tanti et tanti homini poi havevano da voler imitar gl'Apostoli, et lasciar ogni cosa per servir et piacere alla sua divina Maestà, soggionse: *Et omnis, qui reliquerit domum vel fratres aut sorores*

---

¹ Van Ortroy pag. 72-80.
²¹ antivedendo *cod.*: attendendo *vO*.

aut patrem aut matrem aut uxorem aut filios aut agros prop- ²⁵
ter nomen meum: centuplum accipiet et vitam aeternam (f.
107*v*) *possidebit*: cioè li darò in questa vita cento volte più di
quello che lui lassa per amor mio, et poi nell'altro mondo la
vita aeterna. Si chè due cose ci promette: prima, di renderci
in questa vita quel che lasciamo per amor suo con usura di ³⁰
cento per uno; et di poi con una corona di gloria et con un
regno sempiterno. Talchè quel centuplum non è il pagamento,
ma un trattenimento solamente: come un inperatore, quando
va a far guerra, da a soldati ogni mese quattro o cinque scudi
perchè habbino da vivere. Da di poi, finita la guerra, a quelli ³⁵
che si sono portati bene, non gli mette a conto quel soldo,
ma gli rimunera da capo, facendoli conti o marchesi. Et come i prelati grandi danno bene il salario a certi servitori vili; ma a cortegiani d'importanza non danno salario, ma gli
fanno le spese, fin che li servano, et poi li remunerano con ⁴⁰
qualche dignità; et però sogliono dir che vivano et servano in
speranza: così Iddio ci serba il pagamento per doppo là
morte, et in questo mezzo ci fa le spese dandoci quel centuplum. Hor si le spese, il trattenimento è una cosa si grande,
che (f. 108*r*) può pagare cento volte tutto quel che diamo ⁴⁵
a Dio; che sarà il vero pagamento, la vera remuneratione?

Et questo è così? E certo! E vi dubbio alcuno? Non è
cosa più certa al mondo, perchè prima lo dice Christo, che
non può mentire; et lo dice tanto chiaramente, che non si
bisogna glossa, ne commentario veruno. Dipoi non solo lo ⁵⁰
dice, ma lo giura: *Amen dico vobis*, che così intende questo
Amen santo Agostino nel tract. 41 *in Ioannem*, et Origene
tract. 35 *in Matthaeum*, ancor chè non disputo hora, se era
propriamente giuramento. Et oltre a questo ha voluto farne
un istrumento scritto a ciò non havessemo nissuna occasio- ⁵⁵

---

³¹ et con *cod.*: et *vO*.

---

⁵² Aug., *In Ioh.* tract. 41, 3: *ML* 35, 1694; Origen., *In Matth.* tract.
XV 22: *MG* 13, 1319.

ne di dubitare. Et quod hoc promittatur religiosis, patet quia Ecclesia legit hoc evangelium in festis Apostolorum et Abbatum. Hor si Iddio mi assicura, servendolo io in religione, con parole, con giuramento et con scrittura, di darmi senza
60 fallo la vita aeterna, et di più centuplum in questa vita: non vi par che sia ragione, che io pigli una catena di ferro et mi leghi à queste muraglia, a ciò, se ben volessi, non meno possa mai partire? Non vi pare che sia pazzo qualunque intende questo partito et non l'accetta?

65   Ma passiamo più oltre, et vediamo che voglia dir questo *centuplum*. (f. 108v)

San Chrisostomo scrivendo sopra questo passo, dice che quel centuplum vuol dire, che Iddio a uno che lassa una casa, un padre, alcuni fratelli et amici, gli da cento case, cen-
70 to padri, cento fratelli, cioè fa che per tutto 'l mondo lui trovi chi l'alloggi et l'accetti, come se andasse in casa sua, a suo padre et suoi fratelli. Come v. g. san Paulo lasciò la sua casa et suoi parenti, che haveva in una terra sola; ma dipoi fu tanto amato da tutti i Christiani, che dovunque andava, ogni
75 uno lo tirava in casa sua et haveva per favore di poterlo accettare. Et questo senso si può confirmare con quelle parole di san Marco al 10 capitolo v. 29: *Nemo est qui relinquat domum aut fratres aut sorores, qui non accipiat centies tantum in tempore hoc: domos et fratres et sorores, *et
80 matres et filios et agros.* S. Girolamo gli da un'altra expositione et dice che Iddio parla delle consolationi, et vuol dire, che chi lassa le consolationi et piaceri carnali, haverà li spirituali, che sono tanto più grandi, quanto è più cento che uno. L'uno et l'altro dice bene, et il senso pieno et (f. 109r)
85 vero è generale, et vuol dire Christo, che di ogni cosa che l'huo-

---

56-58 Et quod ... Abbatum. *apil.*
79 tantum *cod.*: tunc *vO.*

---

67 CHRYSOST., *In Matth.* 19, 29, hom. 64, 1-2: *MG* 58, 609-611.
80 HIERON., *In Matth.* 19, 29: *ML* 26, 145.

mo lasserà per amor suo, o sia casa, o padre, o consolatione, o altra cosa, ne haverà cento per uno.

Hor vediamo se questo si verifica ne' veri religiosi. Che lassa un religioso? Quattro cose: prima la robba con gli altri beni esterni, facendo voto di povertà; 2° le delettationi licite del corpo, come haver moglie, figlioli, andare a spasso, far conviti, etc., facendo il voto della castità; terzo, certa delettatione grande dell'animo, che l'huomo ha in dominare, reggere, governare, et non esser soggetto a nissuno, facendo il voto di obedienza; finalmente la speranza di questo mondo, che è una cosa generale, che comprende tutte l'altre.

* * *

Vediamo se Dio ci rende queste cose con usura di cento per uno.

Quanto alla robba, che è il manco cha lassiamo, non si può negare, se consideriamo due cose: una che Iddio provede singularissimamente a tutte le religioni. Et se bene molte vanno mendicando, nondimeno non si è mai visto che un religioso sia morto di fame. (f. 109v) D. Franciscus, D. Dominicus, P. Ignatius reliquerunt opes quae uni familiae sufficiebant, et Deus aluit iam a tot annis tot millia filiorum eorum.

Alterum est, quod religiosi qui in communi vivunt, revera sunt omnes divites, ut dicitur *Act.* 4, 33: *Gratia magna erat in omnibus illis. Neque enim quisquam egens erat inter illos.* Comedimus enim medullam terrae Aegypti, ut dicitur de Israelitis *Gen.* 45, 18. Divitiae sunt instar castaneae, quae intus habet modicam medullam et extra plurimas spinas. Habent enim divitiae aliquid boni, id est quod provident necessitati, tribuunt victum et vestitum; sed habent spinas plurimas, antequam ad medullam veniatur, id est labores, lites, contentiones, sollicitudines in eis acquirendis et conservandis. Nos ergo habemus medullam sine spinis, ut patet. Quis

---

92 conviti *cod.*: convitti *vO*.

enim nostrum non potest dicere vere se domi habere more principum suum mastro di casa, dispensiero, coco, servitore di tavola, il suo sarto, il suo calzolaro, et di più il suo medico, il suo confessore, il suo mastro, il suo cappellano! Hoc solum interest inter nos et principes, quod nos non solvimus stipendia ministris nostris, ut illi faciunt. Et praeterea, nonne nos vere quocumque terrarum imus, domum invenimus? Quis nobilium posset tam cito habere paratam domum in toto orbe terrarum, ut nos habemus? (f. 110r)

Quantum ad secundum de consolationibus: si Deus retribuit spirituales consolationes pro temporalibus, ut vere retribuit, nonne plus quam centuplum reddit? Nam id probare possumus ratione a priori et a posteriori.

Ratione a priori, quia laetitia est una contentezza che nasce nella parte appetittiva, quando la parte apprensiva apprende l'oggetto conveniente esser presente alla potenza: perchè se l'oggetto non è conveniente, causa dolore o timore; se non è presente, causa desiderio; se non si conosce et apprende, non causa allegrezza, ma perfettiona senza causar allegrezza, come vediamo negl'alberi. Talchè tria requiruntur ad gaudium: obiectum bonum, potentia apprehensiva et appetitiva, et coniunctio obiecti cum potentia: et quo ista sunt excellentiora, eo maior est delectatio. Iam in delectatione sensibili obiectum est sine comparatione vilius quam in delectatione spirituali, nam sensibile obiectum est res corporea, creata, finita, immo solum accidens, ut patet. At spirituale obiectum, de quo agimus, est Deus infinitus, substantia, et in quo omnia bona reperiuntur. Deinde potentia longe perfectior et vivacior est intellectiva, quam sensitiva. Quis enim non mallet fieri caecus et mutus et surdus simul, quam perdere intellectum et fieri bestia? Porro (f. 110v) coniunctio est maior in spirituali: quia in corporali solum uniuntur superficies extremae, et non penetratur nisi ad accidentia; at in spirituali intellectus penetrat substantiam rei, et sic unitur cum Deo, ut unus spiritus fiat cum eo.

Quod autem vulgo non ita esse videatur, accidit inde quod maior pars hominum corporales voluptates perfecte percipit, spirituales autem imperfectissime. Si quis in locis desertis educatus numquam audisset musicam nisi ovium, porcorum, asinorum, certe non posset imaginari suavitatem verae musicae. Tamen rem ita se habere ratio convincit; et non solum in alio mundo, sed etiam in hoc mundo habere Sanctos maiores spirituales consolationes quam sint omnes corporales, ipsi testantur et verbis et factis. D. Bernardus, in *declamatione* in hunc locum circa finem: « Noli, inquit, errare, noli seduci, ut non magis in spiritualibus spiritum credas quam corpus in corporalibus oblectari ». Ponit exemplum de eo qui gaudet videndo equum suum bene comedere, sed longe magis cum ipse bene comedit. Et alibi: « Multi vident crucem nostram, sed non vident unctionem nostram ». Et S. Augustinus lib. 6 *Confess.* cap. 3, dicit quod caelibatus Ambrosii videbatur sibi nimis laboriosus; sed causa erat « quia nesciebam, inquit, quid ille spei intus gereret, et quam sapida gaudia ruminaret de pane (f. 111*r*) suo ». Et lib. 9 *Confess.* cap. 1 dicit de se: « Quam suave mihi subito factum est carere suavitatibus nugarum; et quas amittere metus fuerat, iam dimittere gaudium erat. Eiciebas enim eas a me, tu, vera et summa suavitas, et intrabas pro eis omni voluptate dulcior, sed non carni et sanguini ». Quid? Nonne Psalmista dicit *Psalm.* 118, 103: *Quam dulcia faucibus meis eloquia tua super mel ori meo?* Nonne Paulus *2 Cor.* 7, 4: *Repletus sum consolatione, superabundo gaudio?* Et quomodo Antonius, Paulus, Franciscus totas noctes in oratione consumebant? De Antonio scribit Cassianus, *Collat.* 9, c. 31, quod cum nox illi

---

181 illi *corr. vO*: illis *cod.*

---

161 BERNARD., *Declam. super: Ecce nos relinquimus,* ed. Par. 1548, f. 287 E.
166 *Ibidem,* l. 1.
168 AUG., *Confess.* VI cap. 3, 3: *ML* 32, 720.
171 AUG., *Confess.* IX cap. 1: *ML* 32, 763.
181 CASSIAN., *Coll.* IX cap. 31: *ML* 49, 807.

nimis brevis videretur, interdum conquerebatur de sole, quod
nimis cito videretur oriri. Et Gregorius, lib. 3 *Dialog.*, c. 14,
scribit de Isaac quod tres dies et noctes in oratione continuavit. Certe qui delectantur in cibis, per golosi che siano, non
vorrebbono stare tre dì et tre notti in tavola. De sancta Clara legimus, quod cum ab oratione redibat, quasi ebria a divina consolatione videbatur posita extra se. Denique legimus
de sancto Antonio et Benedicto, quod numquam sunt visi
moesti, quod certe de nullo dici potest quamvis felicissimo
homine huius saeculi.

Iam de tertio. Quid nobis dat Deus pro hac servitute,
qua subicimus nos obedientiae, et ex liberis sponte efficimur
servi? (f. 111*v*) Dat vere centuplum tribus modis.
Primo, quia pro libero arbitrio viatoris, quod illi damus,
dat nobis quodam modo liberum arbitrium Beatorum. Liberum arbitrium nostrum tale est, ut possimus bene et male
agere, et non possumus non aliquando male agere, sicut non
possumus non mori corporaliter. Liberum arbitrium Beatorum tale est, ut non possint male agere, sicut non possunt
mori. In statu innocentiae erat quoddam medium. Nam non
habuit Adam ut non posset male agere, nec etiam ut non posset non male agere; sed habuit ut posset non male agere, sicut habuit ut posset non mori. Quando ergo nos abnegamus
nos ipsos, et renuntiamus nostrae libertati, id est non volumus
regi nostro arbitrio, quod est omnium imperfectissimum:
Deus dat nobis regulam obedientiae; quam si sequamur, non
possumus male agere et non mereri. Nam supposito quod superiores nihil iubeant expresse contra Deum: quidquid faci-

---

191 homine *corr. vO*: homines *cod.*
198-199 et non possumus ... corporaliter *cB*: et saepius male quam bene
agamus. *la.*

183 Greg. M., *Dialog.* III cap. 14: *ML* 77, 244.
186 *Vita S. Clarae* cap. 13-20: *Sur.* IV 639-643.
189 Athan., *Vita S. Ant.* 67: *MG* 26, 940; Evagr., *Vita S. Ant. abb.*:
Sur. I 399, I 409, 421; Greg. M., *Dialog.* II cap. 35: *ML* 66, 200; *Sur.* II 374.

mus quia obedientia praecipit, certi sumus quod placet Deo, et bonum est ac meritorium, etiamsi alioquin fortasse fuisset melius non sic agere. Et hic certe magnus est thesaurus et parum cognitus. D. Franciscus saepe dicebat: « In obedientia lucrum, in praelatione peri (f.112r) culum », et ideo non quievit, donec praelaturam deposuit.

Secundo: pro hac una servitute obedientiae liberamur ab innumeris servitutibus, quae sunt in mundo. Saeculares enim bisogna che servino a tanti punti di honore, a tanti rispetti di questo et di quello, che non è quasi possibile di vivere con gl'altri del mondo, et far bene. Se va per le strade un giovane secolare et non sbalestra gl'occhi di qua et di là, è tenuto un'hipocrita; se non fa come gl'altri, ogni un ne ha che dire. Se parla honestamente, se non si vuol vendicare, se vive casto, è tenuto per un sempliciotto; talchè molti sono che bisogna faccino bene occultamente. Hor da questa gran servitù et miseria si libera subbito un religioso et può far bene liberissimamente; perchè non solo non è vergogna ad un religioso andar con gli occhi bassi, parlar con modestia, far'oratione devotamente, etc.: ma vergogna saria far'altrimente.

Terzo: puo venire à tanta perfettione un servo di Dio, che diventa re et monarcha del mondo molto meglio che non fu mai ne Alessandro ne Cesare; perchè uno che perfettamente si soggetta per l'obedienza a Dio, Iddio soggetta a lui tutte le cose, i demonii, le malattie, gl'elementi, gl'alberi, gli animali, il cielo et la terra e ogni cosa. Non vi ricordate di quel buon Mauro, quando faceva l'acqua servir per terra? et di quell'altro che prendeva la lionessa, f. 112v) come si prendesse una pecorella? Quei santi heremiti senza paura stavano fra i leoni, orsi, lupi, serpenti. Et che cosa non ob-

---

213 Bonav., *Vita S. Franc.* cap. 6: *Sur* V 593.
237 De Mauro: Greg. M., *Dial.* II cap. 7: *ML* 66, 146; *Sur.* II 363.
238 De leaena: *Vita Patrum* III 27: *ML* 73, 756.
240-241 Bonav., *Vita S. Franc.* cap. 8: *Sur.* V 598.

bediva a un S. Francesco et a simili? A Giosuè obedì anco il sole, et similmente a Isaìa.

Quanto all'ultimo che lassiamo, cioè la speranza del mondo, ci paga Iddio con una speranza viva di quei beni eterni, che è una cosa che non si potria mai pagare. Vediamo qua in Roma un cortegiano che potria in casa sua darsi bel tempo, star qua tutto 'l dì attacato a una portiera, che non ha mai un'hora libera, et ha per segnalato favore, che li sia commandato. Et perchè? Per una aspettatione, che mai forse non verrà. Et non dimeno non vendaria quella speranza per una gran cosa. Hor che conto ha da far un religioso di quella beata speranza, che ha di metter' i piedi in quella suprema Hierusalem et haver la un luogo si segnalato? Si legge nel *libro de viris illustribus ordinis Cisterciensis* de quodam F. Arnoldo, qui, cum ad exitum vitae venisset et in summis doloribus constitutus esset, coepit clamare et repetere saepissime: « Verum est, verum est! » Cumque monachi putarent eum prae dolorum magnitudine in phrenesim versum, dicebant: « Quid est, Verum est, verum est? » Respondit: « Non insanio; sed dico et video atque experior verum esse quod dixit (f. 113r) Dominus se daturum centuplum. Ego enim fateor iam me accepisse plus quam centuplum. Tanta enim mihi nunc infunditur spes et tam certa vitae aeternae paulo post adipiscendae, et tanta laetitia ex illa spe, ut fatear hoc solum plus valere millies, quam illa omnia quae reliqui ». Et vere sic est. Quid enim, quaeso, solveret in puncto mortis aliquis saecularis pro tali spe?

* * *

Sed dicet aliquis: Ego iam diu reliqui omnia, et tamen adhuc non videor mihi centuplum accepisse. Nam non habeo illas consolationes spirituales, neque illam spem tam vivam. Respondeo malum esse: nam nihil tristius, ut S. Bernardus

---

[241] *Ios.* 10, 12; 4 *Reg.* 20, 11.
[254] *De vir. ill. Ord. Cist.*: ML 185, 436-437.
[271] BERNARD., *In asc. Dom.* V 7: ML 183, 318.

dicit, quam mittere manum ad opera fortium, et non ali cibo fortium, non habere consolationem mundi nec Dei. Et sicut milites et famuli qui non habent stipendium, coguntur ire furatum: ita etc...

Sed quae est causa, cur non habeamus centuplum? Certe contractus est clarus inter Deum et nos; et Deus non potest fallere. Ergo videndum est ne defectus sit in nobis, qui putemus nos reliquisse omnia, et tamen non reliquerimus. Nec enim centuplum promittitur nisi relinquentibus omnia. Si igitur aliquis non reliquit penitus spem mundi, non mirum si non habeat illam spem vivam aeternae vitae. Et qui non reliquit penitus desiderium mundialium conso-(f. 113v) lationum, non mirum si non accipiat consolationem spiritualem. *Renuit consolari anima mea. Memor fui Dei et delectatus sum,* *Psalm. 76, 3-4. Augustinus lib. 3 *de lib. arb.*, cap. ultimo: « Tanta est iucunditas lucis aeternae, ut etiamsi non liceret amplius in ea manere quam unius diei mora, propter hoc solum innumerabiles anni huius vitae pleni deliciis, et circumfluentia temporalium bonorum recte meritoque contemnerentur. Non enim falso aut parvo affectu dictum est, *Psalm. 83, 11: *Quoniam melior est dies unus in atriis tuis*

285-286 delectatus sum: sBe Ego saepe cogitavi quid sibi vellet tanta austeritas vitae Ioannis Baptistae et multorum aliorum Sanctorum, qui non magna peccata fecerant. Et invenio illam esse causam, quia anima nostra non potest sine dilectione manere: et si quidem in suae vicinae domo, id est in carne, invenit requiem, non curat aliud. At si ibi non invenit requiem, tunc ascendit et quaerit delectationem in Deo. Illi igitur Sancti, ut compellerent animam quaerere Deum, non permittebant illam in carne quiescere; et propterea videbantur hostes sui ipsorum. Gaudebant in tribulationibus et maesti erant in deliciis corporis (f. 113v). Apostolus Paulus non gloriebatur nisi in tribulationibus, *Rom. 5, 3. Divus Franciscus primam lectionem didicit a Deo, ut vinceret seipsum, si vellet invenire veram laetitiam [Bonav., *Vita S. Franc.*, cap. 1]. Et postea iam perfectus idem confirmavit in itinere a Perusia Assisium, loquens cum fratre Leone [*Fioretti di S. Francesco*, cap. 8]. Et sancta Catharina de Senis semper extollit odium sanctum suiipsius [*Vita* I 10, 9: Opera I 62].

---

[286] Aug., *De lib. arb.* III 24, 77: *ML* 32, 1308-1309.

super millia. Beda *in Evangelium* hoc dicit, quod boni saeculares stabunt misericorditer iudicandi, boni religiosi stabunt sublimiter iudicaturi.

EXHORTATIO SUPER ILLUD
Qui amat animam suam, perdet eam.

(Pro scholasticis 1581; Neapoli apud novitios 1595; Lupiis 1596)

Qui amat animam suam, perdet eam. Ioan. 12,25

*Ross. 735 f. 159r *12 Aug. 1581

Questa sententia si puo esporre in due modi, il primo
de quali è di Santo Agostino et conviene a S. Lorenzo, nella
cui ottava ci troviamo; il secondo è di S. Chrisostomo et conviene a Santa Chiara, la cui festa hoggi celebriamo; et l'uno
et l'altro, alla vita et instituto che habbiam preso, ma il primo in preparatione di animo, il secondo in essercitio.

* * *

Il primo senso, quale è immediato et litterale, è questo:
Chi amà la vita sua temporale talmente che l'anteponga al-
l'honor di Dio, si chè voglia più tosto negar Christo che esser' ammazzato, questo perderà la vita eterna; ma chi harà
in odio la vita temporale, quando per conto suo venga in periculo l'honor di Dio, et così allegramente la butterà via, la-
sciandosi tormentare et uccidere per Christo, questo tale haverà la vita eterna. Questo disse Christo per i martiri spetial-
mente: et così la Chiesa nella festa di S. Lorenzo et di alcuni altri martiri legge questo evangelio.

---

1 Van Ortroy pag. 114-122.

---

293 Cf. Beda, *In Matth.* cap. 25; *ML* 92, 109.
7 Aug., *In Ioh. tract.* 51 ,10: *ML* 35, 1706-1707.
7-9 Fest. S. Laurent. 10 Aug.; S. Clarae 12 Aug.
8 Chrysost., *In Ioan.* hom. 67, 1: *MG* 59, 370.

Hor questa sententia hebbe S. Lorenzo in essercitio, come sapete. A noi bisogna haverla in preparatione di animo, non solo perchè siamo Christiani, (f. 159v) ma molto più per esser religiosi, et tali religiosi che facilmente ci può toccar il martirio, se ne saremo degni; poichè nessuno di noi è certo di non havere ad esser mandato in terre di gentili, di heretici, et quivi di non perder la vita per Christo. Et nessun pensi che per esser preparato, basti a dir con la bocca: Vorrei esser martire, se ci fusse l'occasione; ne anco basti un certo desiderio freddo et una certa apprensione quasi speculativa del martirio; perciochè il martirio è frutto di molti fiori, et ricerca una perfetta fede, charità, mortificatione, patienza. Onde leggiamo in Eusebio nell'ottavo libro dell'*Historia* che, quando venivano le persecutioni, molto più eran quelli che negavano la fede, che quelli che morivano per essa. Et S. Cypriano nel serm. *de lapsis* dice che venendo fuora l'editto imperiale che chi non sacrificava morisse, era tanto il numero di quelli che per paura negavano, che i giudici non havevano tempo nè dì nè notte, di scriver tutti quelli che davano il nome per sacrificare; per non dire niente di quelli che cominciavano a patir, et poi (f. 160r) nel mezzo del corso si arrendevano. Si chè gran cosa è il martirio, et grande apparechio ricerca. Et grandemente s'ingannano quelli che dicono: « O beati quelli che si trovorno al tempo delle persecuzioni, che potevano in un tratto volar al cielo ». T'inganni, fratello, perchè non consideri quanti pochi erano i martiri, et quanto numerosi i negatori. Et che sai tu se haresti confessato, o negato? Hai fatto prova se sei apparechiato? Anzi voi tu vedere che non sei apparechiato? Come sopporti le cose più piccole, che non è il martirio? la fame? la sete? la nudità? l'ingiurie? l'esser disprezzato? Hor se non puoi patire un ribuffo dal superiore che pur è padre, come patiresti le battiture et le ferite dal tiranno? Et se così ti afflige un poco

---

[34] EUSEB., *Hist. Eccl.* VIII, 1-2: *MG* 20, 740-744.
[37] CYPRIAN., *De lapsis* 8 sqq.: *ML* 3, 486.

di astinenza o di penitenza, che faresti nella craticola di fuoco? Si chè non son beati quelli che furno al tempo delle persecuzioni, ma quelli che sono apparechiati al martirio.

* * *

Ma per venire all'altro senso, che più ci tocca: che vuol dire: *Qui amat animam suam, perdet eam*? Vuol dire che chi ama questa vita temporale, cioè chi vuole contentar in questo mondo i suoi appetiti, (f. 160*v*) empire le suè voglie, havere tutte le sue commodità in questa vita: perderà la vera vita, le vere contentezze et le vere commodità. Pigliamo l'essempio dell'infermo. Se un infermo ama la vita sua inferma et distemperata, et però vuole bere quando ha sete, mangiar quel che gli piace, non tor medicine, non si cavar sangue, non far il rottorio, et finalmente non vuol combattere contra l'infermità, ma contra il medico et l'infermiero, et pigliar la difesa del male: questo tale ammazza se stesso, et così *qui amat animam suam, perdet eam*. Ma se l'infermo sia savio et habbia in odio quella sua vita inferma et la desideri sana, diverrà crudele contra i suoi appetiti disordinati, et porgendo la mano al medico, si accorderà con lui contra del male; prenderà le medicine, non anchor che amare, non beverà havendo sete, si lascierà ferire et tormentare. Questo guadagnarà et conservarà la vita sua.

Hora tutti noi siamo infermi, et nessun in ciò s'inganni, nessun dica: io son battezzato, son confessato, son communicato, son giustificato, son guarito; perchè, se bene i peccati ci sono rimessi, nondimeno sempre ci resta la malatia della concupiscentia, quale ha bisogno di molti fomenti et medicine à ciò pian piano si gua(f. 161*r*)risca. Questo significa la parabola del Samaritano, che trovando quel povero huomo spogliato et ferito nella strada di Hiericho, *alligavit vulnera eius, infundens oleum et vinum, et duxit in stabulum et dixit stabulario: Curam illius habe,* **Luc.* 10, 34-35. Il Samaritano è Christo, il quale trovandoci spogliati della gratia sua, et feriti da molti peccati, et tutti rotti et fracassati da molte passioni, ci guarisce da peccati et ci riveste della gratia sua, et ci mette nella Chiesa, et dice al medico spirituale: *Curam illius habe*, attende a guarirlo perfettamente. Onde David nel *Salmo 102, 2-4: Benedic, anima mea, Domino, et noli oblivisci omnes retributiones eius, qui propitiatur omnibus iniquitatibus tuis, qui sanat omnes infirmitates tuas, qui coronat te in misericordia et miserationibus.* Che diremo di S. Paolo, che nel cap. 7 dell'ep. a' *Romani* tanto si lamenta di questa malattia, essendo pur santo et giustificato?

Essendo adonque tutti infermi, bisogna vivere da infermi, et però *qui amat animam suam in hoc mundo, perdet eam.* Chi ama questa vita così corrotta et inferma, et la vuol contentare, la perderà da fatto; ma chi l'odia in questo mondo, cioè l'odia inferma et la vorrebbe sana, et però non contenta le sue voglie disordinate: questo (f. 161v) la conservarà sana in eterno. Hor questo odio santo di se stesso, che tanto laudava Santa Katerina da Siena, è la somma dell'essercitio nostro; questo è quello che si chiama abnegatione di se stesso; questo si chiama mortificatione dell'huomo vecchio; questo si chiama perfetta rinuntia di se et del suo; questo è quello che ha fatto le religioni, che sono come tanti spedali, dove si curano l'infermi. Et questo è esser religioso, cioè far professione di esser infermo et di arrendersi per tale nelle mani del medico, et lasciarsi tagliare, bruciare, purgare, etc. per guarire perfettamente.

* * *

Per far profitto in questa vita et concepire un vero odio di se stesso in questo mondo, due mezzi mi occorrono, de quali ragionerò, secondo che ci sarà tempo.

Il primo è venire in perfetta notitia della sua infermità, cioè persuadersi veramente di esser infermo, il che non è così facile, come pare. Et si come vi furno già gl'heretici pelagiani, che dicevano l'huomo esser sano, et poter vivere be-

---

94 tuis ... tuas *cod.*: suis ... suas *vO.*

105 *Vita S. Cath. Sen.* I 10, 8: Opera (Gigli) I p. 62.

nissimo da se: così sempre vi sono stati, et sono molti, che con fatti dicano il medesimo. Chi vuole efficacemente intender la sua malattia, (f. 162r) bisogna che cerchi di vederla, udirla et toccarla con mano: perchè così haverà tre testimonii, un miglior dell'altro; et ancor che non volesse, sarà costretto a creder che sta male; la quale cognizione però è principio di grandissimo bene.

Il primo testimonio donque è degli ochi interiori, et questo si fa essaminandosi spesso, et con molta severità et rigore. Si chè bisogna tal volta far conto che l'huomo è una famiglia o vero città; et mettendosi su'l tribunale chiamare tutte le potentie, et essaminar una per una come ha fatto l'ufficio suo: domandar conto all'intelletto in che cosa si occupi, se in curiosità, se in vanità, se crede troppo a se stesso, come penetra le cose di Dio, come quelle del mondo, etc.; similmente alla memoria, di che cosa più spesso si ricorda, che cosa gli resta più facilmente, perchè di qua si puo far giuditio delle cose che apprezza. Si legge di un santo padre che tanto era absorto in Dio, che subbito si scordava delle cose che gli eran dette, come cose che non li apparte(f. 162v)nevano. Et per il contrario vediamo esser ripresi li Israeliti che nel deserto si ricordavano delle delittie di Egitto. Di poi chiamar l'imaginatione et domandare come si porta, come serve alla sua padrona, che è la ragione. Et spesse volte si trovarà cose in questa potenza tanto straordinarie et mostrose, che se si potessero vedere di fuora, farebbono incredibilmente vergognare chi tal cose patisce. Tal volta la ragione tratta con Dio secretamente, et l'imaginatione non si vergogna di mettersi in mezzo et far mille pazzie. Et quel che è peggio ancor: che sia prohibito, et nessun attendi al suo ciarlar, tuttavia seguita le sue vanità. Il medesimo convien far con la voluntà, et con la sua servente, che è la sensualità; et vedere che cosa amano, che odiano, di che si dilettano; se servano l'ordine debito, che la voluntà comandi, la sensualità obedisca. Et qui ancora chi cerchi bene, si trovaranno spesso cose bruttissime et indegne. Il medesimo si deve far con i sensi esteriori, con gli ochi, udito, con la lingua, etc. (f. 164r)

Ma se bene da questo essame si puo havere gran notitia della corruttione nostra et di tutte le nostre potenze; nondimeno maggior si haverà dall'altro testimonio, che è l'udito. Et questo si fa odendo volentieri i suoi mancamenti da altri; perchè, se bene ordinariamente siamo più certi di quel che vediamo, che di quello che udiamo: nondimeno in questa materia va al contrario. Et la causa è, perchè in causa propria habbiamo gl'occhi appannati con l'amor proprio. Onde Santo Agostino, scrivendo a S. Hieronymo, dice: « Video interdum vitia mea, sed malo ea audire a melioribus, ne forte, dum ipse de me sententiam fero, meticulosam potius quam veram videar intulisse sententiam ». (f. 163r) Et massime che molte volte l'huomo non si conosce, et se bene si accusa et dice di esser vitioso, lo fa per parer humile. Et il segno è che, se lo dice un'altro, non lo può patire, perchè vede non esser tenuto tale, quale egli si stima.

Habbiamo un essempio in Cassiano, *Collat.* 18 cap. 11. Capitò una volta un monacho all'abbate Serapione, che pareva l'istessa humiltà. Onde essendoli offerto dall'abbate di conchiudere l'oratione, non volse dicendo di esser un grandissimo peccatore et non esser degno di respirare, et cominciò a raccontare molte sue sceleratezze. Et di più non volse sedere con gl'altri nelle sedie, ma in terra; et volendo la sera l'abbate lavargli i piedi, in nessun modo non lo permesse. Vedendo l'abbate Serapione così grande humiltà, volse provare se era vera, et se colui veramente conosceva i suoi difetti. Et così cominciò benignamente a riprenderlo dicendo che non stava bene a un monacho esser così vagabondo et ocioso; ma che era meglio starsene (f. 163v) quieto nella sua cella sotto l'obedienza; et che essendo lui forte et giovane, era bene che si affaticasse come gl'altri, et non andasse discorrendo per i

---

167 AUG., *Epist.* 28, 4 ad Hier.: *ML* 22 568 et *ML* 33, 114.
175 CASSIAN., *Collat.* XVIII 11: *ML* 49, 1111.

monasterii, et mangiasse i sudori et le fatighe degl'altri. All'hora il monacho fu ripieno di tanto sdegno et melanconia, che non poteva manco dissimularla. Onde l'abbate gli disse: « Che vuol dire questo? Poco fà tu dicevi esser così gran peccatore, et hora non puoi udire di esser avvertito di cose molto minori? Donque volevi che ti laudassi, et che dicessi che sei humile, non peccatore. Ma sappia che l'amar la laude non è humiltà, ma verissima superbia ». Così si vidde che colui non si conosceva bene; ma se havesse udito volentieri la correttione, et havesse creduto ad altri che meglio potevano giudicare de suoi difetti che non poteva lui: all'hora sì, che haria veramente conosciuto se stesso. (f. 164r med.) Et se l'huomo non può patir che gli si dichino i proprii difetti, deve almeno da questo istesso raccorre la sua gravissima infermità: perchè chi non ha caro che gli si avvisi se ha un poco di inchiostro nella faccia, ò qualche bruttezza nella veste? Quanto più donque bisognaria desiderare d'intendere le macchie et bruttezze dell'anima? (f. 164v)

Ma sopra tutti è utile il testimonio, che è delle mani, per dir così, cioè della propria esperienza. Et questo si ha provando a sradicar i vitii. Quanti sono che prima di provar una cosa, gli par facile, et si pensano in un tratto di darla fatta; et poi, come si mettano a farla, trovano la difficoltà. Così, quando uno comincia da senno a volere vincere le sue passioni, et vitii, et comincia da uno a far resistenza, subbito sente la difficoltà: perchè la carne repugna, la consuetudine, il demonio. Et quivi nasce una gran battaglia, che prima non si conosceva. Quando la porta della casa è aperta, et può entrare et uscire chi vuole, non si sente rumore nessuno; ma quando si serra la porta et si prohibisce che non entrino quelli che prima solevano entrare, all'hora sì che si sente un gran rumore di chi bussa et grida alla porta, et chi risponde di dentro. Così, etc. Et all'hora l'huomo veramente prova et

---

193 dicevi *cod.*: diceva *vO*.
208 tutti *cod.*: tutto *vO*.
217-222 Quando la porta ... Cosi etc. *apim*.

tocca con mano la sua debolezza et miseria, et conosce quanto
habbia bisogno di Dio, et così humiliato fino al profondo dell'anima sua, grida con gran voce: *De profundis clamavi ad* 225
te, Domine, **Psalm.* 129, 1; perchè si come mai si trova l'huomo tanto devoto et fervente nell'oratione, quanto quando si
vede nel periculo presente, come in mare nel mezzo delle
tempestà o luoghi simili: così mai si trova l'huomo così disposto a domandare aiuto contra le tentationi, quando prova 230
con esperienza che da se non le puo vincere. Questo donque
è un mezzo utilissimo per acquistar la (f. 165r) vera cognitione della sua infermità, et consequentemente la facilità di
odiarla.

* * *

Un'altro mezzo potentissimo è una vera cognitione della 235
vera sanità; perchè di qui nasce l'amore di quella, et consequentemente l'odio dell'infermità. Così vediamo nell'infermi,
che tanto gl'accende nell'odio del male et gli facilita a pigliar
ogni medicina il conoscere bene l'istesso male, come anco il
conoscere bene quanto importi la sanità. Anzi più questo che 240
quello, perchè però l'huomo ha in odio il male, perchè è contrario al bene, che lui ama. Dico donque che bisogna conoscer
veramente et pratticamente, tal che l'huomo resti persuaso
efficacemente, quanto gran cosa sia la sanità che ci è promessa, se ci lasciaremo guarire. Per haver questa notitia fa 245
di mestieri di haver tre testimonii, di vista, di udita, et di
esperientia, toccando con mano, come si è detto del male.

Il testimonio di vista l'haremo, se spesse volte raccolti
in noi andaremo considerando che vita vive Christo, la Madonna, et forse alcuni altri; che (f. 165v) cosa sia con l'in- 250
telletto veder Iddio, con la volontà amare il sommo bene, et
in tutte le potentie haver somma pace etc., nel corpo somma
bellezza, luce, agilità et securtà di mai più morire. Et per
questo S. Paulo pregava tanto instantemente Iddio, che illuminasse gl'ochi delli Ephesi, a ciò intendessero *quae sit spes* 255

253-257 Et per questo ... in sanctos. *apim.*

vocationis eius et quae divitiae gloriae hereditatis in sanctos, *Ephes. I, 18.

Et perchè noi molte volte andiamo assai basso nelle nostre contemplationi, bisogna haver il secondo testimonio, che è dell'udito. Et questo si fa odendo altri parlar, et leggendo libri devoti et spiritali, che ne parlino.

Ma sopra tutto è il terzo testimonio, cioè il gustare et far prova in un certo modo della dolcezza dell'amor di Dio, et del gaudio et pace che porta seco anco in questa vita. Però dice la Scrittura tante volte: *Gustate et videte,* *Psalm. 33, 9, et: *Si tamen gustastis quam suavis est Dominus* *I Petr. 2, 3. Et santo Agostino nel principio del 9° libro delle *Confessioni*: « Quam suave mihi subito factum est carere suavitatibus nugarum; et quas amittere metus fuerat, iam dimittere gaudium erat. Eiciebas enim eas tu, summa suavitas, et intrabas pro eis omni suavitate dulcior ». Et San Bernardo: « Multi vident crucem nostram, sed non vident unctionem nostram ».

*. * *

Et per lasciare molti altri testimonii, la beatissima Chiara bastarà, la (f. 166r) quale trovandosi in grandissima malattia, et però tutta allegra et gioconda, disse ad uno padre che la visitava, che da quel dì che haveva conosciuta et gustata la gratia del Signor Nostro J. C., per mezzo di quel gran servo suo San Francesco, non mai gli era parsa alcuna penitenza grave, o alcuna infermità molesta. Et a ciò non pensiate che piccola penitenza habbia fatta, o piccola infermità habbia havuta, bisogna sapere che l'infermità fu gravissima et durò non meno di anni diciasette. La penitenza poi a pena si può credere, perciò che quanto al vestire, portava una sola tonicella con un vilissimo mantello, andava scalza, et alla carne nascostamente portava un coio di porco riversciato, tal che la i peli rasi stregnevano per tutta la carne. Che cilicio più

---

267 Aug., *Confess.* IX 1: *ML* 32, 763.
271 Bernard., *De dedic. Eccl.* I 5: *ML* 183, 520.
273-302 *Vita S. Clarae* c. 27: *Sur.* IV 645; *Act. SS.* Aug. II 754.

duro fu mai al mondo? Dormiva in terra et pochissimo, se non chè alla fine per la sua infermità et per obedienza di S. Francesco dormiva sopra un sacco di paglia. Quanto al mangiar digiunava ogni dì, et la quaresima et l'advento in pane et aqua; et il mercore, venere et sabbato non prendeva cibo nissuno, se non che per obe(f. 166v)dienza di S. Francesco ogni dì prendeva non so quante uncie di pane. Quanto alli essercitii, essendo fatta abbadessa contra sua volontà et volendo con l'essempio andar avanti, lei faceva i più vili officii di casa; et questo durò per anni quaranta due, essendo però stata al secolo nobile et ricca. Hor tutto questo non gli parve mai duro nè molesto, solo per haver gustato la dolcezza dell'amor divino. Questa santa et benedetta donna non era di marmo, nè di natura angelica, ma era di carne, di sangue, come noi; anzi più tenera di noi per esser donna, et nondimeno quel gusto di Dio gli fece dolce ogni gran pena.

Così donque potremo ancor noi, se vorremo, attender a gustar di Dio, et riformare il cuore. Et essendo quivi la fonte et la radice di tutti gli affetti, pensieri, desiderii, più giova la riforma di questo huomo interiore, che tutto'l resto, etc. ...

IN COLLEGIO ROMANO: 1598

Stetit Iesus in medio discipulorum et dixit eis:
Pax vobis. Luc. 24, 36.

Opp. NN. 251 f. 12r   1598, 27 Mart.

Ho preso questo tema, perche mi è parso a proposito del tempo, si per esser parte dell'Evangelio di questa settimana,

305 pensieri *cod.*: passioni *vO.*
306 etc.: *sequitur* exhort. expuncta de laude caritatis in die Pentec.
1 Non exstat apud Van Ortroy.
1 In ... 1598 *mut.*: Del P. Roberto Bellarmino in Coll. Rom. 1598 *cod.*

1-158 Cf. vol. III pag. 182-189.
6 Evangelium *Luc.* 24, 36-47: fer. III infra Oct. Paschae.

si anco perchè secondo l'usanza religiosa de' Christiani, chi viene, dee portar la pace, et chi parte lassar la pace.

Di questa sacra pace, tante volte nominata et lodata dal Signore et da gli Apostoli, pretendo dire due cose con la solita brevità. Prima, quanto sia degna di esser cercata e conservata; e poi di un mezzo efficacissimo per acquistarla e conservarla, il qual'è rinchiuso nel tema proposto.

* * *

Hora, che la pace di Dio (che di questa parliamo) sia una cosa pretiosissima, lo dice S. Paolo *alli Filippensi* * 4, 7: *Pax Christi, quae exsuperat omnem sensum*: le quali parole hanno due sentimenti, et ambidue sono veri et mostrano la grandezza di questo tesoro. Il primo senso è, che la pace di Dio supera ogn'intelletto, che così è nel Greco, cioè ogn'ingegno et ogni astutia, ogni inventione, ogni stratagemma di qualsivoglia nemico, cosi visibile come invisibile, talchè è un arme defensiva universale contro ogni male, e così ci apre et assicura la strada per camminare a Dio. E la ragione è chiara, perchè chi ha pace con Dio, al quale ogni cosa obedisce, di che vuol (f. 12v) temere? *Si Deus pro nobis, quis contra nos?* **Rom.* 8, 31. Et oltre ciò, chi ha pace con Dio, ha pace con tutte le cose, che ha fatte Iddio, perchè tutte le ami come creature di Dio; et chi ha pace con tutte le cose, non ha guerra con nessuno, e questo è il più securo bastione, che si possa trovare. Però nel Salmo *147 *Lauda Ierusalem Domino*, havendo detto v. 13: *quoniam confortavit seras portarum tuarum* (ha fortificato le serrature delle tue porte) dichiara come, et dice v. 14: *Qui posuit fines tuos pacem*, talchè la pace vera, universale et sempiterna è la vera serratura della celeste Hierusalem. Soggiogne in particulare S. Paolo, per dichiarar meglio, come la pace sia un'arme defensiva contro ogni male, et dice: *Custodiat corda vestra et intelligentias*

---

19 *Philipp.* 4,7: ἡ εἰρήνη τοῦ Θεοῦ ἡ ὑπερέχουσα πάντα νοῦν.

vestras, cioè la pace di Dio, la qual è bastante a vincere tutte le astutie de nemici, guardi e conservi il vostro cuore et il vostro intelletto, dove per cuore intende la volontà; e così vuole che questa pace sia un bastione o una muraglia per difesa di tutta l'anima, cioè dell'affetto e dell'intelletto, difendendo l'affetto da ogni mal desiderio, et l'intelletto da ogni mal pensiero; l'affetto da ogni macchia e l'intelletto da ogni errore: perchè quando l'anima è turbata dalle passioni, insieme s'accieca l'intelletto e casca in mille errori; perchè secondo l'affettione giudica, et le cose grandi (f. 13r) gli paiono piccole, le piccole grandi; stima il ben temporale, et non stima l'eterno; teme il danno temporale, e non teme l'eterno.

Ma quando viene la pace di Dio, subito sgombrano i venti delle passioni, e l'anima resta come un'aria serena, come un mare tranquillo; e così può l'huomo far viaggio liberamente et allegramente a Dio, che è tutto l'offitio nostro in questa vita. Et per quello la pace dell'anima ci è sommamente necessaria, come anco il dice la nostra regola, perchè uno, che non ha pace interiore, è impossibile che faccia progresso; è come una nave, che sta in tempesta, agitata da venti contrarii, la quale dura gran fatica, ma non fà viaggio; è come uno che ha legato i piedi et è cieco. Et in particulare per l'oratione e contemplatione, che sono le ali dell'anima, ogni uno prova, quanto grande impedimento sia la turbatione, confusione e tenebre interiori: l'acqua turbata non riceve i raggi del sole.

L'altro sentimento è che la pace di Dio supera ogni senso, cioè ogni intelletto, perchè è tanto gran bene, che sopravanza il nostro intendere; poichè non potiamo arrivare a comprenderla perfettamente, perche dov'è la pace di Dio, quivi è la charità, che è la madre della pace, et l'allegrezza, che è la figliuola dell'istessa pace; chè così (f. 13v) dice S. Paolo a' Galati *5, 22: *Caritas, gaudium, pax,* et a' Romani *14, 17: *Iustitia, pax, gaudium.* E sì come la Trinità increata è il sommo bene assolutamente et incomprensibile a tutte le creature; così questa Trinità creata, cioè carità, pace et allegrezza, è un sommo bene in questa vita, et incomprensibile in questa vita; e questo istesso lo dichiara S. Paolo con dire, che in queste tre cose consiste il Regno di Dio, qual si può haver di qua: *Regnum Dei est iustitia, pax et gaudium in Spiritu Sancto,* dove per giustitia intendo la carità, che è la perfetta giustitia universale, che ci fa giusti: *Rom. 5, 1: *Iustificati ex fide* (cioè viva, *quae per caritatem operatur* *Gal. 5, 6), *pacem habeamus ad Deum,* et altrove *Is. 32, 17: *Opus iustitiae pax.* Et che questa pace sia un Regno divino, una vita beata, una felicità somma, quale si può havere di qua, si può vedere da questo, che si come nel Regno si trovano tutti li beni desiderabili, ricchezze, honori, potentia et piaceri: così l'huomo, che ha pace con Dio e con tutte le creature, è richissimo, perchè amicorum omnia sunt communia, et esso è amico di Dio, che è padrone d'ogni cosa; e poi il vero amico di Dio dispregia tutto il mondo, e così sempre gli avanza la roba, perchè sempre ha più di quello, che desidera. E' honoratissimo, perchè la virtù tira seco l'honore come l'ombra è tirato et (f. 14r) inseparabile dal corpo, e più l'huomo la fugge, più gli corre dietro; e se bene alcuni sciocchi lo dispregiano, però l'honorano i buoni e savii, l'honorano gl'Angeli, l'honora Iddio stesso e potentissimo; perchè come si è detto poco avanti: la pace vince tutti li nemici; e non li vince mettendoli in fuga ò ammazzandoli, ma faciendoli prigioni e schiavi, et faciendo che servino e gli siano utili.

Questa è la potenza inestimabile della vera pace di Dio, che fa che tutte le cose, etiamdio le mortificationi, le malatie, le morti et ogni altro male gli sia utile e serva; e finalmente allegrissimo, perchè non desidera ne teme cosa veruna creata, gode l'amicitia di Dio, aspetta la morte con desiderio.

---

87 Cf. *Summ. Theol.* I II q. 65, a. 5, ubi citatur Aristot., *Eth. Nic.* cap. 8, 2.

Et questo si dice Regno di Dio, perche non è come i regni del mondo, che danno con i beni gran mescolanza de' mali. Sono ricchi, perchè hanno milioni d'oro; et pur sempre sono poverissimi et pieni di debiti: onde gli bisogna domandare a poveretti un quattrino per libra di carne. Sono honorati esteriormente, ma sono dispregiati per ordinario da molti, che ne dicono male, e notano e biasimano tutte le loro attioni, et sono come un bersaglio delle lingue maledicenti. Sono potenti, perchè comandano a (f. 14v) molti, ma sono debolissimi, perchè dipendono da molti, i quali bisogna che servino. Sono allegri e delitiosi, ma hanno mille negotii, mille memoriali, mille disgusti. Il Regno di Dio non ha queste mescolanze.

* * *

Ma per venire al secondo punto: il medio unico per conservar la pace è haver Christo in medio: *Stetit in medio et dixit: Pax vobis.* Ogniun di voi ha superiori, ha inferiori, ha uguali. Sia Christo in mezo fra me et il superiore, e senza dubio havrò pace con il superiore. Sia Christo in mezo fra me et il mio suddito, et havrò pace con lui. Sia Christo in mezo fra me e l'uguale e qualsia altra persona, et havrò pace con quella.

All'hora è in mezo Christo fra me et il superiore, quando considero nel superiore la persona di Christo; et i suoi commandamenti li piglio come commandamenti di Christo, quale sò che conosce meglio di me quel che mi è utile, darà il bene più volentieri, che io non voglio a me stesso; e così è impossibile, che mi volti di qualsia obedientia impostami. Similmente quando io servo et obedisco, fo conto che servo a Christo; e così veggo che il mio servitio è nobilissimo, ancorchè fosse in opera vile. Questo non servò quello che teneva il candeliero, mentre che S. Benedetto mangiava; e quello che

---

134-135 GREG. M., *Dialog.* cap. 20: *ML* 66, 172: *Sur.* II 368: « Quis est hic, cui ego manducanti assisto, lucernam teneo, servitium impendo? Quis sum ego, ut isti serviam? ».

si sdegnava accompagnar S. Francesco che andava à cavallo, e poi si turborno etc. (f. 15r)

All'hora Christo è fra me et il mio suddito, quando io mi vesto della persona di Christo, e governo il suddito come le governava Christo, e come penso lo governaria, e se fosse presente. E similmente risguardo il suddito come pecorella di Christo, non come mio servitore; e però fuggo due estremi uno di troppa asprezza, e l'altro di troppa longhezza. Supporto l'infermità, l'ignoranza, l'impertinenza, l'imperfettione de' sudditi; ma procuro di medicarle, e però non temo di avversare e correggere, come fa il mercenario etc.

All'hora è Christo in mezo fra me e qualsia altro huomo, quando lo considero come fratello, anzi come membro del medesimo corpo, e però scuso et supporto ogni cosa.

All'hora Christo è in mezo fra me et qualsia cosa, quando la piglio dalle mani di Christo; e sicome quando il lume passa per un vetro rosso o giallo, partecipa quel colore, anzi ogni cosa che si vede per mezo di quel vetro, partecipa quell'istesso colore: così tutto quello, che passa per Gesù Christo, partecipa le proprietà di Giesù Christo, vuol dire unto, cioè soave. Giesù vuol dire Salvatore, però tutto ciò, che passa per lui, è dolce e salutifero. Come dunque può turbare quello che è utile e soave? Gran dottrina e questa etc. (f. 15v)

158 questa etc.: Sequitur in codice: « Copia di un Essortatione fatta dal P. Roberto Bellarminio nel Collegio Romano ».

136 BONAVENT., *Vita S. Franc.* cap. II: *Sur.* V 608-609: Dixit frater Leonardus de Assisio: « Non de pari ludebant parentes eius et mei. En ipse aequitat, et ego pedester asinum eius duco ».

SABBATO POST PRIMAM DOMINICAM QUADRAGESIMAE

†

Semper gaudete, sine intermissione orate, in omnibus gratias agite, I Thessal. 5, 16-18.

APUG 385a f. 353r 1610, *6 Martii

Apostolus post multa documenta particularia de patientia, de pace, de caritate, etc., concludit adferens tria haec generalia. Videntur autem haec valde difficilia, et quasi impossibilia: tum singula in se, tum comparata cum aliis duobus.

Primo illud *Semper gaudete* videtur contra Scripturas, cum iubeat Scriptura ut simus tristes. *Matth.* 5, 5: *Beati qui lugent. Ioan.* 16, 20: *Mundus gaudebit, vos autem contristabimini.* Et quamvis subiungat: *Tristitia vestra vertetur in gaudium,* tamen hoc fiet, quando tristitia erit finita, id est post hanc vitam. Tunc enim *absterget Deus omnem lacrimam,* *Apoc.* 7, 17. *Iacobi* 4, 9: *Miseri estote et lugete, et plorate. Risus vester convertetur in luctum, et gaudium in maerorem.* Et *Ecclesiastes* 2, 2: *Risum,* inquit, *reputavi errorem, et gaudio dixi: Cur frustra deciperis?* Deinde videtur impossibile. Nam experientia docet, nullum esse tam divitem aut tam sanctum, id est tam beatum in mundo vel in Deo, quin habeat multas occasiones tristitiae. Videtur superfluum. Nam nemo est, qui non velit semper gaudere, si possit. Denique quomodo cohaerent *semper gaudete* et *sine intermissione orate?* Nam qui semper gaudet, semper habet omnia quae amat. Qui autem semper mendicat orando, semper caret rebus quae amat.

Rursus illud *sine intermissione orate* videtur in se impossibile: quia oratio vult totum hominem, si bene fieri debeat; et tamen multa alia fieri debent, quae et ipsa totum hominem requirunt.

---

[1] Non exstat apud Van Ortroy.

Praeterea quomodo concordat hoc cum sequentibus: *in omnibus gratias agite?* Nam si semper impetrarem, possem fortasse (f. 353v) semper gratias agere: sed plurima negantur.

De his ergo loquemur, de gaudio, de oratione, de gratiarum actione: et ostendemus esse facilia, et unum oriri ex alio.

* * *

De primo. Gaudium, quod hic imperatur, est gaudium spirituale. *Philipp.* 3, 1: *Gaudete in Domino;* item *Rom.* 14, 17: *Gaudium in Spiritu Sancto.* Nam gaudium carnale non potest esse diuturnum, nedum perpetuum. Item est gaudium in spe, non in re: nam gaudium spirituale in re non est huius vitae. Igitur spirituale in spe esse potest perpetuum in hac vita. *Rom.* 12, 11: *Spiritu ferventes, spe gaudentes.* Hoc ergo gaudium non repugnat Scripturae, quia Scriptura dicit, nos habituros tristitiam propter tribulationes temporales; quae tristitia opponitur gaudio carnali, non spirituali; vel si spirituali, spirituali in re, non in spe.

Quod autem esse possit perpetuum, id est, continuum, patet ex tribus. Primo, quia est de bono infinito et perfectissimo, quod non potest deficere nec mutari cum maiore et meliore. Neque potest auferri invitis: *Gaudium vestrum nemo tollet a vobis,* *Ioan.* 16, 22. 2° Quia nascitur ex spe, quae non amittitur nisi velimus. Denique tribulatio non extinguit hoc gaudium, sed fovet, ut oleum fovet ignem. Et si tribulatio fovet gaudium spirituale: quid illud extinguet? Et ratio est, quia tribulatio in homine iusto vel purgat vel probat. Si purgat, excitat gaudium ob spem perfectae sanitatis: exemplum de aegroto, qui videt medicum diligentem erga se. Si probat, tanto magis excitat gaudium, quia videt se exerceri a Deo: exemplum de famulis, quorum servitiis utuntur do-

---

40 temporales: *sBe* quae tristitia bene potest stare cum gaudio spirituali, ut paulo post dicemus.

51-53 quod non ... vobis *cB*: quod sufficit radicare gaudium continuum et maximum, si inveniet in corde spem vivam et magnam. Nam et in hoc mundo magna bona operata iubilare faciunt.

mini in variis rebus. Praeterea tristitia quidem aliqua potest
esse cum gaudio spirituali, sed gaudium de spe boni futuri
aeterni superabundat, ut tristitia illa (f. 354r) vix tristitia
dici possit. Rectissime Apostolus 2 *Cor.* 6, 10: *Quasi tristes,*
semper autem gaudentes; et alibi, 7, 4: *Superabundo gaudio*
in omni tribulatione nostra. Exemplum de caelo, quod videtur
turbatum, et dicitur triste caelum, quando est nubilum. Tamen hoc est in apparentia exteriori; nam in se serenissimum
est. Ita etc. Exempla Sanctorum, Andreae, Ignatii, Marci et
Marcelliani, Theodori et aliorum. Denique quod non sit superfluum hoc praeceptum, probatur, quia gaudium spirituale
non omnibus est notum, immo pauci illud gustant. Et sicut
aegroto habenti palatum infectum, recte iubetur ut comedat,
quod praeceptum aliis esset superfluum: ita etc.

Hoc ergo gaudium multi, qui videntur iusti, non gustant,
quia non habent spem illam actualem et vivam, unde nascitur gaudium illud solidum et continuum. Spes enim illa nascitur ex bona conscientia; I *Ioan.* *3, 21: *Si cor nostrum*
non reprehenderit nos, fiduciam habemus ad Deum. Conscientia bona oritur ex caritate Dei. Nam *caritas operit multitu-*
dinem peccatorum, *1 *Pet.* 4, 8, et sic tranquillat conscientiam. Qui enim diligit vere, scit se diligi. Unde alibi Apostolus
**Rom.* 5, 5: *Spes,* inquit, *non confundit, quia caritas diffusa*
est in cordibus nostris. Contra vero ubi est cupiditas cuius-
cumque rei temporalis, ibi est mala conscientia; et proinde
non est firma illa spes, quae non confundit. Unde neque solidum gaudium esse potest. Hortatur ergo Apostolus, ne pro-
curemus hoc gaudium, etc.

[62] rebus: *sBe* Iacobi 1: « Omne gaudium existimate, fratres, cum in
tentationes varias incideritis, scientes quod tentatio probationem operatur ». At non potest intellegi, quomodo tristitia et gaudium stent simul;
et tamen tristitia aliqua est in iustis dicente Paulo Rom. 9: « Tristitia
mihi magna est dolor continuus cordi meo ». Et Ioan. 14: « Mundus gaudebit, vos vero contristabimini ». Respondeo: tristitia quidem aliqua est
de malo temporali praesenti.

* * *

Ex hoc gaudio nascitur oratio sine intermissione. Ideo dicitur: *Sine intermissione orate.* Nam qui gaudet in spe, sine dubio desiderat bonum quod sperat; et si semper gaudet, semper desiderat. Et hoc desiderium est oratio apud Deum, qui intuetur cor. Et haec est expositio huius loci apud Basilium oratione *in Iulittam.* Exemplum de amante rem temporalem: qui dicitur semper eam desiderare, quia saepissime, omni oblata occasione, actualiter illam desiderat et suspirat; et numquam facit contrarium actum. Sic etc. (f. 354v) Tamen potest haec sententia intelligi etiam de oratione proprie dicta, et praesertim mentali; et sensus est, rem esse summe necessariam, et ideo frequentandam et non intermittendam pro quacumque alia occupatione.

Ratio est, quia Deus decrevit nobis omnia dare per hoc instrumentum, excepta gratia fidei, id est initio fidei, quae est prima gratia et quasi initium vitae spiritualis. Oratio enim non potest fieri sine fide. *Quomodo,* inquit, *invocabunt, in quem non crediderunt?* *Rom. 10, 14. Exemplum de homine, cui Deus dat vitam sine eius cooperatione: sed postea vult, ut ipse manibus se iuvet in quaerendo cibo, vestibus, etc. Sic etiam in vita spirituali oratio est loco manus, quae acquirit omnia alia dona. Et illi sunt ditiores vel pauperiores, qui plus vel minus orant. In evangelio legimus, in Galilaea Dominum curasse omnes languidos; in Hierusalem ad probaticam piscinam, ubi erat multitudo magna languentium non curasse, nisi unum: quia in Galilaea petebant, et ideo accipiebant; ad piscinam nemo petebat, ideo non curavit nisi unum, quem ipse impulit ad petendum. *Iacobi* 4, 2: *Non habetis, propterea quod non postulatis.* S. Ioannes Chrysostomus dicit, hominem armatum oratione, esse omnipotentem. Et

---

94 Basil., *In Iulitt. Mart.* 3: *MG* 31, 241.
112-115 Cf. *Matth.* 4, 23; 9, 35; 14, 14; *Marc.* 1, 34; *Luc.* 6, 18 et 9, 11; *Ioan.* 5, 5-9.
118 Cf. Chrysost., *Contra Anom.* VII 7: *MG* 48, 767-768.

contra S. Franciscus dicebat, referente Sancto Bonaventura, impossibile esse hominem sine oratione prosperari in divino servitio.

Sed multum refert, bene orare, cum Iacobus dicat *Ep. 4, 3: *Petitis et non accipitis, eo quod male petatis.* Ideo volo breviter exponere, quod sit officium omnium partium hominis circa orationem.

Sex partes sunt in homine, ut ad rem praesentem pertinet: 1. membra corporis; 2. sensus exteriores; 3. memoria; 4. imaginatio; 5. intellectus; 6. voluntas.

Membra corporis deberent esse quieta, et in actu reverenti. De quiete habemus exemplum Sancti Francisci; (f. 355r) et patet experientia. De situ reverenti et humili docet Sanctus Cyprianus in serm. *de oratione dominica*: « Placendum, inquit, est Deo, et habitu corporis et modo vocis ». Et natura ipsa docet supplicandum esse superiori corpore demisso et reverenti. Dominus tribus modis oravit, aliquando stans, et in caelum respiciens, ut *Ioan.* 17; aliquando genibus positis, *Luc.* 22, 41; aliquando pronus in faciem cecidit, *Matth.* 26, 39. Et credibile est, quod in horto omnibus tribus modis oravit. Communior est flectere genua et levare manus: haec enim est positio supplicantis. Nam submissio genuum est signum reverentiae, elevatio manuum est signum petitionis. Sic Paulus eremita orans obiit: nam inventus est mortuus genibus complicatis, et manibus in altum extensis, teste Hieronymo; et (ni fallor) idem accidit Simeoni Stylitae.

Iam sensus externi claudi debent, quia quem oramus incorporeus est, et operationes sensuum non possunt nisi turbare. Unde Dominus *Matth.* 6, 6 iubet claudi ostium cum oramus, et Ipse secedebat ordinarie in montes solitarios, imo noctu orabat; et idem legimus de Davide *Psalm.* 118, 62: *Media surgebam;* et de *Isaia* *26, 9: *Anima mea quaesivit te*

---

120 BONAVENT., *Vita S. Francisci* cap. 10: *Sur.* V 605.
133 CYPRIAN., *De orat. dom.* 4: ML 2, 538.
144 HIERON., *Vita S. Pauli erem.* 15: ML 23, 27.
145 De Simeone Styl. cf. *Sur.* I 125.

in nocte; et de Paulo et Sila, qui media nocte orabant, *Act. 16, 25. Denique id apparet ex iis, qui perfectissime orant, qui rapiuntur in extasim relicto officio omnium sensuum exteriorum, ita ut Paulus nesciret, an in corpore esset, *2 Cor. 12, 2.

Memoria fungi debet officio lectoris, sive lectio officio memoriae. Debet enim initio revocari ad mentem id quod est meditandum.

Imaginatio patet multum prodesse et multum obesse. Multum prodest in applicatione sensuum, quando meditatio est de re corporali. Potest (f. 355v) enim imaginatio facere, ut videantur et audiantur et gustentur et tangantur absentia, ac si praesentia essent, ut in Exercitiis B. Patris. Sic etiam multum prodest, quando fideliter servit intellectui, formando phantasmata necessaria. Sed plurimum obest, cum ad alia vagetur, et secum trahit intellectum et affectum. In quo apparet infinita fragilitas humana, quae non potest hanc suam potentiam in officio continere; et saepe incipit tractare cum Deo de rebus altissimis, et mox invenitur cogitando et desiderando volutari in luto more porcorum. Itaque multum refert per orationem et laborem domare hanc bestiam.

Intellectus debet discurrendo efficaciter persuadere voluntatem, quibus rebus indigeat, et quis possit eam iuvare; ac potissimum ostendere, quanti referat salvari, in quanto periculo sit perdendi salutem, et quod nemo potest securum reddere nisi Deus. Hinc enim oritur in voluntate maximum desiderium, et inde inenarrabiles gemitus ad Deum pro remissione peccatorum, pro auxilio ad non peccandum, pro dono fidei, spei, caritatis, timoris, humilitatis, etc. Quam multi frigidissime dicunt *Pater noster,* qui si persuasi essent, quanti referat regnum Dei et gratia bene operandi et remissio peccati et adiutorium contra tentationes, ardentissime orarent: et tunc ascenderet oratio sicut incensum ad Deum, et homo transformaretur in alium hominem. Quod figuratum fuit in

---

[163] cf. *Exerc. Spirit.*: Hebdom. II de Nativitate: « faciendo me pauperculum et servum indignum, spectando illos, contemplando illos, et serviendo illis in suis necessitatibus, ac si praesens adessem ».

Transfiguratione. Nam, ut scribit S. Lucas *9, 29, *dum oraret, facta est species vultus eius altera, et vestitus eius albus, et refulgens.* Resplenduit enim *facies eius sicut sol, et vestimenta facta sunt alba, sicut nix,* *Matth. 17, 2. Sic etiam homo per orationem perfectam fit luminosus et candidus, sapiens et mundus. Nam illuminatur ex cognitione Dei, et purgatur a peccatis. Sic sanctus Franciscus in singulis orationibus (f. 356r) mutabatur in alium virum; sic Sancta Clara, et alii.

★ ★ ★

Veniamus ad tertium: *In omnibus gratias agite.* Hoc nascitur ex secundo. Nam qui semper orat, semper lucratur; quia Deus dives est et liberalis, et non dicit: vade et redi. Sed *dat omnibus affluenter et non improperat,* ut ait B. Iacobus *Ep. 1, 5. Non enim dicit: tu es importunus, numquam satiaris, etc.; sed hilariter semper dat. Ideo semper tenemur gratias agere.

At non semper exaudimur! — Imo semper exaudimur quo ad primum desiderium, quia Deus semper dat quod est melius. Unde quando non dat, signum est, quod nobis non sit utile, aut tunc non sit utile. Deinde semper habemus mercedem orationis, quando bene oramus. Hoc enim promisit Dominus, *Matt. 6, 4: *Et Pater qui videt in abscondito, reddet tibi,* mercedem videlicet. Et illa merces est saepe maius bonum quam id quod petivimus. Idem dicendum de tribulatione, quod pro ea debeamus gratias agere non minus quam pro prosperitate; quia illa utilior est tunc, et Deus ex dilectione illam mittit: quomodo non minus pater diligit filium, quando flagellat quam quando blanditur. Illud enim facit, ne perdat haereditatem.

Sed praeterea qui intime penetrat, se omnibus horis, imo momentis habere a Deo innumera beneficia, non potest non semper gratias agere. Omnes sciunt et dicunt, omnia quae

---

[191] BONAVENT., *Vita S. Franc.* cap. 10: *Sur.* V 605.
[192] De S. Clara cf. *Vitam iussu Alex. IV conscript.,* cap. 13: *Sur.* IV 639.

habemus, esse a Deo. Sed non penetrant: ideo non agunt gratias, quia non cognoscunt beneficium. Cogita, quid deberet unus expositus in platea, si reciperetur ab aliquo domino, et ab eo acciperet victum et vestitum, famulos, paedagogum, haereditatem; et si ea esset ultra mare, acciperet navim, et omnia necessaria. (f. 356v)

Multo magis nos debemus Deo. Primo enim *Ipse fecit nos.* Nam animam fecit Ipse solus, et fecit amore aeterno. Corpus quoque Ipse fecit. Sic enim dicit Moses *Deuter. 32, 6: Nonne est Pater tuus, qui fecit et creavit te?* Et Iob *10, 8: Manus tuae fecerunt me, et plasmaverunt me totum in circuitu.* Parentes enim cooperantur in re minima: nam si interrogentur, quot sint ossa, nervi etc., et quomodo cohaereant inter se; quot sint humores in oculis; quomodo sint facta organa sensuum, etc.; nihil sciunt. Et si haec temperatura distemperetur, non sciunt eam iterum temperare. Ergo non ipsi fecerunt. Bene dixit mater Machabeorum filiis suis *2 Mach. 7, 22: Nescio quomodo apparuistis in utero meo; *neque enim ego spiritum et animam donavi vobis et vitam, et singulorum membra non ego ipsa compegi, sed enim mundi Creator qui formavit hominis nativitatem.* Et Christus *Matth. 23, 9: Nolite vocare patrem super terram.* — 2° Tenet me in domo sua. Nam Ipse est Dominus caeli et terrae. Et quando morior, transfert me de atrio ad aulam, sed non eiicit ex domo. — 3° Ipse pascit et vestit me ab infantia. Nam Ipse *producit in montibus foenum et herbam servituti hominum,* *Psalm. 146, 8. Et quamvis utatur ministerio creaturarum: tamen ipse est principalis causa, sine qua nihil valent aliae. *1 Cor 3, 7: *Neque qui plantat est aliquid, neque qui rigat, sed qui incrementum dat Deus.* Hoc affectu dixit Iacob: *Deus qui pascit me ab adolescentia mea, Gen. 48, 15.* — 4° Ipse praebet medicamenta aegrotis. Virtus enim herbarum non est a medico, vel a pharmacopolo, sed a solo Deo. — 5° Ipse mihi dedit innumeros servos, solem, lunam, stellas, aërem, aquam, animalia, herbas; omnia enim serviunt mihi. — 6° Dedit paedagogum, ducem, defensorem mirabilem, Angelum Domini. — 7° Promisit haereditatem, omnia bona sua. — 8° Quia haereditas est in caelo, providit currum igneum et equos igneos, qui possint sursum nos ferre. Currus est lex Dei de qua dicitur *Deuter. 33, 2: *In dextera eius ignea lex*. Equi ignei sunt amor Dei et amor proximi. Isti equi nullo negotio currum trahunt super nubes. Nam *qui diligit, legem implevit* *Rom. 13, 8. Auriga est Spiritus Sanctus, qui est ignis divinus. Dux itineris est Christus. Panis in hoc itinere est panis angelorum; et aqua est aqua sapientiae Scripturarum. Custodes in itinere sunt angeli sancti. Quid potuit Deus pro nobis facere, et non fecit? Ergo semper gratias agere debemus.

DE UTILITATE CARITATIS

EXHORTATIO PRAEVIA

De Pentecoste et de laudibus caritatis

*Ross. 735, f. 167r p. 1   1582, * circa 12 Maii, Romae.

5 Suscepi argumentum de caritate propter duas praecipue causas. Primo, propter festa imminentia Sancti Spiritus et Corporis Domini. Nam praecipuum donum Spiritus Sancti est caritas: et sacramentum Corporis Domini est sacramentum amoris, et ad amorem nutriendum institutum. Secundo, quia
10 Reg. 18 *Summarii Constitutionum* monet, ut in domesticis contionibus exhortentur fratres ad omnem perfectionem, sed praecipue ad unionem et caritatem. Hodie tamen primum dicemus aliquid de hoc festo.

Duo igitur dicenda sunt: primo, quae causa huius festi;
15 2° incipiemus dicere de caritate, quae est praecipuum donum Spiritus Sancti.

De Pentecoste

Causa omnium festorum est, ut Deo gratias agamus pro beneficiis illis diebus acceptis. Ideo enim repraesentamus in
20 publicis officiis, et quidem cum magna laetitia, quae tunc gesta sunt, ut hac commemoratione nostram gratitudinem

---
2 *add.*
2-215 Exhortatio deest apud Van Ortroy.
3 et *mut.*: exhortatio prima de *cod.*
17 *add.*

ostendamus, et simul excitemur et disponamur ad similia recipienda.

Quod beneficium accepimus in Pentecoste? In un giorno come è questo, per nostro bene è disceso lo Spirito Santo in forma visibile, et ha ripieno gl'apostoli di tutti quei doni, che erano necessarii per andare per tutto'l mondo, et liberare la gentilità della tirannide del demonio, et condurla alla cognitione del vero Iddio, et ad una viva speranza della somma felicità.

Unde nasce tanto bene? (f. 167v p. 2) Era in quei tempi quasi tutto'l mondo, et massime i nostri antichi et maggiori in tenebre; adoravano il demonio nell'idoli et nelle creature, et come schiavi lo seguivano et obedivano, et senza rimedio cascavano a guisa di pioggia continua nel profondo dell'inferno. Venne poi l'eterno Verbo fatto huomo, et con la sua santissima passione acquistò un thesoro infinito per riscattare il genere humano; et diede il carico a dodici huomini di portar questo thesoro per tutto 'l mondo. Ma quei povaretti non havevano ne possanza, ne ardire di mettersi a simile impresa, perchè il demonio, che cercava per ogni via d'impedire questo riscatto, havea talmente occupato il mondo, et involtolo nell'amore delle cose terrene, che pareva impossibile a torglerlo dalle mani. Haveva in suo (f. 168r p. 3) aiuto principi potentissimi, filosofi dottissimi, oratori eloquentissimi; haveva dal canto suo tutte le pompe, honori, piaceri, bellezze di questa vita; haveva la concupiscentia accesa per il peccato originale, et tutti i sentimenti inclinati al male, et la consuetudine gia quasi volta in natura. Che potevano contra così gran potenza dodici huomoni poveri, vili, ignoranti, senza eloquenza, senza arme, senza potere alcuno? Ma che ha fatto Iddio? In un giorno come è questo, manda lo Spirito Santo sopra di loro, et in un tratto gli arma da capo a piedi, et gli da una sapienza, un'eloquenza, una forza, un'ardire, che bastasse per confondere tutti i savii et potenti del mondo,

---

31 Unde... bene? *manu non Bellarm*.

et l'istessi demonii, et trar fuora di quella prigionia tutto l'human genere.

Et per venire (f. 168v p. 4) un poco più al particulare, che cose sono necessarie per fare un perfetto et efficace predicatore di una nuova legge, et legge contraria alla carne et sensualità come è la christiana? Quattro doni sono necessarii: 1° di sapienza; il secondo di eloquenza; il terzo di charità; il quarto di far miracoli. Perchè se uno non sa quel che s'habbia a dire, come lo potra dire? Ne basta sapere quello che ha da dire, ma bisogna anco saperlo insegnare, sapendo le cause, gl'effetti, le ragioni, i fini; sapere anco il tempo, il luogo, il modo, etc. Dipoi se uno sia dottissimo, ma non habbia la lingua pronta, spedita, abbondante, certo è che non fara niente. Donque bisogna che l'eloquenza accompagni la sapienza. Et se uno sappia (f. 169r p. 5) quel che ha da dire, et lo sappia ben dire, ma non habbia voluntà di predicare, o per i pericolo che sopra stanno, o per la fatiga, o per altri rispetti; et similmente se non sia di buona fama, ne degno di fede, che gli giovara la sapienza et eloquenza? Donque ci bisogna un'ardente charità, la quale insieme fa l'huomo buono et perfetto in se, et gli da ardire contra omni difficultà, et gli da zelo et fervore et gusto di aiutar le anime. Et queste tre cose bastano a predicatori ordinarii; ma a gl'apostoli, che haveano a piantare una nova religione, et spiantar tante superstitioni per tanti secoli riceute, et tenute per cose divine: bisognava ancora il dono di far miracoli, a ciò con quelli (f. 169v p. 6) provassero i misterii sopranaturali.

Hora queste quattro cose portò a gl'apostoli lo Spirito Santo, et quel che è meraviglioso, in un subbito; dove noi bisogna che stentiamo molti anni per imparare le lingue et le scienza. Onde si assomiglia il nostro imparare allo scrivere, quel delli apostoli alla stampa, perchè si come chi scrive, scrive pian piano, prima una lettera, poi un'altra, et non senza cassature; ma chi stampa, in un tirar di torchio empie di lettere tutto il foglio, et tutto netto, eguale, etc.: così etc. Et questo significavano le lingue di fuoco, et il rumore di quel gran vento che si sentì, perciochè il lume di quel fuoco dimostra la sapienza; l'ardore del medesimo dimostra la charità; la figura di lingue dimostra l'eloquentia; et il tuono spaventoso dimostra la grandezza de miraculi. Perchè si come un tuono o un gran fracasso di vento se viene alla sprovista, spaventa le persone et l'abbassa: così un gran miracolo visto fare in confirmatione della fede, fa stupire et ammutire le persone, et in un certo modo le costregne a dar fede al predicatore.

Questo istesso si vidde subbito con effetto, perciochè (f. 170r p. 7) quel medesimo giorno cominciò santo Pietro a mostrar la sua sapienza allegando nella sua predica i profeti; et la eloquenza, parlando con tutte le lingue; et la charità, parlando con sommo ardire, non temendo nè principi, nè populo, nè nissuno, perchè *perfecta caritas foras mittit timorem*, *1 Ioan. 4, 18; et il dono de miraculi sanando poco dipoi quel zoppo.

Hor questo donque è il beneficio di che hoggi si fa memoria, cioè che per salute nostra Iddio habbia ripieno di Spirito Santo gl'apostoli, et gl'habbia fatti perfettissimi predicatori del santo evangelio, facendoli d'ignoranti pescatori sapientissimi theologi; di rozzi parlatori eloquentissimi oratori; di freddi et timorosi agnelli ardentissimi et arditissimi leoni, et finalmente di Galilei oscuri et vili homini per fama di miracoli in tutto il mondo chiari et gloriosi. (f. 170v p. 8)

Laus Caritatis

Hora venendo al nostro principale argumento, che è la charità: molte cose si potrebbono trattare, ma io non voglio dire se non della utilità che porta seco. Si che lassaro da

---

117 *add.*
119-122 Molte ... Dio *cB*: diremo dui cose: primo quanto sia grande et utile questa virtù: secondo come si può fare ad acquistarla. o vero a perfettionarla. Quanto al primo lascio stare che la charità si ritrova in Dio.

banda gl'encomii, che si sogliono dire: che la charità si ritrova in paradiso et nell'istesso Dio, dove non si trova nè fede nè speranza; et che la charità sempre fu, et sempre ha da essere; dove che la fede et la speranza in questa vita cominciano, et in questa vita finiscono, o poco di poi, — il che dico per l'anime del purgatorio. Lascio ancora che la charità è regina delle virtu, come l'amore è padrone di tutte le passioni. Queste et molte altre considerationi lascio, et piglio solamente l'utilità, perche questa più suol movere; et dico, che la charità contiene tutti i beni (f. 171r p. 9) che si possano desiderare in questa vita. Et così è quella margarita, che quel prudente mercante comprò co'l vendere tutto il suo; et come dice S. Paulo *Coloss.* 3, 14: *Est vinculum perfectionis,* cioè è un legame, che comprende quasi in un fascio la perfettione di tutte le virtù. Perchè sicome nel precetto della charità si raccolgono et rinchiudono tutti i precetti, come dice il medesimo *ai Romani,* 13, 10, così nella charità si rinchiudono tutte le virtù, anzi tutte le cose. Et a ciò piu facilmente possino i fratelli semplici intendere et tenere a mente quel che si dice, andarò per via simbolica etc. etc.

Dico donque che la charità è ogni cosa: è vita, è casa, è cibo et veste, è denari, è sapienza e eloquenza et ogni altra cosa. Ma per hoggi bastarà a dimostrare, come la charità contiene in se la sapienza, l'eloquenza, et il dono de miraculi, delle quali cose fin'hora si è parlato, et di più come la charità se bene non contenesse quelle tre cose, niente dimeno è senza comparatione migliore che quelle.

* * *

Hor che la charità porti seco la sapienza, si prova chiaramente et con ragione et con essempii, perciochè la vera sapienza consiste nella cognitione di Dio, et la cognitione di Dio più (f. 171v p. 10) dipende dalla revelatione di Dio, che da ingegno o studio humano, perche è cosa altissima et remotissima da sensi. Onde dice S. Paulo 1 *Cor.* 2, 11: *Nemo novit quae sunt in Deo, nisi Spiritus eius.* Et vediamo che

Aristotele, sommo filosofo, non arrivò a sapere se non che Dio era uno et incorporeo, et forse infinito; et forse non seppe manco tanto. Hora Iddio, a chi manifesta se stesso, se non a quelli che l'amano? *Joan. 15, 15: *Vos dixi amicos, quia quaecumque audivi a Patre, nota feci vobis;* et in un'altro luogo, 14, 21: *Qui diligit me, diligetur a Patre meo, et ego diligam eum, et manifestabo ei me ipsum.*

Il medesimo si prova da parte dell'huomo, perchè nessuno sa meglio le cose d'un'amico, che l'altro amico; perchè l'amico è curioso et sollecito circa l'amico. Se lui si ammala, il primo a saperlo è l'amico; se lui guarisce, similmente. (f. 172r p. 11) Domanda ad uno che non è amico: « Come sta il tale? che fa, dove è, etc.; dira: « Non lo conosco ». Domanda ad un'amico stretto et vero, dirà: « Sta bene; è nel tal luogo: fa la tal cosa », etc. Hor così uno che ama Dio, sempre pensa di Dio, cerca di sapere nuove di lui, sta contemplando di et notte le Scripture, che son come lettere mandate dal paradiso; et cosi viene a sapere molte cose altissime, et spesso anco i secreti di Dio et le cose future et i cuori degl'huomini, perchè Iddio si rivela a quelli che lo cercano. Onde disse S. Giovanni, *Ep. I, 4, 8: *Qui non diligit, non novit Deum.* Et per il contrario disse il venerabile Hugone di Santo Victore: « Amor intrat, ubi scientia foris stat » ciò è che l'amore penetra dentro nel cuor di Dio, et fa conoscere molte cose, alle quali non arrivan le lettere et l'ingegno et le scientie humane. (f. 172v p. 12)

L'essempii n'habbiamo in molti santi, come in santo Antonio, che non sapeva lettere, come dice Santo Agostino nel principio *de Doctrina Christiana*; et non dimeno per la grande amicitia con Dio et la continua oratione imparò tanto, che disputò con filosofi, confuse gl'Ariani, predicava alli suoi cose altissime. Santo Francesco non sapeva filosofia, ne theologia

---

176-177 Hugo a S. Vict. (?). Idem in *Exhort.* II.
183 Aug., *De doctr. Christ.*, prol. 4: *ML* 34, 17.
186-196 Bonavent., *Vita S. Franc.* cap. 11: *Sur.* V 607.

per via humana, et tamen come dice S. Bonaventura nel cap. 11 della sua vita, per l'amor grande penetrava il cuor di Dio, et quivi vedeva le cose future, i cori degl'homini et i misterii altissimi della nostra fede. Onde in Siena interrogato da un dottore di theologia di cose sottilissime talmente gli dichiarò il tutto, che quel dottore stupito disse, che la theologia di S. Francesco volava come un'aquila sublime, et la sua caminava col ventre per terra. Et tanto spesso et a tanti rivelava i pensieri, et prediceva le cose future, che pareva che già habitasse in quelli splendori del paradiso. Et poi tutti questi santi (f. 173r p. 13) da chi imparorno tanto alti modi di servire a Dio perfettamente? et di mortificar se stessi, se non dall'amore? Si legge del B. Lorenzo Giustiniano, che togliendogli li suoi tutti l'istromenti di penitentia per conservarlo più in vita, egli una volta gli disse, che indarno si affaticavano, perchè l'amore di Dio è più sottile a trovar mezzi, et mezzi occultissimi, per arrivare al suo fine, che non è l'industria humana ad imaginarseli per impedire.

Si chè la charità illumina, ne questo è meraviglia, poi che unisce l'anima con il sole di giustizia, et con il padre de lumi. Et se Moyse per praticar quaranta giorni con un angelo ne riportò la faccia luminosa: come non più facilmente praticando un'anima con Dio, diverrà splendente et lucida?

* * *

Ma passiamo alla eloquenza. Io dico, che non vi è cosa più eloquente che la charità. Vediamo le madri, che amano teneramente i figlioli, se per sorte li vogliono rimovere dal proposito di andare alla guerra o alla religione, usano una rhetorica infinita, parlano con voce lamentevole, si inginochiano, si scapegliano, mostrano le mammelle, gli ricordano i dolori del parto, il latte che gli diedero, etc. (f. 173v p. 14)

. . . .

[*Cetera desunt*]

---

199 Bern. Iust., *Vita S. Laur. Iust.* cc. 1 et 10: *Sur.* I 180 et 190.
207-208 Cf. *Exod.* 34, 29-35.

EXHORTATIO PRIMA

Caritas omnia est: imprimis vita

*Ross. 735, f. 170v p. 1   Romae, anno 1582,
                                                            *circa 8 Junii.

Ho preso questo argumento, prima perchè è a proposito per le feste dello Spirito Santo et del Corpus Domini, dove hora siamo; 2° perchè le regole nostre ne ammoniscono, che nelle essortationi si parli principalmente dell'unione et fraterna charità; 3° perchè questo è un soggetto richissimo et che porta seco l'eloquenza et sapienza, et così non è possibile che manchi che dire intorno a questa materia, ancor che l'huomo sia sterile di concetti, et poverissimo di parole.

Hora venendo al nostro principale argumento, che è la charità, molte cose si potrebbono trattare. Ma io non voglio dire se non della utilità che porta seco. Si che lassarò da banda gl'encomii, che si sogliono dire, come che la charità si ritrova in paradiso et nell'istesso Dio, dove non si trova nè fede, nè speranza; et che la charità sempre fu, et sempre ha da essere, dove che la fede et la speranza in questa vita cominciano, et in questa vita finiscono, ò poco di poi (il che dico per l'anime del purgatorio). Lascio ancora che la charità è regina delle virtù, come l'amore è padrone di tutte le passioni. Queste et molte altre considerationi lascio, et piglio solamente l'utilità della, perchè questa più suol movere; et dico che la charità contiene tutti i beni, (f. 171r p. 9) che si possano desiderare in questa vita. Et così è quella margarita, che quel prudente mercante comprò co'l vendere tutto il suo; et come

---

[1] Apud Van Ortroy pp. 123-129.

4-11 Ho preso ... parole. *apim*.

13-16 molte ... Dio *cB*: diremo dui cose: primo quanto sia grande et utile questa virtù; secondo come si può fare ad acquistarla, o vero a perfettionarla. Quanto al primo lascio stare, che la charità si ritrova in Dio *la*.

26-40 et come ... la vita *cB*: dico donque, che la charità è ogni cosa: è vita, è casa, è cibo, è ogni altra cosa. Ma per hoggi bastarà a mo-

dice S. Paulo, *Coloss.* 3, 14, *est vinculum perfectionis.* Cioè è un legame che comprende quasi in un fascio la perfettione di tutte le virtù, perchè, sicome nel precetto della charità
30 si raccolgono et rinchiudono tutti i precetti, come dice il medesimo a' *Romani* 13, 8, così nella charità si rinchiudono tutte le virtù, anzi tutte le cose. Et acciò più facilmente possino i fratelli semplici intendere et tenere a mente quel che si dice, andarò per via simbolica, cioè per similitudine di cose
35 corporali.

Che cosa può desiderare un'huomo? Che cosa è necessario ad un'huomo? La prima di tutte è la vita. Et se potesse uno che non è ancor nato desiderare qualche cosa, la prima di tutte desideraria la vita; come vediamo che doppo di es-
40 ser nato, sopra ogni cosa desidera conservar la vita. (f. 173*v* p. 14) *Pellem pro pelle dabit homo, et cuncta quae habet pro anima sua,* *Iob 2, 4. Doppo alla vita sono necessarie l'acqua e'l fuoco; et però gl'antichi quando volevano esterminare uno, gli prohibivano l'acqua e'l fuoco. Doppo questo è necessario
45 il vitto et il vestito, et poi anco la casa, et finalmente per tutto il resto una buona somma di denari.

Hor tutte queste cose ne porta seco la charità. Et di qui si può vedere l'inestimabile grandezza sua, et come essa è similissima a Dio, anzi fa l'huomo un Dio. Solo Iddio ha una
50 essenza che gli basta per ogni cosa, poichè quella semplicissima essenza è a Dio vita, casa, cibo, veste, denari, e ogni altro bene imaginabile. Et così Iddio prima che facesse il mondo, era così beato, ricco et contento, come è hora, che è signore di tanti angeli, huomini, cieli, elementi. Le altre cose
55 non son così, perchè la casa (f. 174*r* p. 15) non è cibo, nè il cibo è casa, etc.

---

strare, come la charità contiene in se la sapienza, l'eloquenza et il dono de miracoli, delle quali cose fin' hora habbiamo parlato, et di più come la charità, se bene non contenesse quelle tre cose, niente di meno è senza comparatione migliore che quelle. *la.*

40 f. 171*v*-173*r* p. 10-13 expuncta: sed postea reassumuntur in exhort. 3ᵃ. Vide infra p. 134 ad lin. 53.

* * *

Hor per cominciar dal primo, dico la charità esser vita, et vita divina. Che sia vita, il dice S. Giovanni *1 *Ioan* 3, 14: *Qui non diligit, manet in morte et in hoc scimus, quia translati sumus de morte ad vitam, quia diligimus.* Che sia vita divina, il dice il medesimo *1 *Ioan.* 3, 1: *Videte qualem caritatem dederit nobis pater, ut filii Dei nominemur et simus.* Et ancora *1 *Ioan.* 4, 7: *Omnis qui diligit ex Deo natus est.*

Che cosa è vita? E una cosa, che fa che quello che l'ha si muova da se stesso. Un'huomo vivo sempre si muove, ò parla, ò camina, ò mangia, ò beve, imagina, pensa, ò almeno si nutrisce interiormente. Ma un morto non fa niente. Così la charità trova uno che non si moveva verso Iddio, più che faccia una pietra verso il cielo; et subbito che gli entra dentro l'anima, lo sveglia et lo muove in sù, gli fa aprir gl'ochi, gli scioglie la lingua, gli fa oprar (f. 174v p. 16) le mani, lo spinge a pensare a Dio, desiderar'Iddio, laudare Iddio, operar et patire ogni cosa per Dio. « Amor, dice S. Gregorio, operatur magna, si est; et si operari renuit, amor non est ». Si chè a questo modo è vita, et è vita divina, perchè non da essere di pianta, nè di animale, nè di huomo, nè di angelo, ma di Dio; et non fa operar opere di pianta, di animale, di huomo, di angelo, ma di Dio; perciochè si come la vita di Dio tutta si occupa intorno al sommo bene, che è lui istesso; così la charità impregna tutto l'huomo, et drizza tutte le sue attioni al sommo bene.

Hor per intendere quanto importi questa vita, et quanto siano pazzi quelli che ad altro attendono che a nutrire et conservare questa vita, consideriamo quanti beni porta seco questa vita divina. 1° Chi ha questa vita et per essa è figliol di Dio, è consequentemente herede del paradiso: *Quod si filius, et heres,* *Galat.* 4, 7. Così gran cosa è il paradiso, che

---

73 Greg. M., *Hom. in Ev.* II 30,2: *ML* 76, 1221.

il B. Egidio, uno dei primi compagni di S. Francesco, non poteva udire questa parola, che non si rapisse. Onde i putti, come lo vedevano, gridavano: *Paradiso! paradiso!* (f. 175r p. 17) 2° In questa vita partecipa con frutto i santi sacramenti, et massime l'Eucharistia, perchè quella è cibo, e 'l cibo non si da a' morti, ma a' vivi. 3° Partecipa l'indulgenze, che sono certe carezze, che non si fanno se non a' figlioli. 4° Gode di una protettione singulare di Dio, che si come il padrone con altri ochi guarda il servo, et il figliolo suo; così Dio altra cura tiene de suoi figlioli, che de peccatori; 5° Tutte le opere fatte in charità sono vive et meritorie; et per il contrario tolta la charità, ogni altra cosa va per terra. Piglia un huomo giovane, bello, ben vestito, ricco, nobile, savio, che ragioni et discorra con somma sapienza et eloquenza, et tanto mirabile, che ogni un che lo vede, si stupisca. D'onde nasce tanto bene? Lo voi vedere? Venga la morte, partesi l'anima dal corpo; subbito vedrai scolorirsi il volto, chiudersi l'ochi, ammutursi la lingua, (f. 175v p. 18) cascar le mani, et tutta quella bellezza andar'in niente. Per questo S. Paulo, scrivendo a' Corinthi (**Ep.* 1, 13), con tanta emphasi antepone la charità all'eloquenza, alla sapienza, al dono dei miracoli, che sono pure delle maggior cose che si possino trovare. Non parla de beni del mondo, richezze, honori, piaceri, nobiltà, potentia, dignità, perchè queste non sono cose degne di esser messe in comparatione della charità, poichè sono cose stimate solo dagl'huomini, che non conoscano cose migliori. Onde gl'angeli et Iddio poco le stima, poichè ne fa così gran parte alli suoi nemici.

Et prima dell'eloquenza udite con che amplificatione **1 Cor.* 13, 1: *Si linguis hominum loquar et angelorum, caritatem autem non habuero, factus sum velut aes sonans, aut cimbalum tinniens.* Non dice: Se io saprò ben ben parlare in hebreo o in greco, ma se io parlerò con le lingue di tutti gl'huomini, talchè insieme sia più eloquente in hebreo che

---

88-90 *Vita S. Egidii: Sur.* II 944.

Isaia, in greco più che Demosthene, in latino più che Tullio, et così di tutte le altre lingue humane: et non solo questo, ma anco possa parlare con le lingue di tutti gl'angeli, i quali senza dubio multo più presto, più chiaramente, più dolcemente, più (f. 176r p. 19) efficacemente parlano che gli huomini, talchè io persuada subbito quel che voglio, et sia un miracolo et un stupor del mondo, et sia tenuto come un Dio fra gl'huomini: con tutto ciò se non haverò charità, sarò come una tromba, ò una campana, che è un mostro di natura, una cosa loquacissima et sorda; che sempre parla, et mai non ode, ne sente niente; et facendo utile agli altri, percuote sempre, et spesso rompe se stessa.

Passa di poi alla sapienza et dice *1 Cor. 13, 2: *Et si habuero prophetiam et noverim mysteria omnia et omnem scientiam.* Se io haverò il dono di predire le cose future, et di esporre le scritture, che l'uno et l'altro vuol dire prophetia; et non solo potrò predire una cosa o due, et dichiarar un o dui luoghi; ma, *si noverim mysteria omnia,* talchè sappia tutte le cose future (f. 176v p. 20) et tutti i secreti della scrittura, et di più habbia *omnem scientiam,* naturale, sopranaturale, acquistata, infusa, del Creatore et delle creature, et sappia più di Adamo et di Salomone: se non ho charità, non mi giova niente.

Passa poi al dono dei miracoli: *Et si habuero omnem fidem ita ut montes transferam, caritatem autem non habuero, nihil sum,* *ibid. v. 2. Se io farò miraculi, transportare i monti da un luogo all'altro, et però tutto 'l mundo mi adori et mi tenga per santo, se non ho la charità, non so niente.

Finalmente passa all'opere heroiche et dice: Se darò tutto 'l mio a' poveri et me stesso a' tormenti et alle fiamme del fuoco, et cosi muora; se con tutto ciò non ho carità, niente mi giova.

Che vi pare di questo giudicio di S. Paulo? Ma che diremo, se consideriamo (f. 177r p. 21) chi era S. Paulo, che questo dice? Perchè se dicesse queste cose uno che non havesse nè sapienza, nè eloquenza, nè dono di miracoli, nè opere heroiche, potremo pensare che colui non sa quel che dice, et che forse parla così per invidia di quelli che l'hanno. Ma che S. Paulo dia questo giuditio, che senza la charità è come un niente ogni sapienza, ogni eloquenza, tutti i miracoli, et tutte l'elemosine et il martirio istesso, chi non si maravigliarà? Poichè S. Paulo sapeva tutte le lingue: *omnium vestrum* dice lui *I Cor. 14, 18, linguis loquor;* et era stato rapito fin'al terzo cielo, et da Dio stesso nella schuola degl'angeli haveva imparato i misterii et la sapientia, et faceva miraculi grandissimi et infiniti, et di continuo s'affaticava in opere sante et perfette. Hor se S. Paulo fa (f. 177v p. 22) questo giuditio, che habbiamo a dir noi?

* * *

Et di qui habbiamo da cavar tre utili conclusioni.

La prima è, che meglio è in questo mondo esser'in un cantone sconosciuto et senza scienza, senza honore, senza ben nissuno esteriore, et havere nell'anima un poco di vera charità, che non è esser il più dotto e'l più savio, e'l più ricco, e'l più bello, e'l più honorato di tutti gl'huomini, et non haver charità. Et chi dice ò pensa il contrario, non sa dove s'è, anzi è matto spacciato. Et se questo non solo il credessemo, ma lo penetrassemo et lo pensassemo bene, o quante tentationi, quante invidie, quante melanchonie, quante afflittioni vane andarebbono in fumo. Pigliamo un'essempio. Consideriamo duoi pomi: uno posto nella cima dell'albero con molte frondi a torno, fresco, rosso, odorifero, morbido, ma che dentro habbia un verme, che (f. 178r p. 23) tutto lo guasta; un'altro sotto alla cennere già cotto, et però nero, brutto, incenerato, ma dentro dolcissimo. Non è dubbio che chi non sapesse altro, stimeria molto meglio quel primo; et nondimeno quando si viene a mangiarli, il primo che si trova marcio, si butta con grande furia o si da a' porci; il secondo si mette in un bel piatto, et coperto di zuccaro si presenta in tavola

[187] Mangiarli *cod.*: mandarli *vO.*

al padrone. Così appunto vedrete certi huomini tal volta che
stanno su le cime de gl'alberi, in grand'honori, in gran delitie et anco ornati di molta scienza. Ma guardategli dentro;
troverete il verme del peccato, et vedrete certe anime amare,
scontente, afflitte, piene di odio, d'invidia, d'ambitione, di carnalità; et, quel che è peggio, venendo la (f. 178v p. 24) morte,
sono gettati per sempre a quei porci insatiabili dell'inferno.
Per il contrario, vedrete certi huomini poveri, sconosciuti,
stratiati, che paiono da niente; come era quel Lazaro mendico, et molti altri, che'l mondo non li sa et non è degno di
saperli; et a punto paiono pomi cotti su la cenere. Ma entrate
dentro, et trovarete una medolla dolcissima, una anima piena
di charità et consequentemente piena di pace et di allegrezza,
ricca di speranza, secura del regno eterno. Et subbito che
muore, et che lascia quella scorza ruvida et nera, vengono gli
angeli et la portano al cielo, et quivi subbito coperta di zuccaro et di mele, che è la gloria beata, è presentata alla tavola
di Dio, et gli è detto *Matth. 25, 1: Intra in gaudium Domini
tui, entra nel petto e nel cuor di Dio. Si chè vera è (f. 179r
p. 25) la prima conclusione.

La 2a è che nessuno, quanto si sia grande, deve anteporsi agl'altri, ò dispregiar nissuno, perchè, se bene in quello
che si vede fuora, tu sei più grande di lui, perchè sei superiore,
lui è suddito; tu sacerdote, lui laico; tu dotto, lui ignorante;
tu nobile, lui ignobile; nondimeno forse lui ha più charità.
Et se ha più charità, è maggior di te negl'ochi di Dio et degl'angeli, et sarà maggiore al dì del giudicio negli ochi di tutto'l mondo. Perchè, come habbiamo detto, più vale un poco
di charità, che tutto il resto de beni insieme; et nessun puo
esser certo di haver più charità degl'altri. (f. 179v p. 26)

La 3a conclusione è che non deve alcun affligersi, se non
riesce in qual si voglia cosa, et non è ben voluto et stimato,
perchè il nostro vero bene e la nostra vera vita non dipende
da nissuna cosa esteriore, et molto meno dall'opinione et giuditio degli huomini, ma solo dall'amare Iddio, et esser'amato
da Dio.

Deve bene ciascuno attendere con ogni diligenza all'essercitio, dove è posto dall'obedienza, perchè così vuole Iddio, et la negligenza non sta ben d'accordo con la charità. Et similmente non deve dare occasione di esser malvoluto, anzi vivere talmente che ogni uno habbia da volergli bene. Nondimeno se per qualche occasione, senza propria colpa, l'huomo non fa profitto in una scientia o in un'altra, non gli (f. 180r p. 27) riesce il studiare cose sottile, o il predicare, o il governare, et però gli conviene far'altro officio, non si deve turbare, semper pensando che non sta in quelle cose il vero bene, ma nella charità, che si puo havere grandissima in ogni officio.

La beata Catherina di Genova, dicendoli una volta un frate che lui per esser frate era più atto ad amare Iddio che lei, rispose con gran fervore: « Se io credessi che cotesto habito vi aggiognesse pur'una scintilla di charità, nessuno mi potria tenere che non velo strappasse da dosso, se non potessi haverlo per altra via. Ma io so che l'amor puro non può esser impedito, et che per tutto si può ritrovare ». Et così è che, se bene non può ogni uno esser dottore o predicatore, però ogni uno può amare, et amare con ogni perfettione. (f. 180v p. 28)

238-247 La beata... perfettione *cB*: Et si come nelle comedie non si fa conto di rapresentare un re o un filosofo, ma di far bene la sua persona qual si sia; et spesso più è laudato quel che rapresentò un pedante o un schiavo, perchè lo fece bene, che non quello che rappresentò il re o il filosofo, perchè lo fece freddamente: cosi dinanzi a Dio et l'istessa verità, quello è grande et sara laudato, che farà con molta charità l'officio suo et sia qual si voglia. *la*.

238-247 MARABOTTI-VERNAZZA, *Vita di S. Caterina di Gen.*, cap. 19, 1-2; *Vita recentior* IV 39-40: *Act. SS. Sept.* V 159.

EXHORTATIO POSTEA INSERTA
in secunda redactione

Caritas assimilatur terrae

*deest   *a. 1606-1607

Cf. supra pag. 32 et infra pag. 132. Haec exhortatio, postea addita, periit, vel saltem hucusque latet. Forsitan adhibuit Bellarminus considerationem quam fecit etiam in libello de Ascensione mentis in Deum grad. III: « Primum terra fundamentum est firmissimum mundi totius, quod nisi haberemus, non posset homo neque ambulare neque quiescere, neque operari, nec vitam ullo modo ducere... Altera terrae proprietas in eo posita est, quod terra tamquam bona nutrix herbas et fructus ceteros profundat in escam hominum... Ultima terrae laus, quod videlicet aurum et argentum et lapides pretiosos intra sinum suum contineat ». Quae omnia facile ad caritatem applicari possunt.

EXHORTATIO SECUNDA
*Caritas assimilatur aquae

*Ross. 735, f. 180v p. 28.   *Romae, 23 Iun. 1582.

Habbiamo mostrato come la charità è vita, che è il primo bene che si può desiderare. Hora seguita che mostriamo come sia terra, acqua, aria et fuoco. Della terra già si è parlato nella 2a essortatione; hora parlaremo dell'acqua.

La charità è acqua: *Effundam super vos aquam mundam*, dice Iddio per *Ezechielem* *36, 25, *et mundabimini ab omnibus inquinamentis vestris*. Et il Signore alla Samaritana: *Si scires donum Dei et quis est qui dixit tibi: Da mihi bibere, petiisses ab eo, et dedisset tibi aquam vivam*, *Ioan. 4, 10.

Si dice la charità esser'acqua per quattro cause.

---

¹ secunda *corr.*: 3 *cod.*
¹ Apud Van Ortroy pp. 130-137.
⁶⁻⁷ sia terra ... acqua *cBp*: è anco acqua et fuoco, che sono dui cose le più necessarie doppo la vita, per il chè, come diceamo, gl'antichi volendo esterminare uno, interdicebant illi aqua et igni. Ma hoggi bastarà a provederci di acqua. *la.*
⁷ 2ª essortatione: *ita codex!*

* * *

La prima è perchè, sicome l'acqua refrigera uno che ha caldo, smorza la sete, spegne il fuoco, così l'amor di Dio è il più po(f. 181r p. 29)tente rimedio, che si possa trovar per refrigerare, et a poco a poco smorzare le varie fiamme et la molteplice sete delle concupiscenze humane. Utili sonno per refrigerare il caldo dell'amor terreno et carnale il buttarsi nel ghiaccio, come fece S. Bernardo, o nella neve come S. Francesco, o nelle spine come S. Benedetto; utile è il battersi il petto, digiunare et vegliare, come fecero i santi Antonio, Hilarione, Hieronymo; utilissime sono le confessioni, le communioni, l'orationi et simili altre cose; ma il rimedio naturale et sopra tutti efficacissimo contra la sete et contra il fuoco non è altro che l'aqua. Et questo ce lo monstra la Scrittura, la ragione et l'esperienza. La Scrittura è in S. Giovanni *4, 13: *Qui biberit ex aqua hac, sitiet iterum; qui biberit ex aqua quam ego dabo ei, non sitiet in aeternum.* Chi beve l'acqua di questo mondo, di novo ha sete, perchè son acque salate. Ma chi beve l'acqua dell'amor divino, non ha sete in eterno. La ragione è questa, perchè la piaga nostra è dentro, et tutte quelle cose, cioè digiuni, cilitii, ghiacci, spine, sono esteriori. Donque bisogna una medicina, che penetri dentro. Et se bene sonno molti affetti, che sonno interiori, come l'amore, però tutti sonno schiavi dell'amore.

L'amore è il Re degl'affetti; è il primo et il più potente (f. 181v p. 30) di tutti, et a tutti comanda, et tutti lo servono. Perchè un'huomo desidera una cosa? Perchè l'ama. Perchè si rallegra quando l'ottiene? Perchè l'ama. Perchè teme una cosa, et perchè s'attrista quando viene? Perchè l'ha in odio?

---

[41] et perchè ... viene: omis. vO.

20-23 *Vita S. Bern.* I, I 3, 6: ML 185, 230; *Sur.* IV 794; Bonav., *Vita S. Franc.* cap. 5: *Sur.* V 589; Greg. M., *Dial.* II, 2: MG 66, 132; *Sur.* II 360; Athan., *Vita S. Anton.*: MG, 26, 848; Evagr., *Vita S. Anton.*: *Sur.* I 399, 410; Hier., *Vita S. Hilar.* 4-5: ML 23, 31; *Sur.* V 985; *Vita S. Hier.*: *Sur.* V 500; Hier., *Epist.* 22, 7: ML 22, 398.

Perchè è contraria a quello che lui ama. Dunque non è possibile per via di altri affetti vencere l'amore, come non è possibile che un piccol signore venca un potentissimo re. Ma che bisogna? Bisogna che venga un'altro re più grande, cioè un altro amore più vehemente et di cosa maggiore. Et così è che l'amore di Dio vence et smorza quello del mondo, come il serpente di Mosè devorò i serpenti de magi di Faraone. Oltre di ciò l'amore dell'huomo è un re nobilissimo et generoso, et non vuol'esser'in alcun modo violentato. Anzi, come vede che si va per forza et con minaccie, più si sdegna et fa peggio. Et se da una parte (f. 182r p. 31) è impedito, trova la strada per un'altra. Dunque il rimedio vero et naturale è un'altro amore. Così vediamo negl'essempi de gentili. Scrive Livio, *Dec.* 3a, lib. 6° in fine, di Scipione Maggiore che essendo capitano generale de Romani in Spagna, et essendoli presentata una donzella prigioniera sopra modo bella, quale era sposata a un certo principe nimico de Romani, egli la conservò con somma honestà et la rese al proprio sposo; et acciò intendesse quel giovane onde nasceva così gran continenza, disse che l'amor della republica talmente gli haveva occupato il cuore, che non vi restava luogo per altro amore.

Hor se questo è così, chi si maravigliarà che S. Francesco, S. Bernardo et molti altri santi non solo non amassero le delitie della carne, ma gli fusse una croce il mangiare, il bere, il conversar con (f. 182v p. 32) gli huomini? Poichè haveva ripieno il cuore loro l'amor non di una republica terrena che, come disse colui che molto l'amava, non andava più oltre che fin'al fiume Gange, nè più in su che fin'al monte Caucaso, ma l'amore di un bene eterno et infinito, che non dava luogo non solo all'amore delle delitie terrene, ma ne anco al desiderio delle necessarie. Onde S. Francesco disse una

---

44 potentissimo *cod.*: potente *vO.*

54-62 Liv., *Histor.* lib. XXVI cap. 50.
68-70 Cicero, *De republ.* VI 22.
72-75 Bonav., *Vita S. Franc.* cap. 5: *Sur.* V 589.

cosa, che pochi la intendono, et è, che gli pareva una gran difficultà ad intendere insieme a servire all'amor di Dio, et dar'al corpo il necessario. Dove è da notare che non disse esser difficile amar'Iddio et non amar le delitie, perchè questo è facilissimo a un che ama veramente; ma disse esser difficile amare Iddio et dare al corpo il necessario. Perchè, quanto l'amor di Dio occupa il (f. 183r p. 33) cuor d'un'huomo, tanto poca affettione vi resta per la carne, che a pena si può condurre a dargli il necessario. Et se potesse vivere senza mangiare et senza bere et senza riposare, volentieri il farebbe. Ma, perchè non può, piglia queste cose, ma le piglia come medicine, et però le piglia in gran misura, et con poca allegrezza. Et di qui potiamo vedere alcuni di noi quanto siamo lontani da quella perfettione, poichè spesso ci lamentiamo, se ci manca qualche cosa.

* * *

La seconda causa, perchè la charità si chiama acqua, è perchè lava le machie de peccati. *Ezech.* 36, 25: *Effundam super vos aquam mundam, et mundabimi *ab omnibus inquinamentis vestris.* Si dice la charità lavare i peccati in tre modi. 1° Perchè toglie via, per dir (f. 183v p. 34) così, formalmente i peccati, come la luce toglie le tenebre, et la vista toglie la cecità, et la bellezza toglie la deformità. 2° Perchè la carità con fervente oratione et altre opere buone impetra la remissione de peccati veniali et delle pene temporali dovute per i mortali. Et così disse Christo della Maddalena *Luc.* 7, 47: *Remittuntur ei peccata multa quia dilexit multum.* Et S. Pietro *1 *Ep.* 4, 8: *Caritas operit multitudinem peccatorum.* Terzo finalmente la charità lava da' peccati in un modo più singulare et proprio, perchè spegnendo l'amor terreno, viene à seccar il fonte d'onde nasce ogni bruttezza, et così mantiene l'anima netta et pura. (f. 183v marg.)

Et di qui è che molti santi, etiamdio che non havessero bisogno di penitentia per sodisfare per i peccati passati, nondimeno la facevano grandissima per smorzar questo fuoco dell'innata concupiscentia, et così non peccare per l'avvenire. Così vediamo che fece S. Giovanni Battista, ne levi saltem maculare vitam famine posset. Onde interrogato una volta il B. Egidio per che causa S. Giovanni fece così aspra penitenza, non havendo peccati, (f. 184r marg.) rispose: « Et perchè si sala la carne fresca a ciò si conservi et non puzzi, così S. Giovanni per desiderio di non puzzar mai, prese tanto sale di penitenza ». (f. 183v infra)

La charità porta un'odio capitale al peccato et sempre lo perseguita, non può patire che sia presente, dove lei si trova. Et questo è quello che dice S. Paulo, *Rom.* 13, 10: *Caritas malum non operatur.* (f. 184r p. 35) Dove non vuol dire che la charità non produce male alcuno, che questo non accadeva dirlo, perchè chi non sa che l'albero buono non produce frutti mali? et che il fuoco non raffreda? et la luce non obscura? Ma vuolse dire che chi ha charità non fa male alcuno, perchè la charità non solo non è causa di male, ma ne anco permette che male si faccia, dove lei si trova, come la luce non solo non oscura, ma ne manco permette oscurità dove lei si trova. Il che più chiaro il disse S. Giovanni, *1 Ioan.* 3, 9 et *5, 18: *Qui natus est ex Deo, non peccat, et non potest peccare, quia semen Dei manet in eo.* Dove non parla de peccati veniali, perchè questi si trovano anco in quelli che hanno charità, et non sono propriamente contra la charità. Onde il medesimo S. Giovanni dice nel principio della epistola * I 1, 8: *Si dixerimus quia peccatum non habemus, nos ipsi seducimus.* Ma parla de mortali (f. 184v p. 36) et dice che chi è nato di Dio et ha in se la vita divina, che è la charità, non puo esser che pecchi mortalmente, mentre che sta in lui quel seme santo et divino, cio è l'istessa charità.

Tutte le altre virtù possono star col peccato mortale, et però non si può dire: chi ha la fede, non può peccare; chi ha la speranza, non può peccare; chi ha la temperanza, non può peccare; ma veramente si dice: chi ha la charità

109-114 *Vita S. Egid.*: Sur. VII 329.

non può peccare. Però si come la fede è contraria all'infedeltà, et però chi ha la fede non può insieme essere infedele, se bene può esser homicida o adultero; così la charità che è amicitia con Dio è contraria all'inimicitia, la quale si incorre per ogni offesa mortale, et però *caritas malum non operatur,* *Rom. 13, 10; et: *Qui natus est ex Deo non peccat et non potest peccare* *1 Ioan. 3, 9. (f. 185r p. 37).

* * *

La terza causa perchè la charità si chiama acqua, è perchè fa nascere l'herbe et fiori nel giardino dell'anima. La terra se sia senza acqua è talmente sterile, che non può pure produrre un pelo di herba, come si vede nell'arena, la quale, se bene si cultivasse, arasse, zappasse mille anni, non mai faria niente. Ma come vi piove sopra, subbito comincia à germogliare et fiorire et vestirsi tutta di verdura. Così l'anima senza charità non produce niente, perchè se bene può havere molti habiti di virtù, però tutti sonno sterili et come morti. *Anima mea,* dice David * *Psalm.* 142, 6, *sicut terra, sine aqua tibi.* Et S. Paulo dice * *Galat.* 5, 6, che la fede, che è pur virtù divina, *per dilectionem operatur.* Et S. Giacomo dice * *Ep.* 2, 20 che è morta senza charità. Et si come i colori non muovano (f. 185v p. 38) la vista, se non sonno aiutati dal lume; et la medicina non opera niente, se non è mossa et aiutata dal calore naturale; così nessuna virtù produce il frutto che deve, ma resta morta et sterile, se non è innaffiata dalla acqua della charità. Et però S. Paulo più presto vuole attribuire i buoni effetti di ogni virtù alla charità, che all'istesse virtù, perchè la charità sola senza loro può produrre, ma loro senza la charità non possono. Così leggiamo nella prima de *Corinthi* al 13: *Caritas patiens est, benigna est, non aemulatur, non agit perperam, non inflatur, non est ambitiosa, non quaerit quae sua sunt, non irritatur, non cogitat malum, non gaudet super iniquitate, congaudet autem veritati, omnia suffert, omnia credit, omnia sperat, omnia sustinet,* numquam cessat. (f. 186r p. 39)

* * *

La quarta causa perchè la charità si domanda acqua, è perchè unisce le cose insieme, ancor che diversissime, et di molte ne fa una. Che vuol dire che i granelli della terra et massime dell'arena sono così disuniti et divisi? Perchè son sechi. Ma mettevi un poco di humore, subbito li vedrai unirsi, et diventare una cosa istessa. Similmente i granelli di frumenti sonno divisi, et quelli della farina ancor più. Ma subito che vi si mescola l'acqua, diventano un pane, dove non si conosce più divisione, ne diversità alcuna. Hor così perchè tra i gentili, heretici et mali christiani vi è tanta guerra, tanta disunione, tanto disordine? Perchè non vi è humore, che li congionga insieme. Ma subbito che Iddio manda quella *pioggia voluntaria, quam segregavit hereditati suae,* **Psalm.* 67, 10, cioè la charita, si uniscono insieme huomini ancor che diversissimi di natione, di lingua, di conditione, et talmente si uniscono, che S. Luca dice de primi christiani **Act.* 4, 32: *Multitudinis credentium erat cor unum et anima una.* Et S. Paulo dice *1 *Cor.* 10, 17: *Unus panis et unum corpus multi sumus.* Hic aliqua dicantur de necessitate unionis in Societate.

Ne solo ne unisce fra noi, ma anco con gl'antichi santi, che furno fin dal principio del mondo. Tutti siamo un pane, (f. 186*v* p. 40) et habbiamo un cuore, un'anima, un desiderio, un volere, un sapere istesso. Et di questo parla hoggi l'Evangelio, il quale, volendo dire che S. Giov. Battista dovea con le sue parole et essempii infiammare gl'huomini del suo secolo et accenderli di vera charità, lo dichiara da questo effetto, dicendo **Luc.* 1, 17: *Ut convertat corda patrum in filios et incredulos ad prudentiam iustorum,* cioè verrà S. Giovanni per dar' a' figlioli il cuor de padri. I padri furno santi et prudenti; ma i figlioli si discostorno dalla santità et prudenza de padri. Et così altro cuore hebbero i padri, altro i figlioli. Che fece S. Giovanni con le sue prediche? Li unì insieme,

---

199 Evang. *Luc.* 1, 5-17, in vigil. Nat. S. Ioan. Bapt., 23 Iun.

et *convertit corda patrum in filios*, diede a' figlioli quel cuore, quel desiderio, quella divotione che hebbero i padri, aciò tutti fussero *cor unum et anima una*. Et il me(f. 187r p. 41)desimo significano quelle parole: *et incredulos ad prudentiam iustorum*, cioè dando il cuor de padri a' figlioli, consequentemente darà la prudentia di quei santi padri a' figlioli increduli et rebelli.

Qual'era la prudenza de padri antichi? Era di non metter l'affetto in cose terrene et temporali, ma inalzarlo alle celesti et eterne. Et quando Iddio gli prometteva la terra di promissione, piena di mele et latte, loro che erano prudenti, intendevano che questa era una figura; ma che la vera promessa era del cielo. Et però Abramo, Isaac et Jacob, come dice S. Paulo a gl'Hebrei, non fecero in questo mondo città nè palazzi, ma habitavano ne padiglioni et nelle cappanne, come pellegrini, et aspettavano *fundamenta* (f. 187v p. 42) *habentem civitatem, cuius artifex et conditor Deus*, *Hebr. 11, 10.

Nè solamente unisce questa acqua gl'huomini fra se, ma anco li unisce insieme con gl'angeli. Che colla, che bitume ci bisognava per unire cose tanto differenti, corpi et spiriti, cielo et terra, beati et miseri? Et pur questo lo fa la charità, et talmente lo fa, che gl'angeli santi non par che habbino altro da fare che pensare di noi, guardarci, custodirci, difenderci. Ma che diremo, che ne unisce ancora con Dio? *Qui adhaeret Deo, unus spiritus fit cum eo*, *1 Cor. 6, 17. Et di qui nasce quella pace, *quae exsuperat omnem sensum*, *Philipp. 4, 7, che supera ogni sentimento. Che gusto sente il palato, quando si unisce con qualche dolcissimo sapore? Che gusto sente l'orechio, quando si unisce con una suavissima harmonia? Che gusto sente l'odorato, quando si unisce con un buonissimo odore? (f. 188r p. 43) Che gusto sente l'ochio, quando si unisce con una bellissima figura? Hor che gusto sente l'anima, la voluntà, lo spirito, che è molto più vivo et sensitivo di ogni senso, quando si congiongne con Dio, che contiene in se tutta la suavità de colori, de sapori, degl'odori, de suoni et infinite altri? Si che questa unione è veramente *pax Dei, quae exsuperat omnem sensum.*

* * *

Ma dove trovaremo noi un poco di questa acqua? Non bisogna affaticarsi per cercarla in terra. Non siamo hora in Egitto, dove tutte le campagne hanno l'acqua dal Nilo, ma siamo in terra di promissione, che non è inaffiata se non dalle pioggie del cielo. E volete vedere che è così? Considerate che l'acqua tanto sale in sù, quanto scende in giù. Hor questa acqua sale fin' al sommo cielo. * *Ioan.* 4, 14: *Qui biberit ex aqua hac, fiet in eo fons aquae* (f. 188v p. 44) *salientis in vitam aeternam.* Questa acqua sale fin' alla vita eterna, et unisce l'huomo con Dio, qui per gratia, et ivi per gloria. Donque necessario è che scenda dal cielo. Et così è, perchè *caritas ex Deo est,* * *Ioan.* 4, 7. Hor se questa acqua ha da venire dal cielo, con che condotti la tiraremo noi, con che machine apriremo quelle cataratte? Non vi è rimedio, se non piove da se, * *Psalm.* 67, 10. *Pluviam voluntariam segregavit hereditati suae.* Questa è una pioggia voluntaria, che non ha certa stagione, non ha inverno, nè autunno, ma viene quando Dio la manda. Che rimedio adonque? Poichè è dono di Dio, domandarla in dono. Vediamo che la terra, quando vuol dell'acqua, manda in su de vapori caldi, et quelli ne portan la pioggia. Così doviamo (f. 189r p. 45) noi mandar di continuo in su orationi, et orationi calde et dritte et raccolte, che il vento non le sparga, et così acquistar la pioggia. Ma se per sorte non vi è humor per mandar vapori, perchè l'anima è arida et secca, et non trova devotione, all'hora far come fa la terra, la quale essendo secca si apre, et con quello mostra il suo bisogno, et in un certo modo grida che ha sete. Così deve l'huomo arido et secco procurar di haverne sete et dire à Dio: *Anima mea sicut terra sine aqua tibi,* * *Psalm.* 142, 6. Et in vero spesso più grida nell'orechie di Dio questa sete, che non fanno molte orationi: si come spesso i poveri più movano mostrando le piaghe et la nudità, che chiedendo limosina. *Beati qui esuriunt et sitiunt iustitiam,* * Matth. 5, 6. *Esurientes replevit bonis et divites dimisit inanes* * Luc. 1, 53. Questo donque è il modo, pensare bene alle sue miserie, et conoscendole, desiderare rimedio, etc. (f. 189v p. 46)

EXHORTATIO POSTEA INSERTA
in secunda redactione

Caritas assimilatur aëri

*deest *a. 1606-1607.

Videas supra pag. 32-33 et pag. 123. Haec exhortatio, posterius addita, periit, vel saltem hucusque latet. Si coniecturam facere licet, non absonum videtur Bellarminum applicasse aëris qualitates, quales eas postea exponit in gradu quinto *Ascensionis mentis in Deum*, ubi haec habes: « Aër imprimis, dum respirationi deservit, terrestrium animantium et ipsius hominis vitas conservat... Altera proprietas aëris est, ut sit medium, per quod ad oculos nostros perveniant species colorum, et ad aures species sonitum, sine quibus nec videre, nec audire, nec etiam loqui possemus... Accedit postremo, quod aëris natura ita cedit omnibus, et in omnem formam se mutat, et scindi et disrumpi se patitur, ut hominis utilitati deserviat, ut videatur datus hominibus in magistrum humilitatis et patientiae et caritatis ». Applicatio non solum facilis est, sed quod ad ultimum punctum ab ipso Bellarmino indicatur.

EXHORTATIO TERTIA
**Caritas assimilatur igni*

*Ross. 735, f. 189v p. 46 * Romae Iul. 1582

Habbiamo parlato della terra, acqua et aria; resta hora che parliamo del fuoco. Ne si deve maravigliare nissuno, che la medesima cosa sia acqua et fuoco, che sono cose con-

---

1 Apud Van Ortroy pp. 138-144.
4 terra acqua et aria *cBp*: acqua *la*.
5-9 Ne si... inferiori. *apim*.

trarie, perchè la charità non è acqua nè fuoco elementare, ma è una qualità celeste, che contiene virtualmente tutte le cose inferiori.

Et prima, che la charità sia fuoco lo dice la Scrittura. *Cantic.* 8, 6: *Fortis ut mors dilectio, dura sicut infernus aemulatio, lampades eius lampades ignis atque flammarum. Aquae multae non potuerunt extinguere caritatem.* Et di questa parla il Signore, quando dice *Luc.* 12, 49: *Ignem veni mittere in terram, et quid volo, nisi ut accendatur?* Nè solo la Scrittura, ma anco i profani autori dicano l'amore essere un fuoco, et « caeco capimur igni ». Et l'esperienza lo mostra che chi ama talmente arde et si consuma interiormente, che spesso anco nel corpo ridonda il calore: come si legge di S. Giovanni Colombino, che sempre andava spettorato per il caldo del petto, et di molti altri, che bisognava etiamdio di mezzo inverno rinfrescarli il petto con panni bagnati.

* * *

Si assomiglia la charità al fuoco per molti effetti, (f. 190r p. 47) i quali quasi tutti si possono veder in un ferro infocato. Un ferro di sua natura è negro, freddo, duro, pesante. Ma subbito che si mette nel fuoco et che diventa rovito, lo vediamo bianco et lucente, che par'una stella; lo vediamo caldo, che riscalda ogni uno che se li accosta; lo vediamo molle et tenero che pare una cera, anzi spesso si liquefa et diventa liquido come acqua; finalmente lo vediamo leggiero et facilissimo ad esser levato in su. Questi sono li effetti della charità, in quanto si descrive come fuoco, cioè porta seco la sapienza significata per la luce del fuoco. Porta il fervore, significato per il caldo; et di qui nasce la perfetta eloquenza. Porta la devotione et prontezza a fare ogni bene, si-

---

33-38 la sapienza ... leggierezza *cBp*: la sapienza, l'eloquenza, la devotione et la contemplatione. *la*.

---

[17] VERGIL., *Aen.* IV 2.
[20] FEO BELCARI, *Vita del B. Giov. Columb.* cap. 6.

gnificata per la tenerezza et facilità in piegarsi, che da il fuoco al ferro. Finalmente porta la facilità di innalzarsi alla contemplatione, significata per la leggierezza.

* * *

Et per non uscire della similitudine proposta, chi non ha charità, è come un ferro negro et oscuro per l'ignoranza del vero bene; è come cieco, anzi peggio, perchè il cieco non vede niente, et però non si muove, se un'altro non lo guida. Ma un'anima priva di charità stima il male essere bene, il piccolo grande, la miseria felicità. L'amore è simile agl'ochiali. Ma l'amore delle creature è (f. 190v marg.) simile ad ochiali tinti di colore, che mostrano le cose, non come sono in se veramente, ma come sono li ochiali. Così un'avaro più stima fa di uno scudo che del paradiso, et farà mille giuramenti falsi per non perdere un quattrino. Ma l'amor di Dio sonno ochiali di christallo purissimo, che mostran le cose come sonno in se, etc.

Nè solo in cose prattiche, ma anco nelle speculative la charità fa diventare savio et splendente. (f. 171r p. 9 med.)

---

40 charità *cod.*: la charità *vO*.

53 splendente: *nB* Vide supra de sapientia, quam secum adfert charitas, pag. 9, 10, 11, 12 et 13.

53 savio et splendente: *sBe* (p. 48) Secondariamente chi non ha charità, è freddo come il ferro, è pauroso, timido, non ardisce di aprir la bocca; et se pur si sforzi di parlar ornato, et con molto artifitio et gesti si sforzi di persuadere, tuttavia non fa niente; chè come lui è freddo, così tutte le sue parole son fredde. Tutta quella sua retorica non è altro, che un ghiaccio dipinto di fiamme; che se ben par fuoco, non dimeno non scalda. Ma la charità da fervore, et accende un desiderio ardente della gloria di Dio et salute de prossimi, et di li nasce una libertà, una sicurtà, una santa audacia, che manda fuora scintille di fuoco. S. Pietro, avezzo prima a maneggiar barche et remi et reti, et che non sapeva quel che si fusse retorica, non fu prima ripieno di quel santo fuoco, che gli mandò Iddio dal cielo il dì della Pentecoste, che subbito cominciò a predicare, et talmente predicare, che alla prima predica ne convertì tre milia. D'onde nasceva quella efficacia, se non dal fuoco della charità? Et per questo quel fuoco apparve in forma di lingue et con sommo splendore, per mostrare che la charità tira (f. 191r p. 49) seco l'eloquenza et la sapienza.

Che la charità porta seco la sapienza, si prova chiaramente et con ragione, et con esempii. Perciochè la vera sapienza consiste nella cognitione di Dio. Et la cognitione di Dio più (f.

Di santo Francesco scrive S. Bonaventura, che pareva un carbone tutto acceso, et però dovunque andava, scaldava ogni cosa; et che una volta fra le altre, andò un doppo desinare a predicare alla sprovista, et con poche parole che disse, fece tal movimento in tutto'l populo, et tal fiamma eccitò di amor di Dio et contritione de peccati, che pareva il Venerdì santo. D'onde nasceva questo, se non dalla fiamma che ardeva dentro? che a guisa di fornace usciva fuori per la bocca, per gl'ochi, per le mani, et scaldava tutti coloro che a lui si accostavano. Così quegl'altri santi, santo Bernardo, santo Domenico, S. Vincenzo, Santo Antonio da Padova, S. Bernardino, con che arte fecero tanto frutto con le prediche sue? Certo non sapevano più theologia nè più retorica di molti che hoggi predicano. Si veggono le prediche scritte di S. Vincenzo (f. 191v p. 50) et di S. Bernardino, et sonno tali, che pochi si degnano di leggerle, et nondimeno con quelle prediche fecero loro tanto frutto, et non per altro, se non perchè le parole loro uscivano da una gran fornace di charità, et così tutte erano ardenti et efficaci.

Così Santo Vincenzo, oltre a infiniti peccatori, convertì venticinque milia fra Mori et Giudei; et di santo Antonio da Padova si legge che ventidue ladroni, non potendo credere quello che havevano udito dire, ciò è che santo Antonio predicava come un'altro Helia, del quale è scritto *Eccli* 48, 1: *Verbum eius quasi facula ardebat*, si disposero con habito mutato un giorno di sentirlo, et subbito tutti commossi et compunti si convertirno.

Et a ciò vediate che l'amore etiandio naturale et profano è eloquentissimo, et non ha bisogno di molta retorica; considerate le madri, quando vogliano ritirare un figliolo o dalla guerra, o dalla religione, o da qualche altra impresa pericolosa: che cosa fà una tal madre? anzi che cosa non fà? Piange, grida; hora minaccia, hora supplica, muta la voce in mille modi; si inginochia, mostra le mammelle; gli ricorda i dolori del parto, il latte che gli diede, et finalmente usa una retorica infinita, et molto maggiore et più (f. 192r p. 51) atta per muovere, che non seppe mai insegnare ne Aristotele ne Cicerone. Et certo è che tutto questo nasce dall'amore.

Hora se questo è così, chi dubbita, che uno che ama teneramente Christo, et vede da un canto le anime esser vere imagini di Dio, et le vede tanto care a Dio, che per loro amore diede il suo unico figliolo alla morte; et dall'altro le vede in tanta cecità et miseria, che vanno ridendo all'inferno, et ogni dì piovano come grandine o neve nel profondo dell'abisso: chi dubbita, dico, che un tale, mosso da compassione et amore, non sia per gridar senza nissun timore, et con somma virtù et efficacia predicare? Si chè chi desidera diventare un predicatore vero et vivo, metta il fondamento principale nella charità, et quella domandi a Dio con ogni instanza.

171v p. 10) dipende dalla revelatione di Dio, che da ingegno o studio humano, perchè è cosa altissima et remotissima dai sensi. Onde dice S. Paulo *1 *Cor.* 2, 11: *Nemo novit quae sunt in Deo, nisi Spiritus eius.* Et vediamo che Aristotele sommo filosofo non arrivò a sapere, se non che Dio era uno et incorporeo, et forse infinito, et forse non seppe manco tanto. Hora Iddio a chi manifesta se stesso, se non a quelli che l'amano? *Ioan.* 15, 15: *Vos dixi amicos, quia quaecumque audivi a Patre, nota feci vobis.* Et in un'altro luogo. *Ioan.* 14, 21: *Qui diligit me, diligetur a Patre meo, et ego diligam eum, et manifestabo ei meipsum.*

Il medesimo si prova da parte dell'huomo, perchè nessuno sa meglio le cose d'un amico che l'altro amico, perchè l'amico è curioso et sollecito circa l'amico. Se lui si ammala, il primo a saperlo è l'amico; se lui guarisce, similmente. (f. 172r p. 11) Domanda ad uno, che non è amico: « Come sta il tale? che fa? dove è? » etc. Non lo conosce. Domanda ad un'amico stretto et vero; dirà: « Sta bene, è nel tal luogo, fa la tal cosa » etc. Hora così uno che ama Dio, sempre pensa di Dio, cerca di sapere nuove di lui, sta contemplando dì et notte le Scripture, che son come lettere mandate dal paradiso. Et così viene a sapere molte cose altissime, et spesso anco i secreti di Dio, et le cose future, et i cuori degl'huomini, perchè Iddio si rivela a quelli che lo cercano. Onde disse S. Giovanni *1 *Ep.* 4, 8: *Qui non diligit, non novit Deum.* Et per il contrario disse il venerabile Hugone di Sto Victore: « Amor intrat, ubi scientia foris stat »; cioè che l'amore penetra dentro nel cuore di Dio, et fa conoscere molte cose, alle quali non arrivano le lettere, et l'ingegno, et le scientie humane. (f. 172v p. '12)

L'essempii, n'habbiamo in molti santi: come in Santo Antonio, che non sapeva lettere, come dice S. Agostino nel principio *De Doctrina Christiana*, et nondimeno per la gran-

---

83 Hugo a S. Vict. (?). Idem in *Exhort. praevia.*
88 Aug., *De doctr. Christ.* prol. 4; *ML* 34, 17.

de amicitia con Dio et la continua oratione imparò tanto, che disputò con filosofi, confuse gl'ariani, predicava alli suoi cose altissime. Santo Francesco non sapeva filosofia nè theologia per via humana, et tamen, come dice S. Bonaventura nel cap. 11 della sua Vita, per l'amor grande penetrava il cuor di Dio, et quivi vide le cose future, i cori degli huomini et i misterii altissimi della nostra fede. Onde in Siena interrogato da un dottore di theologia di cose sottilissime, talmente gli dichiarò il tutto, che quel dottore stupito disse che la theologia di San Francesco volava come un'aquila sublime, et la sua caminava col ventre per terra. Et tanto spesso et a tanti rivelava i pensieri et prediceva le cose future, che pareva che già habitasse in quelli splendori del paradiso. Et poi tutti questi santi (f. 173r p. 13) da chi impararno tanto alti modi di servire a Dio perfettamente et di mortificar se stessi, se non dall'amore? Si legge del B. Lorenzo Giustiniano, che togliendogli li suoi tutti l'istromenti di penitentia per conservarlo più in vita, egli una volta gli disse che indarno si affaticavano, perchè l'amore di Dio è più sottile a trovar mezzi, et mezzi occultissimi, per arrivare al suo fine, che non è l'industria humana ad imaginarseli per impedire. Si che la charità illumina, nè questo è maraviglia, poichè unisce l'anima con il sole di giustitia et con il padre de lumi. Et se Moysè per praticar quaranta giorni con un angelo, ne riportò la faccia luminosa, come non più facilmente praticando un'anima con Dio, diverrà splendente et lucida? (f. 191r marg.)

111-116 Si che ... lucida? *cBp*: Ma passiamo a l'eloquenza. Io dico che non ci è cosa più eloquente che la charità. Vediamo le madri, che amano teneramente i figlioli; se per sorte li vogliono rimovere dal proposito di andare alla guerra o alla religione: usano una rhetorica infinita, parlano a voce lamentevole, si inginochiano, si scapogliano, mostrano le mammelle, gli ricordano i dolori del parto, il lacte che gli diedero etc. *la*.

93-100 BONAVENT., *Vita S. Franc.* cap. 11: *Sur.* V 607.
105 BERN. IUST., *Vita S. Laur. Iust.* cc. 1 et 10: *Sur.* I 180 et 190.

* * *

Secondariamente il fuoco scalda, perchè fa operare efficacemente. Il freddo fa l'huomo pigro, pauroso, etc.; il caldo della charità lo fa animoso, sollecito, ardente, etc. Essempio di San Pietro et degl'altri apostoli, etc. (f. 191*v* marg.) Così S. Vincenzo, oltre a infiniti peccatori, converti venti cinque milia fra Mori et Giudei. Et di Santo Antonio da Padova si legge che ventidue ladroni non potendo credere quello che havevano udito dire, cioè che S. Antonio predicava come un'altro Helia, del quale è scritto *Eccli 48, 1: Verbum eius quasi facula ardebat,* si disposero con habito mutato un giorno di sentirlo; et subbito tutti commossi et compunti si convertirno. (f. 192*v* p. 52)

* * *

La terza proprietà del fuoco è che fa molle et tenero il ferro, et questo significa la facilità et devotione in far le opere di Dio. (f. 192*v* marg.) La devotione è una prontezza et facilità dell'operare le cose di Dio et è simile al moto naturale. Vedi l'acqua di un fiume, come se ne va a basso con facilità, prontezza et quasi allegrezza, che non accade spegnerla niente; così fa la devotione. Per il contrario l'indevotione è simile al moto violento. La devotione nasce dalla charità, e poi conserva la charità, come nell'huomo il calor naturale digerendo il cibo produce l'humido, et in quel humido si conserva il caldo, come vediamo nella lucerna, etc. (f. 192*v* cont.) Piglia uno che non ama, sta duro et rigido come il ferro. Non basta nè essortationi, nè riprensioni à moverlo che si confessi, che lasci le male pratiche, che vadi alle messe, alle prediche, all'altri essercitii di pieta; et se pur ci va, ci va per forza, sta con un fastidio intolerabile, mormora della longhezza: et spesso è tanto duro, che ne manco le percosse di Dio bastano ad intenerirlo.

131-139 La devotione ... lucerna etc. *apim.*

---

[121] Petr. Rauzan., *Vita S. Vinc. Ferr.* I 8:*Sur.* II 563.
[122] *Vita S. Anton. Pat.* cap. 9-16: *Sur.* III 726-729.

Similmente nella religione tal volta occorre che si trovano alcuni tanto duri di testa, che non è possibile che l'obedienza li pieghi a far quello che conviene, se a loro non par bene. Et questo vitio tanto importante, che guasta il fondamento della religione, donde può nascere, se non dalla freddezza et privatione, o almeno grande povertà di amore? (f. 193r p. 53) Perchè vediamo per il contrario, che un che ama è prontissimo a far tutto quello, che conosce piacere al suo amato. Non sa resistere, subbito si piega et si move ad ogni cosa. Come il ferro rovito si può riddurre a che figura volete, a circulo, a quadrato, a lamina, senza difficultà nissuna.

Un bell'essempio di questo mi par che fusse S. Gulielmo duca di Aquitania. Fu quell'huomo un tempo il più ostinato, il più duro et inflessibile al bene, che si possa imaginare. Havea scacciato i Vescovi dalle lor sedie, et di più havea giurato di mai far pace con loro; et nessuno havea ardire di parlargli. Finalmente tocco da Iddio per mezzo di S. Bernardo, si amollì, anzi veramente si liquefece talmente, che non seppe mai contradire a cosa che gli fusse imposta, per dura et intolerabile che fusse. Gli dice il confessore che gli vuol mettere un corsaletto alla carne et per mano di ferraro talmente chiuderlo, che mai più si possa aprire: et egli (f. 193r marg.) subbito si spoglia e si lascia rinchiudere in quel corsaletto et sempre lo porta. Di poi il confessore lo manda al Papa per l'assolutione. Abbassa il capo, et se ne va peregrinando al Papa. Il Papa gli fa un gran ribuffo et lo manda, prima di assolverlo, in pellegrinatione a Hierusalleme. Et egli senza replica obedisce. Et finalmente di un duca superbissimo diventò il più humile fraticello, che fusse in quei tempi al mondo. (f. 193v p. 54)

* * *

La quarta proprietà del fuoco è che alleggerisce et tira in alto. Vediamo la mattina tal volta la terra coperta di nebbia; ma subbito che viene il sole e scalda quei vapori, le

---

158-176 De Gul. Aquit. cf. ALAN., *Vita Bern.* cap. 21: *ML* 185, 503.

vediamo andare in su. Questo è un effetto principalissimo della charità, che innalza le menti degl'huomini dalla terra al cielo, et gli da facilità et prontezza di dispregiar la terra, et conversare nel cielo. Prima che Christo venisse, la maggior parte degl'huomini, come vapori humidi et freddi, si andavano rivoltando sopra la terra. Tutto lo studio loro era in cose di terra, palazzi, horti, statue, piramidi. Il più in su che andavano, era arrivare ad havere imperio sopra gl'huomini, ò esser stimati et laudati da gl'huomini. Questa era la cima del monte, dove salivano, o ambivano di salire i gentili. Venne Christo, sol di giustitia, et disse *Luc. 12, 49: Ignem veni mittere in terram, et *Ioan. 12, 32: Ego si exaltatus fuero a terra, omnia traham ad me ipsum. (f. 194r p. 55) Et non solo disse, ma anco fece, perciochè salito come vero sole al più alto del cielo, mandò il fuoco dello Spirito Santo; et subbito cominciorno i vapori andare in su. All'hora si vidde altri vender le possessioni, et buttare i denari a piedi degli apostoli, per andar in su più leggiermente, altri lasciare il padre, la madre, la moglie, i figlioli et l'istessa vita per andar' in su. Di qui nacquero tanti martyrii, tanti monasterii, tanti eremiti, tante schiere di sante vergini, che scordate dell'età, del sesso, delle delitie, della posterità, gridavano a questo sole: Trahe nos post te, *Cant. 1, 3. Nè questo è maraviglia, perchè ubi est thesaurus tuus, ibi est cor tuum, *Matth. 6, 21. Dove è la cosa amata, li si trova quello che ama. Ogni cosa va al suo luogo naturale; la pietra va in giù facilmente, in su non ci puo andare, et si per forza ci è mandata, quanto prima se ne torna in giù, perchè (f. 194v p. 56) il suo luogo è il centro. Il fuoco va in su, in giù non puo andare, perchè il suo luogo è in alto. Il luogo di chi ama è la cosa amata. Così uno che ama qualche cosa in terra, se ben si sforza di pensar' a Dio et mettere il suo cuore in cielo per contemplatione, subbito se lo vede cascar giù, perchè il suo logo naturale è qua giù. Ma chi non ama se non Iddio, con gran facilità sale in su, et quivi si ferma. Diceva il B. Giov. Colom-

---

214 BELCARI, Vita di S. Giov. Columb. cap. 16.

bino che uno, che è veramente spogliato di ogni proprietà et veramente povero di spirito, che non sta attaccato a niente qua giù, per semplice et indotto che sia, ogni minimo toccamento basta per alzar' in alto alla contemplatione.

Nè solamente alleggerisce la charità per andar' in su, ma anco per correre la via de commandamenti, de consigli et d'ogni perfettione. Tutte ques(f. 195r p. 57)te vie paiono erte et faticose all'huomo che ama il mondo, non perchè siano così in se, che, come dice David *Psalm. 118, 96: *Latum mandatum tuum nimis*; ma perchè loro son carichi di terra, hanno il cuore oppresso da affettioni terrestri. Onde disse il Signore *Luc. 21, 84: *Videte ne graventur corda vestra crapula et ebrietate et curis huius mundi*. Sono come questi schiavi che hanno i ferri a' piedi et un gran peso nelle spalle o, come dice l'abbate Isaac appresso Cassiano, *Collat*. 9 c. 4, come gli uccelli: se hanno le penne infangate, non possono volare. Ma la charità allegerisce da tutti questi pesi, liberando dall'amor terreno, et però fa che l'huomo corre per la via de' commandamenti et de' consigli allegramente: *Viam mandatorum cucurri, cum dilatasti cor meum*, *Psalm. 118, 32. Et la B. Katerina da Genova diceva, cap. 29: « Signore, se gl'altri hanno un obligo di osservare i suoi comandamenti, io ne voglio haver dieci, (f. 195v p. 58) perchè li veggo tutti pieni di amore et di nostra utilità ». Si chè chi desidera veramente esser'illuminato et acquistar'una apostolica eloquenza, chi desidera devotione, facilità, prontezza, allegrezza in orare et operare, procuri questo santo fuoco che porta seco ogni bene.

---

[229] CASSIAN., *Collat* .IX 4: *ML* 49, 774.
[235] MARABOTTI-VERNAZZA., *Vita di S. Caterina di Gen*. cap. 29, n. 1.

EXHORTATIO QUARTA

*De acquirendo et conservando igne caritatis.

*Ross. 735 f. 195v p. 58   *Romae, Iul.-Aug. 1582

Habbiamo dichiarato come la charità è fuoco; voliamo hora dichiarare come si possa acquistare et conservare questo fuoco.

* * *

Quanto al primo, il modo di acquistar' il fuoco è facile a chi habbia un'acciaiolo, una pietra focaia et un poco di esca; perchè, percotendo con l'acciaiolo la pietra, si cava scintille di fuoco, et se sia sotto apparechiata l'esca ben secca, vi cascano quelle scintille, et subbìto l'abruciano. La pietra focaia è Iddio et anco la creatura in quanto cosa di (f. 196r p. 59) Dio; l'acciaiolo è l'intelletto, l'esca è la volontà. Et così quando l'intelletto meditando et considerando percuote la pietra, cascano scintille d'amore nella volontà. *Cor meum concaluit intra me,* dice David *Psalm.* 38, 4. Et rende la ragione: *In meditatione mea exarsit ignis.* Et la ragione è chiara: perchè non è possibile che la volontà ami, se prima l'intelletto non conosce la cosa esser' amabile. Può bene l'huomo conoscere una cosa et non amarla, ma non la può amare, se non la conosce. Si chè la via ordinaria, per la quale viene l'amore al cuore, è la cognitione. « Ut vidi, ut perii » disse quel poeta.

Dui sono le principali consideration che eccitano ad amare Iddio. La prima è il considerare la grandezza di Dio assolutamente. La seconda è considerare i beneficii suoi verso di noi.

---

[1] Apud Van Ortroy pp. 145-153.

[22] Vergil., *Ecl.* 8, 41.

Chi ha un buon acciaiolo, facilmente cavarà fuoco, considerando li attributi di Dio in se stessi, (f. 196v p. 60) cioè la potenza infinita, la sapienza immensa, la bontà pura senza nessuna mescolanza di male, quella semplicità, quella unità, quella verità, quell'eternità. Ma perchè pochi hanno lo acciaiolo così fino, più comunemente si cava meglio il fuoco, considerando la grandezza di Dio nelle creature, perchè è impossibile che uno pensi attentamente alla grandezza, multitudine, varietà, potenza, utilità, bellezza, ordine et harmonia delle creature, et refletta il pensiero al Creatore, et non si innamori di lui. Questo era il libro di Sto Antonio che, come scrive Athanasio, non sapeva lettere, ma sedeva nel monte, et studiava nel libro delle creature. Questo era il libro di S. Francesco, che, come dice Sto Bonaventura, in tutte le creature vedeva Iddio, et di tutte si faceva scala per salire a Dio. Et il medesimo Sto Bonaventura, nel fine del primo capitulo dell'*Itinerario della mente in Dio*, dice così parlando di questo libro delle creature: (f. 197r p. 61) *Qui tantis rerum creatarum splendoribus non illustratur, caecus est; qui tantis clamoribus non excitatur, surdus est; qui ex omnibus his effectibus Deum non laudat, mutus est; qui ex tantis indiciis primum principium non advertit, stultus est.*

Cominciamo dalla grandezza. Quanto è grande la terra! Chi l'ha mai caminata tutta? Quanto è grande il mare! l'aria! il cielo! Se una stella del firmamento è molto maggiore che tutta la terra, chi si potrà imaginare quanto sia grande il firmamento, dove son tante stelle? Hor quanto è grande colui, che ha fatto questa mole si immensa di niente, et tutta la riempie et regge con la sua maestà; et se fussero cento mila

---

28 cavarà *cod.*: caverà *vO*.
32 quell'eternità: *sBe* Quanto facilmente innamori il considerar Iddio in se stesso, facilmente si può raccorre da questo, che ogni uno, che una volta è potuto entrare in Dio, mai più è voluto uscirne.

---

39 ATHAN., *Vita S. Antonii* cap. 1: *MG* 26, 841.
41 BONAV., *Vita S. Franc.* cap. 9: *Sur.* V 602.
44 BONAV., *Itin. ment. in Deum* I 15: ed. Quar. V 299.

mondi, tutti li riempirebbe. Veramente grande è il Signore, et non si trova fine alla sua grandezza. Ma non meno è maraviglioso Iddio nella piccolezza delle cose. Quanti animaletti si (f. 197v p. 62) trovano si piccoli, che à pena si possono discernere con gl'ochi; et nondimeno hanno piedi, ali, membri interiori et esteriori, volano o corrono prestissimo. Et senza dubio, del che si stupisce S. Basilio, hanno le gambe e'l rostro busato. Hor che arte ci bisognò per fare una tale opera?

Che diremo della moltitudine? Quanti sono li angeli? quante le stelle! quante le sorte delle pietre, dell'herbe, degl'animali! Quante parti, potentie, membri in ciascuno! Che sapienza bisogna sia quella di Dio, che conosce tutte queste una per una, et tutte le muove, governa et mantiene. Et non casca una foglia senza sua licenza! Ma in questa moltitudine quanta diversità si ritrova! Si maravigliano molti, se veggano dui homini del tutto simili. Ma non è maraviglia fare più cose di una stampa. La maraviglia è trovar diverse stampe, et diverse inventioni. Hor considera il mondo, et vedrai in tanta moltitudine, che non ha numero, non vi (f. 198r p. 63) sono due cose del tutto simili. Entra in un horto, vedrai non solo varii colori, giallo, verde, rosso: ma mille sorte di verdi, mille sorte di gialli, mille sorti di rossi; et così dico dei sapori, odori, figure. Mira un essercito di huomini, et essendo tutti di una specie, troverai infinite diversità di volti. Dove si trovorno mai tante stampe, tanti essemplari, tanti modelli? Che cose donque deve esser' Iddio, che ha nella sua essentia tutte queste forme, et infinite altre, et tutte le loro perfettioni? (f. 197v marg.)

Quanto alla potenza et efficacia, che cosa non possono gli angeli? Che forza ha il fuoco? il vento? l'acqua del mare irato o di un fiume inondante? Che impeto hanno le pietre?

---

66 quante le stelle *omis. vO.*
77-78 , mille ... rossi *omis. vO.*
78 rossi *corr.*: verdi *cod.*
87 irato o di *cod.*: irato, i ... di *vO.* (non adest lacuna).

---

63 BASIL., *In hexaëm.* hom. 9, 5: *MG* 29, 201.

Che forza un elefante, un lione! Che cosa dunque potrà Iddio? Quanto all'utilità, sono in tutte l'herbe virtù mirabili, et molto più negl'animali. Ma l'industria (f. 198r marg.) delle api, delle formiche, de ragni sono cose di stupore; ma sopra tutto l'ingegno humano dove non arriva! Quanto non ha trovate! Par che metti in dubio chi possa più, l'arte o la natura! (f. 198v med.)

Quanto poi alla vaghezza et suavità delle creature non accade dire, poichè vediamo gli huomini, come imbriachi et pazzi corrergli dietro. Che bella cosa è il sole, poichè molti tirati da sì gran bellezza l'hanno adorato per Dio! Che cosa è vedere il cielo stellato? un prato fiorito? il mare tranquillo coperto di vele? le città, i giardini, i palazzi et tutte le altre cose? Hor se queste cose rapiscono il cuore dell'(f. 198v p. 65) huomo, et pur non sono altro che ombre et vestigii di Dio, che farebbe la bellezza vera del Creatore, se fusse considerata et conosciuta? Se fusse un giardino, che ogni uno, che vi entrasse, allettasse talmente che non ne volesse più uscire, bel giardino saria per certo. Hora tale è Iddio, poichè ogni uno, che una volta è admesso a veder Iddio, mai più ne vuol'uscire, anzi non vuol mai pur'un momento voltar gl'ochi, ma sempre sempre lo sta mirando, talmente invaghisce et innamora, et non solo nissun'angelo o anima beata ha mai voluto uscire (f. 199r marg.) di questo giardino, ma Iddio istesso entrò ab eterno in se stesso, et quivi è stato un'infinità di tempo, et anco non è satio di mirarsi. Di più si questo giardino fusse tale, che vedendolo uno da lontano et una volta sola per qualche fessura della porta, restasse talmente preso, che se ne andasse in un deserto, et non volesse far'altro

---

⁹¹ ragni *cod.*: ragne *vO*.
⁹²⁻⁹³ trovate *cod.*: trovato *vO*.
¹⁰⁴⁻¹²⁰ Se fusse ... è altro. *cB*: Seguita poi la potenza et efficacia delle cose. Quanto è l'impeto del fuoco, dell'acqua, de venti. Quanta virtù hanno le pietre, l'herbe, i metalli. Quanta industria hanno le api, le formiche, i ragni! Che ingegno ha l'huomo, che prudenza, che sapienza! e pur tutto ciò a rispetto di Dio non è altro *la*.

che pensare a quel giardino, gran cosa saria. Hora questo è accascato a molti santi, a quali Iddio ha mostrato un raggio della sua bellezza, quasi aprendogli un poco poco la porta, etc.
120 (f. 198v med.) Non è altro che una gocciola di acqua rispetto al mare.

Finalmente, l'ordine, l'harmonia delle creature, è pieno di stupore. Mira la continua generatione et corruttione delle cose; come sempre mantiene il mondo in un esser; mira i
125 corsi delle stelle, le mutationi delle parti dell'anno, dei giorni et delle notti. Dice S. Chrisostomo che i giorni et le notti gli paiono un choro di donzelle, che perpetuamente ballano a torno a torno, et mai non si stancano, nè mai si vedde che scamb(f. 199r p. 65)sero il luogo per errore. Hor di qui po-
130 tiamo pensare che pace, che tranquillità, che serenità sia in quella divina mente, che da l'ordine et la misura a tutte le cose. Et questo è il primo modo di cavar fuoco della pietra.

Il secondo è più facile et anco più utile. Et è di considerare i beneficii di Dio. Et prima se ti metti a pensar al
135 beneficio della creatione, et apri ben bene gl'ochi, ti vedrai non dico legato a torno a torno, non dico oppresso, ma sommerso nei benefitii divini. Un che fusse nel mezzo del mare, altro non vederebbe nè toccarebbe che acqua, et dentro et fuora, et sotto et sopra, alla destra et alla sinistra harebbe
140 l'acqua: così, anzi molto più ogni un di noi è sommerso ne' beneficii divini, che penetrano non solo il petto et stomacho, ma (f. 199v p. 66) le ossa, i nervi e ogni cosa. D'onde habbiamo l'anima con tutte le sue potenze? Iddio l'ha creata. D'onde habbiamo il corpo con tutti i membri? Da Iddio. Per-
145 chè se bene vi concorrono il padre et la madre, nondimeno la prima origine è solo Iddio, che creò la terra, et di quella formò il corpo del primo huomo, et da quello tutti nasciamo. Hor se il corpo et l'anima è di Dio, pensa quel che ci resta

---

148 quel che *cod.*: quel *vO*.

126 CHRYSOST. (?).

che sia tuo, et non di Dio. Non ci resta altro che il niente.
Quel solo è proprio tuo; il resto è dono di Dio. Nè solo noi
siamo beneficii di Dio, ma la terra che ci sostenta, l'aria che
respiriamo, il pane che mangiamo, il panno che ci vestiamo,
et tutte le altre cose sono opere et lavori delle mani di Dio.

Et non doviamo pensare che questo dono ce le dette una
volta Iddio, perchè ogni dì, anzi ogni momento ce le da. Non
fa Iddio, dice S. Agostino, come i muratori, che fanno la
casa et poi se ne vanno, e la casa sta in piedi da se: perchè
la creatura non potrebbe conservarsi, se (f. 200r p. 67) Dio
continuamente non la mantenesse. Si chè di continuo Iddio
ci da la vita et tutto ciò che habbiamo. Et tutti questi beneficii sono pieni di amore, poichè Iddio non si è mosso, nè si
muove a darceli per util suo o per merito nostro, ma per
solo, puro et semplice amore, per farci questo bene. E questo
è quanto alla creatione.

Hor se vogliamo salir a beneficii della redentione, trovaremo un altro mare più profondo di benefitii; et benefitii,
non già comuni all'altre creature, come quelli della creatione,
ma proprii dell'huomo. Se guardi a chi sono fatti questi beneficii, trovarei che il benefitio della creatione, se ben non fu
dato ad amici, nondimeno non fu dato a nemici e sconoscenti,
come il benefitio della redentione. Non habbiam fatto cosa
buona per la quale Iddio ci dovesse creare; ma (f. 200v p. 68)
nè anco habbiam fatto male, per il quale meritassemo di
non esser creati. Ma bene habbiamo fatto molti mali, per li
quali meritavamo esser dannati. Et nondimeno Iddio in cam-
bio di dannarci, ne ha voluto salvare. Et primo S. Paulo con
tanta emphasi dice quelle sue parole *Rom. 5, 10: Cum adhuc
inimici essemus, Christus pro nobis mortuus est*.

Di poi se guardi la persona di Dio, trovarai che nella
creatione fece cosa degna di se, cosa honorata, nobile, qual

150-153 Nè solo ... di Dio. *apim*₄

156 Aug., *De Gen. ad litt.* IV 12, 22: *ML* 34, 304.

conveniva alla sua gloria et maiestà, et per questo non tanto maravigliosa, perchè non è maraviglia che un Dio omnipotente faccia una opera che nissuno altro la saperebbe fare: come non è maraviglia che un'elefante porti una torre in spalla, perchè ha le forze proportionate, nè che il sole illumini tutto 'l mondo, poichè è un corpo di tanta grandezza. Non è maraviglia che un re faccia una bella chiesa, un grande spedale, che così conviene alla magnificenza reale. Ma che un re servi allo spedale, quello sì che è maraviglioso. Onde si legge nella Vita de Santi Giovanni et Paulo, che havendo Gallicano genero di Constantino fatto uno spedale in Ostia, et quivi servendo lui stesso a poveri, di tutto'l mondo concorrevano gli huomini per vedere un huomo patritio et consulare et genero dell'imperatore lavare i piedi a poveri.

Hora nella redentione (f. 201r p. 69) Iddio ha fatto cosa degna di esser stupita da gl'huomini, da gl'angeli, et da Iddio istesso, se fusse capace di mutatione; et finalmente, cosa che non poteva nascer, se non da uno immenso et purissimo amore. Onde Christo quasi maravigliandosi disse *Ioan. 3, 16: Sic Deus dilexit mundum, ut filium suum unigenitum daret. Perchè, che cosa è più lontana et disdicevole, per dir così, all'omnipotenza che patire? Che più contraria all'eternità che morire? Che più vergognosa alla somma sapienza, che esser stimata pazzia? Si che quanto Iddio è più grande, più potente, più savio, tanto pareva più inconveniente et disdicevole, che venisse a patire. Ma l'amor non stima vergogna nè disonore, purchè faccia utile all'amato.

Oltra questo chi potria senza stupore considerare quanti mezzi Iddio ci habbia provisto per cavarci dal peccato et farci buoni? Quanti sacramenti, quanti consigli, quante religioni, quante inspirationi! (f. 201v p. 70) Par che Iddio habbia bisogno di noi, poichè con tanti artificii cerca di tirarci a se,

---

187-194 Non è miraviglia... poveri. *apim.*

190 *Vita SS. Ioann. et Paul.*: Sur. III 933.

et non aspetta, come fanno gl huomini, che il nemico sia il primo a domandar la pace, ma esso vuole esser primo, et prevenirci, et pregarci che li siamo amici. Così dice S. Paulo *2 *Cor.* 5, 20: *Pro Christo legatione fungimur, tamquam Deo exhortante per nos. Itaque obsecramus pro Christo, reconciliamini Deo.* Vi preghiamo, dice, in nome di Christo, come imbasciadori di Christo, che voliate far pace con Dio. Puossi imaginar cosa più stupenda, che quella Maestà offesa così indegnamente da questi vermi della terra, nondimeno gli mandi imbasciadori et domandi la pace? Non senza causa dice la B. Catherina da Genova, che al punto della morte et anco nell'inferno, (f. 202r p. 71) uno de più gran dolori sarà il considerar la resistenza che l'huomo harà fatto all'inspirationi et altri aiuti di Dio. Perciochè all'hora si vedrà chiaro quanto importi la gloria del paradiso, et quanto breve et vano fusse il bene che il mondo prometteva; et insieme l'huomo vedrà, che quel bene così grande, che era degno di esser comprato con tutto'l sangue et con mille vite, se tante ne havessimo, in questo modo gli era offerto in dono, anzi lo pregava Iddio che lo pigliasse, et non solo lo pregava, ma con mille lusinghe et per mille vie gli volea persuadere che lo volesse. O che disperato pianto farà all'hora quell'anima, quando vedrà chiaramente che da se sola è restato di non esser salva, et che già più non vi è rimedio. Si che apriamo gli ochi fin che ci è tempo, et caminando in mezzo (f. 202v p. 72) de benefitii divini, non siamo *sicut equus et mulus, quibus non est intellectus* *Psalm.* 31, 9; ma intendiamoli, et consideriamoli et caviamone quel che Dio pretende, cioè fiamma viva di amore.

* * *

Hora per venire al secondo punto, bisogna sapere che questo fuoco non è fuoco ordinario et naturale, che si conserva con l'olio et spegne con l'acqua, ma è fuoco artificiale,

---

225 fatto *cod.*: fatta *vO.*

---

223 MARABOTTI-VERNAZZA, *Vita di S. Cater. di Gen.*, cap. 15.

245 che si spegne con l'olio, et si nutrisce con l'acqua. L'olio significa la morbidezza delle delitie et commodità humane: *Oleum peccatoris non impinguet caput meum,* *Psalm. 140, 5. L'acqua significa le tribulazioni: *Intraverunt aquae usque ad animam meam,* *Psalm. 68, 2.

250 Chi legge l'historie, troverà che molto più servi di Dio si sono persi ne' palazzi, che nelle prigioni. Più ne ha fatti cascare et mutare la charità in (f. 203r p. 73) carnalità l'occasione di qualche peccato carnale, o l'offerta di qualche dignità et honore, che non han fatto i tormenti et la morte. 255 (f. 203r marg.) David, mentre fuggiva per i boschi, sbandito et perseguitato da Saul, era tanto pieno di charità, che, trovando il suo nemico, non hebbe ardire di fargli male. Di poi mancandogli questa acqua di tribulatione et succedendo l'olio delle delitie reali, talmente si spense in lui il fuoco della cha- 260 rità, che non si vergognò di fare amazzare un suo devotissimo et innocente soldato, per tenersi la sua moglie Betsabee. Scrive anco S. Gregorio ne' *Dialogi,* di certi santi, che mentre furono nelle mani degli Ariani furno constantissimi fino a lassarsi (f. 203v marg.) strappar la lingua dalla radice, i quali 265 però per divino miracolo parlavano poi benissimo senza lingua. Ma uno di quelli, quando poi venne la pace et il riposo, fu vinto dalle lusinghe di una donna et cascò in fornicatione et perse il dono che havea acquistato nella tribulatione. (f. 203r cont.) Et così i gentili, che si accorgevano di questo, 270 quando non potevano vincere i martiri co' tormenti, si voltavano a dargli dei piaceri et diletti sensuali, come scrive S. Hieronimo nella vita di S. Paulo eremita. Et la causa di questo è perchè l'anima nostra non puo vivere senza amore et riposo, et dove prima lo trova, quivi lo piglia. Et così, se

---

247 caput *cod.*: corpus *vO.*
255-268 David ... tribulatione. *apim.*
270-271 voltavano *corr. vO*: voltano *cod.*

---

262 GREG. M., *Dial.* III 32: *ML* 77, 293.
272 HIER., *Vita S. Paul. Erem.* 2-3: *ML* 23, 19-20.

in casa della sua vicina, cioè della carne, trova riposo et allegrezza, qui si ferma et di altro non si cura. Ma se nella carne non è lassata riposare, ma gli bisogna patir fame, sete, sonno, fatiga, affanni et travagli, nel mondo non trova pastura di honore, la robba gl'è tolta, gli amici l'abbandarono: (f. 203*v* p. 74) all'hora lei si risolve di cercare altrove, et così ricorre a Dio. Onde per Osea dice il Signore *2, 14: *Ducam eam in solitudinem, et ibi loquar ad cor eius.* Et David dice *Psalm. 82, 17: *Imple facies eorum ignominia, et quaerent nomen tuum Domine*; et Psalm. 77, 34: *Cum occideret eos, quaerebant eum et revertebantur.*

Et di questo ne habbiamo l'essempio di tutti i santi, i quali più furno grandi et amici di Dio, più hebbero buona misura di tribulationi. Tutti gli apostoli, fuor che S. Giovanni, doppo infiniti travagli, pericoli, fatighe, per riposo hebbero la passione del martirio, chi crocifisso, chi scorticato, chi in altro modo fatti morire. Et pure Iddio gli volse grandissimo bene. Perchè questo? Perchè l'acqua delle tribulationi nutrisce il fuoco della charità, et l'olio delle delitie lo spegne, si che gran consolatione deve esser ad ogni uno quando si vede affaticato o afflitto. Anzi per questo tutti i santi le cercavano, et anteponevano ad ogni altro beneficio di Dio. S. Crisostomo hom. 8 *in epist. ad Ephesios,* dice che maggior dono di Dio fu a S. Paulo esser ligato per Christo, che scacciare i demonii, resuscitare i morti, et esser alzato al terzo cielo. S. Francesco andava cercando il martirio per mare et per terra. S. Domenico, sapendo essergli poste insidie da heretici, andava per lì cantando; et poi interrogato che haria fatto, se l'havessero trovato, rispose che haria chiesto gratia di non esser morto subbito, ma tagliato pian piano a pezzi, etc.

---

279 tolta *cod.*: tolta et *vO*.
294-304 si che... pezzi etc. *apim*.

296-297 CHRYSOST., *In Eph.* hom. 8, 2 et 7: *MG* 62, 57-65.
300 BONAV., *Vita S. Franc.* cap. 9: *Sur.* V 603.
301 *Vita S. Domin.* I 8: *Sur.* IV 531.

EXHORTATIO QUINTA

Caritas assimilatur pani ac vino

*Ross. 735 f. 204r p. 75   *Romae circa 5 Nov. 1582

Havendo ragionato della charità et mostrato come è vita, acqua et fuoco, seguita hora che vediamo come è vitto. Et benchè si potrebbono dire infinite cose, poichè molte sono le sorti de cibi, et a tutti in qualche modo è simile la charità, nondimeno la Scrittura riduce ogni cosa a tre, cioè pane, vino, olio. Nel *Salmo* 4, 8: *A fructu frumenti, vini et olei multiplicati sunt.* Et nel *Salmo* 103, 14-15: *Ut educas panem de terra et vinum laetificet cor hominis, ut exhilaret faciem in oleo.* Hieremias dicit *31, 12: *Confluent ad bona Domini super frumento, et vino, et oleo.* Et in *Genesi* *27, 28: *Det tibi Deus abundantiam frumenti, vini et olei.* Et ad Esau *Gen.* 27, 37: *Frumento, vino et oleo stabilivi eum; et tibi, fili mi, ultra quid faciam?* S. Agostino nel 2° libro delle *questioni evangeliche*, al cap. 22, dichiarando quel luogo dell'Evangelio *Matt,* 7, 9 et *Luc.* 11, 11: *Si filius petierit panem, numquid lapidem dabit illi?* dice che il pane in quel luogo vuol dire la charità, alla quale è opposta la durezza della pietra. Et si cava questo anco dalla dichiaratione del Signore, quando dice *Luc.* 11, 13: *Quanto magis pater vester dabit spiritum bonum* (f. 204v p. 76) *petentibus se,* perchè lo spirito buono non è altro che lo Spirito Santo, il cui principal dono è la charità.

* * *

Per tre cause la carità si assomiglia al pane, come brevemente accenna Santo Agostino.

---

1 Apud Van Ortroy pp. 154-161.
4-5 vita, acqua et fuoco: *Notes omitti*: terra.

---

16 AUG., *Quaest. Evang.* II 22: ML 35, 1342.
27 AUG., *loc. laud.*

1° Perchè, si come il pane è un cibo tanto buono, utile et sano, che et solo et con le altre cose si può mangiare; ma le altre cose senza pane o non gustano, o fanno male: così la carità è un bene tanto sano et solido, che non può fare male; ma la scienza, la superiorità, gli onori, le richezze et gli altri beni senza la carità il più delle volte nuocano. Si che chi ha la carità, ancorchè non habbia nissun altro bene, ma sia il più vile huomo del mondo, va in paradiso; chi ha tutti gli altri beni senza carità, va all'inferno. Così dice S. Paulo I *Cor.* 8, 1 : *Scientia inflat, caritas aedificat.* Le scienze sono come i frutti che chi li mangia senza pane, gonfiano et causano gran male. Ma la carità è come il pane, che edifica, nodrisce, accresce, sostenta la vita. Et questo accade, non perchè la scienza sia mala, ma per la nostra indisposizione; perchè (f. 205r p. 77) dove non è charità, quivi regna l'amor proprio, et così l'huomo mirando se stesso con questi occhiali dell'amor proprio, et vedendosi ornato di qualche scienza, non considera quanto poca sia quella scienza, et quanto maggiori beni habbino gli altri; ma solamente fissa gli ochi a quel poco ornamento suo, et si invaghisce di se stesso, parendogli esser molto più di quel che è, et così viene a gonfiarsi et empirsi di vana grandezza et stima di se stesso, et dispregio degl'altri.

Et che ciò sia così, cioè che la scienza sola non porta vera grandezza, ma una vana gonfiezza, come è quella del pallone, si vede manifestamente da dui cose. Primo dalla leggierezza sua. Perchè, si come il pallone, se bene par grande, nondimeno non pesa niente, ma si lascia mover da ogni piccola spenta, perchè è pieno di vento; così uno che ha un poco di sci(f. 205v p. 78)enza senza carità, si lascia mover facilissimamente. Se uno gli dice che lui è il più dotto del mondo, se lo crede subbito. Se gli persuade un altro, che lui per esser dotto è atto per esser Vescovo, et che doveria procurarlo, a ciò non andassero questi governi in mano di huomini indegni, ancor ciò si crede, et non si vergogna di ingerirsi dove non è chiamato, con evidente pericolo dell'anima

sua. Onde Christo disse di S. Giovanni Battista *Matth. 11, 7:
Quid existis in desertum videre? arundinem vento agitatam?
Volevano le turbe pigliare Giovanni per Messia; et certo se
fusse stato qualche superbo, come erano molti farisei, di gratia haria preso quella dignità, ancor che non gli convenisse.
Ma S. Giovanni, perchè non era superbo, non era anco leggiero, nè si lassava movere et sbalzare sopra di se. Et così
dice Christo: « Che pensavate voi? che Giovanni fusse leggiero come una canna vota, et che si lasciasse movere et persuadere di esser quel che non era? »

La seconda cosa (f. 206r p. 79) è che il superbo et gonfio
della sua propria stima, non cerca la vera scienza, che consiste nella visione di Dio, ma gli pare di esser pieno; et così
con inganno del suo sapere perde il vero sapere. Et questo è
quello che dice S. Paulo nelle parole seguenti *1 Cor. 8, 2:
*Si quis autem existimat se aliquid scire, nondum cognovit
quomodo oporteat eum scire.* Volete vedere, dice S. Paulo,
che la scienza senza la charità gonfia et riempie l'anima di
vanità et d'ignoranza, considerate che quello che si stima
sapere in questo mondo et di essere già arrivato alla fonte
della sapienza, non solo non è arrivato, ma nè anco sa qual
sia la via che mena al vero sapere, perchè la vera sapienza
non è in questo mondo, ma nell'altro; et a quella non conduce lo studiare et rompersi la testa in Aristotele o Cicerone,
ma la charità di (f. 206v p. 80) Dio et del prossimo. Et però
soggiogne S. Paulo *I Cor. 8, 3: *Qui autem diligit Deum, hic
cognitus est ab eo.* Et non disse: Chi ama Iddio, conosce Iddio
et ha la vera sapienza, perchè in questo mondo si puo amare
Iddio, et nondimeno non si conosce perfettamente, nè si vede,
ma si crede. Disse dunque benissimo et molto a proposito:
« Chi ama Dio, è conosciuto da Dio », et per questo è nella
vera via, che conduce securamente alla fonte della sapienza,
perchè essendo conosciuto da Dio, non gli sarà detto nell'uscire di questa vita: *Nescio vos,* *Matth. 25, 12. Ma gli sarà
aperto il paradiso, èt sarà admesso come noto et domestico
et famigliare di Dio.

La 2a causa perchè la charità si assomiglia al pane è perchè si come il pane si mangia con ogni cibo et dura dal principio della tavola fin'alla fine, dove che gli altri cibi si mutano spesso spesso. (f. 207r p. 81) Non si mangia per tutto il desinare frutti, o carne, o menestra, ma si piglia prima un poco di uno, et poi dell'altro; così non si mangia il medesimo a collatione, a desinar, a cena, a merenda, ma si varia. Soli il pane è quello che entra per tutto. Così non semper si studia, non sempre si ora, non sempre si confessa, non sempre si predica, non sempre si legge, non sempre si fanno le faccende di casa; ma sempre si può et deve amare, facendo ogni cosa per amor di Dio, et a gloria sua. Perchè le altre cose si impediscono l'una l'altra; non è possibile predicare et confessare insieme; ma la carità non impedisce, nè è impedita da niente, anzi condisce, adorna et anima ogni cosa.

La 3a causa è perchè si come il pane è cibo comune a tutti, così anco è la charità. Quanto agli altri cibi, non mangia il medesimo il ricco et il povero, il re et il contadino; il ricco mangia cose delicate, il povero cose grosse: ma il pane a tutti è comune, a' re, a' duchi, a' prelati, agl'artefici. (f. 207v p. 82) Così non può ogni uno esser superiore o predicatore; non può ogni uno meditare o affatigarsi in opere corporali, ma ogni uno può amare, o sia grande o piccolo, o dotto o ignorante, o sano o ammalato.

Essendo donque che la charità è pane, deve ogni uno che ha giuditio, più attendere a provedersi di charità, che di qualsivoglia altra cosa, et dire a Dio con grande affetto ogni mattina: *Panem nostrum quotidianum da nobis hodie,* *Luc. 11, 3. *Cur appenditis,* dice Isaia *55, 2, *argentum vestrum et non in panibus? et laborem vestrum non in saturitate?* Vedeva il profeta certi huomini curiosi che spendevano tutto'l tempo in investigare i secreti della natura et ornar la lengua o l'intelletto; et di quel cibo, che da vita al cuore, non si

---

118 povero *cod.*: popolo *vO*.

curavano. Et però grida: Perchè tanto spendete, tanto vi macerate, et non comparate pane, ma frascherie, che non satiano? (f. 20r p. 85) . . . .

* * *

Per quattro cause la charità si assomiglia al vino. La prima proprietà del vino è che scalda lo stomacho . . . .
. . . gli vien'avanti. Occorre che all'hora vien un fratello, et domanda qualche cosa. Et perchè trova il superiore, come ho detto, in altri pensieri, non è ricevuto con quella faccia, che lui desiderava, et forse non è udito, o è spedito con molta brevità. Hora questo che ha lo stomacho debole et freddo, non può digerire quel cibo, et gli si corrompe nello stomacho. Subbito si imagina che il superiore ha mal concetto di lui, et che però non lo puo vedere. Et così si riempie di malinconia et turbatione. Et tutto ciò che poi gli vien comandato, gli par che sia per sbassarlo et mortificarlo. Et però disse il Signore *Matth. 5, 4: *Beati mites, quoniam ipsi possidebunt terram*. Mites sunt, quia non resistunt, sed cedunt. Unde dicuntur mitia poma. Isti possident secure et pacifice terram, quia, ubicumque sunt, in pace vivunt et ab omnibus diliguntur.

Et in vero una delle gran cause delle tentationi et turbationi de religiosi nasce di qui. Ma che rimedio? Scaldarsi lo stomacho con questo vino. *Supportantes invicem in caritate,* *Ephes. 4, 2, perchè uno che ama il prossimo (f. 208v p. 86) da dovero et come se stesso, è impossibile che si offenda, et che gliene voglia male, perchè non può credere che il suo fratello gli voglia far male, et così lo scusa et l'interpreta in bene. Et se non lo può scusare, gli ha compassione, come si ha ad un frenetico, et considera che più male è a far male che a riceverlo. Così quel B. Stefano, di cui parla

---
134-135 satiano?: *Lacuna*. In codice desunt pp. 83 et 84.
136-137 Per quattro ... lo stomacho *add*.

S. Gregorio ne *Dialoghi,* essendogli stato abbrucciato tutto il suo frumento nel campo, etc. disse, etc.

Quando uno caminando con un piede si intriga nell'altro et cade, o mangiando si morde la lingua, non per questo il membro offeso si vendica dell'altro, ma ha patienza, perchè gli vuol bene. Si legge nel terzo libro di Esdra *3, 29-31, che stava una volta una concubina del re da lui molto amata, et gli si metteva a sedere alla destra, et poi gli toglieva la corona di testa, et anco gli dava delli schiaffi. Et il re non l'haveva a male, anzi si rallegrava et prendeva tutta quell'ingiuria per favore. Perchè questo? Perchè l'amava. Perchè, se altro havesse fatto una cosa tale, subbito l'haria fatto squartare. Hora se l'amor carnale fa digerire si bene l'ingiurie, quanto più lo può far l'amor spirituale! Scrive S. Basilio, nell'homilia 54 *ad adolescentes,* che Pericle essendo un giorno (f. 209r p. 87) ingiuriato di molte villanie da un huomo vile et plebeio, egli si fermò ad udire fin tanto che l'altro volse parlare; et perchè l'altro non fece fine senon a notte, Pericle all'hora accese una torcia, et lo accompagnò fin'in casa. Vide ibidem duo alia. Et questo forse fece lui per vanità; ma quel che può la vanità, molto meglio potrà la vera charità.

Hic pone exemplum illius, qui post obiurgationem superioris sui, obtulit ei iusculum; item abbatis Pauli ex Cassiano, *Collatione* 19, c. 1; item Libertini ex lib. 1° *Dialogorum.*

Oltre di questo, chi ama Iddio, ogni cosa riceve dalla sua mano, et non guarda all'huomo che forse con mal'animo gli fa ingiuria, ma guarda Iddio, che con grande amore et per suo bene gliela permette. Così quando Semei diceva delle villanie a David, i servitori di David volevano ammazarlo; ma David non volse et disse: *Dimittite eum; Dominus enim prae-*

---

[163] GREG., M., *Dial.* IV, 19: *ML* 77, 352.
[176] BASIL., *Hom. ad adol.* 4: *MG* 31, 576.
[184-185] *Fioretti di S. Franc.;* Vita di S. Ginepro cap. 5, ubi exemplum iusculi.
[185] CASSIAN., *Coll.* XIX 1: *ML* 49, 1126.
[186] GREG. M., *Dial.* I 2; *ML* 77, 157.

cepit ei ut malediceret David. Et poi: *Dimittite eum, ut maledicat iuxta praeceptum Domini, si forte respiciat Dominus afflictionem meam et reddat mihi Dominus bonum pro maledictione hac hodierna,* *2 Reg. 16, 10-12. Forse, dice, che (f. 209v p. 88) il Signore vuole che io sia ingiuriato, acciò habbia occasione di meritare, et lui mi farà qualche bene per queste villanie che hoggi patisco.

Un'altra proprietà del vino è che rallegra il cuore: *Et vinum laetificat cor hominis* *Psalm. 103, 15. Così l'amore è quello che fa fare et patire ogni cosa con allegrezza, perchè è impossibile che quello che si fa per amore, non si faccia allegramente. Ma di questo ne parleremo, quando ragioneremo dell'olio.

La terza proprietà è che il vino imbriaca, et facendo uscire l'huomo fuora di se, lo fa scordare di se stesso et delli suoi, et gli leva ogni paura et ogni rispetto, et gli fa parere che possa et sappia ogni cosa. Così la charità fa uscire l'anima fuora di se stessa, perche anima magis est ubi amat, quam ubi animat, (f. 210r p. 89) et gli fa perdere il timore et i rispetti humani, perchè *perfecta caritas foras mittit timorem,* *I Ioan. 4, 18; et gli fa operare et parlare con ogni libertà et fiducia; et gli fa parere che può fare et patire ogni cosa, per grande che sia, perchè nissuna cosa è difficile all'amore. Chi ama da dovero, non stima pericolo nè travaglio, et gli riesce ogni grande impresa. Chi haria mai fatto andare gli apostoli a convertir tutto'l mondo, et il nostro santo Padre Xaverio al Giapone con tanti stenti, se non fusse stata la forza

---

208 suoi *cod.*: sui *vO.*
215-216 all'amore: *sBe* Occorre qualche volta, che uno si trova in viaggio tanto stanco, che non si può muovere : et non dimeno si per sorte si scontra in qualche pericolo di ladri o di bestie feroci, che bisogni fuggire, quel timore gli da tanta forza, che colui si mette a correre, come se mai havesse caminato. Hor se questo può il timore, quanto più lo potrà l'amore. Et così è la verità, che uno,

---

219 TURSELL., *Vita Franc. Xav.,* lib. VI, cap. 10.

della charità? (f. 210v p. 90) Et finalmente la charità imbriaca, perchè fa fare cose che paiono pazzie alla sapienza del mondo. Non pare una pazzia che uno dia tutto il suo a poveri, dove che gli altri con tanti stenti cercano di farsi richi? Non pare pazzia che uno che era servito, venga a servire? Non pare pazzia che uno che poteva comandare, venga ad obedire? Et pure questo vediamo come ogni dì lo fa fare l'amore di Dio. Et questa è la causa che S. Hieronimo, S. Bernardo et S. Tomasso dicono che l'entrare in religione è come un nuovo battesimo, dove si riceve indulgenza plenaria da Dio di colpa et pena, perchè questo atto nasce da una heroica charità. Et quanto più è grande questo dono, tanto maggior è l'ingratitudine di chi non lo conosce, perchè queste non sono opere humane, ma ci bisogna una specialissima gratia di Dio. Et di qui è che, quando uno dispregia un sì gran dono, Iddio lo lascia indurare, et non solo perdere così gran vocatione, ma diventar peggio, che prima non saria stato.

L'ultima proprietà è che il vino eccita i vapori dallo stomacho, et li manda al capo, et così fa dormire. Così la charità fa che l'huomo mandi il fumo dell'oratione al capo, che è Christo, et talvolta arrivi a quel sonno della perfetta contemplatione, dove l'anima talmente si riposa et quieta in Dio, che abbandona da (f. 211r p. 91) fatto i sensi del corpo. Et che questo sia così, si raccoglie di qua che uno che ama sempre pensa alla cosa amata; hor chi sempre pensa à Dio, sempre ora. Et così S. Basilio nell'oratione *de gratiarum actione,* dice che quelle parole *Oportet semper orare* *Luc. 18, 1 si adempiscono ad litteram in quelli che grandemente amano, perchè sempre pensano alla cosa amata, che è Dio. Resta hora tanto, che, vedendo quanto importi questo vino, lo procu-

---

249 tanto (tt.) cod.; N. *vO*.

227-229 HIERON., *Epist.* 39, 3: *ML* 22, 468; BERNARD., *De praec. et disp.* XVII, 54: *ML* 182, 889; *Serm.* 11, 3 et 37, 3 de diversis: *ML* 183, 570 et 640; *Epist.* 411, 2: *ML* 182, 620; *In Cant.* serm. 30, 11: *ML* 183, 939; THOM. AQ., *S. Th.* II II, q. 189, a. 3, ad 3.
245 BASIL., *Hom. de grat. act.* 2: *MG* 31, 220-221.

250 riamo et lo cerchiamo con ogni instanza di havere. Et perchè solo Iddio lo può dare, spesso lo preghiamo, et con grande affetto, che rinovi in noi il suo primo miracolo, mutando questa acqua della nostra freddezza in vino di perfetta charità. Amen.

EXHORTATIO SEXTA

Caritas assimilatur oleo

*Ross. 735 f. 211v p. 92 *Romae circa 19 Nov. 1582

Hoggi habbiamo da ragionar dell'olio, havendo gia par-
5 lato del pane et del vino.

Che la charità sia olio, lo dice la Scrittura in molti luoghi. Santo Giovanni nella I[a] epistola *2, 20 dice: *Sed vos unctionem habetis ab eo.* Et Santo Agostino nel 3° trattato sopra questa epistola così l'espone: « Unctio invisibilis Spiritus
10 Sanctus est, unctio invisibilis caritas est ». Et di questa parla anco S. Paulo nella 2a de *Corinthi* *1, 21: *Qui confirmat nos vobiscum et unxit nos Deus, et signavit, et dedit pignus spiritus in cordibus nostris.*

Si chiama la charità olio per molte proprietà che ha
15 l'olio, simili a quelle che ha la charità.

* * *

La prima è che l'olio sempre sta di sopra a tutti i liquori, perchè è di natura aerea, leggiera et spiritosa, non puo star' al basso. Così la charità sempre va in alto, fin che arriva al sommo del cielo. Mette la charità in un ladro, in una mere-
20 trice, anzi dirò più (f. 212r p. 93), in un sacrilego bestemmiatore; et lo vedrai andare al cielo. Anzi se potesse stillare un poco di questo olio sopra i demonii e l'anime dannate, tutte verrebbono a galla, et salirebbono al paradiso, perchè

---

[1] Apud Van Ortroy pp. 162-169.

la charità non può stare nell'inferno. Et per il contrario leva la charità a' martiri, alle vergini, agl'eremiti; con tutte le sue pene, virginità, digiuni et penitenze sene vanno al basso. Così leggiamo che le cinque vergini stolte, perchè gli mancò l'olio della charità et solo si fidavano della virginità, furno escluse dalle nozze, perchè, dove manca questo olio, ogni cosa diventa dura, grave et pesante, et però sene va a basso. Considera il primo angelo che stava nel sommo cielo, et fra lui et l'inferno, vi erano tanti palchi, tanti tramezzi et così grossi come sono tante sfere celesti; et (f. 212v p. 94) nondimeno, quando perse l'unzione della charità et si indurò con il peccato, divenne così grave che non bastorno tutti quei palchi et tramezzi per ritenerlo che non sprofondasse nel più basso luogo dell'inferno.

Oltre di questo in un'altro modo la charità vuole star di sopra come l'olio, perchè vuole havere nell'anima dell'uomo il più alto luogo; et como uno gli mette sopra o al lato qualche altra cosa, subito questo olio svanisce et si perde, perchè non può stare, se non di sopra. Et però chi vuol vivere sicuro, bisogna che dia le chiavi del cuore all'amor di Dio, et lo faccia mastro di caso, o per dir meglio, Re et Signore assoluto, et lasci fare a lui, et non l'impedisca: perchè così vi starà, altrimenti no. Et non v'è periculo che lui governi la casa o il regno male, perchè lui non sa far male, et non può, ancor che volesse, se non indrizzare tutte le cose bene, et al suo debito (f. 213r p. 95) fine, poichè lui è regola di ogni buona attione.

Ma come si fa per dare le chiavi all'amor di Dio? Ogni volta che l'huomo ha da pensare, o dire, o fare qualche cosa, prima domandi parere, anzi licenza all'amor di Dio, cioè consideri un puoco se quella cosa è secondo l'amor di Dio; et se è, la metta in opra, non ostante che non sia comoda, dilettevole o honorevole a se stesso: et per il contrario, se non è secondo l'amor di Dio, la lasci, ancor che altrimente fusse comoda, dilettevole o honorevole. Questo ci ha insegnato et

---

58-64 RIBAD., *Vita S. Ign.* II cap. 14.

con fatti et con parole il N. P. Ignatio, il quale, in tutte le sue imprese, ancor che difficili et molestissime, non haveva risguardo se non alla maggior gloria di Dio, vada il resto come vuole; et così nell'essercitii, in tutte le elettioni da questa regola, che si ponderi nel conspetto di Dio quel che è più ad honor di (f. 213v p. 96) Dio, et quello si faccia.

Ma, dirà qualch'uno: et chi non sapesse che cosa sia più ad honor di Dio? Et se talvolta si pensasse che una cosa sia più ad honore di Dio, et si inganni, et nondimeno ostinatamente la voglia fare? Rispondo con Santo Bernardo, in un sermone, che fa *de non definiendo*, et con Cassiano nella *Collatione* 2a dell'abbate Ioseph, che è pure *de non definiendo*, che chi vuol'essere securo di far sempre quello che commanda l'amor di Dio, ha da dividere tutte le cose in tre classi. Nella prima ha da mettere quelle che sa di certo essere male et dispiacere a Dio, et che in nessun modo possano essere buone, come bestemmiare, havere odio, dir bugie, etc. Nella seconda quelle che sa di certo piacer a Dio, et che in nessun modo possan essere male, come amare Iddio, esser' humile, casto, obediente, etc. Nella terza quelle che si possano fare bene et male, o vero che lui non sa certo se è bene o male a farle. Nelle prime et seconde la cosa è chiara; nelle terze non ha da esser facile a definire, perchè di (f. 214r p. 97) qua nascono infiniti mali, perchè necessariamente uno che è pronto a definire, qualche volta si ingannarà, et all'hora ovvero sarà scandalo agli altri, o lui peccarà contra la conscienza. V. g. uno gli parrà che sia ad honor di Dio digiunar l'advento, et così definirà appresso di se. Questo poi essendogli dal superiore prohibito, o bisognerà che faccia contra la conscienza non digiunando, ovvero che sia inobediente et scandaloso agli altri. Che rimedio? Non essere facile a definire, sapendo che facilmente si può ingannar, ma essere in se disposto et appa-

---

[68] BERN., *Serm. de divers.* XXVI, 2 (de voluntate nostra divinae voluntati subicienda): ML 183, 610.
[69] CASSIAN., *Coll.* 17, 8 et 29: ML 49. 1050 et 1085; cf. *Coll.* III 9, col. 571.

rechiato a fare o non fare la cosa detta, quando saprà qual sia, et credere al superiore suo; o quando quello non si havesse a mano, a qualche persona grave et esperta, perchè così di certo farà cosa grata a Dio, perchè certo è che a Dio piace l'obedienza et humiltà, quale si essercita in fare a modo di altri; (f. 214v p. 98) et, come dice Cassiano, spesso Iddio fa dar buono consiglio etiam a colui che non lo sa dare, per la fede di chi lo domanda.

* * *

La 2a conditione è che l'olio consola et rallegra: *Ut exhilaret faciem in oleo,* *Psalm. 103, 15, et *Unxit te Deus oleo exultationis,* *Hebr. 1, 9. Et questo lo fa in due modi: prima, mollificando le cose dure; secondo, spargendo un suavissimo odore, come è quello del nardo et del balsamo: *Trahe nos, post te curremus in odorem unguentorum tuorum,* *Cant. 1, 3, et *Domus repleta est ex odore unguenti,* *Ioan. 12, 3. L'uno et l'altro mirabilmente la fa la charità. Primo mollifica tutte le cose dure, tutte le fatiche, stenti, affanni per parer suavi et dolci: *Putrescere faciam iugum a facie olei,* *Isaiae 10, 27. Et San Bernardo: « Multi vident crucem nostram, sed non vident unctionem nostram ». Et vedete la forza di questo unguento: non solo fa tolerabile ogni molestia, ma la fa appetibile, come se fusse dolce. Et si (f. 215r p. 99) come la pietra di alchimia ogni cosa volta in oro, così la carità ogni cosa volta in amore et allegrezza. Et la causa è questa, perchè ogni uno si rallegra, quando conseguisce quello che vuole: perchè non è altro l'allegrezza che adempire il desiderio. Hora uno che ama, nessuna cosa più desidera, che di gratificarsi l'amato, con mostrargli veri segni dell'amore che gli porta, et ricevere segni di amore dalla persona amata. In tre modi si può mostrare l'amore: prima con pa(f. 215v p. 100)role, 2° et meglio

---

100 Unxit te *cod.*: Unxit *vO*.
114 allegrezza: *nmB* pone haec (sc. de S. Catherina, infra lin. 186-194) pag. 103.

---

109 BERNARD., *Serm. de ded. Eccl.* I 5: ML 183, 520.

con fatti, 3° et ottimamente con patire per l'amato. Che per questo disse il Signore: *Ioan. 15, 13: *Maiorem hac dilectionem nemo habet, *ut animam suam ponat quis pro amicis suis*. Hora quando uno si vede patire per amor di Dio, perchè in questo modo mostra sommamente l'amor suo, non può non grandemente rallegrarsi. Ma più anco si rallegra, perchè in questo stesso patire riceve segni certissimi dell'amor di Dio verso di se, perchè il maggior dono, et consequentemente il maggior segno di amore, che Iddio mandi a una creatura, è farla patire volentieri per amor suo et così farla simile al suo unico et sommamente amato figliolo.

Per questo San Francesco, andando una volta da Perugia a Scisci con grandissimo stento per la neve, fango, freddo, strachezza, fame et sete che pativa, disse al suo compagno: « Nota, fra Leone, che se i frati minori parleranno con lingue di huomini et di angeli, et predicando tirino dietro a se le turbe stupite; non è quivi la vera allegrezza ». Et poco dipoi un' (f. 216r p. 101)altra volta gli disse: « Nota, fra Leone, che se i fratri minori saranno illuminati da Dio et saperanno tutti i misterii più che profeti o angeli non sanno; non è quivi la vera allegrezza ». Dipoi un'altra volta disse: « Nota, fra Leone, che se i fratri minori faranno miraculi, resusciteranno morti et saranno adorati dal mondo, et convertiranno infinite anime; nè anco qui è la vera allegrezza ». Finalmente fra Leone disse a S. Francesco: « Pregoti, Padre, che mi dica dove sta la vera allegrezza ». All'hora disse il Santo: « Vedi come hora siamo stanchi, carichi, bagnati, morti di fame et di freddo; se, quando arrivaremo a casa, il portinaro ci dice: Chi sete voi? Che volete? et noi: Siamo dui de vostri fratelli; et lui: Non è vero, non vi conosco, ma sete huomini vagabondi; et così ci lasci alla porta tutta la notte; se noi piglieremo questo affronto con pace et serenità, et senza mormorare; o fra Leone, scrive et nota che qui è la vera allegrezza ». Et rese la ra-

---

133 Scisci i. e. Assisi.

132-158 *Fioretti di S. Francesco*, cap. 8.

gione: perchè (f. 216v p. 102) fra tutte le gratie e doni che
Dio da ad un'huomo, non v'è il maggior, che farlo patir volentieri per amor suo; si come fra tutte le cose che ha fatte
Iddio per l'huomo, non vi è la maggiore, che haver lui patito
per l'huomo.

Hora se questo lo intendessemo, chi saria che mai si tentasse per andare avanti o nelli studii, o in altra cosa, o per
mancarli qualsivoglia in questo mondo? Perciochè che altro
vogliamo, che la vera allegrezza? Che altro cerca ogni huomo,
che star contento et allegro? Et che dice quel tanto illuminato
servo di Dio? Che la vera allegrezza non si trova in predicar
con eloquenza, nè in intendere le Scritture, nè in far miracoli,
nè in convertir l'anime; et molto meno nelle baie del mondo,
ma nella perfetta charità, che fa dolce ogni amaritudine. Nè
solo dice questo San Francesco, ma lo dicono tutti i santi. Vedi
S. Paulo, come essendo così pieno di ogni dono, non si rallegrò
mai nella sua grandissima sapienza, nelle lingue che sapeva, ne' miraculi che faceva, ma solo nelle cose
(f. 217r p. 103)
che pativa. *Gal. 6, 14: *Mihi absit gloriari nisi in cruce;* *Rom.
5, 3: *Gaudemus in tribulationibus;* et a' **Philippensi** diceva
*1, 29: *Vobis donatum est pro Christo, non solum ut in illum
credatis, sed etiam ut pro illi patiamini.* Et San Chrisostomo,
nell'hom. 8a *sopra l'epistola ad Ephesios*, non solo antepone
il patire per Iddio a' miraculi et alla sapienza et eloquenza,
ma ancora al paradiso istesso.

Di poi la charità consola et rallegra con l'odore che manda fuori a guisa di suavissimo balsamo. Et questo è un'odore
della vita eterna, un'odore di quei pomi dell'albero della vita;
una certa pace, una securtà, una fiducia, una libertà, una serenità di conscienza, che non si può pagare nè stimare. Non
fa la charità l'huomo beato in terra, ma gli fa odorare di
lontano la vita eterna. (f. 215r med.)

---

173 Gaudemus *cod.*: Gaudeamus *vO.*

---

175 CHRYSOST., *In Eph.* hom. 8, 1-2: *MG* 62, 57.

Beata Catherina da Genova trovandosi in tutte le sue angustie — che di richissima diventò poverissima, et si condusse a servire uno spedale — molto allegra et consolata, si maravigliava et haveva sospetta quella consolatione, et di-
190 ceva a Dio: « Signore, io non vorrei questa consolatione, perchè ti voglio servire per puro amore, non per pagamento ». Iddio gli rispose che era impossibile separare la consolatione dall'amore, come separare l'odore dal balsamo, et la dolcezza dal mele. (f. 217r cont.) Quando i cani son menati a caccia
195 di quaglie, fin che non sentano l'odore della quaglia vanno sempre (f.217v p. 104) girando in qua et in la; se ben' sentano odori di fiori et di herbe, nondimeno non si fermano, perchè non è quello che contenta et sodisfa all'appetito loro; ma subbito che sentano l'odore della quaglia, drizzano la il camino,
200 et non più vanno girando: così l'huomo, finchè non sente questo odore del suo ultimo fine et sommo bene, che porta seco la charità, va sempre girando, et non trova cosa che li sodisfaccia; ma come sente una volta quest'odore, subbito drizza il camino, et non più va girando, ma lascia ogni altra cosa.
205 Per il chè quando noi vediamo uno che va cercando alcun diletto temporale et ha gran sollicitudine per ritrovarlo, possiamo dire che questo non ha anco odorato la vita eterna, perchè pare impossibile che chi sente questo odore, si curi di nissun'altra cosa.
210 Nè solo questo balsamo consola colui che ne è unto, ma anco è utilissimo per tirar (f. 218r p. 105) li altri a Dio, il che è proprio di nostra Compagnia. Non vi è cosa che più muova et sia più efficace per tirar' uno alla sua volontà et persuadergli quel che vuole, che mostrargli con evidenti segni
215 che gli vuol bene, il che non può fare chi non ha veramente molta charità. Scrive S. Basilio in un'epistola a una donna

---

186-194 B. Catherina... mele. Cf. *nmB* ad lin 114.

186-194 MARABOTTI-VERNAZZA, *Vita di S. Cat. da Gen.* 37, 2; *Dialog.* I 60, 66, 70-77.
216 BASIL., *Epist.* 10: *MG* 32, 273.

chiamata Julitta, che un bel modo di pigliare colombe è questo: prenderne una et avvezarla a venire al colombaio, et di poi ungerli l'ale con un certo unguento odorifero grato alle colombe, et cosi lasciarla andare; perchè accompagnandosi quella con le altre, tutte le tirarà dietro a quello odore, et le condurrà seco al colombaio. Così ha fatto Iddio; vedendo che gli huomini erano come colombe ingannate, che andavano errando dietro alli sparvieri, che cosa fece? Prese l'humanità di (f. 218v p. 106) Christo, et l'unse molto bene di questo unguento odorifero, et lo mandò nel mondo. Et così vediamo che quasi ogni un che se gli accostava, lo seguiva. Et Christo poi, andando al cielo et volendo prender la gentilità, usò la medesima arte, perciochè unse San Pietro, S. Paulo, S. Giovanni et gl' altri apostoli, et li sparse per il mondo. Et vediamo che ogni un di loro se ne tornò a Christo con una grandissima comitiva di colombe tirate a quello odore. Che pensate che sia la causa, che Platone, Aristotele et altri filosofi scrissero tante leggi del modo di vivere, et essendo eloquentissimi et dottissimi, nondimeno non le potevano persuader a nissuno; et gl'apostoli, indotti et ineloquenti, persuasero così presto a tutto'l mondo la legge di Christo? Perchè quelli dicevano, ma non facevano; ma gli apostoli non solo dicevano, ma mostravano con infiniti segni l'amore (f. 219r p. 107) che portavano alle genti. Vedi S. Paulo con che affetto scrive a' Galati, a' Corinti et agli altri, che pure non gli erano nè parenti, nè amici, nè paesani, et mai prima li haveva visti. Et nondimeno pare non solo fratello loro carnale, ma anco padre, anzi madre: *Filioli mei, quos iterum parturio,* *Galat. 4, 19. Et per non offenderli in niente, si metteva a lavorare per vivere, et desiderava mettere la vita per loro *2 Cor. 12, 15: *Ego animam libenter impendam, et superimpendar ipse pro vobis.* Et anco andò più oltre fino a desiderar l'inferno per la salute degl'huomini, come scrive a' Romani *9, 3. Hor chi non tiraria tanta charità? Et così ordinariamente vediamo che, quando

---

218 Colombaio *cod.*: colombario vO.

un Vescovo, un padrone et ogni altro superiore mostra alli suoi un'affetto materno, et chi li ha nel cuore, et non aspetta di essere richiesto, ma lui da se è sollecito a sapere i bisogni de' suoi figlioli, questo tale si impadronisce de' cuori, et li tira con quell'odore di charità a ogni bene.

* * *

La terza proprietà dell'olio è che penetra dentro, più che ogni altro liquore. (f. 219v p. 108) Così la charità vera non si ferma nella lingua, ma penetra dentro del cuore. Et in questo si distingue dall'amicitie humane, che ordinariamente non vanno più la che in parole. Similmente la consolatione et allegrezza che porta seco la charità, è penetrativa et entra fin'al fondo del cuore, et non lascia luogo alcuno alla melanconia. L'allegrezza del mondo tutta è superficiale, et sempre lascia nel cuore qualche verme di dolore. Chi potesse vedere i cuori de mondani che paiono esteriormente beati, o quanti ramarichi troveria dentro, et quante scontentezze, invidie, odii, timori et altre cause di dolore! Anzi ogni piccola cosa basta ad inturbidargli tutte le loro allegrezze, il che è segno che la loro contentezza non penetra et non empie 'l cuore. Vedi Aman, che haveva tante richezze, tanti figlioli, tanti honori, che ogni uno l'adorava, et era il primo in casa del re Assuero; et nondimeno perchè Mardocheo (f. 220r p. 109) non gli fece riverenza, tutto si turbò, et venne a tale che disse, *Esth. 5, 13: Cum haec omnia habeam, nihil me habere puto.* Et fu così perniciosa questa sua melanconia, che gli fu causa di perdere la robba, l'honore, la vita et ogni cosa. Et che gli importava che Mardocheo gli facesse honore? Forse per questo non poteva mangiare et bere? O perdeva la moglie, o figlioli, o l'amicitia del re? Niente perdeva, et però è segno che quei suoi contenti erano mal fondati et superficiali, poichè sì facilmente si persero. Ma la charità porta seco un'allegrezza stabile et fondata: *Ut gaudium vestrum sit plenum,*

269-274 De Aman et Mardochaeo cf. *Esther* cap. 2-5.

*Ioan. 16, 24; et: *Gaudium vestrum nemo tollet a vobis,* *Ioan. 16, 22. Preghiamo donque Iddio, che come un altro Heliseo ci multiplichi questo santo olio, et ci riempi tutti i nostri vasi, acciò con esso paghiamo i debiti nostri, et viviamo vita secura et beata. Amen.

EXHORTATIO SEPTIMA

Caritas assimilatur vesti ac domui

Ross. 735 f. 220v p. 110 *Romae, circa 3 Dec. 1582

Havendo ragionato del vitto, seguita che parliamo delle vesti et stanza. Et sebene son arti molto diverse il cucire vesti et murare case; nondimeno, perchè sono simili quanto al fine, perchè l'una et l'altra si fa per coprirsi dal freddo, et ripararsi dal sole et altri incontri che ne vengono dal cielo et dall'aria, et anco perchè mi resta poco tempo, procurerò di finire et la veste et la casa in poco più di mezza hora.

* * *

Cominciando dalla veste, nessuno può dubitare che la charità sia veste, se ha letto le parabole delle nozze, dove leggiamo *Matth. 22, 12: *Quomodo huc intrasti, non habens vestem nuptialem?* Perciochè questa veste nuptiale non è altro che la charità, come espone San Gregorio nell'*homilia sopra questo evangelio,* et anche molti altri santi dottori.

Perchè si chiama veste la charità? Per quattro cause: (f. 221r p. 111) perciochè si come le vesti coprano la nudità et la deformità del corpo, et di più adornano arrecando nuova bellezza, et anco distinguano l'un dall'altro, et finalmente defendono dal freddo; così fa la charità verso dell'anima.

---

[1] Apud Van Ortroy pp. 170-177.

---

15 GREG. M., *Hom. in Ev.* II 38, 9: *ML* 76, 1287.

Prima donque le vesti coprano le deformità. Se uno ha nel corpo un nevo, una piagha, un membro storto, la veste lo copre. Così la charità *operit multitudinem peccatorum,* *1 Petr. 4, 8. Lascio che la charità toglie via i peccati mortali, come dicemo un'altra volta, quando è infusa da Dio nella giustificatione; perchè non penso che parli di questi la Scrittura, quando dice *1 Petr. 4, 8: *Caritas operit multitudinem peccatorum;* perchè parla di quei peccati che si fanno mentre uno è in charità, i quali necessariamente sono veniali. Et vuol dire che per virtù dell'amicitia, che l'huomo ha con Dio, il Signore passa molte cose come se non le vedesse, cioè è facile a perdonarle, et o vero (f. 221v p. 112) non le punisce, o le punisce più leggiermente che altrimente non faria; come anco vediamo nell'amicitia humana, che fa digerire molte cose, che altrimente non si patiriano.

S. Thommaso nella 2a 2ae, q. 166, art. 10, tratta una questione, chi pecchi più in una medesima attione, il religioso o il secolare; et dice che hora uno, hora l'altro: perchè se il peccato sia contra il voto, pecca più il religioso, perchè fa dui peccati, quando il seculare ne fa uno; se robba il seculare, fa un peccato solo, perchè fa contra un precetto solo; se robba il religioso, fa dui peccati, perchè fa contra dui leggi. Similmente se il peccato sia fatto per malitia et con dispregio di Dio, pecca più il religioso, perchè è più ingrato. Così anco se il peccato è scandaloso, pecca più il religioso, perchè più scandalizza. Ma se il peccato sia fatto per ignoranza o fra(f. 223r p. 113)gilità, et non sia contra il voto, nè anco pubblico, pecca manco il religioso; perchè queste sorti di peccati sono quasi absorti dalla charità et buone opere che di continuo fa il religioso. Et è conforme questo alla Scrittura 2 *Paralip.* 19, 2-3. Il re Josaphath era molto buono et devoto; nondimeno per un certo affetto humano andò con la sua gente a dar'aiuto al re d'Israel, che era un triste. Che fece Iddio?

---

34 altrimente non faria *corr. vO.*: non non faria *cod.*
47-48 ignoranza o fra-: *nota manus* 2^{ae}: vide folio 113. (Ordo paginarum in codice est 112, 114, 115, 113, 116).

Gli mandò un profeta che gli dicesse: « Tu fai molto male a dare aiuto a questo scelerato, et però meritavi che io ti castigasse. Ma te la perdono, perchè ho trovato in te molte opere buone ». Questo è charità *quae operit multitudinem peccatorum*. Così nel medesimo libro 2° del P*a*ralip. c. 30, 18-19 dice la Scrittura: *Bonus* D*ominus et propitiabitur omnibus, qui in toto corde exquirunt eum, et non imputabit illis, quod minus sanctificati sint.*

Dirà qualch'uno: Se questi peccati sono absorti (f. 222r p. 114) et coperti dalla charità, non accade siamo diligenti in guardarcene. Rispondo che chi dice così, già non pecca per ignoranza o fragilità, ma vi mescola la malitia et il dispregio, et però fa gran male. Ma bastar ci deve che, quando siamo diligenti in guardarci, et attendiamo con fervore a servire Iddio, molti difetti ricuopre la charità. Benchè non vi è pericolo che chi ama Iddio da senno, possa pensare di volere esser negligente in estirpare l'imperfettioni et difetti, perchè non ci è cosa, che agguagli l'amore in conoscere et tor via l'offese della cosa amata. Vediamo fra gli huomini, quando uno non ama l'altro, non si cura di dispiacerli et farli delle ingiurie, et spesso le fa, et non se ne accorge, perchè non ci pensa. Ma uno che ama et che consequentemente non desidera cosa con più affetto, che di stare in gratia dell'amato, si avvede di ogni minima (f. 222v p. 115) offesa, et con ogni studio se ne guarda. Diceva la B. Catherina da Genova che l'amore ha certi ochi tanto sottili, che vedono ogni minimo bruscolo, et tanto delicati che non possano patir di vedere una minima machia, perchè intende che ogni difetto si mette in mezzo fra l'anima et Dio, et non lascia unirli insieme; come

---

62 sanctificati sint: *nmB* Vide supra 114 fol. praecedenti, nota M.
69-72 Benchè ... agguagli *cB*: Ne solo cuopre i defetti, ma ancho da nuova bellezza all'anima, perchè la fa simile a Dio et degna di andarli avanti, et però si agguagli
83 in mezzo fra *cod.*: fra *vO*.

79-88 MARABOTTI-VERNAZZA, *Vita di S. Cat. da Gen.* 27, 2 et 41, 2; *Dialog.* I 66.

vediamo nell'anime, che sono in purgatorio: et questo gli dà incredibil tormento. Però di essa Santa leggiamo che, quando sospettava di havere in qualche cosa offeso Iddio, non si poteva dar pace, finchè non era certificata che quella cosa non era peccato, o vero non conosceva essergli rimesso. Di S. Francesco scrive S. Bonaventura, che quando in dire l'offitio, haveva qualche distrattione, non si poteva riposare, finchè non se ne confessava. Et con questa sollicitudine era venuto a tale attentione che rarissime volte pativa evagationi di mente. Et senza dubio per avvezzarsi a stare sopra di se nel pensare, nel parlare, nell'operare et in ogni cosa, non tanto può il timore della morte, del giuditio et dell'inferno, attualmente sempre presente (benchè questo può assaissimo), quanto può l'amore attuale et fervente del Creatore: perchè il timore non illumina a conoscere i defetti come fa l'amore; et di più chi opera per timore, opera con difficultà et violenza, et non può durare; chi opera per amore, opera con facilità et contento. (f. 223v p. 116)

La seconda proprietà della veste è di ornare et di abbellire, come vediamo più che non vorremmo nelle donne et huomini del mondo. Et se bene sempre si ingegnano di vestir bene quelli che vogliano parer belli, nondimeno il sommo sforgiare si vede al tempo delle nozze. Et così volendo S. Giovanni dichiarare la grandissima bellezza della chiesa trionfante, non seppe trovare più bella comparatione che delle nozze; et così disse, *Apoc.* 21, 2 di haverla vista *sicut sponsam ornatam viro suo*. Hor pensate che ornamento porta seco la charità, poichè è chiamata nell'evangelio **Matth.* 22, 11-12 veste nuptiale. Sichè così si abbellisce et adorna l'anima con la charità, come la sposa quando va a nozze. (f. 223v marg.)

La bellezza dell'anima consiste nelle virtù et nell'assomigliarsi a Dio. La maggior virtù è la charità et assomiglia tan-

---

92 attentione add. vO.

---

89 BONAV., *Vita S. Franc.* cap. 10: Sur. V 606.

to a Dio, che fa diventar'un Dio per participatione. La charità abbellísce, perchè ringiovanisce et rinuova tutto l'huomo. Et però, come espone Santo Agostino, si domanda il precetto della charità *mandatum novum,* *Ioan. 13, 34. Una delle cose che fà brutto un vechio, è il chinarlo in giù, et fargli la faccia rugosa. Se si trovasse una veste, che in un tratto facesse un vechio brutto, inchinato, grinzo, diventare un giovane bello, dritto, sereno, quanto caro si comprarebbe! (f. 224r marg.) Hora questo fa la charità, perchè per il peccato l'huomo invechia. *Inveteravi inter inimicos,* *Psalm. 6, 8; *Miser factus sum et curvatus sum,* *Psalm. 37, 7. Ma la charità drizza l'huomo et lo fa guardare in su, et così lo fa bello; et di più rasserena gli ochi et la fronte, perchè toglie ogni malinconia, et gli da uno splendore mirabile et celeste, perchè la charità non lascia mai voltar le spalle al sol di giustitia, et così da quei raggi divini riceve uno splendore, come uno spechio polito dal so[le, sole ap]pare. (f. 223v infra)

Ma forse poco importa questa bellezza? Anzi tanto importa che quando un'anima esce di questa vita, se si vede senza charità, non può patire di comparire dinanzi a Dio; ma sente tanta la (f. 224r p. 117) confusione per vedersi dissimile a Dio, che non è altro che una fiamma viva di puro amore, che se bene non vi fussero demonii che la portassero, da se stessa si sommergerebbe nell'abisso dell'inferno. Et per il contrario, quando l'anima, uscita dal corpo, apre gli ochi della mente, et si vede ornata di charità et come una scintilla di fuoco si vede simile al suo fattore, con grandissima sicurtà et velocità, con un impeto se ne vuola et si immerge in quel lume inaccessibile, nè vi è demonii nè potenza alcuna che la possa ritenere.

La terza proprietà è che la veste distingue l'uno dell'altro. Dice S. Chrisostomo, hom. 31 *in priorem ad Corinth.,* che si

---

132 lacuna 8 litterarum.

---

118 August., *Serm.* 350, 1: *ML* 39, 1533-1534.
147 Chrysost., *In 1 Cor.* hom. 32, 8: *MG* 61, 275.

come il re, se bene ha molte cose atorno, nondimeno non si cognosce che sia re, se non alla porpora; così i figlioli del celeste Re non si conoscono ad altro che alla charità. Et Santo Agostino dice, tract. 5° *in epist. Iohannis* 1: « Haec sola distinguit inter filios Dei et filios diaboli ». (f. 224v marg.)

Tres sunt gradus caritatis: primus observantium praecepta, et isti habent vestem quae dividit servos Dei a servis mundi. Et illis caritas est quasi livrea *Ioan. 13, 35: In hoc cognoscent omnes, *quia discipuli mei estis, si dilectionem habueritis ad invicem.* Secundus clericorum et praelatorum, qui cum voto castitatis serviunt Deo, et istis caritas est vestis purpurea, quae dividit iudices et principes Dei ab aliis. Tertius est perfectissimus, servantium omnia consilia: et hi habent vestem nuptialem, etc. (f. 225r marg.) Hic posset addi quod vestis defendit a vento, a pluvia, a sole et a frigore; et sic caritas defendit a vento superbiae, a frigore avaritiae, a pluvia concupiscentiae carnalis. (f. 224v p. 118)

La quarta proprietà è che difende dal freddo. Soffia spesso una certa tramontana fredda, che fa agghiacciare ogni cosa. Et allora guai a chi è ignudo! Questo vento freddo è la desolatione et privatione di gusto spirituale, la quale talvolta è tanto grande che la persona non sa orare, non sa leggere libri devoti. Ogni cosa gli pare insipida. Et a questo vento siamo esposti noi assai per le molte occupazioni che habbiamo nelle schuole. Hora quando soffia questo vento, se la persona si trova senza veste, patisce un freddo intolerabile. Et però non può star fermo, ma va cercando, dove può, da riscaldarsi. Et all'hora il demonio sveglia un vento marino caldo, ma pestifero: cioè mette nella mente pensieri et imaginationi del mondo, della carne, de' piaceri secolari, della libertà di far'a suo modo. Et quel povero huomo che non trova gusto in Dio et non può vivere senza delettatione, si (f. 225r p. 119) da

---

153-164 Tres sunt ... carnalis. *apim.*

---

151 Aug., *In 1 Ep. Ioh.* tract., 5, 7: (L 35, 2016.

in preda a questi pensieri, et a poco a poco tanto cresce il male, che gli viene una febre nell'anima, et si muore. Si come quando un servitore non ha il salario, o un soldato non ha la sua paga, et non ama tanta il padrone o il capitano che lo voglia servire gratis, si mette a robbare et poi alla fine è appiccato. Et ordinariamente questa è la porta, per dove escano della religione tutti gl'apostati, perchè la prima cosa vengono in desolatione, et ogni cosa gli dispiace, niente gli gusta di quello che ordina la religione. Dipoi si voltano a commodi temporali nella religione, a proprietà, a provedersi di varie cose, et quivi mettano la sua affettione. Et perchè questo non puo durare, vengono in rotta con i superiori, et alla fine bisogna, o che si partino da se, o che siano scacciati. Ma chi ha nell'anima (f. 225v p. 120) la veste della vera charità, non ha paura di vento freddo: perchè, sebene talvolta patisce desolatione, et non trova gusto nell'oratione nè manco nelle altre cose sacre, nondimeno all'hora per la antiparistasi più si rinforza l'amore, et dice a Dio: « Che pensavi, Signore, che io ti venissi dietro per i gusti che mi davi? Ecco che hora ne sono privo, et nondimeno ti voglio amare, et far ogni cosa ad honor tuo ». Et con *Job* *13, 15: *Etiamsi me occiderit, sperabo in eum*. Et così rivoltandosi questa veste a torno, si mette a operare più che prima; et perchè motus est causa caloris, con questo moto et essercitio di opere sante, trova a riscaldarsi. Beato chi ha questa veste.

* * *

Della casa.

Seguita che parliamo della casa. Che la charità sia casa et casa nobilissima, il dice S. Giovanni * 1 *Ep.* 4, 16: *Qui manet in caritate, in Deo manet*. Questa casa ha dui conditioni mirabili, et che paiono contrarie, ma non sono. Prima è una casa fortissima, talchè non basta pioggie, nè venti, nè fulmini, nè artigliarie per fargli danno, et è posta in un

---

185 questa *cod*.: quella *vO*.

monte così alto, che non vi arriva dardi. *Psalm. 90, 9-10 (f. 226r p. 121): *Altissimum posuisti refugium tuum, non accedet ad te malum, *et flagellum non appropinquabit tabernaculo tuo.* Di poi ha un'altra conditione: che si può portar seco, dovunque l'huomo va, come fanno le lumache e le tartaruche, che sempre stanno in casa. Diceva quel filosofo che gli pareva che le case havessero un gran mancamento, perchè non haveano sotto le ruote per potere esser mutate di luogo in luogo. Hor questo mancamento non ha la nostra casa. Se un'huomo, quando si trova in mezzo di una campagna et vede venire una grandissima pioggia, o un toro o bufalo infuriato, o qualche squadra di assassini, havesse un'arte di poter' in un momento far quivi una casa o una fortezza inespugnabile: non vi pare che saria felicissimo? Hor questo potiamo far noi veramente, et beato chi lo fa, misero chi non lo fa. Poichè in questa (f. 226v p. 122) vita stiamo in mezzo di nemici, et di quei dardi infocati, de' quali parla S. Paulo. L'utile di questa casa è posto in questo, che trovandosi l'anima elevata in Dio, et pensando spesso a Dio et alle cose celesti et eterne, viene con grandissima facilità a dispregiare tutte le cose terrene; et da questo dispregio nasce che la persona per niente si turba, che in questo mondo gli accaschi.

Noi che siamo in terra giudichiamo in monti grandissimi, perchè gli siamo vicini; ma le stelle, che pure sono grandissime, ci paiono come scudi. Ma se fussemo nel cielo, ci parriano le stelle grandissime et immense come sono; et questi nostri monti ci parriano granelli, anzi atomi, anzi niente. Così gl'huomini del mondo, perchè hanno il cuore in terra, stimano grandissimi i beni et i travagli di questo (f. 227r p. 123) mondo. Se guadagnano una heredità, una dignità, moiono d'allegrezza. Se perdano un quattrino, mettano a rumore tutto il vicinato. Se gli è fatta un'ingiuria, gli pare che son rovinati; et per il contrario, tanto poco conto fanno del paradiso et del inferno, come se fussero cose dipinte; et tanto facilmente offendano Iddio, come se fusse un Dio di legno.

Et tutto questo nasce, perchè hanno il cuore quà giù, et non là su.

Ma il servo di Dio, che habita in quella rocca altissima, è tanto lontano dalle cose di quà giù, che, se vede un'essercito di huomini, gli pare una moltitudine cito di huomini, gli pare una moltitudine di formiche; et tutti i tormenti, vergogne, mortificationi gli paiono morsi di mosche, et così non ne fa conto, et non si turba per cosa che gli accaschi; ma solo stima quei mali et quei beni grandi, eterni, infiniti, che vede di là.

EXHORTATIO OCTAVA

Caritas assimilatur pecuniae sincerae: p. I.

*Ross. 735, f. 227r p. 124 *Coll. Rom., 18 Dec. 1582

Havendo finito tutte l'altre similitudini della charità, resta solamente l'ultima, la quale però è tale, che va a pari di tutte le altre insieme. Dicemmo che la charità era denari, et ogni uno sa che i denari tanto vagliono quanto tutte le altre cose insieme, perchè, chi ha denari, può in un tratto haver casa, veste, pane, vino, olio, poderi, vigne et ogni altra cosa. Hora che la charità sia denari, et non denari di qual si voglia sorte, ma scudi d'oro, et di oro finissimo, il dice il Signore nell'*Apocalipse* *3, 18: *Suadeo tibi emere a me aurum ignitum, probatum*. Et si domanda oro infocato, per mostrar che è fino, et come se fusse cavato hor' hora della fornace. Et per questo S. Francesco, come scrive S. Bonaventura, essortando li suoi frati ad andare per la limosina senza vergogna, gli diceva che gli pareva una nobile prodigalità per un poco di pane corrupti (f. 227v p. 124)bile offerire il prezzo im-

---

250 quella *cod.*: questa *vO*.
1 Apud Van Ortroy pp. 178-187.
14 cavato *cod.*, avuto *vO*.

15 Bonav., *Vita S. Franc.* cap. 9: *Sur.* V 602.

pretiabile dell'amor di Dio; et che senza comparatione più davano, che non riceveano, perchè domandando la limosina per amor di Dio, loro mettevano nella saccoccia un poco di pane, ma erano causa che l'altro mettesse nella borscia un scudo di oro, cioè un atto di charità, che basta per comprare il paradiso. Et aggiungeva che Iddio, in questi ultimi tempi che tanto si raffredda la charità, haveva mandato al mondo le religioni de mendicanti, per dar' occasione agl'huomini di arrichirsi di questo oro fino, a ciò potessero comprar la gloria.

Perciochè in paradiso non vi corre altra moneta che di oro, o almeno indorata; il rame et l'argento puro non si spende. Voglio dire che l'amare Iddio è quello che è meritorio di vita eterna; li altri atti poco vagliono, se non sono coperti di charità. Et di qui avviene che tal volta una piccola (f. 228v p. 126) opera come dare un bichier d'acqua, vale assai appresso à Dio, perchè è fatto con charità; et per il contrario dar tutta la sua robba a' poveri, non varrà niente, perchè è fatto senza charità. Et in questo molti si ingannano, che gli par di esser richi, et stanno allegri perchè fanno molte cose, molte opere, molte fatighe; et forse le fanno per amor proprio, et non si avveggano che son pieni di rame o al più di ottone, o di orpello, che luce esteriormente come oro, ma non ha il peso et il valor dell'oro. Et Iddio bene lo conosce et dice a questi tali *Apoc. 3, 17-18: *Dices, quia dives sum et locupletatus, et nullius egeo. Et nescis quia tu es miser, et miserabilis, et pauper, et caecus et nudus. Suadeo tibi emere a me aurum ignitum, probatum, ut locuples fias.* Et a me pare che una delle maggior vanità, et de maggior inganni et delle maggior pazzie del mondo sia, quando un'huomo entra in religione, et vi (f. 229r p. 127) persevera molti anni, et si essercita in varie opere, fatighe, mortificationi, studii et altre cose, et non le fa con quella intentione pura per piacere a Dio, ma cerca la gratia degl'huomini, o qualche disegno suo temporale, perchè costui con quella medesima fatiga con

---

22 borscia *cod.*: borsica *vO*.

la quale potria empirsi di oro, si riempie di rame. Però, diceva S. Giovanni nella 2ª epistola v. 8: *Videte vosmetipsos ne perdatis quod operati estis, sed ut mercedem plenam recipiatis.*

Che segni potremo havere da conoscere se habbiamo oro, overo orpello? S. Paulo nella Iª de *Corinti* al cap. 13, 4 sqq. doppo di haver lodato sommamente la charità, ne da quindeci segni da conoscerla: i quali sono ancora, come quindici gradi per salire alla perfettione. Et di più per loro si vede come la charità sia oro, perchè si come l'oro contiene virtualmente tutti i beni corporali, così la charità contiene et produce li atti di tutte le virtù. Et però per conclusione di questa materia, voglio transcorrere brevemente questi quindeci segni et gradi della charità. (f. 229v p. 128)

* * *

Il primo è: *Caritas patiens est.* In dui modi si puo esser paziente: prima in tolerare il male, secondo in aspettare il bene. Ma in questo luogo non si dice paziente nel (f. 231r p. 130) male, che questo lo dirà più a basso v. 7: *omnia suffert;* ma è paziente in aspettare il bene. Onde in greco dice: μακροθυμεῖ, cioè, che chi ha la charità ha un'animo grande, che non si degna di cercar beni piccoli, ma vuol gran cose; et perchè non le può haver qua, ha patienza et aspetta con longanimità i beni futuri: *Qui crediderit, non festinet,* dice Isaia *28, 16. Et S. Paulo *Tit.* 2, 13: *Exspectantes beatam spem et adventum gloriae magni Dei.* Così vediamo nelle corti che gli huomini vili si contentano del salario ordinario; ma i gentil'huomini honorati non vogliano salario in presente, ma aspettano col tempo qualche grande dignità in ricompenza. Così i santi padri antichi che erano prudenti et magnanimi, non volsero far palazzi qua, ma, come dice S. Paulo

---

[69] patiente nel: nmB Vide reliqua supra, ubi est numerus 130. (f. 230r et f. 230v seu p. 129 et p. 129bis sunt vacua).

agli *Hebrei* *11, 10, habitavano ne' tabernaculi et nelle cappanne: *Exspectabant enim civitatem, cuius* (f. 231v p. 131)
artifex et conditor Deus. Et di santo Simeone si dice **Luc.* 2, 25 che *exspectabat consolationem Israel.* Et di questo parla l'evangelio di hoggi, quando dice **Luc.* 1, 17, che S. Giovanni Battista era venuto *ut convertat corda patrum in filios et incredulos ad prudentiam iustorum;* cioè dovea S. Giovanni con le sue parole et esempii dare il cuore de' padri a' figlioli, cioè fare che i figliuoli havessero un'animo grande, un cuore dispregiatore delle cose temporali et amatore delle future, come hebbero i santi padri. Et il medesimo dice con altre parole in quel che seguita: *et incredulos ad prudentiam iustorum,* cioè faria S. Giovanni che i padri et i figlioli havessero un medesimo cuore, et questo lo faria non dando a' padri il cuore de figlioli, ma dando a' figlioli il cuore de' padri; et così tirando i figlioli increduli, o come dice il greco, inobedienti et tristi alla prudenza de' padri, che erano giusti. Et quale era la prudenza de padri? Già l'habbiamo detto: di non si fermare (f. 232r p. 132) qua, a estendere il desiderio et l'amore alle cose future. Et quando Dio gli prometteva la terra di promissione abondante di mele et latte, la prudenza de padri santi intendeva che quella era una figura, et che la vera terra di promissione era il paradiso. Et però Abramo, Isaac et Iacob non fecero palazzi, ma volsero far vita di pellegrini. Et di questo parla S. Paulo ad *Hebr.* 10, 36-38 dove dice: *Patientia vobis necessaria est.* Perchè? *Modicum aliquantulumque qui venturus est, veniet et non tardabit. Iustus autem meus ex fide vivit,* cioè il giusto si mantiene della speranza di quei beni, che crede hanno a venire. Hor questo è un gran segno per conoscere se l'huomo ha charità.

* * *

Il secondo grado è: *Benigna est.* Chi ha la charità è benigno, cortese, liberale, non sa negare niente. Così vediamo nell'amore humano; così lo dice la *Cantica* * 8, 7: *Si dederit homo omnem substantiam suam pro dilectione, quasi ni-*

hil despiciet eam. Et S. Giovanni dice *1 *Ep.* 3, 17: *Qui habuerit substantiam huius mundi, et viderit fratrem suum necesse habere, et clauserit viscera sua ab eo, quomodo caritas Dei in illo est?* (f. 229v med.)

Circa secundum gradum nota ex Bonaventura, che San Francesco era tanto pieno di benignità, che quando gli era chiesta alcuna cosa per amor di Dio, non si poteva tener di non darla, ancora che gli fusse necessaria. Et per non contrariare alla povertà (la quale non havendo dominio sopra niente, non par che possa dar niente), quando gli era data alcuna cosa, semper domandava licenza a chi gliela dava di poterla dare a chi ne havesse più di bisogno, et così la teneva come in presto, fin che gli occorreva a chi darla; et quando la dava poi, non diceva darla, ma renderla. Si raccontano molti essempii di questo, ma uno fu, come è scritto nel libro 1°. *Hist. Franciscanorum* cap. 36 et 37 (f. 232v p. 133).

* * *

Il terzo grado è: *Non aemulatur.* Chi ha charità, non può essere invidioso, perchè tutta l'invidia nasce in questo mondo da questo, che uno impedisce l'altro dal conseguire la cosa amata. Et di questo ne è causa l'amare cose piccole, che non si possono havere da molti. Si chè, perchè molti amano una istessa cosa et un'impedisce l'altro, di qui nasce che chi non l'ha, porta invidia a quello che l'ha; et chi ne ha meno, porta invidia a chi ne ha più. Hora la charità spianta questa mala herba, et fa germinare la contraria, perchè chi ama veramente Iddio, ha messo il suo cuore in una cosa, dalla quale nessuno lo puo impedire, perchè Dio è un bene

---

120 illo est?: *nmB* Vide pag. 128 Nota +. *Correspondet nmB* f. 229v (p. 128): +haec reponantur in continuatione p. 132.
120 illo est?: *sBe in marg.* Vide duo exempla Sti Francisci in libro 1 cap. 36 et 37 hist. franciscanorum.
121 ex Bonaventura *cB*: ex libro primo Hist. Sti Francisci cap. 36 *la.*
132 libro ... 37: *add.*

121 BONAV., *Vita S. Franc.* cap. 8: *Sur.* V 599.

infinito; et però se bene sono tanti angeli et santi che lo godono, nondimeno non impedisce niente la lor gloria che io non possa haverlo tutto, anzi mi aiuta. Se in questo modo la robba (f. 233r p. 134) di uno non impedisse l'altro a diventar ricco, ma più tosto l'aiutasse, saria impossibile che un' havesse invidia all'altro. Hor questo fa la charità, et però *non aemulatur.*

* * *

Quarto frutto è: *Non agit perperam.* Et se bene questa parola è esposta in mille modi, perchè il verbo greco περπερεύεται non è usato dagli antichi, nondimeno tutte le espositioni son vere, et nascono da una. S. Chrysostomo vuole che questo vitio sia una certa leggierezza, inconstanza, temerità che si trova nell'amor humano et mondano. Vediamo che uno hoggi ama una cosa, et domani l'ha in odio et ne ama un'altra. Et la causa è perchè le cose create son tutte defettuose; et così se si guardano in quanto al bene che hanno, si amano; se di poi si metta gli ochi al difetto (f. 233v p. 135) che hanno, si odiano. Et così vediamo ogni giorno cambiarsi l'amicitie, et entrare l'odio dove era l'amore. Questo non ha la charità, ma è un'amor constante, stabile, saldo: perchè la cosa amata è tutta buona, senza mescolanza di male, talchè si uno che ama Iddio, di poi gli diventa nemico, non è per difetto dell'amore o della cosa amata, ma per proprio vitio del libero arbitrio.

S. Basilio in una sua *Questione,* et Clemente Alexandrino nel 3° libro *del Pedagogo* al primo capo, vogliono che questo περπερεύεται sia un delettarsi di superfluità et vanità in veste, cibi, stanze et simil cose. Et questo similmente è proprio dell'amor mondano, perchè l'amor mondano è un amor guasto, ammalato. Et si come gl'ammalati, che hanno guasto

---

166 amore *cod.*: aver *vO.*

---

154 Chrysost., *In 1 Cor.* 13, 4 hom. 33, 1: *MG* 61, 277.
168 Basil., *Reg. brev. contr.* 49: *MG* 31, 1116; Clem. Alex., *Paed.* III cap. 1: *MG* 8, 557.

il gusto, non si dilettano di cibi buoni et di (f. 234r p. 136) sustanza, ma di frascarie: così etc. Ma la charità, che è un'amor sano et puro, si diletta del sommo bene, et dell'altre cose non si cura, anzi considerando che le richezze et delitie sono impedimento per acquistar Iddio, poi chè Christo ha detto *Matth. 19, 24: *Quam difficile divites intrare in regnum caelorum!* Et in un altro luogo dice che le richezze et delitie sono spine che affogano il buon seme, si sforza di pigliare il meno che può, et però veramente περπερεύεται. Così S. Francesco tanta invidia haveva a' più poveri di se, quanta ne hanno gli huomini del mondo a' più ricchi di se.

Altri vogliono che questo sia un vitio di parole, cioè di quelli che si vanagloriano et si vantano, parlano molto di se stessi; il che nasce da un grande amore di se stesso. Et però (f. 234v p. 137) la vera charità, che è contraria all'amor proprio, non si vanta nè si gloria di se, ma solo di Dio, poichè chiaramente vede che Iddio non solo è sommo bene, ma anco che tutto il bene vien da lui et che le creature da se stesse non hanno niente.

Finalmente altri hanno detto che la parola greca è presa dalla latina; et che *non agit perperam* bisogna esporlo secondo che i Latini usano la parola *perperam,* non secondo che l'usano i Greci. Che vuol dire *non agit perperam* in latino? Vuol dire: non fa le cose al traverso, ma le fa dritte et a punto come hanno da essere. Gl'huomini senza charità sono fatti al traverso, et hanno il capo in giù et i piedi in su, come gl'alberi. Ma perchè la maggior parte del mondo va così, gli pare a loro che vanno (f. 235r p. 138) dritti. Anzi, come veggono uno che si rivolta et che calpesta la terra, co' piedi et guarda con gl'ochi in su, lo stimano per matto et traverso. Ma quando poi Iddio gl'illumina, all'hora si accorgano che erano in errore, et dicono con quel cieco illuminato *Marc. 8, 24: *Video homines sicut arbores ambulantes.*

---

[183] Bonav., *Vita S. Franc.* cap. 7: *Sur.* V 596.

Hora essendo gl'huomini istessi roversciati, che maraviglia è se fanno le cose al roverscio? Et che maggior traverso che, essendo creati per viver sempre felici con Dio, far'ogni sforzo per patire, andare a patire in eterno con i demonii? Et dovendo et potendo cercare il sommo bene, essi durano fatighe intolerabili in cercare beni piccoli et temporali, et finalmente non trovano quel che cercano, et perdano il tempo et l'occasione di cercar quel che doverebbono. Ma la charità di Dio è impossibile che faccia le opere storte, poi (f. 235v p. 139) chè chi ha charità, ha la regola nel cuore; et chi opera secondo la regola, non può errare.

* * *

Il quinto frutto è: *Non inflatur*. Chi ha charità, non può esser gonfio di superbia. La superbia si dichiara per la gonfiezza, perchè un superbo è grande, non di vera grandezza, ma imaginaria; come il pallone pare una gran cosa, ma è pieno di vento; levategli il vento, resta un poco di pelle, che si può mettere in un pugno. Così il superbo è grande al suo giuditio, et però vuole essere stimato et honorato da tutti, et dispregia gl'altri, perchè guarda se stesso con gli ochiali dell'amor proprio, et gli altri guarda senza ochiali. Ma la charità rompe questi ochiali, toglie via l'amor proprio, et mostra che solo Iddio è grande et buono et degno di ogni (f. 236r p. 140) honore. Et così introduce un'altra superbia buona et santa, perchè la charità è tanto generosa che si sdegna di perdere il tempo in cose vili et basse. Et di questa santa superbia disse fra Giacopone in quel cantico che comincia *Amor di povertade*: « La superbia in cielo sta, et dannase l'humiltà ».

* * *

Il sesto frutto è: *Non est ambitiosa*. In greco dice οὐκ ἀσχημονεῖ, et vuol dire propriamente, non si transforma in

---
[233] Iac. da Todi, *Le laude* 60 v. 47: « la superbia en cielo se' e dannasse l'umiltate ». Cf. Marabotti-Vernazza, *Vita di S. Cat. da Gen.* XIV 6!

altra figura, non fa cosa indecente, ma sempre conserva la
sua forma naturale; come bene espongano S .Basilio in una
Questione, et Clemente Alessandrino nel 3° del *Pedagogo* al
primo capo. Et perchè nessun vitio fa più transformare uno 240
che l'ambitione, però il nostro interprete ben disse: *Non est
ambitiosa.* Non si trova al mondo un più grande hipocrita
che l'ambitioso, poichè dentro è superbissimo et nondimeno
di fuora si mostra humilissimo. Si come la vuolpe tal volta
si finge esser morta, et si lascia salire a dosso i corvi, et anco 245
si lascia morsicare da quelli, (f. 236v p. 141) non perchè si
diletti di quel giuoco, ma perchè spera in quel modo di saltar'a dosso al corvo et mangiarselo: così l'ambitioso a tutti
si inchina, a tutti fa honore; et se riceve un ribuffo o una
ingiuria, la sopporta volentieri, non perchè sia veramente 250
humile, ma perchè ha adochiato qualche gran dignità, et vede
che non si può andar senon per via di favori: però contra la
sua inchinatione si sforza di humiliarsi. Et di qui è detta
ambitione, perchè non cammina dritto, ma va a torno, come
si va per le scale a lumache. 255

Et perchè chi va a torno, gli si gira il cervello et
facilmente casca, per questo tutti gl'ambitiosi diventano come
imbriachi, et talmente fuora di se, che fanno cose indegnissime et cascano in mancamenti grandissimi. Et se questo
(f. 237r p. 142) è gran male ne' secolari quanto più ne' re- 260
ligiosi! Poichè un religioso fa professione di humiltà et
di obedienza, et di mettersi in un porto sicuro, et l'ambitione
è opposta totalmente a questa professione, poichè cerca di salire in alto et di comandare, et di pericolare. Et certo quando
uno lascia le speranze del mondo, dove poteva con più scusa 265
andare in alto et andare ad honori et dignità veramente illustri
negl'ochi di tutto'l mondo; et poi si mette in religione àd
ambire gradi molto inferiori, ma non meno pericolosi, et con
più vergogna et infamia: si può dire veramente che è impaz-

238-239 Basil., *Reg. brev. contr.* 49: *MG* 31, 1116; Clem. Al., *Paed.*
III 1; *MG* 8, 557.

zito, et ben saria legarlo come furioso, finchè gli esca di testa quella frenesia. Di qui è che tutti i Santi, perchè hebbero cervello, con tanto studio (f. 237v p. 143) fuggirno o lasciorno le prelature. Che non fecero S. Ambrosio, S. Agostino, S. Basilio, S. Chrisostomo, S. Bernardo, S. Bernardino, per non esser Vescovi? Che non fece S. Gregorio, per non esser Papa? Et nelle religioni S. Francesco lasciò di esser generale, S. Tommasso pregò Iddio che non permettesse gli dessero prelatura nissuna. Il P. Ignatio quanta resistenza fece per non esser generale? Et poichè fu, quanto presto il renuntiò? Et se bene fu costretto da i suoi figlioli a ripigliarlo, nondimeno si vidde chiaro quel che lui giudicava delle prelature. Hora se huomini sì savii et santi stimorno i prelati esser degni di compassione, non d'invidia, et fuggirono con tanto studio le prelature; come è possibile che habbia cervello uno che le cerca? (f. 237v marg.)

Oltre di tanti essempi, ci è la ragione espressa; perchè se vi fusse dui vie di guadagnar cento mila scudi, una pericolosa andando per mare nell'Indie con pericolo di tempeste et di corsari, l'altra secura stando in casa sua, chi non giudicaria pazzo quello che elegesse la prima? Hora lo stato basso è più sicuro che non è lo stato alto: et quanto al guadagno sono equali, perchè questo più guadagna, che fa il suo offitio con più charità. Et questo che dico di ambire prelature, si può dire anco (f. 238v marg.) de coadiutori, che desiderano esser scholari et sacerdoti: i quali havendo un stato securissimo et così utile quanto al meritare, quanto l'altro, sono veramente pazzi, si desiderano mutarlo. (f. 237v infra) Gran cosa dunque è la charità de Dio, (f. 238r p. 144) poichè sradica un vitio così grande, et fa nascere la virtù contraria,

---

273-274 PAULIN., *Vita Ambr.* 11: *ML* 14, 32; *Sur.* II 527; POSSID., *Vita S. Aug.* 8: *ML* 32, 39; *Sur.* IV 956; SYM. MET., *Vita Basil.*: *Sur.* I 8; SYM. MET., *Vita Chrysost.*: *Sur.* I 662-663; *Vita S. Bern.* I 1, 14: *ML* 185, 264: *Sur.* IV 814; *Vita S. Bernardini*: *Sur.* VII 434.

275 IOAN. DIAC., *Vita S. Greg. M.* I, 53: *ML* 75, 86: *Sur.* II 151.

276 BONAV., *Vita S. Franc.*, cap. 6: *Sur.* V 592; LAUR. SURIUS, *Vita S. Thom. Aq.*: *Sur.* II. 117.

278 RIBAD., *Vita S. Ign.* III cap. 1.

che è l'humiltà, perchè uno che ama veramente Iddio, non
fa stima di nissuna cosa, che sia fuora di Dio, et così non
cerca honori nè dignità in questa vita; ma per il contrario
desidera ogni viltà et bassezza, se sia utile o necessaria per
acquistarsi più l'amor di Dio.

Et di qui nasce un'altra espositione di questo luogo, et è
di S. Chrisostomo. Dice S .Chrisostomo che quello οὐκ ἀσχημονεῖ vuol dire: non si schifa, o non si vergogna di niente,
non gli pare nissuna cosa indecente o indegna di se, purchè
con quella faccia piacer al suo amato; perchè, come dice
S. Giovanni, *1 *Ep.* 4, 18: *Caritas foras mittit timorem*, cioè
il timore humano, la paura della vergogna et dell'infamia, che
molti ritira dal ben fare. Et è questa verissima proprietà
dell'amore.

S. Francesco, quando era secolare, haveva grandissimo
horrore di vedere i leprosi, et tanto si dilettava d'andare polito, che gli saria parso una morte toccare (f. 238v p. 145)
la mano a un leproso o conversare con i poveri et stracciati.
Ma subbito che cominciò ad amare Iddio, et che Iddio gli disse
che bisognava cominciare a vincere se stesso, non si vergognò
più di stracci, nè più hebbe in horrore la lepra. Il N. P. Ignatio, quando era soldato, che horrore pensiamo che havesse alla
bassezza et mortificatione? Et nondimeno, quando si impa-
dronì del suo cuore quella charità che non è schifa, non hebbe
vergogna nella sua istessa patria, negli ochi della sua illustre
casata, vivere nello spedale, andar mendicando il vitto, inse-
gnar a fanciulli la dottrina. Il medesimo si potria dire di molti
altri, et, come nota Chrisostomo, non è maraviglia se gl'huomini innamorati di Dio non stimano cosa nissuna indecente
per amor (f. 239r p. 146) di Dio, poichè l'istesso Iddio per

---

307 indecente. *cod.*: indegente *vO*.

---

305 CHRYSOST., *In 1 Cor.* hom. 33, 2: *MG* 61, 278.
313 BONAV., *Vita S. Franc.* cap. 1: *Sur.* V 580.
319 RIBAD., *Vita S. Ign.* I cap. 1.
326 CHRYSOST., *In 1 Cor.* 32, 2: *MG* 61, 278.

amor dell'huomo non stimò indecente farsi povero, vile, abietto, et finalmente lasciarsi giustitiare come malfattore.

EXHORTATIO NONA

Caritas assimilatur pecuniae sincerae: p. II.

*Rss. 735, f. 238r p. 146   *Rom., Ian. 1583

Il settimo frutto è: *Non quaerit quae sua sunt*, cioè la charità non è proprietaria, *amicorum omnia communia*. La charità di sua natura è communicativa, et non puo patir di star bene sola. Di qui Mosè diceva a Dio *Exod. 32, 32: Domine, si ignoscis, ignosce populo; sin autem, dele me de libro vitae.* Et S. Paulo desiderava esser' anathema da Christo per la salute degli altri, et così chi ha vera charità, desidera di far parte ad ogni uno del suo bene. Nè puo esser senza mancamento di perfetta charità, quanto vediamo alcuni che non si

---

1 Apud Van Ortroy pp. 188.

4 Non quaerit quae sua sunt: *sBe* (f. 238v marg.) Non vuol dire S. Paulo, che non cerca in nessuno modo il ben suo chi ha charità, che questo saria falso, poichè deve amar se stesso ogni uno et procurar la salute sua. Onde S. Bernardo nel primo de Consideratione dimostra essere una gran pazzia scordarsi del l'anima sua per attendere alli altri. Che dunque vuol dir questo: Caritas non quaerit quae sua sunt? E da sapere, che l'amor di se stesso è tanto naturale, e tanto va crescendo a poco a poco l'inchinatione della natura corrotta (f. 239r marg.), che con grandissima difficoltà si può tenere ne' suoi termini. Anzi spesse volte fa un idolo di [se] stesso, et però non cura di Dio, come intervenne al primo Angelo. Per questo la Scrittura comanda, che si ami Iddio et il prossimo; ma non comanda, che si ami se stesso; non perchè non si deve fare, ma perchè ogni uno lo fa senza comandamenti. Et per questo ancora tutti i Santi laudano l'odio et il dispregio di se stesso; a ciò piegando all'altro estremo si venga a mezzo. Cosi dunque S. Paulo dice, che la charità (f. 239v marg.) non quaerit quae sua sunt; et Sto Agostino nel libro 14 cap. ultimo *de Civit. Dei* dice, che l'amor di se cresce fin' a dispregiar'Iddio, et l'amor di Iddio fin a dispregiar se stesso. Et questo è: Non quaerit, quae sua sunt; dispregia se, non si cura di se, per rafrenare il troppo amor di se stesso. Si può dire ancora con Sto Thomaso, che caritas non quaerit, quae sua sunt, cioè « tantum ».

scomodariano un punto per far bene agli altri, perchè *caritas non quaerit quae sua sunt*. (f. 239v p. 147)

Et di qui nasce poi l'ottavo effetto che è: *non irritatur*. La charità non ha fiele, non si sa scorucciare, nè far guerra, ma gode sempre d'una dolcissima pace. Et la causa è questa, perchè la guerra nasce perchè ci è tolto il bene, che amiamo, ò ci è fatto il male, che habbiamo in odio. Quanto al bene, non è possibile che chi ha charità si scorucci, perchè ogni bene o è creato, o è increato. Il bene increato, nissuno gli può torre ne sminuir, perchè infinito. Non si vidde mai far contesa per l'acqua del mare, ma sì bene per i capi di acqua che si tirano per le campagne. Del bene creato non sene cura, perchè lo stima quanto pesa, cioè da niente, et già ha fatto rinuntia di ogni cosa.

Cetera desunt

Complentur autem in Explanatione XXIV in Epistolas S. Pauli. Vide vol. VII pag. 280-284.

26 ogni cosa: *sBe* Si come non si degna un huomo contendere con un fanciullo de gl'ossi di persiche o simili baie. Scrive S .Gregorio 4 Dial. c. 19 di quel S. Stefano, che havendogli invidiosi abbruciato tutto il suo grano raccolto nel aia, et dicendoli un suo discepolo: « Vae, vae, Pater Stephane, quid contigit tibi! », rispondesse

26 ogni cosa: Ea quae sequuntur apud *vO*. p. 188-192 non pertinent ad hanc exhortationem; sed sunt pars altera exhortationis secundae *de Perfectione*. Vide infra suo loco.

DE CUSTODIA CORDIS

EXHORTATIO PRIMA

Rationes cur cor custodiendum sit

Omni custodia serva cor tuum, quoniam ex ipso vita procedit,
Proverb. 4, 23.

*Ross. 735 f. 47r   Anno 1583, 12 novembris

Tria dicenda sunt: 1°, quanti referat custodire cor; 2° a quibus periculis sit custodiendum; 3° quae sint remedia. Hodie de primo tantum.

* * *

Primum cognosci potest ex ipsa natura, quae cor carneum abscondit in intimo et tutissimo loco et munivit quasi vallo membranarum et muro costarum. Deinde ex hac ipsa sententia; nam non dicit Deus: « serva », nec solum: « serva diligenter », sed: *cum omni custodia*. Exemplum: si rex iuberet aliquam gemmam includi intra arcam aeream, et ipsam arcam poni in turri munitissima, et adhuc turrim cingi aggeribus, fossis, aquis, et adhuc adhiberi custodiam militum et bombardarum, et adhuc adderet ut, si qua est alia ratio custodiendi, adhiberetur, nec parceretur sumptibus aut laboribus. Adde quod qui hoc dicit, non potest falli: nam hoc scripsit Salomon sapientissimus, dictavit autem hoc Salomoni ipsa Dei sapientia, quae cor ipsum fecit, et melius illud cognoscit quam ipsum se ipsum cognoscat, ita ut non possit dubitari an illa amplifi-

---

[2] Apud Van Ortroy pp. 1-4.

catio oriatur ex inani metu, an ex vera cognitione magnitudinis rei. (f. 47v) Adde quod, ut melius nobis hoc Deus suaderet, addidit rationem: *Quoniam ex ipso vita procedit*; quae ratio comprehendit omnes rationes quae adferri possent.

* * *

Aliqui dicunt summe custodiendum esse cor, quia est Cubiculum Omnipotentis Regis, ut ipsae literae indicant C.O.R. Anima iusti sedes est sapientiae, *Ephes. 3, 17: Habitare Christum per fidem in cordibus vestris*. Notum autem est quam diligenter (f. 48r) custodiantur cubicula regum. *En lectulum Salomonis ambiunt sexaginta fortes de fortissimis Israel, omnes tenentes gladios et ad bella doctissimi,* *Cantic. 3, 7-8. Quanti autem referat habere Deum in corde patet, quia id facit Deus in corde quod anima in corpore. Sicut enim, anima recedente, homo remanet caecus, mutus, surdus etc.: ita etc. ... Item id facit quod sol in mundo, qui illustrat, calefacit, germinare facit etc. ... Denique facit ex corde paradisum per suam praesentiam et infernum per suam absentiam.

Alii dicunt cor summe esse custodiendum, quia in ipso omnia nostra bona vel mala includuntur, et sic dictum esse volunt COR, quasi Custodia Omnium Rerum. Nam si cor bene habeat, ab eo facile custoditur os, manus, oculus, pes et cetera omnia; et contra, si male habeat. Unde *Ecclesiasticus* dicit *cap. 25, 17: *Omnis plaga tristitia cordis,* id est dolor cordis aequivalet omnibus doloribus simul. Dolor oculi est particularis dolor, sic dolor pedis, etc.; at dolor cordis est universalis. Ideo ita est custodiendum solum cor atque omnia alia simul. Qui, venditis omnibus, emit margaritam pretiosam, iure

---

24-25 magnitudinis rei: *sBe* Adde 2°, quod hoc praecipit illi, cuius est et a quo naturaliter summe amatur. Tu, inquit, serva cor tuum. Non solent commendari filii patribus, nec pecuniae avaris etc. Ideo quando hoc fit, signum est, rem esse summi pretii. Adde tertio, quod cum Deus de custodia mentis loquatur, tamen eam cor appellavit, ut ex ipsa natura disceremus a simili, quam sit custodienda mens. Nam cor carneum in medio animalis situm est, in loco intimo et profundissimo, munitum membranis durissimis ac cum muro costarum etc.

custodiam, quam ponebat in custodiendis agris, domibus, pecuniis et ceteris rebus, debet ponere in custodienda margarita illa, quia aequivalet omnibus.

At utraque ratio (f. 48v) continetur in ista: *quoniam ex* 55 *ipso vita procedit.* Nota cor hoc loco esse partem superiorem animae, ut eo loco *Psalm. 83, 3: *Cor meum et caro mea exultaverunt in Deum vivum,* ubi cor distinguitur a membris carnis. Et quia in parte superiore est intellectus et voluntas, ideo utrumque aliquando dicitur cor, ut *Rom.* 10, 10: *Corde cre-* 60 *ditur ad iustitiam,* et *Luc.* 24, 32: *Nonne cor nostrum ardens erat in via?* Sed praecipue voluntas dicitur cor, quoniam sicut est carneum et sedes et fons vitae corporalis, et ideo primum vivit et ultimum moritur: ita quoque voluntas est sedes et fons vitae spiritualis. Vita enim animae est caritas. Caritas 65 autem in voluntate sedet et inde diffunditur ad alias potentias, quae eam aliquo modo participare possunt, et sic ipsa prima omnium vivit. Deinde per ipsam vivit fides, quae est in intellectu, vivunt verba, vivunt opera. Ipsa etiam ultimo moritur, quia peccatum, quod est venenum animae, primo intrat per sug- 70 gestionem, deinde transit ad delectationem, (f. 49r) ultimo penetrat ad consensum voluntatis. *Concupiscentia,* inquit *Iacobus* *1, 15, *cum conceperit, parit peccatum; peccatum vero, cum consummatum fuerit, generat mortem.* Concupiscentia est desiderium inspiratum mali alicuius. Inde oritur peccatum 75 veniale delectationis sensuum; tandem, si consummetur per consensum, generat mortem animae.

Hinc igitur apparet quod illae duae rationes in ista includuntur. Prima erat, quia cor est cubiculum Dei. At cur est cubiculum Dei, nisi quia est sedes caritatis? Ubi enim caritas

---

63 moritur: *sBe* sicut e contra oculi ultimi vivunt.

76 animae: *sBe* Denique ut videas, quomodo a corde vita procedit, cogita quod omnes actiones aliae neque damnant neque salvant sine consensu voluntatis. Stulti blasphemant, occidunt, rapiunt, nec tamen peccant, quia non habent liberum consensum voluntatis. Unde Dominus Matth. 15 dicit homicidia, adulteria et cetera de corde exire. Idem de bonis actionibus.

est, inseparabiliter Deus est, immo ipse etiam caritas est. Secunda erat, quia cordis custodia aequivalet custodiae omnium rerum, cum bonum et malum cordis sit generale. At unde hoc, nisi quia ab ipso vita procedit, cum ibi sit caritas quae est bonorum omnium fons? Recte ergo dicit Salomon: *Omni custodia serva cor tuum*; non ait «linguam tuam», qua Deum laudare potes; neque «manus tuas», quibus bona operari; neque «pedes», quibus aegros invisere; neque «corpus», quo ieiunare; neque «intellectum», quo contemplari potes; sed *cor tuum*, (f. 49v) quo Deum diligere potes, quia vita non ex istis ad cor, sed a corde ad ista procedit. Nam sine consensu voluntatis nihil hominem laedit, nihil iuvat quod ad vitam veram attinet. Unde stultus occidens, blasphemans, rapiens non peccat, quia deest liber consensus; et contra qui cupit deliberata voluntate occidere, furari etc., peccat, etsi opere non compleat. Unde *Matth.* 15, 19: *Ex corde exeunt adulteria, homicidia*, etc. Idem dico de operibus meritoriis. Si omnes rivi siccentur et fons integer maneat, parum perdis. Si autem fons siccatur, quid prodest quod omnes rivi ad breve tempus fluunt? Constat igitur omni custodia custodiendum esse cor.

* * *

Sed etiam est alia ratio quam S. Basilius attingit in oratione super illud: *Attende tibi*, *1 *Tim.* 4, 16. Nam cor facillime laeditur et difficillime curatur. Facillime laeditur, quia facillime peccat. Nam ad peccata exteriora requiritur locus, tempus, sumptus, labores, quae saepe impediunt et retardant, item impediuntur a timore poenae, a verecundia, ab amicis, ab inimicis: at peccata cordis non egent ullo auxilio, neque ab ullo impediri possunt. Difficillime autem curantur, quia non videntur. Potest pater aut magister aut praelatus custodire linguam, os, manus subditorum; at cor non potest. Unde etiam propterea dicitur: *Serva cor tuum*, id est: ne exspectes ut alii servent.

---

80 Cf. 1 *Ioan.* 4, 8.
100 BASIL., *In illud*: *attende tibi* 1: *MG* 31, 200

Sed quid, quod nec ipsi (f. 50r) illud perfecte videmus? *Pravum est cor hominis et inscrutabile, et quis cognoscet illud,* *Ier.* 17, 9? Habet tot cavernas obscurissimas ut, nisi multis precibus impetremus ut Deus illuminet tenebras nostras, nos ipsi erremus tamquam caeci in labirinto cordis nostri. Nam non intelligimus an peccemus, et quantum. Saepe etiam occultat se proprius amor seu propria voluntas, et cogit nos ad multa, quae tamen putamus nos facere ex Dei amore aut obedientia. Tot autem palliis illa propria voluntas se tegit necessitatis, caritatis, iustitiae, perfectionis, et tot rationibus se excusat, ut difficillime cognosci possit.

Alia ratio sumi potest ex innata nobis negligentia. Nam omnes res aliae diligentissime custodiunt vitam suam, et ipse etiam homo vitam animalem ita servat, ut etiam minimas punctiones sentiat et caveat: at (f. 50v) homo vulneratur gravissime in anima saepe, et non sentit, etc.

Ultima ratio ex diligentia sanctorum, qui prudentes erant et summa diligentia custodiebant cor suum, etc. Exempla de P. Ignatio, qui toties examinabat conscientiam, et de sanctis Hilarione, Benedicto, Francisco et ceteris, qui malebant se proicere in spinas et nives et se caedere, quam sentire malos instinctus.

EXHORTATIO SECUNDA

*De periculo amittendi, de bono possidendi,
de remedio inveniendi cor

*Ross. 735 f. 50v   *Romae, c. 25 Nov. 1583

Primum periculum cordis est amissio ipsius. *Ierem.* 5, 21: *Audi, popule stulte, qui non habes cor. Psalm.* 39, 13: *Cor*

---

1 Apud Van Ortroy pp. 5-10.

---

130 RIBAD., *Vita S. Ignat.* V cap. 1.
131 HIERON., *Vita S. Hilar.* 5(3): *ML* 23, 32; *Sur.* V 685; GREG. M., *Dial.* II, 2: *ML* 66, 131; *Sur.* II 360; BONAV., *Vita S. Franc.* cap. 5: *Sur.* V 589.

meum dereliquit me. 2 *Reg.* 7, 27: *Invenit servus tuus cor suum.* Augustinus lib. 8 *Confess.*: « Surgunt indocti et rapiunt caelum, et nos cum doctrinis nostris sine corde ecce quomodo volutamur in carne et sanguine ».

Dicam igitur: 1° quomodo amittatur cor; 2° quanti referat possidere cor suum; 3° quomodo inveniatur et possideatur. (f. 51r)

* * *

Cor amittitur, cum affectio ponitur in creatura; habetur autem, cum ponitur in Deo. Ratio est duplex:

1°. Quia Deus est locus naturalis cordis. Augustinus lib. 1 *Confess.* cap. 1: « Fecisti nos ad te et irrequietum est cor nostrum, donec requiescat in te ». Qui habet aurum in arca et frumentum in horreo, dicitur habere, quia habet ea in loco suo, ubi conservantur; at qui aurum vel frumentum in mari proiecit, non dicitur habere, etc.

2°. Quia si cor in Deo sit, liberrime illo utimur ad omnia opera, quae nobis conveniunt. At si cor sit in creatura, quasi captivum et ligatum manet, ut non possimus eo uti ad opera nostra, id est ad opera bona, nisi in quantum liberatur per gratiam Dei. Verum est tamen, quod qui habet cor in Deo, est quasi ligatus, ne male faciat; et qui habet cor in creatura, est liber ad male faciendum. Unde Paulus *ad Rom.* 6, 18-20 dicit bonos esse liberatos a peccato, sed servos iustitiae esse; et contra, malos esse liberos iustitiae, et servos peccati. Sed neque illa bonorum (f. 51v) est vera servitus, neque illa malorum est vera libertas. Immo tunc erimus perfectissime liberi, quando habebimus libertatem gloriae filiorum Dei, qua similes Deo et angelis effecti non poterimus ullo modo peccare. Et mali tunc erunt perfecte servi, quando erunt in inferno, et non poterunt nisi male agere. Exemplum de eo qui ambulat libere ubique, sed ubi sunt pontes, invenit utrinque muros, ut non possit cadere, nisi velit ascendere muros et se

---

[8] Aug., *Confess.* VIII 8, 19: *ML* 32, 757.
[16] Aug., *Confess.* I 1: *ML* 32, 661.

deicere; et de eo qui non habet nisi angustissimum carcerem, sed plenum foveis, etc.

Quattuor sunt genera eorum, qui perdunt cor.

Primi sunt illi, qui posuerunt cor in creatura, ut in ultimo fine, et tam profunde, ut nec recordentur se umquam habuisse cor: ut illi qui sunt servi, nec sciunt se umquam fuisse liberos, quia forte a pueris coeperunt servire. Isti sunt illi, qui peccant sine remorsu conscientiae, qui peccant mortaliter, et rident ac laeti sunt. *Impius cum in profundum malorum venerit, contemnit,* *Prov. 18, 3. Num diceretur cor habere, qui in mari existeret ac videret navim recta tendere ad scopulum, (f. 52r) et non curaret? vel duceretur ad patibulum, et in via luderet? Omnes impii ducuntur ad infernum recta, et tam celeriter quam celeriter sol movetur. Vita enim nostra est quasi currus alligatus soli, proicitur incredibili celeritate nocte et die, sine intermissione festinat ad finem. De his dicitur illud *Ier. 5, 21: *Audi popule stulte, qui non habes cor.*

Secundi sunt, qui habent quidem cor in creatura, ut in ultimo fine, tamen sciunt se captos et servos, et saepe conantur fugere a tyranno et redire ad se; sed non praevalent.

Tertii sunt, qui habent cor in creatura, non ut in ultimo fine; sed tamen habent ita ut, licet malint perdere creaturam quam peccare mortaliter, tamen difficulter et cum dolore separantur ab ea: sicut, quando propter vulnus aut scabiem vestis adhaeret carni, non potest sine dolore exui. Et isti, licet non sint omnino irretiti et capti, ut non possint operari bona, tamen sunt quasi visco aut luto infecti, ita ut non possint tam libere et expedite operari; ac breviter: impediuntur a perfectione. Et si quidem obliviscantur hanc (f. 52v) suam miseriam, constituunt tertium ordinem; si autem advertant et doleant, constituunt quartum.

* * *

De secundo multa dici possent, sed tria tantum dicam modo:

---

55 Audi popule *cod.*: Popule *vO*.

Primo plurimi referre, ut quis sit omnino expeditus ab amore creaturae, quia amor est thesaurus incomparabilis, si quis eo uti sciat. Si quis haberet magnam copiam tritici et seminaret in terra bona, ditissimus fieret; si autem seminaret in flumine, totum perderet. Sic affectio cordis in Deo posita quotidie auget merita; at posita in creaturis labentibus, labitur cum illis et perit. Sic etiam si quis habet canale aquae, si convertat illum ad plateam, perdit aquam et lutum facit; at si convertat ad hortum, producit multa bona.

Deinde ad cognitionem Dei et amorem, atque adeo ad summam perfectionem acquirendam nihil magis est necessarium. Scribit quidam sanctus doctor in magno errore versari illos qui erigunt oculos ad contemplatio(f. 53r)nem, et non attendunt ad mortificationem passionum et affectuum. Sicut navis, dum est ligata ad littus, non potest progredi, etiamsi habeat optima vela et optimum ventum: ita cor adhaerens creaturae non potest sursum tendere. Ideo ille Sanctus dicit quod qui vult cito ascendere ad summam perfectionem contemplationis, non debet sursum respicere, sed deorsum; id est, debet attendere potissimum ad mortificationem affectuum, ut liberet se a vinculis quae illum tenent inferius, et de reliquo relinquere curam Deo, qui eum trahet sursum. Et certe sic Sancti fecerunt, qui, cum operam darent mortificationi et humilitati et emendationi culparum, inveniebant se elevatos sursum ad contemplationem, saepe etiam tam alte, ut corda hominum et res futuras in lumine illo divino viderent. Itaque ista perfecta paupertas spiritus et nuditas affectus ab amore creaturarum est thesaurus absconditus in agro, quia res est secreta et occulta, et quae tamen ditissimum hominem facit citissime et facillime.

Praeterea nobis (f. 53v) ratione proprii Instituti plurimum refert diligenter operam dare huic libertati, quia dupli-

---

[83] Cf. Cassian., *Collat.* XIV 14-16: *ML* 49, 981-983; *De imit. Christi* lib. I, cap. 11, 3.

catum laborem habemus in ea acquirenda, et ideo nisi quis valde conetur, non eo perveniet. Pro quo sciendum est duo esse quae cor nostrum trahunt ac detinent deorsum, voluptas et necessitas, ut sanctus Bernardus recte dicit. Voluptas etsi multiplex est, ita ut inter latrunculos perpetuo ambulemus, tamen non intrat nisi per portas sensuum, praecipue per gustatum, auditum et visum. *Oculus meus depraedatus est animam meam,* *Thren. 3, 51, et ille profanus: « Ut vidi, ut perii ». Certe David, nisi vidisset Bethsabeth, non commisisset homicidium et adulterium. Necessitas est etiam multiplex; nam cogimur, velimus nolimus, cogitare de corpore, de anima, de suo quisque officio. Et saepe necessitas inducit delectationem, et quidem necessario. Non enim non possumus fungi officio, ut oportet, nisi afficiamur ad illud.

Iam igitur multi sancti viri propter eiusmodi pericula clauserunt omnino portas, seu fenestras sensuum, et amputarunt fere omnem (f. 54r) necessitatem; nam clauserunt se in eremo, ubi nihil viderent nisi caelum et terram, nihil audirent nisi voces avium et sonitum pluviarum et ventorum, nihil gustarent nisi panem et aquam, nihil tangerent nisi cilicium, ligna et lapides, nullam curam haberent, nisi Deum laudandi. Atque hi quidem pugnabant cum hoste, portis clausis et bene munitis. At nobis oportet pugnare cum hoste, portis apertis. Nam cogimur vitam communem vivere, si lucrari volumus animas; cogimur videre et videri, cernere formas, pompas, opes, honores, etc. Cogimur audire multa, etiam turpissima, in confessionibus; etiam de illis cogitare ut quaeramus remedia; cogimur comedere et vestiri more ceterorum; cogimur deinde officia distractiva assumere docendi, praedicandi, et etiam pecunias quaerendi et dispensandi. Et tamen cum his omnibus, nisi liberi maneamus ab affectione mundi, cor putrescet in imis. (f. 54v) Propter hoc Chrysostomus, in libro

---

107 BERNARD., *In Psalm.*: *Qui habitat* XI 3: *ML* 183, 226.
111 VERGIL., *Eclog.* 8, 41.
112 Cf. 2 Reg, cap. 11.
135 CHRYSOST., *De Sacerd.* VI 3 et 7: *MG* 48, 679 et 683.

de Sacerdotio, dicit esse multo faciliorem vitam eremitarum
quam sacerdotum.

Et hoc est quod toties legimus repetitum in formula nostri Instituti, nimirum quod hoc Institutum propter multas an-
nexas difficultates requirit revera homines omnino humiles et
mortificatos. Et ideo etiam duplicatum habemus tempus novitiatus, et praeterea longissimam probationem ante professionem, quia navigamus adverso flumine et cum ventis contrariis. Neque tamen haec nos terrere debent. Nam quo maior
est difficultas, eo maius erit praemium; et nunc etiam maior
erit gratia Dei, si a nostra parte non desit industria. Qui enim
vocavit, scit et potest et vult sine dubio sufficientes vires praebere.

* * *

Quantum ad tertium: quod est remedium ad inveniendum
cor? *Virga in dorso eius, qui indiget corde, Proverb.* 10, 13.
Verumtamen *sola vexatio dabit intellectum auditui,* ait *Isaias*
*28, 19. *Qui acquiescit increpationibus, possessor est cordis,*
Prov. 15, 32. (f. 55r)

Hoc remedium illis convenit praecipue, qui obliti sunt se
amisisse cor. Nam isti non quaerunt cor suum, quod nesciunt
se amisisse; sed si ad angustias redigantur, ubi consilio et auxilio opus sit, tunc intelligunt se amisisse cor, et quaerere incipiunt. Ita etiam Iudaei, *cum occideret eos Deus, quaerebant
eum et revertebantur, Psalm.* 77, 34; et filius prodigus cum
egere coepisset, *ad se reversus dixit:* *Quanti mercenarii in
domo patris mei abundant panibus, ego autem hic fame pereo.
Surgam, et ibo ad patrem meum, et dicam ei: Pater, peccavi in
caelum et coram te; iam non sum dignus vocari filius tuus* »,
Luc. 15, 17. Multa exempla sunt in libro primo *Vitae Sancti Gregorii* de multis, qui, omisso timore Dei et obliti suae salutis, ex

---

[138-139] *Formula Instituti*: PAULUS III, *Regimen. milit.*, 27 Sept. 1540,
n. 3; IULIUS III, *Exposcit debitum,* 21 Iul. 1550, n. 3.

[164] IOH. DIAC., *Vita S. Gregor.* I 11 (monachus fur); I 12-14 (monachus fugitivus); I 15-16 (monachus proprietarius): *ML* 75, 66-68; *Sur.*
II 141-142.

monasterio fugere aut in monasterio negligentissime vivere volebant, et terroribus divinitus immissis conversi sunt. Singulare exemplum est de Theodoro puero, lib. 1, cap. 38.

170 Saepe etiam Deus ad hunc finem permittit tentationes molestas ut homo excitetur et videat negligentiam suam, etc. At iis qui sciunt et advertunt se cor amisisse et dolent, non est hoc remedium tam necessarium; tamen est etiam suo modo adhibendum. Nam etiam B. Paulus (f. 55v) utebatur virga in seipsum, non ut cor inveniret, sed ne perderet. *1 *Cor.* 9, 27:
175 *Castigo corpus meum et in servitutem redigo* *ne forte, cum aliis praedicaverim, ipse reprobus efficiar.*

Sed modus facillimus et nostro Instituto valde accommodatus videtur esse, ut, quandoquidem non possumus abscindere a nobis, more eremitarum, usum rerum huius mundi,
180 saltem ponderemus omnia et attendamus quanti valeant; et cum viderimus non esse res dignas affectione cordis nostri, *utamur hoc mundo tamquam non utentes* *1 *Cor.* 7, 31. Ac primum incipiendo a gustatu, in cuius castigatione omnes Sancti posuerunt primum gradum perfectionis, sine quo ad
185 ceteros ascendi non potest: quomodo utemur cibis tamquam non utentes? Si dimissa cura superioribus, nihil solliciti erimus quid nobis detur, et ad litteram servabimus Domini praeceptum (f. 56r) *Matth.* 6, 25: *Ne solliciti sitis animae vestrae, quid manducetis;* et illud *Luc.* 10, 8: *Manducate quae*
190 *apponuntur vobis,* id est: Nolite quaerere plura, non meliora. Novi quendam qui initio sui ingressus in religionem omnia indifferenter accipiebat, putans sic esse necessarium, nec licere aliud quaerere. Deinde paulo post vidit aliquos alios qui non erant contenti quibusdam rebus, et propterea dabantur eis
195 alia. Quare coepit etiam ipse multa respicere, alia quaerere; et si non dabantur, tristari, murmurare apud se, etc. Tandem postea, Deo miserante, coepit cogitare: « Quid facio? Quae est haec servitus mea? Si non daretur nisi panis et vinum, nonne

---

168 De Theodoro puero: Ioh. Diac., *Vita Gregor. M.* I 38: ML 75-78; *Sur.* II 147.

haberem plus, quam multi pauperes de hoc mundo et quam multi sancti voluntarie pauperes? Inquieto meipsum, sum malo exemplo ceteris, onerosus superioribus; et quorsum? Quid mihi nocebit hoc aut illud? »

EXHORTATIO TERTIA

*De remedio inveniendi cor: continuatur

*Ross. 735 f. 56v *Romae, c. 9 Dec. 1583.

Quam felix sit, qui potest dicere cum propheta: *Dirupisti, Domine, vincula mea, tibi sacrificabo hostiam laudis,* *Psalm.* 115, 16, novit is solus, qui experitur. Est enim manna absconditum, quod nemo scit, nisi qui accipit. Exprimit hoc sanctus Augustinus, 9 *Confess.* c. 1: « Quam suave mihi subito factum est carere suavitatibus nugarum, et quas amittere metus fuerat, iam dimittere gaudium erat. Eiciebas enim eas tu a me, vera et summa suavitas. Eiciebas et intrabas pro eis omni voluptate dulcior, sed non carni et sanguini, omni luce clarior, sed omni secreto interior; omni honore sublimior, sed non sublimibus in se. Iam liber erat animus meus a curis mordacibus ambiendi et acquirendi et volutandi atque scalpendi scabiem libidinum; et garriebam tibi claritati meae, et divitiis meis, et saluti meae, Domino Deo meo ». Come uno che è scapato d'un gran periculo, non si può satiar di raccontarlo et dirlo a tutti i suoi amici, et non tanto parla quanto ciarla, così dice S. Agostino: « Garriebam tibi », etc., cum esset liber ab ambitione, avaritia, luxuria, etc., et omnia bona in uno Deo reperisset. (f. 57r)

De hac libertate coepimus loqui, et diximus de libertate acquirenda a delectatione, quae intrat per sensum gustandi. Nam, ut dicit Cassianus in lib. *de spiritu gastrimargiae,* pri-

---

[1] Apud Van Ortroy pp. 11-15.

[8] Aug., *Confess.* IX 1: ML 32, 763.
[25] Cassian., *De Coen. Instit.* lib. V de gastrim. cap. 3: ML 49, 205.

ma nobis calcanda est gulae concupiscentia. Nam sicut in ludis olympicis non admittebantur ad agones, nisi qui se liberos ante probassent, ita Deus non admittit ad graves pugnas cum daemonibus, unde gloriosissimi referuntur triumphi, nisi eos, qui ostenderint se non esse carnis suae servos.

* * *

Iam igitur de voluptate quae intrat per sensum tangendi, omissis impudicitiis, quae nec nominari debent inter nos.

Id solum dicam, oportere, ut minimum, contentum esse iis quae communiter habent ceteri, sive circa vestium asperitatem, sive circa lecti paupertatem, sive circa somnum, sive circa alia quae ad calorem, frigus et alia id genus pertinent. Ut autem quis veniat ad hanc libertatem, ut non quaerat plura nec meliora, sed absque ulla sollicitudine sumat quod datur, tria occurrunt remedia.

Primum ut absolute expendat rem et videat si utile est eam emere. V. g. cum quis iacet in lecto et audit signum ad surgendum, si forte cupiat pigritari ad quadrantem horae, cogitet quantum (f. 57v) tandem sit lucrum modicae illius quietis, et an non sit longe maius meritum promptae obedientiae in surgendo; maior utilitas ut sit paratus ad orationem; maius lucrum temporis illius pro studiis, ne cogatur post orationem tempus terere in lecto accommodando, lavandis manibus, etc.; denique an non sit res illa modicae quietis indigna quae appetatur ab anima religiosa, quae paulo post cum Deo tractatura est de rebus aeternis et infinitis. Idem dico de aliis eiusmodi. Exemplum de emptore qui, si sapiens sit, de rebus quae brevi corrumpuntur non emit nisi quantum est necessarium; et si forte excedit, detrimentum se pati putat. Consolatio carnis res est peritura cum ipsa carne, etc.

Alterum remedium est, cogitare de re eadem comparative ad alios nostrae professionis. Non oportet se comparare cum divitibus et nobilibus huius mundi; sic enim quidam affligun-

---

26-28 De ludis olymp.: Cassian., *ibid.* V 12-15 *ML* 49, 227-229
32 Cf. *Eph.* 5, 3.

tur, cum cogitant quid in saeculo habeatur. Sed si cogitemus qualiter se habeant ceteri qui profitentur paupertatem ut nos, inveniemus nullos tam delicate vivere quam nos. Nam surgunt media nocte, aut vestiti dormiunt, aut super paleas tantum, aut cilicio induti, aut seminudi incedunt. Quot vere sunt ex iis, qui non profitentur paupertatem, et tamen miserius vivunt! Sicut igitur qui profitetur unam artem, non superbit, si doctior sit iis qui eam non profitentur, sed confunditur si non sit aequalis ulli eorum qui eam profitentur, vel si vincatur ab aliquo, qui eam non profitetur: ita etc.

Tertium remedium est, ut cogitemus quam iuste con-(f. 58r)veniat ut spiritus concupiscat adversus carnem et esuriat ac sitiat iustitiam, id est vindictam pro Deo et pro se, quandoquidem caro tam multum concupiscit adversus spiritum. Dicit quidem Apostolus *Galat 5, 17 quod *caro concupiscit adversus spiritum, spiritus autem adversus carnem*. Sed prima pars huius sententiae impletur in omnibus; secunda in paucissimis, immo in multis nullum bellum esse videtur. Nam si detur carni aliquid amplius vel cibi vel somni vel quietis, gaudet caro, et spiritus facile se accommodat. At si contra detur carni minus solito, ut spiritus plus habeat, caro murmurat et spiritus non multum laetatur. Ubi igitur pugna? ubi iustitia? aequumne est ut caro suis concupiscentiis laedat spiritum et proinde Deum, et spiritus non irascatur et ulciscatur? Hinc igitur Sancti concipiebant spiritum vehementem desiderandi adversus carnem, tum ut Deo satisfacerent pro culpis quotidianis, tum ut superbiam carnis tererent. Et sicut qui solvit stipendium operariis, praesertim malis, diligenter cavet ne unum obolum plus tribuat quam necesse sit: ita etc. Qui autem induit hunc spiritum concupiscendi adversus carnem et incipit esurire ac sitire iustitiam, ei non est difficile contentum esse rebus communibus. (f. 58v)

* * *

Sequitur nunc ut dicamus de delectatione, quae intrat per oculos et aures. Quod quidem magna eget cautione, tum quia

etiam eminus vulneramur per oculos et aures, quod non fit
per tactum et gustum, tum etiam quia per oculos et aures non
solum intrant colores et soni, sed etiam honores, pompae, dig-
95 nitates, invidentiae, etc. Remedium unicum est non defigere
oculos, nec attendere iis, quae necessaria non sunt. Augustinus, *Epist*. 110 ad sanctimoniales: « Oculi vestri si iaciuntur
in aliquem, figantur in neminem ». Nam non imprimit speciem,
aut non nisi levissime id quod obiter cernitur, nisi attente res-
100 piciatur. Nam etiam si quis per ignem celerrime transeat, non
multum laeditur. Sanctus Franciscus, ut de eo scribit Bonaventura, ita cautus erat ut nullam mulierem de facie nosset.
    Remedium autem, ut quis velit ita custodire sensus, est
cogitare quam facile possint impediri gravissima mala. Nam
105 dum quis habet cor liberum ab amore alicuius rei, facile potest continere oculos ab ea re. Quid facilius, quam non attendere ad res alienas? Quam facile fuisset Davidi, (f. 59r) antequam coepisset amare Bethsabeam, non defigere oculos in illam? At si quis hoc quod est facillimum non facit, iusto Dei
110 iudicio incidit in gravissima mala, ex quibus vix magno labore
se expedit; sicut facile est per pontem caute ambulare, at non
est facile, si quis cadat in flumen, inde enatare. Nam, ut Gregorius dicit, lib. 21 *Moral*. cap. 2, « qui non custodit oculos
externos, Deo permittente, amittit oculos internos ». Videt quis
115 rem illicitam negligenter; inde oritur concupiscentia et delectatio, etiamsi nolit; concepta autem delectatio excaecat oculum
internum et facit velle, quod antea nolebat. Inde autem quis
numeret mala quae sequuntur? Exemplum Davidis satis esse
deberet. Ex incauta illa visione Bethsabeae secutum est primo
120 adulterium, quod in tanto propheta et tam illuminato non
potuit non esse horrendum malum et ex multa caecitate, quam
illa visio induxerat, exortum. 2° Adulterium traxit secum homicidium Uriae, in quo adhuc maior caecitas apparuit, cum

---

97-98 Aug., *Epist*. 211, 10: *ML* 33, 961 (ad sanctimoniales).
101 Bonav., *Vita S. Franc.* cap. 5: *Sur.* V 590.
112-113 Greg. M., *Moralia* XXI 2, 4: *ML* 76, 190.
118-127 2 *Reg.* 11-18.

ille fidelissimus miles Davidis esset. 3° Inde secuta est mors
infantis ex adulterio (f. 59*v*) nati. 4° Secuta est occisio Am- 125
non ab Absalone procurata. 5° Amissio regni et expulsio ex
patria eiusdem Davidis. 6° Occisio Absalon. Haec enim omnia
Deus permisit in poenam peccati Davidis, ut illi fuerat com-
minatus. Quod si quis non possit complere suum desiderium,
ut David fecit, sequitur saltem cruciatus animae, quae nec 130
potest non desiderare quod amat, nec potest habere quod desiderat. Nam, ut idem Gregorius ait *ibidem,* « semel species
formae cordi per oculos illigata, vix magni luctaminis manu
solvitur ». Quanta autem est afflictio, non posse non desiderare,
et non posse desiderium implere! Quod si quis tandem etiam 135
desiderium conceptum exstinguit, tamen quanta sequitur confusio! quantus remorsus! quanta anxietas! Quanto igitur melius fuisset initio oculos claudere, et cum *Iob* dicere, *cap.
31, 1: *Pepigi foedus cum oculis meis, ut ne cogitarem quidem
de virgine.* Si enim aliquis velit non solum non facere, sed ne 140
cogitare quidem illicita, illud est unicum remedium, facere
pactum cum oculis, ut non defigantur nisi in res necessarias.

EXHORTATIO QUARTA

De circumcisione cordis

*Ross. 735 f. 60*r*   *Romae, 31 Dec. 1583

Quod B. Mariae dictum est **Luc.* 1, 31: *Ecce concipies,
et paries filium, et vocabis nomen eius Iesum,* idem dicitur 5
omnibus religiosis bonis et electis. Concipiunt enim desiderando perfectionem; pariunt ingrediendo religionem; et vocant partum suum Iesum, perseverando usque ad felicem
consummationem. Sed multi concipiunt, et vere de Spiritu

---

[1] Apud Van Ortroy pp. 16-21.

---

132 GREG. M., *Moralia* l. 1.

Sancto, qui tamen non pariunt, sed abortiuntur; quibus melius erat non concepisse. Multi pariunt, sed non vocant partum suum Iesum; quibus melius erat non peperisse. Quid enim isti aliud habent, quam dolorem partus? Cur qui concipiunt, non pariant, non est huius loci exponere, quia ad eos loquimur qui pepererunt. Illud igitur solum videndum est, cur qui pariunt, non vocent filium suum Iesum.

Sed docet nos evangelium crastinae celebritatis. Legimus enim partum Mariae circumcisum, et tunc demum vocatum esse Iesum. Itaque inter natalem et salutem media est circumcisio, quam qui negligunt, numquam poterunt ad salutem pervenire. (f. 60v)

Idem etiam docet quod sequitur in nostris exhortationibus. Inter morbos enim cordis, de quibus loqui coepimus, unus est incircumcisio. *Incircumcisi cordibus et animabus, vos semper Spiritui Sancto resistitis,* *Act. 7, 51. *Circumcidet Dominus cor tuum,* *et cor seminis tui, ut diligas Dominum Deum tuum in toto corde tuo, Deuter. 30, 6.

* * *

Est autem cor incircumcisum, quando multas habet et superfluas cogitationes, affectiones et occupationes, quae ita interdum crescunt et cooperiunt undique ipsum cor, ut non possit ad ipsum penetrare cognitio et amor Dei, quomodo quando folia impediunt ne calor solis ad poma perveniat. Quod remedium? Circumcisio. Dicetis: Iam sumus circumcisi. Nam nihil habet homo nisi animam, corpus et res externas. Haec autem valde circumcidimus per tria vota. Nihil enim reservavimus ex rebus externis, nisi simplicem usum; nihil ex corporalibus delectationibus, nisi necessarias ad vivendum, ut

---

[17] crastinae celebritatis: i. e. Circumcisionis Domini.
[22-23] Idem ... morbos *cB*: Atque hic continuatur nostra materia. Nam inter morbos *la*.
[31] quomodo *cod.*: quemadmodum *vO*.
[32] perveniat: *sBe* et hinc oritur alius morbus, qui dicitur duritia cordis.

comedere, bibere, dormire; nihil ex libertate voluntatis et iudicio intellectus, nisi ut iudicemus esse obediendum et eligamus obedire. Ita circumcidimus concupiscentiam oculorum, concupiscentiam carnis et superbiam vitae. (f. 61r) Haec bene se habent. Sed tamen tria consideranda sunt.

1° Ut ista circumcisio sit circumcisio cordis, id est voluntaria et propter Deum, non coacta, non propter humanam spem etc. Alioquin erit circumcisio iudaica, quae nihil habet nisi dolorem. Nam quot sunt pauperes in mundo circumcisi extremo modo, qui tamen nihil inde lucrantur, quia sunt animo et desiderio divites? Habent enim corpus, sed non cor circumcisum. Quot sunt continentes propter humanum metum vel necessitatem, qui etiam nihil lucrantur ex sua circumcisione? Quot sunt obedientissimi hominibus, ut milites, ut aulici, ut alligati ad triremes, qui tamen non inde sunt meliores, sed forte peiores? Signum verae circumcisionis est, si crescit in bonis spiritualibus. Nam sicut Abraham, cum circumcidit carnem suam, crevit multum apud Deum; in cuius signum Deus abstulit unam litteram ex nomine uxoris, quae significat carnem, et addidit unam litteram nomini viri qui significat mentem: illa enim *Sarai* dicebatur, et dicta est *Sara;* hic (f. 61v) dicebatur *Abram*, et dictus est *Abraham*. Illi igitur qui vere circumciduntur, pro opibus terrenis recipiunt opes virtutum, pro delectationibus carnis delectationes spiritus, pro obedientia regnum in seipsos.

2° Debet esse circumcisio perfecta, ut non tantum resecetur dominium opum, sed etiam superfluitas in ipso usu; et imitemur Christum, qui in ipso suo natali idea esse voluit religiosorum et vere circumcisorum. Nam imprimis ipsa infantia est idea religiosorum. Nihil enim castius infante, qui nec agere, nec loqui, nec facere turpia potest. Nihil pauperius infante, qui nudus nascitur, nec praetendit ius in aliquid, nec

---

40-41 Cf. 1 *Ioan.* 2, 16.
54-59 Cf. *Gen.* 17, 5 et 15.

afficitur erga opes. Nihil obedientius infante, qui ad omnia movetur ab alio. Unde Cassianus, lib. *de Habitu monachi,* cap. 4, dicit monachos gestare cucullas, ut repraesentent infantium simplicitatem. Sed praeterea Christus non solum infans voluit nasci, sed etiam pannis involvi, ut etiam in ipso usu extreme se circumcideret; item poni in praesepi duro, non in lecto molli, ut non solum non haberet delicias, sed dolorem sentiret. Denique stabulum elegit, ut summe se humiliaret, quod ad obedientiam pertinet. Nam obedientia est quaedam humilitas; imo sine humilitate obedientia est hypocrisis. Ille igitur vere circumciditur ad Christi formam, qui ultimo loco dignum se putat, et qui se id esse cogitat inter homines, quod est stabulum inter loca do(f. 62r)mus.

3° Oportet circumcidere occupationes, etiam alioqui utiles et sanctas, et hic absolvemus, quod coepimus in superiore exhortatione. Nam, ut initio diximus, cor nostrum, loco suo, id est Deo, relicto, unitur creaturis aut propter voluptatem, aut propter necessitatem. Hic vero maximam invenio difficultatem. Nam ne cor nobis auferatur a voluptate, possumus providere, ut diximus, circumcidendo illud et aperte repugnando. At ne auferatur a necessitate, quomodo providebimus? Quaelibet ars, si bene disci debeat, totum hominem requirit; et nobis est necesse multas artes perfecte discere et docere: igitur totum hominem illis dare cogimur. Quo pacto igitur circumcidemus cor ab his occupationibus, si totum poni debet in philosophia, in rethorica, etc.

Dices: facile id fiet, si regnet amor Dei in nobis, et totus quidem homo ponitur in studiis, sed propter Deum. At in hoc est tota difficultas, ut amor Dei perfecte regnet, si totus homo occupetur in studiis. Nam etiamsi propter Deum incipit aliquis studere, tamen dum toto animi conatu applicat se ad studia, ita illis afficitur ut de illis semper cogitet, et vel obliviscatur Dei, vel nonnisi raro et frigide assurgat in Deum.

---

[71] Cassian., *De Coen. Instit.* I cap. 4: *ML* 49, 68.

* * *

Existimo igitur (f. 62v) tria remedia adhibenda.

Primo, ut intelligamus non esse impossibile in summis occupationibus tenere cor circumcisum ab affectu creatura- rum. Nam Gregorius, cum esset Pontifex et summa diligentia gubernaret Ecclesiam, tamen nihil ei adhaerebat de mundo et altissimis contemplationibus suspendebatur. Idem dici potest de S. Augustino, S. Bernardo, S. Bonaventura et aliis. Pater Ignatius admirabilis fuit in hac re. Nam cum tam diligenter gubernaret totum ordinem suum et occupatissimus esset, tamen adeo liber et collectus manebat, ut ipse diceret se non invenire aliquid, ex cuius iactura perturbari posset, nisi forte id esset ruina totius Societatis; sed neque hinc ita se perturbandum, ut non speraret per orationem unius quadrantis horae se rediturum ad pristinam serenitatem.

Secundo, ut intelligamus et serio nobis persuadeamus necessarium esse ut, si totum hominem ponimus in occupationibus externis, sive studiis litterarum, non tamen totum tempus ponamus. Sit etiam suum tempus, quo cordi purificando vacemus. Et quidem S. Bernardus lib. 1 *de Consideratione* monet papam Eugenium ut non sinat se opprimi occupationibus, sed vacet etiam sibi. Id enim requirit caritas et aequitas. Cur enim de meo fonte bibant alii, et ego solus non bibam? Quomodo diligo proximum, sic (f. 63r) ut meipsum, si non diligo meipsum? Aut quomodo diligo meipsum, si nihil temporis pono in profectu mei ipsius, sed totum in alieno? Deinde idem requirit caritas proximi. Nam non bene serviam illis, nisi ego sim bonus. Si quis toto die et nocte vacaret negotiis aliorum, et non comederet neque dormiret, videretur uno aut

---

[106] IOH. DIACON., *Vita S. Gregorii* II 12: *ML* 75, 92.
[109] POSSID., *Vita S. August.* 24: *ML* 32, 53; *Sur.* IV 963; *Vita S. Bernardi* I 8, 39 et III 1: *ML* 185, 250 et 303; *Sur.* IV 805 et 836; DE MARTINIS, *Vita S. Bonav.* 12: *Sur.* IV 212.
[110] RIBAD., *Vita S. Ign.* V cap. 1.
[121] BERNARD., *De Consid.* I 5: *ML* 182, 734.

altero die mirabiliter iuvare proximos, sed tertio die deficeret, nec posset amplius eos iuvare; ideo utile est proximo ut iste aliquando cesset ab eo officio, et comedat ac dormiat, ut possit labori sufficere. Ita de anima dicendum est. Qui enim ef-
135 funditur totus in externis occupationibus, evanescit et saecularescit, nec potest postea fructuose iuvare, etiamsi doctissimus fuerit. Exemplum de vitibus, quae, cum putantur, videntur privari sarmentis et proinde fructu uvarum, et tamen re vera iuvantur, ut plus vini et melius et diutius ferant.

140 Tertio, in particulari quod sit tempus impendendum cordi purificando, f. 63v) ex regulis discimus; ubi praecipitur ut orationi, meditationi et lectioni spirituali omnes suum tempus ponant cum omni diligentia in Domino. Et certe qui hoc iubet, non vult totum tempus poni in studiis aut aliis occupa-
145 tionibus. Si quis autem cognoscere velit an vacet orationi, Missae, examini et Officio divino cum omni diligentia, facile id cognoscet ex diligentia quam ponunt diligentes scholastici in studiis: oporteret enim saltem tantam ponere, si non maiorem, in rebus spiritualibus. Diligens scholasticus raro aut num-
150 quam patitur in studiis evagationem ob spirituales cogitationes. At num in oratione raro aut numquam patitur evagationem ob studia? Diligenti scholastico numquam videtur nimis longum tempus studiorum, imo semper queritur de brevitate, quaerit primas Missas etc. At num tempus Missae non videtur
155 multis nimis longum? Saepe audivi publice reprehendi magistros, quia nimis prolixi sunt in lectionibus; (f. 64r) sacerdotes autem saepius audivi reprehendi, quia sunt nimis breves. Scholastici diligentes erubescunt, nisi singulis annis ascendant ad altiorem facultatem; proinde quotidie nituntur profi-

---

140-142 in particulari ... orationi *cB*: iam P. Ignatius exemplo et verbo nos docuit: nam ipse singulis horis colligebat se, et (f. 63v) conscientiam examinabat: in regulis autem praecepit, ut orationi *la.*
154 Missas *corr. vO*: mensas *cod.*

---

141 *Regul. commun.* 1.

cere. At quot sunt ex nobis, qui in studio orationis semper sunt iidem, aut potius deficiunt? Scholasticus diligens non legit lectionem suam perfunctorie et recitative solum, sed attente et considerate, ut intelligat. At horas canonicas quam saepe legimus per modum recitantis, ut cum pueri reddunt memoriter lectionem, cum legendae essent per modum orantis et laudantis Deum, vel ipsum nobis loquentem audientis.

Et sane si quis sciret horas canonicas legere non recitative, sed affective, induendo in Psalmis affectum eius qui eos composuit, et in lectionibus attendendo quasi legerem epistolam Dei ad me missam, et epistolam consolatoriam, increpatoriam et instruentem: nec longum videretur officium, et evagationes locum non haberent, et animus mire proficeret. Ad quod faciendum satis esse deberet cogitare, quod summa Dei (f. 64v) Maiestas dignatur nos vermiculos respicere, audire et respondere. Certe P. Ignatius si recitative tantum officium persolvisset, non fuisset opus ei prohibere ne illud legeret, ne oculos perderet prae lacrimarum abundantia. De sancto Francisco scribit S. Bonaventura in eius vita cap. X, eum solitum legere horas semper stando, non sedendo, non ambulando, sine interruptione et nudo capite, etiamsi forte in itinere esset et pluvia eum apprehenderet; nimirum habebat Deum ante oculos. Num etiam nos, si, non dico Deum, sed Papam alloqueremur in via, num auderemus tegere caput, etiamsi plueret? Denique scholasticus diligens, etiam tempore illo quod non est proprium studiorum, de studiis agit, ut tempore recreationis et ambulationis. Cur non eo tempore de rebus spiritualibus potius agit, si idem studium in his rebus ponitur atque in litteris?

178 X *add.* vO.

---

175 RIBAD., *Vita S. Ign.* V 1.
178 BONAV., *Vita S. Franc.* cap. 10: *Sur.* V 606.

EXHORTATIO QUINTA

De duritia cordis: I

*Ross. 735 f. 65r   1584 in ianuario

Inter alios cordis morbos unus est valde periculosus, duritia seu gravitas cordis. *Cor durum habebit male in novissimo, Ecclesiastici* 3, 27. *Usquequo gravi corde? Psalm.* 4, 3.
De quo morbo quattuor tractanda sunt: 1° Quid sit cor durum; 2° Quam gravis sit hic morbus; 3° Unde oriatur durities
ista; 4° Quae sint remedia.

* * *

Quoad primum.

Durum cor dicitur, quando perdit sensum et motum. Res
enim quae alioqui sentiunt et moventur, ut caro viva, cum du-
rantur, fiunt insensibiles et immobiles: exemplum de iumen-
tis. Sic etiam cor tenerum et sentit, et afficitur ad minas, ad
promissa, etc.; et ideo timet, sperat, dolet, gaudet, et inde movetur ad operandum: at cor durum, instar lapidis, non sentit,
non afficitur, non movetur. *Prov.* 28, 14: *Beatus homo, qui
semper est pavidus; qui vero mentis est durae, corruet in malum.* Ubi opponit duritiem timori. Et *Ierem.* 5, 3: *Percussisti
eos et non doluerunt; indurata est supra petram facies eorum.*
Et hinc nascitur tanta diversitas inter homines, quod aliqui
promptissimi sunt ad labores propter Christum, (f. 65v) ad
ieiunia, ad vigilias; alii contra. Imo quidam angeli videntur,
quidam daemones, cum tamen omnes sint homines. Sed non
est mirum; nam cor est principium actionum, et alii habent
cor lapideum, alii tenerum ut ceram liquescentem, ut David
de se dicit *Psalm.* 21, 15. Exempla Sanctorum.

Est autem observandum non eandem esse cordium du-

---

[1] Apud Van Ortroy pp. 22-30.
[1] quinta *corr.*: quinta et sexta *cod.* — Cf. notam ad lin. 195.
[3] in ianuario *cod.*: 1º ianuario *vO.*

rorum duritiem. Ut enim quidam duros habent pedes, ita ut
non sentiant lapillos, tamen sentiant spinas, si ab illis fodian- 30
tur, alii ne spinas quidem sentiant; ita etiam quidam non sentiunt vulnus peccati venialis, mortalis autem sentiunt; alii nec
mortalis sentiunt. Item quidam totum cor durum habent, alii
unam partem tantum; sicut stulti aliquando in omnibus rebus delirant, aliquando in una re tantum. Aliqui sunt qui 35
habent superficiem cordis teneram, et inde facile moventur
ad lacrimas et affectus quosdam, cum audiunt passionem
Christi, etc.; tamen intra illam superficiem latet mira durities.
Nam sunt obstinati in suis iudiciis, sunt inflexibiles ad labores subeundos, nihil incommodi pati volunt! Ordinarie enim 40
qui habent carnem teneram et delicatam, illi habent cor durum; et contra. Hoc significavit Dominus in parabola de semine quod cecidit super petrosam terram. Nam quia erat in
superficie terra mollis, continue natum est germen viride;
sed paullo post exorto sole aruit, quia non habebat radices; 45
nam sub illa superficie erant petrae. Ita quidam facile moventur ad devotionem; sed, minima tentatione exorta, turbantur, etc. (f. 66r) Isti deberent cogitare, ut monet D. Bernardus
serm. 3 *de Circumcisione,* illam gratiam devotionis non sibi
donatam, sed commodatam ad tempus ut provocentur ad bo- 50
num, et facillime amitti. Exempla eorum, quos novi devotos
in superficie, et tamen vel nimis delicatos, vel sui capitis, qui
perseverare non potuerunt.

E contrario alii sunt, qui habent superficiem duram, sed
substantiam ipsam cordis teneram; id est, non habent sen- 55
sibilem devotionem, nec cordis dilatationem, nec gustum in
oratione, sed cum labore et dolore vincunt se ipsos, orant, student, obediunt, etc.; tamen cupiunt libenter facere, et re ipsa faciunt, sive libenter, sive illibenter, totum quod est faciendum. Atque hos, si non sua culpa carent sensibili devo- 60
tione, consolatur S. Bernardus in sermone 3 *de Circumcisione,*

---

[48] BERNARD., *De Circumc.* sermo III 10: *ML* 183, 141.
[61] BERNARD., *loc. laud.*

ubi dicit quod quidam toto tempore vitae suavem quaerunt
devotionem et non inveniunt, sed mox ut exeunt de corpore,
redditur eis quod dispensatorie fuerat negatum. Sed tamen
quia periculosum est habere duritiem in qualibet parte cordis, ne forte quae est in superficie paulatim penetret interiora,
oportet conari ut totum plane cor molliatur et liquescat, et
ad illam perfectionem aspirandum est in qua versantur illi,
qui gustantes quae Dei sunt, sine labore laborant. (f. 66*v*)
Dictum fuit aliquando S. Francisco initio conversionis, cum
adhuc multa dura ei viderentur, ut servire leprosis, oportere
eum ita mutari totum, ut quidquid tunc ei placeret, displiceret, et quidquid ei tunc displiceret, placeret; ita ut non solum faceret quod displicet carni, sed delectaret in eo faciendo, et non solum fugeret ea quae placent carni, sed etiam de-
lectaretur in ea fuga. Hoc autem non potest nasci nisi ex intima notitia et luce et gustu bonitatis et dulcedinis Dei. Haec
enim est, quae cor plane mollit et liquefacit. Haec de primo.
(f. 67*r* med.)

* * *

Quoad secundum. Magnitudo huius morbi ex quattuor capitibus colligitur:

Primo, quia difficillime curatur. Nam medicina eo minus
operatur, quo natura minus habet virtutis, motus et sensus.
Non enim est medicina quae sanat, sed natura ipsa adiuta
instrumento medicinae, et ideo nulla medicina curare potest
mortuos. Cum igitur cor durum simile sit mortuo, non sentiat,
non moveatur, miraculo opus esse videtur. (f. 67*v*) Nam cum
non sentiat se aegrotare, non putat sibi dici cum arguuntur
vitia, nec applicat sibi remedia. Imo nec intelligit esse malum
id quo ipse laborat, et miratur si ab aliis illud timeatur.

Secundo, cognoscitur gravitas huius morbi ex detrimento
quod adfert in praesenti. Nam cor durum, quia simul est gra-

87-90 Nam cum... timeatur. *cB*: deinde etiam nemo nescit quam sit
difficile vincere inveteratam consuetudinem.

---

70 Bonav., *Vita S. Franc.* cap. 1: *Sur.* V 580.

ve, facile corruit in profundum. *Qui mentis est durae,* inquit Sapiens *Prov. 28, 14, *corruet in malum.* Qui non gustat Deum nec est illi familiaris, etiamsi poterit perseverare sine peccato mortali, si non habeat occasionem et tentationem gravem, tamen, si occurrat occasio et tentatio, facillime corruet. Sicut qui domi suae non habet quod perdat, facile patrat homicidia; et qui non habet domi delicias, facile acceptat ab aliis oblatas. At qui domi multa bona habet, non facile ea relinquit propter aliquid aliud, etc.: ita etc... Et sicut qui cadit in flumen et nescit natare, mox ruit in profundum et defertur a flumine; qui autem scit natare, facile evadit: ita etc... *Quoniam in me speravit, liberabo eum; protegam eum, quoniam cognovit nomen meum,* *Psalm. 90, 14.

Tertio, cognoscitur inde quod privatur incredibili laetitia et consolatione. Sicut enim non sentit damnum spirituale, ita nec spirituales consolationes, sed vivit sine gustu, sine sapore, etc.

Quarto, maxime cognoscitur ex futuro detrimento. Nam *cor durum habebit male in novissimo,* *Eccli. 3, 27. Nota quod dicit, *habebit male,* quia, etiamsi in praesenti habeat male, tamen respectu futuri nihil mali videtur habere. Item dicit, *habebit* (f. 68r) *male,* quia nunc non cognoscit malum quod habet, sed in puncto mortis cognoscet et sentiet. Tunc enim poena aperiet oculos, quos culpa clauserat. Tunc intelliget se toto tempore vitae nihil aliud egisse, nisi quod dicit Apostolus de induratis, *Rom.* 2, 5: *Thesaurizas tibi iram in die irae et revelationis iusti iudicii Dei.* Deus largitur spatium peccatori, ut purgetur per poenitentiam, et cor durum illo spatio abutitur, ut semper magis et magis se maculet. Nam qui insensibilis est, non sentit, nec timet, proinde nullam peccandi occasionem amittit, et *bibit,* ut inquit *Iob* * 15, 16, *sicut aquam peccatum,* ut quotidie videmus in multis saecularibus. Sed interim thesaurizat sibi iram in die irae, et in puncto mortis cognoscit et opprimitur immenso dolore et desperatione, et sic cadit sicut lapis in abyssum.

Sed hoc idem suo modo etiam religiosis convenit, qui

sunt insensibiles ad imperfectiones. Nam quia non sentiunt,
nec timent, non solum non sunt solliciti ut purgent rubiginem
contractam, sed etiam summa facilitate peccant, et bibunt,
sicut aquam, peccata venialia; et sic thesaurizant sibi iram
(f. 68v) in die irae, id est poenam in purgatorio luendam.
Quae quidem poena tanta est, ut si bene consideretur, facile
possit corda etiam durissima scindere.

Sancti Patres Augustinus, Gregorius, Beda, Anselmus et
Bernardus dicunt poenam purgatorii maiorem esse poenis omnibus huius vitae. Idem ostendunt multae revelationes et visiones, quas referunt Beda, Dionysius Carthusianus, sancta
Birgitta, vita Christinae, etc. Si daretur optio alicui, ut per
unum annum sine cessatione laboraret dolore dentium aut colica aut podagra, vel certe quotidie per unum annum gereret
cilicium aut ieiunaret, nemo dubitaret quid esset eligendum.
Quid autem, si daretur optio, ut quis per decem annos sine
intermissione laboraret dolore dentium et podagra et colico
simul, aut per unum diem gestaret cilicium? Nonne stultus
esset qui dubitaret? Cum ergo certi simus maiores esse illas
poenas quam sit podagra et dolor dentium et alia huiusmodi,
nonne cor erit plus quam lapideum, si non moveatur et non
velit per parvos et breves labores huius vitae poenas illas evadere? Scribit Beda, lib. 5 *Hist.* cap. 12, de quodam qui viderat poenas purgatorii, et ad vitam reversus, coepit vitam asperrimam ducere. Nam in media hieme stabat in fluvio usque ad

---

[131] facilitate *corr. vO*: facillime *cod.*
[151] 12 *corr.*: 13 *cod.*

[136-137] Aug., *In Psalm.* 37, 3: *ML* 36, 397; Greg. M., *In Psalm.* 3 *poenit.*
(37, 1): *ML* 79, 568; Beda (?), *In Psalm.* 37: *ML* 93, 681; Anselm. =
Herv. Burd., *In 1 Cor.* 3: *ML* 181, 842; Bernard., *De obitu Humb.* 8:
ML 183, 518.
[139-140] Beda, *Hist. Eccl.* III 19 et V 12-14: *ML* 95, 147 et 247-255;
Dion. Carth., *De novissimis*, art. 47 sqq.: ed. Torn. XLI 558; Brigitt.,
Revelationes VI cap. 39, 40, 52, 85; VIII 46; IX 56, 112; Thom. Cantipr.,
Vita S. Christinae cap. 3-9: *Sur.* III 889-891.
[151] Beda, *Hist. Eccl.* V 12: *ML* 95, 252.

collum, etiam quando congelatus erat; nec postea vestes exuebat, sed in corpore suo (f. 69r) siccari eas sinebat. Cumque ei multi dicerent: « Quomodo potes tantum frigus pati? » respondebat: « Frigidiora ego vidi »; et cum iterum dicerent: « Quomodo potes tam austere vivere? » respondebat: « Austeriora ego vidi ».

Sed exemplum prorsus mirandum est B. Catharinae Genuensis. Nam in eo habemus et quam horribiles sint poenae purgatorii, et simul pro quam parvis peccatis infligantur. Illa quo die conversa est, coepit ardere incredibili caritate, nec umquam retrocessit. Habuit contritionem per menses 19; confessa est generaliter, deinde primis quattuor annis conversionis suae egit poenitentiam asperrimam de praeteritis quamquam levibus peccatis. Nam non comedit carnes, nec fructus, nec aliquid quod ei saperet. Vestivit cilicium; dormiebat super spinosas res. Quotidie per sex horas orabat. Servivit hospitali longissimo tempore; curabat aegrotos, tangebat plagas horribiles, etc. Et tamen ultimis annis voluit Deus ut ipsa in hoc mundo pateretur poenas purgatorii ut, purgatis etiam levissimis offensis, recta migraret in caelum. Et primum fuit illi (f. 69v) ostensa poena purgatorii; et postquam multa mira dixerat de ea poena, subiunxit: « Tutte queste cose sono di tanta estremità, che ogni vista, ogni parola, ogni sentimento, ogni imaginatione, ogni giustitia, ogni verità mi paiono bugie et cose da niente. Resto ancor confusa per non saper trovar vocabuli più estremi ». Deinde ostensum est ei quod purgatorium tale in hac vita esset gustatura, et ex tali visione ita exhorruit, ut fere impos mentis fieret. Venit deinde purgatorium, et erat desiderium unionis cum Deo tam immensum

---

160-192 MARABOTTI-VERNAZZA, *Vita di S. Cat. da Gen.* cap. 4 (ieiunia); cap. 5 (cilicium, spinae in lecto); cap. 8 (nosocomium); cap. 48-50 (dolores in lectulo mortis); cap. 48, 1 (ostensi dolores purgatorii); cap. 16, 1 (tutte queste cose etc.); cap. 48, 1 (fere non mentis compos); cap. 48, 3 (semetipsam vulnerat); cap. 51, 12 (confessarius flens).

171-189 De doloribus purgatorii: *Vita* cap. 6, 11-13; 47, 6; 48, 7 et 10; 49, 4; 50, 2, 11 et 14; *Tract. de purg.* cap. 26.

ut intolerabile videretur: quomodo cum aegroti siti ardent, nec possunt bibere. Excitabat ille ardor spiritus tantum ignem etiam in corpore, ut incredibiliter totum corpus torqueret. Et ipsa testata est se in illo ardore coniecisse carnes suas in ignem et magnas plagas sibi fecisse, nec tamen sensisse quidquam ob ignem incomparabiliter intus ardentem. Denique confessarius eius post mortem ipsius, (f. 70r) cum ex revelatione cognovisset quam ingens martyrium passa illa fuisset, non potuit per integram horam desistere ab amarissimo fletu.

Iam igitur si anima tam sancta et perfecta tale purgatorium passa est, quid paratum est imperfectis? Et quam vere scripsit Sapiens: *Cor durum habebit male in novissimo!*

EXHORTATIO SEXTA

De duritia cordis: *continuatur*

*Ross. 735 f. 66v med.   *Romae, Ian. 1584

Quoad tertium. Unde oritur duritia cordis?

S. Bernardus, lib. 1 *de Consideratione,* dicit eam nasci ex consuetudine. Nihil enim magis inducit stuporem et insensibilitatem quam longa consuetudo. Qui assuevit calceatus incedere, si cogatur nudis pedibus ambulare, primo die vix tolerat, sentit enim etiam minimas festucas; post aliquot dies incipiunt durari pedes, et non sentit nisi lapillos grandiusculos; tandem post multos dies obducuntur calli pedibus, et nihil amplius sentitur. Sic etiam aliquis valde devotus, si cogatur uno die omittere orationem aut officium aut missam, pri-

---

[1] Apud Van Ortroy pp. 27-30.
[4] oritur *cod.*: oriatur *vO*.

---

[194] novissimo: Hic finem facit exhort. 5ᵃ. Nam f. 66v ad verba: «Haec enim est, quae cor plane mollit et liquefacit», notavit *Bell. in margine*: Haec pertinent ad aliam exhortationem, quae est sexta, in qua explicatur tertium et quartum punctum.
[5] BERNARD., *De Consid.* 1 2: *ML* 182, 729-730.

mo die intolerabile iudicat; (f. 67r) secundo die non iudicat
adeo grave; tertio die etiam leve sentit; quarto die nec sentit (et hic incipit durities); quinto die crescit durities (nam si
antea non sentiebat damnum illius omissionis, nunc etiam
gaudet se quasi liberum esse ab illo onere); sexto die tristatur,
si cogatur redire ad pristinam vitam. Idem dici potest
de peccato commissionis. Qui enim incipit transgredi legem
Dei in quovis genere peccati, primo die sentit remorsum vehementem,
sed paulatim minuitur, donec veniatur ad insensibilitatem,
iuxta illud *Proverb.* *18, 3: *Impius cum in profundum
venerit malorum, contemnit.* Et ulterius etiam progrediuntur,
**ibid.* 2, 14, ut *laetentur cum male fecerint, et
exultent in rebus pessimis.* (f. 70r med.)

* * *

Quoad quartum. Quod remedium contra duritiem cordis?
Primum et singularissimum est petere a Deo ut cor emolliat.
Nam habet Deus certum quoddam unguentum, quod statim
corda emollit. « Gratia Dei, inquit Augustinus *de Praedest.*
cap. 8, a nullo duro corde respuitur, nam ad hoc datur
ut duritia cordis primitus auferatur ». Et Iob cap. 23, 16:
Deus mollivit cor meum.

Deus enim habet duo genera unguentorum: unum, quo
ungit omnes, et quod dat etiam non rogatus. Nam si ipse
exspectaret ut rogaretur, et non praeveniret illustrando, pulsando,
vocando, (f. 70v) nemo unquam eum rogaret. Sicut
qui in foveam proiectus dormit, non potest rogare ut excitetur
et eruatur inde; sed si excitatus fuerit ab aliquo eum
vocante, tunc poterit rogare ut excitetur perfecte et eruatur.
Non sumus sufficientes cogitare aliquid ex nobis, **sed suffi-*

34-37 Deus enim... vocando *cB*: Scit enim ipse, quid sit quod unicuique
ostensum, illum trahat. 2º Utile est ad praeservandum cor a duritie
saepius Deo per orationem admovere. Deus enim ignis est. Et sicut
docet Stus Bonaventura, utilissimum esse, si quis *la.*

---

30 Aug., *De Praedest.* 8, 13: *ML* 44, 971.

cientia nostra ex Deo est, *2 *Cor.* 3, 5. Deus igitur omnibus donat illud unguentum primum, quia pulsat ad cor omnium: *Ego sto ad ostium et pulso,* **Apoc.* 3, 20. Sed non omnes aperiunt; multi claudunt oculos et aures, etc.

Sed habet Deus aliud unguentum, quod numquam reicitur, licet reici possit. Nam mollit corda, et de nolentibus facit volentes. Nemo enim est tam durus, quin statim mollescat, si Deus velit loqui ad cor eius eo modo quo ipse scit, et ostendere nescio quid pulchri, quod ipse novit. Sed hoc unguentum Deus non ita prodige effundit; et saepe vult a se peti multis precibus, vel propriis, vel alienis. B. Paulus in momento unctus fuit hoc unguento, et ex lapide cera mollissima evasit; sed impetraverant hoc preces S. Stephani. S. Augustinus millies legerat epistolas Pauli, audierat contiones S. Ambrosii, disputaverat cum multis catholicis, nec moveri (f. 71r) potuerat. Tandem aliquando legit unum locum S. Pauli, quem saepe arido corde legerat, et, ungente cor eius Deo, per illam lectionem perfecte conversus est. Sed impetraverant hoc lacrimae matris eius multorum annorum. Sanctum Franciscum Deus vocavit paulatim. Primum enim inspiravit illi desiderium petendi gratiam Dei et perfectam conversionem, et sic ille longo tempore oravit gemitibus inenarrabilibus, et tandem, post multas preces, in aspectu cuiusdam crucifixi Deus unxit hoc unguento oculos et cor eius, et vidit crucifixum illum, quem forte saepe viderat arido corde, novis quibusdam oculis, ita ut per illum mox penetraverit in cor eius conversio et devotio et cognitio perfectissima. Oportet igitur hoc petere assidue. « Si non es tractus, inquit Augustinus, ora ut traharis ».

Alterum remedium est, et quidem magis particulare, occurrere initio malae consuetudini. Nam si inde oritur induratio, certe non orietur si non fiat consuetudo. Ad hoc autem

---

54-60 Aug., *Confess.* VIII 12, 29: *ML* 32, 762.
60 Bonavent., *Vita S. Franc.* cap. 1-2: *Sur.* V 573 sqq.
69 Aug., *In Ioh.* tract. XXVI 2: *ML* 35, 1607.

necesse est pertinaciter perseverare in bonis propositis et studiis pietatis; et cogitare quod, etsi parum videtur uno die omittere orationem aut (f. 71*v*) aliquid simile, tamen non est parum, cum ducat ad cor durum.

Tertium remedium est, facere contrariam consuetudinem. Et primum versandi cum Deo. Deus enim ignis consumens est; ideo qui sciret quam saepissime cor suum ad Deum erigere, non posset indurari. Et quia difficile est propter alia negotia recordari huius rei, S. Bonaventura docet utilissimum esse, si quis pro memoria locali accipiat horologium et quotiescumque audit horas, elevata mente ad Deum dicat unum Gloria Patri vel aliquid simile, vel unam collectam. Posset etiam hoc accommodari ad varios dies: ut die Veneris unum versiculum de Passione, die Sabbati de B. Virgine, die Dominico de Resurrectione, etc. Et si quidem homo est cum aliis, sufficit corde id facere; si est solus in cubiculo, posset etiam ore et oculis et manibus et genuflexione.

Deinde utilissima est etiam consuetudo cum sanctis tum vivis, tum mortuis. Sancti enim sunt veluti carbones igniti, qui etiam calefaciunt propinquantes ad se. Et ad hoc utilissima est lectio vitarum Sanctorum. Illae enim sunt exhortationes vivae (f. 72*r*) et contiones rerum, non verborum, quae mirabiliter movent.

Denique utilissimum est ad acquirendos bonos habitus, proponere sibi breve tempus vitae. Nam si mihi nunc revelaretur a Deo, me ante Pascha moriturum, certe maximo fervore hoc tempus transigere vellem, cum ex tam brevi tempore penderet aeternitas felicitatis aut miseriae meae. Sed licet mihi non sit revelatum, tamen probabile est id futurum, cum videam homines mori omnium aetatum et conditionum, et

---

[84] dicat: *sBe* vel corde, si est cum aliis; vel etiam ore, si est solus.
[85] vel aliquid ... collectam *cod.*: vel unam collectam, vel aliquid simile *vO*.

---

[82] BONAVENT. (?).

multos qui nihil minus cogitabant. Itaque sine temeritate possum credere me moriturum ante Pascha, saltem valde probabiliter. Proinde volo me parare hoc parvo tempore, et attente
vigilare super cogitationes, verba, opera, tamquam rationem
brevi redditurus. Nam si, cum dicitur alicui: « Para te, quia
defendes conclusiones in fine cursus », ille parat se, etiamsi
sciat multis modis posse impediri illas disputationes: cur ergo non me parabo, etc.? Quod si non eveniat quod opinabar,
nihil perdidi, (f. 72v) imo multum lucratus sum. Et si rursus
id faciam, cogitans me non perventurum ad Pentecosten, paulatim acquiram habitum invigilandi super gregem meum, et
facillime vivam perfecte, etiamsi multos annos victurus essem.

Potest etiam hoc fieri alio modo, ut faciebat S. Franciscus,
qui ut toto anno ferventer Deo serviret, sumebat excitamenta
a festis diebus. Nam a festo Omnium Sanctorum usque ad Natalem Domini ferventer vivendum est ob honorem Nativitatis;
deinde usque ad Pascha ob honorem passionis et resurrectionis Domini; tum usque ad Pentecosten, ob adventum Spiritus
Sancti; inde usque ad Assumptionem, ob honorem Matris Dei;
inde usque ad festum S. Michaelis ob honorem Angelorum; denique inde ad festum Omnium Sanctorum ob honorem Sanctorum. Nam sic homo seipsum utiliter decipit, cui durum videretur imponere, ut toto anno vigilaret: quomodo solemus
decipere aegrotos ut comedant, et debiles ut ambulent.

116-118 Bonavent., *Vita S. Franc.* cap. 9: *Sur.* V 602.

DE DONIS SPIRITUS SANCTI

EXHORTATIO PRIMA

De dono timoris

Ross. 735 f. 73r   11 Maii 1585

Quia propinquamus festo Pentecostes, tractandum existimavi de donis Spiritus Sancti, quae illo die copiosissime effudit in Apostolos, et quotidie effundit in alios iuxta infinitum thesaurum misericordiae et liberalitatis suae.

Dona praecipua enumerantur septem, *Isaiae* 11, 2: Sapientia, intellectus, consilium, fortitudo, scientia, pietas et timor. Quae quidem dicuntur dona, quia non emuntur, sed gratis dantur. Nam nec pretium ullum inveniretur, nec auctor indiget ulla re. Et dicuntur Spiritus Sancti, quia sunt res quaedam peregrinae, quae non inveniuntur in officinis hominum vel angelorum, sed a solo Spiritu Sancto, id est a solo Deo, dari possunt. Dicuntur autem dona Spiritus Sancti, non Patris aut Filii, quia hominem spiritualem efficiunt (ut omittam alias causas), et sanctum.

Nam sunt ista dona septem quasi septem gradus, quibus Deus perducit hominem ab initio conversionis ad summam perfectionem. Isaias enim coepit a sapientia et venit ad timorem, quia respiciebat istam scalam ut a caelo ad terram demissam, et sic numeravit descendendo. At si respiciamus quomodo ista scala a terra perducit ad caelum et numeremus ascendendo, primus est timor, (f. 73v) ultima est sapientia. Itaque primum omnium Deus donat spiritum timoris, ut incipiat hominem excitare a somno peccati. Inde proceditur ad pietatem; nam concussi per timorem, agunt poenitentiam, ius-

[1] Apud Van Ortroy pp. 31-38.

tificantur, efficiuntur filii Dei, et sic induunt viscera pietatis, et Deum ut Patrem clementem respiciunt, quem antea ut severum Dominum respiciebant. Tum vero timentes et amantes Deum, incipiunt solliciti esse quomodo vivant, quid agant, quid fugiant, ne Deum offendant. Itaque tertio loco dat illis Deus scientiam, qua intelligant quae sit voluntas Dei, quid ab illis requirat, etc. Ubi vero id cognoverint, quia in executione non parva est difficultas ob adversarios fortissimos, diabolum, mundum, carnem, dat Deus quarto loco spiritum fortitudinis. Et quia contra eos, quos diabolus vi superare non potest, insidias tendit et stratagemata, dat Deus quinto loco spiritum consilii, ut prudenter intelligat astutias diaboli et caveat ab eius insidiis. Tum vero animam sic exercitatam in vita activa, post aliquot victorias de diabolo reportatas et urbem bene firmatam et mu(f. 74r)nitam, ducit Deus ad altos montes contemplationis; et sexto loco dat illi intellectum, quo valeat meditari et penetrare mysteria caelestia. Et tandem septimo loco infundit sapientiam, quae est ipsa dulcis et sapida contemplatio, quae sequitur meditationem, et est participatio quaedam vitae beatae.

Ut igitur a timore incipiamus, tria de illo dicemus: 1°, quis sit ille timor, qui est donum Spiritus Sancti; 2°, quanta est eius utilitas; 3°, quod medium sit pro eo obtinendo et conservando.

* * *

Quantum ad primum, quinque timores distinguuntur a theologis.

Primus est naturalis, qui etiam in bestiis reperitur, et hic non est bonus nec malus, proinde nec donum Spiritus Sancti, quamvis bonus sit naturaliter, et a Deo insitus naturae ad eius conservationem.

Secundus est humanus seu mundanus, cum quis timet damnum temporale inordinate, id est plus quam Dei offensam

---

50 timor, qui *cod*.: timor, quod *vO*.

et damnum aeternum. Et hic est vitiosus et radix infinitorum malorum, et rari sunt qui non laborent hoc morbo saltem ex parte.

Tertius est timor servilis, et hic est, cum quis timet damnum aeternum, et propterea non peccat; tamen si non esset poena illa, peccaret. Hic timor est bonus et a Deo. Nam etiamsi in peccatoribus est coniunctus cum illa mala voluntate peccandi, si posset impune, (f. 74v) tamen non est ipse causa vel effectus illius malae voluntatis, imo e contrario illam comprimit et coercet saltem quoad actum exteriorem. Et hic est ille timor qui praecedit pietatem et ad illam disponit, et de isto scriptum est: *Initium sapientiae, timor Domini,* *Eccli.* 1, 16.

Quartus est timor filialis, castus et reverentialis, et est ille, quo timemus culpam et nolumus peccare, quia nolumus Deum offendere, etiamsi impune possumus. Hic dicitur filialis, quia est proprius filiorum ad patrem; et castus, quia est sponsae ad sponsum; et reverentialis, quia est amici inferioris ad superiorem, qui timet eum contristare, quia colit et reveretur eum. Et hic etiam est donum Dei, sed non praecedit pietatem, sed cum illa manet, quasi eius frater germanus. Nam tam ipse quam illa oriuntur ex matre caritate, et sunt tam similes et coniuncti ut in Scriptura saepe eodem nomine appellentur. Unde *Isaiae* 11, 2-3, ubi enumerantur septem dona, non ponuntur nisi sex nomina in hebraeo, sed ultimum bis repetitur.

Quintus timor est initialis, et hic est mixtus ex duobus praecedentibus. Nam timet poenam et culpam, sed magis culpam quam poenam. Atque hic est in omnibus piis ho(f. 75r)minibus, dum hic vivunt. Verum, quando est crescente caritate, minuit timorem poenae, quia crescente amore Dei homo semper magis et magis obliviscitur proprii commodi et acquirit etiam securitatem apud Deum, quae pellit sollicitudinem. Unde Ioannes dicit *1 Ep.* 4, 18: *Perfecta caritas foras*

---

93 quae *cod.*: qui *vO*.

mittit timorem. Tamen in hoc mundo raro aut numquam est tam perfecta caritas, ut non sit utile timere gehennam. Unde Dominus futuris martyribus dicit *Luc. 12, 5: Timete eum qui potest mittere in gehennam.* Et maximi etiam Sancti leguntur timuisse iudicium et gehennam, ut David *Psalm. 118, 120: A iudiciis tuis timui;* et *Iob* *31, 14: *Quid faciam cum venerit ad iudicandum Dominus?* Et sanctus Hieronymus scribit ad Eustochium se ob gehennae metum elegisse solitudinem. Et quamvis quaestio sit, utrum timor poenae sit unum ex septem donis Spiritus Sancti, et aliqui nolint, quia is timor non fuit in Christo, in quo tamen fuerunt omnia dona, tamen S. Augustinus, lib. *de gratia et libero arbitrio* cap. 18, Gregorius hom. 19 *in Ezechielem,* satis clare docent etiam timorem poenae, qui minuitur crescente caritate, pertinere ad illum timorem, qui est septimum donum Spiritus Sancti. Illud enim donum comprehendit omnem timorem bonum, qui datur nobis a Deo, et is fuit in Christo secundum unam speciem tantum, non secundum omnes. (f. 75v) Sed quidquid de hoc sit, omnes tamen concedunt omnes illos tres timores esse dona Dei, sive sint ex septem, sive non.

* * *

Quantum ad secundum, multae sunt utilitates timoris Domini.

Prima, quod est initium sapientiae. Quae sententia saepe in Scriptura repetitur. Est autem timor Domini, initium sapientiae, quia tunc primum homo incipit sapere et revera uti iudicio et bene discurrere, cum incipit magni facere res aeternas, gehennam, gloriae amissionem, et similia. *Cor sapien-*

106-107 lib. de gratia... Ezechielem *cB*: et Gregorius, imo etiam Basilius *la*.
118 repetitur *cod.*: reperitur *vO*.

---

101 Hieron., *Epist.* 22, 7: *ML* 22, 398.
,106 August., *De grat. et lib. arb.* 18, 39: *ML* 44, 904.
106-107 Greg. M., *In Ezech.* hom. 191 (II 7) 17; *ML* 76, 1017.

tis, inquit Sapiens **Eccle.* 10, 2, *in dextera eius; cor stulti in sinistra illius.*

Qui habent cor ad sinistram partem, id est ad res temporales, stulti sunt, quia cor est immortale et res istae sunt temporales, quae ipsum deserunt, cum minus cogitat. Si quis traiecturus flumen latissimum, fabricaret pontem brevissimum, qui ne ad quartam partem quidem fluminis perveniret, et in eo ponte ornando consumeret totum suum tempus et pecunias: certe stultus esset. Nam cum esset postea transiturus, statim pons eum deseret. Si quis esset iter facturus per unum annum per desertum aut per mare, et magno sumptu compararet cibos et oneraret se, sed essent omnes cibi, qui post unum diem corrumpuntur, ut carnes recentes et similia: certe stultus esset, etiamsi videretur sapiens iis qui nesciunt quo ille iturus sit. Deberet enim, si saperet, emere bis coctum panem, carnes salitas, etc. Ita etc...

Et hoc etiam convenit religiosis, qui cor ad sinistram aliquando habere convincuntur, cum solliciti sunt de honoribus vel de commodis, vel genere studiorum, etc. Magna ergo utilitas timoris Domini, qui transfert cor de (f. 76r) sinistra ad dexteram, et sanat stultitiam, qui videtur morbus incurabilis. Et est primus gradus ad iustificationem, sine quo non ascenditur ad alios. Unde Sapiens **Eccli* 1, 28: *Qui sine timore est, non poterit iustificari.* Denique introducit caritatem. Nam, ut ait Augustinus, cum est ornanda aliqua vestis, fila serica et aurea sunt introducenda; tamen illa non intrant, nisi prius intret acus, qui est durus et acutus, et facile penetrat. Itaque acus intrat primo, non ut maneat, non enim esset ornamentum, sed foeditas; sed ut introducat fila serica, quibus introductis, ille exit. Ita quoque ornari debet anima iustitia, caritate, pietate; sed ista non penetrant cor durum et assuetum amori rerum terrenarum. Idcirco immittit Deus

---

126 cogitat *cod.*: cogitant *vO.*

---

146 AUG., *In ep. Ioan. ad Parth.*, tract. 9, 4: *ML* 35, 2047-2048.

acum timoris, qui pungit cor et penetrat et viam aperit ca-
155 ritati, et postea discedit, cum perfecta est caritas. Nec solum
per modum acus pungit, sed etiam per modum tonitrui et fulguris terret, et terrendo excitat a somno et reducit hominem
ad seipsum. Ludunt aliquando homines securi, vel etiam dormiunt. Apparet repente fulgur et sequitur tonitruus cum ful-
160 mine; continuo excitantur, ad se redeunt, signo crucis se ar-
mant, invocant Deum, etc. Ita cum homines dormiunt in peccatis, vel ludunt et contemnunt res futuras inebriati rebus temporalibus, Deus aliquando repente (f. 76v) fulgurat in corde im-
mittens lucem suam, in qua illi serio apprehendant gehen-
165 nam, iudicium finale, etc. Et simul terret quasi tonitru quodam, et concutit mentem, et eo modo eos disponit ad salutem.
Ita sanctum Paulum Deus convertit primo percellendo praesentia maiestatis; ita etiam Apostolis, quamvis piis, ante adventum Spiritus Sancti, misit sonitum vehementem, quo illi
170 territi humiliarentur et praepararentur ad gratiam illam eximiam recipiendam.

Secunda utilitas est, quod conservat et defendit animam
in hac vita ab omni peccato; idque facit omnis timor sanctus, sed maxime filialis, qui non recedit nec minuitur veniente
175 caritate, sed potius crescit. Quo enim quis magis amat, eo
magis timet offendere rem amatam. Unde *Iob.* 31, 23: *Semper quasi tumentes fluctus timui Deum.* Nota *semper,* et *quasi
tumentes fluctus.* Vult enim dicere, semper et maxime se timuisse ne Deum offenderet.
180 Declarant hanc utilitatem sancti Patres variis similitu-
dinibus. Basilius in primum caput *Proverbiorum* dicit timorem similem esse clavis, qui tenent hominem ne se movere possit, iuxta illud *Psalm.* *118, 120: *Confige timore tuo carnes
meas.* Nam non solum tenetur ne non possit se movere, si
185 velit; sed etiam clavi faciunt ne non velit vel conari ad (f. 77r)

167-170 Cf. *Act.* 9, 1-29; 22, 3-21; 26, 9-18; et 3, 1-2.
181 Basil., *In Prov.* cap. 1, hom. 12, 4: *ML* 31, 393.

movendum, quia, cum conatur, magis pungunt clavi et maior existit dolor. Sic igitur cum accedunt tentationes et occasiones peccandi, qui habet in corde hunc timorem, securus est, quia statim pungit memoriam proponendo iudicium, gehennam, iram Dei. Chrysostomus. hom. 15 *ad populum Antiochenum,* dicit timorem esse quasi fortissimum militem armatum, semper excubantem ad fores animae hominis iusti, qui non permittit accedere fures aut latrones, aut ullos hostes. Alii comparant sali, qui conservat a putredine et corruptione, licet urat et pungat.

Sed et ipsa Scriptura divina mirabiliter docet hanc utilitatem, cum omnem sapientiam, omnem virtutem et ipsam beatitudinem tribuit timori, non quod ipse timor sit omnis virtus, sapientia et beatitudo, sed quia sine illo omnia perduntur, per illum omnia conservantur. *Iob* 28, 28: *Ecce timor Domini, ipsa est sapientia. Ecclesiastici* 1, 20: *Plenitudo sapientiae, timor Domini*; et cap. 19, 18: *Omnis sapientia, timor Domini.* De sancta Iudith volens Scriptura dicere eam fuisse ornatam omnibus virtutibus, uno verbo dixit *Iudith 8, 8: *Timebat Dominum valde.* Et similia multa inveniuntur, quae aperte docent quantus thesaurus sit timor Domini. (f. 77v)

Tertia utilitas est, quod liberat a timore humano. Vix est ullus morbus universalior in mundo et magis incurabilis, quam timor humanus. Hic nobiscum nascitur et crescit, et vix umquam perfecte exstirpatur; hic est causa infinitorum malorum et impedit infinita bona. Pueri vixdum nati discunt mentiri ob metum verberum aut ignominiae; maiores natu non solum mendacia, sed etiam periuria committunt ob metum damni temporalis. Adulationes omnes parit hic timor; correptionem fraternam hic timor impedit. Denique omnes actus heroicos fortitudinis, temperantiae, iustitiae, parcere inimicis,

---

202-203 timor Domini: *sBe* et Proverb. 28: Beatus homo, qui semper est pavidus.

190 CHRYSOST., *Ad pop. Antioch.* 15, 1: *MG* 49, 154.

exponere se periculis pro Deo, amplecti seriam poenitentiam,
quid impedit nisi timor humanus? Hanc igitur pestem non
curat nisi timor Domini. Hic enim est serpens Mosis, qui de-
220 vorat dracones magorum. Maior enim timor vincit minorem.
Aliquando homines in itinere fatigati sunt et pedes habent
laesos, ita ut vix audeant eos ponere super lapides, timentes
ne laedantur. Sed si tunc occurrant hostes armati, aut bestia
aliqua ferox, incipiunt continuo currere, ac si numquam am-
225 bulassent et sanissimi essent. Sic igitur, etc.

Scribit Gregorius, in hom. *de Magdale*(f. 78r)*na,* tantam
fuisse confusionem et verecundiam, quam illa patiebatur interius, cum peccata sua cogitaret, ut non timuerit nec erubue-
rit in publico convivio prosternere se ad pedes Domini, ibi-
230 que largiter flere, et capillis eos pedes tergere. Scribit Ambrosius in illa verba *Psalm.* 118, 161: A *verbis tuis formidavit
cor meum,* sanctos martyres, cum videbant ignem accensum,
gladios nudatos, bestias frementes, cruces, rotas et similia,
timere coepisse; sed statim timorem Domini posuisse ante
235 oculos mentis ipsorum ignem aeternum, gloriae amissionem,
inimicitiam Dei; et eo timore compressisse alium timorem.
Unde illi dicebant: « Terrent quidem ista temporalia aliquantulum, sed tamen *a verbis tuis formidavit cor meum* ».

Quarta utilitas est, quod ligat et stringit hominem cum
240 Deo, eumque facit diligentissimum in obsequio Domini et super omnia humilem et reverentem. Nam quem timemus perdere, diligenter custodimus. Videmus in hoc mundo, cum unus
ambit gratiam alterius et timet ne eam perdat, quot vias
quaerit conciliandi eum sibi, ut aulici et alii. Numquam sa-
245 tiatur serviendo, semper cogitat quid possit facere quod placeat domino suo vel rei amatae. Sanctus Franciscus nihil fere
petebat aliud a Deo, quam ut ei significaret quid facere pos-

---

[226] Greg. M., *Hom. de Ev.* II 33, 1: *ML* 76, 1239.
[230-231] Ambros., *In Psalm.* 118 v. 161: serm. 21, 8: *ML* 15, 1505 (1582).
[246] Thom. a Celano, *Legenda prima S. Franc.,* cap. 91: ed. Rom.
1906, p. 95.

set, quod ei esset gratum, ut nimirum se cum Deo magis ligaret, a quo separari gravius (f. 78v) omni gehenna esse putabat. Denique qui timet Deum et eius iudicia, summe humiliatur, et prosternit se corde et corpore, intellectu, voluntate, omnibus potentiis illi Maiestati, quia scit nihil esse quo Deus magis offendatur quam superbia; et cum erit vel minima in corde elatio, statim comprimitur ab hoc timore. Atque adeo est proprium huic sancto timori stringere hominem cum Deo et diligentem atque humilem reddere, ut propterea etiam beati in caelo dicantur timere, et etiam tremere coram Deo; non quod timeant poenam vel culpam, cum securissimi sint, sed quia habent hos effectus timoris sancti. Unde legimus, *Psalm.* 18, 10: *Timor Domini sanctus manet in saeculum saeculi.* Et *Iob.* 26, 11: *Columnae coeli contremiscunt et pavent ad nutum eius.* Et in praefatione dicunt: « Per quem Maiestatem tuam laudant angeli, adorant dominationes, tremunt potestates ».

* * *

De tertio, id est de remedio ad conservandum timorem, dicemus in sequenti exhortatione. Interim magnum remedium erit considerare et bene perpendere has tot et tantas utilitates timoris Domini, quia purgat animam a peccato, conservat purgatam, extinguit timorem mundanum, et ligat cum Deo.

EXHORTATIO SECUNDA

De timore Domini *acquirendo et conservando

*Ross. 735 f. 79r   *1585, prob. Iun.

Beatus homo qui semper est pavidus, Prov. 28, 14.

Multae sunt virtutes timore nobiliores; tamen nulla est magis necessaria omni tempore et in omni actione, quia, cum

---

[1] Apud Van Ortroy pp. 39-44.
[1-2] Exhortatio ... conservando *mut.*: Secunda exhortatio de timore Domini *cod.*

homo vivat in medio periculorum et tam facilis sit ad committenda mala et omittenda bona, timor Domini est frenum in malis et calcar in bonis. Et ideo *beatus qui semper est* ¹⁰ *pavidus,* *Prov. 28, 14, id est in omni loco, in omni tempore, in omni verbo, in omni cogitatione, in omni actione. Hinc etiam *Isaias,* cap. 11, 2-3, cum de aliis donis dixerit: *Requiescet super eum spiritus sapientiae,* etc., de timore aliter dicit, nimirum: *et replebit eum spiritus timoris Domini.* Quae verba si exponantur de Christo non quantum ad Caput, quod est ipse, sed quantum ad corpus eius, quod sumus nos, ut exponit Bernardus, Serm. 54 *in Cantica,* significabunt oportere hominem ita proficere in timore, ut tandem totus eo repleatur intus et extra, ita ut oculi, aures, lingua, manus, pedes, cor, intellectus, et omnes potentiae, et omnia membra repleantur hoc sancto timore, et possit dicere cum *Iob* *9, 28: *Verebar omnia opera mea.* Iste enim beatus erit, et ideo beatus, quia semper pavidus. Denique *Ecclesiastes* concludit (f. 79v) suam contionem *cap. 12, 13: *Deum time, et mandata eius observa; hoc est enim omnis homo.* Nam timor Dei facit servari mandata; servare autem mandata est esse vere hominem, non bestiam. Nam homo, si rationalis sit, id est si sit homo, finem suum ultimum attendet, et media ad illud accipiet, quae sunt mandata. **Matth.* 19, 17: *Si vis ad vitam ingredi, serva mandata.* Porro mandata servare facit timor. *Isaias* *33, 6: *Divitiae salutis, sapientia et scientia. Timor Domini ipse est thesaurus eius.* Ergo *beatus qui semper est pavidus.*

Cum igitur tam necessarius sit timor, quaerendus est modus illum acquirendi et conservandi. Modus autem unus est et efficacissimus: intelligere et serio considerare Deum esse praesentem in omni loco et in omni tempore.

---

¹² Requiescet *cod.*: Requiescat *vO.*
²² beatus *cod.*: beatus vir *vO.*
³⁰⁻³² Isaias ... thesaurus eius. *am vaga.*

---

¹⁷ Bernard., *In Cant.* serm. 54, 11-12: *ML* 183, 1044.

* * *

Ut autem hoc ostendam, proponam aliquot veritates.

Prima est, quod naturaliter praesentia aliorum gignit timorem et verecundiam. Ille autem timor impedit mala. *Qui male agit, odit lucem,* inquit Dominus, **Ioan.* 3, 20. Et patet experientia. Nam da unum vehementissime tentatum, et qui habeat occasionem peccandi; tamen si est in medio foro, continebit se. Unde nemo debet, cum peccat, excusare se ob vehementiam tentationis, quia, si ex verecundia humana potest illam vincere, quomodo non vinceret, si vellet, ex timore vel amore Dei? Verum quidem est quod ille (f. 80r) continebit corpus, sed non cor a peccato. Sed ideo id fit, quia cor non est in publico, sicut corpus. Itaque est ingenitus hominibus pudor quidam, qui in multis rebus praevalet omnibus affectibus.

Secunda veritas est, quod Deus est semper praesens non solum operibus, sed etiam cordibus. Non possumus ab eo recedere: nam *in ipso vivimus, movemur et sumus,* **Act.* 17, 28. Sicut pisces non possunt ab aqua et homines ab aëre separari: ita etc. ... Nam Deus conservat omnia, et operatur cum omnibus omnia. Non autem id faceret, nisi esset praesens, quia non operatur per instrumenta, sed per suam substantiam, cum sit summe simplex. Unde *Psalm.* 138, 7: *Quo ibo a spiritu tuo?* Et alibi: *Caelum et terram ego impleo,* **Ier.* 23, 24. Ex his duabus veritatibus, si attente cogitentur, oritur ingens timor in omni opere, verbo et cogitatione.

Tertia veritas est, quod in Deo cessant omnes causae, quae aliquando faciunt ut homines non timeant publicum. Nam homines, etsi erubescunt naturaliter peccare coram aliis, tamen quinque de causis aliquando non erubescunt. Primo quando sunt coram eis, qui non sentiunt, ut coram caecis et surdis. — Secundo, quando coram eis qui, etsi sentiunt, tamen non coggnoscunt, ut coram infantibus vel bestiis. — Tertio, quando cognoscunt, sed non iudicant esse mala, ut coram sui simili-

---

46 quod ille *cod.*ṇ: quod *vO*.

bus. Alioquin coram homine iusto aut praelato erubescunt, quia nolunt haberi mali. — Quarto, quando coram eis qui, etsi sentiunt, cognoscunt et iudicant, tamen non ad eos attinet, et ideo non curant quid agatur. Unde timent servi coram dominis, filii coram parentibus, (f. 80v) discipuli coram magistris, uxores coram viris, privati coram rege vel iudice. — Quinto, quando coram eis qui, etsi sentiunt, cognoscunt, iudicant et ad eos pertinet, tamen non possunt impedire: ut sunt aliquando parentes valde senes, mariti valde pauperes, iudices sine satellitio, etc.

Haec omnia cessant in Deo. Nam primo Deus non est truncus aut lapis, sed totus est mens, totus est oculus, etc.; et secundo *omnia nuda sunt et aperta oculis eius,* **Hebr.* 4, 13. *Omnia corda scrutatur Dominus,* *1 *Paral.* 28, 9. Nec obstat quod non videmus illum; nam non erubescimus, quia videmus, sed quia videmur, ut patet. — Tertio omnia mala ei displicent, etiam minima, quia ipse est rectissimus et regula omnium rerum. Sicut regula non potest coniungi rei obliquae, ita etc. ... *Non volens iniquitatem tu es,* **Psalm.* 5, 5. — Quarto ad eum pertinet: quia ipse est dominus, quia fecit; pater, quia fecit ad similitudinem et promisit haereditatem; magister, quia *illuminat omnem hominem* **venientem in hunc mundum,* **Ioan.* 1, 9; sponsus, quia per spiritum fidei et caritatis sponsavit nos sibi: *Despondi vos uni viro virginem castam exhibere Christo,* *2 *Cor.* 11, 2; denique rex et iudex, ut in *Symbolo* legimus. — Quinto Deus omnipotens est, cum sit infinitae virtutis et cum ab illo omnia pendeant, et paravit ignem inexstinguibilem. Cogita igitur quid sit peccare coram tali oculo. Exemplum de meretrice conversa ab eremita. (f. 81r)

Quarta veritas est, quod non solum Deus, sed etiam omnes Angeli et homines beati vident quidquid facimus seu cogitamus. Scio quibusdam doctoribus id non probari. Tamen hoc dicit sanctus Basilius in libro *de Virginitate,* ubi monet virgines, ut etiam solae in cubiculo honeste se habeant, quia

---

102 Basil., *De virgin.* 29: MG 30, 728.

semper videntur ab Angelis et omnibus Sanctis, qui omnia in
Deo vident. Idem etiam dicit Hieronymus in libro ad Vigilantium, ubi dicit quod, sicut Agnus est ubique, ita et Sancti sunt
ubique, nimirum per intelligentiam, non per substantiam. Et
Sanctus Gregorius: « Quid non vident, qui videntem omnia vident? » Praeterea si in hoc mundo Elisaeus, S. Franciscus et
multi alii videbant corda hominum, si S. Benedictus aliquando
vidit totum mundum sub uno radio solis, ut Gregorius refert,
nonne credibilius est Sanctos glorificatos omnia videre? Et
forte hoc voluit Paulus, cum ait *1 Cor. 4, 9: *Spectaculum facti
sumus mundo, angelis et hominibus.* Iam ergo, si cogitemus
quod semper sumus in theatro ubi videntur nostra opera, verba
et cogitationes a Deo et innumerabilibus oculis Angelorum et
Sanctorum, quomodo poterit fieri, ut non cum summo timore agamus, loquamur, cogitemus? Quae fuit umquam meretrix, quae in foro, in meridie, in conspectu totius populi auderet male agere? Quomodo ergo cor nostrum non videt se
esse impudentius omni meretrice, cum in media luce Dei
(f. 81v) et in conspectu tot millium Angelorum et Sanctorum
ea facit, quae non faceret meretrix in conspectu decem hominum?

* * *

Nec solum haec consideratio praesentiae Dei et Sanctorum utilis est ad timorem incutiendum, sed etiam ad effectus
timoris immediate producendos.

Effectus timoris filialis est fiducia et securitas quaedam.
Nam qui timet Deum, non eum offendit. Haec autem conscien-

126-133 sed etiam ... securitatem *cB*: imperfectis. Sed mirabiliter iuvat
perfectis, idque dupliciter: primo, quia praebet illis fiduciam impetrandi
et securitatem. *la.*

---

105 Hieron., *Ad Vigil.* 6: *ML* 23, 359.
108 Greg. M., *Dialog.* IV 33: *ML* 77, 376 (quid est quod nesciant, ubi
scientem omnia sciunt).
109 4 *Reg.* 8, 11-13; Bonav., *Vita S. Franc.* cap. 11: *Sur.* V 607-610.
110 Greg. M., *Dialog.* II 35: *ML* 66, 196; *Sur.* II 374.

tia gignit incredibilem fiduciam. *Si cor nostrum non reprehenderit nos,* inquit Iohannes *1 Ep. 3, 21, fiduciam habemus
ad Deum. Iam igitur consideratio praesentiae Dei parit securitatem in omni periculo. Nam si pueri se putant securos,
quando vident patrem prope se, et principes securi dormiunt,
quando sciunt vigilare in sua custodia centum milites: quid
potest timere qui est amicus Dei; et certo credit prope se, immo intra se, extra se, supra se, infra se, circa se, ubique esse
Deum cum tota sua omnipotentia, ad cuius nutum omnia tremunt? Hinc Sancti non timebant feras in eremo, non aquam,
non ignem, non daemones, non homines.

Praeterea cum videant semper ante oculos suos Deum cum
tota sua clementia et divitiis, fidunt, orant et accipiunt; est
item effectus timoris sollicitudo bene operandi. Hanc autem
sollicitudinem mirum in modum auget haec consideratio: est
enim stimulus et calcar ad omnia opera bona. Nihil enim est
quod magis moveat ad res arduas libenter subeundas, quam
oculus rei amatae, vel certe oculus eius cuius gratiam cupimus et a quo praemium expectamus. Scri(f. 82r)bit Iosephus
de Bello Iudaico, in oppugnatione Hierosolymae milites ardentissime pugnasse, quia imperator ex edito loco eos aspiciebat.
Scribit Cassianus in *Collatione* quinta multos fuisse, qui in
coenobio ubi videbantur et laudabantur a multis, sine labore
ieiunabant ad nonam et ad vesperam; at in solitudine, ubi non
videbantur, vix poterant ad sextam ieiunare. Sanctus Cyprianus in *Exhortatione martyrii* non adfert maius argumentum,
quam quod martyres in conspectu Dei et Christi et sanctorum
Angelorum decertent. Immo haec videtur fuisse causa, cur
primo martyri Christus apparuerit in caelo stans, ut intelli-

---

[151] Collatione quinta: *lacun. implevi.*

---

[148] Cf. Flav. Ios., *De bello Iud.* III, 10(23) 2-3 et IV 2(8), 1.
[151] Cassian., *Coll.* V 12:. ML 49, 628.
[154-155] Cyprian., *Epist.* 8 ad martyr.: ML 4, 249 (253), collato *Exhort
martyr.* 13: ML 4, 675 (702).
[158] *Act. Ap.* 7, 56 de S. Stephano.

geret agonem suum videri, et eo modo accenderetur ad pugnandum viriliter.

Denique quanta sit utilitas huius considerationis, docent nos exempla Sanctorum. Abrahae dicitur *Gen. 17, 1: *Ambula coram me, et esto perfectus*. Helias dicebat *3 Reg. 17, 1: *Vivit Dominus, in cuius conspectu hodie sto*; et David *Psalm. 15, 8: *Providebam Dominum in conspectu meo semper*. Et Paulus subditis *Eph. 6, 6: *Non ad oculum servientes, sed ut servi Christi*, id est: nolite operari bona tantum exterius, quo pertingit oculus hominis, sed etiam interius, quo pertingit oculus Christi. Denique hoc fuit frenum et calcar omnibus Sanctis. (f. 82v)

* * *

At quomodo acquiremus hanc ipsam considerationem? Exercitio et assuefactione; sic enim moralia acquiruntur. Sed tamen occurrunt mihi aliqua instrumenta excitantia istam considerationem.

1° Unum est signum campanae: vox enim obedientiae, quae nos toto die exercet et ad singula fere opera movet, ut patet a primo illo pulsu quo excitamur, usque ad ultimum, quo mittimur cubitum. Si quis igitur assuesceret audire campanam illam ut obedientiae vocem, et vocem obedientiae non solum humanae, sed etiam divinae: facile assuesceret multis vicibus per diem videre et audire praesentem Deum.

2° Res omnes, quibus utimur et quibus carere non possumus, possunt nos mirabiliter excitare ad praesentiam Dei cognoscendam. Si quis v. g. in cibo, vestibus, libris et instrumentis omnibus cogitaret ibi esse Deum; et ipsum esse qui per eam rem nos nutrit, fovet, calefacit, docet, etc., et, cum ea in nos intrat, nobis unitur.

3° Non solum ea quibus utimur, sed etiam omnia quae videmus et quorum admiramur vel pulchritudinem, vel dignitatem, vel potentiam, possunt excitare nos ad praesentiam Dei

---

182-187 Cf. *Exerc. Spir.* S. Ignatii: Contemplat. ad amor. spir.

considerandam; si advertamus omnia illa nihil esse nisi corticem divinae bonitatis, quae in illis omnibus rebus latet. Vere enim intima est omnibus rebus divina bonitas, et quaedam eius redundantia est bonitas creaturae. Inde vere colligemus,
195 cum tanta sit suavitas huius corticis, quanta erit medulla; et stultos esse qui, relicta medulla, solam corticem quaerunt; et denique discemus nemini invidere, nihil desiderare rerum quae Deus non sunt, cum medullam earum rerum habere possimus.

EXHORTATIO TERTIA

De dono pietatis.

Ross. 735 f. 83r   *1585, prob. Iul.

Sequitur donum pietatis. Significat proprie pietas eum af-
5 fectum qui debetur parentibus et patriae. Et quia Deus est primus et praecipuus pater noster, inde est quod in Scripturis pietas frequentissime accipitur pro cultu Dei. Sed in eo distinguitur a religione, quod religio honorat Deum ut dominum, pietas ut patrem. Et quia proprium est filii moveri affectu
10 compassionis erga patrem aut matrem et alios sanguine iunctos, si in afflictione sint; inde est quod pietas accipitur etiam a scriptoribus et vulgo apud omnes pro misericordia erga quoscumque miseros. Et sic accipit S. Bernardus nomen pietatis in toto sermone 12 *in Cantica,* ubi tractat de unguento devo-
15 tionis. Nos ergo de hac pietate dicemus, quae respicit Deum ut patrem, et omnes proximos, praesertim in eorum afflictionibus, ut patres, vel fratres, vel filios, prout sunt nobis maiores, aequales aut minores. (f. 83v)

* * *

Et quidem quanta sit huius doni utilitas, explicat Apos-
20 tolus, qui eam optime noverat et eam praeter cetera posside-

---

1 Apud Van Ortroy pp. 45-50.

---

13 BERNARD., *In Cant.* XII 1: *ML* 183, 828.

bat et amabat, cum ait, 1 *Tim.* 6, 6: *Est autem quaestus magnus pietas cum sufficientia.* Et quomodo sit hoc verum, explicat etiam in eadem epistola, ubi ait 1 *Tim.* 4, 7-8: *Exerce te ad pietatem. Nam corporalis exercitatio ad modicum valet; pietas autem ad omnia valet, promissionem habens vitae quae nunc est et futurae.* Ubi notandum est per corporalem exercitationem non intelligi poenitentias corporales, ieiunia, cilicia, etc. Nam, ut bene ait Chrysostomus in hunc locum, ista si fiant, ut oportet, non sunt corporalia sed spiritualia: nam spiritum iuvant, non corpus; et iuvant pro alia vita, non pro ista. Immo isti vitae praesenti potius nocent. Si autem fiant sine spiritu, non prosunt nec in hac vita, nec in alia. Loquitur ergo apostolus de exercitatione corporali, quo corpus exercetur ut fiat robustum, expeditum, pulchrum, etc., quomodo se exercebant olim athletae. Inde enim sumit apostolus metaphoram, ut patet ex verbo graeco γύμναζε σεαυτόν (f. 84r) . . .

. . . .

tatum, aegrotum, etc. ad eum certatim accurrerent et omnes cuperent primi esse, qui eum sublevarent. Nam *beati misericordes, quoniam ipsi misericordiam consequentur,* *Matth. 5, 7, et *Iudicium sine misericordia ei qui non fecerit misericordiam,* **Iac.* 2, 13.

* * *

Est autem haec pietas non solum lucrosissima, sed etiam nobilis; nam est propria Dei. Deus enim agit contrario modo ac homines mundi. Isti enim libenter benefaciunt divitibus. Sicut flumina omnia currunt ad mare, licet mare non egeat aquis, et multa loca terrae arida reliquunt, quae, si vel rivulum

---

[26] et futurae *corr. vO*: futurae *cod.*
[36] σεαυτόν. Lacuna aliquarum paginarum. In calce paginae *manu non Bellarmini*: « P. R. Bellarmine, post duo illa verba graeca desideratur una vel altera pagina. Rogo mittere eam ad me velit, si erit ei commodum ».

---

[28] Chrysost., *In 1 Tim.* IV, hom. 12, 3: *ML* 62, 561.

haberent, multum fructificarent: ita homines mundi libenter donant divitibus, sed pauperibus vix aliquid dare possunt; id-que faciunt, quia a divitibus exspectant retributionem, et sic
50 revera amant se, non illos. At Deus, qui nullius eget et qui nihil ab ullo exspectat, omnibus dat, sed maxime se inclinat miseris. *Misericordia eius super omnia opera eius* *Psalm. 144, 9. Et hunc spiritum dat filiis suis, ut in hoc cognoscantur veri filii eius, si puro amore afficiantur, illis maxime qui non possunt
55 retribuere. Ita videmus Sanctos; quo maiores fuerunt, eo magis abundabant hoc unguento pietatis. Vide Christum; ut plurimum cum peccatoribus agebat, cum turbis, cum aegrotis. (f. 84v)

Abraham patriarcharum summus et Dei singularissimus
60 amicus in hac virtute excelluit. Cum videret peregrinos in via fessos, orabat ut ad se intrarent: ipse currebat ad gregem, vitulum optimum occidebat, etc. Sic etiam Moses sanctissimus prophetarum ita abundabat visceribus pietatis, ut vellet deleri de libro vitae pro salute populi, a quo saepius convicia, mur-
65 murationes et fere lapides passus fuerat. David, cum videret populum caedi ab angelo, clamabat *2 *Reg.* 24, 17: *Ego sum, qui peccavi. Vertatur, obsecro, gladius tuus contra me.* Paulus, **Rom.* 9, 3, pro inimicissimis suis Iudaeis optabat *anathema esse a Christo*; christianos vero omnes tenerius diligebat, quam
70 ulla mater infantem suum. S. Franciscus usque ad animalia bruta extendebat pietatem suam; sed praecipue erga aegrotos afficiebatur, ut etiam Pater noster Ignatius; nam in hoc simillimi fuerunt. Vide lib. 2 cap. 30 *Chronicorum S. Francisci.* Uterque eorum cupiebat suos aegrotos patientes et quietos, et
75 qui intelligerent etiam in aegritudine se pauperum religioso-

---

73 Vide... Francisci *am vaga.*
75 qui *cod.*: quod *vO.*

---

59 Cf. *Gen.* 18, 1-8.
70 Bonav., *Vita S. Francisci* cap. 8: *Sur.* V 599-601.
72 Ribad., *Vita S. Ignat.* V 7.
73 Marc. Yliss., *Chron. S. Franc.* II 30.

rum more vivere debere; et interim tamen incredibili diligentia curabant ut nihil eis deesset. Immo ipse sanctus (f. 85r) Franciscus non erubescebat in persona propria ire mendicatum carnes et alia pro suis aegrotis, et recreationes eis procurare, quas pro se numquam accepisset. Ut magis se accenderet in hoc officio pietatis, considerabat in singulis afflictis Christum, pro quo eos amabat, et cuius membra illi erant. Et eo modo non poterat afflictum videre, quin totus liquefieret; nec poterat se continere, quin statim curreret ad eum iuvandum. Et certe nullum est maius signum verae caritatis, quam ita affici erga miseros. Nam affici erga sanos et bonos qui habent in se multa quae alliciunt, facile est: et saepe videtur caritatis, et est amor naturalis. At affici erga miserum, aegrotum, foedum, etc., non potest fieri ex obiecto illo, sed ex interno amore a Deo infuso. Sicut enim mater afficitur erga filium turpem, aegrotum, foedum, non quia ille est amabilis, sed quia ipsa est mater et habet in se viscera pietatis maternae. Hoc autem quod dat matri natura ipsa maternalis, hoc dat nobis, qui parentes non sumus, spiritus pietatis, et ideo orandus Spiritus Sanctus, ut ipse ad nos veniat et ista viscera nobis tribuat. (f. 85v)

* * *

Videmus nunc quomodo etiam in hac vita prosit nobis ista pietas erga proximum. Id vero certissimum. Nam nihil optabilius in hoc mundo, praesertim in congregatione, quam pax et unio. Haec autem non conservantur meliore glutino quam pietate, qua invicem supportamus nostros defectus. Hoc Paulus docet. Nam cum admonuisset Ephesios ut omni diligentia conservarent vinculum caritatis, addit explicans modum conservandi *cap. 4, 2: *Supportantes invicem in caritate.* Nemo est qui non habeat defectus et aliquid molestum aliis, sive sit superior sive inferior, sive senex sive iuvenis, sive indoctus sive doctus. Et quatenus quisque defectus habet, eatenus cadit super alium cui est molestus. Quod si iste subtrahat se et nolit ferre aequo animo, et si rursum iste nolit ferre alium, fit divisio et consequenter ruina. Sicut si duo ligna inclinata sibi occurrant, si unum alterum sustineat, utrumque stat; si vero nolint se invicem sustinere, utrumque cadit.

Et quia res ista est summi momenti, cogita defectus eorum, cum quibus versaris, esse medicinam quandam et crucem tibi a Deo datam. Multi sunt qui libenter faciunt poenitentias, quas ipsi sibi (f. 86r) sumunt, et tamen defectum socii sui, quae est poenitentia a Deo iniuncta, ferre non possunt. Et tamen in rebus corporalibus non sumus ita stulti, ut malimus pharmacum quod ipsi cogitavimus quam illud quod medicus praescribit, quia scimus nos facile posse errare vel in ipsa re, vel in mensura quae nobis convenit. Cogita deinde te habere etiam defectus, quos alii supportare debent misericorditer, et ideo iustum esse ut tu feras aliorum; denique cogita hoc esse magnum signum habeas necne Spiritum Sanctum. Nam Spiritus Sanctus est ignis qui coquit et indurat lutum nostrum. Lateres recentes mollissimi sunt, at cocti in fornace durissimi fiunt, ut vix malleis frangantur: ita homines sine igne Spiritus Sancti teneri sunt et molles, vel uno verbulo audito franguntur; at qui receperunt Spiritum Sanctum, durissimi fiunt, ut nec ad verbera frangi possint. Et sicut stomachus frigidus non potest digerere carnes, etiam teneras; at stomachus bene calidus digerit etiam caepas: ita etc. ... Ita videmus apostolos. Ante Pentecosten manebant clausis foribus, cum tamen nemo illos persequeretur; at post adventum (f. 86v) Spiritus Sancti, ne ora quidem claudere dignabantur, etiamsi pharisaei et pontifices eos flagellis caederent.

* * *

Dixi de pietate erga proximum, quomodo sit utilis in hac vita et in futura; dicamus nunc de pietate erga Deum. Ac primum quod sit quaestuosissimum pro alia vita, certum est, quia nec pietas erga proximum lucraretur aliquid apud Deum, nisi procederet a pietate erga Deum. Itaque pietas erga Deum, id est caritas illa filialis, quae est praecipuum donum Spiritus

---

132-135 Cf. *Ioan.* 20, 19 et *Act. Ap.* 5, 33-42.

Sancti, erat sicut lapis alchimiae, qui omnia convertit in aurum. Nam omnia opera quae tanguntur hoc affectu, sunt meritoria vitae aeternae. Et hinc est quod saepe multi plus laborant, et minus lucrantur. Confer doctores religiosos et mundanos, opifices religiosos et mundanos, denique aulicos principum et Dei. Itaque summopere quaerendus est spiritus internus, amor filialis et purus: nam ab illo omnia procedunt.

Quod autem in hac vita prosit haec pietas, facile probari potest. Nam imprimis dat id quod homines mundi maxime quaerunt, id est immortalitatem nominis etiam in hoc mundo. Quid quaerebant antiqui (f. 87r) illi tot statuis, tot arcubus, tot libris, nisi hanc perpetuam famam et nomen post mortem? Cur tot labores sumebant in bellis, in exstruendis urbibus, in scribendis libris, etc.? Et tamen paucissimi eorum obtinuerunt hoc nomen. Nam statuae, libri, arcus fere omnes perierunt. Et illi ipsi qui nominantur, quam paucis noti sunt! Certe vix millesima pars hominum eos novit. Et illi qui eos norunt, qua veneratione eorum recordantur? Nulla omnino. Nam sciunt eos in inferno esse Deo et omnibus sanctis odibiles. At SS. Antonius, Franciscus, Benedictus (ut interim omittam Apostolos et martyres et doctores) nec statuas fecerunt, neque arcus, neque libros; sed semper dederunt operam pietati Dei, ut eum agnoscerent, amarent, honorarent, et se totos illi sacrificarent. Et tamen isti noti sunt omnibus, etiam pueris, feminis, rusticis. Ubique extant eorum memoriae, et quando eorum recordamur, semper id facimus cum veneratione, cum laude, etc.

Et tamen haec est minima particula lucri pietatis, quam Sancti nec petierunt, nec de illa cogitarunt. Verum enim lucrum in hoc mundo (f. 87v) est regnum Dei, id est *pax et gaudium in Spiritu Sancto*. Hoc secum adfert vera pietas Dei. Si possemus videre corda impiorum, quamvis regum et imperatorum, et contra corda piorum, quamvis pauperrimorum: videremus illa, ut naves in medio mari continuo agitatas con-

---

173 quamvis *corr. vO*: quam *cod.*

170 Cf. *Rom.* 14, 17.

trariis ventis; videremus quasdam nunc ascendere, a fluctu
delatas, usque ad caelum, et continuo descendere usque ad
abyssum, nec ullam esse quae diu in summo stare possit; videremus alias plenis velis currere, sed statim allidi ad sco-
pulos; alias aspirante vento prospero vela facere, continuo aspirante contrario demittere vela; denique plurimas ludibrium
esse contrariorum ventorum. Sic enim regnant in eiusmodi
cordibus timores, spes, suspiciones, amores, odia, indigna-
tiones, etc. At corda piorum videremus ut homines ambulantes in littore securos, quietos et certos perveniendi ad optatum
locum, quia pedes posuerunt non super mare inquietum, sed
super firmam petram. Adhaeserunt enim bonis aeternis, quae
nec per se intereunt, nec auferri a quoque possunt. Et licet pre-
mantur inopia, morbo, persecutionibus, tamen .....

[*cetera desunt*]

EXHORTATIO QUARTA

De dono scientiae

*deest   *Nov. 1585

EXHORTATIO QUINTA

De dono fortitudinis

*deest   *Dec. 1585

EXHORTATIO SEXTA

De dono consilii: *pars prima*: *de obedientia*

*Ross. 735 f. 89r   1586, *prob. Ian.

Donum consilii est lumen quoddam, quo discernimus iter
per quod incedere debemus, et praecipitia, impedimenta, insidias inimici, quae in illa occurrunt. Est etiam veluti sal, quo

---

188 tamen ...: Exhortatio non fuit absoluta. Folia 88r et 88v vacua
sunt. Desunt deinde exhortatio quarta et quinta.
1 Apud Van Ortroy pp. 51-57.

condiuntur omnia opera; nam docet circumstantias omnes, id est quando, ubi, quomodo, quidque fieri debeat: sine quorum observatione omnia opera, etiam alioquin optima, insipida sunt et nauseam provocant. Denique est in hoc mari huius vitae instar chartae navigantium, quae indicat ubi lateant scopuli, ubi sint brevia, ubi sint vertices, etc. Quare sanctus Antonius, ut refert Cassianus in 2a *Collatione* abbatis Mosis, cum inter seniores quaereretur, quae sit virtus maxime necessaria, ut quis secure perveniat ad optatum portum salutis; et alii alia dicerent, dum unus ieiunia, alius vigilias, alius hospitalitatem, alius orationem commendaret: affirmavit nullam esse magis necessariam quam discretionem seu prudentiam spiritualem, quia sine hac omnia alia nihil prosunt. (f. 89v)

Prudentia seu discretio hominis religiosi ad duo praecepta reduci potest. Unum, ut sinat se regi et duci ab obedientia maiorum; et in hoc consistit potissima pars prudentiae religiosae. Et si quidem possemus in omni tempore et loco, et in omni actione particulari habere ante oculos talem ducem, non esset opus ullo alio praecepto prudentiae: sicut in itinere, quando habemus nobiscum peritum ducem, non est opus ut solliciti simus de via; at quando dux non venit nobiscum, sed tamen docet ut eamus per talem et talem viam, tunc oportet ut ipsi vigilemus et solliciti simus ne erremus. Sic etiam in via perfectionis obedientia mittit nos per varias vias: unum iubet contionari, alium docere, etc. Et dat quidem instructionem singulis, sed non potest dirigere singulas cogitationes, verba, opera particularia. Ideo opus est alio praecepto prudentiae, quod potest uno verbo dici: *Stare sopra di se,* sive *Attende tibi,* de quo insignem orationem scripsit S. Basilius.

* * *

Ac, ut a primo incipiam, dico illum vere esse prudentem et habere donum consilii, qui est bene persuasus optimum

---

[13] CASSIAN., *Collat.* II 2: *ML* 49, 525.
[35] BASIL., *In illud: Attende tibi*: *MG* 31, 197-217.

esse religioso sinere se regi et acquiescere in eo statu, in quo po(f. 90r)situs est ab obedientia, et existimare illum sibi esse
40 utilissimum. Id imprimis ostendit evidens ratio. Nam vocavit nos Deus ad religionem: ergo non bene eramus in saeculo. Et licet multi in saeculo salventur et aliquando sint perfectiores religiosis, ut ille rusticus, de quo legimus apud Cassianum, *Coll.* 14 c. 7, tamen mihi utilior est religio, nisi forte Deus,
45 quod est impium cogitare, deceptus est et non bene novit vel me, vel religionem, vel saeculum. Quod autem ipse me vocaverit, si sincero animo intravi, certum est, quia tale desiderium non potest esse a daemone, nec ab homine, sed a solo Deo. Rursus vocavit me ad hanc religionem, ergo haec mihi utilis-
50 sima est. Et licet in aliis multi sint viri sancti et multa opera bona fiant, tamen illae mihi non erant utiles, ut ista, quia Deus, qui me vocavit, novit omnes religiones: nam ipse omnes instituit, et novit etiam me, quia ipse me fecit. Quando veniunt pueri ad scholas nostras, mittuntur ab examinatore ad diver-
55 sas classes, prout illis expedire iudicat; et si is qui mittitur ad primam grammaticae, vellet ire ad rhetoricam, quia illa est altior, vel ad quartam grammaticae, quia ibi minus laboratur; merito argueretur, quia illae non conveniunt eis. (f. 90r) Certe melius novit nos omnes Deus quam ullus examinator dis-
60 cipulos. Denique vocavit Deus nos in hac religione ad obediendum, non ad imperandum. Ergo nobis utilissimum est obedire, et ars nostra ac professio esse debet bene obediendi. Et sicut tentatio diabolica esset velle ire ad saeculum aut ad aliam religionem sub quocumque praetextu, quia, ut dixi, Deus qui
65 me optime novit, ad hanc me religionem vocavit: ita tentatio est velle aliter vivere et aliud agere, quam obedientia velit, quia Deus, qui me optime novit, ad obediendum vocavit. Et sicut imprudentiae merito argueretur, qui artem aliquam profiteretur, et tamen curiose inspiceret aliorum artificum opera; et ut
70 illa inspiceret, sua desereret aut minus bene conficeret: sic imprudens est qui, cum profiteatur obedientiam, curiose atten-

---

[43] CASSIAN., *Collat.* XIV 7: *ML* 49, 960.

dit ad ea quae sibi non sunt imperata, et propterea negligit sua.
Et sicut qui in itinere haberet peritum ducem, stultus esset, si
vellet illum praecedere et viam per se inquirere, etc. ...: ita etc.
Denique, etiam extra leges obedientiae, prudentia est in rebus
dubiis accommodare se aliis et facere quod alii volunt, non quod
ipsi volumus. Hinc enim multa bona oriuntur: nam et mortifi-
camus nos ipsos, et humiliamus, et pacem conservamus, quae
multo plus valent quam delectatio faciendi propriam voluntatem. Unde S. Franciscus semper promittebat socio obedientiam;
quod si prudentia est obedire non superiori, quanto magis superiori, a societate et a Deo mihi dato.

Deinde hoc idem ostenditur ex malis quae eveniunt eo quod
religiosus non acquiescit in eo in quo positus (f. 91r) est; et
vel desiderat, vel etiam procurat mutare exercitium; vel etiam
reipsa exercet se in aliis ex proprio iudicio. Nam, ut plurimum,
isti decipiuntur et illuduntur a daemone, et cum putant se fac-
turos maiora opera et lucra, inveniunt se iacturam fecisse.

Narrat abbas Abraham, *Collatione* 24 cap. 13, pulcher-
rimam sancti Macharii similitudinem. Erat, inquit, tonsor quidam, qui domi suae, in sua civitate, quiete et commode vivebat. Nam accipiebat a singulis quos tondebat tres denarios:
ex qua mercede victum comparabat, et quotidie reponebat in
marsupio centum denarios. Is audivit in alia civitate longe
posita tonsores pro singulis capitibus decem denarios lucrari. Itaque excitatus, « Quamdiu, inquit, feram hanc mendici-
tatem? » Surrexit, et abiit ad illam aliam civitatem, et in itinere expendit omnia quae antea lucratus fuerat. Cum perve-
nisset, erexit officinam, coepit tondere homines, et vere lu-
crabatur decem denarios pro singulis capitibus. Unde vehe-
menter laetabatur. Sed cum voluisset cibum emere, invenit
omnia carissimo pretio vendi; nec potuit sufficientem victum

---

82 a Soc. *lectio incerta*: a me *vO*.
95 lucrari *add*.

---

80 Bonav., *Vita S. Franc.* cap. 6: *Sur.* V 592.
89 Cassian., *Collat.* XXIV 13: *ML* 49, 1301.

comparare, nisi omnia insumeret, quae tondendo (f. 91v) lucratus fuerat. Tunc agnovit stultitiam suam, et lucrum istud
105 magnum fuisse, sed imaginarium, ex quo nihil superesset; illud autem primum fuisse parvum sed verum. Sic etiam multi saepe cupiunt mutare officium, putant magnum lucrum esse in officiis aliorum, praesertim illustrioribus, et non cogitant distractiones, anxietates, pericula, quae in illo officio al-
110 tiore reperiuntur.

Sanctus Gregorius, lib. 25 *Moralium* cap. 22, considerat structuram tabernaculi, quod Deo iubente fecit Moses. Nam interiora velavit bysso, cocco, hyacinto; exteriora pellibus caprimis et ciliciis. Videri potuisset alicui contrarium debere
115 fieri: nam pretiosiora altiorem et magis conspicuum locum merebantur. At sapientissime sic fecit Moses: nam locus ille altior expositus erat ventis, pluviis, pulveribus, ad quos tolerandos non sufficiebat byssus et coccus. Ita ergo multae sunt animae pretiosae coram Deo et similes bysso, sed tenerae, ita
120 ut non possint conservare devotionem suam et puritatem, si ponantur in alto loco et exponantur tumultibus huius mundi. Illas ergo latere voluit in loco humiliori (f. 92r) sub tutela pellium et saccorum. Et hinc non debent qui sunt in inferiori loco, invidere iis qui sunt in loco altiore; sed eis compati et
125 grati esse, quia per illos custodiuntur. Et contra qui sunt in loco altiore, non debent superbire; sed cogitare se inservire pretiosioribus rebus.

Dices: id aliquando contigit, ut male cederet iis, qui non acquiescunt in suo statu, sed non semper. Immo semper male
130 cedit! Nam causa huius desiderii, ut idem ille abbas Abraham docet, est superbia et ignorantia sui ipsius. Quomodo autem potest ex superbia et ignorantia aliquid boni prodire? Superbiam autem esse causam patet. Nam qui vere est humilis et se ipsum novit, non se reputat idoneum ad ullum officium; sed
135 tamen facit alacriter quod ei iniungitur, quia cogitat Dominum, qui eo vult uti, scire etiam per instrumenta ineptissima

---

[111] Greg. M., *Moral.* XXV 16(22) 39: *ML* 76, 346.

facere quidquid voluerit. Qui enim luto et sputo illuminavit caecos et qui per piscatores convertit philosophos et oratores, certe poterit etiam per me facere quidquid voluerit. At si non iniungatur, non ingerit se, quia non se reputat idoneum. Qui ergo se ingerit et non vocatus (f. 92v) aspirat ad aliquod officium, ille plane superbus est. Praeterea etiamsi superbia non esset, tamen est hypocrisis, quia est redire ad saeculum sub praetextu boni operis. Nam qui suo iudicio eligit quid facere debeat, et id procurat sibi ab obedientia concedi: in quo differt a saeculari? Et nonne magna stultitia esset, exire ex mari periculoso, et agere gratias Deo quod eum liberaverit ex eo loco, et tamen sponte sua per aliam viam reverti ad mare?

Sed aliquis forte non ex superbia nec ex hypocrisi, sed ex quadam simplicitate optat ascendere ad altiora studia vel exercitia, quia videt se habere habilitatem ad maiora, etc. Huic etiam simpliciter respondeo: vel quaerit ascendere ut sit maior coram hominibus, et haec vanitas est mundanorum; vel ut sit maior coram Deo, maior in religione, et tunc scire debet, quod ille est maior coram Deo, qui est melior religiosus, magis obediens, humilis, etc...

Aliud magnum malum est in hac re et signum magnae stultitiae: quia cum posset aliquis secure, quiete et facile multum progredi et multum lucrari, ipse eligit cum periculo et magno labore parum progredi et parum lucrari. Si quis iter facturus posset equo vel navigio ferri et mallet ire pedibus et sine navibus traicere flumina; et praeterea sarcinam suam vellet ipse ferre, cum posset dare alteri ferendam: nonne stultissimus esset? Id accidit prorsus religiosis. Nam qui sinunt se regi, illi feruntur in navi obedientiae et sarcinam suam (f. 93r) id est curam sui ipsius, in illa navi ponunt, et sic sine sollicitudine multum progrediuntur et secure: quia non ipsi, sed superior reddet Deo rationem pro illis. At qui suo iudicio regi volunt, illi ambulant pedibus suis, et onus suum ipsi portant, et illo onere gravati non possunt nisi lentissime progredi

---

156 humilis etc.: *sBe* Exemplum Sti Pinufii apud Cassianum lib. 4, c. 30.

et cum magna maestitia. Quaenam est causa, cur tam parum tot annis promoveamus? Quia gravamur sarcina nostri ipsorum. At si sciremus vere proicere curam nostri in navim obedientiae, leves et expediti toti ferremur in Deum. Deinde non solum parum progrediuntur, sed etiam magis laborant quam alii. Nam ordinarie quae quis suo iudicio arripit, illa diligentius facit, et in illis plus temporis et operae ponit.

Et ut videamus hanc esse tentationem diaboli, scribit Cassianus, *Collat.* 9, cap. 6, de quodam monacho curioso, qui in rebus non iniunctis plurimum laborabat. Cum transisset illac sanctus quidam senior, vidit illum infelicem occupatum in quodam saxo frangendo, et simul vidit diabolum in forma Aethiopis, qui illum instigabat et (f. 93v) requiescere non sinebat. Nam cum ille monachus iam fessus sudaret et deponeret malleum, ille Aethiops tantum agebat instigando, donec illum cogebat iterum arripere malleum et pergere. Itaque sicut diabolus impedit opera obedientiae et suadet difficilia esse, ita e contrario incitat ad alia. Sed reapse multo minus laborat, qui facit quod iniungitur, quam qui suo iudicio: quia non est superior tam indiscretus, ut supra vires oneret, sicut facit daemon.

Praeterea non solum parum progreditur et magno labore, qui suo iudicio nititur; sed etiam cum anxietate, maestitia, turbatione. Nam vel succedunt quae cupit, vel non succedunt. Si succedunt, mala conscientia illum torquet; si non succedunt, quod est frequentius, quia velit nolit cogitur saepe desistere ab eo quod cupit, et hinc turbatio, moeror, murmuratio, suspiciones, imo omnis fere tentatio hinc oritur. Quanto igitur sapientius faciunt, qui, dimissa cura suis ipsius aliis, quieto et tranquillo animo navigant.

Denique quanta felicitas esset in die mortis et iudicii liberum esse (f. 94r) a reddenda ratione! At haec felicitas est vere obedientis, ut scribit in *Dialogis* suis S. Catharina Senensis.

178-179 Cassian., *Collat.* IX 6: *ML* 49, 777.
203 Cather. Sen., *Dialog.*, tratt. della obedientia, cap. 163: Opera (ed. Gigli) III p. 260.

Contra, inobediens debet de se rationem reddere. Et si in aliis religionibus id est grave et periculosum, maxime in nostra, ubi praecipua professio fit obedientiae; cum nec silentium, nec clausuram, nec asperitatem vestium, nec ieiunia, nec vigilias, nec alios labores habeamus, ut multae aliae religiones.

Tertium malum est quod qui suo iudicio vult regi et non acquiescit manere in eo in quo ponitur ab obedientia, is totam religionem turbat et, quantum in se est, destruit. Religio enim est unum corpus, unum aedificium, unus exercitus, una harmonia fidium, unum horologium. Si in corpore unum membrum nolit fungi munere suo, sed usurpare munus alterius, ut si pes dicat: « Numquid ego semper debeo calcare lutum? Volo ego etiam parumper manere in capite », etc.: non solum ipse nihil boni faceret, (f. 94v) sed etiam totum corpus impediretur. Idem dico de aedificio, de exercitu etc. Quicumque autem membra sunt huiusmodi corporis, vel exercitus, vel aedificii etc., pluris debent facere bonum commune quam suum, si vere quaerunt gloriam Dei.

Oremus Deum, ut ipse aperiat oculos mentis nostrae: et qui nos vocavit ad hunc statum, det etiam intelligere quam sit nobis bonum et utile in eo acquiescere.

EXHORTATIO SEPTIMA

De dono consilii: *pars altera: de regimine sui.*

*Ross. 735 f. 95r   *1586, prob. Febr.

Diximus de prudentia religiosi, quae consistit in obedientia; nunc dicemus de prudentia eiusdem, quatenus ipse etiam se ipsum regere, et cooperari debet obedientiae. Salomon de-

---

213 usurpare *cod.*: usurpat *vO*.
220 gloriam Dei: *sBe* Et si res naturales contra propriam inclinationem moventur ad replendum vacuum, quanto magis deberet religiosus contra gustum proprium exerceri in aliquo officio, si id expediat bono communi.
1 Apud Van Ortroy pp. 58-64.

scribit prudentem cum tribus proprietatibus. Dicit enim sapientem habere oculos in capite, os in corde, et cor in dextera: *Sapientis oculis in capite eius, Ecclesiastae* 2, 14. *In ore fatuo-*
¹⁰ *rum cor illorum, et in corde sapientium os illorum, Ecclesiastici* 21,29. *Cor sapientis in dextera eius, cor stulti in sinistra illius, Ecclesiastae* 10, 2. Ad haec possunt reduci omnia quae ad hanc prudentiam pertinent.

* * *

Primo igitur ille est sapiens, qui habet oculos in capite.
¹⁵ Ille habet oculos in capite, qui totum seipsum respicit: quomodo qui est in summitate turris, totam urbem videt, et non potest ullus intrare vel exire, quin ipse videat; at qui est in porta turris, non videt nisi res vicinas. Hoc est quod dicimus, stare supra seipsum. Sed quia oculi humani duos defectus ha-
²⁰ bent; unum quod non vident nisi partem anteriorem, licet sint in summo loco corporis; (f. 95v) alterum quod non vident nisi in luce, nec possunt ipsi tenebras dissipare: ideo Dominus, ut ait S. Antonius apud Cassianum, *Collatione* 2ª, comparat prudentiam lucernae. *Lucerna corporis tui est oculus*
²⁵ *tuus, Matth.* 6, 22. Lucerna enim in candelabro posita undique illuminat et tenebras dissipat. Itaque oculus mentis est similis oculo corporis, quia videt, et est similis lucernae, quia undique respicit, et etiam tenebras insidiarum discooperit. Haec igitur est prima conditio sapientis, quae quidem utilissima
³⁰ est. Nam multa sunt peccata, quae evitari possent facillime, si homo haberet oculos in capite. Multa enim peccata fiunt ex sola inconsideratione, praesertim ab hominibus qui dant operam perfectioni et qui nec ignorantia laborant, nec habent malos habitus, nec demum ex malitia, cuncupiscentia, vel igno-
³⁵ rantia peccant; nisi ista inconsiderantia dicatur ignorantia.

Videmus primum peccatum tam angeli quam hominis hinc esse natum. Nam angelus non habuit ignorantiam, non concupiscentiam, nec malitiam praecedentem, cum esset plenus

---

[23] Cassian., *Collat.* II 2: *ML* 49, 526.

gratia et lumine. Unde igitur peccatum intravit ad illum? Ex
sola inconsideratione (f 96r). Sic etiam peccatum hominum
per mulierem coepit. *Mulier autem seducta in praevaricatione
fuit,* inquit Paulus, *1 Tim. 2, 14. Itaque mulier per imprudentiam peccavit; nam hoc est *seduci.* Plurima exempla refert
Cassianus in *Collatione* 2ᵃ abbatis Mosis, religiosorum etiam
perfectissimorum, qui tandem perierunt ob solum defectum
huius luminis.

Potest autem duobus modis peccari ex isto capite inconsiderationis: primo, quia homo absolute non considerat quid
agat. Aliquando videmus quosdam gestus quosdam corporis
facere, sive comedendo, sive ambulando, sive loquendo, qui ab
iis qui eos vident notantur ut deformes; et certum est quod si
ipsi haberent ante se speculum, in quo se ipsos viderent, dum
ita comedunt, ambulant etc., erubescerent et emendarent. Sed
si saperent, loco speculi deberet (f. 96v) esse consideratio et
inspectio sui et reflexio assidua super opera sua. Idem dici potest de neglectu regularum, ut de discursibus circa regimen
superiorum, de discursu per collegium, etc. Nec enim ista fiunt
ex ignorantia vel malitia vel infirmitate, sed ex sola inconsiderantia. Sic etiam in Officio dicendo, si quis cogitaret cum
quo loquatur, vix posset fieri ut indevote diceret. Theophylactus in 11. cap. *prioris ad Corinthios* recte monet, quod si in
Missa consideraremus quis sit ille qui in altare in conspectu
nostro iacet, hoc solum sufficeret nos devotos efficere.

⁴⁰ sola inconsideratione *cB*: coepit seipsum respicere, et suam pulchritudinem eximiam: quod quidem (f. 96r) non fuisset malum, si eam
retulisset in Deum; sed non stetit supra seipsum; non consideravit,
quid esset quod videbat: nimirum quod creatura erat; neque unde venerat: nimirum a Deo; sed haesit in illa pulchritudine, et sic captus
amore sui ipsius, ut fabulae dicunt de Hiacintho, coepit obtenebrari et
contemnere Deum etc. *la.*

⁶³ efficere: *sBe* Aliquando cogitavi quid sit, quod maiori attentione
servimus Deo in proximis, ut cum docemus, concionamur vel domestica

⁴⁴ CASSIAN., *Collat.* II cap. 5, 6, 7, 8: *ML* 49, 529, 531, 534, 535.
⁶⁰ THEOPHYL., *In 1 Cor* 11, 29: *MG* 124, 708.

Secundo peccatur, quando quis considerat quidem quod agit vel quod ei offertur, sed superficialiter, et non totam rem comprehendit, nec ponderat; ut cum quis in umbra rem videt, vel ex loco inferiori vel ex loco remoto. Saepe enim quod ex loco inferiori videtur magnum, ex loco alto videretur parvum; et quod in umbra videtur pulchrum, si adhibeas lucernam, apparebit turpe; et quod longe conspectum videtur pretiosum, prope videbitur vile. Hoc modo peccavit primus angelus. Nam coepit aspicere suam pulchritudinem, quae vere magna erat; sed aspexit illam ex loco inferiori et quasi in umbra. Nam si ascendisset supra se et illam considerasset undique, adhibito etiam lumine intellectus, quo illam perfecte vidisset: cogitasset illam nihil esse, nisi imaginem Creatoris, et ex nihilo factam, et ex se nihil esse, et totum quod erat esse ex dono Creatoris; et sic non in eam haesisset, sed per eam ad Creatorem ascendisset. Sed quia omisit ista considerare (f. 97r) et in illa sola pulchritudine conquievit, captus est amore sui ipsius; et inde tenebrari coepit et contemnere Creatorem, quasi sibi ipse sufficeret, etc. Sic etiam Eva, si quod ei diabolus proponebat non statim admisisset, sed contulisset cum suo superiore, id est Adamo, et expendisset coram Deo, certe non peccasset. Sic multa nobis videntur gravia, cum imponuntur, quae levia viderentur, si ex loco alto et in lumine ea consideraremus. Nam quid grave potest accidere homini, qui se totum Deo dedit, et cui mori pro Christo nihil est, nisi lucrum? Sic multa videntur bona vel minus mala, quia in umbra cogitantur. Unde P. Ignatius iubet, ut semper, antequam aliquid petamus a superiore vel ipsi aggrediamur, conferamus nos ad orandum, et

officia peragimus, quam Deo in seipso, ut cum recitamus divinas laudes: cum tamen aulici mundani longe diligentius serviunt dominis suis in persona propria quam in persona alicuius commendati ab illis. Sed causa est, quia non perfecte attendimus, quid agamus.

67 vel ex loco remoto *cod.*: remoto *vO*.
79 illa *cod.*: ea *vO*.

---

88 Cf. *Philipp.* 1, 21.
90 *Summ. Const.* 46.

eam rem coram Deo consideremus: id enim est ex loco alto et adhibito lumine eam considerare .Et sane Deus, cum nos iudicabit, non ita superficialiter considerabit opera nostra, sed scrutabitur Ierusalem in lucernis et minutam rationem exiget. Quare si nolumus tunc confundi, oportet ut praeveniamus examen Dei, et nos ipsi prudenter examinemus, opera nostra, etc.

* * *

Secunda proprietas prudentis est, quod habet linguam sive os in corde, cum contra fatuus habeat cor in ore.

Quod vere sit prudens, qui habet os in corde, id est qui prius cogitat an debeat loqui et quid debeat loqui, patet primo, quia minimo labore evitat plurima damna. Unde est quod silentium extra tempus recreationis, (f. 97v) nobis tam saepe commendatum et inculcatum et regulis et voce superiorum, tamen non servatur? Ex sola inconsideratione, et quia non habemus os in corde. Neque enim id provenit ex ignorantia, ut patet; neque ex infirmitate, quia non est res difficilis tacere; neque ex malitia vel inobedientia: nam videmus etiam eos in hoc deficere, qui alioquin prompti sunt ad omnem obedientiam, nec est dubium quin si, cum incipiunt loqui, veniret in mentem prohibitio, non loquerentur. Sola ergo causa est, quod non habemus os in corde. Eodem modo plurima vaniloquia, stultiloquia, detractiones, etc. ex eadem causa nascuntur.

Sed non solum plurima damna, sed etiam gravissima interdum evitarentur minimo labore, si quis haberet os in corde. Nam aliquando ex uno verbo inconsiderate prolato oriuntur rixae, inde odia, aversiones, et aliquando etiam mortes multorum. Unde pulchre et vere S. Iacobus *Ep. 3, 5-6 comparat verbum inconsiderate prolatum scintillae ignis, quae in-

---

[104] nobis tam *cod.*: tam *vO*.
[114] stultiloquia *omis. vO*.
[119] aversiones *omis. vO*.

---

[95] Cf. *Soph.* 1, 12.

tegram silvam consumit. Vide exemplum sanctae Monicae
lib. 9 *Confess.* cap. 9. Habemus nos exemplum domesticum
in vita P. N. Ignatii, qui singularissime profecerat in hac virtute: inde tardissime loquebatur et verba omnia (f. 98r) pon-
derabat et abhorrebat a superlativis; et aliquando confessus
est se vix unquam dixisse, cuius postea eum poeniteret.

* * *

Tertia proprietas prudentis est, ut habeat cor in dextera
parte, cum contra fatui habeant in sinistra. Per dexteram intelliguntur bona aeterna, stabilia, divina. Et sicut in transitu
fluviorum sapientes sunt qui oculos figunt in ripa, quae ultra fluvium est, et stulti sunt qui figunt in aquam labentem
(nam ex intuitu aquae labentis oritur turbatio et vertigo capitis, et saepe etiam casus et demersio in aquas): ita qui in
transitu huius vitae figunt cor in caelo et in rebus illis sta-
bilibus, securi transeunt, nec turbantur ob instabilitatem rerum praesertium. « Ibi sit cor, inquit Augustinus, et hic erit
pax ». At qui respiciunt in aquam et cuicumque rei transi-
sitoriae afficiuntur, fieri non potest quin turbentur. Si quis ex-
aminaret omnes qui vel in religione inquiete vivunt, vel non
perseverant, inveniret omnes omnino, nullo excepto, oculos
habuisse et cor ad fluvium, id est ad aliquid transitorium,
etiamsi aliquando sub specie boni. Difficile est omnino (f.
98v) cor abstrahere a mundo. Semper enim conatur mundus
vel uno vel alio modo retinere aliquam domunculam in corde
nostro; et nescio quo modo post omnia vota et post omnem
abrenuntiationem saeculo factam, adhuc homo quasi timet totum se proicere in Deum, ac intra se dicit: « Si dimitto istam
commoditatem, si illam recreationem, si illud exercitium, forte non bene mihi succedet ». At si re vera sciremus semel ab-
rumpere omnia vincula, quae nos retinent in parte sinistra,
et totum plane cor proicere in dexteram, o quanta pax, secu-

---

[123] Aug., *Confessiones* IX 9, 19: *ML* 32, 772.
[124] Ribad., *Vita S. Ign.* V cap. 6.
[137-153] Aug. (?)

ritas, tranquillitas sequeretur! Recte Augustinus: « Ibi sit cor, et hic erit pax ». Et alibi: « Proice te in eum, non se subtrahet ut cadas ». Et P. Ignatius: « Quanto quis arctius se ligaverit cum Deo, nimirum dimissa sollicitudine omnium temporalium rerum et sui ipsius; et vere indifferens factus ad quidquid ille voluerit: tanto magis experietur illum in se magis liberalem ».

Rursus ille habet cor in dextera, qui semper respicit maius bonum in Dei obsequio, et illud prius et diligentius facit. Videmus aulicos, quando ministrant in mensa familiaribus domini sui, diligenter attendere, sed longe diligentius quando ipsi domino suo ministrant. Et tamen nobis aliquando contrarium accidit. Nam etsi omnia facimus propter Deum, tamen saepe attentius servimus Deo in proximis, quam in seipso. Quando docemus, contionamur, officia domestica facimus, tunc ministramus in mensa familiaribus Dei: (f. 100r m.) at quando oramus et laudes Deo persolvimus, tunc ipsi Domino in mensa ministramus. Et tamen quam saepe accidit, ut negligentius ista quam illa faciamus. Similiter maius bonum est bonum commune totius religionis, quam particularis profectus in litteris huius vel alterius; et ideo qui habet cor in dextera, libenter facit quod ei iniungitur propter bonum totius corporis religionis, etiamsi alioquin ipsi utilius fortasse esset pergere ad studia altiora. Exemplum de rebus, quae contra suam naturam adveniunt ad replendum vacuum. (. 98v infra)

Sed hic oritur una dubitatio. Nam qui habent cor in dextera, videntur debere esse semper hilares, quia in dextera (f. 99r) sunt bona maxima et stabilia; et tamen Sapiens dicit *Eccle*. 7, 5: *Cor sapientis, ubi tristitia; cor stulti, ubi laetitia*. Sed facile solvitur ista dubitatio. Nam etiamsi qui habet cor in dextera, non patitur dolorem ex amissione rerum tempora-

---

176 vacuum *cod.*: urceum *vO*.
177 oritur *cod.*: erit *vO*.

---

154 Cf. Aug., *In Psalm* 90: Qui habitat: *ML* 37, 1149 sqq.
155 *Summ. Const.* 19.

lium: tamen habet aliam tristitiam altiorem et utiliorem. Nam quo magis quis figit cor in caelo, eo magis intelligit quantum sit bonum uniri cum Deo, implere eius voluntatem et tandem pervenire ad indissolubilem coniunctionem, quae erit in gloria; inde saepe cogitat quantum adhuc itineris supersit, et quale iter sit, quod eo perducit. Hic vero videt rem quandam horribilem, et quae illum cogit expavescere, et summa cum sollicitudine et timore pedem figere, iuxta illud Apostoli *Ephes. 5, 15: *Videte quam caute ambuletis, et *Philipp. 2, 12: Cum timore et tremore salutem vestram operamini.*

Nam si recte consideremus viam quae ducit ad Deum, inveniemus eam habere istas conditiones: 1° est angusta, ut ipse Dominus dixit *Matth. 7, 14, pauci (f. 99v) in ea perseverant. Via enim recta est lex Dei: sunt regulae, sunt virtutes, quae omnia in indivisibili quadam rectitudine consistunt. Unde cum quis aliquantulum detorquet iter ad unam vel alteram partem, cadit. Unde si quis haberet oculos apertos, videret non minori cautela nobis vivendum, quam ambulent homines per angustissimum pontem. 2° Est via elevata et ardua: nam semper ascendit. Nam est via contraria carni et sanguini, quae trahunt deorsum; et quo magis quis progreditur, eo casus est horribilior et periculosior. 3° Est exposita ventis, et quo quis magis progreditur, eo maiores ventos experitur. Daemones enim obsident istam viam, ut sanctus Antonius aliquando vidit, et totis viribus conantur deturbare homines, et plurimos deturbant. 4° Est plena laqueis; nam *omnes creaturae,* ut dicitur in libro *Sapientiae* *14, 11, *sunt laquei pedibus insipientium.* 5° Ambulamus inter vasa vitrea, sed pretiosissima; et poena mortis posita est, si quis unum ex illis confregerit. Proximi nostri, cum quibus vivimus, sunt vasa pretiosa Domini nostri, sed vitrea, quae facile offendi et scandalizari possunt malo nostro exemplo et verbis nostris (f. 100r) inconsideratis. Et qui unum

---

[196] Via enim recta *cod.*: Via enim (vita) *vO.*

---

[196] Cf. *Prov.* 29, 27: « (iusti) qui in recta sunt via ».
[206] EVAGR., *Vita S. Anton.*: *Sur.* I p. 415.

scandalizat, *melius erat illi ut mola asinaria suspensa ad col-* lum *eius demergeretur in profundum maris,* ut Dominus ait **Matth.* 18, 6.

Cogita igitur annon habeat causam timendi et sollicite ambulandi, qui in via angusta, ardua, longa, exposita ventis, inter laqueos et vasa vitrea ambulare debet, unde multi corruunt, et ex iis qui plurimam partem viae confecerant. Sed unum est remedium, si quis sciat se parvum efficere et, si fieri posset, ad instar formicae. Formica enim tutissime ambularet per viam iam dictam. Unde et Dominus **Matth.* 18, 3: *Nisi efficiamini sicut parvuli, non intrabitis in regnum caelorum.* Ille autem est parvulus, qui nihil de se praesumit, et qui non seipsum vult regere, sed sinit se ab alio regi. Et hoc est quod initio dixi, quod summa prudentia religiosi est, permittere se regi ab obedientia. Hic posset poni exemplum Heronis apud Cassianum, *Collat.* 2, cap. 5. (f. 100v vacuum)

218-224 Cf. *Relat.* Patris Neapol., infra inter Relat.
228 cf. supra pag. 245.
230 CASSIAN., *Collat.* II 5: *ML* 49, 529.

DE LIBERTATE SPIRITUS

EXHORTATIO PRIMA

Quid sit libertas spiritus, et quomodo acquiratur.

˙Ross. 735 f. 123r   1593 Romae; Neapoli in domo 1595

Cognoscetis veritatem et veritas liberabit vos, Ioan. 8, 32. La libertà di spirito è una cosa nobilissima, dolcissima et sopra modo utile et necessaria. E cosa nobilissima, perchè la libertà di spirito, non essendo altro che un essere sciolto dall'affetto di igni cosa creata et principalmente di se stesso, fa che l'huomo viene ad esser sopra ogni cosa creata, non suggetto a niente, eccetto Iddio, anzi è padrone di (f. 123v) ogni cosa et di tutte si serve per salire a Dio. *Omnia vestra sunt, vos autem Christi, Christus autem Dei,* dice Santo Paulo *1 Cor. 3, 22.

E cosa dolcissima, perchè un'anima sciolta da tutte le cose create, con ogni facilità sale a Dio, et si unisce con il sommo bene, et si conserva in quell'unione; et perchè niente gli può nocere essendo superiore a tutte le cose temporali, gode una pace et una allegrezza, *quae exsuperat omnem sensum,* *Phil. 4, 7. *Et quis est, qui vobis noceat, si boni aemulatores fueritis?* *1 Petr. 3, 13. Qui solum invidet aliis bona

---

1-2 De libertate ... prima *mut.*: Exhortatio prima de liberate spiritus *cod.*: Exhortatio prima super verba: Cognoscetis veritatem et veritas liberabit vos, Ioan. 8. *la.*

2 Apud Van Ortroy pp. 88-91.

6 di spirito *cB*: di figlioli di Dio *la*.

8 di spirito: *sBe* della quale è scritto: ubi Spiritus Domini, ibi libertas.

11 Iddio *cod.*: Dio *vO*.

20-23 Et quis ... pace. *apim.*

infinita et aeterna, quae non possunt auferri, nisi velimus, quodam modo impassibilis est, et fruitur perpetua pace.

E finalmente cosa utilissima, anzi necessaria, poichè essendo noi in questa vita forastieri et pellegrini, come dice Santo Pietro *1 *Ep.* 2, 11, non è possibile che arriviamo alla patria, se non caminiamo, anzi (f. 124r) se non corriamo, perchè il tempo è breve et la via longa; nè solo siamo pellegrini, ma siamo in uno stadio, che bisogna per forza correre, se voliamo il palio della vita eterna, come dice Santo Paulo *1 *Cor.* 9, 24. Si chè i duoi principi degl'apostoli con dui metafore ci affermano esserci necessario il corso nella via di Dio. (f. 124v) Per correre et anco per caminare, bisogna esser libero et sciolto. « Compediti sunt omnes proprietarii », disse quel devoto et illuminato Thomaso de Chempis. Et più viaggio fa in un mese, cioè più progresso nell'oratione, nell'humiltà, nell'amor divino et in tutte le virtù un huomo libero interiormente, che non fa in molti anni quello, che è legato a qualsivoglia cosa temporale.

Dicam igitur 1° quid sit haec libertas; 2° de mediis illam parandi.

* * *

Libertas est solutum esse ab omnibus impedimentis, etc. Libertas spiritus est posse libere vacare Deo, et eius implen-

---

23 fruitur *corr*. *vO*: frui *cod*.
28 via longa: *sBe* et molti si pensano di caminare alla patria, perchè vanno avanti nell età et si avvicinano alla morte, et forse numerano molti anni di religione: ma può esser facilmente, che alcuni siano avanti nel camino della vita corporale, ma molto adietro nella via della patria. Et Dio voglia, che alcuni quando pare, che habbino finito il viaggio, non siano lontanissimi della patria. Certo se caminare a Dio è far progresso nelle virtù: come si può dire che caminiamo, se stiamo sempre nelle solite imperfettioni? Chi andasse bene essaminando se stesso, (f. 124v) forse troveria in capo dell' anno, che non ha stirpato pur' un vitio, nè fatto acquisto di nessuna virtù. La causa, che non caminiamo, è che siamo legati, e non siamo liberi et sciolti, come bisogna essere.
30 voliamo *cod*.: vogliamo *vO*.

---

35 *De Imit. Christi* III 32.

dae voluntati. Haec perfectissima est in beatis, et dicitur *li-*
bertas gloriae filiorum Dei, *Rom. 8, 21. Illi enim a nulla re
possunt impediri, quominus semper actu cognoscant et diligant Deum; item quominus corpus (f. 125r) transferant quocumque voluerint. Nos autem in hoc mundo inchoamus hanc
libertatem: primo quoad animam, dum ita solvimur ab affectu rerum temporalium, ut sine difficultate vacemus Deo
et crescamus in eius cognitione et amore; secundo quoad corpus, si in servitutem redigamus, ut non recalcitret, cum est
patiendum. Funes, quibus ligamur, duo sunt: desiderium et
amor, ut sanctus Augustinus docet *in Psalm.* 79 in illud v. 17:
Incensa igni et suffossa **ab increpatione vultus tui peribunt.*
Nam desiderium incendit, timor deicit et in profundum mittit. Utrumque horum gignit sollicitudinem, occupat mentem,
impedit cursum ad Deum. Radix utriusque est amor proprius.
Desideramus enim multa vana et timemus contraria, quia carnem nostram inordinate amamus. Amor proprius est veluti
iugum grave; desiderium et timor sunt duo funes, qui pendent
utrimque et ligant collum.

* * *

Remedium unicum est veritas. *Veritas liberabit vos,* **Ioan.*
8, 32. Et quia Spiritus Sanctus est spiritus veritatis, ideo *ubi
spiritus Domini,* (f. 125v) *ibi libertas,* *2 *Cor.* 3, 17. Nam
nulla vincula possunt hominem ligare, nisi velit; et si quis
serio nollet, non ligaretur. Ideo ut ligetur, debet decipi, non
cogi, ut accidit Sampsoni. Ideo dicitur: Omnis malus ignorans; et: *Errant qui male agunt,* **Prov.* 14, 22. Et quamvis possit stare cognitio veritatis in universali cum mala voluntate,
tamen in particulari et practice non potest stare. Semper
enim voluntas eligit quod in particulari intellectus iudicat
esse bonum. Unde si iudicium semper esset cum veritate, numquam voluntas peccaret. (f. 126r)

---

74 **voluntas peccaret:** *sBe* Veritas igitur illuminans et detegens fraudes liberat hominem, et quia Spiritus Sanctus est Spiritus Veritatis:

---

54 Aug., *In Psalm.* 79, 17: *ML* 36, 1026.
68 Cf. *Iudic.* cap. 16.

Sed passim decipit nos falsa imaginatio. Nam apprehendimus quaedam parva mala tamquam gravissima; et inde timemus et sollicitamur, et inde ligamur, ut non possimus progredi. Ubi notandum, quod apprehensio mali statim turbat totum hominem. Nam angustiatur cor ad imaginationem mali, et ideo facillime impletur. *Tristitia,* inquit, *implevit cor vestrum,* *Ioan. 16, 6. Exemplum de Aman. Item exempla quotidiana fratrum qui turbantur gravissime propter res minimas. (f. 126v) Idem dici potest de desiderio rerum bonarum. Nam imaginamur quaedam bona temporalia esse valde bona et nenessaria. Et ideo sollicite ea quaerimus, et illa sollicitudo mire occupat et ligat animam.

Quod remedium? Ut illuminemur a veritate. Nam si cognoscamus veritatem, sine dubio veritas liberabit nos. (f. 127v) Proponam igitur aliquot veritates. Prima veritas est ut qui est ligatus, intelligat se esse ligatum. Nisi enim quis hoc in-

---

(f. 126r) ideo, ubi ipse est et operatur et regnat, ibi est libertas. Sed veniamus ad
88 liberabit nos: sBe Oportet reflexionem facere, et cogitare primo quam sint parva in se ea quae nos occupant, sollicitos faciunt et etiam turbant. Quid enim est vestis, cibus, cubiculum, studium philosophiae vel theologiae et similia? Facitne beatum, bonum, contentum? Num eius carentia facit miserum vel malum? 2º quam sint parva respectu excellentiae animae, quae aspirat ad bonum aeternum, et ad illud ipsum bonum, quod facit Deum beatum. 3º quam sint parva, si consideretur professio hominis religiosi, qui profitetur paupertatem, crucem, poenitentiam, Christi et Sanctorum imitationem. 4º Si consideretur, quod multo amplius nocet sollicitudo et turbatio, quam adfert desiderium vel timor, quam noceat ipsum malum, quod timeatur: et similiter plus prodest pax et tranquillitas animi, quam bonum quod quaeritur in possessione illius rei. Unde sequitur, ut totum nostrum malum consistat in imaginatione, ut accidit equis umbrosis: et verum est, quod longa oratione probat Chrysostomus, quod nemo laeditur nisi a se ipso. Nam si veritas cognoscatur et imaginatio corrigatur, nihil erit quod nos turbare possit. « Quis est, qui vobis noceat, inquit B. Petrus, si boni aemulatores fueritis? » Nam si non invideamus proximis ulla bona caduca, sed solum bonum virtutis, nemo erit adversarius noster

---

[81] Cf. *Esther* cap. 5-6.

telligat, non quaeret libertatem. Quomodo cognoscet quis an sit ligatus et haereat rebus temporalibus? Primo legat cap. 54 libri 3¹ Thomae de Kempis, ubi declarat motus naturae et gratiae. Omnes enim motus naturae corruptae ibi descripti sunt signa amoris proprii; motus autem gratiae (f. 128r) sunt signa libertatis. 2° Id cognoscet a posteriori ex progressu in via Dei. Nam si quis se diligenter intueatur et ponat cor suum super vias suas, si videt se semper in suis imperfectionibus haerere, non facere ascensiones in corde, non proficere in cognitione et amore Dei, difficulter mentem elevare, etc.: signum est manifestum illum esse compeditum. Nam qui scit viam et vult ambulare et tamen non ambulat, certe non potest. Et si ideo non potest, quia desint ei vires aut socii aut pecuniae, certe ab aliquo tenetur, etc. 3° Id cognoscet ab alio signo. Nam qui non adhaeret alicui rei, non dolet si ab ea separetur. Si autem dolet, ei sine dubio adhaeret. Nam si exuam indusium, non doleo; si exuat scabiosus, cui adhaeret, dolet. Similiter, ubi non est anima, (f. 128v) potest praecidi sine dolore, ut patet de unguibus et capillis. Ubi est anima, dolet si praecidatur, ut patet. 4° Ab alio signo, *ubi est thesaurus tuus, ibi est cor tuum* *Matth 6, 21. Qui cogitat et sollicitus est de cibo, potu, veste, etc., ille habet haec pro thesauro. Qui autem non habet pro thesauro, non cogitat de his rebus, sed accipit indifferenter omnia, tamquam aliud agens. Utitur enim hoc mundo, tamquam non utatur, *1 *Cor.* 7, 31.

95 Signa *cod.*: signum *vO*.
103 ideo *corr.*: non ideo *cod.*
115 non utatur: *sBe* Cum autem quis cognovit se esse ligatum et teneri ab amore et timore vano: tunc adhuc est secunda veritas, quae est: res temporales omnes, sive bonas sive malas, esse parvissimas, et non fieri magnas, nisi ab imaginatione. Sed de hoc alias.

---

93 *De Imit. Christi* III 54.

EXHORTATIO SECUNDA

In octava Sancti Ioannis Baptistae

De libertate ab amore inani.

*Ross. 735 f. 129r *c. 25 Iun. 1593

Cognoscetis veritatem, et veritas liberabit vos, Ioan. 8, 32.
S. Ioannes Baptista, cuius octavam celebramus, fuit vera idea hominum liberorum ab omni vinculo amoris et timoris inanis. Nam non solum in praeparatione animi, sed etiam re ipsa ita contempsit omnia temporalia ut ab infantia usque ad mortem caruerit domo, lecto, vestibus, cibo humano, omni denique solatio temporali. Itaque perfectissime intellexit duas veritates, de quibus tractaturi sumus. Una est, bona temporalia esse indigna quae amentur, et melius esse ea non habere quam habere; secunda, mala temporalia non esse digna quae timeantur, et melius esse ea habere quam non habere. Cognitio harum veritatum est *prudentia spiritus*, (f. 129v) sicut cognitio contrarii est *prudentia carnis*, *Rom. 8, 6.

Et quia sanctus Ioannes praecipue studuit docere has veritates verbo et exemplo, ideo de eo dixit Angelus, *Luc.* 1, 17, ipsum venisse *ut converteret corda patrum in filios, et incredulos ad prudentiam iustorum.* Ubi notandum quod Angelus explicuit verba Malachiae. Malachias *cap. 4, 6 dixerat venturum Eliam ut *convertat corda patrum in filios, et corda filiorum ad patres eorum,* id est ad faciendum ut filii essent similes parentibus et agnoscerent parentes, et agnoscerentur ab illis ut veri et legitimi eorum filii. Et quia filii degeneraverant a patribus propter malos mores, explicat Angelus dicens futurum ut filii sint similes patribus, si filii increduli

---

[1] Apud Van Ortroy pp. 92-97.
24-28 ut filii ... patribus *cB*: ut essent idem cor, idem affectus, idem desiderium patrum et filiorum. Et quia poterat dubitari, an deberet fieri unum cor, confirmando patres explicat hoc angelus dicens, futurum unum cor patrum et filiorum.

reducantur ad pruden(f. 130r)tiam patrum iustorum. Patres
iusti fuerunt patriarchae et prophetae, qui prudentissimi
erant prudentia spiritali, non carnali; et ideo cum Deus promitteret terram fluentem lacte et melle, ipsi intelligebant pro-
mitti Palaestinam, ut figuram regni caelestis, non ut rem principaliter promissam; quomodo si rex promitteret unam provinciam et eam in charta pictam ostenderet. Et ideo sancti
illi patres non putabant se esse in terra promissionis, sed
peregrinos se esse dicebant, et aliam quaerebant civitatem,
et promptissimi erant omnia deserere, sicut Abraham, qui
etiam filium unicum promptus erat occidere. Ab hac prudentia degeneraverant filii, qui vivebant tempore sancti Ioannis, qui dicuntur increduli, vel secundum graecum codicem
ἀπειθεῖς, id est inobedientes, (f. 130v) quia propter defectum
prudentiae spiritualis non obediebant mandatis Dei, et ideo
erant increduli quoad opera, quia sic vivebant, quasi care-
rent fide. De qualibus dicit Apostolus *Tit. 1, 16: *Fatentur
se nosse Deum, factis autem negant.* Ioannes igitur convertit
incredulos ad prudentiam iustorum, dum verbo et exemplo
docuit veritates praedictas. Quod idem facere debent contionatores, reducendo Christianos modernos ad prudentiam Apostolorum et religiosos modernos ad prudentiam primorum fun-
datorum.

* * *

Veniamus igitur in particulari ad nostras veritates.

Prima veritas est bona temporalia, si prudenter considerentur, non esse magna bona, sed parvissima et indigna quae
appetantur, et tanto melius se habere re(f. 131r)ligiosos, quanto minus de illis habent.

Probatur 1° testimonio Scripturae. *Omnis gloria filiae
regis ab intus,* *Psalm. 44, 14. Exponit hunc locum Augustinus de anima christiana, cuius omnia bona sunt interiora;
exteriora enim nihil curat, nec evangelium promittit aut laudat nisi interna: imo exterius multa mala promittit, ut patet

---

58 Aug., *In Psalm.* 44, 29: *ML* 36, 512.

ex evangelio *Matth.* 5, 3 sq.: *Beati pauperes, beati mites, beati qui lugent, beati misericordes,* etc.: ubi exterius ponitur paupertas, lacrimae, persecutiones; interius mansuetudo, misericordia, sitis iustitiae, mundities cordis, pax Dei exsuperans omnem sensum. Hinc dicitur sponsa: nigra sed formosa; nigra exterius, formosa interius. Unde tabernaculum exterius tegebatur sacco, sed interius vestiebatur serico. (f. 131*v*) Itaque qui in professione christiana, et maxime religiosa, quaerunt externa commoda aut delicias, illi aut nesciunt aut non approbant doctrinam evangelii.

2° Probatur exemplis Sanctorum. Nullum est enim commentarium melius Scripturarum, quam exempla Sanctorum. Nam si haec bona essent vere bona et utilia, Deus ea daret amicis et non daret inimicis suis; aut certe maiori mensura daret amicis quam inimicis. At contrarium facit Deus. Nam dat quidem interdum amicis, ne putaremus, ut ait Augustinus, haec bona non dari a Deo, sed a fortuna vel a diabolo: tamen inimicis dat in multo maiori copia, ut patet de regibus Assyriorum, Chaldaeorum, Persarum, Graecorum, Romanorum, Turcarum, etc.; amicis autem dat quidem in magna (f. 132*r*) copia bona interna, sed externa valde ad mensuram. Ecce S. Ioannes Baptista amicissimus Dei fuit, annuntiatus ab angelo, sanctificatus in utero, laudatus a Christo, propheta, martyr, doctor, virgo, et tam sanctae vitae, ut dubium sit inter theologos an peccaverit venialiter voluntarie. Et tamen Deus illi tam parum dedit de temporali commoditate, ut vix potuerit minus dare. Nam ceteri Sancti post aliquot vitae annos coeperunt, Deo inspirante, contemnere temporalia: iste ab infantia. Ceteri saltem panem aut legumina comedebant, vestiebantur panno quamvis grosso, dormiebant in tabulis vel stramine, loquebantur cum hominibus: iste ab infantia fuit in eremo, sine veste linea vel lanea, solo cilicio indutus, sine pane et alio cibo, exceptis locustis et melle silvestri, qui non videntur cibi hominum, (f. 132*v*) sine lecto, sine conversatio-

---

77-78 Cf. Aug., *Serm.* 50, 3, 5: *ML* 38, 327.

ne; et tandem permisit Deus illum capi, ligari, plecti capite.
Quis igitur non videat quam sint parum curanda, quae Deus
tam parum curat, ut ex iis quam minimum det amicis suis,
multum autem inimicis suis?

Adde exemplum sanctae Mariae Magdalenae, quae fuit
prima eremitissa, sicut Ioannes primus eremita. Et sicut Ioannes ab infantia usque ad iuventam, ita Magdalena a iuventute
usque ad senectam vixit in eremo sine ullo humano solatio.

3° Probatur ex utilitate carentiae temporalium. Nam
magna prudentia est in itinere exonerari; et vere experimur
quotidie illos expeditius currere in via Domini, qui paucioribus contenti sunt. Plus enim gravat et nocet animae sollicitudo rerum, quas cupimus vel amamus, quam prosint corpori res ipsae habitae. Unde S. Vincentius, in *Tract. de vita
spirituali*, hortatur religiosum cupidum perfectionis, ut nullis precibus sinat se adduci ad accipienda aliqua non necessaria. (f. 133r) Praeterea incredibiliter iuvat carentia rerum
ad conservandam puritatem animae. Et haec fuit una ex praecipuis causis cur S. Ioannes Baptista vitam egerit tam austeram. D. Aegidius interrogatus cur Ioannes Baptista tantam
paenitentiam egerit, respondit: « Quia saliuntur carnes recentes, ne putrescant ».

4° Probatur ex parvitate rerum temporalium. Vere enim
parvissimae sunt, et non facit eas magnas et appetibiles nisi
falsa imaginatio. Et revera si faceremus reflexionem super ea

---

100-103 Adde exemplum ... solatio. *apim*.
112-120 Praeterea ... imaginatio *cB*: 2ª Exhortatio de libertate Spiritus. Altera veritas, quae multum valet ad liberandum hominem ab amore et timore vano, est quod bona et mala temporalia sunt parvissima, et solum movent ad amorem et timorem propter imaginationem, sicut accidit pueris et equis umbrosis, qui saepe terrentur ob rem minimam etc. *la*.

---

100 *Vita S. Mar. Magd.*: Sur. IV 302.
109 VINC. FERR., *Fract. de vita Spirituali*, cap. 1.
115 *Vita S. Aegidii O. F. M.*: Sur. VII 329.

quae appetimus, non esset opus alio remedio ut liberaremur ab amore. Sufficeret enim corrigere imaginationem.

Ut autem intelligamus hanc (f. 133v) veritatem, cogitemus primo ea, quae appetimus, ut sunt in se. Sunt enim tam parva, ut sint indigna quae amentur. Quid enim est cibus, vestis, cubiculum, officium, genus studii, etc.? Haec enim non faciunt bonum nec felicem habentem, nec malum aut miserum non habentem; ut patet tum ex multis, qui ista non habent, et tamen boni et laetissimi sunt; et ex multis qui habent, et tamen non ideo sunt meliores, nec habentur meliores, nec laeti sunt, sed semper anxii et solliciti. Exemplum de equo, cuius bonum non pendet ab ornamentis externis, sed a robore, velocitate, etc. (f. 134r) Item de vite et arboribus, quarum bonum non pendet a foliis et ramis, sed a fructibus etc.

Secundo, consideremus haec eadem externa et temporalia, in comparatione ad ea, ad quae aspirat anima christiana. Aspirat enim ad illud bonum, quod facit beatum ipsum Deum, et sine quo Deus non esset beatus, id est visionem ipsius. Quomodo potest fieri, ut anima aspirans et currens ad tam excelsum bonum, non erubescat vel cogitare de rebus istis vilissimis? Exemplum de rege, qui tractat negotia gravissima regnorum et provinciarum, qui erubesceret cogitare de cura gallinarum, etc.

Sed dices: Esto, non sint ista magna; tamen sunt necessaria, et ideo sollicite quaerenda. Immo hic maxime ludit et decipit imaginatio, (f. 134v) quae pallio necessitatis cooperit appetitum superfluitatum. Nam quae necessaria sunt, paucissima sunt, et a nobis habentur, etiamsi de illis nihil cogitemus. Quaero enim, num indigemus aqua, sicut monachi Aegypti et Syriae, qui colebant eremum arenosam, et ad multa milliaria adferebant aquam? Num indigemus pane et vestibus, sicut innumeri pauperes et nobiles ad inopiam redacti? Nonne ea, quae

---

[121] appetimus: *sBe* et timemus
[122] ab amore: *sBe* vel timore

in communi dantur, sunt talia ut multi divites ea non habeant
et multi ex nostris, si in saeculo essent, ea non haberent? Non
igitur necessitas, sed abundantia et vanitas facit nos desiderare et quaerere varia. Certe si experiremur cum S. Paulo famem et situm, frigus et nuditatem, laborem et fatigationem,
ea quae (f. 135r) habemus summae deliciae nobis viderentur.
Legitur in 2° libro S. Bernardi, quod in principio monasterii
Claraevallis vivebant monachi illi ex pane teterrimo, ut terra
potius videretur quam panis, et ex foliis fagorum. Et quamvis
fuissent in saeculo nobiles et cibus ille tam esset insipidus et
simplex, tamen quia dabatur ad mensuram et illi toto die la-
borabant, videbatur eis cibus suavissimus, ita ut timere coepe-
rint peccatum sensualitatis, etc. Hinc igitur apparet desiderium
variorum et meliorum non esse ex necessitate, sed ex mala
consuetudine, etc. Quod autem dico de cibis et vestibus, multo
magis locum habet in aliis rebus, (f. 135v) ut in libris. Quidam
enim volunt cubiculum plenum libris, quia dicunt se omnibus
illis quotidie indigere. At si ita esset, non possent isti nec comedere, nec dormire, etc. Tot enim libros habent ut non suf-
ficiat dies ad eos aperiendos, nedum legendos. Itaque multos
habent, quos raro legunt, multos quos numquam. Cur igitur
eos volunt? Propter concupiscentiam oculorum, ut videant cubiculum plenum; propter concupiscentiam carnis, ut non su-
mant laborem eundi ad bibliothecam; propter superbiam vitae,
ut aestimentur viri graves, etc. Omitto alia, quae minorem speciem habent necessitatis, et quae ad solam pompam honoris
pertinent, ut studium theologiae, defensio conclusionum, etc.

    Dicent rursus: Etiamsi ista quae appetimus non sint
(f. 136r) magna neque necessaria, tamen habent suam utilitatem vel delectationem licitam, et in re, non in imaginatione
tantum. Vere enim melior est vestis nova quam vetus, caro
haedina quam agnina, vinum quam aqua, etc. Ita iudicant,
qui non gustarunt meliora. At qui gustarunt bona interna, iis

---

159 *Vita S. Bernardi* II 6: *ML* 185, 480.

183 tantum *omis. vO.*

non solum ista non videntur dulcia, sed videntur amara et gravia. Certe sanctus Augustinus, qui aliquando non putabat se posse carere quibusdam carnalibus voluptatibus, postea, gustata suavitate, dixit suavius sibi factum fuisse illas dimittere, quam antea esset illas retinere. Et sanctus Franciscus dicebat valde difficile esse servire necessitati corporeae, et sequi internam suavitatem. Sed quia non potest intrare (f. 136v) suavitas vini Dei, nisi effundatur acetum ex vase cordis, oportet interim credere experimento aliorum et effundere amorem carnis, etc.

Atque haec de liberatione ab amore.

EXHORTATIO TERTIA

De libertate ab inani timore.

Ross. 735 f. 137r   *c. 16 Iul. 1593

Cognoscetis veritatem, et veritas liberabit vos, *Ioan. 8, 32.

Secunda veritas, et in ordine tertia, est quod mala temporalia sunt indigna quae timeantur et solum ab imaginatione fiant magna. Sicut accidit equis, qui dicuntur umbrosi. Probanda igitur est haec veritas.

* * *

1° Testimonio Scripturae. Nam Dominus saepe monet: *Ne terreamini ab his, qui occidunt corpus,* *Luc. 12, 4. Mors

---

195 ab amore: sBe Nunc dicemus de libertate a timore vano. Dico igitur, ea quae timemus in hoc mundo, ut contemptum, incommoda, labores, vere esse parvissima mala, sed apprehendi ut magna ex falsa imaginatione ut accidit pueris et equis umbrosis. Et cogito igitur 1º nos obligari ex quattuor capitibus ad summos labores. Primum enim nemo est, qui non peccaverit; et multi peccaverunt mortaliter et saepe et graviter. Porro licet

1 Apud Van Ortroy pp. 98-101.

---

187 Aug., *Confess.* IX 1: *ML* 32, 763.
190 Bonav., *Vita S. Franc.* cap. 5: *Sur.* V, 589.

est ultimum terribilium et naturaliter unusquisque pro conservanda vita contemnit omnia. *Pellem pro pelle dabit homo, et cuncta quae habet pro anima sua,* *Iob 2, 4. Si ergo mortem non debemus timere, quid erit in hoc mundo timendum?
Apostolus loquens de suis tribulationibus, quae, dum vixit, perpetuae et gravissimae videntur fuisse, ait *2 *Cor.* 4, 17: *Momentaneum* (f. 137v) *et leve tribulationis nostrae.* Et *Rom.* 8, 28: *Omnia cooperantur in bonum diligentibus Deum.* Proinde nihil timendum, si diligemus Deum. Hinc dicitur *1 *Ioan.* 4, 18: *Perfecta caritas foras mittit timorem* et *1 *Petr.* 3, 13: *Quis est qui vobis noceat, si boni aemulatores fueritis?* Unde Chrysostomus: « Nemo laeditur, nisi a seipso ». Sanctus Petrus *1 *Ep.* 5, 10: *Modicum passos,* inquit, *ipse perficiet,* *confirmabit *solidabitque.* Et *3, 14: *Timorem eorum ne timueritis.* Iacobus **Ep.* 1, 2: *Omne gaudium existimate, fratres. cum in tentationes varias incideritis.* Itaque Christus et Apostoli aperte testantur nihil esse timendum.

* * *

2° Probatur ex consuetudine et iudicio Dei. Nam si mala temporalia essent mala vere, Deus non daret ea suis amicis, quibus bene vult. At Deus amicis suis accumulat maxime temporalia mala. Nam Apostolos, quos amicos vocaverat **Ioan.* 15, 15, misit sicut oves inter lupos, **Luc.* 10, 3; et non pepercit illis usque ad mortem inclusive. In hoc mundo post aliquot annos (f. 138r) laboris datur requies, ut patet de gladiatoribus qui donabantur rude, de militibus qui emeriti donabantur agris, de doctoribus qui iubilantur. At Deus talem usum non habet cum suis, sed vult eos laborare usque ad mortem. Et tunc demum *dicit Spiritus ut requiescant a laboribus suis,* **Apoc.* 14, 13. Unde, quando quis vult quiescere ante mortem, id non dicit spiritus, sed caro. Et nota quod hoc dicit Evangelista: et non dicit ex se, sed audit vocem de caelo, et audit: *Scribe,* ut significetur firmitas decreti divini.

21 vobis *cod.*: nobis *vO.*
38 tunc *cod.*: hinc *vO.*
40-41 quod hoc *cod.*: quod *vO.*

Et non est mirum, quod Deus sic faciat. Nam tota haec vita est cursus ad bravium. Si quis autem vellet quiescere circa finem, stultus esset; et qui suaderent quietem, non veri amici essent. (f. 138v) Praeterea totum tempus vitae est tempus lucri. Nullum autem est lucrum magis securum, quam per patientiam. Ideo Deus, qui optime noverat quam ingens bonum amittatur per temporalem requiem, dabat suis labores usque ad mortem, etc.

Dicet quis: Ergo non licebit recreari aliquando? Respondeo: licebit, si accipiatur recreatio tamquam medium ad novum laborem, quomodo bellum est licitum in ordine ad pacem. Sic enim etiam Dominus duxit aliquando apostolos in desertum, et ait *Marc. 6, 31: *Requiescite pusillum.* Signum autem utrum quis recreetur ut laboret, an potius recreetur ut recreetur, est si moderate accipiat recreationem. Nam qui accipit medicinam ut medium ad sani(f. 139r)tatem, accipit in mensura, quantum sufficit, et non amplius. At si quis acciperet propter delectationem, quia forte est dulcis, is acciperet quo plus posset. Et qui ambulat ut aliquo perveniat, non amplius ambulat nisi ad certum spatium. At qui ambulat animi gratia, non curat quantum ambulet. Praeterea qui recreatur ut laboret, non aegre fert, sed gaudet cum finitur recreatio et reditur ad laborem. Et in hoc distinguitur recreatio saecularium et bonorum religiosorum, etc. (f. 138v marg.)

S. Bonaventura docet ascendentes ad montem perfectionis debere semper progredi, et, si quiescere volunt, non debere descendere ad vallem ut quiescant, sed in ipso loco, ubi sunt, quiescere; vel non quiescere, sed modera(f. 139r marg.)tius currere. Exemplum in cibo. Qui ascendit ad montem temperantiae, non debet uno die ieiunare et altero crapulare, quia hoc est ascendere et descendere, sed moderate refici, etc. (f. 139r med.)

67-73 S. Bonaventura ... refici etc. *apim.*

---

44 Cf. 1 *Cor.* 9, 24 et *Philipp.* 3, 14.
67 Bonav., *Stimul. div. amor.* III 4.

* * *

3° Probatur exemplis Sanctorum, qui omnes summo desiderio laborandi tenebantur, ut patet in Apostolis, martyribus, confessoribus, quorum certamina cum nostris comparata, nimis excedunt. (f. 139v) Et hic nota quod omnes Sancti vel sunt martyres, vel confessores. Nam etsi alii sint pontifices, alii reges, alii doctores, alii praesbyteri, etc., tamen semper additur in canonizatione et in calendario titulus martyris vel confessoris.

Porro confessor dicebatur, ut constat *Epist.* 9 et 10 Cypriani, qui coram persecutore confitebatur Christum, etiamsi tormenta et mors imminerent. Post illa tempora, quia cessavit persecutio fidei, dicuntur confessores qui factis Christum confitentur, non obstante quolibet timore vel periculo. Et quia non est periculum vel timor in confitenda Christi gloria et regno, (f. 140r marg.) sed in confitenda cruce, ignominia, paupertate: ideo illi sunt veri confessores, qui factis confitentur crucem esse rem honorificam et gloriosam; id est qui amplectuntur crucem, paupertatem, ignominiam ut magnum honorem, et ideo ista non fugiunt sed quaerunt. Et hoc est *gloriari in cruce,* **Gal.* 6, 14, non iactare mortificationem, sed accipere libenter ac si esset gloria, ut revera est coram Deo et Angelis. (f. 139v med.)

Quare omnes Sancti, quia fuerunt veri confessores, quaesierunt crucem, et si non inveniebant ab aliis, ipsi se macerabant. Notat Augustinus cur interdum Psalmus dicat: *Tribulatio et angustia invenerunt me, Psalm.* 118, 143, aliquando *Tribulationem et dolorem inveni,* **Psalm.* 114, 3, quia aliqui inviti patiuntur, aliqui libenter. Illi quaeruntur et inveniuntur a tribulatione; isti quaerunt et inveniunt tribulationem.

---

80 praesbyteri *cod.*: praesules terrae *vO.*

83-84 CYPRIAN. *Epist.* 8 et 9 (olim 9 et 10): *ML* 4, 245 (251) et 250 (256).
99 AUG., *In Psalm.* 136, 5 et 137, 12: *ML* 37, 1763 et 1780.

Beatus Laurentius Iustinianus, cum se tantopere macerare
prohiberetur a superioribus, dixit se obediturum, sed tamen
impossibile esse praecludere viam patiendi ei, qui cupiat pati
pro Christo. Et reddit rationem cur tam multum cuperet pati,
quia, « legens Vitas sanctorum, invenio, inquit, omnes vel per
sanguis effusionem, vel per carnis macerationem intrasse in
regnum caelorum ». Et vere sic est. Nam non solum eremitae
et coenobitae incredibiles poenitentias faciebant, ut patet ex
Palladio, Theodoreto et aliis, sed etiam alii, qui videntur ci-
viliorem vitam duxisse. Nam sanctus Ambrosius quotidie ieiunabat, praeter dies dominicos et festivos. S. Augustinus frequentissime ieiunabat, ut ipse dixit in lib. 10 *Confess.* cap. 31.
S. Ludovicus, rex Franciae, gerebat cilicium, serviebat pauperibus, ieiunabat frequenter et singulis diebus veneris ita
ieiunabat, ut neque pisces, neque poma comederet. S. Stepha-
nus, rex Ungariae, assiduus erat in vigiliis, orationibus, servitio pauperum et similibus. Pone exemplum Patris Francisci
Borgiae, qui quaesivit dux omnem poenitentiam, etc.

120-121 Pone exemplum ... poenitentiam, etc. *cBp*: (*in marg.*) Sed quid
de Sancto Alexio, cuius festum cras celebrabimus? Annon quaesivit ille
tribulationem et dolorem? (*in medio paginae*) 4º Probatur ex ratione debiti. Nam si quis cogitaret serio, quot titulis obligati sumus pro Deo laborare, nemo esset, qui auderet conqueri de nimio labore vel dolore vel
quacumque occasione patiendi. Imo nemo esset, qui non putaret se parum aut nihil pati, etiamsi totum sanguinem effunderet. Primo: quantum debemus pro peccatis nostris vel praesentibus, quae quotidie com-
mittimus, vel praeteritis, quae commisimus. Nam licet *la* (Verba prima
de S. Alexio videntur exarata in prima redactione).

---

104 Bern. Iustin., *Vita S. Laurent. Iustin.* 2: *Sur.* I 180.
112 Pallad., *Hist. Laus.*: *MG* 34, 995-1262; Theodor., *Hist. Relig.*: *MG* 82, 1283-1496.
113 Paulin., *Vita S. Ambr.* 38: *ML* 14, 42.
115 Aug., *Confess.* X 31, 43: *ML* 32, 797.
116 Gaufrid., *Vita S. Ludov.* 5-6: *Sur.* IV 927-928: Bellarm., *De off. princ. Christ.*, lib. 3.
117 Chartuitius, *Vita S. Steph. Reg.* cap. 13: *Sur.* IV 878; Bellarm., *De off. princ. Christ.* lib. 3.
120 Schottus, *Vita S. Franc. Borg.* I 9.

Haec autem dixi, non ut faciam vos eremitas vel onerare velim paenitentiis, sed ut cognoscamus nos non nimium laborare, et non conqueramur de nimio labore, et non timeamus mala praesentia, etc.

EXHORTATIO QUARTA

Quae est de Providentia

*Ross. 735 f. 141r *c. 30 Iul. 1593

Cognoscetis veritatem, et veritas liberabit vos, Ioan. 8, 32.

Veritas efficacissima ad nos liberandos ab omni sollicitudine est, quod Deus habet providentiam nostri tam particularem et diligentem, ut tutissime dormire possimus.

* * *

Id probatur, quia Deus scit omnia, quae nobis nocere vel prodesse possunt: potest removere omnia noxia, et vult id facere. Quod sciat patet, quia est infinita sapientia. *Domine, tu omnia nosti,* inquit Petrus, *Ioan. 21, 17. Item Dominus ait *Matth. 6, 32: *Scit Pater vester, quia his omnibus indigetis.* Item *Matth. 10, 30: *Capilli vestri omnes numerati sunt.* Quod possit patet, quia est omnipotens et omnia transeunt per manus eius: non enim cadit passer in terram sine Patre nostro. Itaque nihil fit, nisi ipse faciat vel fieri permittat. Quod velit, testatur ipse *Matth. 6, 25: (f. 141v) *Ne solliciti sitis quid manducetis vel quo induamini*; et addit rationes: quia *scit Pater noster, quia his indigemus,* quia *haec gentes inquirunt,* quia *Deus pascit aves caeli et vestit lilia agri.*

Dices: Haec promissio est de cibo et vestibus. Sed ego sollicitus sum de sanitate, de honore, de scientia, de aliis multis! At promissio Christi est generalis, quamvis exemplum posuerit in cibo et vestibus, quae magis sollicite ab omnibus

---

1 Apud Van Ortroy pp. 102-105.

quaeruntur. Unde ratio illa est generalis: *Scit Pater quia his omnibus indigetis.* Unde alibi dixit *Luc. 21, 18: *Capillus de capite vestro non peribit.* Unde D. Paulus tam saepe dicit: *Nihil solliciti sitis,* Phil. 4, 6; et: *Volo vos sine sollicitudine esse* *1 Cor. 7, 32. Et D. Petrus *1 Ep. 5, 7: *Omnem sollicitudinem vestram proicientes in eum, quia ipsi cura est de vobis.* Nota: *omnem sollicitudinem.* Exponit enim Apostolus illud *Psalmi* *54, 23: *Iacta super Dominum curam tuam et ipse* (f. 142r) *te enutriet.* Docet illud *curam tuam* debere intelligi de omni cura; et illud *te enutriet* debere intelligi de omni provisione, et non solum de alimento. Sicut etiam vulgo nutrix dicitur a nutriendo, et tamen habet omnem curam infantuli: ipsum enim vestit, spoliat, dormire facit, docet ambulare, consolatur, etc. Nota etiam metaphoram *iactandi* et *proiciendi.* Significat enim excutiendam esse a se et procul abiciendam tamquam rem molestam et noxiam, quomodo excutimus pulverem vel araneam aut aliquid aliud sordidum vel venenatum, si in nos incidat: proicimus enim quanto longius possumus. Certe si Christiani sumus, si Christo, si Davidi, si Petro, si Paulo, imo si Spiritui Sancto credimus, possumus et debemus omnem sollicitudinem deponere, et liberati a curis mordacibus suavissima pace frui. (f. 142v)

2° Probatur ratione ex parte Dei. Nam si quis haberet patrem carnalem, qui posset et sciret defendere ab omni malo, sine dubio in eius providentia acquiesceret; non enim de voluntate eius dubitare posset. At Deus est verissimus pater noster, ut in comparatione eius nulli alii patres dici possint. *Et patrem nolite vocare vobis super terram,* *Matth. 23, 9. Deus enim fecit nos omnibus modis quibus aliquid fieri potest. Omnia enim vel fiunt ex nihilo, et dicitur creatio; vel ex aliena substantia, et dicitur factio; vel ex propria substantia, et dicitur generatio. Deus creavit nos quoad animam: fecit more figuli quoad corpus; genuit quoad iustificationem:

---

⁵¹ possint *cod.*: possent. *vO.*

nam *de Spiritu suo dedit nobis*, ut dicit Ioannes *1 *Ep.* 4, 13.
Si diligit opus suum qui fecit et eius curam habet, si diligit
pater filium, si creator creaturam: quomodo non nos diliget
(f. 143r) Deus et curam nostram geret, qui fecit, creavit, et
genuit? Et hoc forte significavit Moses, cum ait: *Nonne ipse
est pater tuus, qui possedit te, et fecit, et creavit te?* **Deut.*
32, 6. Nam *possedit* iuxta hebraicum refertur ad generationem, iuxta illud **Gen.* 4, 1: *Possedi hominem per Deum.*

3° Probatur ex parte nostra. Nam omnes sumus infirmi in intellectu per ignorantiam, in affectu per cupiditatem. Et saepe more aegrotorum appetimus noxia, recusamus utilia; et, quod est miserius, non cognoscimus morbum nostrum. Nam *quid oremus sicut oportet, nescimus* **Rom.* 8, 26. Deus autem medicus est, qui novit et morbum et medicinam, et qui per se (f. 143v) facit medicinas: est enim simul pharmacopola scientissimus. Et praeterea adeo diligit nos et cupit nos curare, ut non solum non velit praemium, sed etiam velit nobis dare praemium, si nos curari sinamus. Ergo stultissimus est, qui non se totum relinquit in manu eius. Si quis aegrotus haberet patrem medicum et pharmacopolam scientissimum qui eum curaret, certe nihil timeret: securissime ei se committeret, etiamsi praescriberet sumendum venenum. Cum igitur nos aegroti simus et patrem talem habeamus, etc.

4° Probatur. Nam etiamsi Deus non esset pater, nec nos essemus aegroti: tamen, si nos velimus relinquere curam nostri ut toti incumbamus in obsequium Dei, impossibile est ut Deus non suscipiat curam nostri (f. 144r) maiorem, quam nos de nobis habere possimus. Nam in terris si mancipium serviat domino suo fideliter et totis viribus, et dominus sit dives et possit providere famulo: haud dubie illi providebit, etiamsi Barbarus, Turca vel Tartarus esset. Nam etiam bestiae naturaliter benefaciunt benefactoribus. Cum igitur Deus sit naturaliter bonus et ditissimus, et possit sine ullo incommodo vel labore providere: quomodo non providebit his, quos videt totos intentos in obsequium suum?

5° Probatur inductione. Nam nemo umquam confidit in Deo et confusus est. *Quis,* inquit Scriptura, *Eccli,* 2, 11, *speravit in Deo, et confusus est?* Imo non solum in rebus ordinariis Deus providit omnibus in se confidentibus, sed etiam (f. 144*v*) in rebus supra naturam. Miracula enim sunt effectus proprius huius fiduciae. Unde Dominus dixit: *Marc.* 11, 23: *Si quis dixerit monti huic: Tollere et mittere in mare, et non haesitaverit in corde suo, fiet ei.* Hic possent adduci varia exempla, et imprimis Patris Ignatii, etc. Et hinc solvitur obiectio, quae fieri posset, quia multis Deus non providet bona, sed permittit mala, et moriuntur fame vel iniuste puniuntur. Ratio enim est, quia vel ista mala illis sunt utilia, et sic non sunt mala sed bona; vel illi non fidunt in Deo, nec iactant in eum curam suam.

Dices: Difficile est mihi ita perfecte confidere in Deo, quia non sum Deo familiaris, et fiducia oritur ex familiaritate. Respondeo hanc ipsam esse viam (f. 145*r*) acquirendae familiaritatis et fiduciae. Nam qui deliberat, seipso relicto, totus incumbere in servitium Dei et honori eius procurando, primo loco attendit, ne quid sit in se quod displiceat Deo, et illud removere conatur; atque ita proficit in puritate cordis, et disponit se ad amicitiam et visitationes Dei, etc. Deinde fiducia, etiamsi oriatur ex familiaritate, tamen praecipue inniti debet in misericordia et bonitate Dei. Unde etiamsi peccatorem et imperfectissimum me esse videam, tamen si cupiam fieri bonus, possum cum fiducia ad Deum accedere, cum scriptum sit *Psalm.* 85, 5: *Tu Domine, suavis et mitis, et multae misericordiae omnibus invocantibus te. Suavis,* (f. 145*v*) quia recipit accedentes ad se, non repellit;*mitis*, quia supportat nostras evagationes, distractiones et rusticitatem; *multae misericordiae,* quia non solum recipit et tolerat, sed etiam sanat et liberat a miseria. Quos? *Omnes invocantes se*: o dulce verbum! Haec sententia est mihi instar ingentis thesauri, etc.

---

101 RIBAD., *Vita S. Ignat.* V 9.

EXHORTATIO QUINTA

Quae est de gloria paradisi

*Ross. 735 f. 146r   Baruli, 1596; *Romae 13 Aug. 1593

Cognoscetis veritatem, et veritas liberabit vos, Ioan. 8,32.

Ostendimus hactenus bona temporalia non esse digna ut amentur; item mala temporalia non esse digna ut timeantur; praeterea non esse timenda, etiamsi essent magna, quia Deus habet curam nostri. Nunc ostendere volo quod sit bonum vere amandum; et postea quod sit malum vere timendum. Erit autem efficacissima haec veritas, si perfecte cognoscatur, ad liberandum animum ab omni amore temporali.

Nam Apostolus, *Ephes.* 3,18, orat pro Christianis ut Deus illos illuminet ad cognoscendum *quae sit latitudo, longitudo, sublimitas et profundum,* id est ad cognoscendum quid sit vere magnum et magni faciendum. Et notandum, quod dicit ut (f. 146v) *possitis comprehendere cum omnibus sanctis quae sit latitudo,* etc., quia soli sancti et omnes sancti ista comprehendunt. Fieri enim non potest ut quis attente cogitet et perfecte penetret magnitudinem bonorum caelestium, et non continuo fastidiat omnia terrena: hoc autem est proprium sanctorum. Unde Chrysostomus, hom. 66 *in Ioannem,* dicit eos qui suspiciunt caelum et penetrant animo bona quae ibi sunt, continuo liberari a vinculis omnis terrenae affectionis. Et S. Cyprianus, in fine libri *de exhortatione martyrii,* dicit etiam liberari ab omni timore eos qui cogitant bona caelestia.

---

[1] Apud Van Ortroy pp. 106-109.
[3] Baruli 1596 *apim.*
[12] 3,18 *corr.* vO₄: po *cod.*

---

[21] Chrysost., *In Ioh.* hom. 67 (66) 1: *MG* 59, 369.
[24] Cyprian., *Exh. Mart.* 13: *ML* 4, 674 (702).

Nam cum descripsisset gloriam paradisi: « Has cogitationes, inquit, quae persecutio potest vincere, quae possunt tormenta superare? » Et experientia idem docet. Nam sancti, (f. 147r) quia gustabant bona aeterna, contemnebant facillime omnia temporalia. Sicut enim canis antequam invenit coturnicem, currit huc et illuc; sed cum percipit odorem coturnicis, dirigit gressum ad illam, et immobiliter quiescit, etc: ita etc.

Videamus igitur illa quattuor, quae docent quid sit vere magnum.

* * *

Prima est latitudo. Ea in gloria caelesti vere reperitur, cum ibi sit multitudo paene infinita bonorum. Est enim status omnium bonorum aggregatione perfectus. Ibi est in intellectu summa sapientia, cum sit visio primae causae: sapientis enim est nosse causam altissimam. Unde ibi tandem quiescit intellectus, alioqui semper inquietus (f. 147v). In voluntate perfecta virtus iustitiae et caritatis, adeo ut non possit amplius peccare. In corpore requiruntur quattuor: sanitas, pulchritudo, robur, agilitas. Haec ibi summa erunt, ut patet ex quatuor dotibus. Praeterea quatuor sunt externa bona: divitiae, potentia, honor, voluptas. Ibi summae divitiae, quia nulla re indigebunt; potentia summa, quia possunt quidquid volunt; honor, quia sunt reges totius mundi, et sacerdotes, ut ex *Apocalypsi* *1, 6 et 5, 10 patet: summae autem dignitates sunt sacerdotium et regnum. Unde imperatores romani dici volebant pontifices maximi, et rex Ozias ambivit officium sacerdotis, *2 *Paral*. 26, 16-21. Voluptas in caelo maxima est, quia (f. 148r) potentia vivissima unitur intime cum obiecto nobilissimo. Denique omnia bona omnium Beatorum sunt etiam singulorum, quia non est ibi invidentia, sed caritas facit omnia communia. Quam suave esset habitare in urbe, ubi omnes essent boni et perfecti! Haec est igitur latitudo. At in hoc mundo nulla est latitudo, sed summae angustiae, quia pauca sunt e¹ illa se invicem impediunt.

* * *

Iam longitudo vere est in caelo, quia bona illa sunt aeterna: ex quo sequitur securitas et pax. In hoc mundo autem omnia sunt temporalia, brevissima; et quamvis certum sit non diu duratura, tamen incertum est an unum diem durabunt. Et haec incertitudo omnia bona huius mundi reddit contemptibilia. Sicut contra securitas, aeternitas, est sal condiens omnia bona (f. 148v).

* * *

Sublimitas est excellentia bonorum futurorum. Sunt enim omnia in summo gradu; adeo ut simus sessuri in throno Dei, iuxta illud *Apocal.* 3; 21: *Qui vicerit, dabo ei sedere mecum in throno meo, sicut ego vici, et sedi in throno patris mei.* Quae sessio significat altissimam et ineffabilem excellentiam Sanctorum. Quod etiam significat illud *1 *Ioan.* 3, 2: *Similes ei erimus, quia videbimus eum, sicut est* .Ubi similitudo non est in natura, vel in gratia. Nam etiam nunc similes sumus in natura ratione liberi arbitrii, et in gratia ratione caritatis. Sed est alia similitudo gloriae eminentissima, quia videbimus eum, et inde lucebimus sicut lucent Angeli, et sicut ipse Deus ex visione sui ipsius gustat infinitum bonum, et beatissimus est: ita etc. (f. 149r). At in hoc mundo nulla est vera sublimitas, cum nostra gloria non transcendat montes, ut dixit etiam Cicero, et nostra scientia vix ascendat sensibilia intellegenda, et nostra potentia non possit animalia bruta coercere; et nostra voluptas aut sit infima, qualem habent bestiae, aut sit in spe potius quam in re.

* * *

Denique profunditas est soliditas bonorum caelestium et puritas. Illud enim dicitur profundum, quod non solum in superficie est pulchrum aut pretiosum, sed etiam intus. Globus aureus dicitur profundus, si totus sit aureus, non autem si in superficie sit aureus, intus autem aereus vel plumbeus. Bona

---

79-80 Cicero, *Respubl.* 6, 22.

caelestia sunt profunda, quia solida et simplicia, id est non
mixta malis: sapientia sine admixtione ignorantiae, bonitas
sine admixtione (f. 149v) malitiae, pulchritudo sine ulla de-
formitate ,etc. At in hoc mundo omnia sunt superficialia, et
ideo vana, *Psalm. 4, 3: *Ut quid diligitis vanitatem et quaeritis mendacium?* Denique sunt ista omnia bona similia guttis
mellis sparsis inter spinas, cum bona caelestia sint instar fon-
tis mellis, ut pulchre dixit Dominus sanctae Gertrudi. Vixerat
ea in monasterio viginti annis et amplius sina querela et bene, ut fieri solet communiter. Sed quia adhuc quaerebat con-
solatiunculas et non plane exuerat affectum mundi, Dominus
illi apparens dixit: « Quare lambis cum inimicis meis terram
et quare lingis mel inter spinas? » Et eo (f. 150r) die conversa
est ad summam perfectionem. Quot ex nobis lambunt terram
et lingunt mel inter spinas! Erigamus mentem ad Deum; videbimus fontem mellis, etc.

* * *

Ut autem haec consideratio gloriae caelestis prosit ad liberandum nos, quatuor sunt necessaria:

1° ut homo vere et serio persuadeatur maximum bonum
esse illam gloriam; et qui non potest discurrendo attingere et
gustare, saltem certo credat, quia id Scripturae dicunt. Nam
si quis certo crederet alicubi sub terra esse rem pretiosissi-
mam, etiamsi non sciret cuius speciei, tamen haud dubie fo-
deret, etc.

2° Ut credat posse se statim a morte frui illo bono. Nam
multi vix (f. 150v) putant hoc possibile: et ideo contenti sunt
ire ad purgatorium, et remisse vivunt volentes frui bonis temporalibus et postea ire ad purgatorium, etc. At de fide est posse
hominem statim a morte pervenire ad regnum, et multa exem-

---

⁹⁰ malis *cod.*: malis. Est *vO*.

---

⁹⁶ Ioh. Lansperger, *Vita della B. Vergine Gertruda*, lib. II cap. 1,
ed. Ven. 1585. pag. 57.

pla habemus. Vide Bernardum in serm. *de quadruplici debito,*
in principio.

3° Stultissimos esse qui, cum possint, nolint statim salvari. Differunt enim rem iucundisimam, et subeunt poenas atrocissimas; et sine dubio poenitebit eos. Cur igitur facimus id, cuius certo nos poenitebit? Exemplum de Leonardo nuper defuncto.

4° Via ad regnum statim intrandum est zelus puniendi in se omnia peccata, sitis videlicet iustitiae. Itaque non requiritur ut quis non peccat, sed ut studeat non peccare, et quotidie peccata etiam minima severe puniat. Sic enim nihil puniendum relinquetur in purgatorio, et hoc est quod omnes Sancti fecerunt.

EXHORTATIO SEXTA

Quae est de Inferno

Ross. 735 f. 151r *Romae 27 Aug. 1593.
Baruli, *1596.

Cognoscetis veritatem, et veritas liberabit vos, Ioan. 8, 32.

Diximus de summo bono; nunc de summo malo, quod iure fugiendum et timendum est, iuxta illud *Luc. 12, 5: Ostendam vobis, quem timeatis. Timete eum, qui potest corpus et animam perdere in gehennam. Ita dico vobis: Hunc timete.* Cognitio enim mali aeterni, ineffabilis et imminentis, cogit toto corde intendere ad illud evitandum, atque ita liberat ab affectu et timore rerum temporalium. Exemplum de iis qui ludunt vel convivantur, quibus supervenit ingens periculum vel ruinae domus, vel bestiae ferocis occurrentis; qui statim obliviscuntur ludum, convivium, spes et timores lucrandi, per-

---

1 Apud Van Ortroy pp. 110-113.
3 Baruli *apim.*

---

118 BERNARD., *Serm.* 22, 2: ML 183, 596.
124 Leonardus nuper defunctus: anno 1593, ut videtur, in Coll. Rom.

dendi, etc. Hic pone exemplum coqui ex Climaco, qui ex igne culinae etc...

Igitur in inferno est malum vere magnum, quia habet latitudinem, longitudinem, altitudinem et profundum infinitum.

* * *

Habet latitudinem, quia amplectitur (f. 151v) omnia mala animae et corporis, omnium potentiarum et omnium membrorum, damni et sensus; interna et externa, ut in honore, propinquis, etc.; et unum non impedit alium. Hic in terris una poena impedit aliam, nam magnus dolor animi facit non sentiri poenam corporis, et contra. Item magna poena corporis facit non sentiri alias poenas corporis. Denique magnus dolor obstupefacit sensum, et sic non sentitur. At in gehenna non sic erit. Unde simul erit, iuxta Evangelium *Matt.* 8, 12, *fletus et stridor dentium,* id est dolor de praesenti malo, et pavor et horror futuri. Malum praesens excitat fletum; sed, superveniente horrore maioris mali, siccatur fletus, et succedit tremor et horror. In inferno utrumque erit simul, fletus de praesenti poena, et tremor de ira Dei omnipotentis, ex quo existet stridor dentium (f. 152r).

Item simul erit ignis et vermis, iuxta illud *Is.* 66, 24: *Vermis eorum non morietur et ignis non extinguetur.* Poena ignis in hoc mundo non dat locum discursibus intellectus de amissione bonorum et de causis, etc., quae significantur per vermem. At in inferno omnia simul erunt.

Item ibi sunt tenebrae, sed visibiles. In hoc mundo tenebrae non videntur, at in inferno sunt tenebrae visibiles, et ideo dicuntur tenebrae exteriores. Erunt (f. 152v marg.) enim tenebrae exteriores, quia erunt visibiles et palpabiles, ad distinctionem tenebrarum quae non cognoscuntur. In hoc mundo peccator est in tenebris, sed putat se esse in luce, et sic tenebrae

---

23 unum... alium *corr.*: una... aliam *corr.* et *vO.*
42 enim *cod.*: scilicet *vO.*

---

15 Ioh. Clim., *Scala Paradisi* IV: *MG* 88, 686; Cf. infra not. 115-119.

eius sunt interiores, id est incognitae, iuxta illud *Apocalypsis* *3, 17: *Dixisti, quia dives sum et nullius egeo; et nescis quia tu es* (f.153r marg.) *caecus et nudus, et pauper, et miser et miserabilis.* At in inferno poena aperit oculos, quos clausit culpa. Et sic fiunt tenebrae exteriores, quia homo cognoscit se creatum ad videndum lumen infinitum, et intelligit sua culpa se non visurum non solum Deum, sed nec solem aut lunam, etc. Item (f. 153v marg.) intelligit tenebras in quibus fuit, dum vixit, quando pro nihilo libenter amisit bona aeterna; et ista visio talium tenebrarum adferet ineffabilem dolorem (f. 154r).

* * *

Habet infernus longitudinem vere infinitam, id est aeternitatem. Et in hoc distant illae poenae a poenis huius mundi in infinitum, ita ut sit incredibilis stultitia, quod non velint homines poenis momentaneis redimere infinitas. Et quia res tanta est ut multi vix credere possint, ideo Scriptura hoc evidenter expressit *Matth. 25, 41: *Ite in ignem aeternum;* *Ibid. 3, 12: *Paleas comburet igne inextinguibili...* *Is. 66, 24: *Ignis eorum non extinguetur;* etc. Et probant hoc sancti Augustinus et Gregorius, quia eodem modo loquitur Deus de gloria Beatorum et poenis damnatorum. Illa autem erit vere aeterna; alioquin Deus decepisset nos, etc.: igitur, etc. (f. 152r med.).

* * *

Habet infernus altitudinem, quia erunt omnes illae poenae in summo gradu. In hoc mundo aut sunt poenae leves, aut non diu durant; ibi erunt intensissimae, et semper durabunt. Quantum ad corpus, Scriptura passim nominat *ignem*, qui adfert poenam omnium acutissimam, et, si duraret, esset pla-

---

48 caecus *cod.*: caecus, caecus *vO*.
55 dolorem: *nmB* ponatur longitudo in 2° loco.

---

63 etc.: Cf. *Marc.* 9, 43-47; *Matth.* 18, 8; 2 *Thess.* 1, 9.
63-64 Aug., *Contra Priscill. et Orig.* 6, 7: *ML* 42, 673; Greg. M., *Dial.* IV 44: *ML* 77, 401.

ne intolerabilis. Item nominat *tenebras exteriores,* quod significat privationem luminis exterioris in summo (f.152v) gradu. Habebunt damnati lumen internum et connaturale, id est intellectum, et poterunt discurrere de suis tormentis et bonis amissis: sed non habent ullum lumen, quo possint contemplari aliquid iucundum. Item in corpore habebunt lumen internum, id est oculos vivos et apertos et visivos; sed carebunt lumine externo, et erunt in tenebris densissimis, quia erunt in centro terrae, quo non penetrabit lumen solis vel stellarum. Et Basilius dicit ignem inferni habiturum vim urendi, sed non illuminandi. Quantus sit horror manere in tam profundo puteo, patet ex horrore quem habemus, si vel respiciamus puteum profundissimum, etc. Denique, ut alia omittam, ibi erit ignominia et confusio ineffabilis (f. 153r). Nam sicut Sancti extollentur ad infinitam gloriam, cum eorum corpora erunt super caelos: ita damnati deprimentur ad infinitam ignominiam, cum eorum animae subicientur omnibus corporibus, et ipsi etiam terrae. Et notat Basilius unam ex maximis poenis fore ignominiam et confusionem, cum homines superbissimi in conspectu totius mundi proicientur infra omnes creaturas. Certe videmus quanti fiat honor in hoc mundo, et quam sit innata honoris cupiditas, ut etiam religiosi, qui profitentur humilitatem, non possint ferre humiliationem, etc.

* * *

Habet infernus profunditatem poenarum, quia sicut in caelo est gloria, voluptas solida (f. 153v) et pura: ita in inferno erit poena solida et pura, sine admistione ullius solatii. In hoc mundo nulla poena est profunda, quia habet admistam consolationem; at ibi non erit. Et hoc significat Evangelium, cum dicit *Matth.* 22, 13: *Ligatis manibus et pedibus.* Significat enim haec ligatio, quod tolletur damnatis omnis libertas implendi ullam suam voluntatem; item claudetur aditus ad

---

72 Cf. *Matth.* 8, 12; 22,, 13; 25, 30.
81 BASIL., *In Psalm.* 28, 8: *MG* 29, 372.
89 BASIL., *ibidem.*

omnem consolationem, remedium, refugium. Et hinc nascetur ineffabilis angustia, taedium, ambascia. Hoc fecit Christum sudare sanguineum sudorem, cum vidit clausum omnem aditum ad evasionem passionis, etc. Exempla de iis, qui occurrunt alicui periculo, et respicientes vident se undique obsessos, ut non sit evasio. (f. 154v)

* * *

Nunc tria cogitanda:

1° certissimum esse infernum, ut diximus;

2° posse nos etiam damnari, et facile. Nam maiores columnae ceciderunt, quam nos simus. Exemplum religiosi damnati apud Bedam, *lib. Hist. Angl.* 5°, cap. 15; item exemplum Iudae, Luciferi. Unde B. Bertrandus saepe in cubiculo largiter flebat, quod diceret se ignorare an damnandus esset. Denique nonne Apostolus ait *1 *Cor.* 9, 27: *Ne forte reprobus efficiar?* Quis nostrum non potest dicere: Ne forte reprobus efficiar?

3° Nihil periculosius nobis peccatis linguae, proprietate rerum , quae tegitur pallio licentiae (f. 155r).

115-119 Denique ... licentiae *cB*: Item alius apud Climacum gradu 4º, qui erat coquus, semper flebat et perfectissime vivebat. Interrogatus causam, dixit, quia assidue videns ignem culinae, cogitabat ignem gehennae.
119 fol. 155r-158v vacua.

---

104 ambascia: lat. anxietas.
113 Beda, *Hist. Eccl.* V, 14: ML 95, 254.
114 Vinc. Iustinian., *Vita del P. Luigi Beltrando O. P.*

DE COGNITIONE DEI

EXHORTATIO PRIMA

De essentia Dei I: latitudo et longitudo

*Ross. 735 f. 247r   Anno 1593, Novembris

De cognitione Dei tractare incipiam, primo quia Scriptura passim hortatur ut quaeramus Deum. *Quaerite Deum, et vivet anima vestra, Psalm 68, 33.* — *Quaerite faciem eius semper, Psalm. 104, 4.* — *Quaerite Dominum, dum inveniri potest, Isai. 55, 6.* — *Bonus Dominus sperantibus in eum, animae quaerenti illum,* *Thren. 3, 25.* — *Protegam eum, quoniam cognovit nomen meum, Psalm. 90, 14.*

2° Quia Sancti id fecerunt. S. Augustinus in *Confess.* lib. X cap. 40, dicit se toto tempore, quo non cogebatur intendere negotiis, vacare solitum contemplationi, qua conferret Deum cum craturis, et videret Deum esse rem altiorem et meliorem omnibus. (f. 246v) Et in lib. 19 *de Civit.*, cap. 19, monet vacandum contemplationi, et solum propter necessitatem proximi vacandum actioni. « Otium, inquit, sanctum quaerit caritas veritatis; negotium iustum suscipit necessitas caritatis. Sed nec sic omnimodo veritatis delectatio deserenda est, ne subtrahatur ista suavitas, et opprimat ista necessitas ». Explica exemplo eius, qui fert onus, et non comedit, nec dormit. Idem monet Gregorius in *Pastorali,* ubi dicit debere esse pastorem

---

2 Apud Van Ortroy pp. 193-196; Vivès VIII pp. 627-628.

12 Aug., *Confess.* X 40: *ML* 32, 806-807.
16 Aug., *De civ. Dei* XIX 19: *ML* 41, 647.
23 Greg. M., *Lib. past.* II 11: *ML* 77, 48.

contemplatione suspensum; et Bernardus, qui in lib. primo *de Consideratione* monet aliter perveniri ad cor durum. (f. 247r infra). S. Franciscus integras noctes consumebat cogitando Dei magnitudinem; S. Bonaventura fecit *Itinerarium mentis in Deum*, etc. (f. 247v)

3° Quia hoc utile est ad excitandum amorem et timorem Dei, item ad liberandum cor ab amore et timore rerum temporalium, denique ad reverentiam et devotionem mysteriorum Christi, quae toto anno celebramus, ut Incarnationis, Nativitatis, etc., et praecipue sacramenti altaris.

4°· Ut aliqui rudiores habeant materiam meditandi. Ideo omnia reduci possunt ad illa quattuor, quae ponuntur in epist. ad *Ephes.* ·3, 18: *Ut possitis comprehendere quae sit latitudo, longitudo, sublimitas et profundum*. Applicavi haec nuper gloriae caelesti et poenis inferni: alias Passioni Christi. Nunc divinitati applicabo, postea attributis.

* * *

Magnitudo ergo divi(f. 248 r)nae essentiae cognoscitur ex eo quod est infinita in latitudine, quia immensa; in longitudine, quia aeterna; in sublimitate, quia nobilissima; in profunditate, quia simplicissima et incomprehensibilis.

Primo est immensa multis modis.

1° Continet in se omnes perfectiones creaturarum, quae sunt et quae possunt esse, et adhuc plures in infinitum. Ut si quis haberet unam rem in cubiculo, quae contineret obiecta bona omnium sensuum, ita ut non cuperet exire ad aliquid videndum, vel audiendum, vel odorandum, vel gestandum, vel tangendum. Et hoc non quia nausearet, ut aegroti, sed quia vere haberet omnia illa oblectamenta. Quod si eadem res habe-

---

[33] sacramenti *rod.*: sacri *vO*.

[24] BERNARD., *De Consid.* I 2, 3: *ML* 182, 730.
[26] BONAV., *Vita S. Franc.* cap. 4 et 10: *Sur.* V 586 et 605.
[27] BONAV., *Itiner. ment. in Deum*: ed. Quar. V 293 sqq.
[37-38] Cf. Exhort. *de libert. spirit.* V et VI: supra p. 280 sqq.
[38] De passione Domini cf. *De Gem. Columb.* lib. II cap. 3.

ret tantam copiam omnium opum, quantam potest avarissimus desiderare, ita ut non vellet egredi (f. 248v) ad aliquid lucrandum; item haberet omnes dignitates, quas ambitiosissimus homo desiderare potest; item haberet omnia bona, quae angeli desiderare possunt; nam angeli, qui plura et maiora norunt, plura et maiora desiderant: magna esset res illa, sed adhuc longe inferior Deo, qui habet in se tot bona, quot ab infinito appetitu desiderari possunt. Hinc dicitur ab Apostolo, quod in patria *Deus erit omnia in omnibus* *1 Cor. 15, 28, quia Sancti in caelo non habent cibum, potum, vestes, pecunias, tectum, etc.; et tamen nulla re carent, quia Deus est illis omnia. In hoc etiam mundo Deus est omnia illis, qui sciunt intrare cubiculum Dei, et cum illo uniri, eumque amplecti. Unde B. Franciscus dicebat: « Deus meus et omnia ». (f. 249r)

2° Deus est immensus, quia replet omnia loca. *Caelum*, inquit **Ier.* 23, 24, *et terram ego impleo*. Et si essent alii mundi, omnes Deus impleret. Nec solum corpora, sed etiam spiritus Deus replet. Itaque, etiamsi quis duceretur in desertum quodcumque, vel in profundum maris, vel extra caelum, non tamen esset solus. Magna hinc oritur consolatio iustis, et timor iniustis.

3° Deus replet omnia, non solum praesentia, sed etiam gloria sua. Pleni sunt caeli et terra gloria eius. *Domine Dominus noster, quam admirabile est nomen tuum in universa terra; quoniam elevata est magnificentia super caelos,* **Psalm.* 8, 2. Id est, plena est terra laude Dei, quia etiam usque ad caelum pertingit, et supra caelum. Omnes enim creaturae Deum laudant, et sunt quasi thuribula emittentia incensum Deo. (f. 249 v) Et quamvis multi blasphement Deum, tamen ipsi quoque laudare coguntur eo modo, quo opus laudat opificem; quia in ipsis quoque lucet mirabiliter potentia, sapientia, bonitas Dei, quae ex malis eorum elicit bona, et ordinat eos iuste ad poenam, vel misericorditer expectat ad poenitentiam. « Mul-

---

65 Cf. *Fioretti di S. Francesco*, cap. 2.
84-88 August. (?). Idem textus sine nomine Augustini *De ascens. mentis in Deum*, gradu X.

85 ti quidem surdi sunt, inquit Augustinus, ad has voces creaturarum, tamen ipsae clamare non cessant, nec desunt aures innumerabilium Angelorum et Sanctorum, qui eas attendunt ». Ideo *Isaiae* 6, 3 duo Seraphim clamant: *Plena est omnis terra gloria eius.* Et David: *Caeli enarrant gloriam Dei, Psalm.* 18, 2.

90   4° Deus omnia replet dominio suo, quia omnia possidet ut sua, et est vere solus ipse absolutus dominus omnium rerum; tum quia solus ipse nulli servit, quia a nullo pendet, tum quia omnia ab (f.250r) illo pendent, et omnia potest mutare, destruere, etc. Non sic domini huius mundi, etc.

* * *

95   Longitudo est aeternitas. Deus enim semper fuit et erit, et hoc sine mutatione, et necessario, ita ut nulla ratione possit aliter esse. Et in his distinguitur ab omnibus creaturis. Aliae non semper fuerunt, nec erunt, et semper mutantur. Aliae semper erunt, sed non semper fuerunt, et mutantur aliquo modo.
100 Denique omnes possunt non esse, si Deus velit. Quare recte dicitur: *Qui solus habet immortalitatem,* *1 *Tim.* 6, 16. Hinc sequitur summa securitas Dei et servorum eius, cum hoc tantum bonum nullo modo deficere possit.

EXHORTATIO SECUNDA

**De essentia Dei II: altitudo et profundum*

*Ross. 735 f. 250r   *Init. Dec. 1593

    Altitudo est excellentia naturae divinae.
5   Nam non solum continet omnia, sed continet in esse altissimo, quomodo nummus aureus continet denarios. (f. 250 v)

---

[1] Apud Van Ortroy pp. 197-200; Vivès VIII pp. 628-630.
1-17 Exhortatio secunda ... Itaque dicitur *cB*: Item altitudo est, quod sit prima et altissima causa efficiens, finalis et exemplaris etc. Nam Deus est prima origo omnium rerum, est finis ultimus omnium rerum; et in eo sunt exemplaria omnium rerum. Itaque dicitur *la*.

Consistit autem haec excellentia in abstractione a materia et potentialitate. Quo enim res est purior, eo est altior, ut etiam videmus in elementis. Porro solus Deus est purus, et ideo altissimus, ut Angeli non possint tam alte aspicere, nisi per gratiam.

Secundo dicitur Deus altissimus, quia sedet in altissimo loco. *Caelum mihi sedes est* *Is. 66, 1. Hinc Lucifer dixit: *Super astra caeli elevabo solium meum, similis ero Altissimo,* *Ibid. 14, 13-14. Sedes duo significat: auctoritatem iudicis et quietem. *Sedebitis super sedes, iudicantes duodecim tribus Israel,* *Matth. 19, 28. Itaque dicitur Deus in sempiternis altissimus, quia habet supremam auctoritatem leges ferendi et iudicandi. Omnes enim alii principes alicui legi subsunt, alicui rationem (f. 251r) reddere debent, et ab eorum legibus et sententiis appellatur. Solus Deus ita fert leges et iudicat, ut nulli subsit et nullus ab eo appellare possit, etc. Hinc dicitur apud Iacobum, *Ep. 4, 12: *Unus est legislator et iudex.* Et in *Psalmo* *81, 1: *In medio autem deos diiudicat,* id est iudices iudicat, qui in Scriptura dicuntur dii. Hic aliquid dicendum de felicitate amicorum Dei. Nam si *Deus iustificat, quis est qui condemnet?* *Rom. 8, 33-34.

Tertio dicitur item Altissimus, quia *in altis habitat,* *Psalm. 112, 5, id est quiescit. *Caelum caeli Domino,* *Psalm. 113, 16. *Pater noster, qui es in caelis,* *Matth. 6, 9. S. Augustinus per caelos, in quibus Deus sedet, intelligit Angelos. In illis enim vere sedet Deus; tum quia facit eos quiescere, cum sint uniti summo bono, nec habeant quod ulterius desiderent; tum (f. 251v) quia in illis Deus quasi recreatur, dum familiariter cum illis agit. Sicut enim (ut ait Bernardus Serm. 23 *in Cantica*) rex aliquando discedit a negotiis regni, in cubiculo cum familiaribus familiariter agit, etc.: ita, etc.

Magna est haec gloria Dei, quod altissimae creaturae illi serviant pro sede. Neque est hoc contra illud *Isaiae* *66, 2:

---

30 August., *Confess.* XII 11, 12 et 15, 20: *ML* 32, 830-833; *Enarr. in Psalm.* 18, 3: *ML* 36, 159.
35 Bernard., *In Cant.* serm. 23, 16: *ML* 183, 893.

Super quem requiescam, nisi super humilem, et quietum, et trementem sermones meos? Nulli enim sunt humiliores, quam summi Angeli et beatae animae. Quo enim magis cognoscunt se nihil a se habere, eo magis se humiliant coram Deo, et tremunt timore reverentiali, et subiciunt se Deo, ut sedes sessori.

Est alia altitudo Dei, in quantum est prima causa omnium rerum. (f. 252r) Nam Deus est prima causa efficiens, exemplaris et finalis omnium rerum. Deus enim multa facit sine creaturis, sed nihil creaturae sine Deo faciunt. Itaque est causa universalissima, ut a summo Angelo usque ad ultimum vermiculum omnia dicant: *Ipse fecit nos,* *Psalm.* 99, 3. Item est causa exemplaris omnium rerum, quia omnia habent formam, quam habent, quia factae sunt ad exemplar, sive ideam, quae erat in Deo. Denique est finis ultimus et altissimus omnium rerum. Tandem omnia resolvuntur in hoc, quod facta sunt, ut in ipsis resplendeat gloria Dei. *Omnia propter semetipsum operatus est Dominus*, inquit Sapiens, *Prov.* 16, 4. (f. 253r)

* * *

Profunditas Dei in eo consistit, quod est Dei essentia intima, recondita, occulta prae omnibus rebus. *Posuit tenebras latibulum suum,* *2 Reg.* 22, 12. *Vere,* inquit Isaias *45, 15, *tu es Deus absconditus.* S. Augustinus *in Psalm.* 26 dicit: « Quidquid potest cogitari non esse Deum, cum Deus sit melior omni re visibili, imaginabili et cogitabili ». Quaesivit S. Augustinus Deum in lib. 10 *Confess.* c. 6 per omnia exteriora a terra usque ad caelum. Et cum non invenisset, intellexit non esse quaerendum exterius, sed interius. Itaque transivit a corpore ad sensum, et vidit sensum esse tanto meliorem corpore, quanto in-

---

47 omnium rerum: sBe de qua mox dicemus, cum agemus de profunditate. (post fol. 251v sequebatur olim fol. 254r. Folia 252 et 253 sunt posterius inserta).

---

60 AUGUST., *Enarr. in Psalm.* 26, II 8:*ML* 36, 203.
62 AUGUST., *Confess.* X 6, 8-10: *ML* 32, 782-783, coll. VI 7, 23 *ibid.* 745.

teriorem; transivit a sensu ad intellectum sive animam intellectivam, et vidit illam esse intimiorem et longe meliorem, quippe quae dat corpori sensum, vitam, speciem, motum, etc. Inde didicit Deum adhuc esse intimiorem et meliorem, quippe qui dat vitam animae, et est quasi anima animae. Sed hinc (f. 253v) apparet incredibilis Dei pulchritudo. Nam cum sit in tam alto profundo secreti et dicatur invisibilis, et non nisi in aenigmate cognoscatur: tamen ita afficit animas, ut ab eis ametur amore flagrantissimo, et propter eum libeat relinquere domum, patrem, matrem, uxorem, agros, vitam ipsam; et vel in solitudinem se abdere, vel exponere se omnibus periculis, etc. Quid igitur fiet, quando videbitur facie ad faciem? Quem amoris ignem accendet? Et quae indicibilis voluptas erit rem tam ardenter amatam secure possidere?

Est 2° alia profunditas maior. Nam illi ipsi qui Deum vident et tangunt, tamen numquam penetrare possunt ad fundum, cum sit incomprehensibilis, nisi ab oculo infinito. Itaque est Deus tamquam fodina infinita auri, quae numquam exhauriretur, etiamsi infinito tempore aurum inde educeretur. (f. 254r)

3° profunditas est simplicitas naturae divinae. Non enim Deus est tantum in superficie magnus, bonus, etc., quomodo sunt statuae deauratae; sed totum quod in ipso est, divinum est, ut statua tota aurea, etc.

4° est, quod Deus est intra omnia, quia omnia sustentat et portat verbo virtutis suae. Est enim radix, fundamentum omnium rerum, et ipse in nulla re fundatur, quia est fundamentum infinite profundum. (f. 254v)

91-94 4° est ... profundum c*B*: 2° est incomprehensibilitas. Tanta enim est Dei perfectio, ut numquam penetrari possit usque ad fundum, nisi ab oculo infinito. Ratio est causalitas omnium rerum. Deus enim prima causa est efficiens et ultima finalis omnium rerum. Est infra omnia et supra omnia. Est infra omnia, quod pertinet ad profundum, quia est radix, origo, fons, fundamentum totius esse et omnium rerum. Est supra omnia, quod pertinet ad altitudinem, quia est finis omnium rerum. Omnia enim sunt facta (f. 254v) propter gloriam Dei manifestandam. *la.*

74 Cf. 1 *Cor.* 13, 12.

* * *

⁹⁵ Iam vero ut quis ex his meditationibus proficiat, oportet quaerere ab anima sua, an vere sibi persuadeat esse in mundo verum Deum, tam magnum, bonum, etc.; deinde quaerere an possit ipsa ad hunc Deum accedere, et illi familiaris fieri. Nam si id non possit fieri, non movebunt istae meditationes, sicut ¹⁰⁰ non movent ad amorem vel timorem, quae audimus de magnitudine regis Chinae, et similium. Certe autem est nos posse pervenire ad summam cum Deo familiaritatem, maiorem quae sit fratrum, parentum, coniugum, etc. Modus autem facillimus est. Vix enim aliud requiritur, quam ut vere velimus. Id do-¹⁰⁵ cet totus liber Sapientiae. Nam cum multis verbis explicasset pulchritudinem, magnitudinem, divitias, etc. aeternae Sapientiae, et multis (f. 255r) item dixisset se velle ostendere modum illam acquirendi: tandem nihil dicit, nisi ut desideretur et quaeratur, quia sine dubio invenietur. Nonne igitur stultissi-¹¹⁰ mus est, qui tam facile potest invenire summum bonum, et non vult: cum parva bona tanto labore quaerantur, et nulla sit certitudo, quod invenientur?

Sed in particulari modus inveniendi est ut quis fiat caelum. Nam caelum, ut diximus, est sedes Dei, et ibi Deus quiescit, ¹¹⁵ tum quia quiescere facit, tum quia familiariter agit, etc. Porro ut quis fiat caelum, tria requiruntur: 1° ut sit elevatus a terra, ita ut sit superior vaporibus et exhalationibus, id est amori deliciarum et honorum; 2° ut non turbetur a ventis et tempestatibus. Caelum enim etiamsi nobis videatur aliquando tur-¹²⁰ batum, tamen non est; 3° (f. 255v) ut gratis benefaciat. Solum enim caelum inter creaturas corporales gratis benefacit illuminando, calefaciendo, influendo. Nam terra germinat quidem, sed vult iterum semina. Mare dat flumina, sed iterum recipit. Aër dat pluvias, sed vult vapores. Ignis calefacit, sed ¹²⁵ consumit ligna, etc. Itaque, ut quis sit caelum, requiritur puritas, patientia, caritas. Sed omnia facile habet, qui serio statuit velle invenire Deum.

105-109 Cf. *Sap.* 6, 12-17 et 7, 7.

EXHORTATIO TERTIA
De potentia Dei.

*Ross. 735 f. 255v *prob. 24 Dec. 1593

Filii et servi et amici libenter audiunt laudes et gloriam patris domini vel amici. Sic nos libenter audire debemus sermones de magnitudine Dei, si veri filii familiaresque eius sumus.

Dixi de magnitudine essentiae divinae. Nunc de attributis, quae sunt quattuor praecipua: potentia, sapientia, misericordia et iustitia. (f. 256r) Potentia est altitudo, quae est propria principum, qui sunt aliis altiores. Sapientia est profunditas, quia penetrat omnia, etiam occultissima. Misericordia est latitudo quia est diffusa per omnia. *Misericordia Domini plena est terra,* *Psalm. 32, 5. Iustitia est longitudo, quia est instar virgae ferreae, quae longa est, subtilis, dura: *Virga directionis, virga regni tui,* *Psalm. 44, 7.

Potentia Dei habet infinitam latitudinem, longitudinem, altitudinem et profunditatem.

* * *

Latitudo potentiae in eo consistit 1° quod fecit et portat multitudinem innumerabilem rerum. Quis numeret species, nedum individua, lapidum, arborum, animantium, stellarum, Angelorum? Et tamen omnia a summo Angelo usque ad ultimum vermiculum Deus (f. 256v) fecit et portat. 2° Deus posset multo plura facere et portare in infinitum, id est numquam tot faciet quin possit plura. 3° Potest omnia facere, quae potest velle. *Omnia quaecumque voluit Dominus fecit, Psalm.* 134, 6. *Non est impossibile apud Deum omne verbum, Luc.* 1, 37. Non vult quidem omnia quae potest, sed potest omnia quae

---

[1] Apud Van Ortroy pp. 201-204; Vivès VIII pp. 630-632.
[11] aliis *cod.*: alii *vO.*
[20] innumerabilem *cod.*: innumerabilium *vO.*

vult. Si homo posset omnia quae vellet et intelligeret, certe mirabilis potentiae esset. At potentior adhuc esset Angelus, si posset omnia quae vellet et intelligeret. At sine comparatione potentior est Deus, cum possit quaecumque vult et intelligit, et eius voluntas et intellectus sint infinita. Possumus ergo recte dicere: *Quis similis tui in fortibus, Domine*? *Exod.* 15, 11.

* * *

Longitudo potentiae Dei cognoscitur ex duratione et infatigabilitate Dei. (f. 257r) Tanto enim potentia maior est, quanto diutius perseverare potest in operando. Deus autem aeterno tempore portare potest totum mundum. Mirantur aliqui solem tot millibus annorum cucurrisse, et non esse fatigatum. Sed quid mirum cum Deus eum portet? Aliqui mirantur et vix credere possunt damnatos in aeternum flagellandos. Quomodo enim, inquiunt, durare poterunt corpora sub aeternis flagellis? Aut quomodo non fatigabitur manus in aeternum flagellans? Quare Deus est infinitae potentiae, qui et corpora illa sustentabit ut non deficiant, et ipse non fatigabitur in aeternum flagellans. Quis igitur similis tui in fortibus, Domine?

* * *

Altitudo potentiae divinae cognoscitur ex excellentia rerum, quas fecit. (f. 257v) Quae considerari potest 1º in magnitudine rerum. Discurre per terram, aërem, caelum, notando minimam stellam visibilem esse maiorem tota terra; 2º in velocitate, ubi nota solem oriri vel occumbere spatio duorum *Miserere*, ut ego observavi. Et tamen crassities solis continet aliquoties crassitiem terrae ac per hoc supra triginta millia milliariorum; 3º in viribus et robore. Discurre per impetum terrae, cum cadit mola; per impetum aquae et pone exempla

---

[57-61] Inundatio Diliae, Lovanii facta 8 ian. 1573. Addit editor Lovan. in nota pag. 10: « Acciderunt ista, teste poëta flandro Ioanne Stroosnyder, anno 1573 in Lovaniensi oppido, quum Diliae intumescentibus aquis, ruptisque fluvii pontibus, portae oppidi et nonnullae domus corruerunt hominesque alii perierunt. In vico autem proximo, cui nomen Vinken-

de moenibus et porta Lovaniensi; per impetum ventorum, aliud exemplum ibidem, ubi ventus transtulit terram ex loco uno, relicta maxima voragine, et transtulit alio, et sepelivit oppidum, etc.; per impetum ignis invadentis pulverem tormentarium, vel fulminum caelestium. Denique Angelorum, nunc occidentium primogenita Aegypti (f. 258r) *Exod.* 12; nunc exercitum Sennacherib; nunc proicientium centum millia Saracenorum in Eufraten, teste Socrate. Quanta igitur est Dei fortitudo, qui omnia ista movet, et ista omnia faciunt verbum eius. Unde dicitur *Dominus exercituum*, quia res omnes illi militant. Quis igitur similis tui in fortibus, Domine?

* * *

Profunditas conspicitur in modo faciendi. Nam 1° facit ex nihilo. Ceteri enim artifices nihil de novo faciunt, sed coniungunt vel disiungunt res factas; 2° facit sine socio; 3° sine instrumento; 4° sine accidente; 5° sine loco et sine tempore; 6° perfectissime. *Magna opera Domini, exquisita in omnes voluntates eius,* **Psalm.* 111, 2. Quis igitur similis tui in fortibus, Domine?

* * *

Ex hac meditatione collige: timorem pro peccatoribus. Quis enim non timeret vehementissime, si videret sibi in lato campo occurrere taurum, aut leonem, aut etiam bubalum ferocientem, a quo non posset (f. 258v) ullo modo evadere, cum videat se vinci robore et velocitate? Quanto magis sudaret sudorem sanguineum, si quis intelligeret se iratum habere Deum, cui nihil resistere potest? — 2° Fiduciam pro iustis.

---

[82] fiduciam *corr. vO.*: fiducia *cod.*

---

bosch, iuxta Parcensem abbatiam, immensa arenae moles aliquas domus obruit. Quorum ipse testis fuit Bellarminus ... ».
[64] De Sennacherib cf. 4 *Reg.* 19, 35-37; *Tob.* 1, 21; 1 *Mach.* 7, 41 et 2 *Mach.* 8, 19 et 15, 22.
[65] SOCRAT., *Hist. Eccl.* VII 18: *MG* 67, 777.

Quid enim timeat, qui habet amicum omnipotentem? — 3°
Stuporem magnitudinis amoris et bonitatis Dei, qui cum sit
tam potens, excelsus, magnus, etc., tamen ad nos descendit
tam humiliter, ut in stabulo nasci voluerit. Miratur David
*Psalm. 8, 5 quod Deus meminerit hominis: *Quid est homo,
quia memor es eius*? Exemplum de rege cogitante et loquente
de famulo stabuli. Item miratur, *Psalm. 143, 3, quod voluerit innotescere homini: *Quid est homo, quia innotuisti ei*?
Exemplum de rege narrante suam progeniem famulo, etc.
Item miratur, *Psalm. 8, 5, quod visitaverit eum: *Quid est
homo, quia visitas eum*? Visitavit enim nos per legatos, angelos; item per epistolas, (f. 259r) id est per Scripturas. At quid
diceret, si videret eum exinanitum formam servi accepisse?
Exemplum de rege descendente ad stabulum, et induto vestibus stabularii ac exercente illius officium, et stabularium ad
cubiculum ducente, et ornante regiis vestibus, et ad mensam
suam constituente, etc. Certe omnipotens est Deus, sed etiam
est omnipotens amor eius, et si licet dicere, omnipotentior,
nam praevaluit in omnipotentem. — 4° Desiderium paupertatis, humilitatis, etc. Nam cur Dominus in loco publico et
abiectissimo nasci voluit? Ut omnes ad eum ire possent, et ipse
haberet occasionem omnes beatificandi. Ideo non conclusit se
in domo clausa, sed in publico tugurio, ut nemo excluderetur.
Voluit quoque esse pauper, abiectus, patiens frigoris et famis,
debilis, simplex; infans denique, id est mutus et infirmissi-
mus, qui in omnibus ab alio dependeret. (f. 259v) Non enim
possunt omnes, qui volunt, ascendere ad opes, delicias, honores, imperia, eloquentiam, etc. Sed possunt omnes, qui volunt, descendere ad paupertatem, obedientiam, humilitatem,
patientiam, simplicitatem, etc. Multi putant se esse prope stabulum Christi, quia voverunt paupertatem, obedientiam, contemptum mundi; qui tamen longe sunt a stabulo, quia nihil
volunt pati, sed quaerunt suas commoditates, etc.: retinent

---

84 stuporem *corr. vO.*: stupor *cod.*

in carta regulas de desiderio rerum viliorum, et quod erunt contenti victu et vestitu pauperibus accommodato: sed in corde non habent, etc.

EXHORTATIO QUARTA

*De Sapientia Dei theorica.

Fragm. Ignat. f. 1r   1594, 18 Febru.

Si imago haberet intellectum, cognosceret, totum suum bonum consistere in similitudine cum suo exemplari et ideo frequentissime collocaret se ante suum exemplar et illud inspiceret curiosissime, seque ipsa niteretur expolire et accommodare, ut illud ad vivum referret. Et si hoc faceret omnis imago, etiam rei deformis, quanto magis imago rei pulcherrimae?

Nos omnes sumus imagines Dei, rei nimirum infinitae pulchritudinis: proinde totum nostrum bonum consistit in similitudine Dei. Quare deberemus nullam occasionem omittere p[raesen]tandi nos ante Deum, (f. 1v) et curiose inspiciendi quidquid in illo est, et nos ipsos poliendi et perficiendi, ut quam simillime redderemur. Ad hoc proderit materia, quam coepimus de cognitione Dei. Diximus de essentia et de potentia Dei, nunc de sapientia dicendum.

Sapientiam hic accipimus largo modo pro cognitione, quam habet Deus. Et quidem potest distingui in speculativam et practicam. Primo agemus de speculativa.

* * *

Ea sapientia infinitam habet latitudinem, longitudinem, sublimitatem et profunditatem.

Latitudo consistit in multitudine rerum, quas Deus cognoscit. Novit enim Deus omnes species rerum, omnia individua, omnes partes eorum individuorum, omnes virtutes, po-

---

[118] etc.: fol. 260r-v vacuum.
[1] Deest in cod. *Ross.* et *vO.*; apud Vivès VIII pp. 632-633.
[3] 18 Febru. *cB*: 15(?) Ianuarii *la*.

tentias, actiones etc. Scit numerum capillorum nostrorum,
quanto m[agis] numerum membrorum. (f. 2r) Scit numerum
passuum quos facimus: *Tu,* inquit *Iob* * 14, 16, *gressus meos
dinumerasti*: quanto magis actiones maioris momenti! Scit
30 numerum stellarum, arenarum, guttarum pluviae, ut dicitur
in principio *Ecclesiastici* *1, 2: quanto magis numerum Angelorum etc. Denique scit Deus infinitas perfectiones suas.

Longitudo consistit in eo, quod Deus habet oculum tam
acutum ut videat res, futuras post longissimum tempus, et
35 ante longissimum tempus. *Intellexisti,* inquit *Psalm.* 138, 3
cogitationes meas de longe. Et v. 5: *Tu cognovisti omnia no-
vissima et antiqua.* Cognoscit quid ego sim cogitaturus post
10000 millia annorum et ultra. Et hoc ab aeterno cognoscit.
Et sic de aliis omnibus rebus. (f. 2v)

40 Altitudo consistit in excellentia cognitionis divinae, quae
multiplex est. Prima sumitur ex parte obiecti. Nam obiectum
eius non solum naturale, sed etiam proportionatum, est ipse
Deus Trinus et Unus. Quod nulli alteri intellectui contingit.
Est enim visio Dei naturaliter improportionata omni creaturae.
45 *Nemo novit Filium nisi Pater* **neque Patrem quis novit, nisi
Filius et cui voluerit Filius revelare,* **Matth.* 11, 27. Et *lucem
habitat inaccessibilem,* **1 Tim.* 6, 16. *Regi saeculorum immor-
tali invisibili,* **ib.* 1, 17. Secunda sumitur a specie. Nam quo
cognitio est per species pauciores et universaliores, eo est no-
50 bilior. Dei cognitio est per unicam speciem, quae est ipsius
essentia. Tertia sumitur ab actu. Quo enim paucioribus actibus res cognoscuntur, eo cognitio est nobilior. Ho(f. 3r)mi-
num cognitio est infima, quia per multos actus venimus in
cognitionem rerum. Requiritur enim actus sensuum exterio-
55 rum et interiorum, discursus intellectus: et hoc in singulis
rebus seorsim. Angeli non egent sensibus, nec discursu: tamen

---

37 antiqua: *sBe* itaque ab aeterno cognoscit omnia futura usque in
aeternum.
41-42 obiectum eius: *sBe* naturale

non intelligunt omnia uno actu. At Deus omnia unico actu intelligit. Quarta sumitur a potentia: nam in creaturis potentia est accidens. In Deo est ipsa divina essentia et ideo infinitae altitudinis. Quinta sumitur a modo: quia scientia Dei est distincta, comprehensiva, pura etc.

Profunditas consistit in cognitione actuum liberorum futurorum. Deus enim sicut per infinitam potentiam operatur in nihilo, ex nihilo facit aliquid, et *vocat ea quae non sunt sicut ea quae sunt*: sic per infinitam sapientiam scru(f. 3v)tatur renes et corda, et ibi videt cogitationes et desideria, quae ibi non sunt. Nihil profundius hac re fingi potest. Nam alia futura Deus scire potest vel ex determinatione suae voluntatis, ut diem iudicii; vel ex determinatione causarum creaturarum, ut futuram pluviam etc., et hoc non est mirum. At liberi actus futuri non sunt determinati in ulla causa, praesertim mali. Ut v. g. negatio sancti Petri, quam Christus futuram praedixit, non potuit videri in se, quia non erat; non in voluntate Dei, quia Deus non vult peccata; non in voluntate Petri, quia nec ipse tunc volebat negare et postea accedente tentatione poterat resistere, quia non deerat illi gratia sufficiens. Ubi ergo vidit Christus illam negationem? Vidit in corde Petri, ut dicit Augustinus, tetigit ei pulsum et vidit aegrotaturum. Nam ideo dicitur *scrutari corda,* quia (f. 4r) in cordibus videt. *Psalm. 138, 6: *Mirabilis facta est scientia tua ex me*: id est mirabilior, quam ut ego possim capere. Quare *ibid. v. 3-4: *Intellexisti cogitationes meas de longe. Omnes vias meas praevidisti.*

* * *

Ex his duo documenta colligenda sunt. Primum sicut Deus semper respicit nos et unumquemque nostrum in particulari, ac si nihil haberet aliud quod ageret; et numerat gres-

---

66 ibi *cod.*: ibi actu *Vivès.*

---

78 Cf. August., *Enarr. in Psalm.* 140, 24: ML 37, 1831.

sus nostros, ponderat verba, examinat desideria, considerat cogitationes: ita nos debemus respicere ipsum et figere oculos in oculos eius et serio cogitare, nos ab illo videri semper et ubique. Hoc enim est officium bonae imaginis respicere in exemplar et illi assimilari. Hinc autem orietur summa utilitas, nimirum timor male faciendi et desiderium bene agendi. Sicut enim (f. 4v) nemo audet exterioribus membris peccare coram hominibus, etiamsi habeat occasionem et tentationem et impune possit: ita etiam nemo auderet opere vel corde aut ore in secreto peccare, si certo crederet, se videri et audiri. Hoc monet sanctus Basilius in libro *de vera virginitate* virginem, ut etiam in secreto cubiculi non nudet se, nec faciat quod non faceret in foro, sciens se videri a Deo et omnibus Angelis et Sanctis. « Nullus, inquit ex Angelis et Sanctis in caelo beatis est, qui non singula ubique consideret». Deinde milites animantur ad proelium, si sciant se videri ab imperatore, ut dicit Iosephus *de Bello Iudaico* de militibus Titi; et sanctus Cyprianus hortatur martyres, ut cogitent se in agone videri a Deo etc. Ita nemo esset negligens, nec de labore quereretur, si semper Deum prae oculis haberet. Quia vero difficile est semper actu id cogitare, (f. 5r) saltem oporteret ante initia singulorum operum, dicere apud se: « Deus me videt »; ut cum surgimus a lecto, cum incipimus orationem, cum imus ad sacrum, ad scholas etc. Hoc enim est, quod dicit Propheta *Psalm.* 15, 8: *Providebam Dominum in conspectu meo semper*. Non dicit: « videbam semper », quod est impossibile; sed: « providebam Deum », id est: antequam aggrederer opera, praevidebam Deum etc. Utile quoque esset de hac re facere examen particulare.

97 in libro ... virginitate *ail*.
110-101 Nullus ... consideret *am*.

97 Basil., *De virgin*. 29: MG 30, 729.
103 Flav Ios., *De bello Iud*. VI cap. 2 (4), 5-6.
103 Cyprian., *Exhort. martyr*. 13: ML 4, 675 (702); *Ep*. 8 ad martyr.: ML 4, 249 (255).

Alterum documentum utilissimum est, ut sicut Deus seipsum semper respicit et se comprehendit solus, et in sua visione habet omnes thesauros divitiarum et deliciarum: ita nos si sumus bonae imagines Dei, deberemus frequentissime nos ipsos intueri et comprehendere et in hoc agnoscere summam utilitatem. Quod tamen contra accidit. Nam raro intramus vere (f. 5v) ad nos. Qui autem se comprehendant, vix ulli inveniuntur. Et in hoc sumus dissimillimi nostro exemplari. Nam Deum nemo comprehendit praeter ipsum; nos autem omnes comprehendunt praeter nos ipsos. Est aliquis quem omnes iudicant esse ineptum ad aliquod officium, et vere iudicant: solus ipse seipsum ignorat.

Stus Abraham, qui se vere noverat dicebat *Gen. 18, 27: *Loquar ad Dominum meum, cum sim pulvis et cinis.* Pulvis facile movetur a quolibet levi flatu; cinis res est sterilissima. Agnoscebat Abraham se facile posse moveri a qualibet tentatione, et pronum esse ad malum, et contra sterilissimum ad faciendum bonum fructum. Quod idem dicebat David *Psalm. 142, 6: *Anima mea sicut terra sine aqua tibi.* Et * 21, 7: *Ego sum vermis et non homo.* Qui se ita penetrant, magnum lumen acquirunt. Nam patiuntur se conculcari, non cupiunt magnifieri, semper sunt quieti et pacifici.

EXHORTATIO QUINTA

*De sapientia Dei practica I: Creatio.

*Fragm. Ignat. f. 6r   *4 vel 11 Mart. 1594

Sequitur sapientia practica, cuius latitudo conspicitur in creatione rerum, longitudo in conservatione, altitudo in redemptione et reparatione, profunditas in gubernatione et providentia.

[1] Deest in *Ross.* et *vO;* apud Vivès VIII pp. 633-635.

* * *

In creatione quattuor considerari possunt: latitudo, longitudo, altitudo et profunditas.

Latitudo conspicitur in tanta multitudine rerum diversarum. Facile enim est multa facere eadem forma, ut patet in impressione sigilli etc. At multas formas invenire, requirit magnum ingenium et sapientiam. Cogita igitur, quanta sapientia necessaria fuerit in excogitandis tot differentiis essentialibus, per quas multiplicantur species animalium, herbarum, angelorum; (f. 6v) quanta item sapientia in inveniendis tot differentiis accidentalibus, quibus differunt tot individua, praesertim humana. Stupor est videre multa hominum millia, inter quos non sunt duo omnino similes nec in figura externa, nec in moribus externis.

Longitudo conspicitur in duratione motuum. Nam sapientia humana multum laborat, ut faciat currere unum horologium per viginti quattuor horas. Et si quis inveniret artem, qua aliquid per se moveretur per unum annum, videretur miraculum. Quanta sapientia igitur fuit in Deo, qui fecit, ut pulmones et arteriae in animali semper moveantur, quamdiu animal vivit! Quis credidisset, subtilissimam venam potuisse moveri per 100 annos, imo etiam per 900 in Adamo, Noe et similibus sine (f. 7r) ulla fatigatione? Quid dicam de motu fluminum indefesso? Quid de motu stellarum perpetuo?

Altitudo conspicitur in pulchritudine rerum. Discurre per pulchritudinem stellarum, florum, animalium, terrae floridae, maris tranquilli etc. Si quis inspiciat florem unum, videtur, quod si adderetur aliquid vel minueretur, nihil valeret; et tamen inveniuntur alii maiores, alii minores, et omnes sunt pulcherrimi. Idem dici potest de suavitate obiectorum aliorum sensuum: sonorum, odorum, saporum. Inest enim in omnibus mira suavitas. Et haec omnia ideo sunt pulchra et suavia, quia condita sunt sapientia Dei.

39 sapientia Dei: *am manu non Bell.* hucusque (apparet igitur hanc instructionem ab alio fuisse transscriptam).

Effudit enim illam Deus, inquit Sapiens *Eccli* 1, 10, *super omnia opera sua.* Quod si ista ita afficiunt propter condimentum sapientiae, quantum afficeret ipsa sapientia increata, si gustaretur, audiretur, videretur? Nihil sunt ista omnia, nisi scoria argenti et putamina pomorum, quae proiciuntur a Deo et dantur etiam inimicis. (f. 7v)

Profundum conspicitur in virtutibus rerum praesertim parvarum. Quis crederet in parvo semine tantam arborem contineri? Quis in minimo animaculo, formica, pulice, aranea, esse tot membra vitalia, tot sensus, phantasiam, prudentiam! Omitto virtutes tot herbarum, magnetis, succini; quae incredibilia putarentur, nisi oculis cernerentur. Nec solum res integrae, sed singulae partes cum tanta sapientia factae sunt, ut nulla sit tam parva, quae non habeat suam utilitatem, ut patet ex Galeno *de usu partium.*

* * *

Quamvis autem haec ita sint, tamen Deus, ut diximus in alia exhortatione, in se ipso contemplando omnes thesauros suos, et delicias habet, nec ab ulla re extra se posita pendet. Ita nos, si verae imagines Dei esse volumus, debemus nos ipsos assidue considerare, et non deci(f. 8r)pere nosipsos, ut plurimi faciunt. Magna est miseria, quod homo decipiat seipsum, cum tamen aegerrime ferat si decipiatur ab aliis. Decipit se ipsum, quia libenter credit bona de se, et timet profunde scrutari cor suum, ne inveniat quod non cupit. Sanctus Iacobus cap. 1 v. 26: *Qui putat,* inquit, *se religiosum esse, non refrenans linguam suam, sed seducens cor suum, huius vana est religio.* Religiosus hoc loco dicitur is, qui timet Deum, eumque honorat, ut oportet. Qui autem existimat se religio-

---

[59] In summo folio 8v *expunctum*: Exhortatio quinta.

---

[54] GALLEN., *De usu partium* per totum.
[66] Cf. *Exhort.* II: supra pag. 295.

sum esse, quia facit externos actus religionis et non refrenat linguam suam, ipse cor suum seducit. Nam cum peccata lin-
70 guae sint manifestissima et quae facillime committantur, qui non custodit linguam, signum est manifestum, quod non cavet ulla peccata. (f. 8v) Quomodo enim studet cavere occulta et rara, qui non cavet manifesta et frequentissima? Si quis diceret, se timere latrones noctu, et tamen relinqueret portas
75 apertas, sine ullo custode, an non mentiretur etc.

Hic nota, quod Dominus in sua Quadragesima, quam nos imitamur hoc tempore, non solum ieiunavit, sed etiam servavit silentium cum hominibus, perpetuo oravit et asperam vitam duxit inter bestias, sub Dio, in frigore, pluvia, dormiens
80 in terra etc.

      Utamur ergo parcius
      Verbis, cibis et potibus,
      Somno, iocis; *et arctius
      Perstemus in custodia.

85 Rursus *ad Gal.* 6, 3: *Qui se existimat aliquid esse, cum nihil sit, ipse se seducit.* Vere enim quilibet nostrum est infirmus admodum et parvi iudicii, virtutis etc. Unde qui se aliis anteponit, ignorat seipsum. Abraham dicebat *Gen. 18, 27: *Loquor ad Dominum meum, cum sim pulvis et cinis.* Pulvis quo-
90 libet levi flatu movetur; cinis aridissimus et sterilissimus est. Itaque agnoscebat Abrahamus, se facile posse moveri a qualibet tentatione, et nihil boni fructus posse producere sine gratia Dei. Idem agnoscebat David, qui dicebat *Psalm.* 21, 7: *Ego sum vermis et non homo;* et * 142, 6: *Anima mea sicut*
95 *terra* (f. 9r) *sine aqua tibi.* Idem in *Psalmis* semper clamat ad Deum: *26, 9: *Adiutor meus esto, ne derelinquas me;* *24 16: *Respice in me et miserere mei;* * 6, 3: *Sana me Domine,*

76-84 Hic ... iocis etc. *apim.*

81-84 *Brev. Rom.,* Hymn. temp. Quadrag.

quoniam conturbata sunt ossa mea. Qui autem vere cognoscit se pulverem et cinerem, non aegre fert conculcari, latere etc. Qui autem aegre fert, ille non se agnoscit et se ipse seducit.

Denique Christus in *Apoc.* cap. 3, v. 17 de tepidis dicit: *Dicis, quia dives sum et locupletatus et nullius egeo; et nescis quia tu es miser et miserabilis et pauper et caecus et nudus.* Tepidi minime omnium se agnoscunt, et maxime omnium se ipsos seducunt. Nam quia non committunt quaedam magna peccata, adulteria, homicidia, etc., existimant se bene habere, et contenti sunt suo statu; quamvis pleni sint amore proprio, et toti intenti ad satisfaciendum concupiscentiae suae. Haec autem est summa paupertas et (f. 9v) nuditas. Qui enim amant res terrenas quae vanae sunt, evanescunt cum illis et implentur vanitate: unde et ipsi vani et vacui sunt.

Sanctus Augustinus in lib. 9 *Confess.* cap. XI cum audisset matrem suam nihil curare de sepulchro patrio, quod alias maxime desideraverat, dixit: « Quando ista inanitas plenitudine bonitatis tuae coeperit in eius corde non esse, nesciebam », etc. Nam cum sancta illa mulier mortificasset omnes alios carnales appetitus: solus iste remanserat de sepulchro. Sed iste etiam tandem cessavit, et sic vacuitas illa impleta est. Sic igitur quot appetitus habemus rerum terrenarum, tot vacuitates habemus. Et si quis collyrio inungeret oculos, et vere seipsum inspiceret: videret animam suam, ut vineam plenam spinis et urticis, vel ut domum totam inanem et ruinosam; (f. 10r) et non posset se ipsum ita pati; ideo satageret emere a Deo aurum ignitum sancti fervoris. Et quia, ut dicit idem Augustinus lib. 10 *Confess.* cap. 28, quem Deus replet, sublevat eum, sicut calor solis sublevat et extenuat vapores: nasceretur ex illa cognitione sui incredibilis dulcedo ex participatione superiorum donorum. Unde homo nihil extra se quaereret, sicut diximus Deum in se ipso habere omnes divitias et delicias et nihil mendicare ab iis, quae extra ipsum

---

[112] August., *Confess.* IX, 11, 27: *ML* 32, 775.
[125] August., *Confess.* X 28, 39: *ML* 32, 795.

sunt. Qui autem nihil quaereret a creaturis et ab eis in nullo penderet, totus Deo plenus: incredibilem libertatem et pacem et quietem inveniret. Contra autem is quem Deus non replet, oneri est sibi ipsi. « Quia (inquit Augustinus), tui plenus non sum, oneri mihi sum ». Et propheta: *Factus sum mihimetipsi gravis,* *Iob 7, 20. *Usquequo gravi corde, ut quid diligitis* (f. 10v) *vanitatem, et quaeritis mendacium?* *Psalm. 4, 3.

* * *

Iam si quis cupiat haec intelligere, oportet ad praxin venire, et in particulari scrutari cor suum circa virtutes nobis necessarias. Intra serio in te ipsum et quaere, an ibi sit verus amor paupertatis, quam profiteris. Nam si multa, si curiosa, si pretiosa cupis: non est in te amor paupertatis, immo si non cupis paucissima et vix necessaria, simplicia et vilia: non est in te amor paupertatis. Quod si non vere amas paupertatem, non es vere religiosus, non sequeris Christi consilium; etiamsi velis dici et videri et tibi ipsi videaris. Itaque seducis te ipsum, et in articulo mortis id videbis.

Quaere similiter an sit in te vere amor castitatis et perfectae puritatis. Nam si delectaris cibo et potu, si non contines (f. 11r) oculos, si pascis animam cogitationibus, si non arripis media aspera contra lascivientem carnem, quis credet te vere amare castitatem?

Quaere idem de oboedientia, an vere placeat tibi non facere propriam voluntatem; quam saepe viceris te ipsum in hac parte, etc.

Quaere de patientia, quae est virtus summopere necessaria etc.

---

[134] AUGUST., *Confess.* X 28, 39: *ML* 32, 795.

EXHORTATIO SEXTA

De sapientia Dei practica II: Conservatio

*Fragm. Ignat. f. 11r   *c. 26 Mart. 1594

Dicendum est de longitudine sapientiae practicae, quae (ut diximus) tenditur in conservatione rerum, maxime corruptibilium. Magna enim sapientia necessaria fuit, ut mundus hic inferior tot millibus annorum duraret, cum res in eo contentae se invicem destruant, ut patet in elementis contrariis (f. 11v) et in animalibus, quae destruunt herbas et se invicem.

Quattuor puncta consideranda sunt.

* * *

Primo multitudo rerum quas Deus pascit et pascendo conservat: quae est latitudo huius sapientiae conservantis res omnes. Pascit enim Deus omnia animalia et herbas totius mundi: et tam abundanter, ut semper abundet copia ciborum, ut possit seminari in alium annum; quomodo Christus fecit in miraculo panum et piscium hac hebdomada. Unde recte Augustinus dicit, semper Deum facere hoc miraculum, quamvis non advertatur.

Sed si ita est, unde fit, ut multi vix inveniant quod comedant et moriantur fame etiam multi? Quid obscurat hoc perpetuum Dei miraculum? Peccata hominum. Sicut enim praelati aliquando cogunt famulos ieiunare ob ipsorum errores, non quod desit praelato, unde eos alat: ita etc. Sed praecipue sunt quattuor peccata. Primum avaritia divitum, qui accepe-

---

[1] Deest in *Ross.* et *vO;* apud Vivès VIII pp. 635-636.
22-24 Sicut ... ita etc. *am.*

---

[17] hac hebdomada: i. e. post domin. IV Quadr. (20 Mart. 1594). Cf. not. ad lin. 39-40.
[18] August., *Enarr. in Psalm.* 90, serm. II 6: *ML* 37, 1164.

runt multa bo(f. 12r)na, ut dispensent in alios, quae tamen ipsi pro se retinent. Exemplum oeconomi, qui sibi retinet quod deberet in usum familiae insumere. Exemplum venarum maiorum, quae sanguinem accipiunt pro se et aliis. Secundum prodigalitas divitum, qui dant quibus non deberent, profundentes in canes aves equos mimos etc. Ideo Christus iussit colligi fragmenta ne perirent. Tertium differentia pauperum, qui mox dicunt: unde ememus panes? et Deus non iuvat illos, quia ipsi non confidunt in Deo, sed in suis dolis et artibus. Quartum superbia pauperum, qui volunt vivere more divitum, non contenti suo statu; ideo quod tarde lucrantur, cito consumunt. Ideo Christus cum potuisset optimum prandium parare, tamen sobrium et tenue paravit; (f. 12v) iussit enim non instrui mensas, sed sedere omnes super fenum; deinde non apposuit multos antipastos, sed apposuit solum panem hordeaceum et fragmentum piscis; vinum non dedit, quia sufficiebat illis aqua de fontibus vicinis.

Hinc discamus contenti esse paucis. Et sicut decet, ut superiores et officiales sint solliciti, ne quid desit et omnia bene parentur: ita decet ceteros non esse sollicitos, sed contentos eo quod datur, et gaudere cum occasionem habent experiendi paupertatem et simplicitatem vivendi, quam Dominus verbo et exemplo nos docuit. Recordemur verbi Apostolici *Rom. 8, 9: *Qui spiritum Christi non habet, hic non est eius.* Spiritus Christi est spiritus paupertatis, non verbo tantum, sed etiam opere.

* * *

Secundo consideremus longitudinem huius sapientiae in eo, quod inseruit in omnibus creaturis incredibile desiderium

---

40 non ... sed *ail.*
43-46 Hinc ... gaudere *cB*: Praeter haec sunt peccata communia, quae Deus punit sterilitate et penuria, sicut Praelati dant famulis suis contumacias etc. *la.*
46-51 cum occasionem ... opere. *am.*

39-40 fenum: allusio ad evang. dom. IV Quadr.; non ad evang. VI post Pent.

conservationis sui et perpetuationis. Videmus in inanimatis, quod supra vires pugnant, et naturam suam immutant, ut se conservent; ut videre est in gutta aquae, quae pendet (f. 14*v*) ex aliquo ligno, et se in orbem reducit et pendet quamdiu potest, ne diffluat et pereat. Videmus in lucerna, quando debet extingui, quomodo bis terve totis viribus excitet se in magnam lucem etc. Idem videmus, cum res leves descendunt et graves ascendunt contra naturam, ne detur vacuum i. e. ne separentur ab aliis et sic pereant. Idem videmus in animalibus, quae pro vita pugnant etiam contra robustiora. Videmus etiam homines, si forte in iudicio periclitantur de vita, ut mortem differant omnia expendere et nihil non movere. Pro conservatione autem speciei et quadam umbra aeternitatis, indidit Deus in omnibus animalibus subtilissimum amorem erga prolem, ut pro illa nihili faciant omnes labores et pericula: ut patet in gallina, quae infirmatur pro pullis et pugnat cum milvo, cum vulpe etc.; in mulieribus, quae intolerabiles labores tolerant pro (f. 15*r*) suis infantibus.

Iam igitur, si pro vita brevissima et pro umbra aeternitatis laborent res omnes plusquam necesse sit et plusquam possint: quid faciendum esset pro adeptione vere aeternae et beatissimae vitae, et pro fugienda vere aeterna et infelicissima damnatione? Haec est plane caecitas incredibilis, quod non solum non facimus plusquam possumus, sed neque quantum possimus: et tamen necesse est vim facere et contendere intrare per angustam portam, si quis salvari velit. Evangelium enim clare loquitur, et videmus exempla Sanctorum, qui supra vires laborarunt, ut salvi fierent. Certe sicut est magnum signum electionis ardens desiderium vitae aeternae, unde nascitur ut quis omnia contemnat pro illa: ita contra est signum reprobationis, cum quis non multum sollicitus est de illa acquirenda.

60-62 Idem ... pereant. *am*.
64-65 si ... de vita *ail*.
69 gallina: *sBe* in mulionibus.

* * *

Tertio consideremus modum, quo Deus conservat res omnes, in quo cognoscitur altitudo sapientiae Dei. Nam vult Deus, ut omnia cum labore acquirant cibum, ut patet in avibus, feris, hominibus. Nimirum, ut exerceant vires et ingenium, et non languescant otio. Voluit etiam inter homines esse pauperes et divites, ut esset occasio exercendi virtutes, misericordiam et patientiam; misericordiam in divitibus, patientiam in pauperibus (f. 13r) et praecipue unionem et caritatem fraternam. Nam ex hac inaequalitate fit, ut divites egeant pauperibus, qui colunt agros, vineas, qui faciunt vestes, domos, cibos etc.; et pauperes egeant divitibus, qui dent eis pecunias, semina, pannos, boves etc.

Nos autem non videmur divites nec pauperes, quia nec habemus quod demus, nec tamen egemus. Sed vere serviunt nobis divites et pauperes: et ideo tenemur servire utrisque. Non enim dantur religiosis tot commoda, ut otientur. Magnum vitium est et satis frequens, cum aliqui cogitant, se non debere laborare pro acquirendo victu, quia omnia abunde suppetunt; et non sperare lucrum vel dignitates ex suo labore, et ideo negligentes fiunt, et laborant (f. 13v) quanto minus possunt, ita ut vincantur a saecularibus in studio laborandi, sive sit labor corporalis sive spiritualis. Debemus ergo diligenter servire proximis, contionatores contionando, confessores audiendo confessiones, lectores docendo: ceteri parando se ac diligenter studendo, vel serviendo operariis et studentibus; et simul etiam docendo bono exemplo, quo saepe plures convertuntur quam verbis. Unde B. Franciscus applicat illa verba: *Sterilis peperit plurimos*, simplicibus fratribus, qui oratione et bono exemplo plures convertunt quam contionatores in contionando.

109-115 lectores ... contionando. *am.*

---

112 BONAVENT., *Vita S. Franc.* cap. 8: *Sur.* V 598.
113 Cf. *Is.* cap. 54.

* * *

Quarto consideremus profunditatem huius sapientiae in modo mirabili et stupendo, quo Deus nutrit et auget corpora per cibum. Nam Deus invenit modum, quo cibus intret et penetret ad omnes partes, carnes, ossa, nervos etc.; et tanta suavitate, ut incredibile sit. Videtur Deus agere instar medici doctissimi et humanissimi: nam cibus est medicina, sine qua animalia necessario perirent. Deus autem huic medicinae primo indidit saporem, ut libenter accipiatur; secundo variavit infinitis modis ad tollendum fastidium; tertio reducit eam per varias alterationes in stomacho, in hepate, in corde in succum subtilissimum, qui penetrat per omnes venas et venulas et poros totius corporis, ut (f. 14r) sine dolore et sine sensu penetret omnia, *Considerate*, inquit Dominus *Luc. 12, 27: lilia agri, quomodo crescunt.

Hinc colligemus, quam sapiens et bonus sit Dominus, qui tanta dexteritate nos tractat, ut non laedat, quanta non tractaret mater infantulum suum. Ex quo accendimur ad amorem tam dulcis Domini; et simul ad imitationem, ut nos etiam simus valde solliciti, ne ullum laedamus verbo aut facto. Hic enim Spiritus Dei, secundum quem vivere debemus, si sumus veri filii et imagines eius.

EXHORTATIO SEPTIMA

*De sapientia Dei practica III: Redemptio

Fragm. Ignat. f. 15v *init. Apr. 1594

Altitudo sapientiae Dei perspicitur in opere redemptionis. « Non satiabar, inquit Augustinus lib. 9 *Confess.* c. 6, dulcedine mirabili considerare altitudinem consilii tui super

---

[1] Deest *Ross.* et *vO.*; apud Vivès VIII pp. 637-639.

[5] August., *Confess.* IX 6, 14: *ML* 32, 769.

salutem generis humani ». Apostolus quoque *ad Ephes.* 3, 10 dicit *per Ecclesiam innotuisse Angelis multiformem sapientiam Dei,* quia nimirum Angeli tam altum mysterium non cognoverunt nisi in ipso effectu.

Quattuor puncta considerabimus more solito. Nam in hac sapientia altissima considerari potest latitudo, longitudo, sublimitas et profundum.

* * *

Latitudo consistit in eo, quod sapientia Dei invenit modum resarciendi omnia damna, quae fecit astutia diaboli decipiendo Ada(f. 16r)mum; et ita resarciendi, ut pulchrius sit opus refectum, quam si esset novum, ut videatur quasi optandum fuisse, ut fieret illud damnum. Exemplum de sartore, qui vestem casu laceratam reficit tanto artificio, ut sit pulchrior etc.

Astutia diaboli uno ictu fecit quinque mala; primo abstulit Deo honorem et obedientiam; secundo abstulit homini beatitudinem; tertio contristavit Angelos, et quasi erubescere fecit, sicut nos tristamur et erubescimus, quando aliquis, qui fuit ex nostris, aliquid turpe facit cum scandalo aliorum. Quarto: exaltavit et laetificavit diabolum et angelos eius. Nam paulatim coepit adorari in idolis a toto fere mundo. Denique tota terra infecta est, et omnes creaturae in servitutem redactae. *Omnis enim creatura,* ut dicit Apostolus *˙Rom.* 8, 20, *vanitati subiecta est non volens,* ˙*sed propter eum, qui s̀ubiecit eam in spe.* (f. 16v) Itaque fuit malum latissimum et universale, quod fecit astutia diaboli, cum Adamum in peccatum induxit.

Restauravit haec omnia sapientia Dei per mysterium passionis Christi. Nam Deo redditus est honor et obedientia multo maior, quam fuisset, si Adam non peccasset. Nam

---

[18] sartore: *am manu non Bell.* hucusque (Cf. supra p. 306 not. 39).
[24] aliquis: *sBe* nostrum.
[36] fuisset ... non peccasset *cB*: quam fuerit contemptus et inobedientia *Ia.*

Adam obedivisset in uno mandato, eoque facillimo. At Christus, cum esset persona longe nobilior Adamo, obedivit Deo Patri ab instanti conceptionis usque ad mortem in omni opere suo et in re difficillima, id est in morte crucis, obedientia pura et perfecta. Unde saepe dicebat Christus: *Ego te clarificavi super terram,* *Ioan. 17, 4. Hinc obiter nota, diabolo summopere displicere obedientiam, Deo autem placere super omnia holocausta. Nec (f. 17r) solum Christus obedivit, sed etiam fecit per gratiam suam ut innumeri homines etiam in sexu et aetate debilissima obedirent Deo usque ad mortem. Quae fuit maxima gloria Dei, et multo maior quam potuisset habere ab Adamo minime peccante. Homo autem non solum recuperavit beatitudinem, quam habuisset Adamo non peccante, sed incredibiliter maiorem. Nam tunc ad summum fuisset aequalis Angelis. At nunc in Christo factus est dominus Angelorum: et non solum Christus, sed etiam B. Virgo sedet super omnes choros Angelorum. Hinc illae voces: « O felix culpa », et: « Necessarium Adae peccatum », etc.

Angeli laetitiam recuperarunt maiorem, quam habuissent Adamo non peccante; nam si contristati sunt, quia unus, qui fuerat frater eorum, tantum malum fecisset: magis gavisi (f. 17v) sunt, quod damnum sit tam gloriose reparatum per fratrem minorem, id est hominem, qui quo ad naturam est quasi frater minor et puer respectu Angelorum. Hic etiam obiter nota, quod Angeli si haberent passiones et amorem proprium, invidissent potius homini tantam gloriam; sed quia pleni sunt veritate et caritate, gaudent et exultant de bonis nostris etc.

Porro daemonibus ablatum est omne gaudium. Nam exturbata sunt per Christum omnia idola, et ipsi daemones con-

---

53 Angelorum: *am expuncta* Exemplum de Ioseph: per venditionem exaltatio, etc.
53-55 Hinc ... etc. *am.*

54 *Off. Hebd. Sanct.,* Cantic. *Exsultet.*

culcari coeperunt in virtute Christi etiam a pueris; et ad
solum crucis signum fugere coguntur. Nec fuissent ita con-
culcati, si Adam non peccasset. Non fuisset turpe diabolo vinci
ab Adamo; sed turpissimum est vinci ab homine, ut nunc
est. « Victus est Adam in paradiso: sed vincit Iob in ster-
quilinio », inquit Augustinus. Denique tota terra et aqua et
aër purgabitur brevi, cum daemones omnes recludentur in
carcere (f. 18r) inferni et elementa non servient usibus impiorum, et gloriam acquirent etc.

* * *

Longitudo consistit in eo, quod Dei sapientia non voluit
statim atque Adam peccavit, reparare mundum, sed expec-
tavit longum tempus. Nam duo millia annorum promisit per
figuras Patriarcharum: deinde per alia fere duo millia annorum praedixit per Prophetas; id enim requirebat magnitudo
mysterii ut longo tempore expectaretur et desideraretur; et
tamen ne tot homines interim perirent, excogitavit modum
sapientia Dei, quo haec medicina nondum existens operare-
tur, et per fidem et desiderium cum cerimonia aliqua externa
protestante eandem fidem, homines curarentur. (f. 18v)

* * *

Altitudo consistit in eo, quod sapientia Dei invenerit modum, quo summum bonum redigeretur ad extremam miseriam: quae est res superans omnem intellectum. Nam ut
summum bonum desinat esse summum bonum, omnino est
impossibile, cum Deus habeat esse penitus necessarium. Ut
autem summum bonum manens summum bonum patiatur

70-73 Non .. Augustinus. *am.*

79-84 Nam ... Dei *cB*: et paulatim coepit praedicare et figurare hoc mysterium, et postquam venit Christus, voluit etiam paulatim procedi ad implenda mysteria et conversionem gentium; et nunc etiam paulatim proceditur ad consummationem mundi, in qua totum opus plene concludetur. Haec tam longa dilatio et extensio plena est sapientia *la.*

---

[73] August., *Serm.* append. 52, 2: *ML* 35, 1844.

inopiam, dolorem, mortem, videtur etiam impossibile. Longe
enim difficilius est, ut summum bonum, in quo sunt omnia
bona, indigeat aliqua re, quam ut nihilum abundet omnibus
rebus. Non est mirum, si Deus creet caelum, resuscitet mortuos, sistat solem etc., quia est omnipotens; nec est mirum,
si sciat futura, quia est omniscius etc.: at quod patiatur,
mirum est, etc. Et tamen sapientia Dei invenit modum, quo
Deus Verbum, manens summum bonum, ditissimum, beatis-
simum etc., tamen pateretur famem, sitim, fatigationem, verbera, vulnera, mortem, etc. Hoc est mysterium incarnationis,
(f. 19r) per quod tanto artificio unitum est Verbum carni,
ut vere una persona sit Deus et homo etc.

* * *

Profundum consistit in eo, quod sapientia Dei invenit
modum, quo medicina necessaria ad curandos morbos nostros et alioquin amarissima, fieret dulcissima, et ab hominibus quaereretur et avide caperetur. Morbus noster communis
est concupiscentia honorum, commodorum et deliciarum.
Haec enim suffocat spiritum, impedit gustum caelestium etc.
Medicina necessaria et ex se amara, est contemptus mundi,
mortificatio sensuum, exspoliatio sui ipsius. Nam vera dispositio ut quis gustet, appetat, quaerat caelestia, non consistit
in praeparatione punctorum meditationis, vel in clausura fe-
nestrarum, etc.; sed in perfecta abrenuntiatione omnium
rerum sensibilium, quam profitemur in Religione. (f. 19v)

Hanc amarem medicinam Christus dulcissimam reddidit
exemplo suo: qui cum esset sapientissimus et posset eligere
statum vitae, quem vellet, elegit summam inopiam, nuditatem, laborem, dolorem, contumelias, mortem acerbissimam.
In omnibus rebus mortificationem quaesivit: concipitur in
Nazareth, quae erat vilis, quia habitatio gentilium: *A Nazareth potest aliquid boni esse?* *Ioan. 1, 46; nascitur in sta-

---

96-99 Non est ... est, etc. *am.*
110 Haec ... etc. *ail.*
121-125 In omnibus ... celeberrima etc. *am.*

bulo; circumciditur et baptizatur cum peccatoribus; moritur
inter latrones in urbe celeberrima etc. Hinc Sancti cucurrerunt ad martyria libentissime, ad religiones, ad eremos etc.

Meminisse debemus, Christum esse viam, veritatem et vitam, *Ioan. 14, 6: id est mediatorem, doctorem et praemiatorem. Sed ideo positam esse veritatem inter viam et vitam, quia non possumus coniungere viam cum vita, id est media cum fine, gratiam cum gloria, nisi audiamus veritatem, eamque sequamur. Porro veritatem praedicavit Christus efficacissime exemplo vitae suae et praesertim in die passionis. Hoc speculum intueri debemus. Haec est imago visibilis, cui similes fieri debemus etc.

EXHORTATIO OCTAVA

*De Sapientia Dei practica IV: Providentia

*Fragm. Ignat. f. 20r   *April. 1594

Profunditas sapientiae est providentia. Sunt enim *iudicia Dei abyssus multa, Psalm.* 35, 7. Sed in hac profunditate possumus considerare latitudinem, longitudinem, sublimitatem et profundum.

* * *

Latitudo consistit in eo, quod providentia Dei extendit se ad omnia loca, imo omnes res creatas. Aequaliter enim illi est cura de omnibus, ut ait Sapiens *6, 8. Ubi *aequaliter* significat: nulla re excepta. Est autem Dei providentia particularissima circa singula, ita ut non cadat passerculus in terra sine patre nostro. Ubi notandum, quod providentia quaedam universalis potest esse circa multa, etiam apud homines; at quo est particularior, eo reducitur (f. 20v) ad pauciora, ut patet in Ecclesia, ubi est unus Papa, qui habet providentiam

---

[1] Deest in *Ross.* et *vO.;* apud Vivès VIII pp. 639-641.
[9] omnia loca, imo *apim.*
[12] non *corr.*: non non *cod.*

universalem. Patriarchae, qui habent curam magis particularem, sunt multi et singuli habent pauciores subditos. Episcopi sunt adhuc plures, et habent subditos pauciores. Parochi multo plures et habent paucissimos subditos; alioquin soli non possunt eos curare, et tamen non habent providentiam nisi in spiritualibus. Denique una nutrix, quae habet totalem et particularem curam infantis, non sufficit nisi uni. Cogita igitur, quanta sit sapientia Dei, quae curam habet particularissimam tot milionum rerum, ita ut non volitet in toto mundo una musca, nisi Deo gubernante.

* * *

Longitudo providentiae consistit in eo, quod sicut extendit se ad omnia loca, (f. 21r) ita etiam ad omnia tempora. Attingit enim a fine usque ad finem, ordinans cursum rerum, ut sine interruptione aliae aliis succedant usque ad finem mundi. Exemplum de longissima processione etc.

Ex his colligitur, quod multa videntur nobis non recte fieri in mundo; quae tamen, ut a Deo ordinantur, recte se habent. Sed nobis non ita videtur, quia non videmus totum ordinem providentiae. Augustinus dat duo exempla unum de carmine, quod requirit ut omnes syllabae transeant, cum sonuerint, et aliae sint longae, aliae breves. Si quis nollet syllabam transire, impediret carmen, vel nollet post longam sequi brevem etc. Ita nobis accidit, qui nollemus homines aliquos mori (f. 21v) aut regna mutari, et miramur quod aliqui cito, aliqui tarde moriantur etc. Aliud exemplum in libro primo *de Ordine* cap. 1º de pavimento vermiculato, in quo aliquis non posset videre nisi unam palmam etc. Officium fidelis et prudentis Christiani est, non scandalizari de rebus quae accidunt, etiamsi videat impios prosperari, pios affligi etc. Nam certo credere debet, Deum nihil facere vel permittere sine maxima ratione.

---

35 AUGUST., *De vera relig.* 22, 42-43: *ML* 34, 140.
41-42 AUGUST., *De ordine* I 1, 2: *ML* 32, 979.

* * *

Altitudo providentiae consistit in eo, quod est providentia perfectissima et excellentissima. Nam coniungit Deus in sua providentia quattuor, quae inter se vix coniungi possunt: vigilantiam cum tranquillitate, et fortitudinem cum suavitate. (f. 22r) Inter homines, qui praesunt cum vigilantia et sollicitudine, solent esse valde anxii et turbati. Unde Apostolus, qui praeerat cum sollicitudine: *Quis,* inquit *2 Cor.* 11, 29: *infirmatur et ego non infirmor? Quis scandalizatur et ego non uror?* Contra, qui non sunt anxii, non sunt diligentes. Multi non sentiunt onus regiminis vel officii sui, quia non ponunt illud super humeros sed sub pedibus, vel utuntur eo ad sedendum, etc. At Deus vigilantissimus est, cum non cadat passerculus sine eius ordinatione et numquam dormiat: et tamen cum summa tranquillitate iudicat omnem terram, unde non est periculum, ne simus illi molesti in oratione, etc.

Item inter homines, qui sunt fortes et efficaces in exequendo, ordinarie sunt asperi et violenti. Contra qui suaviter regere volunt, saepe non sunt fortes, et (f. 22v) permittunt dissolutiones etc. Coniungere utrumque difficillimum est. At Deus *attingit a fine usque ad finem fortiter et disponit omnia suaviter,* *Sap.* 8, 1.

De suavitate patet, quia gubernat omnia secundum quod requirit eorum natura, sinit omnia agere suos motus. Ita volitant aviculae quousque trahit eas appetitus; homines libere discurrunt, consultant, deliberant, ac si nullum haberent rectorem: et tamen Deus omnia regit et facit succedere, sicut ipse vult, nec potest impediri eius beneplacitum. Exemplum de eo, qui sineret equum currere sine freno vel navim sine temone et tamen faceret, ut non irent, nisi quo ipse vellet. Exemplum de Ioseph, quem Deus statuerat exaltare et praedixerat duplici somnio. Permisit Deus eum vendi et postea tentari a muliere et per calumniam mitti in carcerem; et illa

77-87 Exemplum ... replevit. *am.*

occasione exaltavit et fecit multa. Nam primo fecit, ut Ioseph exerceret heroicas virtutes patientiae, castitatis, fidelitatis, amoris inimicorum; exaltavit illum etc. Secundo profuit toti Aegypto. Tertio profuit patri, quia eum mortificavit ob nimium amorem erga filium, et tamen postea consolatus est. Quarto profuit fratribus, quia docuit eos, non posse impediri Dei providentiam; castigavit eorum peccata, postea consolatus est, et bonis replevit. Haec nos imitari deberemus, quisque in suo officio, (f. 23r) ut suaviter agamus cum nostris vel subditis vel sociis, et tamen non sinamus turbari ordinem, etc.

* * *

Profunditas consistit in ratione inscrutabili iudiciorum Dei, in genere et in particulari. In genere quis novit causam, cur Deus reprobavit Iudaeos et elegit gentiles? Quis novit, cur Deus tam cito misit praedicatores ad nos, tam tarde ad Indos et Iapones? Cur volens punire peccatum Salomonis, abstulit regnum magna ex parte Roboam et dedit homini longe peiori, id est Hieroboam? Cur volens punire Graecos, dedit regnum Turcis, qui sunt sine comparatione peiores? Et utinam hoc tempore non idem accidat Gallis. Tamen Deus iustus, sapiens et bonus est, et nihil agit sine optima ratione. (f. 23v)

In particulari inscrutabile est iudicium praedestinationis singulorum, et tamen rationabile est, et in fine scietur etiam ratio. Item inscrutabile iudicium est vocationis vel ad finem vel ad religionem. Sed potissimum mirabile et tremendum est iudicium perseverantiae. Saepe enim unus currit longo tempore et in fine cadit, et Deus sinit illum perire, ut patet de Iuda, de Herone apud Cassianum, qui post 50 annos eremi delusus fuit et ne in morte quidem resipuit. Et nos multa exempla lapsorum habemus. Contra autem aliqui tota vita pessimi sunt, et in fine salvantur, ut patet de bono latrone.

Sed quamvis ignoremus rationem in particulari, tamen in genere sci(f. 24r)mus causam esse, ut cum timore vivamus;

---

[106] CASSIAN., *Coll.* II 5: *ML* 49, 529.

et sicut timor est finis huius rei, ita est etiam medium securissimum ad perseverantiam. Loquor autem de timore filiali, quo quis timet offendere Deum et amittere gratiam eius, qui timor facit hominem diligentissimum in servitio Dei. Scripturae plenae sunt laudibus huius timoris, ut rei omnium utilissimae. Iob 28, 28 cum diu quaesivisset, ubi sit sapientia, tandem ait: *Timor Dei ipsa est sapientia,* i. e. ille solus vere sapit, qui timet Deum. David ait *Psalm. 2, 11: *Servite Domino in timore;* et de se *Psalm. 118, 120: *Confige timore tuo carnes meas; a iudiciis enim tuis timui;* i. e. quia timeo iudicia tua, ideo cupio timere, ne te offendam, tanto timore, ut non possim me movere ad peccandum, ac si clavis confixus essem in cruce. Salomon (f. 24v) *Eccle.* ultimo v. 13: *Deum time et mandata eius observa; hoc est enim omnis homo,* id est: hoc est vere esse hominem ratione praeditum, si quis Deum timeat. Isaias *11, 3: *Replebit,* inquit, *eum Spiritus timoris Domini.* Et alibi *66, 2: *Ad quem respiciam nisi ad humilem et trementem sermones meos*: id est: ad eum, qui cum audit praecepta Domini tremit, ne forte non impleat. Hieremias *2, 19: *Scito, quia malum et amarum est, non esse timorem mei apud te.* Dicit *amarum,* quia qui Deum non timet, facit opera ex timore humano et servili; et sic non habet bonam conscientiam et invitus et tristis facit. At qui timet filialiter, facit libenter et hilariter. Apostolus *Philipp. 2, 12: *Cum timore et tremore salutem vestram operamini.* Hic discurre de timore e tremore cum quo deberet dici Officium divinum et Missa; et fieri obedientia et custodiri thesaurus castitatis et paupertatis. Et contra interroga, an videatur tremere is, qui non curat de observantia regularum; qui contemnit orationem; qui ad omnia imperata quaerit excusationes.

138-141 thesaurus ... excusationes. *am.*

EXHORTATIO NONA

quae est de misericordia Dei *in genere

*Ross. 735 f. 316r *Maio 1594

Misericordia Dei significatur per latitudinem, quia *misericordia Domini plena est terra,* **Psalm.* 32, 5. Sed in hac ipsa latitudine cogitare possumus latitudinem, longitudinem, sublimitatem et profunditatem.

* * *

Latitudo consistit in eo, quod Deus tollit omnes miserias ab omnibus rebus, et solus ipse hoc facit. Tollit omnes miserias. Nam aliae res tollunt aliquas miserias; ut panis famem, potus sitim, vestis nuditatem, magister ignorantiam etc.: at Deus omnes miserias tollit, immo reliquae res non tollerent ullam miseriam, nisi Deus eis daret virtutem hoc faciendi. Praeterea non solum tollit Deus miserias visibiles, sed etiam in (f. 316v) visibiles, quas cavere non possumus humano ingenio: nimirum insidias daemonum, qui sunt potentissimi, astutissimi, pessime in nos animati et plurimi. Exemplum de lupis invisibilibus grassantibus in gregem. Nec solum tollit Deus miserias invisibiles oculis corporis, sed etiam invisibiles oculis mentis, id est quas non intelligimus nec cogitamus: ut sunt errores et caecitates animarum. Multi enim putant se bene habere, qui laborant gravissime in anima. Propter huiusmodi, omnes homines sunt ingrati, quia non cognoscunt minimam partem beneficiorum Dei. Unde dicit Dominus, *Luc.* 6, 35: *Benignus est super ingratos et malos.*

Deinde utitur Deus misericordia erga omnes res. Non enim tollit omnes miserias unius rei aut duarum, ut (f. 317r) faciunt homines; sed omnium rerum, etiam infidelium et ip-

---

[1] Apud Van Ortroy pp. 239-243; Vivès VIII pp. 641-643.

sorum daemonum, qui sine misericordia Dei non viverent.
Solus autem Deus habet misericordiam istam universalem, quia solus ipse caret omni defectu. Debet enim qui tollit unum defectum, carere illo; et qui tollit omnes, carere omnibus. Hinc dicitur: « Dei proprium est misereri ».

At, inquies, si Deus tollit omnes miserias, unde tot miseriae in mundo? Respondeo. Deus potest tollere omnes miserias, sed de facto non tollit nisi quas Sapientia ipsius iudicat esse tollendas. Multae autem sunt miseriae quas non expedit tollere, vel propter bonum commune, vel propter bonum particulare: et proinde misericordia est eas non tollere. Exemplum de S. Paulo, cui Deus non abstulit tentationem, quia utilis erat ad humiliationem. (f. 317v)

* * *

Longitudo consistit in eo quod Deus incipit misereri, cum educit ex nihilo, et semper pergit, donec per longissimam viam nos ducit a nihilo ad summum bonum, ut faciat deos per participationem.

Sunt autem in hoc itinere quattuor loca, unus distans ab alio; et propter ista quattuor loca dicitur Deus in *Psalm.* 102, 8: *Miserator et misericors, longanimis et multum misericors.* Primo igitur Deus est miserator, dum nos ex nihilo facit esse aliquid, quod est iter quasi infinitae longitudinis; secundo est misericors, dum ex peccatoribus facit iustos. *Educit enim nos ex lacu miseriae et ex luto faecis,* **Psalm.* 39, 3. Ut enim qui est in profundo lacu, non potest respirare; turbatur ei cerebrum ut vix cognoscat ubi sit; non potest ambulare nec se iuvare et est proximus morti: ita qui est in

---

[29] viverent: *sBe* angelorum quoque et sanctorum. Nam licet in caelo non sint miseriae proprie dictae, et ideo dicitur: « Misericordia Domini plena est terra », non caelum: tamen accipiendo miseriam largo modo pro quolibet defectu, etiam in caelo est misericordia, quia omnes egent conservari a Deo. Unde etiam dicitur: « Domine, in caelo misericordia tua ».

[40] Cf. 2 *Cor.* 12, 7-9.

peccato mortali, (f. 318r) non potest ambulare, quia non potest mereri; non cognoscit ubi sit, sed iudicat unum pro alio; non sperat pro illo statu vitam aeternam; est proximus inferno, ut ille qui est in carcere iam damnatus ad patibulum; non potest suis viribus, nisi Deus eum praeveniat, se liberare. Ex hoc profundo nos liberat misericordia Dei, cum nos convertit, etc. Tertio: est longanimis, cum nos ducit ad perfectionem. Nam post conversionem et iustificationem, non statim homo est perfectus, sed remanent mali habitus, et ipsa concupiscentia paulatim mortificanda et virtutes acquirendae. Sicut is qui eruitur de lacu, debet paulatim extergere lutum et ambulare. Unde ibidem v. 3 subditur: *Et statuit supra petram pedes meos, et direxit gressus meos.* In hoc autem itinere Deus est longanimis, quia tolerat nostram ingratitudinem, rusticitatem et tepidi(f. 318v)tatem. Saepe habet occasionem relinquendi nos, tamen patiens est. Et haec est insignis misericordia. Non enim inveniretur inter homines dominus, qui servum toleraret, qui cum eo loquens respiceret alios, vel magister qui discipulum toleraret qui per multos annos nihil proficeret. Quarto est multum misericors, cum nos perducit de via ad patriam. Illa enim tanta misericordia est, ut respectu eius nulla alia videatur misericordia. Unde dicitur in *Psalm.* *35, 6: *Domine, in caelo misericordia tua,* quia vera et perfecta misericordia non est, nisi in caelo. Illa enim sola tollit omnem miseriam. Vere dicitur **Psalm.* 32, 5: *Misericordia Domini plena est terra*; sed verius: Misericordia Domini plenum est caelum. Nam terra plena est miseria et misericordia; at caelum est plenum sola misericordia. Ideo dicitur **Psalm.* 102, 4: *Qui coronat te in misericordia et miserationibus,* id est plane circumdat undique misericordia, ut nullus locus relinquatur miseriae. Et sicut damnati sunt in *lacu miseriae,* **Psalm.* 39, 3: ita beati in lacu, immo in mari misericordiae. Tanta certe est illa miseri(f. 319r)cordia, ut libenter ferendum sit, ut Deus hic non misereatur, sed se-

---

82-83 et misericordia: *sBe* infernus plenus sola miseria.

vere puniat, ut in aeternum misereatur. Sic mater Machabaeorum hortabatur filios ut constanter morerentur. *Suscipe,* inquit *2 Mach. 7, 29, mortem, ut in illa miseratione te recipiam.*

* * *

Altitudo misericordiae consistit in eo, quod misericordia Dei oritur ex altissima causa. Nam aliqui miserentur aliorum ob proprium interesse. Haec est infima misericordia. Alii miserentur, quia personae sunt coniunctae, ut filii, fratres, cognati, conterranei, etc. Haec est paulo altior. Alii miserentur, quia creaturae Dei sunt, et ideo miserentur etiam externorum, inimicorum, animalium, etc. At super haec omnia est misericordia Dei. Nam Deus miseretur, quia bonus est. Nam si quaeras cur misereatur iustorum, potest dici quia filii et amici eius sunt. Si quaeras cur misereatur peccatorum, potest dici quia creaturae eius sunt. At cur creavit, cur praedestinavit ad regnum? nisi quia bonus est. (f. 319v) Itaque causa misericordiae Dei in ipso Deo reperitur, proinde altissima est.

* * *

Profunditas misericordiae infinita est. Nam aliqui miserentur solo verbo, et haec superficialis est. Alii opere, sed sine suo incommodo. Haec est paulo profundior. Alii cum suo incommodo, si teneantur vel necessitas sit. Haec valde profunda est. Exemplum de S. Paulino, qui se ipse vendidit pro filio viduae. Alii cum incommodo, etiamsi non teneantur nec necessarium sit, sed melius sit. Haec profundissima est. Deus 1° miseretur verbis, consolans nos per Litteras Sacras, per contionatores, etc.; 2° opere, sine suo incommodo, dans nobis tot beneficia; 3° cum incommodo gravissimo, usque ad mortem crucis; 4° cum non teneretur; 5° cum non esset absolute necessarium.

97-100 miserentur, quia ... Dei. Nam *cB*: miserentur pure, quia misericordes sunt. Et hoc in Deo est. Nam *la.*

---

110 Exemplum de S. Paulino; cf. Greg. M., *Dial.* III 1: *ML* 77, 217; *Sur.* IV 849.

Itaque vere apparuit benignitas Dei (f. 320r) in Christi nativitate et passione. Quis enim possit dicere se non videre misericordiam Dei, si consideret Christum in praesepi vel in cruce? Sed adiecit Deus adhuc profundiorem misericordiam. Nam voluit etiam nos esse participes honoris et gloriae in opere, quod ipse fecit. Iusta divisio videbatur esse illa, quam fecit Angelus dicens *Luc. 2, 14: *Gloria in excelsis Deo, et in terra pax.* Nobis utilitas, Deo gloria. At Deus totam utilitatem nobis reliquit, gloriam autem nobiscum partiri voluit. Nam idcirco voluit ut nos mereremur, ut coronare nos posset; non quod indigeret nostro auxilio, sed ut essemus participes honoris. Exemplum de sene quodam apud Paulinum in *Epist.* 14. (f. 320v)

* * *

Hanc misericordiam Dei imitari debemus, si vere imagines sumus. *Estote,* inquit *Luc. 6, 36, *misericordes, sicut pater vester misericors est.* Et primum misereri debemus propriae animae nostrae. Corporis enim satis miseremur, immo tantopere miseremur, ut animae obliviscamur. Si quid corpori desit, statim advertimus et procuramus. Et si quis uno die non comederet, aut una nocte non dormiret, quantum conquereretur! At anima saepe ieiunat integris hebdomadibus, saepe languet, febricitat, et nemo advertit. Itaque visitanda est saepe et inquirendum quomodo valeat, etc. (f. 321r) Certe Sancti ita solliciti erant de anima, ut obliviscerentur corporis. Exempla sanctorum Ioannis Baptistae, Petri, Pauli, Francisci, Ignatii, qui singulis horis visitabat animam suam, et Aloisii, etc.

Deinde misereri oportet animabus proximorum, quae in tanta copia descendunt ad inferos, et tamen pro illis Christus

---

[129] Paul. Nol., *Epist.* 49: ML 61, 399-408.
[142] De Ioan. Bapt. *Matth.* 3, 4; *Marc.* 1, 6; de Petro *Act. Ap.* 5, 40-41; de Paulo *Act. Ap.* 14, 22 et 27, 21; 2 *Cor.* 11, 27.
[142-143] Bonav., *Vita S. Franc.* cap. 5 et 10: Sur. V 589 et 605; Ribad., *Vita S. Ignat.* V 1; Cepari, *Vita S. Aloys.* II 16.

mortuus est. O qui cognosceret pretium animarum et stragem, quam in illis diabolus facit, etc.

Tertio, miserendum corporibus proximorum, non verbo
150 et lingua. Et qui non miseretur corporum quae videt, quomodo miserebitur animarum, quas non videt? etc. Hic commendetur valetudinarium.

EXHORTATIO DECIMA

De misericordia Dei *erga timentes eum

*Ross. 735 f. 321v *fin. Iun. 1594

Dixi de misericordia Dei in genere. Nunc de quadam mi-
5 sericordia speciali erga timentes Deum. Nam in *Psalm.* 102 determinatur promissio misericordiae ad timentes Deum; v. 11: *Secundum altitudinem caeli a terra corroboravit misericordiam suam super timentes se.* Item v. 13: *Sicut misereretur pater filiorum, misertus est Dominus timentibus se.*
10 Item v. 17: *Misericordia Domini ab aeterno et usque in aeternum super timentes se.* Unde accepit B. Virgo illud *Luc. 1, 50: *Et misericordia eius a progenie in progenies timentibus eum.*

* * *

Primo igitur misericordia Dei undique protegit timentes
15 Deum. *Qui coronat te,* inquit *Psalm. 102, 4, *in misericordia et miseratio*(f. 322r)*nibus.* Et non loquitur de corona capitis, sed de scuto totum corpus circumdante, ut: *Scuto bonae voluntatis tuae coronasti nos,* *Psalm. 5, 13.

2° Ne quis suspicetur murum misericordiae, qui cir-
20 cumdat timentes Deum, esse tenuem et fragilem, addit: *Secundum altitudinem caeli a terra corroboravit misericordiam*

---

¹ Apud Van Ortroy pp. 244-247; Vivès VIII pp. 643-645.
¹³ eum *cod.*: se *vO.*

suam super timentes se. Id est, murus iste est crassissimus et crassior quam sit distantia caeli a terra, proinde impenetrabilis est.

3° Ne quis cogitet hostes fortasse esse intus, nimirum peccata unde mala omnia oriuntur, addit *Psalm 102, v. 12: Quantum distat ortus ab occidente, longe fecit a nobis iniquitates nostras.* Id est, si serio agas et vere timeas Deum, non est quod scrupulis angaris propter peccata praeterita et iam confessa vel oblita. Nam Deus longissime illa proiecit a te, ut tibi nocere non possint. (f. 322*v*)

4° Ne quis existimet hanc misericordiam non diu duraturam, subiungit: v. 17: *Misericordia Domini ab aeterno et usque in aeternum super timentes eum.* Ab aeterno coepit, quia ab aeterno Deus cognoscit timentes se; et in aeternum durabit, si ipsi non desinant timere. Hinc dicitur *Psalm. 62, 4: Melior est misericordia tua super vitas;* quia vita corporalis deserit te: at misericordia non te deseret, sed maxime aderit, cum maxime opus erit, nimirum in egressu de corpore, etc.

5° Ne forte dicas: Etiamsi ego timeam Deum, tamen unde sciam tantam fore misericordiam eius erga me, cum ipse (f. 323*r*) sit altissimus et nullius egeat, ego pulvis et cinis, et naturaliter servus eius, et tenear illi obedire, etiamsi nihil mihi dare voluerit: ideo addit v. 13: *Quomodo miseretur pater filiorum, miseretur Dominus timentibus se.* Quasi dicat: ut confidas vera esse quae dixi, cogita quod Deus non habet te pro servo, sed pro filio. Nam de spiritu suo dedit tibi; et sicut pater carnalis est pater secundum carnem, quia ministravit tibi de carne sua: ita, etc. Quis est ille pater qui, si posset, non faceret filium suum regem, sapientissimum, ditissimum? etc. Quid igitur faciet pater omnipotens, qui summe amat, quia pater est; et omnia potest, quia est omnipotens? (f. 323*v*)

At, inquies, aliqui sunt patres crudeles. Verum Deus non

46-47 Quasi dicat: ut *cod.*: Quod ut *vO.*

est talis; sed contra, est *pater misericordiarum et Deus totius consolationis,* ut dicitur 2 *Corinth.* 1, 3. Ubi nota dici *patrem misericordiarum* hebraica phrasi pro patre misericordissimo et *Deum totius consolationis* pro Deo affluentissimo consolationum. Nota etiam dici *patrem misericordissimum,* quia tollit miserias, quas iudicat tollendas, et *Deum totius consolationis,* quia consolatur nos in illis miseriis, quas non vult tollere.

Itaque hoc est certum, quod Deus timentibus se vel tollit tribulationes, vel dat in illis ferendis maximam consolationem. Illud enim *toti*(f. 324r)*us consolationis* duo significat. Primo: quod consolatur in omni genere tribulationum, ut ibi subdit Apostolus *2 *Cor.* 1, 4: *Qui consolatur,* inquit, *nos in omni tribulatione nostra.* Et hoc est proprium Dei. Nam creaturae consolantur in aliqua re, sed in multis aliis non habent modum consolandi, quia nec intelligunt causam tribulationis, nec valent ullis verbis aut rebus aequare magnitudinem tribulationis. At Deus in omni omnino tribulatione potest consolationem adferre. Secundo significat quod plenissime consolatur, ita ut magis libeat habere tribulationem cum tali consolatione, quam utroque carere. Et qui ita se habent, sunt apti ad (f. 324v) alios consolandos: *ut possimus,* inquit *ibid., et ipsi consolari eos, qui in omni pressura sunt.* Item * 2 *Cor.* 7, 4: *Repletus sum consolatione, superabundo gaudio in omni tribulatione ...* *Qui consolatur humiles, consolatus est nos.* Hoc autem ita esse patet. Tum ab effectu: numquam enim martyres, anachoretae et alii Sancti tanta passi fuissent tam alacriter, nisi habuissent incredibilem consolationem. Tum a causa; nam magna ista consolatio oritur ex eo quod Deus illuminat mentes ad cognoscendam magnitudinem et pulchritudinem caelestis patriae, et simul infundit quandam intimam fiduciam, et quasi certitudinem ad eam brevi perveniendi, iuxta illud *Iob* 36, 33: *Annuntiat de ea,* id est luce increata, *amico suo, quod possessio eius sit.* (f. 325r)

* * *

Nonne esset bonum experiri veritatem harum promissionum? Quibus ista promittuntur? Timentibus Deum. Qui sunt qui vere timent Deum? Qui toto corde student implere eius voluntatem. *Beatus vir qui timet Dominum; in mandatis eius cupit nimis,* *Psalm. 111, 1. Ille valde timet Dominum, qui valde cupit implere Domini mandata. Ille qui ambulat per pontem angustum, editum, semifractum, et infra quem ingens est praecipitium, si non sit stultus, cautissime ambulat, prius respiciens et postea figens pedem, etc. Lex Domini est pons angustus, quia virtus est in medio tantum et indivisibiliter se habens; est editus, quia magnam habet altitudinem (f. 325v) perfectionis. Est semifractus, quia multi violant Dei legem; et qui exempla eorum respiciunt, periculum est ne pedem figant in foramina ab illis facta. Denique imminet praecipitium mortis aeternae.

Porro nobis lex Domini non solum est lex communis data omnibus christianis, sed etiam lex implendi tria vota, quae vovimus Deo, coram B. Virgine et omnibus Sanctis, et saepe renovavimus. In his autem votis 1° consideranda est substantia votorum; 2° etiam finis, id est quid praetendat Deus per haec vota. Hinc enim constabit quomodo sint observanda, si quis perfecte ea servare velit, ut oportet facere eos qui timent Deum (f. 326r) valde.

Substantia paupertatis est nihil habere, quod quis putet suum neque disponat sine licentia. Exemplum ex lib. 1 cap. 36 *Hist. S. Dominici,* de monacho gravissime punito, quia fragmentum panni accepit in eleemosynam, ut resarciret vestem suam, inscio superiore. Finis est puritas cordis ab amore divitiarum. *Haec est enim voluntas Dei, sanctificatio vestra* * 1 *Thess.* 4, 3. Non placet Deo paupertas, quia paupertas, sed quia iuvat ad purgandum cor, et evacuandum ut possit impleri Deo, id est thesauro incomparabiliter meliori. Qui igi-

---

115-116 Cf. H. DE CASTILLO, *Hist. gen.,* de *S. Domingo y de su Orden,* Madrid, 3 vol., 1584.

tur servant substantiam voti ut nihil habeant sine licentia, tamen volunt multa superflua et pretiosa: illi non tendunt
125 ad finem nec purgant cor; et ideo non mirum, si non inveniunt thesaurum, etc. (f. 326v)

Substantia castitatis est nullam experiri veneream voluptatem. Et haec magno zelo servanda est ab eo, qui timet Dominum. Sicut scribitur de S. Iudith *8, 5-8 quod timebat
130 Dominum valde, et ideo ita custodiebat se et muniebat cilicio, ieiunio, oratione, solitudine, ut nihil umquam mali de ea dici potuerit. Finis est purgare cor et evacuare ab amore deliciarum carnis, ut possit impleri Deo. Nisi enim quis effundat oleum vel acetum, non potest impleri balsamo. Non enim
135 possunt haberi deliciae, et non amari. Ideo Sancti omnes tam rigidi erant in se. Qui igitur servant substantiam castitatis, sed avide quaerunt delectationes gulae, somni, mollium vestium et similium: longissime absunt a fine voti castitatis, et ideo non mirum si (f. 327r) carent consolationibus divi-
140 nis, etc.

Substantia voti obedientiae consistit in eo ut quis exequatur mandata superioris. Sed finis huius voti est, purgare cor ab amore sui ipsius, id est proprii iudicii et voluntatis. Unde qui nihil faciunt sine obedientia, sed obedientiam tra-
145 here conantur ad implenda sua iudicia et voluntates, non assequentur finem obedientiae.

EXHORTATIO UNDECIMA

De iustitia punitiva

Ross. 735 f. 327v   *Iul. 1594

Sequitur ultimum attributum, quod est iustitia. Ubi scien-
5 dum iustitiam aliam esse universalem, quae continet omnes virtutes quae faciunt hominem bonum, et opponitur omnibus

---

145-146 assequuntur *cod.*; assequentur *vO.*
[1] Apud Van Ortroy pp. 248-252; Vivès VIII pp. 645-647.

vitiis; aliam particularem, quae tribuit unicuique suum. Rursus particularem aliam consistere in mutua acceptione et restitutione, et dicitur commutativa; aliam consistere in sola distributione. Et hanc rursus esse duplicem, aliam quae distribuit praemia, et dicitur proprie distributiva; aliam quae distribuit poenas, et dicitur punitiva seu vindicativa.

Iustitia universalis in Deo absolute reperitur. Non enim potest Deus non esse iustissimus, id est optimus et carens omni vitio. Iustitia particularis non videtur in Deo locum habere; nam commutativa quomodo (f. 328r) erit in Deo, qui nihil accipere potest ab alio, cum omnia sint ipsius? *Quis prior dedit illi*, inquit Apostolus *Rom. 11, 35-36, et retribuetur ei? Quoniam ex ipso, per ipsum et in ipso sunt omnia*: id est ex ipso sunt omnia, quia ipse omnia fecit; per ipsum sunt omnia, quia ipse omnia conservat; in ipso sunt omnia, quia ipse omnia possidet. Nihil ergo illi dari potest, nec ipse tenetur quidquam restituere. Sic etiam distributiva praemiorum quomodo erit in Deo, cum omnes teneantur illi servire gratis, cum sit dominus absolutus omnium rerum? Unde ipse iubet, ut cum omnia fecerimus, dicamus: *Servi inutiles sumus; quod debuimus facere, fecimus* *Luc. 17, 10. Denique punitiva non videtur necessaria in Deo, quia ipse est summus princeps, et potest gratiam facere omnibus peccatoribus et nullum punire, cum non sit legi ulli subiectus. Ceterum non ita est, immo reperitur in Deo exactissima iustitia. Nam quamvis non posset obligari (f. 328v) ab ullo, tamen placuit illi se obligare ad praemiandum et puniendum. Et sic promisit et pactum fecit cum Angelis et hominibus, ut qui bene ageret, bona reciperet; qui male ageret, reciperet mala. Unde in Scripturis nihil saepius legitur, quam hoc, quod Deus reddere velit unicuique secundum opera sua.

Non solum promisit Deus se servaturum iustitiam distributivam et punitivam, sed etiam commutativam, vel certe

---

[36] Cf. *Apoc.* 2, 23; 18, 6; 20, 12; 22, 12.

…butivam cum modo commutativae, ut dicit S. Thomas. Nam bona et mala, quae fiunt a creaturis contra creaturas, accipit Deus quasi fierent sibi, et reddit mercedem, vel exigit poenam. Unde in Scripturis vita aeterna aliquando vocatur *bravium,* quia datur secundum iustitiam distributivam; aliquando vocatur *merces,* quia datur secundum iustitiam commutativam; et poena mortis aeternae aliquando vocatur *vindicta,* aliquando *stipendium.* Deus enim non solum dat bona bonis et mala malis, quod sufficit ad distributivam; sed etiam dat unicuique tantum quantum meretur, (f. 329r) quod pertinet ad commutativam.

His positis dicemus 1° de iustitia Dei punitiva: 2° de praemiativa; 3° de iustitia universali.

* * *

Iustitia Dei punitiva est lata, longa, alta et profunda, ut cetera Dei attributa.

Lata, quia extendit se ad omnia omnium hominum et angelorum peccata. Est enim iudex universalis et novit omnia. Ceteri iudices pauca peccata puniunt, vel quia non praesunt nisi paucis hominibus, vel quia non norunt nisi externa, vel quia ex externis non norunt legitime nisi pauca, quae probari possunt. At Deus praeest omnibus. *Non est hoc tuum,* inquit Abraham **Gen.* 18, 25, *qui iudicas omnem terram?* Et S. Iacobus **Ep.* 4, 12: *Unus est legislator et iudex.* Nimirum unus est nulli subiectus et omnibus praepositus. Deinde novit Deus omnia, etiam occultissima et interna, quia *scrutatur renes et corda.* Et novit omnia legitime, quia habet testem omni exceptione maiorem, id est conscientiam uniuscuiusque. Si (f. 329v) homines viderent conscientias et aliis ostendere possent, non egerent aliis testibus. Deus non solum videt conscientias, sed etiam eas ostendere potest aliis; et ostendet in die iudicii, quando *revelabit abscondita tenebrarum,* *1 *Cor.*

48 mala malis *cB*: et meliora melioribus *la.*
49 quantum meretur: *sBe* et potius amplius quam minus.

---

40 Cf. *S. Theol.* I q. 21, a. 1; *Contra Gent.* I 93.

4, 5. Praeterea Deus potest excitare conscientiam, quando dormit, ut cum quis peccat ex ignorantia; potest etiam eam sopire, quando est erronea. Itaque semper Deus habet tunc testem. Hinc dicit Salomon *Eccle. 12, 14: *Cuncta quae fecerit homo adducet Deus in iudicium.* Et alibi Scriptura *Soph. 1, 12: *Scrutabor,* inquit, *Hierusalem in lucernis.* Ubi mira est expressio iustitiae divinae in omnibus culpis inveniendis et puniendis. Nam promittit se examinaturum Hierusalem, id est domum suam; quanto magis domos peccatorum? *Tempus est,* inquit Petrus * 1 *Ep.* 4, 17, *ut incipiat iudicium a domo Dei.* Et addit se scrutaturum, id est diligenter quaesiturum non solum per loca publica, sed etiam per abscondita et angulos et latebras, etc. Et addit *in lucernis,* (f. 330r) id est accensis multis luminibus, ut res etiam minimae videri possint. Hinc scriptum est * 1 *Petr.* 4, 18: *Si iustus vix salvabitur, impius et peccator ubi parebunt?* Beati qui sic examinant conscientiam et puniunt quotidie culpas, quas inveniunt. *Nam si nosmetipsos iudicaremus, non utique iudicaremur,* * 1 *Cor.* 11, 31.

* * *

Longitudo iustitiae punitivae consistit in eo quod Deus non obliviscitur praeteritarum culparum, nisi fuerint per poenitentiam deletae, nec fatigatur in futurum semper numerare, examinare et punire. Nec virga eius rectissima et ferrea, de qua dicitur *Psalm. 2, 9: *Reges eos in virga ferrea,* potest ullo modo flecti vel frangi, nec ob multitudinem hominum vel culparum, nec ob magnitudinem et potentiam reorum, nec ob damnum proprium. Denique extenditur punitio in aeternum, sine ulla spe fatigationis, aut inflexionis divinae iustitiae. *Horrendum est incidere in manus Dei viventis,* **Hebr.* 10, 31, quia ira eius numquam finitur. (f. 330v)

---

92 numerare *cod.*: memorare *vO.*
100 finitur: *sBe* Unde dicitur in Scriptura longus irae.

* * *

Profunditas est in eo quod Deus penetrat oculo suo infinito totam turpitudinem peccati, et ponderat exactissime meritum eius, et ideo gravissime punit. Homines ut plurimum habent stateras dolosas, praesertim in propria causa, et ideo facile peccant, quia non magni faciunt. Qui bibunt, inquit Iob *15, 16, *sicut aquam peccatum.* At Deus usque ad imum penetrat, et ideo quae nobis levia videntur, ille saepe invenit gravissima. Peccatum Angelorum videri potuit levissimum, quia unum, quia cum magna occasione, quia in solo actu interiore, quia erant creaturae dignissimae, quibus multa indulgeri solent. Tamen Deus ponderans in (f. 331r) venit gravissimum, et ideo punivit gravissime, ut in aeternum sint futuri omnes illi angeli miserrimi. Peccatum primi hominis videbatur leve, quia fuit unum et ut non contristaret sociam vitae, et in re alioqui indifferenti. Tamen Deus ponderans invenit tam grave, ut damnaverit eum cum tota posteritate. Et fecit illum per 900 annos agere poenitentiam. Nam ut pararet victum, vestitum, domum et alia necessaria, non habuit per multos annos ullum auxilium nec instrumentorum nec sociorum. Moses vir sanctissimus et amicissimus Dei peccavit ad petram, subdubitando an pulsando petram virga fluerent aquae, *Num.* 20, 10. Videbatur peccatum leve, et vere non nisi veniale fuit. Tamen Deus punivit, faciendo ut moreretur in deserto, et (f. 331v) non intraret terram, pro qua laboravit 40 annis ambulando per desertum. Et cum *Deuteron.* 3, 26 precaretur Deum ut permitteret illum intrare terram ad quam iam pervenerat, Deus noluit et ait: *Ne ultra loquaris mihi de hac re.* Alius propheta missus a Deo in Samariam, quia fuit seductus ab alio propheta et comedit in via, et peccavit venialiter, tamen Deus tradidit illum leoni occidendum, *3 Reg.* 13, 24.

Simile accidit beato Iordano primo Generali Praedica-

---
[124] non *add. vO.*

---
[132] Leand. Alb., *Vita B. Iord. Sax. O. P.: Sur.* VIII 117.

torum, qui cum valde cupivisset adire Palestinam et iam post multos labores esset in conspectu ipsius terrae, orta tempestate submersus est. Et nocte sequenti eiectus ad littus, tota nocte splenduerunt super eum faces de caelo, et postea miracula multa fecit. Sed Deus sic voluit (f. 322r) purgare aliquam eius imperfectionem. Si in hoc mundo iudex aliquis propter verba otiosa suspenderet homines, videretur crudelissimus tyrannus, immo etiam si suspenderet propter contumeliam verbo irrogatam. At Deus, qui profunde examinat peccatum, propter venialia occidit corporaliter, propter mortalia occidit in gehenna, etiamsi peccata levissima videantur. Nam *qui dixerit fratri suo: Fatue, reus erit gehennae ignis* *Matth. 5, 22. Scribit Beda lib. 5, cap. 15 *Hist. Anglorum,* monachum quendam laicum in morte vidisse locum sibi praeparatum in ima gehenna prope Caipham et alios interfectores Domini. Peccatum eius refertur fuisse, quia nimis comedebat et bibebat et recreationes quaerebat, et negligebat orationem et spiritualia. Quod non videtur prima fronte magnum. Sed qui considerat magnitudinem voti, (f. 332v) professionem paupertatis, occasiones bene agendi, ingratitudinem, etc.: ille cognoscit magnitudinem peccati. Atque utinam non essent etiam nunc aliqui tales. B. Catharina Genuensis (cap. 27 et 39 vitae eius) vidit aliquoties, Deo ostendente, per intellectum turpitudinem peccati, quantumvis parvi et venialis. Et ex illa visione aegrotavit ut fere moreretur, nimirum ex horrore et odio peccati. Et ait in illo lumine visam esse sibi eligibiliorem gehennam omnium damnatorum, quam unum peccatum levissimum. Item alias vidisse, quod si cui offerretur gloria B. Virginis Mariae, sed cum admixtione unius peccati venialis; et intelligeret perfecte magnitudinem illius gloriae et magnitudinem peccati: mallet non habere illam gloriam, quam habere cum tali mix(f. 333r)tione, etc.

---

[145] Beda, *Hist. Eccl.* V 14: *ML* 95, 254.
[154] Marab.-Vern., *Vita di S. Cater. da Gen.* cap. 27 et 39. Cf. *Act. SS.,* Sept. V p. 146 n⁰. 120 et p. 134 n⁰. 57.

* * *

165　　Altitudo iustitiae consistit in puritate. Res enim eo sunt altiores, quo puriores. Iustitia Dei purissima est, id est non mixta cum ulla iniustitia, etiamsi Deus puniat multa millia hominum et angelorum. Et ratio est, quia omnes sunt filii eius per creationem. Unde non punit eos propter odium, quo eos
170 prosequatur, sed ex solo zelo iustitiae. Denique in die iudicii tam clara erit iustitia Dei ut omnes tam electi quam damnati dicturi sint: *Iustus es, Domine, et rectum iudicium tuum,* *Psalm. 118, 137.

EXHORTATIO DUODECIMA

De iustitia praemiativa

*Opp. NN. 245 f. 47r　　　　　　　　　　　　*12 Aug. 1594

　　Iustitia praemiativa latissima est, quia Deus remunerat
5 omnia bona opera. Nam non omittit remunerare, quia sint exigua, cum scriptum sit *Matth. 10, 42: *Si quis dederit calicem aquae frigidae, tantum in nomine discipuli, non perdet mercedem suam.* Nota *aquae;* nota *frigidae;* nota *calicem;* nota *in nomine discipuli*: non poterat magis extenuari opus bo-
10 num. 2° Non omittit remunerare, quia opus sit utile illi, qui facit: nam oratio utilissima est oranti, et in hoc mundo stultus videretur, qui daret mercedem pauperibus, quia petunt eleemosynam; vel princeps, qui daret mercedem illis, qui petunt ab illo audientiam. At Deus non solum dat ea quae pe-
15 timus (f. 47v) orantes, sed etiam reddit mercedem pro labore orandi: *Pater tuus,* inquit Dominus *Matth. 6, 6, *qui videt in abscondito, reddet tibi.* Et idem dici potest de iis qui volunt a Deo erudiri, vel curari, etc.; dat enim mercedem venientibus ad se pro doctrina, vel curatione. Unde stulti sunt val-

---

172 tuum: fol. 333v vacuum.
1 Apud Van Ortroy in Suppl. Le Bachelet pp. 251 (1-5).

de, qui non frequentissime orant, etc. 3° Non omittit remunerare, quia opus fiat ab inimico, vel ignorante Deum. Nam *Ezechielis* 29, 17-20 Deus dat mercedem militibus Regis Nabuchodonosor, et *Exod.* 1, 20 obstetricibus Aegypti; et Augustinus scribit lib. 5 *de Civ.* cap. 15, Deum dedisse imperium Romanis pro mercede virtutum moralium; et Chrysostomus hom. 67 *ad populum Antiochenum* dicit, saepe impiis in hoc mundo res prospere accidere, quia Deus vult remunerare quaedam bona (f. 48r) ipsorum opera. 4° Non omittit remunerare, quia sint aliqua opera occulta etiam ipsi, qui illa facit: *Pater, qui videt in abscondito, reddet tibi.* Ipse enim non eget testibus, nec probatione; unde magna est consolatio bene operantium, qui sciunt, nihil boni cariturum mercede, etiamsi opus sit occultissimum; Et contra est signum infidelitatis vel vanae gloriae, cum quis iudicat perdita opera bona, quae non sciuntur ab aliis; sicut de quibusdam scribit Cassianus, qui in coenobio ubi videbantur, facile ieiunabant; in deserto ubi non videbantur, ieiunare non poterant, *Collat.* 5 cap. 12. Interrogatus Macharius, cur monachi in coenobiis quinos dies transmittere possint sine cibo, in eremo vix ad nonam horam ieiuni valeant pervenire: respondit, quia in coenobiis multi sunt testes ieiuniorum. (f. 48v)

* * *

Iustitia Dei praemiativa longissima est, quia perseverat, et durat sine ullo periculo defectus. In hoc mundo qui serviunt fideliter, saepe destituuntur praemio: vel quia moriuntur antequam praemium accipiant, vel quia moriuntur domini eorum antequam remunerent famulos, vel quia mutant voluntatem, vel quia destituuntur opibus, vel quia calumniis et invidentiae aliorum credunt et alienantur a famulis. At nihil

---

[34] quae *cod.*: quia *LB.*

[23-24] Aug., *De Civ. Dei* V 15: *ML* 41, 160.
[25-26] Chrysost., *Ad pop. Ant.* hom. 67: ed. Ven. 1549, fol. 203f.
[35] Cassian., *Collat.* V 12: *ML* 49, 628.

horum in Deum cadit, ideo dicitur *Psalm. 116, 2: *Veritas Domini manet in aeternum*, et *Eccli 18, 22: *Ne verearis iustificari usque ad mortem, quia merces Dei manet in aeternum*, i. e. Ne timeas usque ad mortem bene facere, et crescere in iustitia, quia remuneratio certissima est, etc. Vere surgent in iudicio aulici huius mundi, et condemnabunt (f. 49r) servos Dei, quia illi totis viribus serviunt ob spem praemii parvi et incerti: isti negligentes sunt, cum de praemio maximo sint certissimi.

* * *

Altitudo consistit in magnitudine praemii, quod Deus constituit iis, qui vincunt in stadio. Esse autem praemium maximum cognosci potest, primo ex eo quod Deus vult in hac re ostendere suam magnificentiam et liberalitatem. Sicut enim cum voluit ostendere potentiam, creavit mundum tam magnum et mirabilem; et cum voluit ostendere caritatem, fecit id quod nullus suspicari potuisset, id est, homo factus est, et flagellari et crucifigi voluit: sic etiam cum volet ostendere magnificentiam in Sanctis exaltandis et honorandis, faciet id quod intellectum omnem superabit. Cogitetur in silentio quis sit ille, qui vult ostendere magnificentiam in (f. 49v) praemiandis bonis; et hoc satis erit ad cognoscendum praemii magnitudinem.

Secundo id cognosci potest ex praemiis, quae Deus interdum dat pro parvis bonis, etiam inimicis suis; dat enim saepe Deus in praemium moralium virtutum regna amplissima, ut patet. Quod si regna dat Deus inimicis suis, propter bona opera moralia, quid dabit amicis et filiis propter bona opera supernaturalia? Vide Chrysostomum hom. 24 *in Matth.*, ubi comparat magna palatia huius mundi et regna, luteis domiculis quas pueri construunt, etc.

[51] merces *cod.*: veritas *LB.*
[65] volet *cod.*: vult *LB.*
[76-78] Vide... etc. *am.*

---

[76] Chrysost., *In Matth*, hom. 24(23), 9: *MG* 57, 319.

Tertio id potest cognosci ex magnitudine honoris, quo saepe honorantur Sancti dum vivunt, quod non est nisi praegustatio quaedam et umbra futurae gloriae. Qualis honor est facere miracula! imperare morbis, feris, elementis! quanta maiestas erat (f. 50r) Heliae dicentis *3 Reg. 17, 1: *Vivit Dominus, si erit pluvia, nisi ad verbum oris mei!* et vere clausit caelum ne plueret, et aperuit ut plueret, quando illi placuit! Quanta maiestas Iosue imperantis soli et lunae, ut starent! et Isaiae, ut retrocederent! et Sti Petri, qui sola umbra sanabat omnes languores! Praeterea ubique innotescunt, et post mortem honorantur templis, imaginibus, diebus festis, etc.

Et quia hodie est festum Stae Clarae, nota, quod cum illa fieret religiosa, cognati eius dolebant, quod vilissimam vitam elegisset; at paulo post coepit ita clarere, ut etiam reginae ambirent aliquid eius habere, et Papa eam visitaret aegrotam, et mortuae faceret (f. 50v) exequias cum Cardinalibus, et Cardinalis Hostiensis habuit orationem de laudibus eius; quales exequias neque rex, neque Papa unquam habuit; et a 300 annis in toto mundo honoratur. At si nupsisset, ut parentes eius volebant, et mundo servisset, soli vicini eam novissent, ad breve tempus, etc. Quod si talis est umbra gloriae Sanctorum, quid erit ipsa gloria! Vere dicit Apostolus *Eph. 1, 18, orandum esse ut Deus illuminet nostros oculos, ut intelligamus, *quae sit spes vocationis nostrae, et quae divitiae gloriae haereditatis in Sanctis.* Qui enim possunt semel figere aciem in illam gloriam, ita suspensi manent, ut sit impossibile eos amare terrena, vel timere ullas (f. 51r) molestias pro Christo. Unde B. Clara cum longo martyrio septendecim annorum aegrotasset, et anxiaretur circa mortem,

---

⁸⁷ retrocederent *cod.*: retrocederet *LB.*
⁸⁸ languores *cod.*: languentes *LB.*
⁹⁶⁻⁹⁷ et Card. ... laudibus eius. *am.*

---

⁹¹⁻⁹⁷ Thom. a Cel., *Vita S. Clar.* cap. 25-28: *Sur.* IV 644-646.
¹⁰⁷⁻¹¹⁴ Thom. a Cel., *Vita S. Clar.* cap. 25: *Sur.* IV 644.

et quidam illam hortari vellet ad patientiam, respondit hilari
110 vultu: « Ab eo die, quo per servum Dei Franciscum cognovi
gratiam Domini Iesu Christi, nulla mihi poena molesta, nulla
poenitentia gravis, nulla infirmitas dura fuit ». Et tamen
duxerat per annos quadraginta duos vitam durissimam et
asperrimam, etc. Vocat autem gratiam Christi id quod Chris-
115 tus pro nobis fecit, quod passus est, quod donavit, quod promisit: qui enim istam gratiam serio cogitant, facile omnia
tolerant, etc. (f. 51v)

* * *

Profunditas consistit in eo quod Deus penetrat valorem
operum bonorum, et ponderat exactissime: et saepe nobis
120 videntur aliqua opera magna, et Deus iudicat esse nullius
pretii, et contra; quia nos non videmus nisi externa et superficiem, Deus autem penetrat totam substantiam et omnes circumstantias. Generatim autem hoc dici potest, Deum in exa-
minandis meritis non tam respicere dignitatem officiorum,
125 quam an bene quisquam fungatur suo officio. Sicut in co-
moedia non laudatur qui repraesentat regem, sed qui bene
repraesentat, sive regem sive famulum sive doctorem sive
stultum. Quod etiam servat Ecclesia in Sanctis honorandis:
non enim honorat magis eos, qui fuerunt in altiori gradu,
130 sed qui (f. 51r) melius se gesserunt in suo gradu. Ita videmus
anteponi Vitalem Agricolae, id est, servum domino suo; et
Laurentium Sixto, id est, diaconum pontifici; et Bernardum
Ludovico, id est, monachum regi: ut omittam, quod multi
reges et pontifices et doctores erunt in inferno; et multi fa-
135 muli et laici et idiotae erunt in caelo. Itaque ut quis sit
magnus coram Deo, non debet quaerere locum altiorem, sed
perfecte agere munus suum.

Ut autem quis bene fungatur suo munere, duo requiruntur, quae illa sunt quae Deus praecipue respicit in nostris

113-114 et asperrimam *omis.* LB.

131-133 Festum SS. Vit. et Agric. 4 Nov.; S. Laurent. 9, 10, 17 Aug.;
S. Sixt. II 6 Aug. (simplif.); S. Bern. 20 Aug. (dupl.); S. Lud. reg.
25 Aug. (semidupl.)

operibus: 1° obedientia; 2° caritas. Obedientia, ut fiat quod
debet fieri; caritas, ut fiat sicut oportet. Primo igitur Deus
vult fieri quod ipse iubet, et si fiat contrarium, etiamsi alioquin sit optimum, displicet illi. (f. 52v) Exemplum de Saule
*1 *Reg.* 15, 22, qui putavit bonum sacrificare oves, quas Deus
iussit occidi; cui dictum est: *Obedientiam volo, non sacrifi-*
cium, et auscultare magis quam offerre adipem arietum.
Ideo Stus Franciscus saepe erat sollicitus investigare Dei voluntatem; et Stus Bernardus reprehendit Hubertum monachum, quod in agenda penitentia non sineret se regi a superiore. Caritas requiritur, ut fiat bene et meritorie; et hoc
praecipue pensat Deus. Unde Dominus **Luc.* 21, 3, laudavit
viduam, quae dedit duo minuta, quia dedit totum victum
suum, et proinde magno affectu; dedisset enim facillime
multo plura, quam illi omnes divites, si habuisset. Caritas
enim in eo cognoscitur, si facit opus laboriosum sine labore, etc.

EXHORTATIO DECIMA TERTIA

De iustitia Dei universali

*Opp. NN. 245 f. 53r   *Fin. Aug. 1594

Iustitia universalis est ea, quae ordinat hominem, et disponit, ut bene se habeat in omnibus, quae lex et ratio praecipit. Et quidem apud Philosophos iustitia universalis est,
quae facit hominem vivere secundum rationem naturalem,
et leges naturales et humanas: at apud Christianos iustitia

149-150 a superiore: *sBe* Exemplum de illo, qui ex capite suo laborabat percutiendo lapidem etc. Cassianus
151-152 Unde ... dedit *cB*: Nam si quis in operando respicit suum commodum vel utilitatem *la.*
1 Apud Van Ortroy in *Suppl.* Le Bachelet p. 252 (6-10).

---

147 BONAV., *Vita S. Francisci* cap. 12: *Sur.* V 610-611.
148 BERNARD., *De obitu Humberti* 4: *ML* 183, 515.

universalis non solum hoc facit; sed etiam addit, ut vivat secundum legem supernaturalem. Et quamvis haec iustitia comprehendat omnes virtutes, tamen est una quaedam virtus, quae ita continet alias in virtute, ut ipsa dici possit iustitia universalis, nimirum caritas: ipsa enim ordinat hominem, ut bene se habeat (f. 53v) erga ultimum finem; qui autem bene se habet erga finem, bene se habet erga media; et qui bene se habet erga ultimum finem, bene se habet erga fines inferiores, et erga omnia media. Ideo Augustinus dicit, quod inchoata caritas, inchoata iustitia est; perfecta caritas, perfecta iustitia est; et Scripturae ac Patres perfectionem christianam in caritate constituunt.

* * *

Iam igitur in Deo iustitia ista primo latissima est, quia in Deo sunt omnes virtutes, quae non praesupponunt imperfectionem. Non est in Deo fides, quia ibi est visio; non spes, quia ibi est possessio; non poenitentia, quia ibi est innocentia; non humilitas, quia Deus (f. 54r) nihil habet super se, et humilitas tenet hominem, ne eat supra se; non temperantia, quia ibi non est concupiscentia, etc. At virtutes, quae non praesupponunt imperfectionem, sunt in Deo omnes, ut benignitas, liberalitas, fidelitas, misericordia, iustitia; et super omnia propriissime caritas, et caritas latissima. Nam Deus diligit se et omnia quae sunt: ipse enim omnia cognoscit, et distinguit naturas a defectu; et amat naturas, licet oderit defectum. *Diligis,* inquit scriptura *Sap.* 11, 25, *omnia quae sunt, et nihil odisti eorum quae fecisti.* Nos multa non diligimus, vel quia non novimus ea, vel quia non distinguimus bonum a malo; et propter malum saepe odimus, aut non diligimus, bonum illi coniunctum. (f. 54v).

12 quae ... in virtute *omis. LB.*
15 finem, bene *cB*: finem, facile *la*.
30 latissima *cod.*: latissime *LB.*
36 malum *cod.*: mala *LB.*

---

17 August., *De nat. et grat.* 70, 84: *ML* 44, 290.

* * *

Longissima est, quia est aeterna, ab aeterno fuit, usque in aeternum erit, et nunquam deficit, aut minuitur. « O ignis, inquit Augustinus, qui semper ardes, et nunquam extingueris ». Et ratio est, quia fundatur amor Dei non in bono, quod acceperit vel expectet a creaturis, sed in bonitate sua, quia ipse est bonus, et cupit benefacere; et ideo non desinit amare et benefacere, etiamsi homines quasi coniuraverint in iniuriam eius. Unde de amore Dei potissimum verificatur quod scribit Salomon *Cant. 8, 7: *Aquae multae non potuerunt extinguere caritatem, nec flumina obruent illam.* Noster amor saepe minuitur, vel deficit, quia fundatur in interesse; et saepe convertitur in odium, ut patet de (f. 55r) Amnon et sorore eius Thamar, *2 *Reg.* 13, 15.

* * *

Altitudo consistit in magnitudine caritatis et bonitatis divinae, quae cognoscitur 1° quia Deus solus amat se, quantum amabilis est, quia solus se comprehendit: unde est amor infinitus. Creaturae in hoc mundo amant quidem Deum, sed non semper actu; in paradiso amant actu, sed non quantum Deus amabilis est. 2° Quia tantum interest inter caritatem et bonitatem Dei, et caritatem ac bonitatem sanctorum Angelorum et hominum, quantum inter fontem et rivulum, sive inter solem et parvam candelam. Et tamen caritas Sanctorum mirabilis fuit, ut patet ex operibus. Exempla, de Maria Magdalena quae tacta amore divino, cum vellet obsequium Christo praebere, excogitavit inventionem illam insolitam, ut aquam hauriret ex propriis oculis, et pro linteo uteretur capillis, et

---

54-56 Creaturae .., amabilis est. *am.*
59 Candelam: *sBe* Unde dicitur: « Stellae non sunt mundae in conspectu eius », et: « Si fulserint velut mundissimae manus meae, sordibus intinges me ». (cf. Iob. 25, 5 et 9, 30-31).

---

40 August. (?).

deinde in solitudine (f. 55v) maneret per triginta annos, solum cogitans dilectum suum. Item de laboribus Apostolorum, ac potissimum Pauli; de patientia Ioannis Baptistae, qui pro Dei amore contentus fuit nunquam gustare ullam carnis voluptatem; de caritate humanitatis Christi, quae, ut Apostolus ait *Eph. 3, 19, supereminet scientiae. Si igitur tanta fuit caritas finita et infusa, quanta erit caritas infinita, increata, immensa! 3° Cognoscitur, quia caritas Dei non est accidens, sed substantia et Deitas. Deus enim caritas est *1 Ioan. 4, 16, unde non est possibile a Deo separare caritatem.

Hanc virtutem praeter ceteras desiderare debemus. Signum autem an habeamus, est, quod amor Dei quia de caelo venit, ad Deum desiderandum trahit; unde qui non desiderat Deum, nec gemit propter absentiam, non magnam habet caritatem. Vide Gersonem lib. 3 cap. 6 *de Imitatione Christi*. (f. 56r)

* * *

Profunditas consistit in puritate, quae non est admixta ulli defectui. *Deus enim lux est, et in eo tenebrae non sunt ullae,* *1 Ioan. 1, 5. Item est regula rectissima omnium actionum; unde impossibile est, actiones Dei non esse conformes regulae, cum ipse Deus sit regula. Et hinc etiam cognoscitur nihil esse simile puritati Dei. Nam ex creaturis aliae peccant mortaliter agentes contra regulam; aliae solum venialiter, agentes praeter regulam; aliae agunt semper secundum regulam sed per gratiam, nam ex natura sua peccabiles sunt: solus Deus per naturam est impeccabilis. Tanta est puritas Dei, ut omnis puritas ei collata videatur impuritas, ut dicit Gregorius *in* cap. 9 *Iob;* nam ibi dicitur v. 2: *Vere scio, quod ita sit, et quod non iustificabitur homo compositus Deo.* Et

---

76 Vide ... Christi *am vaga.*
88 ex *cod.*: et *LB.*
92-95 Et ... conspectu eius. *cod,*: Unde dicit cap. 25: Stellae non sunt mundae in conspectu eius, etsi fulserint *LB.*

---

91 Greg. M., *Moral.* IX 36, 57: *ML* 75, 891.

vers. 30-31: *Si fulserint velut *mundissimae manus meae, sordibus intinges me.* *Et ibidem 25, 5: *Stellae non sunt mundae in conspectu eius.* Hinc denique colligitur, cur Deus noster tantopere expetat puritatem, quia nimirum ipse purissimus (f. 56v) est, et omne simile amat suum simile. *Sancti,* inquit *1 *Petr.* 1, 16, *estote, quia ego sanctus sum,* et **Matth.* 5, 8: *Beati mundo corde, quoniam ipsi Deum videbunt.* Item **Eph.* 5, 27: *Ut exhiberet ipse sibi gloriosam Ecclesiam, non habentem maculam aut rugam.* Item **Psalm.* 64, 6: *Sanctum est templum tuum, mirabile in aequitate.* Item **Apoc.* 21, 27: *Nihil coinquinatum intrabit in illam, aut abominationem faciens et mendacium, nisi qui scripti sunt in libro vitae Agni.* Hinc omnes Sancti, praediti gratia Dei, fuerunt diligentissimi in purgandis sordibus contractis, et in cavendis contrahendis. De sanctis Francisco et Antonio de Padua legitur, quod quamvis illi sanctissime viverent, tamen quando aliquamdiu fuerant conversati cum hominibus praedicando, confessiones audiendo, etc., recurrebant (f. 57r) ad solitudinem, ut in silentio examinarent facta sua, et ieiuniis et lacrimis extergerent pulverem, qui illis adhaeserat. P. Ignatius quoque licet cautissime viveret et parum loqueretur, parce comederet, etc.: tamen singulis horis examinabat conscientiam. Haec diligentia omnibus necessaria est, qui serio dant operam perfectioni, et qui conantur assimilari exemplari, ad cuius imaginem facti sunt.

Sed nobis de Societate prae ceteris necessaria est, quia plurimas habemus occasiones contrahendi pulverem, et tamen deberemus purgatissimi esse cum officium habeamus purgandi

---

98 inquit *cod.*: igitur *LB.*
99 quoniam *cod.*: quia *LB.*
102 tuum *cod.*: suum *LB.*
105 Hinc *cod.*: item *LB.*

---

107 Bonav., *Vita S. Franc.* cap. 13: *Sur.* V 613; Anon., *Vita S. Ant. Patav.* cap. 36: *Sur.* III 733.
113 Ribad., *Vita S. Ign.* V cap. 1.
120 Tusculi, apud Frascati, scholastici degebant feriis autumnalibus.

alios. (f. 57v) Et si unquam nobis haec diligentia fuit necessaria, nunc maxime, cum eundem est Tusculum, et inchoandae vacationes. Oportet enim valde vigilare, si volumus capere recreationem, et non capi a recreatione. Qui enim capit re-
125 creationem, potest illam dimittere quando vult, sicut qui capit aviculam, potest eam dimittere, si vult: at qui capitur a recreatione, non potest dimittere quando vult; imo numquam eam dimitteret, nisi quando ab illa dimitteretur; et tunc invitus demitteret, et sic esset servus recreationis, et
130 animo carnalis et secularis. Item qui capit recreationem, potest uti illa moderate; at qui capitur ab illa, sine modo illa utitur, et inde progreditur in contentiones amaras, vel in cachinnos, et irrisiones, vel in alias dissolutiones. Et quidem aliqui initio capiuntur a recreatione (f. 58r) et nunquam eam
135 capiunt; aliqui initio capiunt recreationem sicut oportet, sed paulatim ab illa decepti capiuntur ab illa, et sic paulatim transeunt a recreatione ad dissolutionem et negligentiam vitae et impuritatem, et in morte postea sentient quantum ista nocuerint.

In *Prato spirituali*, capite 130, Abbas quidam nomine
140 Athanasius, factus in extasi vidit quemdam, qui ait illi: « Sequere me »: et ductus est ad ianuam loci cuiusdam immensi luminis et decoris, unde etiam audiebat dulcissimos cantus iubilantium; cumque pulsarent ianuam, dictum est illis: « Quid vultis? » Responderunt: « Ingredi volumus »;
145 responsum est: « Non huc ingredietur quispiam in negligentia degens; sed si intrare vultis, abite, certate, nihil aestimantes vanitates saeculi ». (f. 58v) Gregorius lib. 4 *Dialogorum* cap. 16 scribit puellae Musae mandatum a B. Virgine

---

126 at *cod.*: et *LB*.
128-129 et tunc invitus dimitteret *omis. LB*.
130-133 Item ... dissolutiones *am*.
140-141 vidit ... sequere me *ail*.
143 pulsarent *cod.*: pulsaret *LB*.

---

139 Ioan. Moschus, *Prat. Spir.* 130: *MG*. 87, 2993; *ML* 74, 186.
147 Greg. M„ *Dial*. IV 17: *ML* 77, 348.

Maria, ut si vellet secum esse, nihil leve aut puellare ageret, et a risu et iocis abstineret. Ista enim puritas requiritur intraturo in regnum caelorum: alioquin duo mala expectanda sunt, poena purgatorii acerbissima, et periculum incidendi in peccata mortalia; nam qui despicit levia, paulatim disponitur ad gravia, *Eccli.* 19, 1, etc.

MEDITATIONI DELLA ESSENZA DIVINA
COMPOSTE DAL P. ROBERTO BELLARMINO
DELLA COMP.A DI GIESÙ

*APUG 373 f. 241v   *conscriptae a compilatore ignoto.

In charitate radicati et fundati, ut possitis comprehendere cum omnibus Sanctis quae sit latitudo, longitudo, sublimitas et profundum; scire etiam supereminentem scientiae charitatem Christi, ut impleamini in omnem plenitudinem Dei, ad Ephesios cap. 3. (f. 342r)

In Dio si considerano 4 cose: la larghezza, lungheza, Altezza, et profondità.

*L'ESSENTIA DI DIO

La largheza è limensità, la qual consiste in 4 cose.

La prima che Dio contiene tutto il bene, che si trova in tutte le creature et infiniti altri beni; perche in Dio si trova non solo quanto puo desiderare l h'uomo o'langelo, ma quanto puo desiderare Dio isteso, che hà una voluntà infinita.

La 2a che Idio ocupa tutti luoghi et è intutte le cose; onde ne seghuita grandissima consolatione agli amici di Dio et grandisimo timore a nimici.

3a che Iddio e per tutto con autorita come assoluto Re, et patrone di tutte le cose.

1-9 addita nam posteriore.
4 De ignoto compilatore vide *Introd.* pp. 40-42.
17 hà *corr. Bell.*: à *compil.*

13-24 Cf. supra pp. 289-292.

La 4a che è per tutto per gloria, per che tutte le creature lodano Dio loro fattore. (f. 242v)

* * *

La lunghezza di Dio e leternita nella quale si considerano 4 cose:

Prima che Dio sempre fu et sempre sara, il che è propio di Dio; etsendo che le altre cose anno principio ò fine ò almanco principio.

2° Tutto l'esser di Dio e insieme; onde à al'presente tutto quel'bene e diletatione, che à auto abeterno, et che ara In'eterno; dove che le altre cose non anno se non il presente come il ambiente.

3° L'eser di Dio e tal'mente sicuro, che non ci e potentia al mondo, che lo possa impedire; et la ragione è, che non dipende da niente et ogni cosa dipende da Lui; et pero tutte le creature posson mancare, se Dio volesse disfarle.

4° Per intendere in qualche modo letternita giova considerare, che ogni altra duratione respetto all'eternita è niente, come per esempio lavita delli huomini (f. 243r) prima del'diluvio era di 900 anni, la quale in se par longhisima, et non dimeno la scrittura lasomiglia à un'obra, à un sognio, a un fil derba et finalmente à un momento.

* * *

Lalteza di Iddio e tanta propria a esso che si domanda per proprio nome Altisimo. Questa consiste in 4 cose:

Primo Iddio si dice altisimo per lEcelentia della natura, che è tanto sublime, che ne mancho i supremi Angeli possono arivare avederla con le lor forze naturale; et pero bisognia, che Dio li dia ilume della gloria, che è come certi ochiali sopranaturali.

---

42 obra = ombra.

25-43 Cf. supra p. 292. Multo plura hic habentur in meditatione, quam supra in exhortatione domestica.
44-63 Cf. supra pp. 292-294.

2° Iddio si dice altisimo, per che siede in luogo altisimo, il che sintende in (f. 243v) dui modi. Primo il sedere et segnio di autorita di giudice; et cosi Iddio si dice sedere in luogo altisimo, per che è supremo giudice et legislatore, al quale tutti li altri gudici son sugetti, et ano à render conto, et esso a nessuno e suggetto, ne ad'alcuno à da render conto.

3° Il secondo, il sedere, significa quiete et riposo; onde Iddio si dice sedere in luogo altisimo, perche si riposa nelle piu alte creature, che si trovino, cio e gli'angioli e tutti santi; di qui si racoglie, quanto sia nobile Iddio, poiche li servono per esgabello et per sedia le piu alte creature.

4° Dio e altisimo, per che e altisima causa eficiente, esemplare et finale. (f. 243, bis r)

* * *

La profondità cosiste in 4 cose:

Primo. Iddio è intimo e ocultisimo piu che nesuna cosa. Onde Santo Agostino volendo cercare Iddio, primo lo cerco on tutte le cose corporali et trovo che tutte li dessero, che Dio era piu dentro di loro. Lo cerco poi ne sentimenti del'Anima, è trovo che manco in essi era Iddio. Per[o] cerco piu dentro nell'inteletto dell'anima ragionevole, e trovo, che se bene essa era piu simile a Dio che le altre cose, non di meno mancho essa era Iddio, ma creatura di Dio; onde concluse che Dio era ancora piu dentro che non e l'anima, esendo come anima del Anima. Pero dice la Scrittura, che Iddio et invisibile nascosto, etc. Da questo punto si racoglie, quanto sia grande la belleza di Iddio; perche non vedendosi se non in imagine et oscurisimamente, et non avendo se non un poco di odore diddio, non di meno rapisce quelli che anno quello poco di odore, o di lume, che si contentano lasciare la roba et ogni altra cosa; come enamorera l'animo quando sara visto a faccia a faccia! (f. 243 bis v)

2° La profondita di Iddio consiste in essere incomprehen-

64-95 Cf. supra pp. 294-296.

sibile; per che ancor quelli che lo veghono non arivono a vedere tutto quello che inesso si contiene, et se bene per molte migliare di anni facesero profitto in conocerllo sempre piu et piu, non per questo ariverebono a conoscerllo quanto si puo conoscere.

3° Consiste la profondita in questo, che tutte le perfetione di Iddio sono divine et infinite et cosi Iddio no nè come una cosa dorata, che insuperfitie et d'oro, et dentro e d'altra materia; ma è come una cosa tutta doro.

4° Iddio è profondissimo, perche è sotto à tutte le cose, non per che sia sottoposto alle creature, ma perche tutte le mantiene et sostenta come primo et profundisimo fondamento dogni cosa. (f. 244r)

*ATTRIBUTI DI DIO

Oltre dellesentia si trova in Dio larghezza, lungheza, alteza et profondo quanto alli atributi, esendo la potentia altissima, la sapientia profondisima, la misericordia larghisima et la giustitia lunghisima.

*La potentia di Iddio

La potentia d'Iddio in particolare a ancora essa la sua largheza lungheza alteza et profondita.

La largheza della potentia si considera nella moltitudine delle cose che Iddio a fatto, le quale sono inumerabili; et di piu perche Iddio potria fare infinite altre cose etsendo che puo fare tutto quello che vole.

La lungheza della potentia consiste in questo che Iddio

---

89 no nè = non è.
90 et d'oro = è d'oro.

6-25 Cf. supra pp. 297-301.

non si estracha ne sistrachera ineterno in portare et muovere tutte le cose.

L alteza della potentia consiste nella grandeza delle chose che Iddio à fatto, dele quale alcune sono grandisime in quantita, come il cielo et le stelle; alcune son grandisime in velocita, come il sole, che in un miserere fa tante miliamiglia; alcune sono grandisime in forza et inpito, come sono tutti li elementi, Etc.

La profondita consiste nel modo doperare, perche Iddio (f. 244v) fa le cose di niente, senza isturmenti, senza aiuto di compagni, senza imperfetione, senza fatica, et senza tempo, cio e in un momento.

*La sapientia especulativa di Iddio

La sapientia diddio e di dui sorti, per che ga cie sapientia especulativa e sapientia operativa.

La sapientia especulativa è larghisima, perche Iddio conosce tutte le cose e tutte le parti, con tutte le operatione delle istesse cose.

La medesima sapientia è lunghissima, perche vede le cose prima che sieno ancor, che abino da eser di qua a un eternità di tempo.

L'alteza consiste nell'eccelentia del'veder d'Iddio, perche à un ogetto infinito proportionato naturalmente alla sua vista. Di piu vede ogni cosa con una specie sola, che è la sua essentia istesa, et vede infinite cose con un atto solo etc.

La profondità consiste nel'modo di vedere le cose future, che dispendono dal'libero arbitrio, perche queste cose non sono in se stesse determinate, ne meno nela causa sua, et non di meno Dio le vede.

Si cava 2 documenti: primo, che Iddio gnaria ogniun di

---

14 et add. Bell.
14 si estracha ne sistrachera = si stanca nè si stancerà.

26-52 Cf. supra pp. 301-305.

noi in particolare, come se non avessi altro negotio. Cosi noi doveremmo mirare in Dio et mettere gli occhi (f. 245r) negli ochi di Iddio, solamente considerando come esso sempre ci guarda, perche di qui nascerebbe un gran timor di far male e desiderio di far bene.

2° considerare quanto siamo disimili da Iddio, poi che esso solo conosce perfettamente se istesso, e da l'altre cose non è conocuto se non imperfettamente; et noi per il contrario siamo conocuti da tutti li altri fuor da noi istessi.

La sapientia pratica di Idio: *la largheza

La largheza della sapientia pratica cosiste nella *creatione*, la lungheza nella conservatione, laltezza nella redentione, la profondita nel'governo et providentia.

L'largheza della creatione si puo considerare, nella moltitudine e diversità delle cose create; perche facil cosa è far molte cose duna istessa forma, ma a trovar molte forme ci vuol molta sapientia.

La lungheza si considera nella duratione de movimenti delle creature, per che per fare che (f. 245v) un oriolo corra 24 ore dase, ci vole molto ingengnio e industria et molto maggior ci vorebbe a farllo corere un anno intero. Et pur Iddio à fatto, che le stelle e fiumi et altre cose corino per migliara di anni senza istaacarsi; et che un poco di carne come il polmone o l'arteria si muove perpetuamente mentre che vive lanimale.

L'alteza si vede nella belleza delle cose, et qui si puo pensare la beleza delle creature, come ancora nella suavita deli odori, de suoni et in tutti li obietti de sensi, che tutti mostrano l'alteza de Iddio; dove si à da considerare, che tutta la suavita delle creature nasce da esser condita dalla

---

46 solamente *corr. Bell.*: seriamente *compil.*
66 istaacarsi = stancarsi.

53-80 Cf. supra pp. 305-310.

sapientia divina; donde si puo racorre, quanto suave sara gustare la sapientia increata in se stessa.

La profondita consiste nella forza e virtù delle cose et massime delle cose picole, per che è tanta la virtù dun picol' seme che contiene tutta larbore, pur grande che sia; cosi inun picolo animale come la formica ragnia et (f. 246r) che hanno tanti membri, sensi et prudentia.

*La lungheza della Sapientia pratica

La lungheza della sapientia pratica e la *conservatione* delle cose corutibile, nella quale si puo considerare la largheza, lungheza, alteza et profondita.

La largheza si vede in quanto che Iddio pasce tanta moltitudine di homini, animali, piante etc., et non di meno sempre ci avanza per seminare per l altro anno.

La lungheza si vede in questo che ogni cosa hà un desiderio grandisimo di perpetuarsi, facendo piu di quel' che possono, per conservar lessere. Se tutte le cose fanno più di quello che posono per conservare lessere, che e un obra della eternita, quanto e grande la patia delli huomini, che per aquistar la vera eternita non fan la meta di quel che puono.

L'alteza di questa sapientia si vede nel modo che Iddio usa in conservar le cose, per che hà voluto che tutti si aquistino il cibo con fatica, accio esercitino lingegnio et le forze et non istieno inotio; cosi havoluto tra li huo(f. 246v)mini ci siono richi et poveri per darci occasione desercitare lamisericordia et la patientia et sopratutto la carità e l'union fraterna.

La profondita si vede nel modo mirabile con il quale Iddio nutrice i corpi col'cibo, facendolo penetrare per tutte le parti, senza rompere niente, ne dare dolore nessuno.

103-104 facendolo ... nessuno *add.* Bell.

81-104 Cf. supra pp. 311-315.

Lalteza della Sapienza pratica

Lalteza e la *Redentione* nella quale si considera la largheza lungheza alteza et profondita.

La largheza consiste in questo che Iddio con la sapientia sua à trovato modo di rifar tutti li danni che il demonio haveva fatto col peccato di Adamo. Il demonio haveva fatto cinque mali in un colpo. Primo: aveva tolto à Dio lonore et lobedientia. Secondo: all'huomo aveva tolto la beatitudine. Terzo: alli angeli lalegrezza. Quarto: al demonio aveva fatto gran piacere. Quinto: tutta la terra aveva infetta.

Al primo male Cristo a rimediato con la sua incarnatione, perchè havendo obedital Padre fino alla morte della Croce, à dato à Dio piu onore con questa obedientia, che non fu quello che harebbe hauto, se Adamo non havesse peccato, perche Adamo harebbe obedito in una cosa sola et facilisi- (f. 247r)ma; ma Cristo essendo persona molto piu nobile di Adamo hobedì in cosa dificilissima cio è in morire di morte vituperosisima. Ne solo Cristo hobedì, ma fece col suo esempio et con lasua gratia moltissimi altri dogni sesso e dogni eta obedissino a Dio sino alla morte.

Al secondo malo hà rimediato Cristo, rendendo all'huomo magior gloria di quella che perse per il peccato: perche se Adamo non peccava, lhuomo al'piu poteva aspirare esser eguale alli Angeli; dove che hora è fatto in Cristo padrone delli angeli, et la Madonna siede sopra tutti li cori delli Angeli.

Al terzo male à rimediato Cristo, dando alli angeli magior alegreza di quella che avevano perso per el peccato di Adamo. Perche se si contristorno che un loro fratello avesse

---

109 haveva .., haveva *corr. Bell.*: aveva... aveva *compil.*
111 cinque *add. Bell.*
117-119 che non ... obedito *corr. Bell.*: che fu quello che li tolse Adamo con la disubidientia; perche Adamo disobedi *compil.*
125 hà *corr. Bell.*: à *compil.*

105-172 Cf. supra pp. 315-320.

fatto cosi gran male, molto piu si ralegrano, che li fratelli minori, cio (f. 247v) è li huomini abbiano cosi gloriosamente
135 triofato.

Al quarto male à rimediato Cristo, per che a tolto a demoni tutta lalegrezza, che avevano aquistato col peccato di Adamo, poi che non solo sono stati tolti via tutti lidoli, ne quali esso era adorato, ma ancora li stesso demonio è con-
140 culcato in virtu di Cristo fin da fanciulli.

Al quinto male a rimediato perche la terra, laqua et laria sarano presto purgati et liberati della servitu, che ora fanno à peccatori.

La lungheza consiste in questo che la sapientia divina
145 non volse subito, che Adamo peccho, ricomperare il mondo, ma spettare lunghisimo tempo; per che circa 2000 anni promesse il Salvatore in molte figure de Patriarchi, et per altri 2000 la promessi in varie figure de Profeti, perche conveniva che un misterio cosi grande fusse lungho tempo desiderato
150 et aspetato; et nondimeno accio tanta (f. 248r) gente non perisse, trovo la sapientia divina un modo, con che questa medicina operassi prima dessere; il che fu per mezzo della fede in Cristo venturo.

Lalteza consiste in questo che la sapientia divina à tro-
155 vato modo, come il sommo bene sia potuto ridursi a somma miseria, per che è più difficile che il sommo bene, nel'quale son tutti li benj abia bisognio di qualche cosa, che non è che il niente abondi dogni cosa; et non dimeno Dio a trovato modo per via del'Incarnatione, che il figliolo di Iddio essendo
160 sommo bene, richisimo etc. patisse fame, sete, fredo, ferito, morte etc.

La profondita consiste in questo che lasapientia divina à trovato un modo, con che la medicina necessaria alla nostra malatia, et da se istessa amarissima, diventasse dolcis-
165 sima et dagli huo(f. 248v)mini fusse avidamente cercata. La nostra malatia è il desiderio delli onori, della roba, delle di-

---

155 ridursi *add.* Bell.

litie. La medicina amarissima è il dispregio di tutte queste cose et il cercar tutto il contrario. Ora questa medicina Cristo la fatta dolcissima con lesempio suo; il quale esendo sapientissimo et potendo elegere quel stato, che li paresse, elesse el piu vile e bisognioso che si trovasse, e volse mortificarsi in ogni cosa.

La profondita della sapientia pratica

Consiste nella *providentia* e guditii divini, nella quale providentia si puo considerar le quattro dimensioni.

La larghezza consiste in questo che Iddio ha cura particolarissima d'ogni cosa. La providentia universale puo esser di molti, ma la particolare di pochi, come la balia non puo aver cura se non d'un putto. Et Iddio à cura di tutte le cose imparticolare. (f. 249r)

La lungheza consiste in quello che la providentia divina sistende à tutti e tempi; et à gia ordinato nella mente sua tutto quello, che à da sucedere ineterno, come ordinando una grandissima procisione. Di qui si racoglie, che non si deve mormorare delle cose che ocorono, perche se bene à chi non vede altro, pare che sieno male: non dimeno a chi vedessi tutto lordine, vedrebbe che stanno benissimo; come si puo vedere dallesempio del'Pavimento storiato, che chi vede una particella solo, non conosce quello che sia, et giudica che non stia bene; ma chi lo vede tutto, conosce, che sono figure d'huomini et altri animali, et confessa, che è bellisimo.

L'alteza della providentia consiste in questo, che è providentia ecellentisima, poiche congognie quattro cose le quale sono altrimenti dificilissime da congogniersi, cio è diligentia con tranquilità, et eficacia con suavita; come l'esempio di Gioseppe etc.

176 ha *corr. Bell.*: a *compil.*
188-191 che chi vede ... bellisimo *add. Bell.*

173-210 Cf. supra pp. 320-324.

La profondità consiste nelli inscrutabili guditii divini in genere et inparticolare. In genere: chi potrebbe saper la causa perche Iddio abbia eletto le genti (f. 249v) e reprobato li ebrei? Cosi chi puo sapere la causa perchè Dio abbia mandato cosi presto predicatori alli Italiani, e tanto tardi a' Giaponesi? Perche abbia levato il Regno a' Greci, e dato a' Turchi? In particulare e inscrutabile il guditio divino, quanto alla predestinatione, quanto alla vocatione alla fede, ò allo stato religioso, e sopra tutto quanto alla perseverantia. Poiche vediamo, che alcuni doppo molti anni di buona vita si perdono, altri dopo molti anni di mala vita si convertono et si salvono. Ma se bene non sappiamo la ragione di questi guditii in particulare, sapiamo pero in generale la causa esere, accio viviamo con timore.

La Misericordia di Iddio

A' ancora lei le quattro dimensione.

La largheza consiste in questo che Iddio toglie tutte le miserie di tutte le cose; e questo solo esso lo puo fare, perche le altre cose tolghono qualche miseria particulare, come il pane toglie lafame, la veste la nudita etc.; ma Iddio (f. 250r) le toglie tutte, anzi le altre cose non torebbono nessuna miseria, se Dio non li desse virtù di poterlo fare. Di piu: Iddio non solo toglie le miserie visibile, ma anco le invisibili, liberandoci da molti inganni de demonj et non solo toglie me miserie invisibili alli ochi, ma anco invisibili alla mente, cioè le miserie le quali non intendiamo, come li erori la cecità della mente etc. Et per questo tutti li huomini sono ingrati à Iddio, perche non conoscono la minima parte de benefitii di Iddio.

La lunghezza della misericordia consiste in questo, che Iddio comincia à usar misericordia, quando cava uno dal'nien-

---

[219] invisibili *corr. Bell.*: visibili *compil.*

[211-255] Cf. supra pp. 325-330.

te et locompagnia poi per una via lunghisima fino acondurlo, dal'niente al'sommo bene; dove è da considerare, che sono in questo viaggio quattro luoghi, et luno distantisimo da laltro. Il primo luogho è l'esser huomo, al'qual'luogho ci conduce dal'niente. Il secondo è l'esser gusto, al'quale ci conduce dallo stato del'peccato, nel'qual'nasciamo. Il terzo luogho è l'esser perfetto, al'quale ci conduce dopo la conversione per una strada lunghissima, che è l'esercitio delle virtu. Il quarto luogho è la beatitudine, alla quale ci conduce dallo stato di perfetione.

L'alteza della misericordia consiste in questo che la misericordia di Iddio nasce da una causa altissima, (f. 250v) per che gli huomini sogliono aver compasione delli altri overo per interesse proprio, la quale e causa bassissima, o vero perche quelli, di chi anno compasione son congunti, e questa e causa un poco piu alta; ò vero, per che quelli, di chi anno compasione, sono creature di Iddio, e questa e causa molto più alta; ma Iddio a compasione di tutte le cose, per che è infinitamente buono, la quale e causa altissima .

La profondita della misericordia consiste in questo che Iddio toglie la miseria non solo con spendere delle parole; non solo con far de benefitii, ma anco con haver patito nella sua carne tanto per noi non esendo obiigato, ne essendo questo asolutamente necessario. Et di piu ha aggiunto, che ci a voluto far parte di questa opera, che esso à fatto, con darci gratia di meritarla. Onde l'accordo: a noi l'utile et a lui la gloria di questa opera. Esso a voluto lasciarci tutto l'utile, et darci parte della gloria.

249-250 haver... per noi *add. Bell.*
254 darci *add. Bell.*

LA GUSTITIA

E di dui sorte, perche altre e gustitia universale, altre particolare. La gustitia universale e quella che fa, che luomo sia ben disposto in tutte le cose, che comanda la legge divina, e cosi contiene tutte le virtù. La gustitia particolare e quella che da a ognuno il suo e massime in distribuir le pene e premij secondo e meriti. (f. 251r)

La gustitia universale

Non è altro che la carita, perche disponendo essa lhuomo verso lultimo fine, lo dispone ancora verso li mezi, et cosi contien tutte le virtu. Ora questa gustitia universale e in Dio larghisima, lunghisima, altisima, profondisima.

La largheza di questa carita consiste in questo, che Dio ama se stesso e tutte le cose, che sono, perche esso cogniosce tutte le cose, et sa distinguere la natura dal difetto, et cosi ama tutte nature, se bene ha inodio tutti li defetti; dove che noi molte cose non amiamo, ò perche non le conosciamo, ò per che non sapiamo distinguere la natura dal difetto, et cosi per conto del difetto abiamo in odio ancor la natura.

La lungheza consiste in questo, che la carità di Dio sempre fu et sempre sara senza mai diminuirsi; et la ragione è perche lamor di Dio non si fonda nel bene, che esso abbia ò aspetti dalla creatura, ma nella bontà sua, et perche esso è buono et non puo non esser buono, pero non puo non amare tutte le cose; dove che il nostro amore spesso si sminuisce (f. 251v) o si converte in odio, perche è fondato in interesse.

L alteza consiste nella grandeza della carità di Dio, per-

---

14 cogniosce *corr. Bell.*: cognioce *compil.*
16 ha *corr. Bell.*: a *compil.*

1-7 Cf. supra pp. 334-335.
8-44 Cf. supra pp. 335-336. Nota differentiam.

che primieramente ama se stesso quanto è amabile, perche esso solo compreende con linteletto quanto è buono et cosi come la cognitione e infinita, l'amore e infinito; Secondariamente si cogniosce la grandeza dell'amor di Dio dalla grandeza dell'amor de santi, per che lamor dalcuni santi e stato grandissimo, come di S. Maria Madalena et daltri; et nondimeno è maggior lamor di Dio che non è lamor de santi, piu che non e maggiore il mare dun pichol fiume, o piu che lume del sole del lume di una candela.

La profondita dell'amor di Dio consiste nella purita, perche la carita e la bonta di Dio non e messolato a alcun difetto; et questo e proprio di Dio, perche le creature ò vero possono pechare mortalmente, ò venialmente, ò almeno se non possono pechare, questo l'anno per gratia, non per natura. Et per questo dice Jobbe, che le stelle non son monde nel'cospetto di Dio. Di qui si puo racorre, quanto Dio ami la purita; perche ogni simile ama il suo simile. (f. 252r)

[*Incipit autographum Bellarmini*]

Della Giustizia punitiva

La giustizia punitiva è larghissima in Dio, perche si stende a punire tutti li peccati, ancor che occultissimi di tutti gl'huomini. Perche è Giudice di tutti, et tutti li conosce, et ha un testimonio suffitientissimo, che è la conscienza di ciascuno.

E anco longhissima, perche Iddio non si stanca mai di punire, et la sua verga si dice per questo, che è di ferro, perche non si puo rompere, ne piegare per nessuna cosa.

E profundissima, perche penetra fin al fondo la brutlezza del peccato, et lo punisce quanto merita. Onde molti peccati paiono à noi piccoli, et pure Iddio, che li conosce me-

---

36 del lume di *add. Bell.*

46-65 Cf. supra pp. 336-340.

glio, li punisce gravissimamente. Essempio del peccato dell'Angelo, del primo homo, di Mose etc.

E altissima, perche è purissima, ciò è senza nessuna mescolanza d'ingiustitia. Perche Dio è Padre, et però ama tutti come figlioli, et cosi non li punisce per odio, che gli porti, ma per solo zelo di giustitia; et cosi non ci è pericolo, che sia transportato dall'ira, ò dall'odio a punire piu del dovere. (f. 252v)

Della giustitia premiativa

La giustitia premiativa e larghissima, perche Dio premia tutte le buone opere, ancor che piccole o occulte che siano. Et ancor l'opere buone de suoi nemici premia con dargli almeno beni temporali.

E lunghissima, perche Dio non si stanca di premiare, ne puo essere impedito da cosa nessuna dal remunerare i suoi servi. In questo mondo spesso accade, che uno serve gran tempo fidelmente, et poi resta senza premio, ò perche muor il padrone, o perche muore esso, ò perche perde la gratia del padrone per qualche calumnia, etc. Ma in Dio nessuna di queste cose ha luogo.

E altissima, perche da un premio grandissimo, et maggiore di quello che sappiamo pensare, o desiderare. Perché in questo ha disposto di mostrare la sua magnificentia. Et se ai suoi nemici infideli dona spesso in premio di qualche opera buona morale, un grande imperio o regno: che cosa haverà apparechiato per li suoi fideli amici!

E profondissima, perche Iddio penetra tutto il valore delle buone opere et tutte le circumstanze, et cosi tutte le rimunera, quanto meritano. Et molte volte una opera pare a noi piccola, et Iddio vede che è grandissima, per esser fatta con grandissima carità, et la rimunera piu di quello, che altri si pensariano.

66-89 Cf. supra, pp. 340-345.

DE PERFECTIONE
CUR TAM PAUCI PERFECTI EVADANT

EXHORTATIO PRIMA
De proprietatibus perfectae caritatis: *I*

*Ross. 735 f. 268r   Neapoli in domo, 1596

Tractare intendo cur tam pauci perfecti evadant. Nam vere mirum est quod tam multi intrent religionem ad hunc finem ut perfecti evadant et habeant optima media, et tamen paucissimi ad finem pertingant. Exemplum de scholasticis, si forte accideret, ut in aliquo cursu multi essent, ingeniosi, cum bono praeceptore, etc., et tamen pauci aut nullus doctoratum acciperet.

Quattuor faciam: 1° ostendam paucos admodum evadere perfectos; deinde excludam tres excusationes: omnis enim excusatio reducitur ad ista, quia non tenetur, et proinde non vult; quia non potest; quia non scit. (f. 268v) Ostendam ergo 2° perfectionem esse necessariam; 3° esse possibilem; 4° esse notam iis qui volunt sequi Institutum, cum ipsum sit via rectissima ad perfectionem.

* * *

Quoad primum. Non est opus probare id quod patet ad sensum. Sed quia posset aliquis fallere seipsum et putare se esse quod non est, probo ex proprietatibus perfectionis. Nam

---

[3] Apud Van Ortroy pp. 209-212.
[13-19] Quattuor faciam ... perfectionem *cB*: Tria faciam: primo ostendam paucos admodum evadere perfectos; 2° causam non esse ex (f. 268v) defectu instituti; 3° causam esse ignorantiam instituti et negligentiam. *la*.
[14] deinde *corr.*: 2° *cod.*

perfectio consistit in caritate perfecta omnium consensu; nam perfecta dicitur res cum ad summum pervenit, et caritas est nobilissima virtus. Item perfectum dicimus, cui nihil deest; et caritas est aliquo modo universalis. Unde qui illam habet, omnes censetur habere, partim quia multae praerequiruntur, ut (f. 269r) fides et spes, partim quia ipsa imperat actus omnium virtutum. Unde Augustinus in fine libri *de natura et gratia* dicit perfectam caritatem perfectam esse iustitiam, accipiendo iustitiam non prout est virtus particularis, sed prout est universalis.

Perfecta caritas habet septem proprietates, duas ex parte intellectus, duas ex parte voluntatis, duas ex parte operationis, unam ex parte locutionis.

* * *

1° Facit extasim, ut dicit Dionysius Areopagita, id est rapit animam et suspendit in Deum, ut semper aspiciat, cogitet Deum, et semper maiorem, pulchriorem, altiorem iudicet, et numquam satietur cogitando. *Ubi est thesaurus tuus, ibi est cor tuum,* **Matth.* 6, 21. Exemplum de aqua, quae tendit deorsum, ubicumque invenit rimam, et ignis sursum. Exemplum de amore capto, qui semper cogitat rem amatam, (f. 269v) et eam somniat, dum dormit. Unde David **Psalm.* 15, 8: *Providebam Dominum in conspectu meo semper;* et Helias, *3 *Reg.* 17, 1: *Vivit Dominus, in cuius conspectu sto.* Paulus dicit **Philip.* 3, 20: *Conversatio nostra in caelis est.* Hoc modo exponit Basilius in oratione de gratiarum actione illud **Luc.* 18, 1: *Oportet semper orare,* et *1 *Thess.* 5, 17: *Sine intermissione orate.* Nam oratio est ascensio mentis in Deum; et qui perfecte amat, numquam ita se tradit aliis negotiis,

---

33-34 septem proprietates ... locutionis *cB*: quattuor proprietates *la*.
38-39 et semper ... cogitando *apim*.

---

29 Aug., *De nat. et grat.* 70, 84: *ML* 44, 290.
36 Dion. Areop., *De div. nom.* IV 13: *MG* 3, 712.
47 Basil., *Orat. de grat. act.* 1 sqq.: *MG* 31, 218.

quin aliquo modo respiciat dilectum et quando non impeditur, continuo ascendit in Deum. Novi ego fratrem nostrum Aloysium, qui difficulter admodum poterat (f. 270r) abstrahere mentem a Deo, et in oratione nullam patiebatur evagationem.

Quantum igitur abest a perfectione, qui non solum per integros dies non cogitat Deum, et in ipsa oratione, quando liber est ab omni alio negotio, tamen vix Deum cogitare potest, et repellere vana phantasmata. At quot sunt in hoc numero! Si quis videret lapidem in aëre suspensum, imo et impulsum deorsum, non cadere: certe dubitaret an esset lapis. Quomodo potest fieri ut centrum animae meae sit caelum, et non ferar illuc, remoto omni impedimento? (f. 270v) Si thesaurus meus est in caelo, quomodo non est ibi cor meum? Si amor est inclinatio et pondus in rem amatam, quomodo ego Deum amo, si non ferar in illum, quando non occupor in alia re? Si amor est vulnus et ignis, iuxta illud: « Vulnerata caritate ego sum » et illud poetae: *Virgil., *Aen.* IV, 2: « Vulnus alit venis et caeco carpitur igni »: quomodo vulneratus sum amore Dei et uror, si nihil sentio, immo obliviscor Dei? Certe dolor vulneris et ardor ignis cogit se sentiri, nec possumus eius oblivisci. Igitur concludendum est, quod qui tales sunt, habent caritatem valde debilem, quae non urat, etc., vel fortasse nullo modo habent. (f. 271r)

* * *

Secunda proprietas est, quod qui perfecte amat Deum, vix dignatur respicere creaturas, despicit omnes creaturas, ac si nihil essent. Nihil ei magnum, nihil dulce, nihil pulchrum videtur, nisi Deus. Quomodo aegrotis non placent res dulces, vinum, carnes, et alia quae a sanis mirabiliter appetuntur, quia languor infecit palatum, evertit stomachum, unde nihil

---

76 vix dignatur respicere creaturas *apim.*

53 *Serm. in hon. S. Aloys.*: vol. II pp. 298-309; Cepari, *Vita S. Aloys.* II cap. 8.
68 Cf. *Dan.* 13, 10 et *Cant.* 4, **9**.

eis dulcius quam non comedere, quia nauseant ad omnia: ita
qui languent amore divino, nihil appetunt terrenorum. (f.
271v) Thomas de Kempis, lib. I cap. 15: « O si quis, inquit,
85 haberet unam scintillam verae caritatis, profecto terrena omnia sentiret plena esse vanitatis ». Non loquitur de caritate
actuali, sed affectuali, quae est distinctio Bernardi Serm. 50
in Cantica. Sicut enim in mundo aliter amatur quod cognoscitur ex auditu esse pulchrum aut dulce, aliud quod cog-
90 noscitur ex visu aut gustu (nam ex auditu nemo capitur
amore vehementi, sicut ex visu): ita ex auditu fidei amamus
Deum super omnia, id est anteponimus omnibus rebus, quia
iudicamus esse summum (f. 272r) bonum. Et hoc modo omnes
qui sunt in gratia, habent plus quam scintillam verae carita-
95 tis. At aliqui non solum ex auditu fidei, sed ex quodam gustu
interno cognoverunt Deum esse summum bonum: *Gustate et
videte quoniam suavis est Dominus, Psalm.* 33, 9, et * 1 *Petr.*
2, 3: *Si tamen gustastis, quam dulcis est Dominus.* Et hi capiuntur amore vehementi, et huius vivi incendii una scintilla
100 sufficit, ut quis sentiat omnia creata nihil esse, et despiciat
omnia.

Et ratio est, quia ista caritas affectualis mire illuminat
et purificat cor; et quo magis crescit, eo magis illuminat et
purificat, donec faciat hominem spiritualem totum. (f. 272v)
105 E contrario amor carnalis semper magis excaecat et inquinat,
quia facit videri rem amatam multo pulchriorem quam sit,
et unit cum illa, et sic anima amans carnaliter fit carnalis et
lutea. At amor Dei non facit videri Deum meliorem quam
sit, sed facit crescere in vera cognitione Dei, et unit cum illo,
110 qui est spiritus purissimus. Sic anima illuminata et purificata et elevata plane sentit et tangit manu omnia alia nihil esse. Unde dicit *Psalm.* 72, 25-26: *Quid mihi est in caelo, et
a te quid volui super terram*: id est, quid possum invenire,

---

88 ex auditu *cod.*: et auditu *vO.*
97 tamen *cod.*: summe *vO.*

---

83 Thom. a Kemp., *Imit. Christi* I 15, 3.
86 Bernard., *In Cantic.* 50, 2-6; *ML* 183, 1020-1023.

quod (f. 273r) desiderem extra Deum? Plane nihil. *Defecit caro mea et cor meum*: id est, dum adhaerere volui creaturis perituris, et ego perii cum illis; vel deficit cor meum, quia non invenit cibum, nec requiem in ulla re creata. *Deus cordis mei*: id est, nihil appetit cor meum nisi Deum. Ideo *Deus cordis mei et pars mea Deus in aeternum.* In Hebraeo nomen Dei primo loco positum significat petram ac robur. *Petra cordis mei et pars mea Deus*: id est non habet cor meum nisi Deum, cui videat se posse tuto inhaerere, et in eo quiescere. Nam reliqua sunt vana omnia, nec solum *petra cordis mei Deus,* sed etiam *pars mea,* tota portio et haereditas mea Deus, et hoc in aeternum. Nihil enim umquam aliud (f. 273v) quaeram.

Nunc unusquisque ingrediatur in se, et consideret ab hoc signo an sit perfectus. Nam si adhuc est sollicitus pro temporalibus, si adhuc illa magnificat, si turbatur cum desunt, si nimis laetatur cum adsunt: intelligat se nondum accepisse scintillam perfectae caritatis.

EXHORTATIO SECUNDA

De proprietatibus perfectae caritatis: II

*Ross. 735 f. 274r et 240r   *Neapoli, 9 Aug. 1596

Tertia proprietas est, prima ex parte voluntatis, quod caritas perfecta semper desiderat se ornare et expolire, ut placeat dilecto. Et ratio est, quia amans nihil magis cupit quam amari, ut sicut ipse est in amato, ita amatus sit in ipso, et fiat unio quae est finis amoris. Porro amor provocatur praecipue pulchritudine et similitudine. De pulchritudine habemus exemplum mulierum, quae tantum laborant in se ornandis; et quae

---

[1] Apud Van Ortroy pp. 213-214 et 188-192.
[1] Redactionem primigenam huius exhortationis vide infra pp. 379-381.

115-117 vel deficit ... nisi Deum. *apim.*
[118] צוּר־לְבָבִי וְחֶלְקִי אֱלֹהִים:

non sic (f. 273v) laborant, signum est quod non ament. Sic igitur anima vere amans Deum et cupiens illi placere, semper desiderat invenire quod facere possit ut illi placeat. Et quia scit illum velle sponsam *sine macula et ruga,* *Eph. 5, 27, ut ipse est, non permittit ut omnes sciant suos defectus antequam ipse sciat; sed diligentissime se ipse examinat, et quaerit omnes culpas, etiam minutissimas. (f. 274v cont.) Quia legit *1 Thess. 4, 3: *Haec est voluntas Dei, sanctificatio vestra.* et *Apoc. 22, 11: *Qui sanctus est, sanctificetur adhuc,* ideo anima vere amans semper quaerit proficere in sanctitate et purificatione cordis et extirpatione passionum. Esurit et sitit iustitiam, et sicut famelicus et sitibundus, quaerit omnem occasionem se purificandi. (f. 274v)

Amor est similis igni, qui semper operatur et consumit, et operando non minuitur sed crescit. Ita caritas semper operatur, et operando non fatigatur, sed vigoratur et crescit. Item similis est animae viventi, quae semper facit crescere usque ad perfectionem, ut patet in plantis et animalibus. Sic igitur caritas, quae est ignis et vita, ubicumque est, crescit et crescere facit toto tempore huius vitae, quia semper perfici potest. Hinc apparet quid de illis dicendum sit, qui contenti sua mediocritate, satis putant se facere, si dicant suum Officium et Missam, etc. Certe si ignis arderet in corde, si sitis iustitiae inesset, aliud fieret. (f. 276v)

* * *

Quarta proprietas est fiducia cum Deo impetrandi omnia. Ioannes inquit *1 *Ep.* 3, 21: *Si cor nostrum non reprehenderit nos, fiduciam habemus * ad Deum, et quidquid petierimus, accipiemus.* Nam in hoc mundo qui amat, non certo scit se amari; at qui Deum amat, certo scit se amari a Deo: immo scit se amare, quia amatur. Nam caritas est donum Dei, quod dat nobis ex amore. *Ipse enim prior dilexit nos,* *1 *Ioan.* 4,

---

22 cordis et *corr,*: cordis *cod.*
33 dicant *cod.*: dicunt *vO.*
35 fieret: fol. 275r-276r expuncta; vide infra pp. 379-380.

10. Nec solum scit per discursum, (f. 277r) et quia Dominus ait *Prov. 8, 17: *Ego diligentes me diligo*, et *Ioan. 14, 21: *Qui diligit me, diligetur a Patre meo et ego diligam eum*: sed scit per experientiam. Nam *Spiritus Dei testimonium reddit spiritui nostro, quod sumus filii Dei,* *Rom. 8, 16. Qui autem scit esse filium et amicum, summa cum fiducia ad Deum accedit, securus impetrandi. Quare illa B. Catharina de Genua timens ne maritus ob impatientiam damnaretur, dicebat: « Domine, volo hanc animam », etc.; et sicut ipsa B. Virgo dixit ministris *Ioan. 2, 5: *Quod dixerit vobis, facite*. Haec fiducia videtur immediata causa miraculorum. Unde Iosue tantam fiduciam habebat, ut non rogaret Deum, sed imperaret soli, etc. (f. 277v)

Dices: At nemo certo scit se diligere, ac per hoc non certo scit se diligi, etc. Respondeo: Nemo scit ex fide catholica. Item multi non sciunt etiam probabiliter, quia non sentiunt affectum erga Deum, nec sciunt quam sint prompti ad moriendum pro Deo; et ideo magis timore, quam fiducia abundant. At perfecti in caritate et qui habent affectivam caritatem, qui sentiunt se trahi ad semper cogitandum Deum, qui ardenter desiderant illi placere, qui sentiunt se fastidire omnia creata propter Dei amorem, qui experti sunt se multa tolerare posse cum facilitate: illi (f. 278r) ita certo sciunt se diligere et diligi, ut non dubitent de hac re; et ideo dicunt cum sponsa *Cant. 2, 16 et 6, 2: *Dilectus meus mihi, et ego illi*, et: *Ego dilecto meo, et ad me conversio eius*. Et cum Petro *Ioan. 21, 15: *Domine, tu scis quia amo te*. Et cum Paulo *Gal. 2, 20: *Vivo ego, iam non ego, vivit vero in me Christus*. Et cum Augustino in lib. 10 *Confess.* cap. 6: « Domine, amo te ». Vide Bernardum Serm. 69 *in Cantica,* ubi ostendit ex perfecta ca-

---

49-50 Quare... timens *cod.*: Cum... timeret *vO.*
65 facilitate *cod.*: felicitate *vO.*

---

49 Marabotti-Vernazza, *Vita di S. Cat. da Gen.* 45, 2: Cf. *Act. SS.*, Sept. V 166-167.
70-71 Aug., *Confess.* X 6, 8: *ML* 32, 782.
72 Bernard., *In Cant.* serm. 69, 7: *ML* 183, 1115.

ritate oriri familiaritatem cum Deo ineffabilem, et ex illa fiduciam incredibilem.

* * *

75 (f. 240r) Est igitur quinta proprietas bene facere, et sexta mala pati, quas posuit Apostolus I *Cor.* 13 initio illius catalogi laudum caritatis, cum ait: *Caritas benigna est, patiens est.* Istae duae sunt praecipuae et radices aliarum omnium.

Dicamus de prima. Quod bene facere proximo propter 80 Deum sit signum perfectae caritatis erga Deum, ostendo auctoritate et ratione.

Dominus saepe repetit **Ioan.* 14, 23, 24: *Qui diligit me, sermonem meum servabit. Et qui non diligit me, sermonem meum non servat,* etc. Et Ioannes in 1ᵃ *Epistola* * 2, 5: *Qui* 85 *servat verbum eius, vere in hoc caritas Dei perfecta est.* Expende hunc locum. Porro verbum (f. 240v) eius est praeceptum fraterni amoris, **Ioan.* 15, 12: *Hoc est praeceptum meum ut diligatis invicem.* Et idem saepe repetit Ioannes in tribus epistolis: 1 *Ioan.* 3, 18: *Oportet autem diligere non verbo et* 90 *lingua, sed opere et veritate,* id est oportet bene facere proximo, et bene facere ex amore illius: non ex amore proprio, quia spero aliquid ab eo, etc. Et Paulus, *Rom.* 13, 8: *Qui diligit proximum, legem implevit.*

Idem patet ratione. Nam qui amat, ut supra dixi, nihil 95 magis cupit quam amari; et quia scit amorem provocari ex beneficiis, ideo non potest satiari benefaciendo: ita ut dicat sponsa in *Cantico* *8, 7: *Si dederit homo omnem substantiam suam pro dilectione, quasi nihil despiciet eam.* Et Gregorius: « Amor operatur magna, si est; si autem operari nequit, amor

---

74 incredibilem: fol. 278v-279v expuncta, vide infra pp. 380-381.
74 incredibilem: *sBe* f. 240r Quarta proprietas est fiducia quaedam etc., sed de hoc dicam ultimo loco.
75-223 Apud *vO.* pp. 188-192, ut pars exhortationis nonae de caritate.
75 proprietas *add., vO.*

---

98 Greg. M., *Hom. in Evang.* II 30, 2: *ML* 76, 1221.

(f. 241r) non est». Et quia Deus non eget rebus nostris, ideo declaravit se velle recipere beneficia in creaturis suis, et maxime in imaginibus suis vivis et immortalibus, etc. Ideo qui amat, non negligit occasionem benefaciendi proximis; et qui perfecte amat, quaerit omnem occasionem, et nihil est ei grave vel durum, modo benefaciat proximo, et praesertim animabus, pro quibus Christus mortuus est.

S. Paulus, qui vere amabat, non solum circuibat orbem ut praedicaret, sed etiam manibus laborabat ne gravaret populos. 2 *Cor.* 12, 15: *Ego ipse impendam, et superimpendar ipse pro animabus vestris.* Et S. Paulinus datis omnibus rebus, dedit etiam se pro redemptione captivi. Hinc dicitur **Cant.* 8, 6: *Fortis ut mors dilectio, dura sicut infernus aemulatio;* quia amor aggreditur opera (f. 241v) quantumvis ardua, nec est in eius lexico verbum: «non possum», sed «omnia possum»; sicut mors omnes aggreditur, etiam iuvenes, robustos, sanos, reges, armatos, et ipsos etiam leones et tauros. Et praeterea amor numquam fatigatur, et ideo *dura est sicut infernus aemulatio*, quia infernus *numquam dicit*: *sufficit*, **Prov.* 30, 16, sive sumatur infernus pro sepulcro, sive pro loco animarum. Nam singulis centum annis recipit sepulcrum omnia corpora, quae sunt in mundo, et recipit verus infernus maximam partem animarum totius mundi; et tamen numquam fatigatur nec satiatur. Et mirum videtur quod amor non fatigetur ardua operandi: Nam qui currunt solent fatigari; et qui nolunt fatigari, lente incedunt, etc. Sed amor est res mirabilis et caelestis. Nam etiam caeli velocissime currendo non fatigantur.

Hinc quisque cognoscet an perfecte diligat Deum, si propter ipsum caveat contristare fratrem vel proximum quemcumque; si cupiat magno desiderio iuvare animas; si quaerat occasiones instruendi, hortandi, retrahendi a peccatis, orandi pro ipsis, etc.; si numquam dicat: non possum, et numquam fatigetur. Certe Christus ipse, qui noster dux est in omnibus,

---

111-127 Hinc dicitur ... fatigantur. *apim.*

totas fere noctes orabat pro hominibus, et totos dies consumebat in illis docendis et curandis. Non enim legimus aliam
eius occupationem in tota vita ipsius. (f. 242r)

* * *

Sexta proprietas est patientia, et haec est quasi demonstratio potissima caritatis perfectae. *Patientia,* inquit *Iacobus
*1, 4, opus perfectum habet. Et Ioannes *1 Ep.* 4, 18: *Perfecta
caritas foras mittit timorem,* quia nimirum qui perfecte amat,
paratus est omnia perferre pro dilecto, et ideo nihil timet.
Et Sponsus **Cant.* 8, 7: *Aquae multae non poterunt extinguere caritatem, nec flumina obruent illam.* Mirabilis flamma
debet esse illa, quam ingentia flumina extinguere non possunt. Aqua est contraria igni et solet illum extinguere: sic
offensa est contraria (f. 242v) amicitiae, ut videmus quotidie amicos ex offensa reddi saepe inimicissimos. At qui est
perfectus in amore, omnia tolerat a dilecto, quia non potest
credere ab illo sibi aliquid mali venire posse; et quando
etiam id crederet, tanti facit gratiam eius, ut non audeat ullo
modo queri. Exemplum de libro 3 *Esdrae,* 4, 29-30 de rege
qui patiebatur se caedi ab amasia. Praeterea qui amat valde,
tolerat omnia pro amato, quia cupit ostendere suum amorem,
et scit ostendi magis factis quam verbis, et magis patiendo
quam faciendo. Quae omnia in Deo maxime locum habent.
Nam Sancti sciunt, omnia omnino quae patiuntur, non solum
se pati propter Deum, sed etiam a Deo; quia omnia trans-
(f. 244r)eunt per manus eius, et si ipse nollet, nihil mali ad
nos veniret.

Sancti igitur qui Dei amore capti sunt, omnia mala libentissime tolerant, quia non solum credunt sed sciunt sibi nocere non posse, quia veniunt a Deo. Item tolerant libentissime,
quia incredibiliter timent perdere gratiam eius; et hic timor
omnes alios timores expellit. Item cupiunt ostendere Deo amorem, et ideo libentissime patiuntur, ut hoc signo ostendant.
Accedit etiam quod cupiunt similes esse dilecto, et sciunt dilectum in hoc mundo extrema passum. (f. 243r)

Exemplum martyrum, ut S. Laurentii, cuius hodie est
vigilia. Item exempla confessorum. Unde S. Franciscus dicebat, quod Deus non potest dare maius donum amicis suis, quam ut libenter patiantur multa in hoc mundo, quia hoc est unum ex potentissimis signis gratiae, immo etiam verae perfectionis.

Ex quo tamen signo claro cognoscitur, paucissimos esse perfectos, quia impatientia prae omnibus vitiis regnat ubique. Certe in mundo pro minima offensa prorumpitur in blasphemias, vel venitur ad arma. Inter religiosos quoque nullum est vitium communius, quia non habetur turpe, ut de eo erubescatur (ut sunt vitia carnis, gula, furtum, etc.): sed videtur vitium (f. 243v) nobilium. Et ideo quia oritur ex superbia, est apud Deum maxime odibile. Unde Dominus dicit *Matth. 11, 29: *Discite a me, quia mitis sum et humilis corde.* Nam ex vera humilitate oritur mansuetudo, sicut ex superbia oritur impatientia. Et vere impatientia non est nobilis viri, sed delicati et debilis stomachi, qui nihil durum potest concoquere. Sed ubi quis roboravit stomachum vino caritatis, etiam ferrum digerere potest. Ideo Paulus ait *Ephes. 4, 2: *Supportantes invicem in caritate.* (f. 244v)

* * *

Septima proprietas est in verbis. Nam *ex abundantia cordis os loquitur,* *Matth. 12, 34, et sicut *ubi est thesaurus, ibi est cor,* *Matth. 6, 21; sic etiam ubi est cor, ibi est lingua. Et experientia hoc docet. Nam qui amat, saepissime loquitur de re amata, et si cogatur de aliis rebus loqui, tamen, si minima videtur occasio, statim recurrit ad rem amatam. Videmus studiosos philosophiae totas fere recreationes consumere disputando. Hinc S. Paulus, verus et ardentissimus Christi amator, in suis epistolis, quidquid tractet, sive dogmata sive moralia, sive etiam externa ut de famulo commen-

---
[168] Vigilia S. Laurentii: ergo exhortatio habita est die 9 Aug. — Cf. lectiones Breviarii.
[169] *Fioretti di S. Francesco,* cap. 8.

dando; ubique interserit nomen (f. 245r) amati. Praeterea quia caritas totum hominem bene ordinat erga Deum et proximum, ideo eadem caritas ordinat imprimis et dirigit linguam, quae est instrumentum universale totius hominis. Et ideo homo perfectus laudat sine adulatione, reprehendit sine amaritudine: non detrahit, non susurrat, non mordet. Denique non offendit verbo; et, ut ait S. Iacobus *3, 2, *qui non offendit verbo, hic perfectus est vir.* Et contra, *qui offendit verbo, imperfectus est.* Hinc unusquisque inspiciat seipsum, et videat quantum distet a perfectione.

* * *

Potest addi octava proprietas, quia nunc est festum B. Mariae: devotio erga B. Virginem. Nam omnes viri perfecti fuerunt devotissimi B. Virginis, ut patet de B. Efrem inter Graecos, et D. Bernardo, Dominico, Francisco, Bernardino, etc.

Ratio autem est multiplex: prima, quia ipsa est idea perfectionis in pura creatura. Quod cognoscitur ex praemio: nam gloria respondet caritati. Item ex eo quod *cui minus dimittitur, minus diligit,* *Luc. 7, 47; et ipsi fuit dimissum plus quam omnibus aliis et modo excellentissimo, quia fuit per gratiam impedita, ne ullum peccatum faceret. Item ex eo quod fuit electa ut esset digna mater Dei, etc. Praeterea, secundo, quia ipsa est potentissima advocata, cum sit proxima Deo: exemplum de eo qui in curia multum potest. Tertio quia experientia docet, quod ipsa est adeo clemens, ut etiam pro minima devotione aliquantum summa retribuat beneficia, etc.

209-223 Haec pars ultima habita est in festo quodam B. M. Virginis. Ergo est additio posterior. Vide etiam initium exhortationis primae, ubi tantum *septem* proprietates annuntiantur.

223 beneficia etc.: fol. 246r vacuum. Sed exhortatio certe completa est. Nam supra p. 368 in exhortatione prima Bellarminus promiserat se locuturum de septem proprietatibus.

211-212 Ephraem, *Sermones* 20 *de B. M. V.*: apud Lamy II 517-642; Bern., *De laud. B. M. Virg.*; *Hom.* 4 *super* « *Missus est* »; *Serm.* de aquaeductu: *ML* 182, 1141; 183, 55 et 437; *Vita S. Bern.* I 1, 12: *ML* 185, 258: *Sur.* IV 810; *Vita di S. Domin.* II, 1 et 13: *Sur.* IV 536 et 544; Bonav., *Vita S. Franc.* cap. 9: *Sur.* V 602; *Vita S. Bernardini* cap. 7: *Sur.* VII 422.

REDACTIO PRIMA
EXHORTATIONIS PRAECEDENTIS

Tertia proprietas est, quod caritas perfecta numquam satiatur operari pro amore dilecti. *Si dederit homo pro dilectione omnem substantiam domus suae, quasi nihil despiciet eam,* *C*ant.* 8, 7. Sic etiam semper cogitat, quid facere possit, ut Deo gratificetur. Et quia legit *1 *Thess.* 4, 3: *H*a*ec est voluntas Dei sanctificatio vestra;* et **Apoc.* 22, 11: *Qui sanctus est, sanctificetur adhuc*: ideo anima vere amans semper quaerit proficere in sanctitate et purificatione cordis, exstirpatione passionum. Ignis semper crescit et operatur dum habet fomentum, et operando non minuitur (247*v*) sed crescit: ita caritas semper operatur et operando non fatigatur, sed vigoratur et crescit. Item etiam omnis anima vivens semper facit crescere usque ad perfectionem, ut patet in plantis et animalibus: sic igitur caritas, quia est ignis et vita, ubicumque est, crescit et crescere facit toto tempore huius vitae, quia semper perfici potest. Hinc apparet, quid de illis dicendum sit, qui contenti sua mediocritate satis putant se facere, si dicant suum Officium et Missam etc. Certe si ignis arderet in corde, si sitis iustitiae inesset, aliud fieret. (275*r*) Quid dici potest de homine imperfecto, qui non perficitur, nisi quod aut mortuus est aut oppilatus et induratur. Denique mulieres, quae cupiunt amari ab eo quem diligunt, et sciunt illum cupere ut sit pulchra et polita, multum temporis consumunt in speculo in poliendo ornando etc. Consideret igitur quisque, quantum temporis poscat in se inspiciendo, poliendo, ornando spiritualiter, et videbit an vere cupiat amari ab eo, qui cupit sponsam suam esse sine macula et riga. (275*v*)

* * *

Quarta proprietas est, quod caritas patiens est. Et nota quod de tertia proprietate Paulus *1 *Cor.* 13, 4 semel dicit:

---

[1] Cf. Exhort. primam not. ad lin. 33-34, ubi in prima redactione loco *septem* proprietatum annuntiantur tantum quattuor.

caritas benigna est; de hac autem dicit *ibid.*: *patiens est, omnia suffert, omnia sustinet.* Et perfecta caritas patientissima est; et quia parata est ad omnia perferenda, ideo nihil timet: *Perfecta caritas foras mittit timorem,* *1 *Ioan.* 4, 18. Et ratio est, quia caritas ab eo quem amat, omnia suffert, quia non potest credere fieri malo animo; et etiam si sciret fieri malo animo, iudicat esse infirmitatem, et ideo dignam compassione, non vindicta. Exemplum habemus in 3° libro *Esdrae* *3, 29-30 de Rege, cui amasia dabat colaphos; auferebat coronam etc.; et ille ad omnia arridebat. Sed praecipue amor Dei tolerat (276v) omnia, quia scit omnia fieri Deo volente vel permittente, et permittente in bonum suorum, id est, ut eos probet vel purget, vel perficiat et augeat meritis. Videat igitur unusquisque quantum profecerit in patientia, et sciet quantum profecerit in caritate et perfectione. Nam haec est perfectissima demonstratio a posteriori, ex qua tamen colligitur paucos admodum esse perfectos, quia impatientia prae omnibus vitiis regnat. Ideo comparatur vino caritas, quia vinum calefacit et roborat stomachum, ut possit digerere cibum. Sunt multi frigidi stomachi, qui nihil digerere possunt ac ne verbulum quidem. Et est haec res maximi momenti. Nam qui tolerat verbum, nihil patitur, quia verba non feriunt. At qui non tolerat, est causa rixae, inimicitiae etc. (276r). Remedium unicum est caritas, quae instar vini roborat stomachum, ut etiam ferrum digerere possit. *Supportantes*, inquit **Ephes.* 4, 2, *invicem in caritate.*

* * *

Quinta (ultima) proprietas est fiducia cum Deo impetrando omnia. Nam in mundo qui amat, non certo scit se amari; at qui Deum amat, certo scit se amari a Deo; imo scit se amare, quia amatur. Nam caritas est donum Dei, quod dat nobis ex amore. *Ipse* enim *prior dilexit nos,* *1 *Ioann.* 4, 10. Nec solum scit per discursum [f. 277r, 277v, 278r ut in redact. 2ᵃ supra pag. 373].

(f. 278v) Secundo probare possum me non esse perfectum, per exemplum Sanctorum perfectorum: vitae enim Sanctorum sunt quasi specula, in quibus quisque potest cognoscere imperfectiones suas. Nemo facilius cognoscit errorem suae viae quam si videat alium, qui tendit in eundem locum, ire per contrariam viam. Nam cum leguntur praecepta vitae perfectae, homo facile decipit se vel interpretando vel excusando etc.: at qui videt alium sibi similem, et tamen perfecte vivere, convincitur quod ipse sit culpa sua imperfectus. Nolo respicere Ioannem Baptistam, quia sanctificatus (f. 279r) fuit in utero; nec Apostolos, quia confirmati in gratia; nec eremitas, ne forte dicatur, quod solitudo faciebat eos perfectos. Considero Sanctos nobis simillimos, ut sanctum Bernardum, sanctum Antonium de Padua, sanctum Vincentium, sanctum Bernardinum, et ex nostris P. Ignatium, P. Xaverium, P. Borgia, quorum habemus vitas scriptas. Isti certe non erant sanctificati in utero, nec confirmati in gratia, nec vixerunt in solitudine; sed vivebant cum hominibus praedicando, docendo, confessiones audiendo etc. (279v); et habebant eadem auxilia, quae nos habemus: eundem Deum, eadem Sacramenta, eosdem libros etc. Et tamen, si quis cogitet eorum pernoctationes in oratione, eorum fervorem, patientiam, humilitatem, austeritatem vitae, et denique cum Deo fiduciam, et inde miracula, revelationes etc., videbit quam longe simus ab illis.

---

[74] Cf. *Luc.* 1, 44.
[75] Apostoli confirmati fuerunt in gratia die Pentecostes, quando sine sacramento, non tamen sine signo visibili, immediate ab ipso Deo confirmati sunt. Cf. *De Sacr. Confirm.* cap. 8.
[79-80] Gasp. de Ribadeneyra, *Vita Ignatii Loiolae*, Antwerp., 1587; *Vita del Padre Borja*, Madrid, 1592; Horat. Tursellinus, *De vita Franc. Xav.*, Romae, 1596.

EXHORTATIO TERTIA

de perfectione Instituti S. I.

*Ross. 735 f. 280r *Neapoli, 4 Oct. 1596

Quod Institutum nostrum sit perfectissimum, 1º probatur ex parte finis, a quo sumit religio speciem et perfectionem essentialem. Multa sunt genera religionum, sed in universum duo. Aliae enim sunt contemplativae, aliae activae: quia nimirum aliae sunt institutae ad contemplandum Deum, aliae ad iuvandos proximos; et hae sunt multiplices, ut notum est.

Ex his contemplativae sunt perfectiores activis ex genere suo. Quod patet 1º quia *Luc.* 10, 42 dicitur: *Optimam partem elegit,* et sic exponunt Augustinus et alii; 2º quia con- (f. 280v)templativa exercetur in amore Dei directe et immediate, activa immediate et directe in amore proximi.

Tamen sunt quaedam religiones activae, quae, ut docet S. Thomas in II-II q. 188, art. 6, sunt perfectiores contemplativis: illae videlicet, quae versantur in actione quae praerequirit contemplationem: qualis actio est praedicatio, et sacramentorum ministratio, et in summa conversio animarum et earundem purgatio, illuminatio et perfectio. Istae enim actiones, ut bene fiant, procedere debent a contemplationis plenitudine et maxima (f. 281r) unione cum Deo. Et hae religiones sunt perfectissimae; nam sunt proximae statui Episcoporum. Et sicut Episcopi debent esse iam perfecti, ita isti religiosi, quando non sunt novitii neque scholares, sed operarii, deberent esse perfecti, quia versantur in ministeriis praecipuis Episcoporum. Episcopi enim non tam debent esse

---

[1] Apud Van Ortroy pp. 215-218.
[13-14] amore Dei ... proximi *cB*: amore Dei potissimum, activa potissimum in amore proximi.

---

[12] Aug., *Serm.* 103 et 104: *ML* 38, 613 et 616; *Serm.* 169, 14, 17; 179, 3; 255, 2: *ML* 38, 925, 967, 1186.

perfecti, quia confirmant vel iudicant causas, quae nos non
facimus, quam quia praedicant et convertunt ac perficiunt
animas. Deinde (f. 281v) istae religiones sunt similiores vitae
Christi et Apostolorum quam sint purae contemplativae, ut
patet. Denique istae religiones sunt simillimae vitae angelicae.
Angeli enim semper contemplantur faciem Patris, et tamen
occupantur in reductione et protectione animarum. Nec solum Angeli infimae hierarchiae, ut quidam putant, sed etiam
supremi habent hanc vitam mixtam: nam omnes sunt *administratorii spiritus, ad Hebr.* 1, 14. Et Ezechieli (f. 282r)
apparuit Cherubim; Isaiae et S. Francisco Seraphim. Denique
Michael censetur summus Angelus. Dicitur enim: *Michael et
angeli eius,* *Apoc. 12, 7. Et ideo in confessione publica praeponitur S. Ioanni Baptistae et Apostolis Petro et Paulo, quos
constat esse in choro Seraphinorum, ut dicit Chrysostomus;
tamen saepe mittitur ad homines et censetur custos Ecclesiae.

* * *

Quod autem Societas sit religio huius generis, notissimum
est. Hinc intelligere incipiemus, cur non simus perfecti. Nam
vel ignoramus, vel negligimus finem Instituti. Si religio nostra
est mixta, ergo debemus in vita contemplativa exercitati esse:
sicut vere fuit Christus, qui pernoctabat in oratione, *Luc.*
6, 12; et Apostoli qui dicebant: *Nos* (f. 282v) *orationi et verbo instantes erimus* *Act. 6, 4; et sicut debent esse Episcopi,
de quibus dicit Gregorius in *Pastorali,* quod debent esse in
contemplatione suspensi; et sicut revera fuerunt omnes Sancti
mixtarum religionum. Hic dicas de oratione S. Francisci, quo-

40-42 Et ideo ... Chrysostomus *apim*.
41-43 quos constat ... tamen *cod*.: quod constat etiam in choro Seraphinorum, ut dicit Chrysostomus. Et tamen *vO*.
48 Luc. *cod*.: Ioan. *vO*.

37-38 *Ezech.* cap. 1; *Isaiae* cap. 6; Bonav., *Vita S. Franc.* cap. 13: *Sur.*
V p. 614.
42 *Missa Chrysost.*, ed. Venet. 1549, vol. V fol. 284f.
51 Greg. M., *Lib. past.* II 11: *ML* 77, 48.
53 Bonav., *Vita S. Franc.* cap. 10: *Sur.* V 604.

niam hodie est festum eius. At quotusquisque nostrum potest dici contemplativus? Certe una hora meditationis distractae non facit contemplativum.

Dices: At nostrae regulae definiunt unam horam orationis. Respondeo illam horam definitam esse, ut non fiat minus, (f. 483r) non autem ut non plus fiat, nisi forte in collegiis pro scholaribus. Nam scholares, ut etiam coadiutores temporales, non tenentur dare operam contemplativae vitae, nisi quatenus obligat regula, quia ipsorum actio id non requirit, ut patet. At professi et coadiutores spirituales, qui proprie sunt in statu illo vitae mixtae, egent maiori contemplatione. Unde P. Ignatius in 4ª parte, cap. 4, scholaribus assignat unam horam orationis, includendo officium B. Mariae et duo examina. At in 6ª parte, cap. 3, professis et coadiutoribus spiritualibus (f. 283v) non limitat tempus orationis, quia dicit illos pro certo haberi, quod iam sint homines spirituales et currant in via Domini. Et quia periculum erat ne immoderati essent, vult ut conferant cum confessario, et in dubiis rebus cum Superiore. At certe non potest dici currere in via Domini, qui non facit nisi id quod praescribitur scholaribus et coadiutoribus temporalibus, qui sorte Marthae, id est vita pure activa, contenti esse debent. Quid igitur de illis dicemus, qui hoc ipsum vix implent?

Dicet alius non (f. 284r) suppetere tempus ad longiorem orationem vel lectionem spiritualem. Respondeo tempus suppetere et abundare, si velimus illo uti. Seneca in quadam *epistola* reprehendit eos, qui dicunt tempus esse nimis breve; et probat eos iniuste conqueri, quia perdunt multum temporis vane, quo si uterentur, multum temporis haberent. Nam tria nobis facienda sunt: curanda anima propria, curandae

---

67-68 spiritualibus *corr. vO.*: spirituales *cod.*
79-82 Seneca ... haberent. *apim.*

---

54 festum eius: 4 Oct. 1596.
65 *Const. S. I.* IV 4, n. 3.
67 *Const. S. I.* VI 3, 1 (*vO.* 6 cap. 7).
79 SENECA, *Epist.* 49 de brevit. vitae.

animae proximorum, et curandum corpus. Et quidem pro
dignitate rerum plus temporis deberet insumi in curanda
anima, etc.: sed contra fit. Nam pro corpore insumitur, ut
minimum, undecim horae: in dormiendo septem, in comedendo
una, in recreatione duae, in vestiendo, spoliando, abluendo et
similibus, et post recreationem iterum dormiendo una. (f.
284v) Pro animabus aliorum si expenduntur septem horae
quotidie, certo est multum. Remanent igitur aliae sex, ex quibus
una detur orationi matutinae, una sacro faciendo, una
cum media officio dicendo, dimidia examinibus. Restant duae
horae, quae possunt expendi meditationi vel lectioni piae, ad
fructum propriae animae. Sed ideo tempus multis deest, quia
non contenti recreatione, multum perdunt otiando, deambulando,
colloquendo, visitando, legendo, vel faciendo inutilia.
(f. 285r)

* * *

Itaque si quis velit esse id quod debet, id est spiritualis,
contemplativus, et operarius perfectus, tria illi sunt necessaria.

1°. Ut circumcidat omnem vanam curiositatem, curam
habeat temporis, et non unum quidem momentum patiatur
sibi a carne et sanguine abripi, cum nimis multum illa habeant.
Circumcidat omnia negotia non necessaria; nolit scire
quae ad se non pertinent. B. Dorotheus in 1° *Sermone* docet
posse hominem facillime vincere curiositatem et propriam voluntatem,
si exerceat se aliquot diebus in rebus etiam minimis.
Ut v. g. (f. 285v) venit externus domum; mox insurgit
appetitus sciendi quis ille sit, unde veniat, quid velit: mortifica
hunc appetitum. Mittitur munus aliquod; statim cupit
scire quid sit, quis mittat, cui mittat: mortifica hunc appeti-

---

89 dormiendo una *cB*: dormiendo aliae duae *la*.
90 si expenduntur septem horae *cB*: volo expendere sex horas *la*.
92-93 una cum media *cB*: una *la*.
104 abripi *add. vO*.
104-105 habeant *corr.*: habeat *cod. et vO*.

106 Doroth., *Serm.* 1, 14: *MG* 88, 1636.

tum, et sic de ceteris. Iste mortificat hodie decem appetitus, cras totidem, et sic brevi tempore homo redditur incuriosus et interior, etc. Bessarion in *defensione Platonis* recitat epistolam cuiusdam Pithagorei, qui dicit quod ad percipienda divina mysteria Pithagorae oportebat multis annis purgare animam ab affectibus irae et concupiscentiae; quia sicut modicum aquae limpidae infusae in puteum plenum sordium, non eas purgat, sed ipsa amittitur; ita, etc.

2º. Ut spoliet se omni affectu erga creaturas et seipsum, et levet se super se. Nam, ut bene dicit Thomas de Kempis, lib. 3, cap. 31, ideo pauci sunt contemplativi, (f. 286r) quia pauci sciunt se ab omnibus creaturis sequestrare. Et nisi quis ponat se supra omnes creaturas, non potest intelligere differentiam inter Deum et creaturam, quia *animalis homo non percipit *ea quae sunt Spiritus Dei,* *1 *Cor.* 2, 14; et hinc incipit contemplativa vita, cum quis potest videre nihil Deo esse simile. Hoc significant illae parabolae de margarita et de agro, in quo est thesaurus, quae emuntur omnibus venditis. Nam quia Deus continet omnia, non datur nisi iis, qui vere relinquunt omnia.

3º. Requiritur ut intense velit et cupiat perfectionem. Nam voluntati efficaci nihil est difficile: **Matth.* 5, 6: *Beati qui esuriunt et sitiunt iustitiam, quoniam ipsi saturabuntur.* Esurire et sitire est desiderium importunum, quod nascitur ex sensu defectus. Omnis qui vere sentit defectum et importune desiderat, vere saturatur, impletur perfectione, etc.

---

114 cras *cod.*: orat *vO.*
115-120 Bessarion .,. ita, etc. apim vaga.
116 Pitagorei *cod.*: Ditognei *vO.*
122 cap. 31 *corr.*: cap. 36 *cod.* et *vO.*
130 emuntur *cod.*: eruitur *vO.*

---

115 Bessarion, *In calumn. Plat.* I, 2, 3.
122 *Imitatio Christi* III 31, 1.

EXHORTATIO QUARTA

de Paupertate

*Ross. 735 f. 286v *Neapoli, prob. Oct. 1596

Instrumenta substantialia sunt tria vota paupertatis, castitatis et obedientiae, quia tollunt impedimenta perfectionis, cum liberent animum a sollicitudine et amore divitiarum, cognatorum et sui ipsius. Igitur ostendere volo haec instrumenta in nostro Instituto esse perfectissima.

Incipiamus a paupertate. Tria requirit paupertas religiosa ut perfecta sit: 1° ut nemo habeat proprium; 2° ut nemo procuret sibi quidquam, sed relinquat omnem curam superiori; 3° ut quisque sit contentus paucis (f. 287r) et vilibus.

* * *

Quoad primum. Abdicatio proprietatis est de essentia religionis, ita ut nec papa possit dispensare, ut quis sit religiosus et habeat proprium. Cap. *Cum ad monasterium,* de regularibus. Dominus enim dicit *Matth.* 19, 21: *Si vis perfectus esse, vende omnia et da pauperibus.* Qui vendidit et dedit omnia, nihil habet proprium. Nam si haberet, posset vendere et dare, et sic non vendidisset et dedisset omnia. Unde *Act.* 4, 32 ubi incepit forma vivendi religiosorum, (f. 287v) *nemo dicebat aliquid suum, sed erant illis omnia communia.*

Institutum Societatis in hac parte est perfectissimum. Nam in aliis religionibus, etiam observantibus et arctissimis, habent quasi propria; cubiculum, arcam, libros, vestes, linteamina, etc. At in Societate nihil omnino; unde omnia mu-

---

[1] Apud Van Ortroy pp. 219-222.
[2] de Paupertate *add. vO.*
[6] animum *cod.:* animam *vO.*
[9] Tria *cB*: Quattuor *la.*
[12] et vilibus: *sBe* 4° ut haec stabilita sint, ut non facile relaxentur.

---

[15] *Decret. Gregor.* III 35 cap. 6: *cum ad monasterium.*

tantur pro arbitrio superiorum, et nemo habet clavem. Et quamvis aliqui habent scripta, tamen non possunt ea vendere nec donare. Et qui nondum sunt professi vel coadiutores possunt disponere de bonis, sed ut de alienis: quia non possunt sibi applicare, nec possunt vel pauperibus dare sine licentia. Et quia omnes religiones bene coeperunt, sed postea relaxatae sunt, ut nostrum Institutum conservetur, duo media addita sunt, quae sunt propria nostra: 1° ut non possit accipi eleemosyna pro ministeriis; nam inde irrepit proprietas; 2° ut (f. 288r marg.) omnes professi voveant non consentire ut paupertas laxetur, sed solum ut restringatur. (f. 287v infra) Contra hanc perfectionem Instituti faciunt, (f. 288r) qui sine licentia dant. Nam dare est eius qui habet proprium. Neque debet pudere dicere: « non possum dare », quia haec est professio paupertatis, etc.

* * *

Quoad secundum. Ad perfectionem paupertatis religiosae pertinet ut religio omnia provideat: nam alioquin non liberatur religiosus a sollicitudine quaerendi et conservandi divitias, si sibi providere debet. Unde in *Act.* cap. 4, 34 dicitur quod inter fideles nemo erat egens, quia dabatur de communi unicuique, sicut cuique opus erat. Et ait Scriptura v. 33, quod haec erat magna gratia. Et vere est magna felicitas: quia tales nec sunt di(f. 288v)tes, nec pauperes; sed habent bonum divitiarum id est victum et vestitum, et bonum paupertatis id est carentiam sollicitudinis et affectus ad pecunias. Et contra, carent malo paupertatis, id est indigentia necessariorum. Itaque habent nucleum et carent cortice. Quod desiderabat sapiens, cum diceret **Prov.* 30, 8: *Divitias et paupertatem ne dederis mihi.* Unde S. Hieronymus, in epistola, ni fallor *ad*

38-40 Nam dare ... paupertatis etc. *cBp*: vel accipiunt. Nam etiamsi quis accipiat pro eleemosyna, tamen hoc ipso quod non accipit a suo superiore, habet quandam umbram proprietatis. Exemplum de Dominicano. *la.*

---

54 Hieron., *Ep.* 22 ad Eustachium, n. 35: *ML* 22, 420. Non ad Rusticum, ut putabat Bell.

Rusticum, dicit non licuisse monachis vel ipsa necessaria petere; sed exspectare debebant, ut darentur a superiore.

Hanc perfectionem paucae religiones habent. Nam ut plurimum tenentur sibi providere de vesti(f. 289r)bus, vel libris, etc.; et si ad alia loca migrent, nihil inveniunt. At Societas omnia providet, et in omnibus locis totius mundi quocumque eam; et serviunt unicuique nostrum saepe viri nobiliores quam ulli principi. Unde magna est ingratitudo, cum quis conqueritur quia deest illi nescio quid, et non cogitat quantis bonis abundet. Contra hanc perfectionem faciunt, quia accipiunt sine licentia, etiam pro eleemosyna, quia non debent accipere, nisi de manu superioris. Exemplum Dominicani.

* * *

Quoad tertium, quod est praecipuum: licet religio debeat providere omnia, et religiosi non sint egeni, quia non desunt eis necessaria: tamen debent esse contenti paucis et vilibus, et optare penuriam. Nam Christus, caput omnium religiosorum, non solum fuit pauper, quia non habuit proprium, sed etiam egenus, quia multis eguit. *Ego autem,* inquit **Psalm. 69, 6, egenus sum et pauper.* Et * *2 Cor. 8, 9: Scitis gratiam Domini Nostri Iesu Christi qui propter nos egenus factus est, cum esset dives.* Unde patiebatur discipulos vellere spicas prae fame, cum posset optime illis (f. 289v) providere. Sic videmus omnes religiones abhorrere a serico et delicatis cibis. Et S. Thomas in II II q. 187 probat religiosos decere viles vestes.

64-66 Contra ... Dominicani. *apim.*
65 quia non *cod.*: quae non *vO.*
66 Dominicani *cod.*: Dominicum *vO.*
76-77 providere *add. vO.*
77 serico *cod.*: sericis *vO.*
78 187 *corr.*: 186 *cod.*

---

66 Exemplum probabiliter desumptum ex H. de Castillo. *Hist. gen. de San Domingo e de su Orden,* Madr. 1584.
78 Thom. Aq., *S. Th.* II II q. 187, a. 6.

Porro nostra regula etiamsi velit nos habere vestes et victum communem honestis sacerdotibus, quia hoc requirit finis Instituti et conversatio cum omni genere hominum: tamen vult ut simus contenti paucis et vilibus. Nam in *Summario* reg. 11 monet ut abhorreamus ab his quae mundus amat; reg. 12 monet ut quaeramus in rebus omnibus mortificationem; reg. 24 monet ut omnes experiantur effectus paupertatis, qui sunt fames, sitis, nuditas, verecundia: nam paupertas est res ignominiosa; reg. 25 monet victum, vestitum et lectum de(f. 290r)bere esse ut proprium pauperum; et ut quisque cogitet sibi danda vilissima quae domi erunt.

* * *

O utinam Institutum nostrum intelligeremus, et vellemus esse id quod debemus: certe facile ad perfectionem perveniremus. Nam ex his regulis colliguntur haec:

1º ut simus contenti necessariis. Nam mundus amat superflua. Porro necessitas debet iudicari ab amatore paupertatis, non ab amatore sui, et secundum rationem, non secundum imaginationem. Item superflua sunt vitanda etiam in rebus minimis et devotionis, ut dicit Bonaventura in *Speculo disciplinae,* cap. 6. Contra quod faciunt qui onerant se libellis, imaginibus, etc. (f. 290v) At, inquiunt, pudet me non posse dare petentibus res devotionis! Sed potius deberent pudere habere ad dandum, etc.

2º Colligitur ipsa necessaria debere accipi, ut vult superior, non ut ego volo. Nam debeo quaerere in omnibus rebus mortificationem. Ubi nota tribus modis posse haberi necessaria: 1º, quaerendo et procurando quae sunt conformia appetitui, et hoc est imperfectorum et saecularium; 2º, accipiendo quod datur, sive placeant, sive displiceant gustui, et hoc est bonum, utile, necessarium vero religioso; (f. 291r) 3º, quaerendo quae displicent appetitui, et haec est perfectio regulae nostrae. A qua videant quam longe absint, qui non

---
83-88 *Summ. Const.,* regul. 11, 12, 24, 25.
98 Bonav., *Spec. Discipl.* II 6, 3: ed. Quar. VIII 621.

sunt contenti iis quae dantur. « Comede, inquit Hieronymus ad Rusticum, quod iuberis ».

3° Colligitur neminem debere optare in religione ea quae in saeculo non habuisset, ut dicit Augustinus in *Regula*. Nam victus et vestitus et cetera debent esse ut propria pauperum, et debemus experiri effectus paupertatis. Ergo venimus ad religionem, ut ad statum pauperiorem et humiliorem, et ad patiendum. Quantum ergo distant a perfectione Instituti qui murmurant, si non habeant multa quae in saeculo non habuissent, et quae multi divites et nulli alii religiosi habent.

4° Colligitur, indecentissimum esse, ut quis procuret res novas et subtiles, etc., cum regula dicat unumquemque debere esse contentum accipere deterrima, quae domi invenientur. Et haec non est amplificatio, sed ad litteram sic debet intelligi, si quis Institutum sequi velit.

Denique colligitur nostrum Institutum quoad paupertatem esse perfectissimum et tamen facillimum; et proinde ingratum valde et miserum, qui non scit, vel non vult illud servare.

EXHORTATIO QUINTA

*de Castitate

*Ross. 735 f. 298r *Neapoli, prob. Nov. 1596

Sequitur alterum instrumentum, quod est castitas. Quod quidem magis disponit ad perfectionem quam paupertas, quia tollit impedimentum maius, id est amorem personarum; qui est acrior, secundum Chrysostomum et secundum experien-

---

126 velit add. vO.
1 Apud Van Ortroy pp. 223-226. In cod. Ross. exhortatio sexta praecedit quintam.
2 de Castitate add. vO.

---

112 Hieron., *Epist.* 125, 15: ML 22, 1080.
115 August., *Regul.* = *Epist.* 211, 5: ML 33, 960.
7 Cf. Chrysost., *Contra eos qui subintrod. habent virgines* 5: MG 47, 501-502.

tiam, quam amor rerum externarum. Unde etiam magis disponit ad unionem cum Deo et contemplationem, quia *beati mundo corde, quoniam ipsi Deum videbunt,* *Matth.* 5, 8. Porro nostrum Institutum requirit perfectissimam castitatem, id est angelicam, ut (f. 298v) dicitur in 6 parte *Constitutionum*, cap. 1.

* * *

Ut autem intelligamus quae sit angelica puritas, notandum, esse tres gradus propriae dictae castitatis, quos describit S. Bonaventura in lib. *de profectu religiosorum*, et quinque gradus largo modo.

Primus est eorum qui cupiunt caste vivere; tamen impugnantur a demonio, habent carnem rebellem, habent malos habitus, et ipsi comedunt et bibunt, etc. Iste non est proprie gradus castitatis, ne incipientium quidem, sed largo modo potest dici incipientium saecularium. Nam isti ut plurimum vincuntur, quia in eis pugnat sola voluntas infir(f. 299r)ma cum tribus potentissimis hostibus.

Secundus est eorum qui vere sunt incipientes: qui habent robustam voluntatem, et pugnant ieiuniis et orationibus, etc. Sed habent carnem rebellem, diabolum tentantem et habitus malos. Isti sunt iuvenes religiosi, qui laboriosum bellum habent cum incerto victoriae. Nam in eis pugnat unus fortis et bene armatus contra tres fortes.

Tertius est proficientium: qui impugnantur raro et leviter, et ut plurimum vincunt parvo labore. Isti sunt (f. 299v) qui habent bonam voluntatem, habitum bonum introductum et carnem exercitio et aetate fere edomitam, et inimicum multis victoriis prostratum. Unde hic pugnant duo fortes contra duos debiles. Et ideo habent bellum facile et cum certo victoriae, nisi se dedant negligentiae. Nam aliquando accidit ut qui fortiter pugnaverat et vicerat, postea non vitando peri-

---

16 profectu religiosorum *corr.*: processu religionis *cod.* et *vO*.

---

12 *Constit. S. I.* VI cap. 1, 1.
16 Bonavent., *De prof. relig.* II 56.

cula misere cadat. Exemplum S. Gregorii de oppressis per somnum in civitate. Unde S. Antonius teste Athanasio non securum se putabat, etiam post multas victorias. (f. 300r)

Quartus est perfectorum, qui in pace sine ullo bello quiescunt, quia non tentantur nec sentiunt motus carnis in vigilia, nec illusiones in somnis. Et tractant de rebus coniugalibus vel de adulteriis et similibus immunditiis, sive legendo sive audiendo confessiones, ac si tractarent de rebus mathematicis: vel potius ut de his rebus tractaret Angelus expers corporis. Et tales esse aliquos, quamvis paucos, patet ex Abbate Sereno apud Cassianum, *Collat.* 7, et apud Bonaventuram, *loco notato*. Et talem fuisse Bernardum (f. 300v) patet ex primo libro vitae eius; ubi legimus, quod cum audiret in confessionibus suorum monachorum aliquas illusiones nocturnas, multum mirabatur, etc. Talem ego novi Aloysium nostrum, et alium adhuc iuvenem, et duos coniugatos.

Quintus est aliorum, qui non solum liberi sunt a motibus carnalium voluptatum, sed ab affectu omnium rerum corporalium; qui sumunt cibum, potum, somnum, ut medicamenta ex mera necessitate et cum mensura; et grave est illis servire corporali necessitati. Talem fuisse S. Francis(f. 301r marg.) cum scribit Bonaventura, quem dicit factum insensibilem ad res corporales. Et ipse dicebat nimis difficile esse amanti Deum satisfacere necessitati corporali. Tales etiam erant, quos dicit Cassianus solitos oblivisci cibi, etc. (f. 300v med.)

Haec est excellentissima castitas, quae facit animam sollicitam de solo Deo, ut dicere possit: *Ego dilecto meo,* `Cant.

39-40 per somnum *cod.*: prae somno *vO.*

---

39 GREG. M., *Hom.* 35, 6: *ML* 76, 1263.
40 ATHAN., *Vita S. Anton.* 7: *MG* 26, 852.
49 CASSIAN., *Collat.* VII cap. 1 et 2: *ML* 49, 669.
49-50 BONAVENT., *De prof. relig.* II 56.
50 *Vita S. Bernardi* I, 6, 28: *ML* 184, 243; *Sur.* IV 801.
53 Cf. vol. II pp. 298-309: *Serm. in hon. S. Aloys.;* et *Epist.* 7 Dec. 1611 ad P. Fam. Strada S. I., de iuvene quodam neerlandico anonymo.
59-60 BONAV., *Vita S. Franc.* cap. 5: *Sur.* V 589.
60 FRANCISC., apud BONAV., *loc. laud.* 589.

6, 2. Est vere angelica puritas. Isti sunt Cherubim, in quibus Deus sedet. Isti sunt *caelum caeli Domino,* *Psalm. 113, 16. Nam *factus est in pace locus eius,* *Psalm. 75, 3. Isti sunt angeli terrestres pleni decore et sapientia. Isti sunt homines animo et corpore spirit(f. 301r)ales; sicut contra nonnulli sunt corpore et animo animales.

* * *

Ad hunc gradum nos hortatur nostrum Institutum, et dat etiam modum eo perveniendi.

Nam tria sunt, quae castitatem oppugnant, primo diabolus, ut patet de S. Paulo, Antonio, Hilarione, Hieronymo, etc.; 2° caro petulans, etiamsi diabolus non esset. Nam *unusquisque tentatur a concupiscentia sua,* *Iac. 1, 14, et *Sentio aliam legem* **in membris meis, repugnantem legi mentis meae,* **Rom.* 7, 23; 3° obiecta sensibilia, quae occurrunt conversantibus in mundo, etc. Contra haec sunt oratio, ieiunium, et vitatio occasionum.

Porro Institutum nostrum quoad orationem indicit unam horam et duo examina, et non prohibet orare, quotiescumque id est necessarium. (f. 301*v*) Quoad vitationem periculi, posuit multas regulas: 1° de non tangendo, et initio rigorose servabatur, et servanda est etiam cum externis, etc.; 2° de non habenda cura monialium, nec aliarum mulierum, ut patet ex 6. parte *Constitut.*, cap. 3, et ex *Bulla* ultima Pauli III; 3° de non adeundis mulieribus, etiam confessionis gratia, sine socio teste de visu: et tenetur socius significare superiori an hoc

---

[77] concupiscentia sua *cod.*: concupiscentia *vO.*

---

[72] *Instit. S. I.* p. IV 3, 3; IV 4, 4; VI 3, 1.
[75] De S. Paulo cf. 2 *Cor.* 12, 7.
[75-76] Athan., *Vita S. Anton.* 5: *MG* 26, 848; Hieron., *Vita S. Hilarion.* 7: *ML* 23, 32; Marian. Vict., *Vita S. Hieron.* 12: *Sur.* V 500; Hieron., *Epist.* 22, 7: *ML* 22, 398.
[85] *Reg. Commun.* 32 (34).
[88] *Instit. S. I.* p. VI, 3, 5, et Paulus III, *Licet debitum pastoralis* § 21: 18 Oct. 1549.
[89-90] *Regul. coadiut.* 13 (5).

servetur. Quoad carnis macerationem, quod est potissimum remedium, nostrum Institutum non ordinavit communes poenitentias, quia non omnes laborant eodem morbo; sed voluit ut (f. 302r) omnes faciant cum approbatione confessarii vel superioris, quod discreta caritas dictat.

Sed est una regula in hac parte mirabilis et perfectissima, nimirum 12ª, quae dicit studium maius et impensius uniuscuiusque esse debere in quaerenda in rebus omnibus continua mortificatione. Nota *continuam;* nota *in rebus omnibus,* id est cibo, vestibus, visu, auditu, locutione, etc.; nota *quaerendam,* non solum tolerandam; nota *maius et impensius studium.* Et hoc requirit Institutum (f. 302v) a noviciis in 4° capite *Examinis;* ab operariis autem requirit in 6 parte *Constit.* cap. 3, ut ita sint in his omnibus exercitati et habituati, ut tamquam viri spirituales et perfecti currere possint in via Domini, sine rebellione carnis ad spiritum, et egeant freno in ieiuniis et similibus.

Hinc patebit cur non simus perfecti, et quod non possit culpa referri in Institutum. Vere enim delicati facti sumus; et quod novitiis praescribitur, nondum implevimus nos, qui professi sumus. Immo quot sunt, qui adhuc non mortificaverunt gulam! Et tamen hic est primus gradus ascendens in via Domini, (f. 303r) ut patet ex Cassiano in lib. 5 *de Gastrimargia,* cap. 13 et 14. Sed quid agemus? An desperabimus? Minime, sed accendemur ad redimendum tempus, *Eph.* 5, 16. Et quia vocati prima hora non bene laboravimus, fingemus nos vocatos hora undecima, et saltem hoc modico tempore ferventes erimus, etc.

101 studium: *sBe* Et hoc dicitur ad purgandam animam ab omni affectu rerum creatarum, et acquirendam perfectam puritatem, quae est excellentissima castitas, ut dicere possit anima sancta: « Ego dilecto meo ».

---

97 *Summ. Const.,* reg. 12.
102 *Constit. S. I., Exam.* IV n. 44.
103 *Constit. S. I.* p. VI 3, 1.
113 CASSIAN., *Coenob. instit.* V 13-15: *ML* 49, 228-230.

EXHORTATIO SEXTA

*de Obedientia

*Ross. 735 f. 292r *Neapoli, Nov. vel Dec. 1596

Obedientia est primaria inter virtutes religiosas. Ipsa enim continet alias duas, ut dicit divus Thomas II II q. 188, art. 8. Et ideo quaedam religiones in forma vovendi non exprimunt nisi obedientiam, ut religio S. Benedicti et S. Dominici. Item ipsa sacrificat Deo propriam voluntatem, cum paupertas sacrificet res externas, et castitas carnem. Et ideo ipsa est difficillima et nobilissima.

Hanc virtutem ut propriam elegit P. Ignatius, in qua vult suos excellere. Et re vera in regula sua summum gradum obedientiae requirit. Tres enim sunt gra(f. 292v)dus obedientiae. Primus ut quis obediat in omnibus, quae superior iubet secundum regulam; secundus ut obediat in omnibus quae superior iubet, sive sint in regula sive non sint; et hanc vocat B. Bernardus in lib. *de praecepto et disp.* perfectam obedientiam; tertius ut non solum obediat in omnibus, quae iubentur, sed in omnibus quae superior vult et cupit fieri, licet non audeat iubere. Et haec fuit obedientia Christi altissima et perfectissima, ut ipse dicebat *Ioan.* * 8, 29: *Pater amat me quia ego, quae placita sunt ei, facio* (f. 293r) *semper.* Hanc nos docuit P. Ignatius. Nam ideo non vovemus obedientiam secundum regulam, sed obedientiam simpliciter. Et in reg. 31 dicit obediendum in omnibus, ubi non cernatur peccatum; et in reg. 33

---

¹ Apud Van Ortroy pp. 227-230.
¹ Exhortatio sexta *cB*: exhortatio quinta *la*.
² de Obedientia *add. vO.*
5-6 ut dicit ... art. 8 *apim.*
23-25 Nam ideo ... cernatur peccatum; *apim.*

16-17 Bernard., *De praec. et dispens.* VI, 16: *ML* 182, 870.
22-23 Ignat. Loyol., *Ep. de virt. obed.* cap. 3.
24-25 *Summ. Const.* 31 et 33.

non solum esse obediendum in rebus obligatoriis, id est in iis quae iubentur, sed in aliis omnibus, etiamsi non appareat nisi nutus superioris. Et in *Epistola* sua docet voluntatem superioris debere esse pro regula inferioribus.

* * *

Porro ut quis ad hanc obedientiam ita universalem perveniat, quattuor requiruntur: indifferentia, patientia, et humilitas, et abnegatio iudicii, quae sunt quattuor columnae, quae sustinent obedientiam. Et ratio huius numeri est, quia tria concurrunt in actu obedientiae, superior qui iubet, (f. 293*v*) inferior qui obedit, et res quae iubetur.

Ex parte horum omnium existit peculiaris difficultas, quae impedit promptitudinem et perfectionem obedientiae. Primo ex parte superioris impedit eius infirmitas. Saepe enim inferior est doctior, senior, melior; aut non minus doctus, senex, bonus etc. Hoc impedimentum tollit humilitas, et ideo iungitur perfectae obedientiae: *Humiliavit semetipsum factus obediens*, *Philipp. 2, 8; *Obedite praepositis et subiacete eis,* **Hebr.* 13, 17, etc. — Secundo ex parte (f. 294*r*) inferioris impedit inclinatio eius ad aliquid. Nam etiamsi superior forte sit talis, ut omni iure subditus illi deferre debeat: tamen si subditus sit propensus ad unum aliquid, difficulter obediet, si iubeatur contrarium. Hoc impedimentum tollit indifferentia. — Tertio ex parte rei quae iubetur, impedit difficultas eius, quae saepe magna est, etiamsi quis sit indifferens, etc. Et haec est duplex: una ob repugnantiam ad iudicium; hanc tollit abnegatio iudicii. Altera ob repugnantiam ad sensum, et hanc tollit patientia. Unde scriptum est **Hebr.* 5, 8: *Didicit per ea quae passus est* (f. 294*v*) *obedientiam.*

---

32 et abnegatio... quattuor *cB*: quae sunt tres *la*.
44 etiamsi *cod.*: etsi *vO*.
49-52 magna est... patientia *cB*: magna est ob repugnantiam ad iudicium vel sensum, et hoc impedimentum tollit patientia. *la*.

28-29 IGNAT. LOYOL., *Ep. de virt. obed.* 5 sqq.; *Summ. Const.* 31.

* * *

Primo igitur requiritur humilitas in obedientia, cuius sunt tres gradus. Primus est obedire superiori, i. e. doctiori, meliori, seniori, etc.: et hoc facile est. — Secundus obedire aequali: et hoc non est admodum difficile. — Tertius obedire inferiori, id est iuniori, indoctiori, etc.: hic est perfectissimus gradus. Et hanc docuit Christus subdens se Ioanni, cui dixit *Matth. 3, 15: *Sic decet nos implere omnem iustitiam;* item Matri, Iosepho, Caesari, Pilato, etc. Hanc habuit S. Franciscus, (f. 295r) qui dicebat se accepisse a Deo gratiam obediendi sic prompte novitio unius diei, si ei daretur guardianus, ac antiquissimo et discretissimo fratri. Hanc perfectionem docuit nos P. Ignatius in *Epistola,* dum monet ut non respiciamus personam cui obeditur, sed Deum, etc.

2° Requiritur indifferentia, sine qua impossibile est ut obedientia sit universalis. Exemplum de caelis, qui ideo aeque facile moventur ad occidentem et ad orientem, quia (f. 295v) non habent inclinationem ullam, sicut habent elementa: quae non possunt moveri in contrarium, nisi difficulter et semper lentius, donec tandem quiescant. Item est exemplum de oculo, qui nullum habet colorem annexum, ut videre possit omnes. Hanc indifferentiam docuit P. Ignatius in multis locis *Epistolae* et *Regularum,* et similitudine baculi senis; et exemplo suo, quando veniebat Romam, et alii dicebant se cogitare Indos, alii alia, etc. (f. 296r)

3° Requiritur patientia, quae vincat omnes difficultates. Nam cum iubentur facilia vel suavia, ibi non cognoscitur obedientia: at cum iubentur laboriosa, in quibus inest dolor aut damnum aut ignominia, ibi probatur obedientia. Unde Christi obedientia fuit perfectissima, quia *factus est obediens usque ad mortem, mortem autem crucis,* *Philipp. 2, 8: ubi pas-

---

61 Bonav., *Vita S. Francisci* cap. 6: *Sur.* V 592-593.
65 Ignat. Loyol., *Ep. de virt. obed.* cap. 4 et 16.
75 *Ep. de virt. obed.* 7-10; *Summ. Const.* 31-36 (bacul. senis); *Reg. Comm.* 19.
76 Ribad., *Vita S. Ignatii* V cap. 4.

sus est summum dolorem, summum damnum et summam ignominiam simul. Ad hanc perfectionem nos invitat nostrum Institutum, cum iubet (f. 296v) ut obediamus in omnibus, etiamsi sint sensualitati valde repugnantia; immo illa libentius amplectamur, ut magis conformemur Christo, qui dedit nobis exemplum perfectae obedientiae.

4º Requiritur abnegatio iudicii et quaedam sancta caecitas, qua homo non iudicet nec discernat quod iubetur, sed sine discussione currat ad obediendum, iuxta illud *Psalm. 17, 45: In auditu auris obedivit mihi.* De hac multa (f. 297r) dici possent, sed non vacat per otium. P. Ignatius non solum hanc docet, sed etiam prudentissime scripsit hanc esse necessariam; quia iudicio repugnante est impossibile obedire prompte, hilariter, etc.

* * *

Hinc intelligitur cur tam pauci sint perfecti, quia paucissimi inveniuntur hoc tempore veri obedientes. Quot sunt, qui superiori obedire moleste ferunt, si sit illis inferior aetate, aut alia qualitate! Quot qui habent suam inclinationem, et ab ea vix divelli queunt! Quot qui iudicant suum iudicem et eum condemnant! Quot denique, qui ad omnem difficultatem (f. 297v) resistunt! qui proprio honori, proprio commodo, proprio gustui ita sunt addicti, ut in omnibus contrariis turbentur, seque excusent, et omnibus modis agant, ut liberentur ab illa obedientia! Quot etiam qui fatigantur, si diu in uno loco vel ministerio esse cogantur! Hoc signum est obedientiam esse violentam et imperfectam, et longe abesse ab illa idea *Philipp. 2, 8: Factus obediens usque ad mortem, mortem autem crucis*; etc. Sed si nos non movet quia obligati sumus ad obedientiam, quia religiosi et tales religiosi,

---

90-115 4º Requiritur... et contra *cBp*: Hinc igitur cognoscemus, cur tam pauci sint hoc tempore perfecti, quia nimirum paucissimi inveniuntur veri obedientes *la*.

94-95 IGNAT. LOYOL., *Ep. de virt. obed.* 9-10.

moveat propria utilitas, quia obedientia est res maximi lucri.
Est res securissima et iucundissima, quia, ut dicit B. Dorotheus, verus obediens non potest non esse laetus; et contra.

EXHORTATIO SEPTIMA

de oratione, poenitentia, silentio.

*Ross. 735 f. 303v   *Neapoli, Dec. 1596

Instrumenta accidentalia sunt tria: oratio, poenitentia et silentium. Dico esse accidentalia, quia possunt ista inveniri in homine non religioso; et potest religiosus esse sine his, sed non erit bonus religiosus: sicut sine sanitate homo est homo, sed infirmus.

* * *

Ac patet de oratione, primo quia invenitur in omni religione. Et S. Franciscus dicit orationis gratiam viro religioso super omnia appetendam, quia impossibile sit aliquem sine ipsa in divino prosperari servitio. Idem patet exemplo omnium Sanctorum. Denique patet ratione. Nam perfectio in (f. 304r) amore Dei consistit. Amor nascitur ex cognitione, vel potius ex consideratione.

Sicut enim amor carnalis non oritur ex quadam speculativa cognitione pulchritudinis, nec ex visione quacumque, sed ex morosa consideratione; unde Augustinus in *Regula*: « Oculi vestri si iaciuntur in aliquem, figantur in neminem »: ita amor caelestis nascitur ex morosa et attenta con-

---

1 Apud Van Ortroy pp. 231-234.
5-10 quia possunt ... religione *cB*: quia sunt communia cum saecularibus et sine his potest salvari in aliquo casu substantia religionis: tamen quod sint instrumenta utilissima et necessaria patet primo, quia in omni religione inveniuntur, licet non eodem modo. *la*.

114-115 Doroth., *Doctrina* 17, 3: *MG* 88, 1804.
10 Bonav., *Vita S. Franc.* cap. 10: *Sur.* V 605.
17 Aug., *Regula* = *Epist.* 211, 10:*ML* 33, 961.

sideratione attributorum Dei. Alioqui omnes Christiani sciunt
Deum esse omnipotentem, summum bonum, etc., sed non attente
considerant. Attenta autem consideratio proprie fit in
oratione mentali: et ideo plus prodest meditatio ista quam lectio
vel contio. *In meditatione,* inquit, *mea exardescet ignis,*
**Psalm.* 38, 4. (f. 304v).

Adde quod cognitio Dei intima et accendens ad amorem
donum Dei est maximum, et ideo *desursum est, et descendit
a patre luminum,* ut dicit Iacobus **Ep.* 1, 17. Et ideo nulla
est via ad illud, nisi oratio. Unde idem *Iacobus* * 1, 5: *Si quis
vestrum indiget sapientia, postulet a Deo, qui dat omnibus affluenter,
et non improperat.* Dat Deus petentibus copiosum
lumen sapientiae, id est cognitionis primae causae, quae est
Deus: et non improperat, quia non vendit neque mutuat, sed
gratis donat. Itaque in oratione mentali concurrit consideratio
cum petitione, quae sunt duae manus accipientes cognitionem,
unde fluit amor. (f. 304v marg.)

Sed nota tres gradus orationis. Primus eorum qui orant,
sed nec audiunt responsionem, nec sciunt an audiantur: et
similes sunt (f. 305r marg.) illis, qui in plateis clamant ad
regem in cubiculo existentem. Secundus eorum, qui habent
aliqua signa quod audiantur, sed non audiunt responsum: et
similes sunt illis, qui admittuntur ad aulam et publicam audientiam,
et vident regem et ei coram exponunt suum negotium,
et relinquunt memoriale; sed rex eis non respondet.
Tertius est eorum qui vere colloquuntur cum Deo, (fol. 305v
marg.) et Deus cum illis: et similes sunt illis, qui admittuntur
ad cubiculum regis, et rex eis familiariter loquitur. Isti
illuminantur, non habent evagationes, non fatigantur orando,
quia plus audiunt quam loquuntur. Isti acquirunt *irriguum
inferius et superius,* **Ios.* 15, 19; *Iudic.* 1, 15. Dum enim (f.
306r marg.) in lumine illo vident suam foeditatem, non possunt
continere compunctionis lacrimas. Et dum vident Domini
pulchritudinem et ad illam accedere cupiunt, non continent
lacrimas desiderii, etc. (f. 305r)

Porro in nostro Instituto hoc instrumentum perfecte habetur, ut patet ex exercitiis, quae fiunt per mensem in novitiatu, et postea ante vota, ante ordines, ante officium superioris, etc. Et, ut supra diximus, operariis non praescribitur una hora tantum, sed datur magna libertas, etc. Unde etiam religiones maxime contemplativae petunt a nobis instrui in ratione meditandi. Denique in *Constitutionibus,* parte 10, requiritur communicatio cum Deo frequentissima.

* * *

Alterum instrumentum est poenitentia. Nam status religionis est status poenitentiae, ut dicit S. Hieronymus, S. Thomas et alii. Et omnes religiones habent aliquid; ut non comedere carnes, indui cilicio, vestitum dormire, etc. (f. 305v) Idem patet exemplo Sanctorum, qui omnes fuerunt addicti poenitentiae, ut patet ex eorum vitis. Unde qui volunt sine poenitentia pervenire ad perfectionem, volunt invenire novam viam. Idem patet ratione. Nam ieiunium est comes orationis: *Bona est oratio cum ieiunio* **Tob.* 12, 8; *Hoc genus non eicitur, nisi in oratione et ieiunio,* **Marc.* 9, 28; *Ut vacetis orationi,* *1 *Cor.* 7, 5, et ieiunio. Et Scriptura ubique ista coniungit. Unde oratio et ieiunium sunt sicut cantus et sonus. Et ratio est, quia laetitia carna(f. 306r)lis facit exire extra se, poenitentia reducit ad se: sicut limaces tempore sereno et calido egrediuntur, sed tempore pluvio conduntur in sua testa. Item laetitia carnalis facit animam quiescere in carne, at poenitentia facit eam quaerere aliam consolationem in Deo: sicut accipiter, quando habet cibum, non cupit volare ad capiendas aves. Et haec est ratio, cur Sancti qui non habebant opus poenitentia pro peccatis, tamen aspere vivebant, ut Ioannes Baptista et alii. Denique laetitia carnalis facit immodes-

---

[57] Exercitia spirit. annua praescripta sunt non nisi a Congr. VI, ann. 1608.

[59] Cf. supra p. 384.

[62] *Instit. S. I.* p. X 1-2.

[65] Hieron., *Epist.* 125, 7: ML 22, 1075 et *Adv. Vigil.* 15: ML 23, 367; Thom. Aq., *S. Th.* II II q. 186, a. 1; q. 187, a. 6.

tum, dissolutum, levem, etc.: at poenitentia facit gravem, modestum, et est quasi magister in schola, etc. (f. 306v)

In nostro Instituto hoc instrumentum non est determinatum, sed relictum in devotione uniuscuiusque, quia, ut dixi, variae sunt dispositiones hominum, et non convenit omnibus eadem mensura: tamen, etc.

* * *

Tertium instrumentum est silentium, quod in omni religione est. Et S. Vincentius in libro *de vita spirituali* primo loco ponit silentium, tamquam summe necessarium. Et S. *Iacobus* *1, 26: *Qui putat se religiosum esse, non refrenans linguam suam, sed seducens cor suum, huius vana est religio.* Religiosum vocat hominem timentem Deum timore filiali, sicut dicitur de Iudith, *cap. 8, 8 quod *timebat Dominum valde.* Qui enim timet filiali timore, timet offendere Deum, et ideo diligenter custodit omnia mandata. Et quia regulares prae omnibus profitentur se ti(f. 307r)mere et colere Deum, ideo per antonomasiam dicuntur religiosi.

Iam igitur in religiosis ita necessarium est silentium, ut si illud non habeant, dicantur vanam habere religionem et decipere cor suum, dum putant se religiosos. Ratio est multiplex. 1ª Quia peccata linguae sunt manifesta. Qui igitur non timet offendere Deum manifeste, quomodo credibile est quod timeat offendere in occulto? — 2ª Quia facile est non loqui. Nullus enim labor, nullus dolor, nulla mortificatio est non loqui. (f. 307v) Qui ergo in re tam facili non timet Deum, quomodo timebit in re difficili? — 3ª Quia difficile est loqui, et non offendere Deum et proximum, ita ut Iacobus dicat **Ep.* 3, 2: *Qui non offendit verbo, hic perfectus est vir.* Itaque, sicut facile est non loqui, ita difficile loqui recte. Id quod experientia demonstrat. Nam vix umquam auditur quod in societate unus alium facto offendat, verberando: at quotidie au-

---

[87] *Constit. S. I.*: Exam. gen. I 6; p. III 1, 12; III 2, 5.
[92] Vinc. Ferr., *De vita spirit.* cap. 2.

dimus qui offendat verberando verbis, detrahendo, referendo, pungendo, etc. (f. 308r) Et sunt offensiones istae graves et irremediabiles, etc. Qui ergo non est cautus in re tam periculosa et clara, quomodo credibile est esse cautum in ulla re?
4ª Quia silentium conservat tempus, quod est necessarium orationi, lectioni, aliisque rebus bonis faciendis. Qui igitur ita perdit tempus, quomodo credibile est eum sollicitum esse de lucro spirituali? Nam si quis diceret se cupidum lucri et pecunias effunderet, quis crederet illum serio loqui? — 5ª Quia silentium est necessarium ad collectionem animi et pacem internam, quae est dispositio (f. 308v) necessaria ad orationem et cultum animae propriae. Qui igitur negligit hanc dispositionem, quomodo credibile est eum esse amicum orationis et cultus animae suae?

Porro in nostro Instituto silentii regula est discretissima, ut notum est. Et ideo qui illam non servat, potest dicere se nullam omnino silentii curam habere; et secundum Iacobum 1, 26 *huius vana est religio*. Quid igitur mirum, si non sumus perfecti, cum desit unum ex potentissimis instrumentis?

EXHORTATIO OCTAVA

*de possibilitate, facilitate, necessitate Perfectionis.

*Ross. 735 f. 309r   *Neapoli, init. a. 1597

Nunc demum probare volo perfectionem esse nobis possibilem et facilem et necessariam. Nam cum probatum sit non esse defectum ex parte Instituti cur non simus perfecti, forte posset aliquis dicere defectum esse ex parte imbecillitatis humanae, quae non possit pertingere ad perfectionem, vel certe nimis difficulter possit ad eam pertingere.

---

[1] Apud Van Ortroy pp. 235-238.

130 *Constit. S. I.* p. III 1, 4; *Reg. Comm.* 24 (26) — 27 (29).

* * *

Quod igitur sit possibilis perfectio, probatur (f. 309*v*) primo, quia alioqui non diceret Christus *Matth.* 19, 21: *Si vis perfectus esse;* et *ibid.* 5, 48: *Estote perfecti.* Secundo, quia multi fuerunt perfecti omnibus testibus, ut patet ex miraculis, quae sunt testimonia divina; et ex canonizatione, quod est testimonium Ecclesiae; et ex vitis ipsorum, quae omnium iudicio sunt perfectae. Et non solum fuerunt Prophetae, Apostoli, Eremitae, sed etiam homines, qui dabant operam conversioni animarum et versabantur cum saecularibus, ut sancti Episcopi Ambrosius, Augustinus, Martinus, Paulinus, Gregorius et alii; et (f. 310*r*) multi religiosi mendicantes, ut S. Antonius de Padua, S. Bernardinus, S. Vincentius, S. Thomas et alii. Et ex nostris nemo negare potest P. Ignatium et Xaverium fuisse viros perfectissimos. Addo etiam Aloysium Gonzagam, qui in paupertate, castitate, obedientia, oratione, poenitentia, silentio, mire excelluit, etc. Discurrere per haec omnia, ut scis.

Cum igitur isti fuerint perfecti, cur nos esse non possumus? Numquid isti habuerunt alium Deum potentiorem, aut meliorem, quam nos habeamus? Alios libros, alia sacramenta, alia instrumenta vel (f. 310*v*) auxilia? Certe non habuerunt. Immo nos habemus plura, quia habemus eorum exempla et verba.

Sed fortasse non habuerunt nostra impedimenta? Immo habuerunt omnia, et forte maiora, id est necessitatem comedendi, dormiendi, etc.; item carnem repugnantem spiritui, daemonum insidias, mundi blandimenta, distractiones studiorum, praedicationis, confessionis, etc. Certe haec est demonstratio efficacissima. Unde S. Augustinus, lib. 8 *Confessionum*, tali argumento convictus fuit possibilem esse castitatem: quia

---

18-22 Cf. indicem hagiograph. in vol. I pp. 136-140.
22 Cf. *Sermones* in honor. S. Ignat., vol. II pp. 250-297.
23 Cf. *Sermonem* in honor. S. Aloysii, vol. II pp. 298-309.
38 Aug., *Confess.* VIII 11, 27: *ML* 32, 761.

40 multi fuerunt casti omnium (f. 311r) aetatum, sexuum, conditionum; et non suis viribus sed Dei, qui omnes iuvare paratus est.

* * *

Nunc probemus esse facilem.

Scriptura videtur contraria sibi ipsi. Nam de via iustorum
45 dicitur *Matth. 7, 14: *Arcta est via, quae ducit ad vitam;* et de via impiorum *ibid. 7, 13: *Lata est via quae ducit ad perditionem.* Contra dicunt impii *Sap. 5, 7: *Ambulavimus vias difficiles,* et Christus dicit *Matth. 11, 30: *Iugum meum suave est, et onus meum leve.* Sed concordantur haec: quia perfec-
50 tio est difficilis, donec aliquis efficaciter determinet renuntiare omnibus; sed postea est facilis et iucunda. (f. 311v) Nam dum quis non renuntiat omnibus, sed adhaeret variis rebus: non potest progredi in via Dei, sed laborat, sudat, etc., quia retinetur, gravatur, etc. At homo liber et nudus facillime in-
55 trat per viam et portam, quamvis angustam.

Quod autem facilius sit homini libero ab affectu mundi ambulare viam Domini, quam homini onerato amore sui ipsius ambulare viam perditionis, patet quia iste servit multis dominis et a multis dependet, et tamen saepe patitur resisten-
60 tiam in iis, quae cupit. At qui ambulat viam Dei perfecte, non servit nisi uni opti(f. 312r)mo Domino, liberalissimo, cui servire regnare est. Unde Bernardus accommodat mundanis illud *Luc. 14, 19: *Iuga boum emi quinque,* cum perfecti portent iugum unum suave et leve. Item qui ferventer agit, pa-
65 rum laborat et multum lucratur; qui negligenter agit, multum laborat et parum aut nihil lucratur. Vide Exhortationem... etc.

Ut autem quis efficaciter velit toti mundo renuntiare et soli Deo servire, via est si credat et confidat se vere inventurum multa meliora, si dimittat terrena. Nam ideo homo non
70 audet dimittere omnia, quia timet ne ista perdat et alia non acquirat. At si certo crederet se inventurum requiem, pacem,

---

62 Gaufrid., *Declam. Bernard.* III, 3: *ML* 184, 438.
66 Bellarm., *Exhort.* de Caritate VIII, supra pp. 177-178.

consolationem; facile dimitteret omnia. Ut autem credat, debet (f. 312*v*) promissa Christi considerare: *Tollite iugum meum, et invenietis requiem,* *Matth. 11, 29. Item *19, 29: *Centuplum accipiet in tempore hoc, et postea vitam aeternam.* Item consideret exempla aliorum. Nam quo aliquis magis renuntiat omnibus, eo invenitur liberior. Videtur mihi similis via perfectorum ascensui arduo, sed brevissimo, post quem invenitur pulcherrima planities, amoena, etc.: via autem imperfectorum similis est viae anfractuosae, qua ambitur mons aliquis, quae non est ardua, sed est longissima et plena praecipitiis. (f. 313*r*)

* * *

Ultimo posset aliquis dicere nos non teneri ad hoc ut simus perfecti, sed tantum ut ambulemus ad perfectionem: hoc enim interesse inter Episcopos et religiosos. Respondeo differentiam inter Episcopos et religiosos, praecipue attendi initio ingressus sive ad episcopatum, sive ad religionem. Nam qui fit Episcopus, debet esse perfectus antequam fiat Episcopus, quia non fit ut acquirat perfectionem, sed ut exerceat. At religiosus non debet esse perfectus cum ingreditur, quia ingreditur ut acquirat perfectionem: tamen progressu temporis debet esse (f. 313*v*) perfectus. Alioqui frustra homo quaereret perfectionem per viam religionis, si numquam perveniret. Sicut ad scholam grammaticae vel philosophiae non eunt qui docti sunt, sed qui volunt discere; tamen in spatio aliquot annorum debet esse doctus; alioqui stultum esset frequentare scholam, in qua semper discere oporteret, etc.: sic igitur in religione non semper debemus quaerere perfectionem, sed debemus aliquando esse perfecti. Praeterea esto non teneamur esse perfecti, sed quaerere perfectionem: certe si quaeramus, ut vere tenemur quaerere, infallibiliter brevi tempore (f. 314*r*) erimus perfecti. Nam ars discendae perfectionis non est coniecturalis, sicut rhetorica et medicina, quae non tenentur acquirere finem, sed solum fungi officio, quia finis pendet

---

[75] in tempore hoc etc.: cf. *Luc.* 18, 30.

ab extrinseco; sed est ars certissima, quae pendet a Dei auxilio, quod semper est promptum, et a propria voluntate. Itaque qui post aliquot annos non evadit perfectus, convincitur non bene quaesivisse perfectionem. Et haec est ratio cur Patres aliqui dicant statum religiosorum simpliciter esse perfectum, et Christum consuluisse, non praecepisse perfectionem; quia, (f. 314v) licet paupertas, castitas, obedientia sint instrumenta perfectionis, et non in ipsis, sed in caritate consistat perfectio: tamen haec instrumenta infallibiliter ducunt ad perfectionem, si quis iis bene utatur. Vide Eusebium, lib. 1 *de demonstrat. Evangelii*, cap. 8; Augustinum in *Epist.* 89; Hieronymum in lib. *contra Vigilantium*, etc.

Addo ultimo quod, quamvis alii religiosi non tenerentur umquam esse perfecti; tamen religiosi, qui exercent actus episcopales, docendo, contionando, instruendo, seminando fidem, defendendo contra haereticos, etc., tenentur esse perfecti. Unde in forma Instituti, quae est in *Bulla* papae (f. 315r) Iulii III, dicitur post multas probationes admitti homines ad professionem vel coadiutores spirituales, quia hoc Institutum requirit homines omnino humiles et prudentes, et in vitae puritate et doctrina conspicuos. Et part. 6, cap. 3 *Constitut.* dicit quod, considerato tempore quod expectatur ad professionem vel coadiutorum spiritualium gradum, pro certo ducitur eos fore viros spirituales, et qui in via Dei currere possint.

* * *

Cum ergo debeamus esse perfecti, possimus esse perfecti, et facile sit esse perfectum, si quis velit uti mediis nobis oblatis, quae (f. 315v) excusatio nobis esse poterit in iudicio et in morte?

Optima ratio proficiendi mihi videtur, meditari libellum

114-116 Euseb., *Demonstr. Evang.* I 8: *MG* 22, 76; Aug., *Epist.* 157 (89), 4, 23 sqq: *ML* 33, 686; Hieron., *Contra Vigil.* 1-2: *ML* 23, 355.
121 Iulius III, *Exposcit debitum pastoralis*, 21 Iul. 1550.
125 *Constitut. S. I.* p. VI 3, 1.
133-134 Vincent. Ferr., O. P., *De vita spirituali*, Lugd. 1591 etc. Nu-

S. Vincentii de vita spirituali, vel tres libros Gersonis, vel (idque potissimum) *Summarium Constitutionum*, cogitando attente quid sibi velint illa, et quae sint causae, cur ego non diligenter illa impleam; et desiderando, petendo a Deo, et proponendo efficacissime illa implere.

[137] implere: Exhortationes nona, decima, undecima *de Perfectione*, quae habentur apud Van Ortroy pag. 239-252, reapse sunt *de Cognitione Dei*, et habentur supra pp. 325-340.

---

per inter *Opusc. Ascet.*. Paris, 1901. In *De script. eccl.* dicit. Bell.: « tractus brevis, sed plenus optima instructione ».

[134] Libros *de Imitatione Christi*, quos Bellarminus hoc loco adscribit Gersoni, in aliis exhortationibus tribuit Thomae a Kempis. Cf. supra pag. 261, 263, 370, 386 et infra pag. 419.

DE HUMILITATE

EXHORTATIO PRIMA

Quid sit virtus humilitatis

(In collegio Neapolit. 1597)

*Ross. 735 f. 356r *c. 15 Ian. 1597

Humiliamini sub potenti manu Dei, ut vos exaltet in tempore visitationis, * 1 Petr. 5, 6.

Inchoaturus ultimam visitationem in hoc collegio, tractare volo de illa visitatione vere ultima, quam faciet Deus in die novissimo. Faciet enim Deus visitationem mirabilem: nam accipiet informationem non a lingua, quae potest mentiri; sed a conscientia, quae non potest. Tunc enim illuminabuntur abscondita tenebrarum, et manifesta erunt (f. 356v) consilia cordium. Finis autem visitationis non erit ordinare vel remediare, etc., sed praemiare vel punire. Porro sanctus Petrus, conscius secretorum magni illius visitatoris, dat nobis unicum praeceptum, ut nobis visitatio illa bene succedat, nimirum ut humiliemur sub potenti manu Dei. Nam ut quis securus reddatur de profectu et perseverantia, nihil utilius humilitate, quae est custos et mater omnium virtutum, sicut cum quis altum fundamentum iecit, secure aedificat quam alte voluerit. (f. 357r)

De humilitate dicam quattuor: 1° quid sit humilitas, et quae signa eius; 2° quam sit necessaria; 3° quam utilis; 4° quae

---

2 Apud Van Ortroy pp. 265-268.
23-24 et quae *cod.*: et *vO.*

media ad eam acquirendam, et tunc dicemus de humilitate Christi, quod restabat ad finienda quae proposuimus anno superiore.

* * *

Quoad primum.

Humilitas est virtus, quae frenat appetitum, ne feratur inordinate in excellentiam propriam; est enim superbia amor inordinatus propriae excellentiae. Unde non est contraria magnanimitati, quae fertur ordinate in excellentiam: sed est contraria superbiae, sicut magnanimitas est contraria pusillanimitati. Humilitas tenet hominem ne elevetur supra se: magnanimitas tenet eum, ne cadat infra se. (f. 357v)

* * *

Sed quia superbia notior est, quia communior, videamus quid illa sit, et inde colligemus quid sit humilitas. Igitur videndum quae sit excellentia, quam amare est superbia: nam nec omnis appetitio excellentiae nec omnis mala appetitio excellentiae est superbia. Primum enim, excellentia vera et conveniens potest et debet appeti, ut aequalitas angelorum, visio Dei, sedes iudicialis cum Christo. Item innocentia, caritas, humilitas et similia, quae faciunt hominem vere magnum et gloriosum. Praeterea appetitio loci superioris in hoc mundo, ut appetere episcopatum, rectoratum, sacerdotium, doctoratum, etc., non est bona ut plurimum, quia non est utilis ad veram excellentiam, immo pe(f. 358r)riculosa et a Sanctis vere prudentibus non quaesita sed recusata. Unde et Dominus fugit ne fieret rex. Tamen non est semper superbia, sed ambitio. Sic etiam amor laudis et honoris, saepe est vana gloria, non superbia. Quid igitur est superbia? Amor excellentiae, quam quis existimat se habere, cum non habeat; et ideo vult esse super alios aut non subesse aliis, quia iudicat se esse meliorem, prudentiorem, ingeniosiorem, etc., quam sit. Unde

25-27 et tunc ... superiore *apim.*
30-31 proprium ... excellentiae *apil.*
38-40 nam nec ... est superbia *omis. vO.*

superbia potest inveniri in omni genere hominum, etiam vilissimorum et qui non aspirant ad ullum gradum altiorem. (f. 358v)

Distinguit recte S. Gregorius quattuor species superbiae. Nam aliqui superbiunt, quia putant se esse plus quam sunt; alii putant se esse id quod sunt, sed a se, non ab alio; alii agnoscunt se esse ab alio, sed ob merita propria; alii agnoscunt se esse quod sunt ab alio, et gratis, sed putant alios non habere quantum ipsi habent. Horum omnium habemus exempla in Scripturis. De prima specie in Angelo, qui putavit se non egere Deo, et esse similem Altissimo; et in Sennacherib, qui dicebat non posse Deum liberare Hierusalem de manibus suis, *4 *Reg.* 18, 35, etc. De secunda specie in Nabuchodonosor, qui dicebat *Dan.* 4, 27: *Nonne* (f. 359r) *haec est Babylon, quam ego aedificavi*? Unde factus est similis bestiis, donec intellexit regna dari a Deo, etc. De tertia specie in neophytis, de quibus Paulus, *1 *Tim.* 3, 6: *Non neophytum, ne in superbiam elatus *in iudicium incidat diaboli.* De quarta specie in pharisaeo, qui *Luc.* 18, 11 agnoscebat sua bona a Deo, sed putabat se meliorem publicano.

* * *

Contra igitur humilitas est odium ordinatum propriae vilitatis, sicut superbia amor excellentiae propriae inordinatus; sive, ut S. Bernardus definit, humilitas est virtus, qua quis ex vera sui cognitione sibi ipse vilescit. Ubi istud « vilescit » non solum intelligi debet de actu (f. 359v) intellectus, quo se quis parvi aestimat, sed etiam de actu voluntatis, quae afficitur erga se: ut affici solemus erga res viles, quas contemni laetamur et magnifieri dolemus.

---

70 etc.: *sBe* Herodis Aggrippae Act. 12, qui voluit haberi Deus etc.
72 elatus etc. *cod.*: elatus *vO*.
76 Sicut ... inordinatus *omis. vO*.
79-80 quo se *cod.*: qua *vO*.

---

58 GREG., M., *Moral.* XXIII 6, 13: *ML* 76, 258.
77 BERNARD., *De grad. humil.* I 2: *ML* 182, 942.

Possunt etiam hic distingui quattuor illae species, nimirum ut humilis sit qui putat se ex se nihil esse; et si quid est, ex dono Dei esse; et ex dono vere gratuito; et alios omnes maiores esse. Exempla verae humilitatis plurima adduci possent: ut Christi, Hilarionis, Paulini, Alexii, carbonarii, Pinuphii et aliorum: sed duo volo adferre, unum viri, (f. 360r) alterum feminae.

S. Macharius, cum esset iuvenis et se exerceret prope vicum quendam, accusatus fuit quod iuvenculam quandam gravidam fecisset. Inde plurimas passus est contumelias verborum et verberum per totum vicum, et tandem damnatus ut aleret illam. Is quieto animo laborabat dies et noctes, ut victum sibi et iuvenculae compararet. Tandem illa in partu cum esset in maximis doloribus nec parere posset, confessa est veritatem. Unde totus populus cucurrit ad Sanctum, et certatim illum honorare studebat, sed ipse aufugit in aliam solitudinem, etc. Itaque vere voluit despici et horruit gloriam.

Mulier (f. 360v) erat in quodam monasterio virginum, quae finxit se fere fatuam, unde addicta est culinae et omnibus operibus laboriosis totius domus ac si iumentum esset; et praeterea quotidie ludebant cum ea: nam aliae proiciebant in eam aquam sordidam, alia ponebat sulfur ad nares eius, etc. Et quia ipsa non resistebat nec murmurabat, id totum tribuebatur simplicitati et fatuitati eius. Tandem revelatum est S. Serapioni illam esse perfectissimam coram Deo, et se quoque perfectiorem. Ivit ad monasterium; vidit omnes moniales, quae comparuerunt obviam viro sanctissimo, praeter illam. Rogavit an aliqua superesset. Responsum

---

99 gloriam *cod.*: gloriari *vO*.

---

87 Hieron., *Vita S. Hilar.* 25: ML 23, 42; Greg. M., *Dial.* III 1: ML 77, 215 et Sur. III 849 de Paulino; *Vita S. Alexii*: Sur. IV 221-223; Gregor. Naz., *Vita S. Gregor. Thaum.*: MG 46, 936 de carbonario; Cassian., *De Coen. Instit.* IV 30: ML 49, 190 de S. Pinuphio.

90-99 De S. Machario cf. *Vita Patrum* V 15, 25: ML 73, 958 coll. Rufin., *Hist. Mon.* 28: ML 21, 449-451.

100-115 De muliere fingente amentiam cf. *Vitae Patrum* V 19: ML 73, 984; Pallad., *Hist. Laus.* 41: ML 73, 1140.

est nullam, praeter (f. 361r) unam fatuam. Iussit eam vocari. Tunc procidit coram ea, et petiit benedictionem ab illa, et declaravit sanctitatem eius. Tunc omnes moniales coeperunt veniam petere ab illa. Sed ea noctu aufugit, nec amplius
115 comparuit. Ivit enim ad alium locum, ubi incognita viveret.
Haec est igitur vera humilitas.

EXHORTATIO SECUNDA

*Pars prima

*De signis duodecim humilitatis

*Ross. 735 f. 361r *In Coll. Neap. circa 20 Ian. 1597

5 Sed quia difficile est non solum habere hanc virtutem, sed etiam cognoscere in se latentem superbiam, volo percurrere duodecim gradus sive signa humilitatis, quae sunt apud S. Benedictum. Porro difficulter deprehendi latentem superbiam docet S. Gregorius lib. 24 *Moral.*, cap. 30: « Hoc
10 vitium, inquit, (f. 361v) quanto magis patimur, tanto minus videmus. Sic quippe in mente superbia, sicut caligo in oculis generatur... Quo se haec latius dilatat, eo vehementius lumen angustat ». Et Richardus in cap. 7 *Canticorum*: « Quis, inquit, vetustam et inolitam superbiam; quis occultas eius
15 radices atque subtiles cogitationes, quibus, ut plurimum, latenter irrepit: nisi Deo susurrante, id est occulte revelante, cognoscat? ».

1 Apud Van Ortroy pp. 269-279.
1 Exhortatio secunda: *in margine.*
14 inolitam *cod.*: inclitam *vO.*

8 Benedictus, *Regula* cap. VII: *ML* 66, 371-376. coll. *Comment.* 377, ubi de doctrina accepta a Cassiano.
9 Greg. M., *Moral.* XXIV, 33, 50: *ML* 76, 316.
13 Rich. Vict., *In Cant.* 7: *ML* 196, 424-425.

Sunt igitur consideranda signa humilitatis — vide Cassianum lib. 4 *de instit. renunt.*, cap. 39 de signis humilitatis —, cuius contraria sunt signa superbiae.

Duo sunt ex parte intellectus, 1º credere se indignum et inutilem ad omnia; 2º cre(f. 362r)dere se esse omnibus viliorem. Duo ex parte voluntatis, 1º timere Deum, et memorem esse omnium mandatorum eius; 2º inimicum esse propriae voluntatis. Duo ex parte gestus, qui sunt quasi verba imperfecta: 1º demissos oculos habere; 2º non esse pronum ad risum. Tria ex parte linguae: 1º non loqui sine necessitate; 2º cum est necessarium, loqui, sed parum et submissa voce; 3º fateri proprias culpas. Tria ex parte operis: 1º fugere singularitatem in religione; 2º prompte obedire; 3º tolerare patienter dura et aspera. (f. 362v)

* * *

Primum igitur signum est cognoscere se indignum et inutilem ad omnia, id est se nihil esse, nihil scire, nihil posse; et ideo indignum qui honoretur, et dignum qui contumelias patiatur. Superbus contra iudicat se aptum ad omnia, et ideo dignum qui exaltetur; et dolet si praetereatur, si non occupetur in magnis etc. Veram autem esse humilis opinionem, et falsam opinionem superbi, docet Apostolus, *Gal.* 6, 3: *Qui se existimat aliquid esse, cum nihil sit, ipse se seducit.* Non dicit: qui se existimat esse aliquid magni, sed qui se existimat esse *aliquid*. Et ne putes illud *aliquid* habere emphasim et significare aliquid magni, addit: *cum nihil sit.* Et confirmatur ex illo *Exod.* 3, 14: *Ego sum qui sum.* Si solus Deus est, ergo reliqua nihil sunt.

Ut hoc intelligas, cogita quod, antequam nascereris, nihil plane eras; (f. 363r) et cum Deus te creavit, non iuvisti

---

18-19 vide ... humilitatis *am.*
36-38 ideo dignum ... Gal. 6 *cB*: ex se. Et ne videatur haec amplificatio, cogita illud Pauli Gal. 6 *la.*

---

18 CASSIAN., *De Coen. Instit.* IV 39: ML 49, 198. Cf. supra de Benedicto.

eum ullo modo: nec aliquid tuum posuisti, ac ne materiam quidem. Et si Deus auferret quod suum est, nihil remaneret: proinde hoc solum est tuum. Praeterea hoc esse quod Deus tibi dedit, tum naturale, tum gratuitum, habet maximam dependentiam a Deo. Nam esse naturale, nisi Deus conservet, ruit in nihilum. Nisi moveat, nihil agit. Esse gratuitum, nisi protegatur et inseparabiliter a Deo iuvetur, continuo deficit. Experimur omnes, cum relinquimur a Deo, nos continuo arescere, tabescere, turbari, agitari a tentatione in omnem partem. Unde merito dixit Abraham *Gen. 18, 27: *Loquar ad Dominum meum,* (f. 363v) *cum sim pulvis et cinis,* id est, mobilis sicut pulvis, et sterilis sicut cinis. Et David *Psalm. 142, 6: *Anima mea sicut terra sine aqua tibi.* Terra enim sine aqua ne pilum quidem herbae gignere potest. Et Isaias *40, 6, et Petrus *1 *Ep.* 1, 24, et Iacobus *Ep.* 1, 10, dicunt: *Omnis caro foenum,* Quid enim vilius foeno? Nihil parit, movetur ad omnem auram, siccatur ad primum solis radium, et combustum nihil relinquit nisi parum fumi. Talis est ex se omnis homo.

Cogita secundo, quod homo peccator (quales omnes fuimus et etiam sumus), vilior est limo terrae; et non solum inutilis, sed etiam indignus, ut dicit S. Benedictus. Nam limus sinit se calcari, non resistit calcanti, immo (f. 364r) descendit libenter ad locum imum, et quasi confitetur suam vilitatem. At homo peccator non solum est nihil ex se: sed etiam resistit Deo, qui solus vere est, et impedit eius operationem; et quantum in se est, destruit omnia bona quae Deus fecit et faceret si homo non resisteret. Nam peccatum est proprium hominis et convenit ei, quatenus nihil est: prima enim radix defectibilitatis est esse ex nihilo. Nec solum homo resistit Deo, sed resistit in suam perniciem. Nam, ut docet S. Bonaventura in *Stimulo divini amoris,* nemo magis laedit hominem quam ipse se; et ideo Sancti omnes hortantur ad odium

---

68 BENEDICTUS, *Regula* cap. VII: *ML* 66, 374 coll. CASSIAN, *De Coen. Instit.* IV 39: *ML* 49, 199.
77-78 BONAVENT., *Stim. div. amoris* I cap. 1.

sui ipsius. Deus creavit animam ad imaginem suam, et homo deturpavit hanc imaginem; (f. 364*v*) quamvis non plene delere potuerit, ut imaginem diaboli depingeret. Deus impleverat animam optimis liquoribus gratiae et virtutum; homo per peccatum effudit hos liquores et implevit eam teterrimis liquoribus, ita ut vas contumeliae evaserit dignum proici in cloacam inferni. Deus misit Filium suum unicum, et voluit eum sudare, vulnerari et occidi, ut pararet balneum animabus nostris salutare. Et facta est anima per baptismum dealbata in sanguine Filii Dei, pulchrior solis radiis, soror Angelorum, sponsa Dei, digna quae in caelis sederet. Et homo rursum impius in seipsum, tantum Christi laborem, tot sumptus eius in momento perdidit; et se iterum sordidavit et (f. 365*r*) vulneravit magis quam antea fuisset.

Quid igitur addi potest ad hanc impietatem? Et tamen est aliquid peius. Nam homo non solum sibi nequam est, sed etiam cum Deo pugnare nititur pro diabolo, et quidem armis Dei; quomodo si pater amantissimus nihil cogitaret, nisi quomodo filium ditaret, et ipse omnes illas divitias converteret in auxilium hostis patris sui. Unde Dominus dicit *Matth.* 5, 45, quod Deus *solem suum oriri facit super ingratos et malos.* Certe qui posset haec bene intelligere, et recordaretur se aliquando Deum offendisse mortaliter: non posset non valde irasci in seipsum, et cupere ab omnibus conculcari in poenam tantae malitiae.

Et nunc quoque in religione post tot beneficia Dei quid agimus, (f. 365*v*) nisi quod semper impedimus manum Dei, qui cuperet nos ornare, illustrare, perficere? Scribit S. Basilius in Hom. *de ieiunio,* quod Deus instar apis vellet in alveario animae nostrae mel suavissimum producere; sed nos semper fumo superbiae illum fugamus. Et B. Catharina Genuensis vidit aliquando Deum instar solis quaerentem omnes rimas cordis ut lumen suum infundat, sed nos e con-

---

107-108 BASIL., *Hom. de ieun.* I 11: *MG* 31, 184.
110 CATER. DA GEN., *Dialog.* I 34 et III 46.

trario diligentissime obstruere omnes aditus. Alioqui cur in schola Dei tot annis tam parum proficimus? Certe magister doctissimus est, et ad hoc nos vocavit, ut doctissimos faceret. Nec cessat ipse docere: sed nos occupati in nugis, non attendimus.

Porro qui ista bene cogitant, intelli(f. 366r)gunt suam miseriam, et in abysso nihilitatis suae ita immerguntur, ut totus mundus non possit eos erigere in superbiam. Quantumvis enim laudentur, praedicentur, exaltentur ad dignitates et honores, ipsi tamen non inflantur, quia sciunt se nihil esse. Et quia sciunt etiam res omnes nihil esse, et vident in mundo nihil esse nisi Deum et radios quosdam eius ubique diffusos: ideo nihil mirantur, nihil magnifaciunt nisi Deum, et corde alto et elevato incedunt; exonerati a seipsis et omnibus aliis rebus, liberrime currunt ad Deum.

Hoc de primo.

Alterum signum est, quod humilis non solum se inutilem et indignum credit, (f. 366v) sed etiam neminem se viliorem credit, et se in ultimo loco ponit; et ideo non aegre fert si ab omnibus contemnatur, quia videt id iustum esse. Contra superbus iudicat se maiorem omnibus, aut certe nulli inferiorem; et ideo ferre non potest ut alicui postponatur, etc.

Sed videtur hoc contra rationem, ut quis se credat omnibus viliorem, cum saepe constet id non esse verum. Respondeo: non debet homo existimare sua dona, quae habet a Deo, esse inferiora donis aliorum, quando res est clara. Ut, verbi gratia, non debeo ego iudicare me esse imperitiorem linguae latinae vel graecae, quam sit (f. 367r) aliquis sutor vel sartor; nec ille debet iudicare me esse doctiorem in arte suendi quam sit ipse. Tamen in dubio debet homo, si velit esse humilis, se postponere; et magis credere aliis de mea scientia et talentis quam mihi, qui ob amorem proprium saepe fallor, etc.

Ceterum potissima comparatio facienda est de persona absolute; id est ego debeo existimare omnes alios me maiores et meliores, quia credere possum illos esse maiores in caritate et humilitate, quidquid sit de aliis. (f. 367v) Nam humilitas respicit propria mala, et non aliorum; et contra aliorum bona, et non propria. Et etiamsi constaret mihi per revelationem Dei me esse meliorem aliquo alio, tamen possum existimare me esse illo peiorem; quia possem credere quod, si ille habuisset gratiam quam ego habui, ille est melior me. Non enim ego non pecco quia sum aliquid, sed quia Deus singulariter me iuvat, tollendo occasiones, etc.

Sed quidquid sit de ratione: res est certa, quod debemus nos postponere omnibus. Nam Dominus ait *Luc. 14, 10: *Recumbe in novissimo loco;* et ipse (f. 368r) posuit se in novissimo loco, quando lavit pedes discipulorum, et sic factus est servus servorum suorum. Et S. Petrus dicit * 1 Petr. 2, 13: *Subiecti estote omni humanae creaturae propter Deum;* et S. Paulus dicit * 1 *Tim.* 1, 15: *Christus venit peccatores salvos facere, quorum primus ego sum;* ubi illud *primus* non dicit ordinem temporis (nam ante illum fuerant Matthaeus publicanus et Maria Magdalena peccatrix publica); sed significat *principalem.* Et S. Franciscus interrogatus dicebat se esse maximum peccatorem totius mundi. Nec solum auctores pii, (f. 368v) ut Bernardus, S. Vincentius, Climacus, Thomas de Kempis et alii docent illam doctrinam; sed etiam viri docti in scholastica, ut Albertus in lib. *de adhaerendo Deo,* et alii. Denique nostra regula iubet ut omnes existimemus in animo nostro superiores nobis.

Ex hoc autem quod quis existimat se omnibus viliorem, sequitur ut non possit ferre honorem et libentissime amplectatur confusionem. Exempla duo supra allata sunt; duo alia

---

[167] BONAV., *Vita S. Franc.* cap. 6: *Sur.* V 593.
[169-170] BERNARD., *Epist.* 142, 2: *ML* 182, 298; *Serm. in oct. Epiph.* 4: *ML* 183, 154; *Serm. de div.* 36, 3: *ML* 183, 638; *Serm. in Cant.* 13, 2: *ML* 183, 834. — VINC. FERR., *Instruct. de vita spir.* cap. 3. — CLIMAC., *Scal. parad.* 25: *MG* 88, 988 — THOM. KEMP., *De imit. Christi* I 7.
[171] ALBERT. M., *De adhaerendo Deo* cap. 15.
[172] *Summ. Const.* reg. 29.

nunc adferam. Unum est apud Gregorium lib. I *Dialog.*, cap. 5, de Constantio mansionario, qui accommodabat in ecclesia lampades, etc.; alterum in lib. (f. 369r) 3 de *Vitis Patrum*, 180 cap. 105, de abbate sancto, qui vocatus ut curaret aegrotum, et videns multos sibi occurrere honoris causa, ipse accedens ad quandam proximam aquam, nudavit se et coepit lavare pannos suos. Tunc is qui eum vocaverat, dixit comitibus suis: « Abbas meus stultus factus est: relinquamus eum ». Postea 185 accessit ad eum et dixit: « Quid fecisti, abba? Stultus habitus es ab omnibus ». Ille respondit: « Hoc cupiebam; nam hoc mereor, non honorem illum, quo nullo modo dignus eram ». (f. 369v)

* * *

Sequitur tertius gradus sive signum: timere Deum et 190 memorem esse omnium mandatorum eius. Nam qui vere agnoscit suam vilitatem et suam dependentiam a Deo; et quod totum suum esse et omnia bona pendent ex benigno respectu Dei: timet valde offendere eum, et ipse timor facit memorem omnium mandatorum. Contra superbi, quia non intelli-195 gunt quantum indigeant misericordia Dei, *bibunt sicut aquam iniquitatem*, ut dicit *Iob* *15, 16. Unde etiam in religione qui non sunt solliciti observare (f. 370r) regulas ostendunt se parum esse humiles. Porro incredibile est quanti fiat hic timor in Scripturis. **Psalm.* 111, 1: *Beatus vir, qui timet Dominum;* 200 *in mandatis eius cupit nimis. Iob*, cap. 28, 28, cum diu quaesivisset quid sit sapientia, concludit: *Sapientia est timor Domini; et recedere a malo, intelligentia. Et Ecclesiasticus* *19, 18: *Omnis sapientia timor Domini. Et Ecclesiastes* *12, 13: *Deum time et mandata eius observa. Hoc est enim omnis ho-*205 *mo. Isaias* 33, 6: *Divitiae salutis sapientia et scientia. Timor Domini, ipse est thesaurus eius;* et cap. 66, 2: *Ad quem aspi-*

178 Constantino mansionario: *script. manu non Bellarm.*
181 accedens *cB*: accedit *vO*.

---

177 GREG. M., *Dialog.* I 5: *ML* 77, 178.
179 *Vitae Patrum* III 118: *ML* 73, 782 coll. VI 4, 35 et VII 12, 7: *ibid.* 1020 et 1035.

ciam, nisi ad humilem et trementem sermones meos? Ps. 102,
13-17: *Sicut miseretur pater filiorum, sic misertus est Dominus timentibus se.* Et *Luc. 1, 50: Misericordia eius a progenie in progenies timentibus eum.* (f. 370v)

Quartum signum est, inimicum esse propriae voluntatis.
Nam humilis, quia se putat omnibus inferiorem, iudicat se
debere omnibus obedire et omnibus cedere. Superbus contra
vellet omnes acquiescere suae voluntati, et aliquando etiam
superiores trahere nititur ad suam voluntatem, et aegre fert
si superior non sinat se flecti; quod ex illa radice oritur, quod
iudicat se non debere contemni, etc. Hinc unusquisque cogitet, quando vel inter loquendum vult vincere, vel inter agendum vult alios sibi acquiescere, signum esse superbiae. Optimum est documentum B. Dorothei, ut per aliquot dies homo
observet se et frangat suas voluntates etiam in rebus minimis. Sic enim assuescet facile inimicum esse propriae voluntatis. (f. 371r)

* * *

Quintum signum: demissos oculos habere. Nam humilis
reputat omnes sibi superiores; et ideo ubique stat cum modestia et reverentia, ut famulus coram domino suo. Unde
etiam sancta illa Seraphim coram Deo dicuntur velare faciem
duabus alis. Superbus vero, quia superiorem se putat, neminem reveretur, etc. Hinc cogitent qui immodesti sunt vel in
schola, vel in mensa, vel in templo, etc., quantum mali sit;
cum superbiae signum sit manifestum. Maxime autem decet
religiosos haec modestia, quia profitentur poenitentiam et humilitatem. Unde Cassianus scribit monachos in mensa consuevisse demissos caputios habere, ut nihil videre possent,
nisi suam portionem. Inter religiosos autem maxime decet
iuvenes, qui aetate sunt aliis inferiores, etc. (f. 371v)

Sextum, non esse pronum ad risum. Nam risus elatus est
signum immodestiae et irreverentiae; unde coram magnis

---
220 DOROTH., *Expos. et doctr.* 14: *MG* 88. 1636.
233 CASSIAN., *De Coenob. Instit.* IV 17: *ML* 49, 177.

principibus non auditur risus elatus. Praeterea risus ob levem causam, ut ob defectus aliorum, signum est quod homo contemnit illum de quo ridet, et iudicat se esse superiorem, qui adverterit eius lapsum, etc. Unde duo simul signa superbiae sunt in eo, qui coram aliis ridet ob aliorum lapsum. Nam et irreverens est erga adstantes, et superiorem se facit illo de quo ridet. Hic notetur immodestia in schola. Nec tamen decet esse tetricum et tristem, sed laetum et serenum; sicut Dominus *exultavit spiritu*, *Luc. 10, 21; sed non legitur risisse. Et Apostolus monet saepissime ut gaudeamus et exultemus, numquam autem ut rideamus. Nam tristitia in vultu (f. 372r) potest signum esse superbiae. Qui enim contemnit alios, tristi vultu illos respicit. Est etiam signum hypocrisis iuxta illud: *Hypocritae tristes*, *Matth. 6, 16.

* * *

Septimum est non loqui sine necessitate. Hic multa dicenda essent.

Nam imprimis promptum esse ad loquendum est signum superbiae, quia locutio est interpres mentis et voluntatis. Et sic loqui proprie convenit magistro, qui debet docere, instruere, consolari, exhortari, dare consilium, etc. Convenit etiam principi et superiori qui debet imperare, prohibere, terrere, etc. Unde qui promptus est ad loquendum, facit se magistrum vel superiorem, cum tamen omnes debeant se reputare inferiores. Unde dicit Iacobus *1, 19: *Sit autem omnis homo velox ad audiendum, tardus autem ad loquendum.* (f. 372v)

In particulari omnia fere peccata linguae oriuntur ex superbia. Nam peccat, qui loquitur extra tempus, qui extra locum, qui loquitur impertinentia, qui loquitur detractoria, qui seducit simplices. Omitto enim verba obscena, periuria, blasphemias et similia, quae nec nominari debent inter nos. Qui loquitur extra tempus, usurpat sibi auctoritatem supe-

---

261-262 debeant ... inferiores *cod.*: debeat ... superiores *vO.*

rioris, et superioris supremi qui est supra regulas. Nam non potest clarius contemni regula, quam loquendo extra tempus sine necessitate, ut quidam faciunt; cum hoc fiat publice et quotidie, et regula sit clara et facilis. Et de his videtur proprie locutus *Iacobus* 1, 26, ubi ait: *Qui putat se religiosum esse, non refrenans linguam suam, *sed seducens cor suum, huius vana est religio.* Similiter loqui extra locum, ut in mensa, in schola, in ecclesia, (f. 373r) soli permittitur superiori, cuius est ordinare quae facienda sunt. Unde alii usurpant auctoritatem superioris, etc. Loqui impertinentia, nova, curiosa, etc., signum est superbiae; nimirum quod iste non cognoscit quantum negotii habere deberet pro anima sua curanda et perficienda. Tunc enim non superesset illi tempus ad ista; sed quia putat se valde sanum et plenum, ideo perdit tempus in nugis. Qui loquitur detractoria, facit se iudicem et censorem aliorum: qui enim crederet nullum se esse peiorem, certe non auderet de ullo male loqui. Qui seducit, tollendo simplicitatem et docendo politicas rationes, faciendo ut alii credant superiores artificiose procedere, etc., isti superbissimi sunt superbia diabolica: faciunt enim se magistros insipientium. Hi sunt qui secundum Apostolum, **Rom.* 16, 18, *per dulces sermones seducant corda innocentium.* Hi sunt similes Herodi, qui Christum (f. 373v) occidere voluit, et similes diabolo, qui dixit Evae **Gen.* 3, 1: *Cur praecepit vobis Deus, *ut non comederetis de omni ligno paradisi?*

Octavum est: loqui, sed paucis et submissa voce. Nam etiam superbia est, non velle loqui cum est necessarium. Sapit enim contemptum aliorum, velle intelligi per nutus. Unde S. Franciscus iudicavit superbum et illusum a diabolo quendam fratrem, qui numquam volebat loqui, sed nutibus agebat. Porro clamosa voce uti est signum superbiae contemnentis alios. Qui enim alios reverentur ut superiores, demissa

---

291-294 Hi sunt... Deus *apil*.

---

299 Bonav., *Vita S. Franc.* cap. 10: *Sur.* V 605.

voce loquuntur, sicut de magistro humilitatis legimus *Matth. 12, 19: *Non contendet, neque clamabit, nec audietur in plateis vox eius*. (f. 374r)

Nonum est fateri proprias culpas, cui adiunctum est occultare proprias virtutes. Nam verus humilis videt in se culpas et non videt virtutes, et vult haberi ab aliis qualem se habet ipse. Contra superbus iactat sua bona, et facile loquitur de suis factis, sua nobilitate, etc.; culpas autem et quae mortificare possunt, pro viribus occultat. Sed sciendum quod non tam cognoscitur humilis, quando ipse sponte confitetur culpas (quod forte facit ut habeatur humilis), quam quando reprehenditur ab aliis, et ipse admittit verum esse; sicut David reprehensus a propheta ait *2 *Reg*. 12, 13: *Peccavi Domino*. Docebat etiam Epictetus gentilis, respondendum reprehensionibus: « Non scis omnia mea mala; quia si (f. 374v) scires, multo plura diceres ».

Exemplum refert Cassianus de monacho, qui dicebat sua flagitia magna, quia putabat non credi; et non potuit ferre ut reprehenderetur de minoribus. Exemplum de occultandis virtutibus habemus in illo carbonario philosopho insigni in *Vita Gregorii Thaumaturgi*, qui occultavit sapientiam; et in S. Alexio, qui occultavit nobilitatem; et in S. Francisco, qui summo studio occultabat devotionem, etc. Et ex nostris P. Ignatius mire occultabat virtutes suas, et P. Xaverius omnia bona opera sua tribuebat aliis, etc. Nec mirum. Nam Dominus ita occultavit per triginta annos omnia dona sua, ut putaretur fabri filius, imperitus, etc. (f. 375r)

---

316 EPICTET., *Enchir*. cap. 48.
319 CASSIAN., *Collat*. 18, 11: *ML* 49, 1111.
323 GREGOR. NYSS., *Vita Greg. Thaum.*: *MG* 46, 936.
324 SYM. MET., *Vita S. Alexii*: *Sur*. IV 221-223.
326 RIBAD., *Vita Ignatii* V cap. 3; TURSELL., *Vita Franc. Xaver*. lib. VI cap. 8.
329 Cf. *Matth*. 13, 55.

* * *

Decimum est fugere singularitatem in religione. Nam proprium est domini domus velle singulariter sibi serviri in mensa et in aliis rebus: famuli autem simul omnes comedunt et incedunt, etc. Itaque qui in religione vult sibi singulariter serviri, ille vult haberi maior ceteris. V. g. unus non vult dicere Missam quando campana eum vocat, sed quando sibi placet; et si socius et sacristanus turbantur, non curat. Non vult ire ad mensam initio cum aliis, sed prope finem, et tamen vult sibi deferri omnia. Non vult cibos ordinarios, non vult sedem ordinariam, non vult servare ullam regulam, sed esse exemptus ab omnibus, etc. (f. 375v)

Undecimum, prompte obedire. Non est dubium humilitatem esse matrem obedientiae, cum scriptum sit *Deuter. 17, 12: Qui superbierit, nolens obedire* et *Philipp. 2, 8: Humiliavit semetipsum factus obediens.* Humilis enim omnibus se inferiorem iudicat; quanto magis praelato, quem scit sibi datum a Deo in patrem et ducem et magistrum. Nec solum superbia est nolle obedire, sed etiam extorquere licentias et trahere ad suam voluntatem; quia hoc est praeire ducem, et regere rectorem, etc. (f. 376r)

Duodecimum; pati dura et aspera. Patientia proprie filia est caritatis: tamen humilitas ita disponit ad patientiam, ut cum humilitate facile sit caritati imperare actum patientiae; sine humilitate sit difficillimum, ita ut saepe cum patientia perdatur et caritas. Nam humilis existimat se dignum omni labore et contemptu; et quando non habet aliam rationem, cur iuste affligatur, saltem cogitat id iustum esse, quia sic Deus vult; et tunc existimat suum locum esse illum. At superbus non potest ferre contemptum; et ideo impatiens est; et si quis adverterit, inveniet quod (f. 376v) in omni impa-

355-358 et quando ... contemptum *omis. vO.*
358 impatiens *cod.*: patiens *vO.*

tientia invenitur superbia. Nam vel murmurat intra se, quod non habeatur ratio sui meriti vel suae aetatis vel suae dignitatis vel suae infirmitatis: atque ita semper radix impatientiae est aestimatio propria. At qui vere est humilis corde, odit seipsum et cupit mortificari, et gaudet se tractari ut infimum, etc. Et hoc est maximum signum verae humilitatis, si quis non solum sine murmure, sed etiam libenter amplectatur dura et aspera; non solum corpori, sed etiam animo, cui vilia et indigna sunt aspera. Nam in reliquis facile potest decipere seipsum, ut putet se parvi se facere, et timere Deum, et odisse propriam voluntatem, etc.: at ferre dura et aspera et re- (f. 377r)pugnantia proprio honori, quando quis videt inde non se putari humilem, sed vilem, ibi non potest esse deceptio, et ideo hinc nascitur solidissimum gaudium, etc. Vide Bernardum, serm. 34 *in Cantica,* ubi pulcherrima dicit super illud *Psalm. 118, 71: Bonum mihi, quia humiliasti me,* et distinguit tres gradus, etc.

EXHORTATIO SECUNDA

Pars altera

De necessitate humilitatis

Ross. 735 f. 377r   *Ian. 1597

Iam de necessitate humilitatis. Colligitur necessitas 1° ex statu hominis, ut homo est; 2° ut Christianus est; 3° ut reli-

---

373-376 gaudium ... gradus etc. *cB* in *apim*: gaudium, ut dicit Apostolus et S. Franciscus. *la* (f. 380r!).

1 Apud Van Ortroy pp. 279-284.

5-14 Iam ... excellentiae *cB*: Iam de necessitate. Primo dicam de necessitate in genere; 2° de necessitate quam habent sacerdotes, scholares et coadiutores in particulari. Necessitas in genere colligitur: primo ab exemplis. Vide *Exhortationem* in illa verba: « Ne magnitudo revelationum extollat me », etc. *la*₄ (Lectio antiqua legitur f. 380r quod prius sequebatur folium 376v.)

6 Christianus est *cod.*: Christianus *vO.*

---

374 Bernard., *In Cant.* serm. 34, 3: *ML* 183, 960.

giosus; 4° ut Iesuinus; 5° ut talis Iesuinus, id est operarius, vel scholasticus, vel coadiutor .

* * *

Ut homo est, necessaria est illi humilitas ex duplici capite:

1° Ex innato amore excellentiae. Nam etiamsi superbia non est naturalis, quia naturales propensiones non sunt vitia, nec virtutes; tamen radix quaedam superbiae est naturalis, nimirum amor excellentiae. (f. 377*v*) Homo enim creatus est capax summae cuiusdam gloriae, ut sit similis Deo per eius visionem. Hinc est in nobis naturalis appetitus sursum eundi, quia sursum est centrum nostrum. Et quoniam voluit Deus ut ista gloria differretur, donec eam mereremur; hinc factum est, ut, dum ea differtur, facile adhaereamus cuicumque excellentiae etiam falsae et impeditivae verae excellentiae. Exemplum de nobilissimo iuvene, ob flagitia exule et paupere, qui non potest se demittere ad mendicandum vel artem vilem exercendam, et mavult dux latronum esse. Itaque humilitas est similis plantae peregrinae, quae difficulter recipitur a terra; et nisi custodiatur, defendatur, irrigetur, facile arescit. Superbia est similis urticae, quae, etc. (f. 378*r*)

2° Colligitur ex eo, quod non possumus nec debemus tollere materiam superbiae, quae sunt bona studia. Et quo magis crescit in nobis sapientia, prudentia, probitas, fortitudo, etc., eo magis crescit materia superbiae, quod in nullo alio vitio locum habet. Id quod confirmatur exemplis. Nam si B. Paulus tam sanctus et perfectus eguit stimulo carnis, ne extolleretur, ut ipse dicit *2 *Cor.* 12, 7, quid fiet de nobis? Et si primus homo sine fomite interno potuit superbire, quid etc.? Et si primus Angelus, sine fomite interno et sine tentatione externa superbivit, quid fiet de nobis vermiculis, nisi etc. (f. 378*v*)

Ut Christiani tenemur esse humiles, quia professio evangelii est professio humilitatis; licet hoc paucissimi intelligant, et videatur de nobis posse dici, quod dicit Paulus *2 Cor. 3, 15 de Iudaeis, quod *dum legitur Moses, velamen est super cordibus eorum.* Ita Christiani audiunt evangelium, surgunt, aperiunt caput, ponunt manum ad gladium, ut significent se defensuros evangelium; factis autem negant. Nam magister Christus nihil magis docuit verbo et exemplo, quam humilitatem. Unde Ecclesia in oratione dominicae Palmarum dicit: « Ad imitandum humilitatis exemplum carnem sumere et crucem subire fecisti ». Vocavit Ecclesiam *pusillum gregem* *Luc. 12, 32, non quia pauci numero esse deberent fideles, cum esset dilatanda Ecclesia per totum mundum: sed quia humiles esse voluit fideles, ut dicit Beda. Alibi vult nos esse ut oves inter lupos, dicit portam regni (f. 379r) angustam, iubet effici sicut parvulos, iubet recumbere in novissimo loco.

Ut religiosi tenemur esse adhuc humiliores, quia status religionis est status poenitentiae, mortificationis et humilitatis. Nam ideo abhorrent ab indumentis pretiosis omnes religiosi, et vovent paupertatem et obedientiam, quae sunt filiae humilitatis. Unde religiosus superbus et contendens pro honore, est mostrum in natura, compositum ex contrariis. (f. 379v)

Ut Iesuini, debemus esse humillimi, 1° quia nostra est ultima ex religionibus magnis; et ideo, ut sumus ultimi tempore, debemus aliis omnibus cedere ut maioribus fratribus. Et non sine causa vocatur « minima » Societas ab institutore, qui non solum hoc scripsit, sed etiam ita semper loqui solebat, ut referebat P. Lainez; 2° quia habemus institutorem

---

59 ex contrariis: In infimo fol. 379r sequitur spatium vacuum circiter decem linearum.

---

51 BEDA, *In Luc.* IV cap. 12: *ML* 92, 494.
51-53 Cf. *Luc.* 10, 3 (agni inter lupos); *Matth.* 7, 13-14 et *Luc.* 13, 24 (angusta porta); *Matth.* 18, 3 (parvuli); *Luc.* 14, 10 (novissimo loco).
63 Minima Societas: cf. *Constit.*: Exam. cap. 1, n. 1; p. VII cap. 4, n. 3.
65 LAYNEZ, *Exhortatio* 2 Iul. 1559 habita in aula magna domus professae: APUG 190 f. 133v: « HAEC MINIMA CONGREGATIO. Il N. P. Ignatio sempre che parlava della Compagnia la chiamava « minima ». Et questo per tre ragioni: 1° per i deboli fondamenti di essa; 2° per la virtù

humillimum, qui noluit nos vocari Ignatianos, et mire occultabat dona Dei; 3° quia profitemur specialissime obedientiam, quae est quasi species humilitatis, etc. (f. 380v).

* * *

Consideremus nunc varios gradus.

Operariis Societatis necessaria est humilitas, quia exercent officia honorifica, et si bene fungantur suo munere, acquirunt magnam auctoritatem et potentiam. Nam cum habentur docti et probi, committunt se illis magni viri et pendent ab illis; populares autem hoc ipso, quod vident illos magnifieri a nobilibus et principibus, etiam ipsi suspiciunt. Et saepe accidit ut multo maior sit opinio de talibus operariis quam revera sint, sive quoad doctrinam sive quoad bonitatem. Ego

---

68 f. 380v expunct. Cf. not. ad lin. 5-14.

---

della humiltà; 3° per la tardità del tempo. Et così si humiliava l'Apostolo dicendo: *Novissime vero tamquam abortivo visus est mihi: ego enim sum minimus Apostolorum, qui non sum dignus vocari Apostolus.* — Il Signor Nostro in ogni tempo ci ha proveduto: primo mandò li Apostoli: poi seguirono i Martyri, poi li Dottori santi, poi Monachi, Heremiti, Mendicanti, et ultimamente *tamquam novissime* all'hora undecima ha voluto mandare la nostra minima Compagnia. — Si chiama ancora « minima », perchè *inter nos,* come dice San Paulo, *non multi nobiles, non multi divites, non multi sapientes; sed infirma mundi Deus elegit, ut confundat fortia.* 1 *Cor.* 2. — Si dice ancora « minima » per la virtù dell'humiltà, che in quella ha da essere; la quale da lume all'affetto, unde humilitas dat sapientiam quanto al lume; ma quanto all'effetto fa che si amino le cose basse, procurando d'haver quella proprietà, che ha Dio, il quale *humilia respicit et alta a longe cognoscit.* Onde bene disse il Signore: *Simile est regnum caelorum grano sinapis,* che è picolissimo. Ancora il Signore chiamava i suoi discepoli: « Puxillo gregge »: *Nolite timere, puxillus grex.* Et in altra volta dice: *Nisi efficiamini sicut parvuli, non intrabitis in regnum caelorum.* Et poi etiam nel vecchio testamento troviamo, che per questa humiltà diceva Moyse al Signore: *Mitte quem missurus es*; Ioseph: *Ego minimus inter fratres meos*; et Saul: *Ego sum ex tribu Beniamin, familia minima totius tribus.* Et nella legge nova il Santo Padre Francesco chiamava li suoi « fratri del ordine de minori »; et Santo Francesco di Paula li suoi « minimi », et così ancora la nostra Compagnia si chiama: « Minima ».

ipse novi aliquos, qui aestimabantur sancti, ut etiam miraculis clarere putarentur: et tamen (f. 381r) non erant mediocriter boni, et iam sunt extra Societatem.

Scholasticis necessaria est humilitas, quia *scientia inflat,* 1 *Cor.* 8, 1: et ordinarie magis inflantur scholastici, qui incipiunt discere, quam homines docti; quia isti iam viderunt quam parva scientia haberi possit in hoc mundo. Quod autem scientia inflet, nascitur ex hoc quod homo cum perspicillis amoris proprii respicit hoc ornamentum scientiae quod habet; et non considerat quanta ipsi desint, et quantam habeant alii, etc. Porro signa hominis inflati sunt tria:

1° homo inflatus est levis, sicut pila inflata vento, et ideo facile impellitur in omnem partem, et praesertim sursum. Facile credit adulatoribus: si quis dicat eum esse doctissimum, facile credit; si addat (f. 381v) eum esse dignum promoveri ad gradus et honores, et hoc credit, etc. Unde Dominus volens ostendere Ioannem Baptistam non fuisse inflatum superbia, dixit *Matth.* 11, 7: *Quid existis in desertum videre? arundinem vento agitatam?* etc.

2° Inflati si comprimantur, mox ad nihilum rediguntur: et apparet fuisse plenos vento, non substantia. Sic superbi et inflati scientia loquuntur de virtutibus, de oratione, de prudentia, et persuadent, movent, ita ut videantur ipsi devoti, patientes, etc.; sed si tangantur et comprimantur, mox apparet quid sint. Nihil enim remanet nisi pellis.

3° Inflati evanescunt et infatuantur. *Evanuerunt in cogitationibus suis; dicentes enim se esse sapientes, stulti facti sunt,* *Rom.* 1, 21-22. Nam dum se putant scientes et doctos, non quaerunt viam ad veram scientiam: sicut qui (f. 382r) putat se sanum, non quaerit medicum. Unde Apostolus posteaquam dixerat *1 *Cor.* 8, 1: *Scientia inflat, caritas aedificat,* addidit v. 2: *Si quis autem existimat se aliquid scire, nondum cognovit quomodo oporteat eum scire,* id est, nondum cognovit, quae sit via ad veram scientiam; nondum didicit logicam, qui est modus sciendi; nondum didicit bene discurrere. Nam qui bene discurrit, considerat quod vera scientia non est in hoc mundo, sed in altero, ubi videtur causa omnium rerum.

Ad acquirendam autem illam veram scientiam, via non est meditari in Aristotele, sed meditari in lege Domini die ac nocte, et praesertim in lege caritatis. Et ideo addit Apostolus *1 *Cor.* 8, 3: *Qui autem diligit Deum, hic cognitus est ab eo,* et non dixit: « Qui diligit Deum, hic (f. 382v) cognoscit Deum ». Nam in hoc mundo potest Deus amari in se, sed non potest sciri et videri in se, sed oportet credere. Dixit ergo: *Hic cognitus est ab eo,* id est, est amicus Dei et ideo in vera via ad perfectam scientiam. Nam cum obierit et pulsaverit ad portas verae sapientiae, non dicetur ei: *Nescio vos,* **Matth.* 25, 12; sed aperietur ei ut noto et amico et domestico Dei, et sic admittetur ad lumen gloriae et ad fontem verae sapientiae.

Iam ut scientia nos non inflet, quid remedii? Non recedam a metaphora rerum quae inflant; et sunt poma et castaneae. Ut castaneae non inflent, sed nutriant, 1° necesse est ut coquantur; 2° mundentur; 3° misceatur sal et piper, quae tollunt humiditatem et frigiditatem; 4° ut comedantur cum pane.

Coquuntur (f. 383r) scientiae, quando non accipiuntur ut fructus ex arbore, per propriam electionem, sed mediante obedientia: quia sic placet Deo et superiori qui me regit. Signum huius est, quando quis est contentus studere id quod vult superior, et quando vult superior, et quantum vult superior, et quomodo vult superior. Qui autem secus faciunt, illi student ut saeculares, et accipiunt crudum cibum, etc. Et isti inflantur, ut patet experientia.

Mundantur scientiae, quando tolluntur omnes errores et turpitudines, quibus est aspersa scientia gentilium. Poetae gentiles sunt pleni fabulis et amoribus carnalibus, quasi non possint fieri pulchra carmina, nisi ista misceantur. Et tamen carmina Davidis et prophetarum mirabilia sunt, ut etiam Pru-

---

147-148 Prudentius: *ML* 59 et 60; Paulinus Nol.: *ML* 61; Avitus Alcimus Ecdicius: *ML* 59. Cf. Bell., *De Script. Eccl.*

dentii, Paulini, Alchimi, quae sunt omnia vera et honesta.
(f. 383v) Idem dico de fallaciis et imposturis oratorum gentilium, de adulationibus historicorum, de erroribus philoso-
phorum. Sed in particulari cavendae sunt homini religioso et
prudenti in Christo opiniones singulares et extravagantes in
theologia, et amplectenda via communis et tuta. Nam qui
praetendunt videri et sunt inflati, illi quaerunt singulares opiniones: at qui student ut prosint, alia via incedunt. Ideo
Congregatio generalis statuit, ut soli illi permittantur docere,
qui sunt vere addicti S. Thomae.

Porro sale discretionis condienda sunt studia, ut tantum
horis debitis studeatur et cum moderatione. Isti enim non
frangunt pectus, nec spuunt sanguinem, nec habent (f. 384r)
distractiones in oratione; et avidius accedunt ad studium, ut
illi qui non comedunt nisi tempore prandii et coenae, avidius
sumunt cibum; et denique magis proficiunt, quia mentem
habent puriorem, et Deus magis cooperatur.

Piper est studium mortificationis. Nam mortificatio pungit, sed calefacit. Et hic resistit inflationi, ut experientia docet.

Denique panis, cum quo scientia non inflat, sed aedificat,
est amor Dei et proximi. Nam, ut Augustinus dicit exponens
illud *Matth. 7, 9: Si petierit panem, numquid lapidem dabit
illi? lib. 2 Quaest, evangel. cap. 22, panis est caritas; et dicitur panis, quia sicut panis potest solus et cum aliis cibis
comedi, cum reliqui (f. 384v) cibi sine pane noceant: ita,
etc.; 2° quia sicut panis comeditur cum omnibus cibis et durat toto tempore refectionis, sive sit ientaculum sive prandium sive coena, cum reliqui cibi semper mutentur: ita, etc.;
3° quia sicut panis est cibus communis hominibus omnibus,

165-166 Piper ... docet cB: Piper est oratio et devotio. Nam studium
speculativum humanae scientiae frigefacit effectum, ut experientia docet; sed oratio calefacit etc. la.

---

156 Congreg. gen. V anni 1593: Coll. decr. 99 § 1. Cf. Le Bachelet,
Bell. a. s. Card. p. 516.
170 Aug., Quaest. Evang. II 22: ML 35, 1342.

divitibus, pauperibus, etc., cum reliqui cibi non sint communes: ita etc.

Cum isto igitur pane, qui aedificat, id est nutrit et auget hominem vera substantia, non vento, ut solae scientiae faciunt, oportet comedere castaneas, id est scientias humanas. Quis est ille, qui comedit scientias cum caritate? Qui vere studet propter Dei amorem. Ille autem vere studet propter Dei amorem, qui frequenter recordatur Dei, et dicere potest cum Propheta *Is. 26, 8: *Nomen tuum et memoriale teuum in desiderio.*

190 desiderio: ff. 385r-393v sunt vacua. Non absoluta est exhortatio: adhuc dicendum erat de fratribus coadiutoribus. Et quia folia praedicta ad eandem quaternionem pertinent, clarum est Bellarminum alia quae annuntiaverat in initio exhortationis primae (de utilitate humilitatis, de mediis eiusdem acquirendae, de humilitate Christi), numquam absolvisse.

AD VOTA RENOVATUROS

DE RENOVATIONE VOTORUM: I

Cur tria vota renovanda?

(1577 Romae in iunio et 1593 in ianuario.
Neapoli in domo 1595)

Ross. 735 f. 101r   *28 Iun. 1577

Dicturus de votorum renovatione, nihil potero novi adferre, cum toties de hac re dictum sit. Sed cum vota sint eadem quae toties renovantur, non etiam videri debet mirum, si eaedem renovantur exhortationes. Cur igitur renovatio ista fit tam saepe? Certe leges, pacta et promissa non solent renovari, nisi duabus de causis. Primo, quando de eis dubitatum est, et tandem omnes conveniunt; quomodo I *Reg.* 11, 14 quia electum Saulem in regem alii recipiebant, alii non recipiebant, et postea explorata eius fortitudine et prudentia omnes eum receperunt, dixit Samuel: *Venite et eamus in Galgala, et innovemus ibi regnum.* Secundo, quando paulatim temporis diuturnitate res oblivioni traduntur; quomodo videmus in Conciliis renovari canones antiquorum Conciliorum.

* * *

Iam promissio et pactum votorum nullum dubium habere potest, nec etiam mandatur oblivioni a Deo, nec etiam a nobis, ut videtur; cur ergo vota renovantur? Immo vero et nos obliviscimur saepe pacti, et Deus etiam, et ideo utilissima est renovatio. Sicut enim intellectus est alius theoricus, alius

---

2 Apud Van Ortroy pp. 65-71.
24-25 theoricus ... theorice *cod.*: theoreticus ... theoretice *vO.*

practicus; et multa (f. 101v) scimus theorice, quae postea non scimus redigere ad praxim: unde in *Psalm.* 118 v. 95 David ait: *Mandata tua intellexi, omnis consummationis vidi finem,* et v. 100: *Super senes intellexi,* etc.: et tamen ibidem dicit v. 19: *Non absconde a me mandata tua;* v. 12: *Doce me iustificationes tuas,* et *Psalm. 24, 4: *Vias tuas, Domine, demonstra mihi et semitas tuas edoce me.* Et D. Augustinus, in hunc Psalmum 118, explicat hanc contradictionem, dicens quod David sciebat semper quoad speculationem omnia mandata Dei, tamen non semper sciebat ea servare. De qua scientia dictum est de Christo: *Peccatum non novit,* *2 *Cor.* 5, 21. Sic ergo etiam memoria est quaedam theorica et quaedam practica. Memoria theorica non obliviscimur nos vota fecisse; nam quandocumque interrogamur an fecerimus vota, respondemus nos fecisse: at memoria practica obliviscimur. Cum enim quis invitat nos ad aliquid contra vota, eo ipso interrogat non verbo, sed opere, an habeamus votum; nos autem si sequimur invitantem, nonne opere dicimus: « Non scio me habere votum »? Cum autem nos obliviscimur servare quae promisimus, etiam Deus obliviscitur servare quae similiter promisit. *Psalm.* * 12, 1: *Usquequo Domine, obliviscieris me in finem?* Item *Psalm. 43, 24: *Oblivisceris inopiae nostrae et tribulationis nostrae.* (f. 102r)

Qui facit vota religionis, renuntiat omnibus quae possidet, et accipit solum Deum, ut dicit nostra regula, in patrem, matrem, sponsam, domum, praedium, pecunias, vestes, etc.; et e contrario Deus promittit se futurum loco horum omnium. Nec enim Deus negare potest seipsum fideliter quaerentibus. *Bonus Dominus,* inquit Ieremias *Thren.* 3, 25, *sperantibus in eum, animae quaerenti illum.* Et hinc etiam promittit centuplum pro omnibus quae reliquimus, id est seipsum, qui omnia virtualiter continet.

36-37 theorica ... theorica *cod.*: theoretica ... theoretica *vO.*
43 servare quae *cod.*: servare quod *vO.*

---

31 Aug., *In Psalm.* 118, serm. 17, 3-7: *ML* 37, 1548-1550.

At cum homo oblitus pacti convertit se ad ea quae reliquerat, et Deus obliviscitur eius ac relinquit illum. Et tunc oritur illa summa miseria, quae facit hominem carere Deo et mundo, quae figurata est per filium prodigum, qui nec fruebatur bonis paternis, nec poterat implere ventrem suum de siliquis porcorum, *Luc. 15, 16. Et videtur similis talis homo Tantalo, de quo fingunt poetae, quod habet supra se optimos fructus, infra se dulces aquas; et tamen neutra attingere potest, et in tanta copia cibi et potus moritur fame et siti. Sic malus religiosus non potest habere res mundi, quas reliquit; non potest habere res Dei, (f. 102v) quia eas non quaerit, ut oportet. Inde moritur fame et paulatim consumitur, arescit et efficitur ut lignum aridum a tineis consumptum; quod ad nihil utile est praeterquam ad ignem, ut docet Cassianus libro *de spiritu tristitiae,* cap. 3. Denique sicut vita sancti religiosi paradisum terrestrem habet in hoc mundo; ita nihil miserius vita mali religiosi, qui infernum in hoc mundo habet. Quid enim est infernus, nisi carere Deo et mundo, carere consolationibus animae et corporis? Quoniam igitur tam magnum malum oritur ex oblivione pacti cum Deo, inde utilissime institutum est, ut certis temporibus, quando verisimile est irrepere potuisse illam oblivionem, revocetur pactum. Et si quid rerum alienarum intravit in anima, eiciatur per confessionem, et rursum unio et pax cum Deo reformetur. Quomodo videmus nautas, cum per aliquod tempus navigaverunt, exhaurire aquam, quae paulatim intravit; et deinde iterum stupa vel pice claudere rimas, ut sic tandem saepius navim purgando et renovando, eam ad portum perducant.

Nunc, ne forte aliqui simpliciores obliviscantur interdum voti sui et non intelligant se oblivisci, explicemus breviter quid sint (f. 103r) ista vota.

---

59 oritur *cod.*: erit *vO*.
61 suum de *cod.*: suum *vO*.

---

70 Cassian., *De Coenob. instit.* IX cap. 3: *ML* 49, 354.

* * *

Quid est vovere paupertatem? Est renuntiare omnibus quae possidet. Quid est renuntiare omnibus? Finge hominem mendicum in platea te videre, qui non habeat parentes nec affines, nec domum nec vestes nec cibos nec pecunias, nec aliud quidquam, sed totus pendeat a misericordia aliorum. Iste pauper, quia vere et omnino pauper est, habet unam proprietatem, quod numquam litigat. Intelligit enim se super nullam rem ius habere. Itaque si detur ei panis, vinum, vestes, non conqueritur si non dentur maiora vel plura. Si accipiat commodato domum aut libros aut lectum, non murmurat, si postea ista auferantur, quia scit non esse sua. Haec est vera paupertas, sed nondum religiosa paupertas, nisi accedat electio: nimirum ut velit talis esse etiamsi posset esse aliter, immo gaudeat se talem esse, timeat ditescere, cupiat augere in dies paupertatem, ut ii qui profitentur philosophiam, theologiam, etc. Unde scribit Bonaventura in Vita S. Francisci, quod ille, quando occurrebat alicui peius induto, quam ipse esset, totus erubescebat dicens: « Ecce nos profitemur paupertatem, et tamen iste in ea nos vincit, qui eam non profitetur ». (f. 103v)

Hinc ergo unusquisque videat an aliquando obliviscatur voti. Consideret illas duas conditiones paupertatis: prima, an litiget et murmuret pro ulla re externa? — secunda, an revera gaudeat et glorietur in paupertate? An contra quaerat commoditatem, res superfluas, res meliores, res multiplicatas? Etsi enim ista saepe cum licentia habentur, tamen repugnant perfectioni huius virtutis, et impediunt viam ad acquisitionem verae virtutis paupertatis; quae est virtus moralis et acquiritur exercitio, sicut de humilitate dicit divus Bernardus, quod acquiritur per humiliationem.

At fortasse non multum refert huius virtutis perfectio? Immo est fundamentum vitae perfectae, et, ut inquit D. Fran-

---

[103] Bonav., *Vita S. Franc.* cap. 7: *Sur.* V 596.
[115] Bernard., *Epist.* 87, 11: *ML* 182, 217.
[118-119] Bonav., *Vita S. Franc.* cap. 7: *Sur.* V 595.

ciscus, thesaurus incognitus. Quid enim est quod impedit ne anima nostra in Deum feratur et conversatio nostra in caelis sit, nisi quia aliquid habet in terra, ut pulchre explicat Basilius, q. 8 ex *fuse explicatis;* ubi etiam dicit hanc perfectionem comparatam a Domino cum illa pretiosa margarita, quae non potuit emi nisi venditis omnibus. *Ubi enim est thesaurus tuus, ibi est cor tuum,* *Matth. 6, 21. Unde etiam abbas Isaac, apud Cassianum, *Collat.* 9 c. 4 et 5, comparat animam levissimae plumae, quae a minimo flatu (f. 104r) sursum elevatur, nisi humore aut luto aliquo gravetur; si autem vel una gutta aquae aspergatur, mox ad terram deprimitur. Ita, etc. ... Unde Dominus **Luc.* 21, 34: *Videte ne graventur corda vestra crapula et ebrietate, et curis huius mundi.* Porro curas huius mundi definiebant sancti illi monachi, ut ibidem Isaac dicit, id omne quod religiosus quaerit ultra necessitatem.

Et ut intelligeremus a diabolo esse eiusmodi curas, ponit cap. 6, ibid., *Collat.* 9, Cassianus exemplum. Quidam, inquit, probatissimus seniorum cum transiret iuxta cellam fratris cuiusdam, qui hac animi aegritudine laborabat, utpote qui in extruendis reparandisque superfluis inquietus quotidianis distentionibus desudaret; eminus conspexit eum gravi malleo saxum durissimum conterentem; viditque Aethiopem quendam astantem illi, et una cum illo iunctis manibus ictus mallei illidentem, eumque ad operis illius instantiam ignitis facibus instigantem; adeo ut cum nimia lassitudine fatigatus frater requiescere et finem operi voluisset imponere, tamen instigatione spiritus illius animatus iterum resumere malleum, nec desinere ab intentione coepti operis urgeretur. *Collat.* 9 cap. 5. (f. 104v)

* * *

Iam de castitate. Quid est vovere castitatem? Facile est dicere. Est non solum promittere continentiam a fornicatione,

---
121-122 Basil., *Reg. fuse explic.* q. 8, 2: *MG* 31, 937.
126 Cassian., *Collat.* IX 4-5: *ML* 49, 774-775.
135 Cassian., *Collat.* IX 6: *ML* 49, 777.
146 Cassian., *Collat.* IX 5: *ML* 49, 775.

adulterio, etc., sed etiam a licitis nuptiis. Est enim castrare se ipsum propter regnum caelorum. Sed ut videamus an numquam obliviscamur voti, considerandus est finis huius voti, qui quidem duplex est, ut explicat sanctus Basilius in prooemio *Constitutionum monasticarum.*

Unus est ut refrenetur et exstinguatur, si fieri possit, concupiscentia carnis. Neque enim virginitas est virtus, quia privat hominem generatione, sed quia resistit concupiscentiae. Unde in paradiso terrestri non fuisset virtus virginitas, quia ibi fuisset matrimonium sine concupiscentia. At nunc est maxima virtus; quam Christus et B. Virgo et multi Apostolorum et Sanctorum verbo et exemplo docuerunt. Porro resistere concupiscentiae non solum est gloriosum propter difficultatem praelii, sed etiam est utilissimum ad perfectionem. Nam concupiscentiae, ut *ibidem* habet Basilius, reddunt animam turbulentam, inquietam et ineptam ad unionem cum Deo. Ut enim in fonte aliquo, quando movetur terra quae est in fundo, ascendunt pulveres, qui aquam turbant; et sicut ex terra humida ascendunt vapores, qui aërem (f. 105r) nubibus obducunt et radios solis impediunt: ita motus carnis et concupiscentiae turbant et obscurant mentem, ne radios divinae lucis recipere possit. *Nam beati mundo corde, quoniam ipsi Deum videbunt,* **Matth.* 5, 8. Votum ergo castitatis ad hoc fit ut comprimantur concupiscentiae, et terra carnis nostrae paulatim siccetur, et consequenter caelum animae serenetur.

Alter finis est ut homo liberetur ab amore carnali et cura multarum personarum, uxoris, filiorum, famulorum, ancillarum, etc. Paupertas enim liberat ab amore rerum; castitas ab amore personarum, qui est ut plurimum acrior et

---

[160] quam Christus *cod.*: quod Christus *vO.*
[177-178] famulorum, ancillarum, etc. *cB*: consanguineorum, affinium quae sunt compedes. *la.*

[153-154] BASIL., *Const. Monach.*, prol. 1-2; *MG* 31, 1324.
[164] BASIL., *Const. Monach.* prol. 1-2: *MG* 31, 1324.

molestior, utpote magis intimus et naturalis. Unde recte
Apostolus dicit virum coniugatum esse divisum et non posse,
etiamsi velit, dare operam ut soli Deo placeat. Et Basilius
vocat nuptias compedes et tricas; et Dionysius et Cassianus
inde deducunt nomen monachi. Iam ergo qui sine uxore est,
tamen non dat operam frenandae concupiscentiae, sed alit
prava desideria, pascit libenter sensualitatem oculorum, aurium, narium, gulae: is dici potest oblitus propositi sui. Si
enim recordaretur cur uxorem habere noluerit, etiam recordaretur mortificare passionem carnis. Et similiter qui sine
uxore et liberis est, tamen occupatur circa curam uxoris et
filiorum alicuius alterius affinis, vel amici; quid ei prodest
votum? (f. 105v)

* * *

Veniamus ad votum obedientiae, quod est praecipuum.
Quid est vovere obedientiam? Est abnegare seipsum, id
est renuntiare iudicio proprio et voluntati, ac dicere: Hactenus vos habui pro ducibus; nunc renuntio vobis, et volo
alium ducem. Vos habui pro causa principali actionum mea-
rum: nunc volo ut sitis instrumenta alterius. Et hoc modo
proprie homo fit servus Dei, cum fit instrumentum animatum eius. Ut enim ait Aristoteles, instrumentum est servus
inanimatus, et servus est instrumentum animatum. Quid requiritur ad bonum instrumentum? Requiruntur duo: 1° ut
sit bene dispositum; 2° ut facile moveatur a causa principali.
Et hoc secundum est magis necessarium. Nam si v. g. habeas
calamum optime temperatum, sed habeat hoc vitium quod,
cum vis scribere *a*, scribat *b;* cum tu vis *b*, scribat *a;* calamus quidem pulchras litteras facit, sed quorsum? Quid prodest? At si male sit temperatus, sed tamen obediat manui,
faciet quidem turpes litteras, tamen intelligetur quod scribitur.

Utinam hoc bene intelligeretur in religionibus! Hinc vi-

---

[182] Basil., *Const. Monach.*, prol. 2: *MG* 31, 1324.
[183] Dionys. Areop., *Eccles. Hier.* VI 3: *MG* 3, 533; Cassian., *Collat.* XVIII 5:*MG* 49, 1096-1099.
[200] Aristot., *Eth. Nic.* VIII 11 (13) 6 p. 1161.

debis an obliviscaris (f. 106r) voti. Da mihi hominem boni ingenii, aptum ad omnia; sed qui cum applicatur ad philosophiam, ille, neglecto eo studio, dat operam poesi, etc.,: nonne obliviscitur se esse instrumentum? Da mihi alium iam doctum, qui potest docere, contionari, etc.; sed cum iubetur docere, velit contionari, aut e contrario: nonne obliviscitur se esse instrumentum et perdit tempus? O recte contionatur. Esto, sed quorsum? Et hinc est quod postea non succedunt opera nostra. Deus enim, cum videt instrumentum velle fungi officio causae principalis, non concurrit, deserit, dicit: « Tu vis per te facere, facias. Videbimus, quam recte facies ».

Est autem haec virtus nobis prae ceteris necessaria. Nam hac sublata, non video quid faciamus pro Deo. Ceteri enim religiosi vel ieiunant saepe vel male vestiuntur vel frequenter disciplinas faciunt; aut semper cilicia gestant aut servant silentium aut inclusi manent semper domi, et omnes fere surgunt de nocte ad officia. Nos bene comedimus, bene vestimur, bene dormimus, colloquimur frequenter, facile egredimur, non habemus ex obligatione disciplinas nec cilicia; et multi ex nobis melius hic vivunt, quam domi suae fecissent. Si ergo cum his omnibus non obedimus, sed applicati ad unum, nos facimus (f. 106v) aliud, quae erit merces nostra? Vereor sane ne poenam pro praemio exspectare debeamus. Quid enim dicemus Deo petenti: Quid fecisti boni? At si hanc unam virtutem exacte servaverimus, non est quod ullis religiosis invideamus. Est enim difficillima et gratissima Deo. Non enim magnum est pauperem esse. Quid est contemnere ea quae sunt extra nos? Neque magnum est esse castum, et corpus domare quod naturaliter servum est. At esse obedientem, domare et in servitutem redigere intellectum et voluntatem, quae naturaliter sunt libera et dominii atque imperii appetentes: hoc magnum est. Unde plurimi inventi sunt et inveniuntur qui possunt disciplinas facere et ieiunare, qui postea

---

221 quam *cod.*: quid *vO.*
224 vestiuntur *corr. vO.*: vestiunt *cod.*

non possunt obedire. Et experientia docet difficillius esse perseverare apud nos, ubi nulla fere est austeritas, quam in aliis religionibus etiam maxime austeris.

Cum ergo haec ita sint, accendamur, quaeso, ad hanc tam gloriosam victoriam. Et si hactenus dormivimus et obliti sumus exacte servare quod promisimus, renovemus propositum. Navigavimus his sex mensibus; quisque videat quantum aquae intraverit, et diligenter effundat. *Effundite coram illo corda vestra,* *Psalm. 61, 9. Effundamus aquam peccatorum, affectionum, etc., et renovemus navim animae, claudendo omnia foramina, id est tollendo omnes occasiones imperfectionis; ita fiet ut ad portum laeti perveniamus etc. Amen. (f. 107r)

IN RENOVATIONE VOTORUM: II

Exhortatio prima

*De sequela Christi ducis.

*Ross. 735 f. 334r   1596. In collegio Neapolitano, *Iun.

Si quis vult venire post me, abneget semetipsum, tollat crucem suam et sequatur me, Matth. 16, 24.

Habere Christum ducem itineris et socium in via, sine dubio res est utilissima. Nam necesse est, velimus, nolimus, ambulare et pervenire ad certum terminum. Vita haec praesens est quaedam via; et sicut in via occurrunt varia commoda et incommoda omnibus omnino itinerantibus, montes, planities, lutum, saxa, arena, silvae, flumina, regiones pulchrae, pericula latronum, bona hospitia, mala hospitia, etc.: ita in hac vita semper variantur prosperitates et adversitates.

---

255 etc. *cod.*: vitae *vO*.
2 Apud Van Ortroy pp. 253-259.
4 1596 ... Neapolitano *cB*: Nolae 1596 *la*.

Similiter necesse est pervenire ad mortem, et per mortem ad regnum (f. 334*v*) vel ad carceres perpetuos.

Ratione utriusque, id est viae et termini, nihil melius quam habere Christum ducem itineris. Ipse enim scit optime viam, cum de caelo descenderit et rursus ad caelum ascenderit. Ipse potest eripere de omnibus periculis, quia *data est illi omnis potestas in caelo et in terra,* **Matth.* 28, 18. Ipse reficere et consolari potest, quia *diffusa est gratia in labiis eius,* **Psalm.* 44, 3. *Nonne cor nostrum ardens erat in nobis, dum loqueretur in via?* **Luc.* 24, 32; et: *Curremus in odorem unguentorum tuorum,* **Cant.* 1, 3. Denique in termino viae solus iuvare potest, quia est Dominus gloriae et regnum possidet multis titulis: titulo hereditatis, iure emptionis et iure belli. Notum est quantum profuerit Tobiae comitatus vel ducatus angeli Raphaelis, multo igitur magis proderit du-(f. 335*r*)catus Regis Angelorum.

Sed quia Christus nunc non videtur, nec scimus quomodo possimus ire post ipsum; ideo ipse nos docet, ac tria dicit facienda, quorum unum est finis alterius: 1° dicit: *abneget semetipsum;* 2° *tollat crucem,* quod est medium ad abnegationem, sicut crucifixio ad mortem; 3° *sequatur me,* quod est medium utilissimum ad libenter ferendam crucem.

* * *

1° Igitur oportet abnegare se, id est habere seipsum loco hominis extranei et incogniti, vel mortui, vel inimici. Sic Petrus abnegavit Christum, quando dixit: *Non novi hunc hominem* **Matth.* 26, 72. Itaque quod suggerit caro vel etiam ratio corrupta, audiendum est quomodo si audires consilium extranei, vel hostis a quo times decipi. Item cum occurrit

---

³⁰ Regis Angelorum: *sBe* Itaque non est laborandum, ut persuadeamus hominibus, ut velint ire post Christum. Sed quia Christus non adest visibiliter, laborandum est, ut intelligamus, quomodo fieri possit, ut eamus post ipsum. Hoc nos docet in praesenti sententia: Si quis vult etc. Docet autem primo, quid faciendum sit; 2° quae suppositio requiratur ad illud faciendum. Quid est faciendum? Tollat crucem suam, quod est primum medium ad hoc; abneget semetipsum

aliquid patiendum, sic ferendum est, ac si illud fieret homini tibi incognito, vel inimico. Haec est mortificatio hominis ve-
45 teris, hoc odium sanctum sui. Et sicut pro mortuo non quaeritur uxor, nec (f. 335v) dignitas, nec recreatio: ita etc.

Hoc autem licet durissimum sit, tamen esse bonum patet primo Scriptura. Nam, ut Petrus dicit *1 *Ep.* 2, 11, *carnalia desideria militant adversus animam;* ut Paulus dicit *Rom.
50 7, 23: *Lex membrorum repugnat legi mentis;* *ib. 8, 7: *Prudentia carnis inimica est Deo;* *Gal. 5, 17: *Caro concupiscit contra spiritum.* Nomine autem carnis intelligitur totus homo, ut ducitur principiis mere humanis. Et Ioannes dicit *1 *Ep.* 2, 16, concupiscentiam carnis non esse ex Deo. Secundo
55 patet exemplis Sanctorum, qui omnes fuerunt hostes carnis suae, ita ut S. Bernardus nec aquam ad satietatem biberet, ut dicit Serm. 66 *in Cantica.* Tertio ratione. Nam non potest formari Christus in nobis, nisi moriatur Adam; non potest resurgere nova vita, nisi moriatur vetus; non potest amor Dei
60 implere cor nostrum, nisi effundatur amor mundi. Nisi granum frumenti moriatur, numquam nascitur spica.

Quod in *Summario* habetur in reg. 11, ubi dicitur quod oportet omnino et non ex parte horrere quod mundus amat, et amare quod mundus horret; quod si quis attente consideret,
65 videbit se fortasse nondum inchoasse vitam spiritualem, nondum se esse conversum ad Deum, sed decepisse seipsum umbra quadam externae religionis.

Altera ratio est, quia sumus infirmi et passionati, etc. (f. 337r)

* * *

70 Veniamus ad 2um: *Tollat crucem suam.* Tollenda igitur est propria crux. Nomine crucis intelligitur obligatio quaecumque: sive legis Dei, quae est communis omnibus, sive votorum, quae sunt leges particulares et includunt in se legem Dei, et aliquid amplius. Nos intelligemus vota nostra (f. 337v)
75 per crucem. Crux enim ex tribus lignis constabat, uno susti-

---

56 BERNARD., *In Cantic.* serm. 66. 5: *ML* 183, 1097.
62 *Summar. Constit.,* reg. 11.

nente brachia, altero sustinente pedes in modum scabelli, ut Ireneus tradit, lib. 2 cap. 42, tertio sustinente corpus. Primum significat obedientiam, quae tenet brachia et manus, id est opera. Secundum significat castitatem quae tenet pedes, id est affectus et concupiscentias carnales. Tertium paupertatem, quae tenet totum corpus pendens et adhaerens ligno angustissimo et durissimo. Paupertas enim consistit in habendis paucis et vilibus.

Rursus crux est gravis cum portatur, est dolorosa cum portat, est ignominiosa utroque modo. Gravitas significat obedientiam: *Imposuisti homines super capita nostra*, *Psalm. 65, 12. Cruciatus castitatem, quia tolerantur ardores et incentiva libidinis. Denique ignominia paupertatem: (f. 338r) nihil enim magis erubescunt homines, quam pauperes videri. Non erubescunt videri casti, nec servi; immo sponte dicunt se esse servos, et subscribunt in litteris: at laceri incedere et mendicare erubescunt. *Fodere*, inquit, *non valeo, mendicare erubesco*, *Luc. 16, 3; et multi in viis tecti capite mendicant. Dicit igitur Christus cupienti suum ducatum et comitatum: *Tolle crucem tuam.*

Nota singula verba. *Tolle,* sponte, voluntarie, non sicut Simon Cyrenaeus. Qui enim coacti obediunt vel sunt pauperes aut coelibes, non habent Christum ducem. Unde dicitur: *Matth. 5, 3: *Beati pauperes spiritu;* et *ib. 19, 12: *Sunt qui se castraverunt* *propter regnum caelorum: *qui potest capere capiat.* Nec solum non habent Christum ducem, qui in saeculo sine votis inviti sunt pauperes, coelibes, et obedientes, ut qui sunt in triremibus: (f. 338v) sed etiam qui in religione inviti servant vota.

Crucem. Hoc verbum indicat vota esse gravia et dolorosa ex natura sua; et licet caritas et gratia illa alleviet, tamen sunt gravia ex se. Unde Dominus utens alia metaphora in

---

84 est dolorosa *cod.*: dolorosa *vO.*

---

77 Iren., *Adv. Haer.*, II 24, 4: *MG* 7, 794-795.
106 caritas *cod.*: Christus *vO.*

eadem re declaranda, dixit *Matth.* 11, 30 *iugum suum esse
suave et onus leve.* Non negavit esse iugum et onus, sed addidit esse suave et leve, quamvis revera maneat iugum et onus.
Itaque in vero religioso iungenda sunt haec duo, ut vota sint
et sentiantur crux et iugum et onus, id est repugnantia naturae et carni ac sensibus; tamen sint suavia et levia, quia
per gratiam homo libenter patiatur repugnantia naturae, etc.
Hinc disci(f. 339r)mus obedientiam illam non esse crucem,
cum quis cum licentia facit quod vult, quia hoc non est grave
ullo modo. O quot in hac re decipiuntur! Sic etiam paupertas
illa non est crux, cum quis nihil habet proprium, sed cum
licentia habet omnia quae desiderat, vestes, libros, cubiculum, etc., et ea ornata et pulchra ut vult. Sic illa castitas
non est crux, cum quis non studet frenare concupiscentias,
sed cum licentia vel etiam sine licentia dormit quantum vult,
bibit quando vult, comedit quod vult, spatiatur quando vult,
recreationes quaerit et impetrat, quando vult. Ut igitur sit
crux, ut minimum requiritur ut quis sit contentus in paupertate et castitate iis quae dantur, et non quaerat plura nec
meliora: quamvis Sancti, ut vere portarent crucem, (f. 339v)
non solum non dabant carni quod optabat, sed dabant contraria, etc.

Suam. Quisque debet suam tollere, non alienam. Obedientiam debet quisque facere secundum officium sibi commissum. Qui cupit mutare officium, non tollit crucem suam.
Qui habens unum officium, implicat se aliis negotiis, unde
officium non bene impletur: non tollit crucem suam. Qui sollicitus est quid alii facere debeant et non quid ipse: non tollit
crucem suam.

Et hinc est mira perversio. Nam ut plurimum solliciti
sumus et anxiamur, quod alii non se bene gerant erga nos;
et non cogitamus quid nos facere oporteat. Verbi gratia, tentatur aliquis contra supe(f. 340r)riorem, quod sit durus, partialis etc., et dicit: « Ubi est caritas Societatis? » Hoc non est
tuum officium, iudicare vel corrigere superiorem. Tua crux
est, obedire et pati, etiam iniuste, sicut Christus fecit. Unde

non deberes dicere: « Ubi est caritas Societatis? », sed: « Ubi est obedientia Societatis? » vel: « Ubi est caritas, quae secundum Apostolum patiens est, omnia suffert, omnia sustinet? » Sic tentatur contra fratrem, quod falso eum detulerit, quod irriserit, etc. Non est hoc eius officium, sed optare falsa testimonia, iniurias, etc., ut dicit regula 11. Denique multa hinc pendent. Nam multi etiam non laesi, murmurant de aliis, quod non sint disciplinati, humiles, veraces, caritativi: et tamen non cogitant se non esse visitatores, sed subditos, quibus convenit attendere sibi et de aliis bene sentire.

Idem iam de paupertate, debet quisque tollere suam crucem, (f. 340v) id est amare paupertatem sibi proportionatam. Si velit coadiutor vel novitius longam vestem, et sacerdos brevem et indecentem: neuter tollit crucem suam. Diversitas vestium sequitur diversitatem officiorum, non personarum merita aut nobilitatem, etc.; et hoc idem videmus in saeculo varie homines vestiri pro officiorum varietate. Sed etiam circa lectos: qui non est contentus modo Societatis, sed cupit meliora vel deteriora, ut stragula Capucinorum, non tollit crucem suam.

Sic etiam castitatem, quatenus includit privationem delectationum corporalium et puritatem animae, debet quisque accipere sibi proportionatam. Nam si quis vocatus ad iuvandos proximos, praetextu (f. 341r) puritatis nollet audire confessiones feminarum, nollet versari cum saecularibus, nollet venire ad recreationem: is non tolleret crucem suam. Sic e contrario, etc. (f. 342r)

---

170 contrario etc.: *sBe* Iam ut tollamus, sicut oportet, crucem nostram, i. e. servemus vota nostra, duo sunt optima remedia: primum abnegare se ipsum; 2° sequi Christum. Abnegare est renuntiare proprio iudicio in rebus propriis, imo illud pro inimico et noxio habere. Haec enim est tota causa, quod quis non servat vota aut servat cum difficultate, quia non odit se sancto odio, et non spernit iudicium suum. Si quis enim certo crederet melius sibi esse, quod statuit superior, quam

---

146 Cf. 1 *Cor.* 12, 7.
149 *Summar. Constit.*, reg. 11.

* * *

Ad tollendam crucem incredibiliter prodest quod sequitur: *Et sequatur me.* Id enim significat, ut numquam removeamus oculos ab ipso, id est, in omnibus quae facimus, quae dicimus, quae patimur, inspiciamus exemplum eius. Ipse enim in omnibus nos docuit, locutus est semper utilia, fecit semper optima et mirabilia, passus est indigna. Locutus est utilia cum summa prudentia, fecit bona cum summa benignitate, passus est mala cum summa patientia. Ipse fuit idea pauperum, castorum et obedientium, ut ostendimus hac hieme praeterita in multis exhortationibus. Sed praecipue fuit (f. 342v) idea abnegantium se et amantium quae mundus odit, et odientium quae mundus amat. *Ipse enim non sibi placuit,* ut ait Apostolus **Rom.* 15, 3, numquam quaesivit propria commoda, sed e contrario satiatus est opprobriis, et passus est quae alii inferebant mala, ac si inferrentur extraneo vel inimico eius, etc. Unde dicebat Iacobo et Ioanni, qui volebant sedere cum ipso in gloria (**Matth.* 20, 22; *Marc.* 10, 38): *Potestis bibere calicem, quem ego bibiturus sum,* (f. 336r) et *baptismo, quo ego baptizor, baptizari*?: ac si dicat: Ad gloriam non itur, nisi per passionem et mortem. Sic etiam ad gloriam in

quod ipse iudicat (f. 341v), non laboraret in obediendo, nec in assumenda mensura rerum, quam regula vel superior definivit. Ut autem quis abneget se, multum prodest, si cogitet, se esse infirmum. Infirmi enim non bene iudicant de rebus suis. Item se esse passionatum; omnes enim aliquid habent amoris proprii passionati, aut non recte iudicant. Denique hoc esse praeceptum Sanctorum omnium et ipsius Christi. Et cum occurrit tentatio, et quis iudicat sibi aliquid expedire contra id quod iudicat superior, tunc dicat: nunc tempus est obediendi Christo dicenti: « Abneget semetipsum ».

171-213 Ad tollendum ... carnem etc.: *peroratio posterius redacta cum fragmento fol.* 336. Cf. not. ad lin. 186-200.

177 bona *cod.*: bonum *vO.*

178-180 Exhortationes iam non exsistunt.

186-200 Unde ... totos mutari: *nmB* Ponantur hic, quae supra lineis inclusa (f. 336r-v). — *Omisi*: « Hinc de S. Iacobo et Ioanne quaerentibus primas sedes in regno Dominus ait: Potestis bibere calicem quem ego bibiturus sum? », quia fere eadem iam habentur f. 342v.

hoc mundo, id est ad perfectionem vitae spiritualis, non itur
nisi per mortificationem, et eam duplicem: internam et externam,
sive sponte susceptam et ab aliis illatam. Baptismus
enim est lotio externa, calix est potio interna. Christus externa
habuit, calumnias, contradictiones, verbera, etc.; interna 195
erat oratio continua in montibus, tota nocte, pro peccatoribus;
in qua fundebat (f. 336v) flumina lacrimarum, sicut in horto
sudorem sanguineum, quia ipse perfecte cognoscebat gravitatem
peccatorum. Ita igitur nobis necesse est interius et exterius
mortificari, et totos mutari. (f. 342v med.) 200

Ita nos debemus tolerare omnia mala externa, et intus
habere perpetuam sollicitudinem pro salute nostra, timentes
offendere Deum, sitientes iustitiam pro peccatis commissis,
solliciti servare regulas silentii et alias. (f. 343r) Et quia difficile
est Christum sequi, quia ipse *exultavit ut gigas ad currendam* 205
viam, *Psalm. 18, 6, dicamus illi: *Trahe nos post*
te. Hoc dicit sponsa *Cant. 1, 3, id est anima perfecta; quanto
magis nos imperfecti! Itaque orationi insistamus et dicamus:
Trahe nos etiam invitos, stracinandoci per terra, per fango
et per spine di confusioni et mortificationi, ma molto più 210
tirandoci con l'odore e co'l gusto dei beni eterni. Sic enim
curremus in odorem unguentorum tuorum, *Cant. 1, 3. O
quam facile est gustato spiritu relinquere carnem, etc.

[213] carnem etc.: ff. 343-345 vacua.

IN EADEM RENOVATIONE VOTORUM

Exhortatio secunda

De officio religiosi

1596. In collegio Neapoli, Barii et Salerni.
In monasterio Sanctae Mariae, 1602.

Ross. f. 346r   *Iun. 1596*

Dicam de officio religiosi. Id cognoscitur ex nominibus, quae sunt: 1° θεραπευτής, id est cultor, sive religiosus; 2° regularis, sive canonicus; 3° monachus; 4° ἱκέτης, id est supplex sive orator; 5° ἀσκητής, id est exercitator, sive pugil. Primum nomen est antiquissimum; nam invenitur apud Philonem in libro *de vita theorica supplicum*, et apud Dionysium cap. 6 *Eccles. hierarch.*, et continet supremum officium religiosi. (f. 346v) Secundum nomen invenitur apud Basilium et Chrysostomum, et passim in Conciliis et epistolis Pontificum; et continet secundum officium, quod est medium ad primum officium. Tertium nomen invenitur apud omnes scriptores graecos et latinos, et pro eodem accipit Chrysostomus et Nilus nomen philosophi; et hoc est tertium officium religiosi,

2 Apud Van Ortroy pp. 260-264.
8 quae sunt *omis. vO*.
9-10 3° monachus ... ἀσκητής *cB*: 3° frater, 4° monachus, 5° anachoreta, 6° ἱκέτης, id est supplex sive orator, 7° ἀσκητής, *la*.
19 philosophi: *sBe* quia eum locum tenent in Ecclesia monachi, quod apud ethnicos philosophi, qui erant contemptores mundi et toti incumbebant sapientiae.

7-10 Cf. *Controv. de monachis* cap. 1: de nomine Monastices.
8-12 cultor: Philo, *De vita theor.* 1 p. 471; Dionys., Ar., *Hier. Eccl.* VI 3: *MG* 3, 533:
9-14 canonicus: Basil., *Epist.* 52, 1; 173, 1; 188, 6: *MG* 32, 392, 648, 673.
18-19 philosophus: Chrysost., *Contra vitup. vit. mon.* 2: *MG* 47, 320 cum nota et passim; Nilus, *De mon. exercit.* I: *MG* 79, 720.

et est medium ad secundum. Quartum nomen est (f. 347r) apud Philonem in libro citato. Quintum nomen est apud Basilium, qui inde ascetica nominavit libros *de institutione monachorum*. Et haec duo nomina continent duo officia, quae sunt efficax medium ad officium tertium, et per consequens ad secundum et primum.

* * *

Igitur primum officium est finis aliorum omnium officiorum, et habet pro fine ipsam perfectionem, id est perfectam caritatem, qua quis amet perfecte Deum et summe desideret illi placere, illi uniri, in eum transformari, etc. (f. 347v) Est autem officium hoc diligenter Deum colere. Et cum saeculares colant Deum ex parte, ex parte autem colant agros, rempublicam, parentes, etc.; religiosus solum Deum colit. Imitatur enim caelestem Hierusalem, quae relictis omnibus aliis curis tota vacat laudibus Dei; et si forte rebus nostris intersunt, ut angeli custodes, tamen id faciunt sine ullo suo interesse, ob solam gloriam Dei. Oportet igitur ut, quotiescumque aliquid est faciendum, cogitet sitne ad gloriam Dei id facere vel omittere; et quod est ad glo(f. 348r)riam Dei, omnino facere, non obstante quolibet timore; et semper considerare, ex iis quae sunt ad gloriam Dei, quod est ad maiorem gloriam, et hoc semper facere, non obstante quolibet damno proprio. Hoc faciebat P. Ignatius, unde sunt omnes Constitutiones plenae illis vocibus: « Ad maiorem Dei gloriam ».

* * *

Ut hoc primum officium exerceatur, nullum est efficacius medium, quam secundum officium, id est *regularem* esse. Dicitur regularis, qui in omnibus actionibus sequitur regulam

---

20 (9), supplex: Philo, *Quomodo omnis probus liber sit* (non invenitur in libro *de vita theor.*)
21 (10) exercitator: Basil., *Sermones asceticae* (= de rebus monasticis): *MG* 31, 619; *Const. Monast.* cap. 17-34 passim: *MG* 31, 1418.
42-43 *Constitut. S. I.*, ed. 1937 p. 320.

obedientiae, praesertim (f. 348*v*) votivae. Qui enim omnia facit ex voto obedientiae, in omnibus honorat Deum, ac si sacrificia illi offerret; immo magis, cum scriptum sit *1 *Reg.* 15, 22: *Obedientiam volo, non sacrificium*. Et ratio est triplex: prima quia in nulla re magis ostenditur maiestas principum in hoc mundo, quam quod obeditur ministris ipsorum, etiam infimis et inermibus; ut cum satellites parvo baculo sistunt magnos dominos, etc. Ita igitur, etc. Secunda, quia illa potestas principum exercetur rarissime; at in religione exercetur quotidie in rebus omnibus. Tertia, quia illi subiciunt corpus, non (f. 349*r*) voluntatem; at hic ipsa voluntas subicitur, et damus Deo optimum quod habemus. Unde sapienter dixit Gregorius meliorem esse obedientiam quam victimas, quia per victimas aliena caro, per obedientiam voluntas propria mactatur. Et licet sacrificium Missae sit multo nobilius, tamen illud offerimus in persona Christi. At in persona nostra nihil offerre possumus maius propria voluntate. Itaque certi sumus, si obedientes sumus, nos in omni actione sacrificare Deo, et per hoc facere quod est ad gloriam eius, et per hoc esse veros religiosos. (f. 349*v*)

* * *

Ut officium secundum exerceatur, optimum medium est officium tertium, quod significatur per nomen *monachi*, et *anachoretae*, et *philosophi* christiani. Monachi dicuntur quasi soli, non quod soli vivere debeant, sed quod renuntient, ut ait Dionysius in 6 cap. *Eccles. hierarch.*, omnibus rebus divisibilibus, et soli monadi incumbant. Sic etiam anachoretae dicuntur, quasi separati a toto mundo, et soli Deo inhaerentes. Philosophi dicuntur religiosi a Chrysostomo et a Nilo, quod (f. 350*r*) eum teneant locum inter Christianos, quomodo

---

[49] Cf. *Ose* 6, 6 et *Matth.* 9, 13: « Misericordiam volo, non sacrificium ».
[59] GREGOR. M., *Moralia* XXXV 14, 28: *ML* 76, 765.
[71] DIONYS., AR., *Eccl. Hier.* VI 3, 2: *MG* 3, 533.
[74] CHRYSOST., *et* NILUS. Cf. supra ad lin. 19.

philosophi veteres inter gentiles. Erant enim philosophi contemptores rerum temporalium, ut soli sapientiae operam darent. Et nos quidem non sumus monachi vel anachoretae nomine, nec habitu, nec observantia quadam exteriore; sed debemus esse spirituales monachi et anachoretae, si volumus esse veri regulares et religiosi. Impossibile enim est esse hominem vere regularem, id est obedientem, nisi sit separatus per affectum ab omni (f. 350r) re temporali.

Exemplum de oculo, qui ideo libere videt omnes colores, quia nullum connaturalem habet; et de vexillis quae sunt in turribus, quae ideo liberrime agitantur ab omni vento, quia non habent inclinationem ad ullam partem, et sunt separata a ferro, in quo versantur. Nam terra, quae inclinat deorsum, non potest facile moveri sursum, etc. Et qui adhaeret alicui rei, non potest amoveri sine violentia. Sic verus monachus non adhaeret mundo, in quo est, nec inclinatur, etc.; ideo est verus obediens. Beati qui ad hanc solitudinem pervenerunt. De hac enim vere dici potest, quod ait Hieronymus de solitudine corporali « O desertum vernans floribus Christi! » Vere enim, si ulla (f. 351r) est in hoc mundo vera consolatio, illa est in hac solitudine, ubi desunt omnes terrenae consolationes. Non enim dignatur divina consolatio misceri terrenis consolationibus, nec verbum Dei misceri verbis hominum. *Ducam,* inquit *'Ose.* 2, 14, *eam in solitudinem, et ibi loquar ad cor eius.* Hoc autem verbum immediatum Dei continuo docet, illuminat, persuadet, consolatur, inflammat, explanat omnes difficultates, etc. Sed totum hoc non fit, nisi in solitudine. (f. 351v)

* * *

Ut hoc tertium officium exerceatur, sunt necessaria quartum et quintum, quae significantur per nomina *supplicum* et *exercitatorum*. Haec duo sunt duae alae, quibus volatur ad solitudinem cordis, oratio et exercitatio. Vult enim Deus nos iuvare et fere totum facere, sed requirit ut confidamus in eo

---

93 Hieron., *Epist. ad Heliod.* 14, 10: *ML* 22, 353.

et petamus auxilium, et simul faciamus quae possumus. Exemplum ex epistola S. Paulini ad Macharium de illo sene, qui relictus fuit in navi, etc. Duo requiruntur ut terra fructificet: 1° de caelo pluvia; 2° (f. 352r) de terra labor hominis in arando, serendo, metendo, etc. Si alterum desit, nihil boni oritur. Ita ut fructificet anima, requiritur auxilium Dei invocatum per orationem: nam pluvia descendit, si vapores ascendant. Posset Deus sine vaporibus pluere, ut fecit tempore diluvii; et posset sine labore nostro producere omnes fruges, ut fecit initio mundi: tamen ista non sunt ordinaria. Itaque oportet serio dare operam orationi, si volumus proficere. Oportet etiam serio exercere opera virtutum (f. 352v) ut patientiae, paupertatis, humilitatis, obedientiae, etc., quaerendo occasiones et non fugiendo laborem, etc.

* * *

Nunc monebo aliqua, in quibus exerceamur.

Primo admonendi sunt sacerdotes, praesertim seniores, ut monet S. Bonaventura, ut sint exemplo aliis in omni bono opere et non velint privilegia, quantum fieri potest: quia iuniores non vident opera quae fecerunt, sed quae faciunt; et si viderint eos non observantes, vel scandalizantur, vel imitantur (f. 353r) et dicunt: « Ille sic facit; cur non ego? »

Scholares admonendi sunt modestiae, quae est virtus propria iuvenum. Immodestia notata est 1° in plateis, pendentibus brachiis; 2° in schola, ridendo et loquendo coram externis et religiosis; 3° in loquendo verba iniuriosa per iocum; 4° in mensa, capiendo aliquid et reservando, ubi peccatur contra paupertatem, contra temperantiam et contra decentiam. (f. 353v)

Coadiutores admonendi sunt humilitatis: quia exaltantur in religione et inde erubescunt proprii status et cupiunt

---

[112] pluvia: *sBe* et calor solis.

[110] PAULIN. NOL., *Epist.* 49, 1: *ML* 61, 399.
[125] Cf. BONAVENT., *Determ. Quaest.* II q. 3.

videri aequales sacerdotibus in omnibus, refugiunt officia
vilia, quae non refugiebant in saeculo. Ergo necesse est ut
intelligant se fratres nostros esse, sed habere officium famulorum ordinarium, sicut nos habemus extraordinarium, cum
lavamus ollas, etc. Itaque sunt sicut pedes in corpore; et
quia honor externus sequitur officium, ideo debent honorare
(f. 354r) sacerdotes et scholares, etc.

In universum admonendi sumus circa locutionem 1° in
genere, quia non servatur regula silentii, praesertim finita recreatione; 2° in specie quattuor peccata committuntur, notata
in *Psalm.* 90, 5-6: *Non timebis a timore nocturno,* id est a
murmuratione; *a sagitta volante per diem,* id est punctione;
a negotio perambulante in tenebris, id est relatione murmurationis; *a daemonio ...*

152 a daemonio: f.354v-355v vacua.

149-152 Cf. Bellarm., *Explan. in Psalm.* XC, vers. 6.

EXHORTATIONES AD NOVITIOS

DE CUSTODIA ET PURITATE CORDIS

Exhortatio prima

*Quanti referat conservare cor purum.

Neapoli in domo probationis, 1595

Ross. 735 f. 261r *31 Oct. 1595

Dicam de conservanda cordis puritate: 1° quia agimus nunc festum Omnium Sanctorum, qui ideo fuerunt sancti, quia pro cordis puritate certarunt usque ad mortem; 2° quia in evangelio crastino dicitur: *Beati mundi corde, *quoniam ipsi Deum videbunt, *Matth. 5, 8. Et haec est principalis omnium beatitudinum, quia in hac exprimitur summum bonum, quod in aliis adumbratur. 3° Quia purificatio cordis est exercitium omnium christianorum, maxime religiosorum, maxime novitiorum. Nam novitii sunt in via (f. 261v) purgativa, scholares in via illuminativa, professi in via perfectiva.

Dicam duo: 1° quanti referat conservare cor purum; 2° quomodo cor foedetur et mundetur.

Quoad primum: sex sunt rationes: 1° ex maximo praemio. *Beati mundo corde, quoniam ipsi Deum videbunt.* Hinc

---

3 Apud Van Ortroy pag. 205.

---

10 evangelio crastino: ergo exhortatio habita est in vigilia festi.
19-27 Octo rationes allatae aliunde compleri possunt. Cf. *Sermones de serm. Dom. in monte* VIII: « Beati mundi corde », vol. VI pp. 115-118; et *Exhortationem* primam de custodia cordis, supra pp. 190-194. Vide introductionem pp. 46-47.

enim oritur summa sapientia, caritas, delectatio, potentia, honor, etc. — 2° *Omni custodia serva cor tuum, quoniam ex ipso vita procedit,* *Prov. 4, 23, etc. — 3° Quia facile laeditur, difficile curatur. — 4° Quia est cubiculum Dei. — 5° Quia amor est thesaurus incomparabilis. — 6° Quia haec est via ad perfectionem. — 7° Ex negligentia innata. — 8° Ex diligentia sanctorum.

DE CUSTODIA ET PURITATE CORDIS

Exhortatio secunda

Quomodo cor inquinetur et mundetur.

Ross. 725 f. 262r *Nov. 1595

Iam dicendum est, quomodo cor inquinetur et mundetur. Cor accipitur nunc pro intellectu, nunc pro voluntate.

Cor pro intellectu inquinatur 1° erroribus circa Deum, cum aliqui volunt ratione metiri alta Dei. Remedium est fides simplex. *Fide,* inquit, *Act. 15, 9, *purificans corda eorum.* — 2° Inquinatur erroribus circa agenda, quando prudentia carnis suggerit, ut homo provideat sibi, faciat amicos qui iuvent. Hinc sunt quaedam maximae: « Qui se facit ovem, comeditur a lupo ». Remedium est fides firmissima erga providentiam Dei. *Fide purificans corda eorum.* Unde Christus fecit (f. 262v) ut Apostoli essent oves, et irent ad lupos, *Matth. 10, 16 et *Luc.* 10, 3, et tamen non fuerunt comestae a lupis, sed ipsae comederunt lupos, etc. Exempla sunt innumera eorum qui toleraverunt, et gloriosiores effecti sunt. — 3° Inquinatur intellectus scrupulis qui nascuntur ex modico lumine. Nam qui nihil luminis habent, **non habent scrupulos,** nec illi qui habent

---

2 Apud Van Ortroy pp. 206-208.

7-36 Cor pro intellectu et pro voluntate: cf. *De iustificatione,* lib. I cap. 6 circa finem.

multum luminis, sed illi qui habent parum luminis, ut in nocte. Tunc enim videntur arbores esse ferae vel latrones. Modicitas luminis oritur partim a Deo, qui iustis de causis non illuminat ut posset, partim a diabolo, qui turbat phantasiam, (f. 263r) partim a natura melancholica, ubi dominatur atra bilis. Isti enim sunt timidi, suspicaces, etc. Remedium est fides, credere simpliciter confessario, orare Deum cum fiducia, et cogitare res laetas secundum spiritum. — 4° Inquinatur curiositate, quae suggerit multa vana de rebus ad nos non pertinentibus. Remedium fides, qua homo sibi certo persuadeat se esse peregrinum, et res terrenas esse alienas. Hinc enim geret mentem plenam caelestibus meditationibus, ut ille qui dixit *Philipp. 3, 20: Conversatio nostra in caelis est;* et illa quae evangelium Christi semper gerebat in pectore; et S. Bernardus, qui non sciebat, etc. (f. 263v)

* * *

Iam cor, pro voluntate, inquinatur per affectum ad creaturas, idque quattuor gradibus. Nam aliquando cor immergitur in lutum, ut non videatur. Isti sunt, qui peccant sine remorsu conscientiae, qui nec sciunt se habuisse cor. Aliquando cor cadit in lutum, sed adhuc videtur. Hi sunt, qui vident se inquinatos et adhaerentes luto, et vellent surgere, sed non praevalent. Aliquando cor non cadit in lutum, sed tamen habet aspersum lutum, ut cum quis ambulat per loca lutosa, et adhaeret ei lutum. Hi sunt qui non habent creaturam pro ultimo fine, tamen illi adhaerent, etc., (f. 264r) et hi aliquando ita sunt negligentes ut non advertant et cor suo modo amiserint. Aliqui denique habent cor aspersum luto, sed advertunt et conantur purgare; in hoc statu esse debemus.

Causa huius inquinationis est voluptas et necessitas, etc.

---

34 illa: i. e. S. Caecilia. Cf. *Vita S. Caeciliae,* cap. 2: *Sur.* VI 547, et *Brev. Rom.,* respons. ad lect. III in festo 22 Nov.

35 De S. Bernardo cf. *Exhort.* V de perfectione, quae est de castitate, supra pag. 393.

Remedium pro 1° et 2° gradu est tribulatio, etc. Vide ibi. Remedium pro 4° gradu est custodia sensuum, praecipue gustus, tactus, visus et auditus.

De gustatu. Prima tentatio superanda est haec. Cassianus in lib. *de gastrimargia,* exemplum de ludis olympicis. Nam est infima et facit hominem bestiam, et tamen frequentissima est in religione, ut patet ex eodem Cassiano, (f. 264v) quia in saeculo sunt multae aliae deliciae, in religione haec sola. Ideo, etc. Pro hac superanda 1° praeceptum Domini *Matth.* 6, 25 : *Ne solliciti sitis quid manducetis;* et *Luc.* 10, 8 : *Manducate quae apponuntur vobis.* — 2° Praeceptum Augustini haec esse sumenda ut medicamenta. — 3° Cogita quam parum lucraris in obtemperando gulae; quam multum perdis in eodem, etc. — 4° Est falsa imaginatio, quod noceant aliqui cibi, quod non poteris vivere, etc.; nam multi peius habent, etc. Exemplum de emptore, qui parum emit de rebus corrumpendis, multum de his quae durant.

De tactu. 1° Cogita quam parum lucraris et quam multum perdis, ut in tetricando in lecto; — 2° comparative (f. 265r) ad pauperiores religiosos et non religiosos; — 3° comparative ad Christum et Sanctos, qui lectos non habebant, nec indusia, etc.; — 4° quia si spiritum habemus, oportet eum concupiscere contra carnem, etc. Exemplum de illo qui solvit salarium malo mercenario.

De oculis. Periculosior hic sensus, quia plura habet obiecta, et etiam a longe distantibus patitur. Remedium est, non figere oculos. Augustinus: Oculi vestri si iac. iantur, etc. Nam simplex visio non nocet, sicut nec transitus velox per ignem.

---

56 est in *corr.*: in *cod.* et *vO.*
76 iaciantur *cod.*: satiantur *vO.*

---

50 Vide ibi: cf. *Serm. Lov.* de tribulatione IV p. I.
53-54 Cf. Cassian., *De coenob. instit.* V 12-14: *ML* 49, 227-229.
56 Cassian., *Collat.* V 19: *ML* 49, 635-636.
60-61 Aug., *Confess.* X 31, 44: *ML* 32, 797 (cibus medicina).
76 Aug., *Epist.* 211, 10: *ML* 33, 961: « Oculi vestri etsi iaciuntur in aliquem, figantur in neminem ».

(f. 265v) at fixio et mora nocet plurimum, quia, iuxta Gregorium, qui non custodit oculum externum, perdit internum.
80 Nam visio morosa gignit amorem, amor excaecat mentem, mens excaecata perpetrat omnia mala, quia iudicat malum bonum, et bonum malum. Exemplum de David, etc., imo et de primo angelo. Conclude cum illo *Iob* *31, 1: *Pepigi foedus cum oculis meis, ut non cogitarem quidem de virgine.*
85 Nam qui custodit oculos, non cogitabit mala, etc. (f. 266r)

Auditus. Periculosissimus sensus; nam etiam absentia percipit, et habet obiectum universalissimum, nam per linquam infunduntur auribus obiecta omnium sensuum. Nec solum infunduntur simplices apprehensiones, sed etiam per-
90 suasiones et incitamenta. Hinc intravit primum peccatum in mundum. Remedium est assuescere regulae silentii. Illa enim obligat ad non loquendum et non audiendum. Et si quis velit tecum loqui, si est persona inferior aut aequalis, libere admone de regula; si est persona gravior, responde paucissimis.

SUPER EVANGELIUM
DE DECEM VIRGINIBUS
**Matth.* 25, 1-13.

Neapoli ad novitios, 1595; item Lupiis in Februario 1596; Romae 1598
5   in collegio, in festo sanctae Agnetis; in poenitentiaria anno 1599; in monasterio Iesu.

*Ross. 735 f. 118r   *25 Nov. 1595

(f. 117v) In hac parabola, ut in reliquis sermonibus suis, docet nos Dominus modum acquirendi salutem. Et primo,

---

94 gravior *cod.*: superior *vO*.
1-2 Apud Van Ortroy pp. 84-87.
6 in monasterio Iesu: *omis. vO*. Verba leguntur f. 117r in involucro.

78-79 GREG. M., *Moral.* XXI 8, 13: *ML* 76, 197.
82 Cf. 2 *Reg.* 11, 2.
83 de primo angelo: qui videlicet contemplando semetipsum venit ad peccatum.

docet magnitudinem finis, ut illo amato libenter quaeramus et accipiamus media; 2° docet media; 3° docet miseriam damnationis.

* * *

Igitur finis notatur duabus vocibus: regnum et nuptiae. Haec enim continent omnia bona huius mundi. Nam regnum continet potentiam, honorem, divitias, sed caret voluptate, si exerceatur ut oportet, quia est plenum sollicitudine. Nuptiae continent omnes delectationes conviviorum, cantuum, odorum, ludorum, etc. Ideo regnum simul cum nuptiis est potentia, divitiae, honor cum voluptate. (f. 118r cont.) Solet enim Deus nobis describere bona caelestia per similitudines rerum humanarum, quas noverimus. Modo vocat prandium, modo coenam, modo regnum, modo sedes iudiciarias, etc. Exemplum de bestiis, quomodo conciperent convivia hominum, si discurrere possent. (f. 118v)

* * *

Ut ad has nuptias quis perveniat, requiruntur quattuor: 1° ut sit virgo; 2° ut habeat lampadem accensam; 3° ut habeat oleum ad conservandum lumen in lampade; 4° ut vigilet et exspectet adventum sponsi.

Virgo est, qui est purus a peccato. Nam nihil coinquinatum intrabit. Unde qui non est perfecte purgatus, quando moritur, non vadit ad festum nuptiale, sed ad carceres inferni vel purgatorii. Hinc apparet quam bona sit regia illa caelestis, in qua nullus est malus. (f. 119r) Sancta Catharina fuit vere virgo et purgavit omnia partim caritate, partim passione.

18 simul cum *cod.*: simile *vO*.
32-33 Hinc apparet... malus *cB*: dic de stultitia negligentium, qui ut fugiant poenitentiam brevem et facilem, incidunt in poenitentiam longam et difficilem, et amittunt multos annos (f. 119r) gloriae. Et tamen melior est dies unus in atriis Domini super millia. Vide Augustinum in fine librorum *de libero arbitrio*.
33-39 Sancta... Bertranno etc. *apil.*

---

33 Sym. Metaphr., *Vita S. Catharinae*: *Sur.* VI 624 sq.

³⁵ Et religiosi idem possunt, quia religio adfert indulgentiam plenariam, ut patet ex Athanasio, Hieronymo, Ber(f. 119*v* marg.)nardo et aliis; 2° habet securitatem non peccandi, super evangelium si quis velit regulam sequi; 3° habet modum purgandi per poenitentias etc. Exemplum de B. Bertranno, etc.
⁴⁰ (f. 119*r* cont.)

Habet lampadem accensam, qui facit opera bona: *Sic luceat lux vestra, ut videant opera vestra bona, *et glorificent Patrem vestrum, qui in caelis est, *Matth. 5, 16.* Nam vita beata est haereditas, et sic datur tantum filiis, id est ⁴⁵ adoptatis per gratiam; et simul est palma, corona, bravium, et sic datur tantum merentibus. Omnia bona opera includuntur in igne, id est caritate, quia *plenitudo legis est dilectio, *1 Rom. 13, 10;* et qui diligit, facile facit omnia bona opera. (f. 119*v*) Sancta Catharina, cuius hodie festum agimus, in his ⁵⁰ excelluit. Nam martyrium non solum purgat peccata, sed etiam est opus summi meriti, sicut etiam votum virginitatis fuit holocaustum. Fecit quoque tanta bona, ut habeat omnes aureolas, virginitatis, martyrii et doctoratus, quia convertit tot philosophos, etc. Religiosi possunt esse similes martyribus, quia ⁵⁵ (f. 120*r*) eorum vita est longum martyrium, quia sacrificant suam voluntatem quotidie. Sed oportet serio agere. Nam qui volunt sibi condescendi a superioribus, non sacrificant voluntatem, nec martyrium accipiunt, sed dant martyrium superioribus, etc. (f. 119*v* med.)

⁴⁶⁻⁴⁸ Omnia... opera *cBp*.: In utroque beati sunt religiosi qui non habent occasiones peccandi, et habent occasionem peccata purgandi et faciendi bona opera *la*.
⁵⁰⁻⁵¹ martyrium... meriti *cBp*: virgo fuit corpore et animo, et si quid purgandum habuit, passione purgavit.
⁵⁴⁻⁵⁹ Religiosi ... superioribus etc. *apim*.

---

³⁶⁻³⁷ ATHAN., *Vita S. Anton.* 65; *MG* 26, 936; HIERON., *Epist* 39, 3: *ML* 22, 468; BERNARD., *De praec. et disp.* XVII 54: *ML* 182, 889; *Serm.* 11, 3 et 37, 3 de divers.: *ML* 183, 570 et 640.
³⁹ VINC. IUSTIN., *Relatione della vita del P. Luigi Beltrando O. P.*, Gen. 1583. — Cf. *Auct. Bellarm.* pp. 471 et 480.
⁴⁹ SYM. MET., *Vita S. Cathar.*: Sur. VI 624 sqq.

Oleum in vase est devotio, et in hoc distinguntur prudentes a stultis, quod prudentes curant nutrire lumen, etc. Amor Dei comparatur igni candelae, quia ignis candelae est in regione aliena et ideo eget fomento et custodia a vento, etc., sicut etiam (f. 120r) plantae peregrinae egent multa cura. Similis est etiam grano seminato in terra bona vel super petrosa. Unde Paulus *Ephes. 3, 17: *In caritate radicati et fundati.* Radicatur caritas eo modo quo amor mundi, videndo, loquendo, serviendo.

Quod S. Catharina habuerit multum olei et fuerit radicata in caritate patet, quia non potuit extingui caritas nec deliciarum promissione, nec tormentis, etc. At verisimile est, quod nutrierit amorem portando evangelium in pectore, sicut dicitur de S. Caecilia. Hic dicatur aliquid de vera oratione, quae est elevatio mentis in Deum, (f. 120v) et ideo non prodest oratio non intellecta. Unde non recte faciunt coadiutores, qui legunt officium B. Mariae, et melius facerent legendo et meditando rosarium, ut regulae iubent.

Ultima conditio est vigilia, et haec est praecipua conditio, unde Dominus concludit: *Vigilate itaque,* etc. Non prohibet dormitionem corporalem, nam *dormitaverunt omnes et dormierunt,* sed prohibet dormitionem animae, ex qua aliqui tempore mortis imparati inveniuntur. Unde aliquando dicitur: *Estote parati;* aliquando: *Vigilate,* ut significet idem esse vigilare et esse paratum. Iubetur autem haec vigilia, quia Sponsus veniet media nocte, id est quando minus cogitatur et (f. 121r) putatur. Et revera maxima pars hominum moritur, quando minus cogitat se morituram. *Sicut laqueus veniet dies illa,* dicit Dominus, **Luc. 21, 35, de iudicio universali, sed idem accidit plurimis in iudicio particulari. Oportet igitur semper esse paratum, exspectando mortem et exspectando

---

84-85 Sponsus *cod.*: Spiritus Sanctus *vO.*

72-73 Sym. Met., *Vita S. Caeciliae* cap. 2: *Sur.* VI 547.

cum desiderio. Nam qui exspectat, parat se. Oportet item exspectare cum desiderio, quia sponsus venit, et ituri sumus ad nuptias. (f. 121v) Haec est optima dispositio, exspectare mortem cum desiderio. Nam qui desiderat mori, libenter et diligenter se parat; ut illi qui cupiunt ire Romam vel Neapolim, etc. Sed revera soli valde boni hoc desiderant, quia qui desiderat mortem, signum est quod vere amat, et est sponsa, non adultera; est servus fidelis, est filius bonus, etc. Exemplum de sancto Andrea, qui exultavit videns crucem, quia per illam ibat ad sponsum; de S. Ignatio, qui scribit ad Romanos ne impediant eius passionem; de S. Francisco, S. Clara, P. Ignatio, S. Catharina de Genua. O quam est dissimile desiderium sanctorum desiderio mundanorum, etc.

* * *

Sed quid erit de illis, qui extinctam lampadem habebunt, et imparati erunt, (f. 122r) veniente sponso? Manebunt ad ianuam dicentes: *Domine, Domine, aperi nobis*. Et dicitur illis: *Nescio vos*. Hic explicatur dolor gehennae. Nam damnati summo desiderio appetunt beatitudinem, quia cognoscunt perfecte in ea consistere totum suum bonum, et in aeternum non habebunt. Id quod cruciat est non posse implere desiderium. Nunc non cruciamur, quod non simus in caelo, quia non desideramus, etc. Exemplum de eo qui stat foris in maximo frigore, tempestate, periculo ferarum, et pulsat ianuam, etc. (f. 122v)

Hic dicatur de stultitia nostra, qui possumus, si velimus, statim a morte ire ad nuptias; et ob solam negligentiam imus

---

91 parat se: *sBe* Exemplum de meo itinere: non sum paratus, quia scio me non profecturum nisi post duos menses etc.
115-123 Hic dicatur... iucundior. *add. poster.* (Lupiis!)

---

99 *Martyr. S. Andreae* cap. 10: *MG* 2, 1236; *Sur.* VI 699.
100 IGNAT., *Ad Rom.* 2: *MG* 5, 688.
101-102 BONAVENT., *Vita S. Franc.* cap. 9: *Sur.* V 603; RIBAD., *Vita S. Ignat. lib.* V, cap. 3; MARABOTTI-VERNAZZA, *Vita di S. Cat. da Gen.* cap. 47-50; *Vita S. Clarae* cap. 12 et 25; *Sur.* IV 639 et 644.

ad carcerem purgatorii, et non solum privamur aliquot annis beatitudinis, sed incidimus in poenam atrocissimam. Quod possimus statim ire ad nuptias, patet ex Bernardo in *Serm. de quadruplici debito.* Quod incredibilis sit iactura perdere aliquot annos beatitudinis, patet ex Augustino in fine librorum *de libero arbitrio.* Adde quod vita perfecta etiam in hoc mundo est iucundior.

DE CAENA MAGNA

Dominica infra octavam Corporis Domini.

Homo quidam fecit caenam magnam, Luc. 14, 16.

*APUG 384 f. 554r   Ad Novitios: *prob. 28 Mai 1606

Describitur magnitudo gloriae aeternae; 2° ratio, cur paucissimi ad eam pertingant; 3° paena non pervenientium. Haec eadem possunt dici de sancto Sacramento, cui hoc evangelium applicat Ecclesia.

* * *

De 1°. Gloria comparatur caenae. 1° Quia in caena sumptuosa concurrunt multa bona, delectatio, divitiae, honor, etc. et delectatio omnium sensuum. Sic gloria est unum bonum, sed continens omnia bona. 2° Caena continet praecipue delectationem gustandi, quae excellit delectationibus aliorum sensuum, quia reliquae vel non continent unionem obiecti cum sensu, ut visio et auditio et odoratus, et sic fiunt a longe: vel si continent, sunt turpes, ut in tactu: sed haec unit obiectum intime cum sensu, et est honesta, ut publice fiat. Praeterea reliquae nullam fere adferunt utilitatem, sed haec

---

1 Non exstat apud Van Ortroy. — Titulum addidi.
6 pertingant: *sBe* 3° medium ad eam perveniendi.

---

119 Bernard., *Serm.* 22, 2: *ML* 183, 596.
121 Aug., *De lib. arb.* III 25, 77: *ML* 32, 1308.

nutrendo conservat et auget vitam, roborat, pinguefacit, pulchrum facit. Talis est gloria aeterna, quae delectando intime unit, vivificat, pulchrum reddit, et robustissimum, ut nihil ei nocere possit. 3° Dicitur caena, non prandium, quia fit in fine diei, non sequitur repetitio laboris, sed requies, etc.

Dicitur magna, quia vere res est omnium maxima, non comparative, ut elephas, mons, terra, caelum: sed absolute. Sed in particulari est magna (f. 554v) 1° ex parte Dei, qui vult hoc modo ostendere magnificentiam suam. Exemplum Assueri, *Esther* 1, 3 sq., qui fecit convivium 180 dierum principibus, et septem diebus toti populo, ubi vasa erant aurea et lectuli aurei et argentei, etc. 2° Ex parte eorum, qui vocati sunt. Nam ibi erit *turba magna, quam dinumerare nemo poterit. Apoc.* 7, 9. Et praeterea multitudo innumerabilis angelorum. 3° Ex parte cibi, qui satiabit appetitum omnium, hominum, angelorum, Dei, qui novit infinita bona, et appetit infinita bona; et tamen numquam fastidiet, quia non gravat, et est infiniti saporis. 4° Ex parte loci, quia fiet in aula amplissima et ornatissima cuius pars inferior, quae respicit pabulum est caelum stellatum. 5° Ex parte durationis, quia durabit in aeternum. Cibus enim ille numquam consumitur. Ultimo cognoscitur magnitudo, quia odor huius caenae facit homines relinquere omnia, et secedere in loca deserta, et fastidire omnia bona huius vitae, imo ipsam vitam, dicendo Paulo **Philipp.* 1, 23: *Cupio dissolvi et esse cum Christo.* Unde tot martyres libenter mortui sunt, ut ad hanc caenam pervenirent.

* * *

De 2°. Impedimenta sunt tria, propter quae paucissimi istam caenam cupiunt, sed reducuntur ad unum, i. e. ad amorem visibilium bonorum. Et nota, quod Dominus non ponit actiones peccati, sed res licitas, ut patet. Nam emere villam, et habere subditos; emere boves et negotiari; ducere uxorem, licita sunt. Vult ergo Dominus ostendere, non ista, sed affectum impedire a (f. 555r) caena Domini. Nemo enim potest salvari, nisi serio amet et desideret et quaerat caelestia. *Primum quae-*

rite regnum Dei, *Matth. 6, 33. Nemo potest simul amare caelestia et terrena. *Videte, ne graventur corda vostra curis huius mundi* *Luc. 21, 34. Hinc dicit Richardus de Sancto Victore esse incomprehensibilem errorem plurimorum hominum, qui propter amorem rerum visibilium parvarum et momentanearum amittunt res caelestes magnas et aeternas. Nam in rebus temporalibus nemo est tam stultus, ut velit perdere magna pro parvis, nec stabilia pro instabilibus. Et addit, hoc esse exordium verae conversionis, cum quis incipit attente considerare et mirari hunc errorem, et sic incipit exuere affectum ad temporalia, et totum collocare in aeternis. Tales sunt, quos Dominus iubet vocari, pauperes, debiles, caecos et claudos. Nam pauperes non possunt dicere: *villam emi.* Debiles non possunt exercere iuga boum arando. Caeci et claudi ordinarie non ducunt uxores nec nubent. (f. 555v) Isti videntur figura religiosorum, qui sunt pauperes per abdicationem facultatum, nec amplius cogitant de emendis villis; et sunt debiles, quia non confidunt in viribus suis, nec in prudentia sua, et ideo volunt regi ab alio per obedientiam; et sunt caeci et claudi, per veram castitatem. Nam nulla est maior castitas, quam cum vere clauduntur oculi ad omnem humanam pulchritudinem. Inde enim debilitatur affectus, et non currit ad delectationes. *Iob. 31, 1: *Pepigi foedus cum oculis meis, ut ne cogitarem quidem de virgine.* Sed ut supra dictum est, totum negotium est in affectu. Alioqui religiosi multi deputabuntur cum secularibus, et seculares multi cum religiosis. Exempla patrum sanctorum, Abrahae, Mosis, Iob, Davidis, sancti Ludovici, et aliorum: qui in magnis opibus, potentia et deliciis uxorum tamen ad caenam Dei pervenerunt. Nec ideo non magnifacien-

---

54-55 Videte ... mundi *cB*: Hinc Moses fuit potentissimus, Abraham ditissimus, David potentissimus ditissimus, et habuit multas uxores. Sed prae amore Dei ista omnia contemnebat. Contra multi privati et pauperes et coelibes damnantur, quia amant suas possessiunculas ardentissime. Et saepe id etiam accidit religiosis, ut turbentur propter amissionem rerum minimarum. *la.*

---

55 RICHARD VICT., *De exterm. mali* II 3, *ML* 196, 1089.

da est religio, imo maximi facienda, quia est via longe tutior, et melior, quia nimis difficile est, habere temporalia et non amare.

85 Sed quid est: *Exi in vias et sepes, et compelle intrare, ut impleatur domus mea?* Hactenus locutus est de fidelibus, qui sunt in civitate Dei, et ex iis soli illi intrabunt ad caenam, qui exuent affectum rerum terrenarum. Sed multi sunt infideles, extra civitatem, id est extra Ecclesiam, qui nihil cogitant de hac caena. Et isti aut sunt viatores, aut laboratores; viatores sunt philosophi, qui curiose vadunt investigan(f. 556r)do mundum; laboratores in sepibus sunt illi qui dant operam vitae activae. Hos non sufficit vocare, sed oportet compellere. Sicut enim si quis invitaret ad caenam alicuius viri nobilis viatores aut rusticos incognitos: illi non facile crederent, et ideo oporteret impellere: sic etc. Et ista compulsio intelligitur per efficaciam disputationum et miraculorum et optimae vitae, etc. Hinc habemus duo: 1° quanta sit humana miseria, quae debet compelli ad rem tam bonam; 2° magna consolatio, quia si Deus compellit nolentes, quanto magis admittet volentes!

* * *

De 3°. *Amen dico vobis, quia nemo illorum qui vocati sunt, gustabunt caenam meam.* Haec non videtur magna paena, quia illi libenter carebunt caena ista. Imo paena erit maxima, quia post mortem cessabunt isti sensus et eorum obiecta, et anima intellectiva aperiet oculos, et clare cognoscet, suum verum bonum esse videre Deum, et ardentissime desiderabit. Id significat illud fatuarum virginum: **Matth.* 25, 11: *Domine Domine aperi nobis.* Nunc non appetimus illa bona, quia sumus aegroti, et habemus infectum palatum spirituale. Si aegrotus fastidiens omnem cibum, posset liberari ab illa infectione, postquam per multos dies non comedit, ardentissime esuriret, et si cibos ante se positos videret et non posset

---

86 domus mea?: *sBe* Magna consolatio: si Deus vult compelli eos, qui non cogitant de vita aeterna, quomodo repellit eos, qui volunt intrare?

attingere, nonne maxime cruciaretur? Sic etc. Et inde non dicit Dominus: Non caenabunt mecum, sed: *Non gustabunt caenam meam*, quia nulla delectatione fruentur damnati, nec temporali (f. 556v) nec aeterna. Nam temporalis est gustus quidam aeternae, quia omne bonum ab illo summo bono descendit. Et sunt, ut dicit alicubi B. Gertrudis, omnia temporalia quasi guttae mellis in terram sparsae, bona aeterna sunt favus mellis purus. Sed tunc non habebunt damnati nec favum mellis purum, nec istas guttas cum pulvere terrae admistas, nam carebunt delectatione omnium potentiarum, imo habebunt omnia contraria. Discurre per oculos, aures, etc. Bene ergo dixit Richardus, esse errorem incomprehensibilem hominum, qui propter istas guttulas mellis, non curant perdere ipsum favum, et ipsas etiam guttulas.

* * *

De Sancto Sacramento idem dici potest. Vere enim est caena magna, imo maxima, quae in hoc deserto haberi possit. Sicut vita aeterna est magna caena, quia auctor eius est Deus: ita ista est magna, quia auctor eius est Deus. Est enim manna de caelo et panis angelorum, quia non fit virtute terrae, aut opera pistorum, sed manu sacerdotum, qui sunt angeli et sacerdotes operantur ut ministri Dei, et sic Deus est propria et vera causa huius caenae. Illa est magna, quia pascit innumeros, et non consumitur: sic ista, etc. Illa est magna, quia satiat appetitum hominum, angelorum et Dei ipsius: sic ista. Nam in substantia est eadem, (f. 557r) licet cooperta velamine. Et qui intelligit, quid accipit, et quantum prosit ad vitam, vires, pulchritudinem, etc., nihil aliud desiderat.

Et sicut impedimentum ad illam caenam est affectus ad terrena: ita et hic. Si enim interroges, cur multi saeculares non accedant frequentius ad hanc caenam, respondent: *Villam emi, iuga boum emi, uxorem duxi*, id est sum nimis occu-

---

[118] LANSPERGER-BUONDI, *Vita della beat. vergine Gertruda*, Venet., 1585: II cap. 1, p. 57.
[124] RICHARD VICT., *loc. laud.*

patus in negotiis saeculi: quasi hoc negotium non praepon-
deret aliis omnibus. Sed iusta et gravissima paena hos conse-
quitur: *Non gustabunt caenam meam.* Hoc videmus in magna
parte mundi, quia homines amiserunt gustum huius caenae,
et ideo non vadunt, nisi coacti praecepto Ecclesiae; et quia
quod non sapit, non nutrit, ideo sunt homines tam debiles,
ut minimis tentationibus succumbant. Sed vos, etc.

DE VINEA ET FICULNEA

SABBATO QUATTUOR TEMPORUM SEPTEMBRIS
SUPER EVANGELIUM LUC. 13, 6:

Arborem fici habebat, etc.

*APUG 385a f. 347r   Ad novitios: *prob. 21 Sept. 1611

Parabola vineae et ficulneae est valde ad propositum pro
religiosis. (f. 350v)

1° dicatur sensus literalis; — 2° explicetur similitudo vineae, ut etiam religiosi sint vites; — 3° explicetur similitudo
ficulneae, ut distinguitur a vite. Sicut enim Dominus aliquando
dicit, Ecclesiam esse vineam, et nos vitem; aliquando dicit,
se esse vitem, et nos palmites: sic possumus nos dicere, Ecclesiam vineam, et christianos etiam religiosos esse vites: et
rursum alios christianos esse vites, et religiosos esse ficulneas.
(f. 350r)

---

[1] Non exstat apud Van Ortroy. — Titulum addidi.

6-14 Parabola... ficulneas *cB*: In hac parabola ostenditur, quanta
sit felicitas boni religiosi in Ecclesia Dei, et quanta infelicitas mali
religiosi. Ecclesia est vinea; ficulneae sunt religiosi. Sed quia religiosi
sunt etiam partes vineae, possunt considerari ut vites, et deinde ut ficulneae. *la.*

---

[148] Concil. Lat. IV: *Mansi* XXII 1007; Concil. Trid.: Can. de Euch.
can. 9: *Mansi* XXXIII 84.

Ad literam. Ficulnea est populus Israel, vinea sunt reliqui homines. Nam ante adventum Christi omnes salvari poterant, etiam extra synagogam, quae erat quasi quaedam religiosa familia respectu totius Ecclesiae. Tres anni sunt: tempus in lege naturae, et tunc patriarchae erant cultores; tempus in lege scripta, et tunc prophetae erant cultores; tempus in lege gratiae, et tunc Christus et sanctus Ioannes erant cultores. — In primo anno non fecit fructum, quia ex filiis Israel duo, Ruben et Iudas, fuerunt incestuosi: duo alii, Simeon et Levi, fuerunt homicidae; reliqui fuerunt invidiosi, et occidere voluerunt fratrem, sed consilio Iudae vendiderunt. In secundo anno fuerunt peiores, nam occiderunt fere omnes prophetas, et idola coluerunt. In tertio fuerunt pessimi, nam et Ioannem et Christum occiderunt. Et tunc fuissent omnino eradicati; sed Christus in cruce oravit pro illis: et sic fuerunt reservati adhuc modicum, donec Apostoli illos colerent. Quod fuit per multos annos, qui computantur pro uno; sicut alii tres anni multos annos continent. Sed cum non emendarentur, misit Deus Vespasianum et Titum, qui eos eradicarent, sicut fecerunt. (f. 347r)

* * *

Nunc applicabo spiritualiter ad Ecclesiam, cuius partes sunt religiones. Ecclesia est vinea, et religiosi sunt ficulneae, sed quia religiosi possunt etiam considerari ut partes vineae: ideo primo exponam proprietates vineae, deinde ficulneae.

Vinea habet has conditiones.

1° Quo ad exteriora cedit omnibus plantis, quia constat ex vitibus et ficulneis, quae sunt parvae, distortae, fragiles, deformes: sed quo ad fructum praestat omnibus. Sic Ecclesia, ut Ecclesia, et religio est pusillus grex, pauper, contemptibilis, quia non est de hoc mundo: sicut Christus et

---

[16] Ad literam: *nB* Vide in fine (f. 350r).

23-27 *Gen.* 35, 21; 38, 12; 34, 1; 37, 1. Cf. notam ad lin. 124.
27-28 De prophetis: *Matth.* 5, 12 et 23, 29-37; *Luc.* 13, 34; *Iac.* 5, 10.
29 De Ioanne Bapt.: *Matth.* 14, 1-12; *Marc.* 6, 14-29; *Luc.* 9, 7-9.

Apostoli erant pauperes et humiles. Quod si nunc abundat divitiis et gloria mundana, hoc non habet ut Ecclesia, sed per accidens (sicut saepe in vineis sunt piri, mali, pini, etc.) ut participat de mundo, et administrat bona mundi vel regit mundi regna, etc. Unde Sanctus Augustinus dicit, quod aliquando cives Hierusalem administrant Babyloniam; et contra cives Babyloniae aliquando administrant Hierusalem. Tamen fructum facit pretiosum, qui est caritas, qua emitur Regnum caelorum, etc.

2° Vinea est ordinata, quasi acies militum. « Pone ordine vites », inquit poeta. Sic Ecclesia non est multitudo confusa, sed distincta in superiores et inferiores per gradus, et omnes habent suas regulas, et suum officium. Quod etiam religioni convenit. Et multum refert servare subordinationem, (f. 347v) quae etiam invenitur in caelo inter angelos, et in caelis, quo ad motus.

3° Vineae plantantur in collibus. Bachus amat colles; et Isaias dicit quod vinea erat sita in cornu filio olei. Unde sequitur, ut superiores sint in altiori loco, sed tamen quo ad substantiam sint similes aliis, et eundem fructum faciant, etc. Sic in Ecclesia et in religione superiores sunt in altiore loco, sed nihil sunt nisi vites. Unde non debent superbire, quia non sunt meliores ceteris, nec magis dilecti a Domino, nec meliorem fructum faciunt, sed sunt expositi magis vento et soli, id est tentationibus, etc.; nec debent inferiores superioribus invidere, etc.

4° Vites nisi adiuventur, et adhaereant palo vel arbori, non possunt elevari, nec fructum ferre; sed adhaerentes palo vel arbori ascendunt in altum, et fructum multum et optimum faciunt. *Ioan. 15, 5: *Sine me nihil potestis facere*. Et contra *Philipp. 4, 13: *Omnia possum in eo, qui me confortat*. Itaque nihil possunt, et omnia possunt. Nihil possunt boni, non cogitare, non incipere, non perseverare. At in Deo pos-

---

50 August., *In Psalm.* 61, 8: ML 36, 735.
55 Vergil., *Bucolica* I 74.
62 Vergil., *Georg.* II 112.

sunt vincere carnem, mundum, daemonem; convertere peccatores, miracula facere; ascendere ad ordinem Seraphinorum. Quae magnam generant humilitatem et confidentiam; quae sunt contraria superbiae et pusillanimitati.

5° Vineae coluntur cum magna assiduitate toto fere anno, si fructum ferunt; alioqui proiiciuntur in ignem: sic Christiani habent innumera auxilia a Deo, ab Angelis, a sacerdotibus, a Scripturis; sed si fructum non ferant, non sunt utiles ad quidquam, ut aliae arbores, sed in ignem mittuntur (f. 348r)

* * *

Nunc veniamus ad similitudinem ficulneae. Ficulneae in mediis vineis plantantur, et sunt maiores et pulchriores et dulciorem fructum faciunt quam vites. Sic religiosi sunt in medio Ecclesiae, sed supereminent gradu perfectionis. Nam omnes Christiani tenentur diligere Deum super omnia, quae est perfectio christiana: sed non tenentur omnia actu relinquere, et se totos dedicare Christi servitio. Religiosi autem voluntarie hunc statum assumunt, ut relicto mundo et cura propriae domus, et propria voluntate et proprio iudicio, totos se Deo sacrificent igne caritatis concremandos. Magnum est hoc fastigium. Nam qui hoc faciunt, *aedificant super fundamentum fidei aurum, argentum et lapides pretiosos*, I Cor. 3, 12. Aurum est caritas; argentum est sapientia Sanctorum, lapides pretiosi est continentia, de qua in *Ecclesiastico* 26, 20: *Nulla est dignatio continentis animae, omnis ponderatio*. Et plurimi religiosi propter hoc habent aureolas. Nam obedientia est continuum martyrium; et religiosi plurimi docent populum predicando, legendo, etc; et plurimi sunt virgines. Praeterea haec est vera imitatio vitae Christi et Apostolorum, qui relictis omnibus soli Deo serviebant. Et ideo non mirum, si fructum faciunt dulcissimum, et Deo gratissimum et amplissimi meriti. Immo est vita angelica: Angeli enim nullam habent curam uxoris et filiorum, et facultatum, etc.; sed toti sunt addicti servitio Dei vel laudibus Dei; et ideo non mirum, si fructum faciant etc.

Sed si forte fructum non faciant, sunt arbores infelicissimae. Nam aliae arbores: ut piri, abietes, cedri Libani, quercus, nuces, etiamsi fructum non faciant, utiliter nutriuntur, et crescunt ad varia opera facienda: sed ficus nihil valet, etiam minus quam vitis. Nam vitis facit bonum ignem, ficulnea ad nihil valet. (f. 348v) In huius rei signum Christus ficulneam infructuosam maledixit, et ea continuo tota aruit. Et de ficulnea huius evangelii dicit: *Succide illam: ut quid etiam terram occupat?*

Sed quid significat expectatio trium annorum, et postea fossio et stercoratio? Tres anni sunt progressus incipientium, proficientium et perfectorum. Primo anno debent religiosi incipere exire de mundo, mortificare passiones, eradicare malos habitus; in secundo proficere acquirendo virtutes contrarias; in tertio exercere actus virtutum docendo et convertendo alios. Nam perfectorum est generare sibi similes. Sed quando non faciunt fructum per viam (f. 349r) ordinariam, additur violenta fossio et stercoratio, id est graves paenitentiae. Si haec non sufficiunt, sequitur maledictio et eradicatio. Nam ordinarie, qui deficiunt a religione, non redeunt ad statum bonorum saecularium; sed peiores fiunt omnibus secularibus, et male pereunt. Nam amisso gustu rerum spiritualium ...

115-117 ut piri ... facienda: *in cod. expuncta* (probabiliter errore).

124 stercoratio: *sBe* Ad litteram: Ficulnea est synagoga Iudaica, quam Deus exspectavit tribus annis. Primo in lege naturae sub Patriarchis. Et tunc fructum non fecit, quia ex filiis Israel unus peccavit cum uxore patris; duo occiderunt omnes habitantes Sichem; alii omnes vendiderunt Ioseph; et postea in Aegypto obliti erant Dei. Secundo in lege scripta sub Prophetis. Et tunc fuerunt peiores. Nam occiderunt fere omnes Prophetas et idola coluerunt. Tertio in lege gratiae sub ipso Filio Dei; et tunc fuerunt pessimi: quia occiderunt Filium Dei et proprium Dominum. Et semper peiores Iudaeos invenit, et tunc eos disperdere voluit. Sed Christus oravit pro illis dicens: «Ignosce illis, quia nesciunt quid faciunt», et misit Apostolos, qui per aliquos annos coluerunt ficulneam. Sed tandem cum non facerent fructum, abstulit illis regnum et templum, et dispersit per mundum, ut non sint amplius populus, etc. Sed spiritualiter

135 Sententia non absoluta fuit.

119-120 Cf. *Marc.* 11, 11-14 et 20-22.

* * *

Volo autem docere modum assecurandi se de profectu. Modus est, ut initium fiat a magna resolutióne et maximo fervore. Hinc enim omnia redduntur postea facilia. Hoc significavit Dominus *Matth.* 7, 24, per similitudinem domus aedificandae. Qui enim incipit ab optimo fundamento, profunde descendens usque ad firmam petram, securus est de bono aedificio erigendo. Qui autem male incipit fundamentum et nolens laborare fodiendo, aedificat super arenam, nihil boni facit. Idem dicit Apostolus **Eph.* 3, 17: *in caritate radicati et fundati;* quod proprie convenit ficulneae, quae nisi radices profundas habeat, non facit fructum. Explica quid sint pluviae, venti et flumina, quae non possunt deiicere domum fundatam super petram; et deiiciunt domum fundatam super arenam.

Adde exemplum B. Mariae Magdalenae, quod habetur in evangelio huius feriae, quae incepit a magna fide et maxima caritate; unde illi dicitur **Luc.* 7, 47-50: *Fides tua te salvam fecit*; et: *Dimittuntur ei peccata multa, quoniam dilexit multum.* Credidit firmiter Christum esse Filium Dei et Deum. Ideo non (f. 349v) putavit se posse excedere in obsequio illi praestando: ideo publice se prostravit ad eius pedes: et publice amarissime flevit peccata sua. Deinde credens et sciens illum esse plenum misericordia et caritate, coepit amare amore ardentissimo eius bonitatem; et hic amor docuit illum modum novi obsequi adhuc numquam auditum, ut se et sua consumeret in eius servitium. Nam volens lavare eius pedes, non quaesivit aquam ex fonte vel ex puteo; sed totam hausit ex oculis suis; et volens tergere, non quaesivit aliud linteum quam proprios capillos; et volens ungere ad refrigerandos pedes lassos ex itinere, attulit secum unguentum pretiosissimum, non timens perdere facultates suas in tam sancto opere.

150-172 De Maria Magdalena cf. *Sur.* IV 302-306, et *Brev. Rom.*, lect. 22 Iul. Hymnus ad Matut. est Bellarmini.

151 huius feriae: feria sexta quat. tempor. Sept.: evang. *Luc.* 7, 36-50.

Denique ex hoc tam bono principio factum est, ut perseveraret ferventissime. Nam cum discipuli fugissent, illa comitata est eum usque ad crucem, et perseveravit usque ad mortem eius; 170 et postea ad sepulchrum, donec eum vidit resuscitatum; et postea in deserto, ut semper de illo cogitaret, donec ad illum perveniret.

Accedit ultimo etiam ratio. Nam qui incipit a parvo fervore, similis est parvo igni, qui levissimo flatu vel gutta 175 aquae vel musca volante extinguitur; (f. 350r) sed qui incipit a magno fervore, similis est magno igni, qui non timet muscas, nec ventos, imo nec pluvias. Nam *aquae multae non poterunt extinguere caritatem,* *Cant. 8, 7.

Ergo concludamus, eum qui vult in religione proficere, 180 debere ut vitem adhaerere arbori, vel palo; non fidere suis viribus: et ut ficulnea radicari in caritate, etc.

DE REGALIBUS NUPTIIS

Simile est regnum caelorum homini regi, qui fecit nuptias filio suo. Matth. 22, 2.

*APUG 384 f. 564r *post. a. 1613

5 Quatuor habentur in hac parabola: 1° finis ultimus humani generis; 2° medium ad illum assequendum ex parte Dei; 3° medium ex parte nostra; 4° damnum excidentium ab eo fine.

* * *

Finis ultimus est regnum caelorum. Quod quam magnum sit bonum, demonstratur ex similitudine prandii regalium 10 nuptiarum. Nihil enim habemus in rebus corporalibus, in quo magis concurrant omnia bona corporalia, quam prandium regalium nuptiarum: ibi enim invenitur oblectatio omnium

---

[1] Non exstat apud Van Ortroy.

sensuum; item ostentatio divitiarum; item magnus honor assidentium in tali convivio, etc. Sed honor, divitiae et delectationes regni caelorum tanto sunt maiora, quanto caelum est maius terra, et aeternitas tempore, et Deus creaturis. Et in hoc convivio vult Deus ostendere magnitudinem suam, ut olim Assuerus, *Esth. 1, 3.

* * *

Medium ex parte Dei est mysterium incarnationis, per quod nupsit humana natura filio Dei, et per hanc affinitatem reconciliatum est Deo genus humanum, et aperta ianua paradisi, iamdudum (f. 565v) clausa per peccatum primi hohominis. Modus reconciliationis hic fuit. Deus homo factus est, ut sponsus fieret Ecclesiae. Nam sponsus et sponsa debent esse eiusdem generis. Ideo Deus ut fieret sponsus congregationis hominum, homo factus est. Et quamvis aliqui dicant sponsum esse Verbum, et sponsam humanitatem Christi: tamen Scriptura passim dicit, sponsum esse Verbum incarnatum, et sponsam esse Ecclesiam. *Ioan.* 3, 29: *Qui habet sponsam sponsus est,* etc. *Amicus autem sponsi stat, et gaudet propter vocem sponsi.* Et Apostolus ad *Ephes.* 5, 32: *Ego autem dico in Christo et in Ecclesia.* Et 25: *Viri diligite uxores vestras, sicut Christus Ecclesiam.* Et in *Apocalypsi* cap. 19, 7: *Venerunt nuptiae Agni, et uxor eius praeparavit se,* etc.

Porro hic sponsus liberavit sponsam suam ab omnibus inimicis. Primus inimicus erat Deus, qui offensus peccatis hominum, eiecerat eos a facie sua, damnaverat ad mortem et infernum. Sed Christus obedientia sua usque ad mortem satisfecit Deo pro peccatis hominum. *Dilexit enim Ecclesiam, et tradidit semetipsum pro ea.* Et quia oderat homines, quia foedaverant imaginem Dei, et maculati erant, ideo sponsus lavit eam, et mundavit, *ut exhiberet ipse sibi gloriosam Ecclesiam, *non habentem maculam aut rugam;* ad *Ephes.* 5, 27.

— Alter inimicus erat diabolus, qui vicerat hominem, et sibi captivum fecerat. Nam teste B. Petro *2 *Ep.* 2, 19, *a quo quis superatur, eius servus efficitur.* Sed Christus pugnavit cum

diabolo per patientiam et humilitatem, et triumphavit de illo
in cruce, ut dicitur ad *Coloss.* 2, 15. — Tertius inimicus erat
concupiscentia, inimicus domesticus; de quo Sanctus Petrus
*1 *Ep.* 2, 11: *Obsecro vos abstinere a carnalibus desideriis,
quae militant adversus animam.* Sed sponsus misit (f. 565)
Spiritum suum in cor sponsae, qui concupiscit adversus carnem; et mortificat membra, quae sunt super terram. Hoc est
medium ex parte Dei, pro quo essent agendae semper gratiae
Deo, quod voluerit nos liberare per medium tam honorificum nobis.

* * *

Medium ex parte nostra est duplex, fides et caritas, cum
quibus iunguntur ceterae virtutes. De prima dicit evangelium, quod vocavit invitatos, ut venirent, id est, Iudaeos, quos
invitaverat per prophetas, et postea vocavit per Apostolos. Sed
illi noluerunt venire, id est noluerunt accedere per fidem. Et
causa cur non venerint est duplex, una quia occupati in negotiis temporalibus noluerunt venire. *Ioan.* 5, 44: *Quomodo
vos potestis credere, qui gloriam ab invicem accipitis?* Nam
animus occupatus inordinate in terra, non est capax caelestium. Et sicut tunc affectus erga temporalia fuit causa, ut
non crederent, ita nunc idem affectus est causa ut multi non
cogitent res fidei, etc. Altera causa est, quia non erant digni.
Deus enim offensus gravissima eorum ingratitudine, non dedit illis gratiam efficacissimam, per quam conversi fuissent
ad fidem. Idem accidit multis hoc tempore, qui vel ingratitudine vel tepiditate nimia provocant Deum ad iram, et tamquam indignis aeterna fide non dat gratiam perseverantiae, etc.

Sed non sufficit venisse per fidem in domum convivii, id
est in Ecclesiam, sed requiritur etiam vestis nuptialis. *Quomodo huc intrasti non habens vestem nuptialem?* Quid sit
haec vestis declarat (f. 565v) Apostolus in epistola ad *Ephes.*,
quae legitur in ecclesia cum hoc evangelio, quasi commentarius cum textu. *Renovamini,* inquit *4, 23, *spiritu mentis*

vestrae, id est, renovate hominem interiorem, et ex carnali facite spiritualem; quasi dicat: renovate vestem internam animae. De qua dicit 2 *Cor.* 5, 3: *Si non nudi, sed vestiti inveniamur.* Haec renovatio quomodo fiat, declarat, dum addit: *induite novum hominem.* Quis sit iste novus homo, declarat ad *Rom.* 13, 14: *Induimini Dominum Iesum Christum.* Quid sit induere Christum, docet idem Apostolus ad *Philipp.* 2, 5: *Hoc sentite in vobis, quod et in Christo Iesu*: id est, habeatis eadem desideria et cogitationes, quae habuit Christus.

Christus primo habuit cogitationem et desiderium humilitatis, et ideo cum in forma Dei esset, formam servi accepit. Quia in forma Dei existens aequalis erat Deo Patri, et non poterat esse inferior; ideo formam servi accepit, ut fieret inferior et minor Patre. Secundo: ex hac humilitate factus est obediens: et semper cogitavit et desideravit humiliter obedire Patri. *Philipp.* 2, 8: *Humiliavit semetipsum factus obediens usque ad mortem.* *Ioan.* 4, 34: *Cibus meus est, ut faciam voluntatem* *eius qui misit me.*

Nota, quod cibus assidue sumitur et numquam venit in fastidium, imo cum laetitia sumitur. Ideo saepe dicebat Dominus *Ioan.* 8, 30: *Quae placita sunt ei facio semper.* Et in horto cum ostendisset desiderium naturale non moriendi, (f. 566r) mox adiunxit *Marc.* 14, 36: *Non quod ego volo, sed quod tu.* Cur autem Christus voluerit humiliari et obediens fieri? Causa fuit amor Patris et generis humani: et quia finis est primo et magis intentus quam media, ideo sensus primarius Christi, id est cogitatio et affectus fuit gloriae Dei et salutis nostrae. Et si quis penetrare potuisset cor Christi, invenisset ibi non habuisse locum ullam cogitationem vel affectionem rerum temporalium; sed solum gloriae Dei et sa-

---

99-119 Nota quod... eiusdem Christi *cB*: Quae placita sunt ei, facio semper. Et quia praeceptum Dei est dilectio Dei et proximorum, ideo Christus nihil cogitabat vel desiderabat, nisi gloriam Dei et salutem animarum. Haec igitur est vestis nuptialis interior, ex qua etiam procedit exterior in verbis, gestibus et factis, etc. Qui habet hanc vestem, securus est de convivio nuptiali, immo incipit in hoc mundo habere regnum Dei, quod est ex *Ia*.

lutis nostrae. Et quia homo per superbiam abstulerat Deo gloriam, et sibi ipsi salutem; ideo voluit humiliari et obediens fieri, etc.

Haec igitur est vestis nuptialis interior, quae constat ex humilitate, tamquam ex filo vel lana; ex obedientia, tamquam ex textura; ex caritate tamquam ex compositione opera sartoris, quae dat formam vesti. Ex hac autem veste interiore procedit vestis exterior in verbis et factis, ad imitationem eiusdem Christi. Qui habet hanc vestem, securus est de convivio nuptiali. At qui non habet, audiet a rege: *Quomodo huc intrasti, non habens vestem nuptialem?*

Sed cur dicit evangelium: *Vidit ibi unum,* cum dicat in fine: *Multi sunt vocati, pauci vero electi?* Respondeo. Vere plurimi sunt excludendi a convivio, etiam ex illis, qui per fidem intraverunt in Ecclesiam: sed dicitur rex vidisse unum, quia etiamsi unus esset in tanto coetu, non posset latere oculos Dei, Item, quia Dominus in parabolis brevis esse solet; et ideo dicit, quid acciderit uni, quem primo vidit rex; et relinquit ut nos cogitemus, idem factum esse cum aliis, quos ibi vidit sine veste nuptiali.

Declarat autem evangelium brevissime primo iudicium, deinde poenam damnatorum. De iudicio dicit: *At ille obmutuit,* quia in iudicio Dei sive universali (f. 566v) sive particulari nulla erit defensio, quia conscientia testis erit, et iustitia Dei notissima.

* * *

Deinde explicat paenas, quae sunt sex. Ac primo: *ligatis manibus et pedibus.* Hoc significat immobilitatem et privationem omnis libertatis. Nam damnati erunt affixi uni loco sine ulla facultate ambulandi vel operandi. Exemplum B. Teresiae de intrusione in loco angustissimo, ut clavi in pariete. Secundo: *proiicite in tenebras exteriores,* id est in carcerem

---

138 libertatis: *sBe* Sicut enim beati habebunt omnimodam libertatem; nam

139-140 S. Theresia, *Autobiographia* cap. 32.

obscurissimum, ut tenebrae palpari possint. Nam damnati carebunt visione Dei, quae est poena damni, et erunt in tenebris etiam quo ad corpus, in centro terrae. Sed palpabunt suas tenebras, quia cognoscent se esse in tenebris. Nunc enim iniqui sunt in tenebris errorum: sed non vident suas tenebras: tunc autem videbunt. Tertio, *ibi erit fletus.* Haec poena nascitur ex duabus praecedentibus, et ex aliis duabus, quas ponit Isaias * 66, 24, et S. Marcus (f. 567r) cum ait * 9, 43: *Ignis eorum non extinguetur, et vermis non morietur.* Ergo tertia poena est ignis aeternus, quae multum augebitur ex eo quod non poterunt damnati eam fugere vel minuere movendo se. Quarta poena erit *vermis qui non morietur,* vermis videlicet conscientiae. Quinta poena erit fletus perpetuus et inconsolabilis ob omnia praedicta. Denique sexta erit *stridor dentium,* id est, rabies ex impatientia. *Stridebant dentibus in eum.* *Act. 7, 54. Itaque stridor est indignatio et impatientia. Nec mirum. Nam S. Petrus 2 *Epist.* cap. 2, 11 dicit: *Angeli cum sint virtute et fortitudine maiores non portant adversum se execrabile iudicium,* id est non possunt patienter ferre iustissimam, sed horribilem sententiam Dei. Quanto ergo minus poterunt homines portare patienter horrenda illa supplicia? Et tamen portare debebunt.

Ecce quid lucrentur, qui carent in Ecclesia Dei veste nuptiali. At contra, qui erunt vestiti hac veste, cum tempus erit adferendi cibos regios et nuptiales, fruentur bonis infinitis. Ac primo libertate omnimoda; 2° lumine visionis Dei, unde etiam ipsi fulgebunt sicut sol in regno Patris eorum; 3°, loco ignis fruentur omni voluptate; 4° loco vermis fruentur tes-

---

142 palpari possint: *sBe* beati sunt in lumine interiore et exteriore, quia vident per intellectum divinam essentiam, quae est lux immensa: et inde fiunt ipsi lucidissimi, et etiam quoad corpus fulgebunt sicut sol in Regno Patris eorum, *Matth.* 23. Sic contra

147-150 Haec poena ... morietur *cB*: Haec non est poena, sed effectus poenae; nam flebunt, quia (f. 567r) se videbunt in tenebris, privati summo bono et omnibus aliis bonis; et praeterea erunt in perpetuis malis, nimirum in igne et igne sulphureo; ut dicitur in Apocalypsi: Et vermis eorum non morietur.

170 timonio bonae conscientiae; 5° loco fletus semper cantabunt;
6° loco stridoris dentium fruentur pace, etc. (f. 567v)

Quae cum ita sint, possumus concludere magnas esse paenas damnatorum, sed maiorem eorum ingratitudinem, si consideres, Deum se humiliasse usque ad mortem crucis ut eos
175 exaltaret ad regnum. Sic etiam magna sunt, quae a nobis exigit, et maiora, quae religiosi promittunt Deo: sed utrisque in infinitum maiora, quae pro nobis fecit, et quae nobis promisit. Ideo impleamus, quae Deus praecipit, et quae nos promisimus; et suspiremus ad ea quae promisit, et gra-
180 tias agamus pro his, quae fecit.

DE NATIVITATE BEATAE MARIAE

Adhortatio ab Ill.mo Cardinali Bellarmino habita ad Novitios in domo Sti Andreae Probationis die undecima Septembris anno 1615.

Opp. NN. 68 f. 27r   *11 Sept. 1615

5   Evangelium *Matth. 1, 1-16 et lectio ex libro Proverbiorum * 8, 22-35, quae hodie recitantur in Missa non videntur pertinere ad laudes B. Mariae, et tamen si recte considerentur, maxime pertinent. Laudes mulieris ex quattuor capitibus sumi possunt, 1° ex progenitoribus; 2° ex marito; 3° ex
10 filiis; 4° ex propria virtute.

* * *

De primo. B. Virgo habuit progenitores nobilissimos, qui ponuntur in Evangelio. Nam illa genealogia est communis Sto Iosepho et B. Virgini, quia erant ex eadem familia. Nam Christus fuit de semine David, ut dicit Apostolus ad *Roma-*

---

[1] Non exstat apud van Ortroy. — Apographon eiusdem calami ac sequens exhortatio.

---

[1] Cf. *Serm.* de immac. Concept. B. M. V., habitum Capuae 1603: vol. II pp. 58-64, ubi de laude B. M. V.

nos 1, 3: *qui factus est ei ex semine David;* non autem habuit patrem in terra, sed solam matrem. Porro in hac genealogia invenitur antiquitas, quia deducitur usque ad Abraham, qui fuit duobus millibus annorum ante B. Mariam. Invenitur nobilitas ex parte regum, qui fuerunt 21 ex eadem familia; item ex parte fortitudinis bellicae, ut in Abraham et David; ex parte sapientiae, ut in Salomone et Davide; ex parte sanctitatis, ut in Abraham, Isaac et Iacob, Ezechia rege et Iosia rege.

* * *

De secundo. Habuit B. Virgo sponsum nobilissimum et sanctissimum et felicissimum. Nam genealogia Evangelii ad eum pertinet; item *iustus* dicitur in eodem Evangelio **Matth.* 1, 19: *Ioseph autem cum esset iustus:* unde canonizatus est a Spiritu Sancto in Scriptura; denique felicissimus, quia factus est quasi pater Filii Dei, qui re ipsa *erat subditus illis.*

* * *

De tertio. Habuit B. Virgo filium eminentissimum, quia erat persona divina, et quoad humanitatem est caput hominum et angelorum. Encomia Filii Dei, qui idem est Filius Virginis, habentur in lectione ex cap. 8 *Proverbiorum* * 22-35: *Dominus possedit me.* Ubi habentur haec: 1,° antiquitas, ac per hanc nobilitas sapientiae genitae, quae est Filius Dei. *Dominus possedit in initio viarum suarum, antequam quicquam faceret a principio.* 2° potentia: *Cum eo eram cuncta componens, et delectabar ludens in orbe terrarum.* Ubi ostendit nobis, quod rem tantam ludendo i. e. facillime fecit. (f. 27v) 3° Sapientia: *Et librabat fontes aquarum,* id est: ad irrigandam terram suspendebat in aëre nubes, quae sunt veluti fontes irrigantes terram. Huc etiam pertinet illud: *Eram cuncta componens,* quia ex rebus diversis et contrariis tam stabilem fabricam fecit. 4° Bonitas sive caritas: *et deliciae meae esse cum filiis hominum;* nam ex amore creaturarum eas fe-

---

[35] genitae *corr.:* genita *cod.*

cit: et praecipuum amorem erga homines ostendit, unde valde ingrati sumus, si a Deo dilecti, Deum non diligimus; et dicere deberemus ex corde: deliciae meae esse cum filio Dei.

* * *

De quarto. Habuit B. Virgo in se nobilitatem aliam, sine
50 qua omnia quae diximus, nihil profuissent. Hinc *Luca* 11, 27 dicenti sibi mulieri: *Beatus venter, qui te portavit,* respondit: *Quin imo beati qui audiunt verbum Dei et custodiunt illud;* volens dicere, ut Beda exponit, quod B. Virgo est quidem beata, quia Mater Dei; sed multo magis, quia ad hoc
55 adiunxit audire verbum Dei et custodire. Haec est enim summa perfectio audire aure cordis, quid Deus a nobis velit, et illud opere implere. 1.° Scriptura dicit 1 *Regum* 15, 22: *Non vult Deus holocausta, sed ut oboediatur voci eius,* et Christus **Ioan.* 8, 29: *Ideo me diligit Pater, quia quae placita sunt*
60 *Ei, facio semper;* et Apostolus* 2 *Cor.* 5, 9: *Contendimus sive absentes sive praesentes placere illi.* Et S. Franciscus in hoc totus erat, ut investigaret beneplacitum Dei, ut impleret. 2ª est ratio, quia servi sumus Dei; imo et mancipia redempta a Christo. Servi autem est non facere quod sibi placet sed
65 quod Domino. Item iumenta Dei sumus et spiritu eius ducimur. **Psalm.* 72, 23: *Ut iumentum factus sum apud te,* et **Rom.* 8, 14: *qui Spiritu Dei aguntur, hi sunt filii Dei.* Equus bonus ad motum calcaris vel habenarum movetur. Item in hac re consistit patientia, humilitas, caritas, et omnes virtutes;
70 **Ioh.* 14, 23-24: *qui diligit me, sermones meos servabit, et qui non diligit me, sermones meos non servat,* et Stus Ioannes in *Epistola* sua *1, 2, 5: *Qui servat mandata eius, in hoc vere caritas* (f. 28r) *Dei perfecta est.* Denique in hoc consistit ultima et summa beatitudo: *Beati pacifici.* Soli enim illi vi-
75 vunt in summa pace, qui nihil desiderant nisi placere Deo. Omnis enim perturbatio nascitur ex eo quod volumus, quod

---

53 BEDA, *In Luc.* lib. IV, cap. 11: *ML* 92, 480.
61 BONAV., *Vita S. Franc.* cap. 12: *Sur.* V 611.

non possumus habere. Hanc perfectionem habuit B. Virgo, quae dixit *Luc. 1, 38: *Ecce ancilla Domini, fiat mihi secundum verbum tuum.* Et ideo contentissima fuit paupertate etc. Et ideo plena fuit gratia, carens omni peccato et habens omnes virtutes. Religiosi habent magnam occasionem huius perfectionis, cum habeant superiorem interpretem voluntatis Dei, et in regula dicitur: ut nemo sollicitus sit de mutando officio, sed de perficiendo se in illo. At nihil desiderare debemus? Nihil de quo sit dubium, an placeat Deo; sed desiderare debemus profectum in virtutibus, quia haec *est voluntas Dei sanctificatio nostra,* *1 Thess. 4, 3.

IN ILLUD: ERITIS ODIO

Adhortatio Ill.mi Card.lis Belarmini habita in aula Novitiatus Romani.

Eritis odio omnibus hominibus, et capillus de capite vestro non peribit. In patientia vestra possidebitis animas vestras. Lucae 21, 17-19.

*Opp. NN. 68 f. 31r   16 Sept. 1616

Hic tria paradoxa continentur. Primum quod Apostoli futuri essent odio omnibus hominibus, videtur falsum, aut certe paradoxum. Nam erant amati ab omnibus fidelibus, qui erant homines. De Sto Petro constat ex Cornelio; de S. Paulo ex Corinthiis, qui, ut ipse dicit, dedissent illi oculos suos, si opus fuisset. De Christo ex discipulis ac praesertim ex Petro, *Ioan. 21, 15: *Domine, tu scis quia amo te,* etc.

---

[1] Non exstat apud Van Ortroy. Apographum eiusdem manus ac exhortatio praecedens de nativitate B. V.
2-3 Adhortatio ... Romani.: *manu alia.*
7 16 Sept. 1616: *manu alia.*

---

83 *Summ. Constit.,* reg. 20.
11-12 Cf. *Act. Ap.* 10, 24-33; 2 Cor. 7, 7 et 8, 5-7.

Secundum, quod *capillus de capite vestro non peribit,* videtur paradoxum, quia constat quod Apostoli et alii sancti occisi sunt, et amiserunt non solum capillos, sed etiam capita et totum corpus, ut patet in festo hodierno SS. Cornelii, Cypriani, Eufemiae et cet.

Tertium, quod in patientia nostra possidebimus animas nostras, id est, quod patiendo vincemus omnes qui nos oderunt, paradoxum est maximum, ac si diceretur: Vos nihil detrimenti patiemini ab inimicis vestris, quia eritis sicut oves in medio luporum et sinetis vos discerpi et devorari. Si diceret Dominus: vos eritis sicut leones contra lupos, posset credi, quod capillus de capite vestro non peribit, quia pauci leones facile vincunt multos lupos. Sed etc.

* * *

Quoad primum: Vera et certa sunt verba Domini, quia per homines intelliguntur ii, qui nihil sunt nisi homines, id est filii hominum, carnem et animam rationalem habentes: non sunt filii Dei, renati ex aqua et Spiritu Sancto; et ideo animales, non spirituales sunt. De his dicit Apostolus 1 *Cor.* 3, 4: *Nonne homines estis?* Et Christus *Marc.* 8, 27-29: *Quem dicunt homines esse filium hominis? Vos autem, quem me esse dicitis?* Et *Matth.* 10, 17: *Cavete ab hominibus; tradent enim vos in conciliis, et in synagogis suis flagellabunt vos.*

Isti ergo homines, qui solum sunt homines, et Spiritum Dei non habent, filios Dei oderunt, quia sunt dissimiles illis, et omne simile diligit suum simile. *Sap.* 2, 12 et 15: *Circumveniamus iustum, quoniam inutilis est nobis, et contrarius operibus nostris. Gravis est nobis etiam ad videndum, quoniam dissimilis est aliis vita illius.* Omnes autem homines, qui nihil sunt nisi homines, peccatores sunt, quia nascuntur inquinati peccato originali, et semper addunt peccata peccatis, nisi renascantur in Christo et Spiritum Dei accipiant. Inde concludit Apostolus * 2 *Tim.* 3, 12: *Omnes, qui pie volunt*

18-19 Festum SS. Cornelii et Cypriani: 16 Sept.

vivere in Christo, persecutionem patiuntur, quia contraria semper inter se pugnant, et iusti et iniusti contrarii sunt. Sed haec est differentia, quod omnes iniusti oderunt iustos et cupiunt eis nocere, quia caritatem non habent; iusti diligunt iniustos et cupiunt eos convertere, et ideo eis benefaciunt, reddentes bonum pro malo.

Posset etiam dici per illud *omnibus hominibus* intelligi non singulos homines, sed omnia genera hominum. Nam in omni societate vel communitate semper sunt mali, qui oderunt bonos, ut patet de Angelis, de primis fratribus: Abel et Cain, de filiis Israel, de Apostolis, de septem diaconis etc. Hoc autem Deus permittit, ut nemo se securum putet, quia in bona congregatione vivit. Nam nisi vigilet et attendat sibi et secum oret assidue, facile ipse vel de bono fiet malus vel multa patietur a malis. (f. 31v).

Illud *propter nomen meum* aperit causam praecipuam, cur mali oderunt bonos. Nam boni sequuntur legem Christi: unde dicuntur Christiani. Haec autem lex est contraria mundo, quia tollit omnia idola et omnes falsos Deos, quos sibi mundus fabricavit. Item quia tollit pompas et vanitates mundi: gloriam et superbiam, et docet humilitatem et contemptum divitiarum. Denique mundus sectatur vitia carnis, convivia, luxuriam etc. Lex Christi solum coniugium permittit ob necessitatem prolis; reliqua omnia id est fornicationes etc. damnat. Hinc igitur omnes daemones et omnes mundani oderunt servos Christi.

* * *

De secundo. Quamvis tot hostes habeamus, qui nos oderunt, non solum homines, quos videmus, sed etiam principes eorum, daemones, quos non videmus, et quamvis isti hostes nobis nocere studeant: tamen *capillus de capite vestro non peribit,* id est nihil nobis facere poterunt mali, neque in corpore neque in fama neque in opibus. Phrasis est Scrip-

---

[57] De filiis Israel cf. *Exhortat.* de vinea et ficulnea, supra pag. 474; de diaconis cf. *Act.* 6, 5 coll. *Apoc.* 2, 6 et Iren., *Adv. Haeres.* I 26, 3: MG 7, 686.

turarum significans omnimodam incolumitatem. 3 *Reg.* 1, 52:
Si fuerit Adonias vir bonus, non cadet ne unus quidem capillus eius in terram. At hoc non videtur impletum. Nam viri sancti plurima patiuntur ab impiis, et perdunt divitias, famam et vitam; ab impiis vero permultis non cadit capillus in terram. Non ita est; immo impii perdunt omnia, iusti nihil perdunt. Nam non oportet respicere, quid fiat dum litigatur in hoc mundo, sed quid erit, cum dabitur ultima sententia. Mane enim litigatur et impii praevalent, corrumpendo muneribus iudices, advocatos, procuratores, et sic spoliant bonos divitiis et bona fama, et saepe cogunt eos condemnari ad triremes vel suspendium; sed paulo post appellabunt iusti ad Regem iustissimum et omnipotentem, et feretur sententia ultima, et restituetur iustis vita corporis et fama et divitiae; et etiam restituentur pecuniae, quas expenderunt, dum litigaretur coram iniusto iudice, quia resurgent in gloria et reddentur iis multo plura, quam amiserunt, et sic capillus de capite eorum non peribit. Nam pro divitiis perditis habebunt regnum aeternum; pro calumniis et fama dicetur illis *Matth.* 25, 21: *Euge serve bone et fidelis;* pro vulneribus et morte dabitur eis corpus integrum gloriosum et immortale. Inimici autem eorum remanebunt nudi, infames et perpetuo carceri addicti. Ratio huius dicti est, quia licet viri pii sint grex pusillus, inermis et debilis: tamen habent pastorem scientem omnia, omnipotentem, nimirum Deum, qui ubique est et gregem suum intime diligit; et *si Deus pro nobis, quis contra nos? *Rom.* 8, 31. Hic igitur pastor non permittit ovibus suis malum, nisi quod verti possit in maius bonum ovium suarum; **Rom.* 8, 28: *Omnia cooperantur in bonum his, qui secundum propositum vocati sunt sancti.* Itaque Sancti videntur oculis insipientium perdere divitias, famam et vitam, sed re vera non perdunt. *Visi sunt,* inquit *Sapiens* * 3, 2, *oculis insipientium mori; ipsi autem sunt in pace,* quia statim omnia recuperant multiplicata. (f. 32r)

* * *

De Tertio. *In patientia vestra possidebitis animas vestras.*
Haec est ratio, cur tam multi hostes nobis nihil nocere poterunt, quia videlicet armati erimus lorica patientiae, quae est inexpugnabilis; vel quia patientia erit nobis quasi turris fortissima, velut arca Noe in medio diluvii submergentis, et occidentis omnes, qui in arca illa non erant. Sed mirum est, cur patientia defendat nos ab omni malo, cum ipsa non resistat malis; sed recipiat et toleret omnia mala. Hoc plane mirabile est, sed verissimum. Totum negotium huius belli consistit in conservanda anima, id est salutem animae sive vitae spiritualis. Nam si anima illaesa maneat, omnia alia, quamvis perdita, recuperabuntur; et contra, si pereat anima, omnia peribunt sine ulla spe recuperandi. Ideo dicebat Dominus *Matth.* 16, 26: *Quid prodest homini, si universum mundum lucretur, animae vero suae detrimentum patiatur?* Itaque patientia tolerat omnia mala, ne per impatientiam incidat in graviora mala. Tolerat mala, corporalia et temporalia, ne per impatientiam incidat in peccatum, quod est malum spirituale et aeternum.

Atque hoc est quod dicit S. *Iacobus* 1, 4: *Patientia opus perfectum habet;* id est, ut exponit Tertullianus in libro *de patientia,* patientia perficit omnes virtutes et sine patientia manent imperfectae. Omnis enim virtus est circa difficilia, ac per hoc indiget patientia, et sine patientia cadit. V. g. fides est circa difficilia, quia debet homo credere, quae non videt et quae videntur repugnare rationi, et sic gignit gravissimas tentationes, quae difficulter tolerantur; sed patientia tolerat et opus fidei perfectum reddit. Idem dico de spe, quae indiget magna patientia futura expectando et praesentia contemnendo. Idem de caritate, praesertim de amore inimici detrahentis, calumniantis etc. Idem de humilitate, cum aliqui nos conculcant et deiiciunt.

---

[133] Tertull., *De patient.* cap. 15: *ML* 1, 1383.

Sed praecipue virtutes religiosae alligatae votis indigent patientia in toleranda paupertate, tentationibus carnis, subiectione obedientiae, mortificatione propriae voluntatis. Sed patientia omnia perficit; et ideo in Scripturis praemia promittuntur patientiae, quia licet debeantur actibus omnium virtutum, tamen virtutes omnes perficit patientia, *Luc.* 24, 26: *Oportet Christum pati, et ita intrare in gloriam suam;* 2 *Timoth.* 2, 12: *Si sustinebimus et conregnabimus; Hebr.* 10, 36: *Patientia vobis necessaria est, ut reportetis repromissionem,* et cap. 12, 1: *Per patientiam curramus ad propositum nobis certamen.*

* * *

Si quis autem cupiat patientiam diligere et acquirere, duo consideret, et primo, quid sit ipsa patientia: secundo quam dilecta fuerit Christo et omnibus Sanctis.

Patientia primo aspectu videtur res dura et amara, et ideo multi eam fugiunt. Sed non ita est (f. 32v), immo est dulcis et amabilis. Patientia enim, licet dicatur a patiendo, tamen non affert dolores et mala, sed mitigat et lenit. Omnia mala, in quibus vexatur patientia, reducuntur ad quatuor capita: nam vel mittuntur a Deo vel a diabolo, vel ab hominibus inimicis, vel a bonis et amicis. Deus mittit morbos, pestilentias, penurias et alia id genus. Impatientia ista mala aggravat, murmurando, blasphemando; et patientia ista mala mitigat humiliando se et confitendo peccata, et sic facit, ut Deus ista mala tollat. Deinde patientia non iubet, ut non quaeramus remedia contra morbos, penurias et pestilentias: sed solum iubet, ut humiliemur coram Deo, non murmuremus, non desperemus etc. Et sic quae erant poenae, per patientiam vertuntur in merita. Diabolus immittit tentationes ad malum; patientia non iubet, ut non quaeramus remedia contra tentationes, et non curemus ab illis liberari, sed iubet, ut fortiter pugnando non consentiamus tentationibus, et orationi instemus, et in Deo confidamus, et sic malum tentationis vertamus in bonum victoriae. Impatientia vera statim cedit et peccatum committit, et sic diabolum laetificat et incendit in iram et inimicitiam Dei omnipotentis.

Homines mali nobis conantur tollere pecunias, famam, vitam. Patientia non iubet, ut non defendamus nos et nostra, si possumus; nam quod dicitur in Evangelio *Luc. 6, 29: *Si quis te percusserit in una maxilla, praebe illi et alteram*, dicitur secundum animi praeparationem, ut patet exemplo Christi et Pauli. Sed tamen iubet, ut non vindictam expetamus, quia vindicta est peccatum ac per hoc maius malum quam amissio pecuniarum, famae et vitae. Praeterea iubet patientia, ut si non possumus defendere res nostras, non ideo nimium affligamur, nec desperemus, ne per impatientiam graviora fiant ista mala. Sed aequo animo simus, et confidamus in Deo, quia curam nostri gerit. Et sic iactura illa vel restituetur, vel in meritum vertetur.

Denique mala, quae nobis inferunt homines boni, ut iudices vel superiores, qui nos puniunt ob mala facta, vel nos ipsi poenitentiis sponte assumptis, per impatientiam duplicantur, per patientiam mitigantur. Patiens enim ista mala acceptat, ut medicinas contra morbos peccatorum et ad reconciliandum Deum et poenas purgatorii minuendas etc.

Denique exemplum Christi et SS. Apostolorum, Prophetarum, Martyrum, Confessorum, qui omnes gravissimas tribulationes patientissime pertulerunt, deberent omnes animare ad patientiam, quia numquam viri sic sapientes tanta pertulissent, nisi scivissent haec esse dura corpori sed animo utilissima. Et sapientior Christo nemo fuit neque erit; et quod maius est, poterat (f. 33r) vitare omnes tribulationes, quia innocens erat et simul omnipotens. Unde de ipso dicitur *Is. 53, 7: *Oblatus est, quia ipse voluit*, et ipse de se dicit *Ioan. 10, 18: *Nemo tollit animam meam a me, sed ego pono eam;* et quando fuit captus, dixit Petro *Matth. 26, 53: *Putas, quia*

---

203 tanta *corr.*: tam *cod.*

185 Cf. *Ioan.* 18, 22-23; *Act.* 22, 25.

*non possum rogare Patrem meum, et exhibebit mihi plus-
quam duodecim legiones Angelorum.* Et etiam sine Angelis
ipse uno verbo, dicens *Ioan.* 18, 5: *Ego sum,* prostravit omnes milites, qui venerunt, ut eum caperent. Cur ergo tanta
passus est ab ipsa nativitate usque ad mortem? Quia noverat dignitatem et utilitatem patientiae in hac vita, et sic voluit nos docere verbo et exemplo. Quis ergo tanto doctore do-
cente non libenter patientiam amplectetur, etiamsi non haberet ullam rationem pro patientia amplectenda?

Non mirum, si omnes sancti Apostoli et martyres, a tanto doctore instituti, libentissime eius vestigia secuti sint.
Quid dicam de martyre Euphemia, quae femina erat et deli-
cata, et tamen maioris poenitentiae materiam illi Deus dedit quam aliis tribus. Nam isti abscisso capite in ictu oculi
transierunt ad Dominum; illa primum virgis caesa, deinde
in equuleo et rotis distenta, tertio igni admota et exusta ci-
tra mortem, quarto leonibus dilaniata, quattuor mortis genera passa est.

Deus haec exempla nobis proponit, ut ostendat per eius
gratiam nos plura pati quam existimamus. Ista exempla bene considerata sunt contiones multo meliores quam eae, quae
verbis a nobis fieri possunt. Ergo etc. etc.

DE S. LUCA AD NOVITIOS

Ross. 735 f. 422v *18 Oct. 1613 vel 1619 (?)

In laudibus S. Lucae dicitur ab Ecclesia, quod crucis mortificationem iugiter in suo corpore pro Dei honore portaverit;

---

212 duodecim *corr.*: dicas *cod.*
1 Apographum: apud Van Ortroy pp. 315-319.

---

222 De S. Euphemia cf. *Brev. Rom.* 16 Sept., lect. IX.
3-4 *Missale Rom.,* 18 Oct.: « Interveniat pro nobis, quaesumus, Domine, sanctus Lucas Evangelista: qui crucis mortificationem iugiter in
suo corpore, pro tui nominis honore portavit ».

quod est conforme cuidam regulae ex *Summario Constitutionum,* ubi iubentur fratres nostri mortificationem in omnibus rebus quaerere. Consideremus igitur ista omnia: 1° quid sit crucis mortificatio; 2° quid sit portare; 3° quid iugiter; 4° quid in corpore; 5° quid pro Dei honore.

* * *

Crucis mortificatio est afflictio, quae nascitur ex cruce. Ex quo intelligimus hic agi de cruce gravi, non de cruce parvula aurea vel argentea, quae gestatur ad collum; sed de magna, ponderosa, quae humeros premit et affligit. Crux aurea est habitum gestare pauperis religiosi, et interim nolle ullam penuriam pati; velle votum castitatis, sed nolle pugnare cum vitiis, sed admittere pravas cogitationes, etc.; velle obedire, sed ad sua desideria trahere superiorem; velle haberi humilem, sed non despici, etc.; velle haberi mitem, sed nullam iniuriam ferre, etc. Non sic S. Lucas; sed a D. Paulo ut eius comes individuus edoctus, laborabat manibus, ut victum acquireret, et patiebatur famem, sitim, nuditatem, etc. *Esurimus,* inquit *1 *Cor.* 4, 11, *et sitimus, et nudi sumus:* et alibi * 2 *Cor.* 11, 27: *In fame et siti et nuditate et frigore,* etc. Fuit castissimus ab adolescentia usque ad annum 84, ut Hieronymus scribit, et sine dubio non caruit cruce *stimulorum carnis,* ut magister eius Paulus; et ad eius exemplum, corpus suum castigabat. (f. 423r) Passus est persecutiones, contumelias, opprobria, quia eo tempore christiani habebantur athei, impii, quia deos visibiles contemnebant, et gens vilissima, etc.

* * *

Hanc crucem portavit S. Lucas, quia voluntarie et libenter tulit. Aliqui enim non portant crucem, sed portantur a cruce; ut pauperes, qui vellent esse divites, sed non possunt;

---

5 *Summar. Const.,* reg. 12.
19-20 De S. Luca cf. *Brev. Rom.,* 18 Oct., lect. 4-6.
24-25 Hieron., *De vir. illustr.* 7: *ML* 23, 650.
25-27 Cf. 2 *Cor.* 12, 7 et 1 *Cor.* 9, 27.

et coelibes, qui vellent uxores; et subditi qui vellent iubere; et viles et despecti, qui vellent honorari. At Lucas, qui erat vir doctus et honoratus, civis Antiochenus, bene potuisset habere divitias, uxorem, honorem, etc.; sed elegit sponte vitam perfectam secundum Evangelium, etc. Iugiter portavit, quia perseveranter, continuo, non fatigatus est portando, non rediit retro. Quod de ipso dicitur in Ezechiele *1, 12 sub figura animalium mysticorum: *Non revertebantur, cum ambularent.* Multi enim sunt similes planetis, sive stellis errantibus, qui ad raptum primi mobilis feruntur ab Oriente in Occidentem, sed simul retrocedunt per motum proprium; isti revertuntur dum ambulant, et sunt illi, qui non perfecte subiciuntur Spiritui impellenti illos ad opera perfectionis, sed retardant, resistunt, etc. Et ideo dicitur de animalibus illis sanctis *Ezech. 1, 12: *Ubi erat impetus spiritus, illuc gradiebantur, nec revertebantur cum ambularent;* id est, tamquam mortui sibi, toti permittebant se alieno raptui. Et haec est perfecta mortificatio crucis.

Sed quid est *ibid. v. 14: *Animalia ibant et revertebantur in similitudinem fulguris coruscantis?* Hoc significat illud idem, id est perfectam subiectionem Spiritui. Nam, ut intelligamus (f. 423v) quod non ibant ex propria voluntate, sed ex raptu Spiritus, si Spiritus ea volebat pergere in contrariam partem, tam celeriter revertebantur, quam antea ibant in directum; et ideo non dicitur: non revertebantur, sed: *non revertebantur cum ambularent,* id est non resistebant rapienti Spiritui, etc. Hic describitur perfectissima forma obedientiae, quae est principalis crux religiosorum. Exempla. Cum Spiritus sive interpres Spiritus, qui est superior, ducit ad orandum per horam, ille non revertitur dum ambulat, qui nihil aliud cogitat, sed totus est intentus orationi, et sic de aliis. Qui tamen it et revertitur in similitudinem fulguris coruscantis, qui, si iubetur postea fodere in horto vel servire aegrotis, etc., continuo fertur in illud, relicto gustu meditationis, etc. At qui, dum iubetur orare, cogitat de horto vel aliis, ille revertitur dum ambulat, etc.

* * *

In corpore suo portavit.

Multi portant crucem in anima, et nihil inde habent, nisi laborem et dolorem; et similes sunt damnatis in inferno. At sancti viri portant crucem in corpore, sed consolationem et fructum in anima; i. e. mortificant carnem et vivificant animam. Unde Bernardus in Serm. *de Dedicatione*: Multi vident crucem nostram, sed non vident unctionem nostram. Et S. Paulus dicit *Rom. 5, 3: *Gloriamur in tribulationibus*. Item * 2 Cor. 7, 4: *Superabundo gaudio in omni tribulatione nostra*. Illi portant crucem in solo corpore, qui serio disponunt relinquere mundum et servire Deo, qui vere amant paupertatem, castitatem et obedientiam, humilitatem, etc. Illi portant in anima, (f. 424r) qui non serio agunt, et vellent simul Deo servire et mundo, et ideo perpetuo cruciantur, et moestissimi sunt. Illis crux de se ponderosa evadit iugum suave et onus leve; istis iugum suave evadit crux gravissima. Illi parum laborant et multum lucrantur, et eorum lucrum est securissimum; isti multum laborant et parum lucrantur, et eorum lucrum est tam incertum, ut merito dubitare possint ne debita sint maiora creditis. Explicemus in exemplis virtutum religiosarum. Qui vere amat paupertatem, parum laborat, quia facile est habere pauciora et viliora; item parum laborat, quia dulce est amanti paupertatem pauca habere. Quod autem est dulce non potest esse grave. Multum autem lucratur — quia *beati pauperes spiritu, quia ipsorum est regnum caelorum,* * *Matth.* 5, 3, — in alio mundo per gloriam, in hoc per gratiam. Nimirum in hoc mundo pauperes habent in corde pacem et gaudium, et fiduciam ad Deum, etc.; et ideo non habent crucem in anima, sed in corpore. Porro lucrum est certissimum, quia id promittit Deus, et hic habemus pignus,

---

73 i. e. *cod.*: scilicet *vO*.
85 multum lucrantur *cod.*: parum lucrantur *vO*.
74 BERNARD., *De dedic. eccles.*, serm. 1, 5: *ML* 183, 520.
83-84 Cf. *Matth.* 11, 30.

etc. At qui non amat paupertatem, et tamen eam profitetur, multum laborat et habet crucem in corpore et in anima, quia multa desiderat quae non potest habere: unde tristatur, queritur, murmurat, etc. Parum lucratur, quia eius meritum est valde imperfectum et mixtum cum demeritis, et Deus scit an aliquid mereatur. (f. 424v) Similiter qui amat castitatem, vigilat super sensus et primis motibus repugnat, quod est facile, quia tunc homo est fortis et sanus, et ictus sunt debiles. Et meritum est maximum et securum, et sic non portat crucem nisi in corpore. At qui non amat castitatem et permittit sensus vagari, et aperit sinum malis cogitationibus, is vulneratur et fit debilis ad resistendum, et vires adversarii crescunt. Unde multum laborat et cruciatur animo, insurgunt dubia, scrupuli, rubor, etc. Idem dicas de obedientia, patientia, etc.

* * *

Propter honorem nominis Domini.

Hoc est quod facit portare iugiter et libenter crucem Domini, necnon utiliter et honorate. Nam qui portant crucem propter aliquam aliam causam, vel sunt vani, vel stulti, ut philosophi antiqui, ut amatores mundi; at qui propter honorem Dei, illi vere sapiunt. Honoratur autem Dominus ex cruce nostra, quia in ea exercentur multae virtutes, patientia, paupertas, castitas, obedientia, etc. Ex virtutibus autem manat bonus odor religionis christianae apud infideles, et ordinis religiosi apud saeculares; et inde laudatur Deus auctor huius vitae. Sicut e contrario ex vitiis nostris oritur malus odor apud infideles et saeculares, et inde blasphematur nomen Domini. Unde dicitur in Evangelio *Matth. 5, 16: *Sic luceat lux vestra, ut videant opera vestra bona, et glorificent patrem vestrum, qui in caelis est;* et de (f. 425r) S. Petro *Ioan. 21, 19: *Significans qua morte glorificaturus esset Deum;* et de se S. Paulus * 2 Cor, 2, 15: *Christi bonus odor sumus in omni loco.* Et e contrario dictum est Davidi * 2 Reg. 12, 14: *Fecisti inimicos blasphemare nomen Domini.* Iam igitur qui propter gloriam Dei fert crucem, ut eam tulit S. Lucas, 1° eam fert libentissime, imo est ei dulcissima, sicut fuit S. Andreae, quia nihil dulcius amanti, quam pati pro amato, quia eo modo ostendit suum affectum. Videmus in amore humano quod Iacobo quatuordecim anni summi laboris pro Rachele visi sunt illi pauci dies prae amoris magnitudine. 2° Deinde fert crucem utilissime, quia Deus non sinit se vinci beneficiis, et ideo remunerat copiosissime in hoc mundo et in alio. 3° Denique fert crucem honorate, quia hoc modo assimilatur Christo in eo, quod in illo fuit summe gloriosum: nam nihil fuit mirabilius in Christo, quam pati pro homine, etc.

S. Lucas vere pro honore Domini portavit crucem, quia fuit devotissimus et ferventissimus amator Christi, quod patet tum ex coniunctione cum D. Paulo, qui fuit quasi seraphinus in terris; tum ex amicitia et familiaritate cum Beatissima Virgine, a qua didicit mysteria Annuntiationis et Nativitatis et Purificationis, quae ipse solus narravit, et ipse primus eam depinxit. Nos igitur ad imitationem tanti viri debemus serio agere, portare crucem iugiter in solo corpore et propter solum Dei amorem, et ad hoc perficiendum multum affici erga Beatam Virginem, etc. Finis.

153 Finis: fol. 425v album.

---

134 De S. Andrea cf. vol. VI pp. 91-100.
137 Cf. *Gen.* 29, 16-31.
142-143 Cf. *Ioan.* 17, 1: « Pater, venit hora: clarifica filium tuum, ut filius clarificet te; sicut dedisti ei potestatem omnis carnis, ut omne, quod dedisti ei, det iis vitam aeternam », cet.
146 Cf. *Coloss.* 4, 14: « Salutat vos Lucas, medicus carissimus ».

IN FESTO S. MATTHAEI DE EPISTOLA MISSAE

Similitudo vultus quattuor animalium: facies hominis et facies leonis a dextris ipsorum quattuor; facies autem bovis a sinistris ipsorum quattuor; et facies aquilae desuper ipsorum quattuor, Ezechiel. 1, 10.

* Opp. NN. 68 f. 29r * 21 Sept.

Gran contentezza mi da il Signor Iddio ogni volta che ho occasione di ritirarmi in questo santo luogo, e star con tanti Angeli, e tall'hora far qualche spirituale e religioso discorso con loro; hora per non partir dal solito mio, mi sono posto per tema del mio familiare ragionamento la lettione letta nella Messa di Ezechiel profeta, che comincia: *Similitudo vultus quattuor animalium* con quel che segue. E prima riconto brevemente l'historia; secondariamente il senso litterale; applicaremo finalmente l'istoria spiritualmente alla S. religione, procurando di cavarne qualche utilità spirituale per farne un perfetto religioso.

* * *

L'Historia dunque è questa. Vidde una volta Ezechiel un carro trionfale, non fatto già come questi de tempi nostri; ma era una ruota e dentro a quella era un'altra, e tale che pareva un rotondo globo, acciochè rimirando tutte le quattro parti del mondo, verso ciascuna di quelle si potesse movere senza tornar mai adietro, havendo per quella parte la ruota che girava. Era poi tirata da quattro animali posti con questo ordine: era a man dritta quello che havea la faccia d'ho-

---

1 Reportatum; deest apud Van Ortroy; cf. *Relationem* P. Hier. Nappi, infra pp. 534-535.
1-5 In festo ... Ezechiel. 1, 10 *mut.*: Iesus Maria: L'Ill.mo Card.e Bellarminio 22 di Settembre. *cod.*
6 Codex habet: 22 di Settembre. Festum autem S. Matthaei est die 21.

---

13 riconto = racconto.

mo; dietro a questo era quello del bue; a man sinistra era quello che havea la faccia d'aquila, dietro a questo seguiva il leone. Ciascuno di questi quatro haveano quatro faccie, una per parte; havevano di più quatro ale per uno; così anco quatro mani, et i picoli ditti come di elefanti per la facilità e fortezza nel caminare. Ma questi non caminavan da se, ma guidati e mossi da un cocchiere: *ubi enim erat impetus s|piritus, illuc gradiebantur, nec revertebantur dum ambularent*. Finalmente erano infocati tutti; *et aspectus eorum erat quasi carbonum ignis ardentium et quasi aspectus lampadarum*. E questa e l'historia. Veniamo hora all'espositione litterale.

* * *

Il carro di due ruote non è altro come espongono molti santi, se non la gloria di Cristo trionfante, la quale non si muta mai; mai torna a dietro per mancamento di certezza o verità, come sono le altre sette et opinioni di filosofi, che con il tempo variano et si mutano. Ma quella di Cristo non patisce dubio alcuno; anzi che con questa sola si atterrano tutti li errori et heresie contra di essa. E questa gloria è tratta da quatro generosi animali, che sono i quatro santi evangelisti, e con ragione figurati con quelle faccie; primo di huomo, perchè come quello che nella sua formatione Dio constitui superior di tutti, cosi tiene fra questi il primo luogo; e questa si attribuisce a S. Mattheo, il quale fu il primo che ci lasciò scritta la vita et humanità (f. 29v) di Cristo, per il che dice Pietro Damiano, che siamo molto obligati a S. Mattheo per esser stato a noi un altro Mose portatore e scrittore della legge nova della gratia. Si attribuisce anco la faccia dell'huomo per esser stato martire gloriosissimo, senza però pregiudicio delli altri che furino campioni gloriosissimi. — A S. Giovanni si attribuisce l'animale con la faccia di aquila, per il gran volo, che egli fece sino alla deità e divinità di Dio, cominciando a scriver *Ioan.* 1, 1: *In principio erat verbum,* il dove

---

[50] Petr. Damian., *Serm.* 49, 2-3: *ML* 144, 778.

non arriva intendimento humano nè intelletto angelico. — A S. Marco si da l'animale con la faccia di leone, perchè cominciò il suo Evangelio con un rugito spaventevole *Marc. 1, 3: Ego vox clamantis in deserto: poenitentiam agite! — E finalmente a S. Luca si da quello con la faccia del bue, come quello che comincia a scrivere di Zacharia sommo sacerdote quale offeriva a Dio vitelli, che erano sacrificio a Dio gratissimo.

Erano tutti questi quatro animali et Evangelisti con quatro facie rimirando i bisogni di tutte le parti del mondo. Alle quatro facie havevano di più quatro ali, con le quali di subito volavano a dar'opportuno rimedio con la dottrina e santità loro; di più quatro ali, perchè con quelle contemplavano i alti misterii della divinità e deità della persone divine; e driti piedi, perchè descendevano a parlar dell'humanità di Cristo e delle cose inferiori. Ma non solo havevano le ali per contemplare, ma anco le mani per operare et essercitarsi in opere pie, e tutto ciò facevano in unità dello Spirito, che li guidava in tal modo che da loro stessi non si movevano. Così S. Matteo come havrebbe potuto scrivere l'Evangelio, lui chi era un telonario, se non lo havesse mosso questo Spirito? Così S. Luca buon medico sì, ma come havrebbe saputo far si bella Cronica senza questo cocchiere dello Spirito Santo? Ma sopra tutto non solo li rendeva maravigliosi l'haver tutto questo, ma li rendeva maravigliosissimi la velocità e prontezza in ogni cosa, et erano così ardenti, così infocati che il fuoco et ardore della carità li faceva esser per tutto presenti. Questo fuoco li teneva con li ochi aperti con le ale sempre stese, con le mani spicciate da ogni impedimento, con li piedi spediti ad ogni impresa per difficile per malagevole che fosse: Ibant et revertebantur in similitudinem fulguris corruscantis. Ma veniamo al senso spirituale.

76-77 Matth. 9, 9-17; Marc. 2, 13-17; Luc. 5, 27-39.
78 HIERON., De vir. illustr. 7: ML 23, 650 (de S. Luca).
79 Cronica = Act. Apost.

* * *

Chi non vede quanto bene tutto questo si possi applicare alla religione, et in particolar la nostra, la quale deve tirar con quatro sorte di gente, che ella contiene, questo carro della maggior gloria di Dio? Il carro fatto in forma di ruota, in forma di globo, che mira tutte (f. 30r) le quatro parti del mondo, denota che per ogni parte del mondo si deve cercar la maggior gloria di Dio solo e non esser diviso in altro, che per ciò S. Dionisio cap. 10 *de Caelesti Hierarchia* chiama i religiosi monaci, acciò ad un solo Dio servano puramente senza divisione, come sogliono fare i secolari, de quali dice S. Paolo, che hanno il cuor diviso, perchè l'ammogliato bisogna che cerchi le cose di Dio per la salute sua, ma anco quelle della moglia sua per sostentamento di essa. E così di tutti li altri negocianti del mondo. Tal volta anco nel numero di questi tali si trovano delli religiosi, i quali dovendo tirar questo solo carro, si attacano a tirar qualche altro di qualche loro disegno o pretentione humana; e quindi è che il fervor di molti si rafredda e quasi si estingue con gran danno loro e della religione.

Quatro sorte, dissi, di persone tirano questo carro nella religione. Nel primo luogo sono i superiori, i quali sono figurati nello animale con la faccia humana, per la signoria concessa all'huomo solo; così questi hanno il dominio, e sopra intendono sopra di tutti, e questi bisogna che veglino e siano desti. I secondi quelli che come aquile vanno volando nella contemplatione delle cose divine o per mezzo dell'oratione o delli studii teologici e filosofici. I terzi sono i predicatori, i quali come leoni devono predicare et atterir i peccatori, com'anco i confessori i penitenti. Quindi è che gran conto hanno da render a Dio quelli predicatori, che vanno dietro a bel-

---

[96] Dionys. Ar., *Eccl. Hierarch.* 6, 3, 2: *MG* 3, 533.
[98-101] Cf. 1 *Cor.* 7, 32-33.

li pensieri e delicate parole, e si devono più tosto chiamare
belli e velluti cagnoli che christiani predicatori. I quarti sono
i coadiutori nelle cose temporali, e questi sono obligati anco
tirar questo carro. Nè dicano questi: Mio è ufficio basso e
vile; potrei far ne un più honorato e specioso. E non è così; che tanto è per Dio far bene la cucina quanto predicare,
perchè hanno una medesima formalità, che è far il tutto per
puro amor di Dio. Anzi dico di più, che meritarà più tal volta
chi lava i piatti che chi legge theologia, perchè Iddio non guarda all'officio, ma al modo con il quale si fa. Di questo ne habbiamo mille essempii. Vedete: S. Lorenzo era diacono e S. Sisto Papa; ad ogni modo a S. Lorenzo si fa vigilia con l'ottava, et a S. Sisto nò, perchè Dio ha riguardo al modo. Il
B. Stanislao nostro a quanti professi è preferito; il B. Luigi
scolare a quanti maestri e Padri è anteposto in cielo, perchè
Iddio non guarda all'officio, ma al modo con quale si fa, et
altri mille esempii si potriano addurre in questo proposito.

Havevano in oltre questi quatro animali quatro facie; così deve haver il religioso una l'avanti per guardar le cose future dalla lontana come la gloria del cielo, e non come il secolare da vicino, che mira la gloria e commodo transitorio;
la 2ª di dietro per guardar le cose passate, come i peccati della vita sua (f. 30v); la 3ª alla destra mirando le prosperità
presenti esser vane, et la 4ª alla sinistra mirando le tribulatione esser brevi, dicendo con S. Paolo * 2 *Cor.* 4, 17: *Momentaneae et leves tribulationes nostrae,* rispetto a quello che
dovemo far per amor di Dio. Di più havevano le ali e le
mani, perchè non vuole Iddio, che solamente operiamo attioni
esterne, ma anche che ci aleviamo anco a suoi tempi in alto
per mezzo dell'oratione et contemplatione di Dio. E così ci
dobbiamo dare all'oratione; onde diceva S. Francesco: « Il
religioso che non è huomo di oratione non è religioso ». Ma
bisogna haver i suoi tempi, ne quali ci habbiamo a ritirar

---

130 Cf. *Brev. Rom.* 9-17 Aug.
149 Cf. BONAV., *Vita S. Franc.* cap. 10: *Sur.* V 605.

con Dio. Così dice S. Bernardo, che per qual si voglia grande negocio sempre hanno i prencipi certo tempo per cibarsi e pascer il corpo per conservarlo e resister alle fatighe. Hor per chè questo si negherà all'anima, non le dando il debito cibo dell'oratione, che sostenta e fortifica l'anima debole et inferma! Ma fatto il volo dell'oratione, vuole che operiamo. E queste cose a tutti quatro i animali erano communi; così queste proprietà devono esser communi a tutti i buoni religiosi. E ben vero anche che con tutto questo, se non era il carrociere dello Spirito Santo, che l'avesse mossi, non si movevano; ma ad un cenno suo con allegrezza, prestezza, indifferenza si movevano. Così il religioso non si deve movere, se non al comandamento del superiore, e movendosi moversi con allegrezza, prestezza e vera rassignatione a ogni cosa. E se bene questo par difficile per esser nato l'huomo signore et per dominare, di libero arbitrio: è vero; ma chi pensa, che non si obedisce ad un huomo, ma a Dio et all'huomo per Dio, non sentirà difficoltà; perchè che difficoltà ci puol esser a obedir a Dio? Certo che ci è gran prontezza per ogni cagione. Così si deve portar il suddito religioso con 'l suo superiore.

Aggiungete l'ultimo, che questi erano tutti infocati, e che da questo calore eran spinti per tutto. Se non si arriva quà, non si è fatto niente, perchè *vinculum perfectionis est caritas*, *Col. 3, 14. E per haver questa carità verso Dio et il prossimo, io per me non trovo mezzo migliore nè più efficace, quanto considerar che Dio habbia amato me miserabile peccatore e questo ab eterno. E perchè non amero io Lui? essendo che glielo devo per tanti titoli? Lui non solo amò me, ma tutte le creature, ancora i suoi nemici. Hor perchè non amerò io il prossimo mio, per grave, per molesto che egli ci sia, per amor di Dio?

Patì Dio per me sino dal primo giorno della nascita sua

---

178 peccatore corr.: peccato *cod.*

152 Cf. Bernard., *De consid.* I 5: *ML* 182, 734.

secondo la carne in una mangiatoria, senza cosa nessuna di commodo o consolatione, dove bisognò che la signora dell'universo sedette sopra un basto, et il re del cielo fu sul fieno e paglia; et io perchè non potro patir un poco per amor di chi tanto amò me? Questo bisogna farsi da un buon religioso per tutto il tempo di vita sua e per farlo bene bisogna incominciare sino dal novitiato, assuefaciendosi all'humiltà, oratione, patienza, mansuetudine, che con la gratia del Signor diventaremo perfetti animali, che tiraremo questo carro della gloria sua del suo santo nome in questa vita felicemente e poi nell'altra gloriosamente. Amen.

QUID SIM UT CREATURA ET UT HOMO

FRAGMENTUM

Pars Prima

*Ross. 735 f. 438r.   *Romae, ante a. 1615

De primo; quid sim ut creatura et relate ad creaturas. . . . . bonum. 7°. Omnis creatura est in suo loco tantum. Deus est totus et solus ubique; *Ierem. 23, 24: *Caelum et terram ego impleo*: et dicitur esse in caelo, quia ibi est domus eius permanens, id est Angeli et Sancti, in quibus est per gloriam.

Praeterea creaturae, licet plurimae sint, tamen sunt ita unitae, ut in toto mundo nullum sit vacuum, et potius contra inclinationem suam moventur, quam permittant vacuum. Exemplum de vasis, quibus adaquantur herbae; et tubis quibus aquae sursum trahuntur, etc. Hinc voluit Deus docere unitatem voluntatum per caritatem.

Denique homo est nobilissima creatura inter corporales, et propter ipsum omnia facta sunt; tamen indiget omnibus creaturis: unde simul est ditissimus et pauperrimus. Nam sicut Deus est ditissimus, quia nulla re indiget: ita nos sumus pauperrimi, quia rebus omnibus indigemus. Egemus terra, ut nos sustentet; aqua, ut refrigeret et lavet; igni, ut nos calefaciat, et coquat res necessarias, et noctu illuminet; aëre, ut

---

1 Deest apud Van Ortroy. Cf. supra p. 50.
1-5 Quid sim. ... creaturas. *add.*

5-7 De sex punctis, quae desiderantur (incipit enim fragmentum a puncto septimo), vide Introductionem p. 50. Inveniuntur in libello *De ascens. mentis in Deum*, gradu X.

respiremus et videamus et audiamus; sole, ut nos illuminet,
25 et omnia germinare faciat; caelo et stellis, ut suo influxu conservent mundum inferiorem; Angelis, ut caelos moveant. Praeterea egemus fructibus terrae, et animalibus, ut nos pascant et iuvent in multis. Denique unusquisque indiget aliis hominibus. Deus enim ita coniunxit homines, ut alii aliis egeant,
30 ut sic uniti permaneant. Divites egent opera pauperum, et pauperes egent opibus divitum. Pone regem, qui non habeat milites, satellites, servos: nihil poterit. Si essent in aliqua urbe omnes ditissimi in auro et argento, morerentur fame. Exemplum de pane. Quot requiruntur homines, ut panem ha-
35 beamus! Requiruntur qui arent, qui serant, qui metant, qui molant, qui pinsant, qui coquant. Si unus deesset, panem non haberemus. Hinc collige, quantum egeamus Deo, qui fecit omnes creaturas et qui cum omnibus operatur; et omnibus dat vires et eas movet ad operandum, etc. Et tamen non desunt,
40 qui blasphement et maledicant Deum.

Praeterea alio modo ex creaturis cognoscimus nostram paupertatem et infirmitatem. Nam omnes nobis nocere possunt: terra obruendo, aqua suffocando; ignis ardendo, aër pestilens inficiendo, (f. 438v) caeli non influendo, et causan-
45 do siccitates vel humorem nimium, unde nascuntur fames, pestes, etc. Animalia nocere possunt dentibus, cornibus, calumbis, flatu, oculis; immo etiam minutissima animalia, ut muscae, culices, pulices nos mire vexare possunt. Homines autem crudeliores sunt omnibus bestiis contra alios homines,
50 vel ex inimicitia vel ex avaritia, ut spolient et rapiant; vel ex luxuria, cum non possunt potiri suis voluptatibus, nisi aemulos occidant; vel ex ambitione, ut possint regnare, etc.

Itaque miserrimus homo est in hac vita; nec habet aliam viam evadendi et ut se ponat in tuto, nisi adhaerere Deo per
55 veram caritatem. Nam *si Deus pro nobis, quis contra nos?*
* *Rom.* 8, 31. *Et omnia cooperantur in bonum diligentibus Deum,* **ibid.* 8, 28, quia omnia convertit illis Deus in bonum. Nam si dat illis prosperitates temporales, facit, ut inde coniiciant quid boni dabit illis in patria; si dat afflictiones tempo-

rales, facit, ut purget eos in hac vita, ut non debeant hae- 60
rere in purgatorio, vel ut augeantur merita et praemia. (f. 439r)

Pars Altera

*Ross. 735 f. 439r   *ante a. 1615

De Secundo: quid sim ut homo.

1. Quod ad causam efficientem, sum nobilis valde, quia
Deus fecit me. Nam animam solus creavit, et immediate; non 5
concurrit caelum nec terra nec angeli nec homines. Ipse in-
sufflavit spiritum vitae. Idem facit unicuique nostrum. — 2°
Quo ad corpus, utitur Deus cooperatione parentum, sed Ipse
facit proprie totum corpus. *Iob.* * 10, 8: *Manus tuae fecerunt
me, et plasmaverunt me totum in circuitu; ossibus et nervis* 10
compegisti me. Et mater Machabaeorum: 2 *Mach.* * 7, 22:
*Nescio quomodo in utero meo apparuistis. Non ego compegi
membra;* *sed enim mundi creator,* sed Deus. Et res est evidens, quia pater et mater non sciunt, quomodo sit factus homo, quot ossa, quot nervos, quot venas habeat; quomodo sint 15
colligata membra: quomodo nutriantur, quomodo crescant, etc.
Exemplum de palatio, in quo faciendo concurrunt aliqui de-
ferendo materiam, sed non dicuntur fecisse palatium. Hinc
Dominus *Matth.* 23, 9: *Nolite vocare vobis patrem super terram. Unus est Pater vester, qui est in caelis.* — 3° Qui co- 20
niunxit animam cum carne, solus Deus esse potuit. Nam anima spiritus est; caro corpus est. Qua arte sapientiae fieri potuit, ut coniungerentur duo tam diversa, et tam intime, ut
fierent unum! Quis posset unire aërem cum terra, ut aër manens aër fieret unum cum terra! vel ignem cum aqua! At 25
mirabilius est coniungere spiritum cum carne. *Ipse ergo fecit nos, et non ipsi nos,* *Ps.* 99, 3. — 4° Ipse conservat, nutrit
et movet: *In ipso vivimus, movemur et sumus, Act.* * 17, 28.

---

1 Deest apud Van Ortroy.

4-262 De quattuor causis vide *De ascens. mentis in Deum*, gradum I.

In Ipso sumus, quia Ipse *portat omnia verbo virtutis suae,*
Hebr. 1, 3. In Ipso vivimus, quia dat cibos, vestes, medicinas; et in Ipso movemur, quia Ipse dat videre, audire, loqui, operari, ambulare. — 5°. Haec facit sine indigentia loci, temporis, laboris, instrumentorum, ministrorum. Nam volendo fecit; *Dixit, et facta sunt,* *Psalm.* 32, 9. Id patet ex miraculis. Nam verbo restituebat oculos, vitam; multiplicabat panes et pisces; vertebat aquam in vinum. Unde si nunc utitur creaturis et tempore, non facit ex indigentia. (f. 439v)

Hinc patet nobilitas hominis. Opera enim eo pluris fiunt, quo sunt a maiori artifice facta, ut patet de picturis Zeusis, de statuis Policletis, Michaelis Angeli, etc. Hinc etiam patet ingratitudo multorum hominum, qui Deum non agnoscunt ut patrem, non diligunt, non honorant, etc. Hinc patet, Deum esse absolutum Dominum omnium rerum, etc., quia potuit facere, et potest annihilare, etc.

* * *

2. Quo ad materiam. Materia prima est nihil. Nam etiamsi nos facit ex sanguine matris, tamen deveniendum est ad primam matrem, quae facta est ex costa Adae, et illa ex terra sterili, ex limo terrae sive terra rubra, id est creta (hoc enim significat adama), et terra illa ex nihilo. Itaque sive consideres sanguinem menstruum, horribilem et foedum; sive costam Adami, os aridum; sive limum terrae, quo nihil vilius; sive ipsum nihil: non habes, unde glorieris, nisi in Deo, qui potuit et scivit ex re tam vili rem tam nobilem producere. Vani sunt qui gloriantur se natos ex regibus et reginis. Quid enim inde habuisti, nisi guttas aliquas sanguinis menstrui? quod habuerunt etiam filii rusticorum.

Materia tamen, non ex qua factus est, sed ex qua constat, est corpus humanum; quod est nobilissimum et miserrimum. Respice figuram rectam, caelum aspiciens, formosam, imaginem animae. Deinde structuram oculorum, aurium, manuum; et interiora: cor, epar, pulmo, venae, etc. Sed. respice postea brevitatem vitae, mortis horrorem, morbos innumeros, et su-

per omnia periculum gehennae, in qua ardebit in aeternum
in tenebris, sine ulla consolatione. Audi *Iob* * 14, 1-2: *Homo
natus de muliere; brevi vivens tempore, repletur multis miseriis. Qui quasi flos egreditur, et conteritur, et fugit velut
umbra, et numquam in eodem statu permanet.* Primo dicit:
brevi (f. 440r) *vivens*: nam etiam centum anni nihil sunt respectu aeternitatis, et plurimi citius moriuntur. Mors autem
omnia destruit et reducit in pulverem. Secundo dicit: *repletur multis miseriis.* Quaelibet miseria sufficit replere corpus
nostrum. Nam si unus tantum digitus aut dens aut oculus
graviter doleat, totus homo tristis manet. Quid ergo fiet, si
multae sint miseriae, et omnes impleant! Certe sola mors,
quae per mille vias intrare potest, sola sufficit, si serio cogitetur, replere hominem tristitia. Tertio explicat per similitudinem floris, qui mane oritur, et statim marcescit. De quo
et David *Psalm.* *89, 6: *Mane sicut herba floreat, mane floreat et transeat, vespere decidat, induret et arescat.* Quarto
explicat similitudine umbrae, quae ut velocissime fugit et insensibiliter. Respice umbram turris: non videtur moveri; sed
tamen paulo post sole transeunte evanescit. Vel *fugit velut
umbra,* quia umbra videtur imago rei; tamen si tangas, nihil
invenis. Quinto addit: *et numquam in eodem statu permanet,*
quia est in continua mutatione, et ne quidem ad momentum
quiescit. Unde videtur corpus humanum omnino contrarium
Deo. Nam Deus semper manet et idem manet; homo quo ad
corpus, brevi manet et numquam est idem. (f. 439v marg.)

Dan. cap. 5, 25 vidit Baltassar rex in pariete scribi *Mane, Thecel, Pharez*: Numeravit, appendit, divisit. Hoc fit in
morte cuiusque. Nam dicitur illi: *Numeravit Deus dies tuos,
et complevit illos*: itaque impossibile est ulterius progredi.
Item *appensus es in statera* divini iudicii, *et inventus es minus habens*: itaque in iudicio cecidisti, et nullum iam est remedium. Denique *divisit Deus regnum tuum.* Quatuor regna
habet homo ratione corporis. Unum extra se, id est bona sensibilia exteriora, opes, filios, amicos; et ab his dividitur cum

magno suo dolore. Alterum circa se, id est sensus, in quibus (f. 440r marg.) maxime delectabatur; et ab his dividitur maio100 re cum dolore. Tertium supra se, id est beatitudinem corporis in caelo; et ab hac dividitur in aeternum, tradendus aeterno igni post diem iudicii, et interim tradendus vermibus et putredini. Sed qui pie vixerunt, audiunt: Numeravit Deus dies exilii tui et laborum, et complevit eos. Appendit te in sta105 tera iudicii sui, et invenit te plenum operibus bonis. Ideo divisit te ab iniustis et inimicis, et introducet in patriam beatam, ubi laeteris in aeternum. (f. 440r *infra*)

Hinc collige non esse magnifaciendam pulchritudinem, sanitatem et alia bona temporalia corporis; sed aspirandum ad
110 aeternam pulchritudinem et sanitatem, quae dabitur iustis. (f. 440v)

* * *

3. Quo ad formam. Anima rationalis est forma hominis. Illa enim dat esse, et facit hominem esse hominem. Haec est res nobilissima et thesaurus ingens in vase fictili.
115 Primo nobilissima est, quia est paulo minor Angelis. Nam viventia sunt uno gradu nobiliora inanimatis; sensibilia sunt uno gradu nobiliora viventibus insensibilibus; intelligentia sunt uno gradu nobiliora sensibilibus. In hoc gradu sunt Angeli et homines quo ad animam. Proinde Angeli non sunt uno
120 gradu integro nobiliores hominibus, sed minus quam uno gradu; ideo dicitur homo *paulo minoratus ab angelis; Psalm.* 8, 6. Differentia stat in hoc, quod Angeli sine labore intelligunt plura et perfectius; homines in hac vita cum labore intelligunt mendicando a sensibus, et discurrendo, etc. Item An125 geli cognoscunt plura quam nos, imo omnia naturalia et multa supernaturalia. Denique cognoscunt multo perfectius, quia vident substantias rerum et accidentia; nos accidentia cognoscimus; de substantia parum novimus. Itaque Angeli intelligunt facilius, plura et perfectius. Sed in alia vita erimus

---

101-102 tradendus ... tradendus *corr.*: tradendum ... tradendum *cod.*

aequales, si boni fuerimus, ut Christus promisit; et aliqui homines erunt nobiliores per gratiam aliquibus Angelis.

Secundo est nobilissima, quia est facta ad imaginem Dei, *Gen. 1, 26-27 et Sap. 2, 23; ac per hoc est similis Deo. Et quod dicitur in Psalmo * 39, 6: *Non est, qui similis* (f. 441r) *sit tibi,* intelligitur de similitudine aequalitatis; quomodo solus Filius Dei naturalis dicitur imago Dei Patris, quia est aequalis Patri in omnibus. Et quia homo ratione animae est imago Dei, ideo optima scala ad cognoscendum Deum ex creaturis, est ipsa anima. Primo anima est substantia spiritualis; et Deus spiritus est. Sed Deus est Spiritus creator; anima spiritus creatus. Secundo anima est immortalis: et Deus est aeternus, et solus habet perfectam immortalitatem. Tertio anima habet intellectum speculativum, quia cognoscit non solum singularia obiecta sensuum, ut bestiae, sed etiam universalia, etc.: Deus autem omnia intelligit, etc. Quarto anima habet intellectum practicum, unde efficit domos, hortos, arma, horologia, etc.: et Deus intellectu practico fecit caelum, stellas, etc. Quinto anima habet liberum arbitrium, et inde est dominus suarum actionum et omnium animalium. *Praesit,* inquit *Gen.* * 1, 26, *piscibus maris,* etc. Et Deus habet liberrimum arbitrium, propter quod *omnia serviunt illi,* *Psalm. 118, 91; et *nemo illi resistere potest,* *2 Par. 20, 6. Sexto anima est capax virtutum, prudentiae, iustitiae, misericordiae, etc.: et Deus habet perfectissimam prudentiam et iustitiam et misericordiam, quibus totum mundum gubernat et iudicat. Septimo anima est tota in toto corpore et in singulis partibus: et Deus est totus in toto mundo et in singulis partibus. Denique anima dat corpori vitam, motum, sensum, decorem, robur et omnia bona: et Deus dat omnibus creaturis et ipsi animae, quidquid boni habent. *In Ipso enim vivimus, movemur et sumus; Act.* * 17, 28 (f. 441v)

Tertio est nobilissima, quia superat nobilitate omnes res corporales, etiam solem et stellas; et ipsa dat corpori omne

---

130 Cf. *Matth.* 22, 30; *Marc.* 12,25; *Luc.* 20,36.
136 Cf. 2 *cor.* 4, 4 et *Col.* 1, 15.

bonum quod habet. Quod patet ex separatione: quia corpus
165 sine anima omnia bona perdit, et efficitur vilius omni terra.
Denique, quia in alia vita totum bonum corporis pendet ex
anima. Si enim ipsa salvabitur, glorificabitur corpus in aeternum;
si ipsa damnabitur, damnabitur etiam corpus in aeternum.
Ideo studiosissime conservanda est, ut massa auri in
170 terra recondita.

Veniamus nunc ad miseriam, ut homo se bene cognoscat.
Peccatum primi hominis infecit animas omnium hominum,
qui ex illo nascuntur. Unde nascimur maculati, aversi a Deo,
rei mortis aeternae. Et praeterea ex hoc peccato consecuta
175 sunt quatuor vulnera, quae remanent, etiam peccato remisso
per baptismum.

Primo remanet in intellectu ignorantia, quae difficillime
expellitur, ut multi malint ignorantes manere, quam tanto
labore illam expellere. Nec solum est ignorantia rerum non
180 necessariarum, sed etiam ultimi finis et mediorum ad illum,
et saepe acquiruntur ignorantia pravae dispositiones et errores
gravissimi, ut patet in gentilibus, et in iis qui vivunt nunc
more gentilium.

Secundo remanet in voluntate quaedam propensio ad ma-
185 lum, quae dicitur malignitas. Hinc homines proni sunt ad
suspicandum male de proximo; ad mentiendum et fallendum,
etiam in pueritia; ad invidendum, et gaudendum de malo proximi;
ad quaerendum quae sua sunt, non obstante quolibet
respectu Dei vel hominum. Hinc dicit S. Ioannes *1 *Ep.* 5, 19:
190 *Mundus in maligno positus est.* (f. 442r)

Tertio remanet in irascibili difficultas maxima ad bene
operandum, quae dicitur infirmitas. Datus est enim irascibilis
appetitus ad vincenda et superanda mala, quae nobis impendent;
et est quidem fortis haec potentia ad resistendum
195 iis, qui impediunt nostrum bonum temporale, et ad aggredien-

---

181 acquiruntur *corr.*: acquiritur *cod.*
192 datus *corr.*: data *cod.*

da omnia pericula et superandas difficultates in acquirendis temporalibus. At ad resistendum tentationibus diaboli et mundi et carnis, et ad tolerandos labores pro vita aeterna et pro virtute, infirmissimi sumus.

Quarto remanet in appetitu concupiscibili, qui datus est ad quaerenda utilia, remanet, inquam, libido incredibilis ad voluptates carnales, ad ludos, ad quietem corporis et alia id genus, quae nocent non solum animae, sed etiam corpori; et haec est quae innumeros pertrahit ad gehennam. Haec enim passio vehementissima est, et ad eam superandam homines infirmissimi sunt; et nisi a Deo continue adiuventur, non possunt ne cogitare quidem aliquid boni. Unde sancti viri assidui erant in oratione, ieiuniis, vigiliis, ciliciis, flagellis, ut belvam istam domarent.

Hae magnae miseriae sunt, ut coegerint Paulum exclamare, *Rom. 7, 24: *Quis me liberabit de corpore mortis huius!* Haec cognitio tantae infirmitatis parit humilitatem et diligentiam, et super omnia cogit ad invocandum Deum, qui solus potest medicinam adhibere. Qui sanat omnes languores nostros, illuminando intellectum, excitando voluntatem ad amorem Dei, tribuendo vires, etc. (f. 442v) Alia miseria maior est peccatum actuale mortale. Priores miseriae sunt molestae, sed non occidunt animam, nec damnant ad inferos si eis non consentiamus. Unde dicit Apostolus *Rom 6, 12: *Non regnet peccatum in vestro mortali corpore,* ubi per peccatum intelligit concupiscentiam et pronitatem ad malum. Sed peccatum actuale mortale, quod non ex Adamo est, sed ex nostro libero arbitrio, occidit animam, quia privat gratia Dei, quae est vita spiritualis animo; et ista privatio facit animam deformem et foetentem coram Deo et Angelis instar cadaveris. Deinde peccatum mortale est offensa Dei, Domini, Patris, Sponsi, etc.; unde est ingratitudo, rebellio, impietas, adulterium, etc. Eius magnitudo cognoscitur ex duabus rebus: primo ex poena gehennae, in qua est privatio aeterna summi boni et inflictio

---

²²² est *add.*

perpetua summi doloris; secundo ex remedio, quod fuit mors unigeniti Dei. Voluit enim Deus, ut si Filius eius vellet condigne expiare peccata hominum, pateretur poenam crucis, in qua cernitur summa humiliatio, summa obedientia, summa patientia et summa caritas. Iam si unum peccatum mortale est tam magnum malum, etiamsi unum tantum sit, ut peccatum Luciferi: quid erunt innumerabilia peccata omnium generum, quae multi committunt! Hinc apparet summa benignitas Dei in hoc mundo, quoniam tam grandem offensam remittere paratus est, si hominem vere poeniteat, et faciat quod potest ad satisfaciendum. (f. 443v)

* * *

Quo ad finem; duplex est finis: extrinsecus et intrinsecus.

Extrinsecus est Deus, ut etiam omnium aliarum rerum. Sed res corporales tendunt in Deum mediante homine, propter quem immediate factae sunt. Homo enim cognoscit Deum, et eum laudare potest et debet tam pro se, quam pro omnibus creaturis. Illae autem dicuntur laudare Deum, quatenus sunt opera Dei pulchra. Opus enim laudat artificem, id est facit, ut videntes opera laudent artificem. Homo ergo factus est ut Deum cognoscat, eumque laudet, illi serviat, etc.

Finis intrinsecus est perfectio consummata hominis. Exemplum de domo, quae dicitur habere finem, quae est absoluta cum omni sua perfectione. Perfectio hominis consistit principaliter in intellectu, qui tunc habet omnem perfectionem, quando cognoscit res omnes, et primam causam earum, quae est Deus. Unde nemo poterit quiescere, donec videat Deum. Secundo consistit in voluntate, quae tunc est perfecta, quando tale bonum consecuta est, ut nihil aliud cupiat. Et hoc non potest esse, nisi in unione cum Deo per fruitionem. Tertio consistit in corpore, quod tunc est perfectum, quando est immortale, semper sanum, semper pulchrum semper forte, etc. Quarto consistit in adeptione omnium aliorum.

DOCUMENTA A DÈO DATA
SANCTISSIMAE CUIDAM ANIMAE

* Summ. addit. pag. 41.

Primo: spropriarsi di ogni affetto di cose terrene. — Item spogliarsi delle consolazioni spirituali, quando Iddio vuole levarle. — Item del disiderio delle virtù, cioè spogliarsi di una certa anzietà, che hanno alcuni per non arrivare a un certo grado di perfezzione, dove essi vorrebbero; risegnandosi nelle mani di Dio, et unendo la sua volontà senza mezzo alcuno con quella di Dio, accettando però da Dio il desiderio di esse virtù, e procurando acquistarle, perchè così vuole Iddio; ma senza cruccio et anzietà, contentandosi della misura della perfezzione, che Dio ci vuol dare. E questa resignazione è un mezzo efficacissimo per acquistarle. — Il medesimo s'intende delle tribolazioni, avversità, morte, et ogn'altra cosa, sempre cercando di unirsi con Dio, senza impedimento o mezzo alcuno.

Secondo: Faccia spesso et almeno ogni settimana oblazione e dono di se al Signore, come se cominciasse nuova vita, con rinunzia di se e di tutti i doni, ritornandoli a Dio, siccome da lui vennero; procurando di non esser più suo, ma tutto della divina bontà. E così i sentimenti e gusti spirituali, se saranno da Dio, cresceranno ogni dì più; se non saranno da Dio, subito si scopriranno, perchè quella rinoncia non li fa perdere, ma crescere, se sono solidi, e fa che l'anima faccia più conto del donatore che del dono.

Terzo: subito che è svegliato, pensi che è peregrino, sen-

---

[1] Cf. BARTOLI, *Vita*, 1678, lib. III cap. 3, pp. 285-287, necnon supra pag. 51.
[2] sanctissimae *Summ.*: sanctae *Bartoli*.
[4] spropriarsi *Summ.*: spogliarsi *Bartoli*.
[10] accettando però da Dio *omis. Bartoli*.
[23] rinoncia *Summ.*: vera rinuntia *Bartoli*.

za curarsi d'altro che caminare a Dio; e con questo pensiero si metta in orazione, e dimandi al Signore di essere scaricato del peso di se stesso, e di avere conformità solo col suo volere.
— Nell'orazione e Messa procuri di unirsi con Dio, e massime nel principio, non si curando se non sente devozione sensibile.
— La preparazione alla Messa sia breve ma efficace, pensando che non è lui che celebra, ma quello di chi esso rappresenta la persona. — Nel essame più si stenda in amare Dio che in sottil' scrotinio de' peccati, qual ha da esser' breve, gettandoli nel Mar' Rosso del sanguine di Cristo. — Nel mangiare e vestire et uso dell'altre operazioni pensi, come in tutte è presentissima la Divina Essenza, e che insieme con esse si congionge con noi dentro e fuora, etc. — Nella ricreazione si porti con affabilità et allegrezza, nascondendo le visite del Signore, come se non l'avesse e relassando l'animo a gloria di Dio. — Nell'andare al letto, pensi al colcarsi di Cristo nella Croce, il quale fu con gran contento di animo per nostro amore; e si addormenti sopra il costato di Cristo. — I negozii esseguisca con maturità, maturandoli prima in Dio, con elevazion di mente, et operando poi con fiducia del Divin'Aiuto.
— Nelle confessioni si guardi sopra tutto dall'affetto di donne verso di se.

* * *

Cogita saepissime tria puncta:
Primo: quid tu cupias a Deo. — Secundo: quid a te cupiat Deus. — Tertio: quid te impediat quominus id fiat.
Exerceas te ordine in his:
Primo: in agnoscenda tua vilitate. — Secundo: in expropriatione perfecta. — Tertio: in oblatione tui ipsius Deo. — Quarto: in donatione reali tui ipsius Deo. — Quinto: in dedicatione et consecratione tui ipsius.

27 che *Summ.*: che di *Bartoli*.
39 fuora, etc. *Summ.*: fuori *Bartoli*.
53 vilitate *Summ.*: nihilitate *Bartoli*.
56 ipsius *Summ.*: ipsius Deo *Bartoli*.

50-51 Cf. relationes P. Fuligatti et patris cuiusdam prov. Neapol., infra pag. 519 et pag. 523.

RELATIONES VARIAE

I. - FLORENTIAE. MONTE REGIO. PATAVII. LOVANII
1553-1576

8. Anno 1563 missus est Florentiam, ut doceret humanitatem... N. maiori spiritu et audacia tunc verba faciebat, quam postea cum esset senex: certus enim sibi videbatur esse de memoria. Domi etiam coepit, superiore iubente, exhortationes habere ad fratres.

9. Cum N. esset Florentiae in autumno peregrinatus est cum P. Marco usque Camaldulum, montem Averniae et Vallem Umbrosam; et in itinere concionabatur per pagos et oppida, et P. Marcus audiebat confessiones. In monte Camaldulensi excepti sunt humanissime a Maiore (sic enim vocabant Generalem) et tribus diebus eos retinuit. Tertia die pene ex improviso iussit, ut haberet N. exhortationem ad Patres loci illius; fecit invitus et coactus, sed venerandi illi senes attentissime audiverunt, et postea manus N. osculari volebant quamvis adolescentis: sed ille non patiebatur id sibi fieri...

12. In collegio Montis Regalis N. omnia pene officia exercebat: nam docebat in scholis, legebat ad mensam, concionabatur in templo, habebat exhortationes ad fratres...

13. Anno 1567 N. venit Patavium ad studium theologicum inchoandum...

...15. Et in festis diebus lectiones suas continuavit in templo super Psalmum *Qui habitat*, et exhortationes habebat ad fratres feria sexta.

---

[20] Mons Regalis: Mondovì.
[26] Exhortatio *feria sexta* videtur usus communis Societatis. Cf. lin. 39 et 51; et infra pag. 528 de domo professa Neapolitana, pag. 529 de Collegio Romano, pag. 536 de novitiatu S. Andreae.

18. ...[Lovanii] primo anno solum concionatus est; ultimo anno solum docuit; quinque intermediis simul concionabatur et docebat. Neque ab exhortationibus domi habendis neque a confessionibus audiendis liber erat.

Autobiographia cap. 8, 9, 12, 13, 15, 18.

Tanto in Fiorenza, quanto nel Mondovì, e poi in Padova, e dovunque habitò, non si sdegnarono i Padri del Collegio di udir da lui l'esortationi domestiche, e venerarlo come maestro di spirito; nel qual pensiero concorsero anche i Monaci Camaldolesi...

FULIGATTI, *Vita* 1624, pag. 45; *Vita accresciuta*, 1644 pag. 35.

In casa (Collegio di Mondovì) poche settimane correvano, ne' cui Venerdì non facesse a' Padri una profittevole esortatione di spirito; egli giovane e non sacerdote, udito senza niun pregiudicio del mancargli l'età per essere un vecchio maestro di religiosa perfettione...

BARTOLI, *Vita* 1678, lib. I cap. 8, pag. 47-48.

De' sette anni, che secondo la sua predittione fedelmente avverata dimorò in Lovanio, il primo gli andò tutto e solo in predicare; i cinque appresso in predicar tutto insieme e leggere teologia scolastica; l'ultimo, per la sanità pericolosamente cadutagli sotto la gran soma delle fatiche addossategli, non potè altro che continuare insegnando la teologia. Non però mai ommise il fare in casa due utili lettioni delle due lingue, ebraica e greca: e quasi ogni Venerdì un profittevole raggionamento di spirito a' Padri; e udir le confessioni...

BARTOLI, *Vita* 1678, lib. I cap. 11 pag. 67.

33 sdegnarono *Vita 1624*: degnarono *Vita accresc.*

---

51 quasi ogni Venerdì: assertio videtur nimia.

II. - COLLEGIUM ROMANUM: I
Lector Controv. 1576-1588

24. Ubi N. descenderet ex Augusta Praetoria, et aërem italicum haurire inciperet, mirum est, quam in corpore suo mutationem senserit. Videbantur vires redire, et ipse ex doloribus variis, quibus affligebatur, melius habere. Itaque Romam pervenit adeo confirmatus, ut post unum vel alterum mensem, coeperit iubentibus superioribus, controversias in gymnasio Romano explicare, in quo munere perseveravit annis undecim; cum interim exhortationibus in Collegio habendis et confessionibus fratrum audiendis vacaverit.

Autobiographia cap. 24.

Non parerà dunque maraviglia, se persona in spirito, prudenza e dottrina tanto eminente servisse in quel Collegio come maestro di tutti, e a' principali esercitii sopraintendesse. Fu dato da' superiori per questa ragione confessore de' collegiali studenti, tra' quali col Beato Luigi molt'altri furono pur d'angelici costumi, come la vita che hanno poi menata in ogni grado e preeminenza, ha dimostrato. Diede frequentemente gli *esercitii spirituali* a varii, ne' quali fu solito talvolta di esortare quegli, che esercitava, alla diligente meditatione di quelli tre punti sopra apportati, cioè: « Che cosa desiderava Iddio da noi; che cosa noi desideravamo da Dio; e che cosa impedisca, che tutto questo non s'effettui ». Ne' quali punti disse una volta, esser egli trattenuto due hore continue con molto gusto e giovamento... Spiegò a' fratelli coadiutori un giorno della settimana le cose principali della

---

[3] Augusta Praetoria = Aosta.

[17] Molt'altri: vide infra pag. 532.

[20] De *exercitiis spiritualibus* hucusque nullum documentum fuit inventum.

[22-24] De tribus punctis cf. supra pag. 516: *Documenta a Deo data sanctissimae cuidam animae*, et infra pag. 523.

[26-28] De catechismo explicato vide vol. I pp. 43-44.

nostra Fede... Faceva spesso utili e fruttuose esortationi domestiche, in guisa che fin' al presente professa un padre di
30 non haver esperimentato più efficace mezo, dopo la gratia divina, per caminare avanti nella perfettione religiosa e darsi da dovero a Dio, dell'esortationi e parole del P. Bellarmino; et un fratello coadiutore si destò dalla negligenza e rilassamento dello spirito nel quale era vivuto... con si buon' evento,
35 che dopo divenne uno de' più verventi operarii di quel Collegio con edificatione comune.

FULIGATTI, *Vita,* 1624, pag. 120; *Vita accresciuta,* 1644 pag. 94-95.

Notai in lui, che quando diceva la Messa, s'infiammava talmente, che le guance gli divenivano rosse rosse, si chè pa-
40 rava volesse uscirne il sangue: e la diceva con tanta divotione e riverenza e decenza e gravità, come se vedesse con gli occhi Dio N. Signore... L'esortationi domestiche faceva in modo, che io sempre ne partivo tanto acceso e infervorato nell'amore delle virtù e nell'odio di tutte le imperfettioni, che
45 per dir così, sarei entrato nel fuoco. Qui in Polonia da tutti è stimato santo: e quando diedi quest'anno una imagine di lui alla Serenissima Regina nostra, la ricevette come cosa sacra. Io per me gli son molto obligato, perchè con le sue esortationi m'infiammava tanto, che da quel tempo cominciai una
50 vita nuova e molto più fervente che non era nel mio noviziato: si chè solevo dire di lui, ch'egli m'havea convertito. E veramente è così. Perchè dopo la gratia di Dio, nessun mezzo estrinseco hebbi tanto efficace, e che mi spingesse sensibilmente, e infocasse il desiderio d'una grandissima santità per
55 facer piacere a Dio e honorarlo al possibile, che le sue esortationi.

NIC. LANCISIUS S. I., *Epist.* data Cracoviae, 15 Apr. 1623; apud BARTOLI, *Vita,* 1678, lib. III cap. 4, pag. 291-294.

---

29 un padre: Nic. Lancisius. Cf. relationem sequentem.
38-58 Nic. Lancisius in Collegio Romano studiis incubuit annis 1592-1595. Audivit igitur certe exhortationes *de Cognitione Dei.*

De Paupertate

Non minor fu la diligenza, con che osservò il santo voto della povertà, nella quale era solito di distinguere tal'hora in voce, ma molto più nell'atto prattico, la sostanza dal fine: «perchè, diceva, per l'osservanza di questo voto bastare non n'haver alcuna cosa come propria di quelle che con licenza del superiore si possono tenere in particulare. Ma se attendiamo per qual fine Iddio, essendo ricco, si è fatto per amor nostro povero, venendo in terra ad insegnarci col suo esempio questa virtù, trovaremo, che è la purità del cuore, per mezzo della quale viene a staccarsi il religioso da quanto si trova in questo mondo, per andar' a Dio in quella guisa che una ruota, perchè a pena tocca la terra, facilissimamente si muove dovunque fa di mistiero. Così il religioso spiccato dall'affetto delle cose terrene può dire con S. Paolo *ad Philipp.* 3, 14: *Quae retro sunt obliviscens, ad ea quae sunt priora extendens meipsum ad destinatum, persequor ad bravium supernae vocationis Dei in Christo Iesu*. E questa è la ragione, diceva egli, perchè il nostro santo Legislatore dandoci conveniente commodità di vivere ne' bisogni comuni, nel particolare non vuol, che usiamo alcuna cosa come propria, nè che possiamo chiamar nostro neanche gli scritti o alcuna cosa di divotione o libretto spirituale datici dall'ubbidienza; tenendo tutte l'altre cose anche appartenenti al vestire, studiare e simili usi, nel comune; il qual modo di osservar la povertà è il più perfetto di tutti. Nondimeno, soggiungeva, in questo istesso grado ci è diversità; perchè li fratelli più perfetti tengono appresso di se quanto meno cose possono, in modo che ne anche nel Breviario vogliono imagini per segnacoli; e se potessero anche si privarebbono de' proprii scritti, per imitar più vivamente Christo, il quale diceva *Matth.* 8, 20:

---

[59] Tota haec relatio de Paupertate talis est, ut supponat auctorem prae oculis habuisse exhortationem scriptam, probabiliter unam ex tribus istis, quae olim erant in Archiv. Prov. Germ. Cf. supra pag. 23.

Vulpes foveas habent, et volucres caeli nidos: *Filius autem hominis non habet ubi caput suum reclinet.* Nel che ho una santa invidia a' fratelli coadiutori, li quali per non haver bisogno nè de' libri, nè de' scritti, più perfettamente possono imitare il gran maestro della povertà, Christo Salvatore, il quale per esser sapienza eterna, sapendo per se stesso quanto era di bisogno, non haveva necessità di simili impacci ».

Con sì fatti ragionamenti soleva destar gli animi spesso alla perfettione di questa virtù; ma assai più efficacia havevano gli esempii che ne dava.

FULIGATTI, *Vita* 1624 pag. 113-114; *Vita accresciuta* pag. 89-90.

De passione Christi

Omnia reduci possunt ad illa quattuor, quae ponuntur in Epist. *ad Ephes.* 3, 18: *Ut possitis comprehendere quae sit latitudo, longitudo, sublimitas et profundum.* Applicavi haec nuper gloriae caelesti et poenis inferni; alias *Passioni Christi.* Nunc divinitati applicabo, postea attributis.

De cognitione Dei: exhort. I: supra pag. 290.

In 2 Cor. 12, 7

Vide exhortationem in illa verba: *Ne magnitudo revelationum extollat me* etc.

De humilitate: exhort. III: verba expuncta in cod. *Rossiano* f. 380r.

---

[105] De gloria caelesti et poenis inferni cf. *De libert. spiritus*, exhort. V et VI: supra pp. 280 et 284.

[105-106] Exhortatio *de passione* periit. Vide tamen *De gemitu columbae* lib. II cap. 3.

[108] Exhortatio in 2 *Cor.* 12, 7 hucusque inventa non fuit. Cf. autem *Serm.* in dom. Septuag., vol. IV pp. 89-97.

[111] Cf. supra pag. 426 in nota.

De donis Spiritus Sancti

Nel Collegio Napolitano et Romano esortava in latino, et io conservo alcune di quelle esortationi sopra li 7 doni dello Spirito Santo in quella lingua, con stile facile e sentenzioso e di frutto.

Relatio cuiusdam S. I. prov. Neap., n. 15.

III. - COLLEGIUM ROMANUM: II
Praefectus Spiritus 1590-1592

Quando era Padre Spirituale nel Collegio Romano, dando una volta i punti degli essercitii spirituali a nostri studenti, disse: « Questo punto l'ho imparato dal nostro Luigi Gonzaga ».

Proponeva questo modo d'orare, che qualche volta nell'oratione ponendosi nel conspetto di Dio si dicesse: Che cosa vuole Iddio adesso da me? e poi restar sospeso, come attendendo l'oracolo della divina volontà. Altre volte, al contrario, pensare: Che cosa io voglio da Dio? et instantamente chidercelo.

Relatio cuiusdam S. I. prov. Neap., nn. 11 et 12.

---

[112] Cf. supra pp. 223-259.
[119] Anno 1590-1592 Bellarminus in Collegio Romano non docebat, sed tantum erat praefectus spiritus. Videtur autem, si non titulo tamen re, munere patris spiritualis functus fuisse inde ab initio professoratus. Cf. Bellarmini *Notizie*: « Nel principio del 1577 incominciò a leggere le Controversie nel Collegio Romano, e ve ne lesse per anni undeci, e insieme fu padre spirituale del Collegio ». Vide etiam relationem Fuligatti, supra pag. 519.
[122] Mortuus est S. Aloysius die 21 Iun. 1591.
[124-129] Vide *Documenta a Deo data sanctissimae cuidam animae*, supra pag. 516, et Fuligatti, supra pag. 519.

IV. - COLLEGIUM ROMANUM: III
Rector Univers. 1592-1594

Exhortatio inauguralis

L'anno 1592 a' 18 di Decembre prese la cura di detto Collegio (Romano) con segni di universale allegrezza... Fece dopo conforme all'ordine del Collegio una esortatione sopra 'l modo, con quale pretendeva governarsi, pigliando per tema quel luogo dell'*Ecclesiastico* cap. 32, 1: *Rectorem te posuerunt, noli extolli: esto in illis quasi unus ex ipsis: et non impedies musicam.* Nella quale palesando quell'humile sentimento, che haveva di se stesso, professò come non pretendeva di stimarsi più di quello, che havesse fatto per lo passato: anzi che haveria procurato d'esser'imitatore di Christo, che essendo e Maestro e Signore, stette in mezzo de' suoi discepoli come ministro e servo di tutti. E di più, che dovendo soprantendere a gli uffitii a lui subordinati a guisa di maestro di cappella, haveria indrizzate e non disturbate o interrotte l'ordinarie esecutioni, per non portar confusione all'armonia universale con buona corrispondenza e consonanza di tutte le parti. E nel fine pregò tutti, che non solo l'aiutassero con le orationi appresso al comun Signore, ma l'avvisassero di ciò, che desideravano in lui, non havendo altra mira che 'l ben comune.

Fuligatti, *Vita* 1624, pag. 139-140; *Vita accresc.* 1644, pag. 106-107.

De eadem exhortatione inaugurali

Nel primo dì dell'indossargli il caricato di rettore... nel primo ragionamento spirituale che fece a suoi sudditi adunati

---

9 noli *corr.*: nolle *Fuligatti*.

---

5 dopo: ipso die 18 Dec., qui anno 1592 erat dies Veneris. Cf. lin. 26.
26 18 Dec., feria VI.

(ed è fra noi consueto udirne alcuno ogni settimana) egli di sè promise, che l'essere per ufficio superiore a gli altri, non tornerebbe in lui l'essere in tutto, qual fin allora era stato, o il da meno, o al più che fosse, un qualunque de gli altri.

Perciò si prese a commentar quel passo, onde comincia il trentesimosecondo capo dell'*Ecclesiastico*: *Rectorem te posuerunt? Noli extolli. Esto in illis quasi unus ex ipsis*, fino a quello di pochi versi appresso ove finisce: *Et ne impedias musicam*. E musica mostrò essere il Collegio Romano: musica a tanti chori, quanti v'ha in esso ministeri, occupationi, uffici. Ciascuno nel suo choro cantar la parte assegnatagli: tutti fare armonia e concento; perochè tutti accordati per legamento di consonanze dell'uno coll'altro, su la partitura delle regole proprie di ciascuno e delle universali di tutti. O cantino dunque a choro pieno nelle osservanze della commun disciplina; o a tanti insieme dove operan chi da maestro, chi da scolare, e così de gli altri uffici; o soli nelle attioni particolari: il suo fare sarebbe mantener tutti in voce, e compartire con la battuta i tempi del cominciare, del proseguire, del terminare; e con ciò del procedere ogni cosa con misura e consonanza. Ma perciò ch'egli si trovava fatto, per cosi dire, di getto e tutto a un colpo maestro in un arte, nella quale non si era prima sperimentato, potrà di leggieri avvenire che commetta de' falli, che distuonino e stemperin l'armonia: sia liberissimo ad ognuno il farnelo avveduto, e chiederlo in conto di gratia da doverne lor rimanere sommamente obligato.

Così egli disse in quel primo ragionamento.

BARTOLI, *Vita*, Romae 1678, lib. II cap. 2, pag. 136.

---

28 notes: «ogni settimana». Cf. supra pag. 518, lin. 38-39, ubi de Mondovì.

35-47 Erat Bellarminus in musica bene versatus. Iuvenis «didicit canere, et ludere variis instrumentis musicis», cf. *Autobiogr.* cap. 4. Quare relatio Patris Bartoli non est mera fictio auctoris.

V. - NEAPOLI
Praepositus Provinciae 1594-1597

Non finivit suum triennium (rectoratus), sed missus est Neapolim, ut ibi esset Provincialis: in quo officio conatus est verbo et exemplo alios docere, et provinciam bis visitavit.

Autobiographia, cap. 30.

E prima d'ogni altra cosa il P. Bellarmino dice di se stesso, che procurò di governar la provincia con la parola e con l'esempio: cioè faciendo frequenti e utili esortationi, e portandosi in modo, che potesse esser' idea di perfettione a tutti. Il che veramente fu così, e fino ad hoggi come tale da quanti lo pratticarono vien predicato; li quali in particolare si ricordano delle sue esortationi udite sempre con istraordinaria sodisfattione, per esser dette con grande spirito e fatte sopra materie molto a proposito per religiosi. Nelli quali discorsi domestici servò sempre una maniera schietta e non affettata, lontana da ogni ostentatione di sottile e scholastica dottrina o di profana eruditione; nè citava per ordinario molti autori; ma si bene distingueva tutta la materia con buon ordine e metodo, provando il suo intento con ragioni reali, autorità della sacra Scrittura, santi Padri e esempi cavati dall'istorie ecclesiastiche. Li quali discorsi indrizzati all'instrutione di persone spirituali, se ben per se stessi erano bonissimi, nondimeno nella bocca di lui havevano non so che forza maggiore per la facilità che haveva di spiegar il suo concetto, et perchè si vedeva, che erano a guisa d'argento purificato nella fucina della santa meditatione.

Fuligatti, *Vita* 1624, pag. 148-149: *Vita accresciuta* 1644, pag. 114.

Bastava tener gli occhi in lui, per vederne (di ogni genere di virtù) un perfettissimo esemplare. Quindi poi prove-

---

4-5 Cf. supra pag. 55-56.
21-26 Non dubitandum, quin P. Fuligatii legerit exhortationes. Cf. supra pag. 521 de paupertate.

niva quella tanta forza che haveva nel commuovere e migliorar le anime de' suoi sudditi, quando l'udivano ragionare, esortandoli alla religiosa perfettione, come è consueto e debito de' nostri superiori. Quelle sue parole uscivano a lui del cuore, e nel cuore de' suoi entravano, operando coll'impressione che loro dava il peso de' fatti che in lui vedevano corrispondere alle parole. Altrimenti è vanità il persuadersi, che passi oltre a gli orechi, chi ragionando ad huomini di spirito dello spirito ch'egli non mostra d'havere, parla contra se stesso, e fa suoi giudici i suoi medesi uditori. Lagrimava teneramente il Bellarmino nelle domestiche esortationi, perchè Iddio e le cose attenentisi alla sua maggior gloria, havean nel cuore di lui il lor vero sapore; e havendolo parimente in bocca nel ragionare, traeva a piangere ancor gli altri.

BARTOLI, *Vita,* Romae 1678, lib. II cap. 3, pag. 142.

Exhortatio Lupiis 1595

Fu Provinciale nella nostra provincia di Napoli, et io fu suddito suo. Governò santissimamente e con somma sodisfattione di tutti, e dovunque andava alla visita delli Collegii, lasciava gran nome di santità et edificatione. E quando visitò la prima volta il Collegio di Lecce, nel partire fece una esortatione a tutti, la quale il Padre Bernardino Realini di santa memoria la scrisse di proprio pugno, e sotto impose queste o altre parole: « Domani partirà il Padre Bellarmino, che hoggi ci ha fatta questa esortatione; veramente è un gran

---

[48] suddito suo: videlicet novitius, cf. mox lin. 88.
[51] la prima volta: initio anni 1595. Qualis fuerit exhortatio non constat. De exhortationibus, habitis Lupiis anno sequente, cf. pag. 56.
[55] Veramente è un gran Santo: Notat Bartoli: « Così parlava l'uno dell'altro: come ancor l'altro di lui ». Probabiliter mox post visitationem S. Bernardinus Realino fuit renuntiatus rector Collegii. *Epp. Gener.,* 29 Apr. 1595: « Approviamo per cotesti di Lecce il P. Realino ». Notum est, Bellarminum, cum visitaturus intraret Collegium Lupiense, sese proiecisse ad pedes Patris Realino.

Santo, e lascia gran desiderio di se a tutti». E questa esortatione l'ho vista, et è sottoscritta, e più volte l'ho vista nel Collegio di Lecce, ma non fui presente all'hora.

<small>P. Ant. Beatillus S. I. in processu apost. Capuano, 1627: *Summarium vetus* pag. 5. Cf. BARTOLI, *Vita* 1678, pag. 139.</small>

Exhortatio in domo professa Neapolitana

Con l'istessa libertà esortava e riprendeva li defetti in publico. Faciendo una f. sesta un esortation domestica in casa professa di Napoli, disse, ch'egli stimava che alcuni nostri fratelli coadiutori non stavano securi in coscienza, e che havrebbano pericolato della loro salute, perchè essendo venuti dal secolo, ove sempre fatigavano et eran poveri, poi nella Compagnia provisti d'ogni cosa necessaria, fuggivan la fatiga. - Caggionò qualche amarezza ne' coadiutori la propositione di quel grand'huomo.

<small>*Relatio* cuiusdam S. I. prov. Neapol., n. 14.</small>

Exhortationes in Coll. Neapol.

Nel Collegio Napolitano et Romano esortava in latino, et io conservo alcune di quelle esortationi *sopra li 7 doni dello Spirito Santo* in quella lingua, con stile facile e sentenzioso e di frutto.

<small>Idem ille *ibidem* n. 15.</small>

Exhortationes de imitatione Christi in eodem Collegio.

Ad tollendam crucem incredibiliter prodest quod sequitur: *Et sequatur me* ... Ipse fuit idea pauperum, castorum et obedientium, ut ostendimus hac hieme praeterita in multis exhortationibus.

<small>Exhort. *In renovatione votorum* in Coll. Neapolit. 2: supra pag. 448.</small>

<small>63 f. sesta *coniect.*: f... ta *manuscr.*</small>

<small>78 Exhortationes de imitatione Christi hucusque desiderantur.</small>

Il suddetto Cardinale bon. memoria hebbe la virtù della speranza in Dio, il che io ho conosciuto dall'esortationi, che faceva con molto affetto alli Padri della nostra Compagnia, mentre io ero novitio, battendo sempre al desiderio et speranza della vita eterna... Essendo io novitio nell'anno 1596 in circa, dovendo il detto Cardinale, all'hora Provinciale, partire per Roma, et abbraciando, come è costume della nostra Religione me et altri novitii, me raccommandò, che io pregassi per lui, particolarmente, che nostro Signore lo facesse morire nella sua gratia.

P. Antonius Beatillus in Proc. Apost. Cap.: *Summar. Vetus* pagina 26 (28).

VI. - CARDINALIS CURIAE
1599-1602

In anniversario S. Ignatii 1599.

Relationes videas in vol. II pag. 197-203.

VII. - ARCHIEPISCOPUS CAPUANUS
1602-1605

Exhortatio in Collegio Romano.

Anno 1602, vacante ecclesia Capuana Papa dedit illam N., et cum ipsemet Papa eum consecrasset in dominica secunda post Pascha, quando legitur evangelium: *Ego sum Pastor bonus,* et post duos dies dedisset illi pallium archiepiscopale, die sequenti discessit ex palatio, et clausit se in Collegio Romano per quattuor dies, ut fugeret visitationes; et cum feria sexta habuisset orationem ad fratres, mox discessit ad residentiam in ecclesia sua.

Autobiographia, cap. 35.

---

5 dominica secunda p. Pascha: 21 Apr. 1602.
9-10 feria sexta: 26 April. 1602.

Il terzo dì partì da palazzo, dopo haver il giorno avanti ricevuto da sua Santità il sacro pallio, e si ritirò nel Collegio Romano, non solo per dar comodità d'inviar le sue robbe, ma molto più per essere sbrigato dalle visite, e poter volare alla sua amata Sposa, come fece con maraviglia di tutti, havendo prima salutati li suoi fratelli del Collegio con una pia et affettuosa esortatione il Venerdì dell'istessa settimana.

FULIGATTI, *Vita* 1624, pag. 218; *Vita accresciuta* 1644, pag. 171-172.

Exhortatio(nes) Neapoli

Disse una volta in un'esortatione che faceva alli nostri in Napoli, che gli pareva di esser ritornato alla Compagnia, perchè con l'occasione di essere Arcivescovo posso praedicare, sentire confessioni, aiutare infermi e moribondi etc.

P. Mutius Vitelleschi S. I. in proc. Rom. 1627-1628: *Summar. Vetus* pag. 12 (13).

Mi fu riferito in Napoli essendo ancora fresca la memoria, che nell'essortatione fatta a' nostri, quando venne per essere Arcivescovo di Capua, disse che ogni volta che si rimirava quel rosso intorno, li pareva di vedersi circondato dalle fiamme dell'inferno.

P. Andreas Eudemon-Ioannes S. I. in proc. Rom. 1627-1628: *Summar. Vetus* pag. 97 (103).

Essendo Cardinale fè un esortatione commune a tutti i nostri nella chiesa vecchia del Collegio Napolitano. Trattò la carità fraterna, et esaggerando il punto di non offendere al-

---

[21] Non clarum est utrum testimonia tria sequentia spectent ad unam solam vel plures exhortationes. Nam Bellarminus visitavit Neapolim, cum adibat Capuam, et deinde bis, cum iam Capuae residebat.

[26] Quo tempore Bellarminus erat praep. provinc. Neap., P. Mutius Vitelleschi erat rector Collegii Maximi Neapolitani. Postea factus est praepositus praedictae provincae.

[33] Pater Eudaemon-Ioannes annis 1602-1605 residebat Neapoli, ut esset vicinus Bellarmino, Capuae degenti.

[35-45] Cf. exhortat. *de dono consilii,* supra pp. 258-259.

cuno, disse che con tal cautela e circonspettione dovevamo
trattar fra noi, come farebbe un huomo che entrasse in una
stanza piena di vasi di cristallo o di vetri, e fusse nel buio 40
senza spiracolo di luce. Con quanto riguardo costui camina-
rebbe per non urtare in quei vasi e per non rompere alcuno:
così habbiamo a proceder noi - diceva - con nostri fratelli.
Che tutto che sian sodi e duri come ferro nella toleranza: habbiamo però noi ad imaginar celi de vetro. E Giovanni Paolo 45
Grimaldi, vecchio di nostro Provincia, che l'udì.

Relatio Patris cuiusdam S. I. prov. Neapol., n. 6.

VIII. - CARDINALIS CURIAE ITERUM
1605-1621

In certi giorni, che fu astretto ad habitare nel Collegio
Romano, non solo nell'istessa maniera viveva e andava a studiare nella libraria; ma di più scese alla stanza del barbiero 5
per esser quivi tosato, non havendolo voluto chiamare in ca-
mera, come la decenza richiedeva. Fu solito in queste occa-
sioni far delle esortationi a quelli di casa, aggiungendo al-
l'esempio che gli dava, la viva parola.

FULIGATTI, *Vita* 1624; pag. 183; *Vita accresciuta* 1644, pag. 143. 10

De S. Aloysio: post 1605.

Io per domandarne, che ho fatto fin da forse trenta anni addietro a più d'uno de' nostri d'assai lunga età, sono stato
certificato dell'esser vero quel di che correa voce, il Bellarmino in una delle spirituali esortationi che tal volta, etiam- 15
dio Cardinale, solea fare a' nostri del Collegio Romano, adu-

---

[7] la decenza richiedeva: In *Vita accresciuta* post haec verba sequitur
additio, quae perturbat connexionem verborum sequentium cum praecedentibus.

---

[11] Cf. vol. II pag. 208-213.

nati a sentirlo nella loro piccola chiesa che in que' tempi era
la Nuntiata, haver detto: « In quella sepoltura (additando la
propria dove i giovani della Compagnia defunti si sotterrava-
20 no) havervene di quegli, che quanto si è ad innocenza ed interior santità, a perfettione e merito di virtù, egli giudicava
essere stati uguali al B. Luigi. Ma Iddio essersi con particolar maniera compiaciuto nell'anima di Luigi, e volutane ma-
nifestare con segni di sensibile e miracolosa comprovatione
25 la santità e la gloria; e con ciò usar seco una, per così chia-
marla, scambievole corrispondenza d'affetto. E come Luigi,
tanto illustre al mondo per nobiltà di sangue e per signoria
di stati, si era per solo amor di lui renduto oscuro, povero e
negletto nella Religione: egli all'incontro render lui, con mi-
30 racoli e con publica venerazione della Chiesa, chiaro e glorio-
so in tutto il mondo.

BARTOLI, *Vita* 1678, lib. II cap. 2, pag. 131.

De Caritate: 1606 vel 1607.

Ho sentito molte sue esortationi domestiche fatte a noi
35 altri in Napoli et in Roma, tutte piene di sommo spirito, e
particolarmente nell'estate dell'anno 1606 o 1607 fece nel Collegio Romano alcune esortationi della Charità, che fece stupir tutti, e mostrava chiaramente, che era pieno di charità et
amor di Dio; e quel che pareva a me in questa materia lo
40 sentiva ancora dire da gl'altri nostri Padri; e così credo, che
non m'ingannerò.

P. Antonius Beatillus S. I. in proc. apost. Cap. 1627: *Summar. Vet.*
pag. 28 (30).

---

17 Imaginem ecclesiunculae vide apud M. Armellini, *Le Chiese di Roma*
II p. 1336. Cf. etiam vol. I p. 383. Pars quaedam constructionis antiquae
patet intranti ianuam a dextris altaris maioris ecclesiae S. Ignatii.
20-22 Cf. relationem P. Fuligatti, supra pag. 519 lin. 17.
30 Exhortatio supponit Aloysium iam coli ut beatum. Ergo est posterior 1605. Cf. vol. II p. 211, not. 39.
33 De exhortationibus habitis de caritate annis 1606 vel 1607 cf.
supra pp. 32-33.

IX. - IN NOVITIATU S. ANDREAE

mense septembri vel octobri occasione Exerc. Spirit.

In Santo Andrea per maggiormente confermar quelle nuove piante nella vocatione, disse, che in tanti anni di religione non haveva mai saputo, che cosa fosse malinconia, et all'incontro Cardinale, non sapeva, che cosa fosse allegrezza. Altre volte gl'invitava al conformarsi con la volontà di Dio spiegata per li superiori, non essendo miglior segno d'essere amato dall'istesso Signore, quanto la pronta ubbidienza, confermandolo con quel detto di Christo: *Propterea diligit me Pater, quia quae placita sunt ei, facio semper.* Il che non esser cosa molto difficile provò con dire, qualmente sapeva che uno per quarant'anni haveva fatta sempre l'ubbidienza, intendendo di se stesso, come in particulare richiesto da un amico, egli medesimo confessò. Nè lasciò di esortarli tal'hora al dispregio totale, et abborrimento delle grandezze, e commodità di questo mondo, con riporre l'affetto e 'l desiderio dove sono le vere allegrezze in Cielo. La qual verità, perchè forse temeva non dovesse far quel frutto, che pretendeva, in bocca sua, volse aggiungere, che quelle vesti stavano sopra di lui in quella guisa, che starian sopra una stanga, la quale il peso senza utile alcuno e senza honore simili adobbamenti receve; riconoscendosi dall'altra parte astretto all'obligo della Religione come prima, tanto intorno a' voti quanto intorno alle regole e consuetudini religiose, mentre non era impedito dagli esercitii e funtioni cardinalitie.

Fuligatti, *Vita* 1624, pag. 183-184; *Vita accresciuta* 1644, pag. 144.

Osservanza sua d'ogni Settembre, o non potendolo, dell'Ottobre, era stata il fare in quel nostro novitiato gli esercizi spirituali per intorno a dieci giorni: poi ne allungò lo spatio fino ad un mese intero ... Al partirsene pagava l'ospitalità seco usata con fare a tutti una publica esortatione di finissimo spirito: della quale i novizzi facevan conserva, e

allora in mente e poscia in carta, servandola, meditandola
e raggionandone per assai de' giorni appresso, con loro grande utile e conforto spirituale nel servigio di Dio.

BARTOLI, *Vita* 1678, lib. II cap. 15, pag. 236.

1606-1608

Nel novitiato dove prima l'ho conosciuto Cardinale sentii a farli più essortatione in occasione del ritiramento solito d'un mese. In una di quest'essortatione disse alli novitii, che non se gl'haveva ad haver invidia della sua dignità cardinalitia, perchè havea perduto assai per il corpo e per l'anima. Per il corpo, perchè mai havea hauto una ricreatione di quelle che solea haver nella villa, quando una volta la settimana s'andava per ricrearsi sotto qualch'arbore a cantare qualche canzona spirituale, dilettandosi assai del canto et componendo varie canzone spirituali. Quanto al spirito l'havea perso, perchè la dignità cardinalitia era una vanità et afflittione dello spirito. Provava quest'istesso con l'esser Arcivescovo di Capua, per la qual dignità diceva esserli ristretto l'occasione di far bene nelli prossimi, essendoli limitato il luogo dal quale non si poteva partire et andar altrove a fruttificar, come possono quelli della Compagnia, quali se in un luogo non possono ottener il fine loro, vanno in un altro.

Epistola Patris Hieronymi Nappi ad Patrem Ant. Marchesi, praep. prov. Romanae, d. d. 6 Ian. 1622, n. 2.

In novitiato pure fece un altra essortatione esplicando la visione d'Ezechiele di quattro animali, quali benissime ap-

---

[38] Relationem Patris Nappi respicere annos 1606-1608 ex eo deducitur, quod narrat se primum novisse Cardinalem in novitiatu S. Andreae, et postea in Collegio Romano, cum Bellarminus sibi tamquam bibliothecario traderet libros Controversiarum, propria Bellarmini manu correctos. Quod factum est die 12 Dec. 1608. Ante annum autem 1606 Bellarminus nondum Novitiatum adibat.

58-59 Explicationem visionis Ezechielis in festo S. Matthaei vide supra pp. 498-504.

plicò a' quattro sorte di gradi che si trovano nella nostra Compagnia, a' professi, a' coadiutori spirituali, scolari et coadiutori temporali: quali ultimi assomigliava al bove, conchiudendo che questi devono affaticarsi et sacrificarsi a Dio. Non piacque multo che essagerasse questo punto a questi tali, ne piacque esser assomigliati al bove. Qua si puol notare il sentimento ch'havea delli fratelli coadiutori, quali stimava che nella Religione alcuni non ci meritassero, anzi che si dannavano: perchè essendo la Religione luogo di mortificatione, alcuni di questi la trovavano luogo di delitie, perchè trovavono miglior pane e vitto, meglio vestiti che non erano nel secolo; sichè se non si mortificavono nelle fatiche e per se stessi, dubitava assai della loro salute, perchè la commodità della Religione serviva a loro per accarezzar il corpo, non per venir a Dio. Voleva che li fratelli fossero fatiganti e spirituali.

Idem *ibidem* n. 4.

Ritrovandomi io testimonio, pare a me dell'anno 1618 o 1619 in circa, in S. Andrea a Monte Cavallo, nostro novitiato, dove havevo cura dell'infermi, ove essendo solito il Signor Cardinal Bellarmino venire a fare gli essercitii spirituali nel mese di Settembre degli anni sudetti... l'ho sentito dire più volte, anche nelle publiche essortazioni, che faceva a noi altri al novitiato di S. Andrea, che lui desiderava morire per andare a godere Iddio, come egli fusse securo della sua salute.

Frater Ios. Finalis de Callio in proc. Romano 1627: *Summar. Vet.* pag. 24-25 (26).

Venne il Signor Cardinale Bellarmino il Settembre, come ogn'anno solea, per tutto quel mese spendere in essersitii spirituali, mentre altri suoi pari spendono quel mese vacante da negocii, in villeggiare et altri spassatempo. Et intrato, pregò il Padre Nicolò Berzetti, nuovo rettore e maestro de

---

[86] De fratre Iosepho Finali cf. supra p. 53.

novitii che non d'altro egli facesse per la sua persona provigione che del commune...

Fu dal prefato maestro de novitii pregato a fare di Venerdì la solita essortatione, che in questo novitiato *commune* s'appella per distinguerla da le altre essortatione che quotidianemente si fanno imparticolare a' novitii, poichè in quella di Venerdì vi sono ancora li veterani per osservanza della regola. Egli venuto in sala et salito in catedra, comminciò il suo dire con una digressione, dicendo volere rispondere ad una obbiettione, che far se li potrebbe, a quanto egli era per dirne, così dicendo:

« Li miei Padri, et fratelli novitii imparticolare, mi potrebbono dire, che ha un bel dire della virtù dell'obbedienza, che di continovo fa tutto quello che vole; che ha ben occasione di lodare la povertà quello che si trova circondato da pretiosi veste; e che possi esser severo in racomandare il silentio, quello che quasi semper si trova in conversatione. Ma io vi dico, o Padri et fratelli carissimi, che queste veste sono in me, come se in una stanga elle fossero; et che io, come ogn'uno di voi, sono tenuto a osservare quanto richiede il proprio modo del nostro Instituto; et io come voi sono tenuto ad ogni regola; et non lo faciendo doverò renderne strettissimo conto, tanto più di voi quanto che per la professione io più di voi sono obligato. Santo Tomaso, dottore angelico, lo disse chiaro et io ancora chiaro l'intendo ». Et in questo entrò a discorrere delle sudette virtù si altamente, che d'ordine del maestro di novitii, molti di loro la scrissero, et per alcuni giorni l'ora della ricreatione si spendeva in parte a ripetere la sua essortatione ammirabile.

Depositione del fratello Giuseppe Finali della Compagnia fatta nel processo apostolico di Roma li 14 Giugno 1627 pag. 12-14.

L'istesso (M. Girolamo Bargagli S. I.) dice, che facendo il Signor Cardinale in Santo Andrea, nostro novitiato in Roma, un sermone, si stupiva in vedere che egli con tanto spi-

---

115-116 Cf. Exhort. VIII *de Perfectione*, supra p. 407, ubi de Episcopis.

rito et fervore riprendeva i digiuni di questi nostri tempi, li quali o non si fanno, o pure mangiano quanto più possono la matina per non patire la sera. Dal che cavò il Mastro esser vero quel che di lui si diceva, che non mangiava più del ordinario quando digiunava.

Notae cuiusdam e S. I.

Invitandolo una volta a far un'essortatione all'alumni del Collegio Germanico di cui era protettore, mi rispose che si era scordato parlar latino familiare come parlava in Fiandra, e che la memoria non lo serviva ad imparar alla mente: però che lo scusassi.

Pater Hier. Nappi S. I. in Epist. 6 Ian. 1622, n. 16.

Mi par degno di memoria un fatto che accade nel mese di Settembre del 1620. Essendo andato il P. Nicolò Berzetti, allora rettore del novitiato, per invitare e sapere in qual giorno volessi andare a far gli essercitii spirituali, secondo il suo solito: gradì egli l'invito et assegnò la giornata; poi aggionse con modestia: « Vorrei pregare Vostra Reverenza d'una gratia, prima di venirvi; et è, che non mi obligi a fare l'esortatione, come ho fatto per l'addietro, perchè mi sento mancar la memoria, e trovandomi allora suo suddito, non mi darebbe il cuore di replicarli ».

FULIGATTI, *Vita* 1624 deest; *Vita accresciuta* pag. 144.

* *, *

Io haveva moltissime cose da V. S. Ill.ma, esortationi, trattati spirituali, le sue opere, lettere: ma l'anno passato li ladri del camino rubarono un nostro camelo, dove [se ne an]dava quanto di buono havevamo, e il libro del P. Suarez e del Maldonato, che V. S. Ill.ma ci haveva mandata.

Epist. P. Franc. Corsi S. I., Agmir Mongoliae 28 Febr. 1615.

Vi erano pure molti, che avevano delle cose sue, de' suoi scritti e lettere, delle sue opere ed esortazioni manuscritte: e nulla di meno tutti li veggio intenti alla rapina di qualche cosa usata da Bellarmino.

160 Frater Ios. Finalis in *Relatione* de morte Bell. p. 103: *Positio* p. 410.

EXHORTATIONES MORIBUNDI
EX DIARIO FRATRIS IOSEPHI FINALI

DIES TERTIUS MORBI

*Finali p. 26; Posit. p. 378.   *30 Aug. 1621

Il terzo giorno le cavarono sangue della vena della testa dal braccio, il quale visto che l'ebbero i signori medici, più non si vidde per la grande divozione che i suoi avevano alle cose sue.

Mentre il barbiere faceva la sua operazione, egli fece un discorso della vanità di questa fragil vita, e con parole si graziose, che insieme dava ricreatione e compuntione.

DIES OCTAVUS MORBI

*Finali p. 42; Posit. p. 384.   *4 Sept. 1621.

L'ottava venne l'accessione, che dovea corrispondere a quella del sesto, che fu pessima, ma non fu simile altrimenti, ancorchè il dilirio non mancò di d'esservi, ma più leggiero.

Il quale come sempre in altri fantasmi non diede, che in essortare a noi altri della Compagnia d'attendere alle vere e solide virtù, rimirando sempre la bellezza della virtù per seguirla, e la brutezza del vizio per abborirla, essendo l'una tanto bella, che anco da malvaggi è amata, benchè da essi non sia seguitata, et l'altro è tanto deforme, che da tutti vien odiato, benchè da miseri venghi seguitato.

1-2 De fratre Ios. Finali eiusque *Diario* cf. supra p. 53.
6-8 il quale... cose sue: i. e. sanguis a quibusdam sublatus est, ut haberent reliquiam. Cf. *Summ. addit.* p. 37.
13 accessione i. e. febris accessio.
17-18 Cf. *Summ. Const.*, reg. 16.

DIES NONUS MORBI

*Finali p. 46; Posit. p. 386. * 5 Sept. 1621.

Venne il Nostro Padre Generale a visitarlo, al quale il Bellarmino portava singular riverenza...

Si rallegrò, dico, il nostro Padre Generale dell'acquisto fatto, con la cui occasione il Bellarmino prese a dire cose altissime della vanità di questo secolo et della fallacia delle sue speranze vane, quali in un baleno svaniscono, et dicea il tutto con parole così semplice et accompagnate da tanta mansuetudine, che s'imprimevano le parole ad una ad una nel cuore di chi l'ascoltava.

DIES DECIMUS TERTIUS MORBI

*Finali p. 58; Posit. p. 393. * 9 Sept. 1621.

Il dopo pranzo domandò l'estrema untione, et con tanta pietà volle rispondere ad ogni cosa e con devotione et affetti tali, che facea piangere dirottamente a tutti. Si fece poi attaccare a piedi del letto il santissimo Crocifisso, col quale si ricreava con tanta tenerezza d'affetti e parole, che ben si videa esser quella sola l'amicitia, che contratta havea in questa vita il Bellarmino, poichè di niun'altra si ramenta che di questa.

Haresti sentito dirle: « Signore rimirando io Voi in cotesta Croce cotanto patire, mi vergogno d'andare così lento all'immitatione vostra; mi duole di risentirmi di così pochi dolori che mi pungano, mentre vedo Voi, o Re di gloria, punto di chiodi. Ti doveresti vergognare, anima mia, d'esser intesa lamentare, mentre il tuo Signore sta nella Croce come un agnello ad occisionem ductus. Però (ripigliava il Bellarmino)

---

25 Padre Generale: vid. Mutius Vitelleschi (1615-1645).
27-28 dell'acquicto fatto: ante dictum est diem octavum inchoasse cum notabili salutis progressu.
36 De extrema unctione cf. *Summ. Vetus* p. 58(62) et 64(68).

Signore, non solo Vi domando, che si allegiriscano queste pene che ora sento, ma Vi prego, se portar ne posso de' maggiore, che vogliate farme ne gratia, et all'ora non Vi pregherò per il fine di questa vita, ma per il lungo spatio di ciò patire, per imitarvi ».

Et così passò questo giorno, anco in tempo dell'accessione et del dilirio, quale non fu intento ad altre materie, che di cose sante et devote. Poichè lo haresti lo sentito dire, che « la qualità della virtù è d'essere amata et venerata, anco da malvagii et empii, ancorchè non la seguitassero; si come il vitio ha per sua qualità l'essere da medesimi tristi abbominato, ancorchè sia da essi seguitato ». Et come se sano fosse il Bellarmino, rendeva di ciò la ragione, dicendo « che la virtù è bellissima, e però da tutti amata, si come il vitio è brutissimo, e però da tutti odiato. Ma la causa (diceva egli), che non tutti si rivolgano a procurar d'ottener questa et ingegnarsi d'abbominar quello, è la corutela de' costumi, che tanto si è impossessato nel mondo, che hoggi mai gli uomini hanno sì lo stomacho guasto, che si come ad un'infermo l'avviene, il dolce par loro amaro, et l'amaro par loro che sia dolce, il grave che sia leggiero, et sic de singulis ».

Et in questo et in somigliante cose spese il tempo di questo giorno, decimo terzo del suo male, che a chi ciò ascoltava, ancora stupiva, etiam li signori medici, come essi affermavano dicendo: « E possibile, che in tanti e tanta diversità de negocii, non abbiano havuto nel petto di questo servo di Dio affetti d'amore o d'odio, che pure in tanti giorni, che egli sta in mano alle febre delirante, si sarebbe in qualche parola penetrato e scoperto; ma in fatti, è necessario il dire, conforme al proverbio, che la botte d'altro vino non rende che di quella sorte che vi si pose ».

DIES DECIMUS SEXTUS MORBI

*Finali p. 76; Posit. p. 401. * 12 Sept. 1621.

Circa le 22 ore le sopravenne la seconda accessione, che pure come la prima di molto anticipò, et per la sua fierezza le diede molta inquietudine, et circa l'Ave Maria vennero i Signori medici et affirmavano quello che del Bellarmino detto haveano la mattina, cioè, che il suo spirare sarebbe stato in fine dell'accessione, doppo la mezza notte verso l'alba... Molti che alla porteria stavano spettando la nova che si dava loro da signori medici, per poter andare a varie chiese, oratori e penitenze, intendendo il caso desperato, come se anche essi disperati fossero, vollero come tali salire per forza alle stanze.

E quivi haresti visto spettacolo non mai letto d'alcun Santo: poichè con la fronte in terra, piangendo inconsolabilmente si percotevano et deliniavano... Pianto non più cotanto accompagnata da ogn'un di noi, non s'udì mai; e solo il Bellarmino a suon di lacrime, cominciò con tutto l'affanno che l'accessione le porgea, un canto sì suave e dolce, che s'asesserò per un poco il pianto.

Disse della vanità delle cose che qua giù si pregiano si altamente, mostrando che solo stimabile era la duratione la quale non si trova in questa valle di lagrime, ma la sù nel cielo si riposa: la perpetuità con l'eternità accompagnata dalla Santissima Trinità. Quelle cose deve l'homo desiderare, per quelle patire, a quelle aspirare, per esse piangere et lacrima-

---

84-86 Circa... inquietudine et *desunt in Posit.*
86-87 i signori *Finali;* li *Posit.*
91 da signori *Finali*: da *Posit.*
97 non più *deest in Posit.*
99 a suon di lacrime *deest in Posit.*
100-101 un canto... pianto *deest in Posit.*

93-94 De invasione cubiculi cf. *Summ. Vet.* pag. 59(63).
102 « In questo tempo lui parlava della vanità del mondo tanto altamente che faceva piangere tutti ». *Summ. Vet.* pag. 59(63).

re; e non per quelle, che se elle non si perdano d'animo, si perdano di corpo; s'elle non si perdano hoggi, si hanno infallibilmente a perdere domani.

Quivi stanco si tacque il Bellarmino solo, quando il coro di voce e di gemiti pieno, ricominciò con maggiori affetti le querele et le domande.

DIES DECIMUS SEPTIMUS MORBI

*Finali p. 78; Posit. p. 401-402. * 13 Sept. 1621.

Essendo già il giorno al lato, il Bellarmino si svegliò et con le mani giunte comminciò ad orare... Alzato il padiglione mi congratulai seco del riposo, dandoli il buon giorno; il Bellarmino all'ora con voce chiara mi disse: « O sia laudato il mio Dio: noi viveremo ancora quattro giorni, et poi ce ne andremo a casa nostra ». (p. 79) Venuti che furono li signori medici, rallegrati di trovarlo vivo contro il creder loro, li ordinarono li fumenti, et egli le disse: « Signori, non si prendano più briga in questi medicamenti, atteso che quattro giorni mi sono ancora di vita, et poi andrò a casa mia, che è l'altra vita »... (p. 80).

Pranzo il Cardinale, servito alla grande, poichè li nostri padri et fratelli venuti d'ogn'altro Collegio di Roma per vederlo o morto o morire, movendo una santa invidia, mi levarono con prieghi le vivande di mano...

Riposò per buono spatio; et all'ora che dubbitavo dell'accessione, stavoli d'intorno con la ventarola discorrendo seco; et perchè all'ora tra di noi correva voce, che dall'Imbascia-

---

108-109 d'animo ... perdano *deest in Posit.*
121-126 Venuti ... vita. *desunt in Posit.*
131-147 Riposò ... gente. *desunt in Posit.*

---

132 ventarola = ventaglio.
132 seco i. e. cum Bellarmino.
133-147 Anno 1606 Paulus V Venetiam affecit interdicto; quod anno sequenti opera Galliae et Hispaniae sublatum est. Iesuitae, qui una cum

dor di Spagna, anzi di Francia partito da Roma per Parigi, volendo venir, come egli disse, alle strette con li signori Venetiani, acciò per loro utilità facessero ritornare la Compagnia ne loro Statï: egli ciò intendendo da me, disse con voce alta e chiara: « Deh, che io vedo in questa parte quella Republica andare in ruina, et asseveramente vi dico che quanto alla religione s'attiene, in ruina la veggio andare ». Et con tale occasione, io le presi a dire: « Forsi che Nostro Signore serba questa gratia di farlo nell'ingresso di V. S. Ill.ma nel santo Paradiso, et per suo mezzo a pro di quelle anime, (p. 81) che se deteriorate si rimirano dopo l'uscita di nostra Compagnia ». Rispose, ch'egli non si potea promettere tant'oltre, ma come detto havea, temeva grandemente della ruina di quella gente.

Postosi doppo questo a fare un'invettiva contro di quei che vivano male, et sperano morir bene, dicendo: « Lasciando intatti li giusti et inescrutabili giuditii d'Iddio, ben morire col male vivere è difficile, poichè sempre suole per ordinario andare insieme ben vivere col ben morire, mal vivere è quasi impossibile che si disgiunghi dal mal morire »: lo pregai, che volesse intercedere per me la perseveranza, et egli mi rispose, che lo harebbe fatto.

DIES UNDEVICESIMUS MORBI

*Finali p. 89; Posit. p. 406. * 15 Sept. 1621.

Il doppo pranzo riposò un poco, doppo del quale ne disse: « Io mi ricordo del travaglio delle ventose et anco di quel-

---

Capucinis et Theatinis a Venetianis expulsi erant, nonnisi anno 1656 redire potuerunt.

148-149 « Fece un' esclamatione contro quelli, che vivono male et sperano di morir bene », *Summ. Vet.* pag. 60 (64).

159 ventosa: materia corpori applicata ad extrahendum sanguinem.

lo delle visicatorie oltre a quello di stamane; nondimeno se mi voranno dare anche maggiori dolori, son risoluto di non far difficultà veruna ».

Et con tale occasione fece una essortatione a tutti noi del bene nascosto sotto il patire; come ch'è l'immitatione di Cristo nostro primo Capitano nel soportare tanti in numero et in qualità si grandi patimenti nella carne, nell'honore et in ogn'altro interesse, che il mondo stima e pregia di fuggire la perdita et di seguire il guadagno. « E però (diceva egli) il nostro santo Fondatore ne lasciò scritto, che abbiamo d'abborrire in tutto, e non in parte, ciò che il mondo ama et abbraccia, et con tutte le forze accettare e desiderare ciò che Christo Signore amò et abbracciò. E poi (soggiunse il Bellarmino) ne da il Santo la ragione dicendo: Si come li huomini mondani seguono le cose del mondo, amano et cercano con gran diligenza gli honori, la fama et il gran nome sopra la terra: così coloro che nello spirito caminano e seguono da dovero Christo nostro Signore, devono desiderare le cose a tali honori contrarie ».

Et in somma, s'egli parlava in questo giorno, ti rapiva; s'egli orava, ti compungeva: in tanto che venuta l'accessione col suo rigore del dilirio, egli che tanto impressi havea nella sua mente li passi meditati la mattina, mentre sì assorto stavo fisso mirando il suo Crocifisso, che li suoi fantasmi non furono d'altra materia che di croce et di tormenti patiti dal Redentore per nostro amore.

DIES PENULTIMUS MORBI

*Finali p. 107; Posit. p. 412.   * 20 Sept. 1621.

Fattosi dare il Crocifisso in mano, che sino a quest'ora stette pendente a piè del letto, fece con esso (multis praesen-

---

160 visicatoria: vescicatoria; medicamentum causticum, quod pelli applicatum, tollebat epidermiam.
169 Cf. *Summ. Const.*, reg. 11.

tibus) in voce chiara un colloquio bellissimo, rendendoli prima gratia di tutti li beneficii generali, particolari et singolari; della vocatione alla Religione, « beneficio (diss'egli) inestimabile, alla cui scola non solo hebbi occasione d'apprendere le scienze, ma di più, che maggiormente importa, la pietà christiana et religiosa ». Le domandò perdono d'ogni ricordevole e smenticato mancamento; le chiese gratia di voler finire l'opera cominciata, cioè di darle virtù et forze da superare l'innimico, quale non mancherà di combatterlo con fame grande di vincerlo. « Et adesso (dicea) per all'ora mi protesto avanti a Vostra divina Maestà, che non intendo acconsentirli in niuna maniera et in qual si voglia materia; ma intendo mediante il Vostro aiuto morire vero, legittimo et obediente figlio di Santa Chiesa Catolica Apostolica Romana, per il felice progresso della quale, se dalla bontà Vostra infinita mi sarà concesso scampo dall'eterne pene, sempre Vi pregherò et supplicherò, come ancora per tutti quelli, che mi hanno aiutato et hanno cooperato alle cose fatte da me per il divino culto Vostro, del quale io mi protesto haverne solo e puro il mero nome ».

Non più disse destintamente, ma tenendolo in mano come prima moveva le labbra et con inchini a testa scoperta fece oratione... Poi voltatosi supino con l'istesso Crucifisso nella mano sinistra, come di santo Hilarione si raconta, dicea « Esci, o anima mia; va pure incontro al tuo Sposo, ch'è si benigno, che ti accoglierà quantunque sì male in ordine tu sia per il poco apparecchio fatto per tale nozze, che forsi si contenterà di quanto havessi proposto di fare in quest'anno. Va pure ad esso, che altre volte non ha disprezzato i prieghi de peggiori, per esser somma bontà, carità infinita, amore immenso ».

---

[219] Postea dictis variis iaculatoriis, antea collectis ut sibi inservirent hora mortis, recitat Pater, Ave, Credo, Salve Regina, Miserere, et se nonnullis Sanctis commendat. Paulo post perdit linguae usum.

IN ANNIVERSARIO BEATI PATRIS IGNATII

Sermones habiti ad Patres Fratresque Soc. Iesu
in templo Romano S. Nominis Iesu.

DE ANNIVERSARIO B. P. N. IGNATII
*Sermo primus: redactio latina.

*APUG 385a f. 113r *30 Iul. 1599

Sermonem vide in vol. II pp. 250-256; apud Van Ortroy, qui sequitur apographum cod. Ross. 735, exstat pp. 309-314.

PANEGIRICO IN HONOREM S. P. IGNATII
*Idem sermo: redactio italica.

*Opp. NN. 245 f. 60r *30 Iul. 1599

Sermonem vide in vol. II pp. 257-272; apud Van Ortroy non exstat.

DE SANCTO IGNATIO
Sermo secundus: in ecclesia Patrum Romae.

*Ross. 735 f. 402r anno Dni 1605, *30 Iul.

Sermonem vide in vol. II pp. 272-278; apud Van Ortroy pp. 296-301.

IN ANNIVERSARIO B. IGNATII
*Sermo tertius

*Ross. 735 f. 434r *30 Iul. 1606

Sermonem vide in vol. II pp. 279-286; apud Van Ortroy, qui refert apographum eiusdem codicis Rossiani f. 410r-415v, exstat pp. 302-308.

IN DIE ANNIVERSARIO B. PATRIS IGNATII

Sermo quartus.

*APUG 384 f. 618v *30 Iul. 1607

Sermonem vide vol. II pp. 287-288, ubi peroratio, et vol. IV pp. 184-192, ubi corpus sermonis, in *Rom.* 8, 12-17. Apud Van Ortroy non exstat.

IN DIE ANNIVERSARIO B. PATRIS IGNATII

*Sermo quintus.

*APUG 385a f. 117r *30 Iul. 1608

Sermonem vide vol. II pp. 288-297. Apud Van Ortroy non exstat.

IN HONOREM SANCTI ALOYSII GONZAGAE

IN DIE FESTI

ad sepulchrum in ecclesia Collegii Romani

*Ex editis   20 Iun. 1608.

Sermonem vide in vol. II pp. 298-309; apud Van Ortroy non exstat. Cf. relationem supra pp. 531-532.

CONSPECTUS GENERALIS VOLUMINIS IX

PRAEVIA

	Pag.
Editor lectoribus	9

INTRODUCTIO

De manuscriptis	13
Codex Vatic. Lat. Rossianus 735	14
Codex Opp. NN. 245 et fragm. Ignatiana	19
Codex Bibl. Vict. Em. 2718: Mss. Ges. 589	20
Autographa Archiv. Prov. S. I. Germ. Inf.	23
Codices ceteri	24
De materiae distributione	24
Ad documenta singula	25
Exh. de Nomine Iesu et de Incarnatione	25
Exh. quattuor habitae in Collegio Romano	27
Exhortationes de Caritate	29
Exhortationes de Custodia Cordis	33
Exhortationes de Donis Spiritus Sancti	34
Exhortationes de Libertate Spiritus	36
Exhortationes de Cognitione Dei	38
Meditationi della Essenza Divina	40
Exhortationes de Perfectione	42
Exhortationes de Humilitate	44
Exhortationes ad Vota Renovaturos	45
Exhortationes ad Novitios	46
Quid sim ut creatura et ut homo	50
Documenta a Deo data ss. cuidam animae	51
Relationes variae.	52
Exhortationes moribundi	53
Conspectus chronologicus exhortationum	54

EXHORTATIONES DOMESTICAE

	Pag.
Compendia et signa critica	60
De Nomine Iesu et de Incarnatione	61
1. De Nomine Iesu in die Circumcisionis	61
2. De Incarnatione Domini	66
Exhortationes quattuor habitae in Coll. Rom.	74
1. In Conversione S. Pauli	74
2. Super illud: Qui amat animam suam	84
3. Super illud: Stetit Iesus in medio	93
4. Super illud: Semper gaudete	99
De Utilitate Caritatis	108
praev.: de Pentecoste et laudibus caritatis	108
1. Caritas omnia est: imprimis vita	115
* Caritas assimilatur terrae	123
2. Caritas assimilatur aquae	123
* Caritas assimilatur aëri	132
3. Caritas assimilatur igni	132
4. De acquirendo et conservando igne caritatis	142
5. Caritas assimilatur pani et vino	152
6. Caritas assimilatur oleo	160
7. Caritas assimilatur vesti ac domui	169
8. Caritas assimilatur pecuniae sincerae	177
9. Idem continuatur	188
De Custodia Cordis	190
1. Cur cor custodiendum sit	190
2. De amissione, possessione, inventione cordis	194
3. De inventione cordis: continuatur	201
4. De circumcisione cordis	205
5. De duritia cordis: pars I	212
6. De duritia cordis: pars II	218
De Donis Spiritus Sancti	223
1. De dono timoris: pars I	223
2. De dono timoris: pars II	231
3. De dono pietatis	238
4. De dono scientiae (deest)	244

PAG.

  5. De dono fortitudinis (deest) 244
  6. De dono consilii I: obedientia 244
  7. De dono consilii II: regimen sui 251

De Libertate Spiritus 260

  1. Quid sit et quomodo acquiratur 260
  2. De libertate ab amore inani 265
  3. De libertate ab inani timore 271
  4. Veritas liberans I: providentia 276
  5. Veritas liberans II: gloria paradisi 280
  6. Veritas liberans III: infernus 284

De Cognitione Dei 289

  1. De essentia Dei I: latitudo et longitudo . . . 289
  2. De essentia Dei II: altitudo et profundum . . 292
  3. De potentia Dei 297
  4. De sapientia Dei theorica 301
  5. De sapientia Dei practica I: Creatio 305
  6. De sapientia Dei practica II: Conservatio . . 311
  7. De sapientia Dei practica III: Redemptio . . 315
  8. De sapientia Dei practica IV: Providentia . . 320
  9. De misericordia Dei in genere 325
10. De misericordia Dei erga timentes eum . . . 330
11. De iustitia Dei punitiva 334
12. De iustitia Dei praemiativa 340
13. De iustitia Dei universali 345

Meditationi della Essenza Divina 352

  1. De essentia Dei 352
  2. De attributis divinis 355
     Potentia 355
     Sapientia speculativa 356
     Sapientia practica: creat., conserv., redempt.,
        provid. 357
     Misericordia 362
     Iustitia: universalis, punitiva, praemiativa . . 364

De Perfectione 367

  1. De proprietatibus perfectae caritatis I . . . 367
  2. De proprietatibus perfectae caritatis II . . . 371
     Redactio definitiva 371
     Redactio prima 379

	Pag.
3. De perfectione Instituti S. I.	382
4. De paupertate	387
5. De castitate	391
6. De obedientia	396
7. De oratione, poenitentia, silentio	400
8. De possibilitate, facilitate, necessitate perfectionis	404

De Humilitate 410

    1. Quid sit virtus humilitatis 410
    2. De signis et necessitate humilitatis 414
        Pars I: De signis duodecim 414
        Pars II: De necessitate 426

Ad Vota Renovaturos 434

    1. De renovatione votorum I 434
        Cur tria vota renovanda 434
    2. De renovatione votorum II 442
        Exh. I: De sequela Christi ducis 442
        Exh. II: De officio religiosi 450

Exhortationes ad Novitios 456

    1. De custodia cordis 456
    2. De puritate cordis 457
    3. De decem virginibus 460
    4. De caena magna 465
    5. De vinea et ficulnea 470
    6. De regalibus nuptiis 476
    7. De nativitate B. M. Virginis 482
    8. In illud: Eritis odio 485
    9. De sancto Luca 492
    10. In festo S. Matthaei 498

Quid sim ut Creatura et ut Homo 505

    1. Quid sim ut creatura 505
    2. Quid sim ut homo 507

Documenta data a Deo SS. cuidam Animae . . . 515

Relationes variae 517

    1. Florentiae, Monte Regio, Patavii, Lovanii . . 517
    2. Collegium Romanum: I 519

	PAG.
3. Collegium Romanum: II	523
4. Collegium Romanum: III	524
5. Neapoli	526
6. Cardinalis Curiae	529
7. Archiepiscopus Capuanus	529
8. Cardinalis Curiae iterum	531
9. In Novitiatu S. Andreae	533
Exhortationes Moribundi	539
In Anniversario B. P. Ignatii	547
In Honorem S. Aloysii	549
CONSPECTUS GENERALIS VOLUMINIS	551